编辑委员会

四川哲学社会科学年鉴

2022

主编 | 四川省社会科学界联合会
西华大学·四川学术成果分析与应用研究中心

四川大学出版社
SICHUAN UNIVERSITY PRESS

图书在版编目（CIP）数据

四川哲学社会科学年鉴. 2022 / 四川省社会科学界联合会，西华大学·四川学术成果分析与应用研究中心主编. 一 成都 : 四川大学出版社，2023.11
ISBN 978-7-5690-6426-1

Ⅰ. ①四… Ⅱ. ①四… ②西… Ⅲ. ①哲学社会科学—四川—2022—年鉴 Ⅳ. ①C127.1

中国国家版本馆 CIP 数据核字（2023）第 207376 号

书　　名：四川哲学社会科学年鉴（2022）
　　　　　SiChuan ZheXue SheHui KeXue NianJian (2022)
主　　编：四川省社会科学界联合会
　　　　　西华大学·四川学术成果分析与应用研究中心

选题策划：蒋姗姗　唐　飞
责任编辑：唐　飞
责任校对：蒋　玙
装帧设计：墨创文化
责任印制：王　炜

出版发行：四川大学出版社有限责任公司
　　　　　地址：成都市一环路南一段 24 号（610065）
　　　　　电话：（028）85408311（发行部）、85400276（总编室）
　　　　　电子邮箱：scupress@vip.163.com
　　　　　网址：https://press.scu.edu.cn
印前制作：四川胜翔数码印务设计有限公司
印刷装订：四川盛图彩色印刷有限公司

成品尺寸：210mm×285mm
印　　张：27.5
彩　　插：28
字　　数：868 千字

版　　次：2023 年 12 月 第 1 版
印　　次：2023 年 12 月 第 1 次印刷
定　　价：198.00 元

扫码获取数字资源

四川大学出版社
微信公众号

2021 年 3 月 1 日，四川省党史学习教育动员大会

2021 年 7 月 2 日，四川省庆祝中国共产党成立 100 周年座谈会

2021 年 7 月 7 日，四川省庆祝中国共产党成立 100 周年理论研讨会

2021 年 7 月 2 日，学习贯彻习近平总书记
在庆祝中国共产党成立 100 周年大会上重要讲话精神四川社科专家座谈会

2021 年 1 月 16 日，2020 中国“夜光经济”圆桌会

2021 年 1 月 21 日，四川大学启动“创新 2035”五大先导计划

2021 年 1 月 21 日，四川农业大学与四川天府新区管理委员会
共建天府新区乡村振兴研究院项目签约仪式

2021 年 1 月 28 日，成渝地区双城经济圈巴蜀文化学术交流会暨 2020 年度重庆考古业务科研报告会

2021 年 2 月 4 日，《中华人民共和国民法典》普及宣讲

2021 年 3 月 3 日，四川省社科联举办庆祝中国共产党成立 100 周年座谈会

2021 年 3 月 4 日，“乡村振兴流动课堂”走进农民新村活动

2021 年 3 月 20 日，庆祝中国共产党成立 100 周年
暨 2021 年全国马克思主义理论学科青年学者论坛在西南石油大学举行

2021 年 3 月 24 日，“学党史、敬英烈、革命薪火代代传”巡展活动

2021 年 3 月 25 日，中国共产党社会主义建设道路的探索与实践
——三线建设与成渝地区双城经济圈建设研讨会

2021 年 3 月 27 日，学党史 · 感党恩 · 跟党走——建党百年纪检监察发展历程及成就宣讲

2021 年 3 月 30 日，川渝党校协同服务成渝地区双城经济圈建设联席会

2021 年 4 月 1 日，“成渝地区双城经济圈应用型高校产教融合联盟”
第一次工作会暨国家产教融合型试点城市建设工作研讨会

2021 年 4 月 3 日，成渝地区双城经济圈高校论坛

2021 年 4 月 23 日，成渝地区双城经济圈高新技术产业开发区协同创新战略联盟签约仪式

2021 年 4 月 23 日，纪念司马相如诞生 2200 周年座谈会

2021 年 4 月 23 日，“读书点燃智慧，盐韵浸润人生”读书日主题活动

2021 年 4 月 24 日，“习近平新时代中国特色社会主义思想的逻辑与科学思维方法”高端学术论坛

2021 年 4 月 25 日，川派餐饮文化品牌建设与国际传播学术研讨会

2021 年 4 月 27 日，四川大学“成渝双城博士后交叉学科”论坛

2021 年 4 月，“永远跟党走”宣讲志愿服务暨“小丽妈妈讲故事”主题活动

2021 年 5 月 8 日，巴蜀文化论坛

2021 年 5 月 15 日，全国高校马克思主义理论学科研究会第 50 次学科论坛

2021 年 5 月 16 日，2021 年乡村振兴“狮山论坛”

2021 年 5 月 17 日，四川省社科联与四川师范大学联合举办“以新发展理念引领四川哲学社会科学高质量发展——习近平总书记‘5 · 17’重要讲话发表 5 周年座谈会”

2021 年 5 月 18 日，四川大学“汉典重光”中国海外古籍“数字化回归”平台发布会

2021 年 5 月 19 日，全省重点中华文化研究院建设工作现场推进会

2021 年 5 月 21 日，长征文化论坛暨第三届彝海学术峰会

2021 年 5 月 22 日，“印记 100”——川渝地区档案馆馆藏红色珍档发布会暨品读活动

2021 年 5 月 25 日，四川省循环经济协会能源低碳发展专业委员会成立大会

2021 年 5 月 25 日，新时代、新长征、新发展——雅安军民“永远跟党走”献礼建党百年文化活动

2021 年 5 月 29 日，“发展种业，节约粮食”专家座谈会

2021 年 6 月 5 日，中国共产党建党百年体育宣传理论与实践研讨会

2021 年 6 月 5 日，“百年党史与新时代长征路”理论研讨会

2021 年 6 月 15 日，“彝家学科学、科学进彝家”科普彝区行宣传活动

2021 年 6 月 22 日，四川首届长征精神主题论坛

2021 年 6 月 25 日，四川大学校长李言荣和四川省社科联党组书记姜怡
为四川大学中共党史党建研究院揭牌

2021 年 6 月 27 日，《奋力书写时代答卷　以新发展理念推动治蜀兴川》系列丛书新书发布会

2021 年 7 月 2 日，星火 · 丰碑：庆祝中国共产党成立 100 周年音乐会

2021 年 7 月 10 日，成渝地区乡村产业协同振兴高端智库论坛

2021 年 7 月 15 日，第三届海峡两岸大禹文化交流活动

2021 年 7 月 17 日，第四届国际金融科技论坛

2021 年 7 月 19 日，四川省社科联七届五次主席办公会

2021年7月23日，四川省与中国社会科学院座谈交流会

2021 年 8 月 21 日，中国音韵学第 21 届学术研讨会暨汉语音韵学第 16 届国际学术研讨会

2021 年 8 月 23 日，辉煌创业历程——自贡三线建设专题展

2021 年 9 月 6 日，2021 全球绿色发展高峰论坛

2021 年 9 月 7 日，首届川渝数字经济创新发展论坛

2021 年 9 月 18 日，2021 亚洲教育论坛年会

2021 年 9 月 23 日，2021 年全省党校（行政学院）系统智库基地建设工作会

2021 年 9 月 24 日，四川大学中华文化研究院成立三周年暨书院文化学术研讨会

2021 年 9 月 25 日，全国高校马克思主义理论学科研究会
第 52 次学科论坛暨第九届民族（地区）高校马克思主义理论学科论坛

2021 年 9 月 25 日，第九届中国合作经济中青年学者工作坊暨第三届乡村振兴西部论坛

2021 年 9 月 25 日，“一干多支、五区协同”创新驱动引领高质量发展研讨会

2021 年 9 月 26 日，第五届全国县域治理高层论坛：县域财政金融的守正创新

2021 年 9 月，“科普边疆行”少数民族科普大型宣传活动

2021 年 10 月 8 日，四川省统计局与西南财经大学共建四川省人口与发展数据实验室签约暨揭牌仪式

2021 年 10 月 15 日，“中华道统思想的当代价值”学术研讨会

2021 年 10 月 23 日，第七届全国马克思主义伦理学论坛

2021 年 10 月 25 日，四川省社会科学院与中共甘孜州委签订新型智库建设签约仪式

2021 年 10 月 26 日，第二届四川省经济和社会发展专家论坛

2021 年 11 月 26 日，四川省委宣传部专家组考察中华盐文化研究院建设工作

2021 年 12 月 4 日，成都市金沙智库研究会换届大会暨“成都市扎实推进共同富裕”研讨会

2021 年 12 月 11 日，第二十三届中国管理科学学术年会

2021 年 12 月 11 日，中华国术传承与发展高端学术论坛

2021 年 12 月 12 日，四川省社科联带队到所属社团组织调研

2021 年 12 月 14 日，四川省社科联赴美姑县龙门乡嘎勒村开展定点帮扶和调研

2021 年 12 月 15 日，2021 年第三届西非论坛暨国别与区域研究工作座谈会

2021 年 12 月 15 日，巴蜀文化旅游走廊建设专项工作组第四次联席会

2021 年 12 月 16 日，第二届成渝地区双城经济圈建设统计科学研讨会

2021 年 12 月 17 日，成渝地区双城经济圈人才发展论坛

2021 年 12 月 19 日，四川省政治学会常务理事会召开
“学习贯彻党的十九届六中全会精神和省委十一届十次全会精神”理论研讨会

2021 年 12 月 20 日，传承红岩精神暨纪念《红岩》出版 60 周年座谈会

2021 年 12 月 24 日，成渝地区专业人士合作峰会暨川渝地区会计服务行业协同发展论坛

2021 年 12 月 24 日，“创新驱动 1+1——贯彻习近平总书记创新发展重要论述
深入推进创新驱动引领高质量发展”研讨会

2021 年 12 月 28 日，2021 年深入学习贯彻习近平生态文明思想研讨会

2021 年 12 月 29 日，四川省社科联召开深入学习贯彻党的十九届六中全会精神座谈会

2021 年 12 月 30 日，《成都都市圈建设蓝皮书（2021）》发布会
暨新发展格局下的都市圈发展高端研讨会

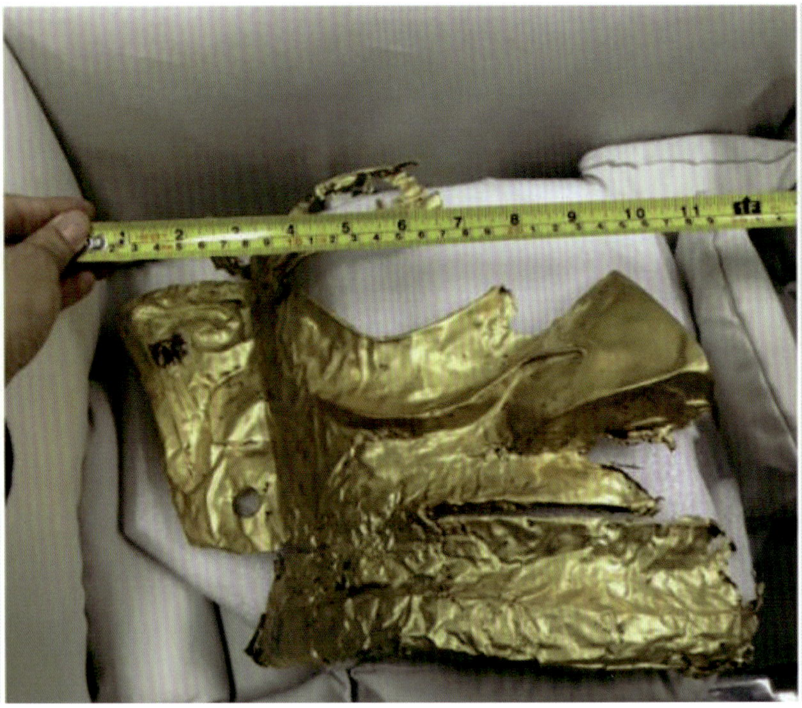

四川大学主要负责的三星堆祭祀区 5 号坑出土的金面具

“四川省廉洁文化基地”展

“藏在木头里的灵魂”社科普及活动

普及基地积极开展国家通用语言文字推广普及活动

“传经典、品红楼、赏书法”文艺普及进中小学活动

四川宋瓷博物馆春日主题青教活动

蒙顶山茶科普系列活动

《乌蒙沐歌》民俗文化科普活动

四川文理学院体育学院中华传统体育文化表演活动

“苏娃讲苏府”红领巾志愿服务活动

编辑说明 BIANJI SHUOMING

《四川哲学社会科学年鉴（2022）》由四川省社会科学界联合会组织编纂，旨在记录和反映全省社科界全面贯彻落实中央和省委重大决策部署，深刻领悟“两个确立”的决定性意义，增强“四个意识”，坚定“四个自信”，做到“两个维护”，推动构建具有中国特色、巴蜀风格的哲学社会科学，为全面建设社会主义现代化四川贡献社科力量的主要工作情况。

《四川哲学社会科学年鉴（2022）》坚持以习近平新时代中国特色社会主义思想为指导，遵循客观、真实、准确的原则，注重宏观和微观相结合、文字和图表相结合、事实和数据相结合，记录和反映全省哲学社会科学发展情况，为全省社科界和社科工作者提供数据信息，为各界人士了解和研究四川哲学社会科学提供基础资料，为在新的历史起点推动治蜀兴川再上新台阶，奋力夺取全面建设社会主义现代化四川新胜利贡献社科力量。

《四川哲学社会科学年鉴（2022）》主要收录四川社科界2021年度的重大事件、重要活动、重大成果、重点人物，共设9个栏目记录全省哲学社会科学领域的基本情况，突出当年的主要工作、成就、经验和问题。

《四川哲学社会科学年鉴（2022）》由四川省社会科学界联合会负责总编，四川学术成果分析与应用研究中心负责汇总、整理和编辑。各栏目资料主要由各市（州）社科联、高校社科联、省级学会、协会、研究会，省社科重点研究基地、科普基地，民办社科机构等各级社科组织提供。

《四川哲学社会科学年鉴（2022）》编纂工作在省委宣传部的关心指导下，得到了省方志办等相关省级部门，四川大学、西南财经大学、西华大学等高校，市（州）社科联、高校社科联、省级学会、协会、研究会，省社科重点研究基地、科普基地，民办社科机构等各级社科组织和专家学者的大力支持。在此，向所有关心和支持《四川哲学社会科学年鉴（2022）》编纂工作的领导、单位以及专家学者表示衷心的感谢！

由于时间紧迫，本书编纂中难免存在不足和疏漏之处，敬请各位读者予以批评指正。

四川省社会科学界联合会

2022年12月

目录 MULU

特载

· 习近平总书记在庆祝中国共产党成立100周年大会上的讲话

特　载

在庆祝中国共产党成立100周年大会上的讲话

（2021年7月1日）

习近平

同志们，朋友们：

今天，在中国共产党历史上，在中华民族历史上，都是一个十分重大而庄严的日子。我们在这里隆重集会，同全党全国各族人民一道，庆祝中国共产党成立一百周年，回顾中国共产党百年奋斗的光辉历程，展望中华民族伟大复兴的光明前景。

首先，我代表党中央，向全体中国共产党员致以节日的热烈祝贺！

在这里，我代表党和人民庄严宣告，经过全党全国各族人民持续奋斗，我们实现了第一个百年奋斗目标，在中华大地上全面建成了小康社会，历史性地解决了绝对贫困问题，正在意气风发向着全面建成社会主义现代化强国的第二个百年奋斗目标迈进。这是中华民族的伟大光荣！这是中国人民的伟大光荣！这是中国共产党的伟大光荣！

同志们、朋友们！

中华民族是世界上伟大的民族，有着5000多年源远流长的文明历史，为人类文明进步作出了不可磨灭的贡献。1840年鸦片战争以后，中国逐步成为半殖民地半封建社会，国家蒙辱、人民蒙难、文明蒙尘，中华民族遭受了前所未有的劫难。从那时起，实现中华民族伟大复兴，就成为中国人民和中华民族最伟大的梦想。

为了拯救民族危亡，中国人民奋起反抗，仁人志士奔走呐喊，太平天国运动、戊戌变法、义和团运动、辛亥革命接连而起，各种救国方案轮番出台，但都以失败而告终。中国迫切需要新的思想引领救亡运动，迫切需要新的组织凝聚革命力量。

十月革命一声炮响，给中国送来了马克思列宁主义。在中国人民和中华民族的伟大觉醒中，在马克思列宁主义同中国工人运动的紧密结合中，中国共产党应运而生。中国产生了共产党，这是开天辟地的大事变，深刻改变了近代以后中华民族发展的方向和进程，深刻改变了中国人民和中华民族的前途和命运，深刻改变了世界发展的趋势和格局。

中国共产党一经诞生，就把为中国人民谋幸福、为中华民族谋复兴确立为自己的初心使命。一百年来，中国共产党团结带领中国人民进行的一切奋斗、一切牺牲、一切创造，归结起来就是一个主题：实现中华民族伟大复兴。

——为了实现中华民族伟大复兴，中国共产党团结带领中国人民，浴血奋战、百折不挠，创造了新民主主义革命的伟大成就。我们经过北伐战争、土地革命战争、抗日战争、解放战争，以武装的革命反对武装的反革命，推翻帝国主义、封建主义、官僚资本主义三座大山，建立了人民当家作主的中华人民共和国，实现了民族独立、人民解放。新民主主义革命的胜利，彻底结束了旧中国半殖民地半封建社会的历史，彻底结束了旧中国一盘散沙的局面，彻底废除了列强强加给中国的不平等条约和帝国主义在中国的一切特权，为实现中华民族伟大复兴创造了根本社会条件。中国共产党和中国人民以英勇顽强的奋斗向世界庄严宣告，中国人民站起来了，中华民族任人宰割、饱受欺凌的时代一去不复返了！

——为了实现中华民族伟大复兴，中国共产党团结带领中国人民，自力更生、发愤图强，创造了社会主义革命和建设的伟大成就。我们进行社会主义革命，消灭在中国延续几千年的封建剥削压迫制度，确立社会主义基本制度，推进社会主义建设，战胜帝国主义、霸权主义的颠覆破坏和武装挑衅，实现了中华民族有史以来最为广泛而深刻的社会变革，实现了一穷二白、人口众多的东方大国大步迈进社会主义社会的伟大飞跃，为实现中华民族伟大复兴奠定了根本政治前提和制度基础。中国共产党和中国人民以英勇顽强的奋斗向世界庄严宣告，中国人民不但善于破坏一个旧世界、也善于建设一个新世界，只有社会主义才能救中国，只有社会主义才能发展中国！

——为了实现中华民族伟大复兴，中国共产党团结带领中国人民，解放思想、锐意进取，创造了改革开放和社会主义现代化建设的伟大成就。我们实现新中国成立以来党的历史上具有深远意义的伟大转折，确立党在社会主义初级阶段的基本路线，坚定不移推进改革开放，战胜来自各方面的风险挑战，开创、坚持、捍卫、发展中国特色社会主义，实现了从高度集中的计划经济体制到充满活力的社会主义市场经济体制、从封闭半封闭到全方位开放的历史性转变，实现了从生产力相对落后的状况到经济总量跃居世界第二的历史性突破，实现了人民生活从温饱不足到总体小康、奔向全面小康的历史性跨越，为实现中华民族伟大复兴提供了充满新的活力的体制保证和快速发展的物质条件。中国共产党和中国人民以英勇顽强的奋斗向世界庄严宣告，改革开放是决定当代中国前途命运的关键一招，中国大踏步赶上了时代！

——为了实现中华民族伟大复兴，中国共产党团结带领中国人民，自信自强、守正创新，统揽伟大斗争、伟大工程、伟大事业、伟大梦想，创造了新时代中国特色社会主义的伟大成就。党的十八大以来，中国特色社会主义进入新时代，我们坚持和加强党的全面领导，统筹推进“五位一体”总体布局、协调推进“四个全面”战略布局，坚持和完善中国特色社会主义制度、推进国家治理体系和治理能力现代化，坚持依规治党、形成比较完善的党内法规体系，战胜一系列重大风险挑战，实现第一个百年奋斗目标，明确实现第二个百年奋斗目标的战略安排，党和国家事业取得历史性成就、发生历史性变革，为实现中华民族伟大复兴提供了更为完善的制度保证、更为坚实的物质基础、更为主动的精神力量。中国共产党和中国人民以英勇顽强的奋斗向世界庄严宣告，中华民族迎来了从站起来、富起来到强起来的伟大飞跃，实现中华民族伟大复兴进入了不可逆转的历史进程！

一百年来，中国共产党团结带领中国人民，以“为有牺牲多壮志，敢教日月换新天”的大无畏气概，书写了中华民族几千年历史上最恢宏的史诗。这一百年来开辟的伟大道路、创造的伟大事业、取得的伟大成就，必将载入中华民族发展史册、人类文明发展史册！

同志们、朋友们！

一百年前，中国共产党的先驱们创建了中国共产党，形成了坚持真理、坚守理想，践行初心、担当使命，不怕牺牲、英勇斗争，对党忠诚、不负人民的伟大建党精神，这是中国共产党的精神之源。

一百年来，中国共产党弘扬伟大建党精神，在长期奋斗中构建起中国共产党人的精神谱系，锤炼出鲜明的政治品格。历史川流不息，精神代代相传。我们要继续弘扬光荣传统、赓续红色血脉，永远把伟大建党精神继承下去、发扬光大！

同志们、朋友们！

一百年来，我们取得的一切成就，是中国共产党人、中国人民、中华民族团结奋斗的结果。以毛泽东同志、邓小平同志、江泽民同志、胡锦涛同志为主要代表的中国共产党人，为中华民族伟大复兴建立了彪炳史册的伟大功勋！我们向他们表示崇高的敬意！

此时此刻，我们深切怀念为中国革命、建设、改革，为中国共产党建立、巩固、发展作出重大贡献的毛泽东、周恩来、刘少奇、朱德、邓小平、陈云同志等老一辈革命家，深切怀念为建立、捍卫、建设新中国英勇牺牲的革命先烈，深切怀念为改革开放和社会主义现代化建设英勇献身的革命烈士，深切怀念近代以来为民族独立和人民解放顽强奋斗的所有仁人志士。他们为祖国和民族建立的丰功伟绩永载史册！他们的崇高精神永远铭记在人民心中！

人民是历史的创造者，是真正的英雄。我代表党中央，向全国广大工人、农民、知识分子，向各民主党派和无党派人士、各人民团体、各界爱国人士，向人民解放军指战员、武警部队官兵、公安干警和消防救援队伍指战员，向全体社会主义劳动者，向统一战线广大成员，致以崇高的敬意！向香港特别行政区同胞、澳门特别行政区同胞和台湾同胞以及广大侨胞，致以诚挚的问候！向一切同中国人民友好相处，关心和支持中国革命、建设、改革事业的各国人民和朋友，致以衷心的谢意！

同志们、朋友们！

初心易得，始终难守。以史为鉴，可以知兴替。我们要用历史映照现实、远观未来，从中国共产党的百年奋斗中看清楚过去我们为什么能够成功、弄明白未来我们怎样才能继续成功，从而在新的征程上更加坚定、更加自觉地牢记初心使命、开创美好未来。

——以史为鉴、开创未来，必须坚持中国共产党坚强领导。办好中国的事情，关键在党。中华民族近代以来180多年的历史、中国共产党成立以来100年的历史、中华人民共和国成立以来70多年的历史都充分证明，没有中国共产党，就没有新中国，就没有中华民族伟大复兴。历史和人民选择了中国共产党。中国共产党领导是中国特色社会主义最本质的特征，是中国特色社会主义制度的最大优势，是党和国家的根本所在、命脉所在，是全国各族人民的利益所系、命运所系。

新的征程上，我们必须坚持党的全面领导，不断完善党的领导，增强“四个意识”、坚定“四个自信”、做到“两个维护”，牢记“国之大者”，不断提高党科学执政、民主执政、依法执政水平，充分发挥党总揽全局、协调各方的领导核心作用！

——以史为鉴、开创未来，必须团结带领中国人民不断为美好生活而奋斗。江山就是人民、人民就是江山，打江山、守江山，守的是人民的心。中国共产党根基在人民、血脉在人民、力量在人民。中国共产党始终代表最广大人民根本利益，与人民休戚与共、生死相依，没有任何自己特殊的利益，从来不代表任何利益集团、任何权势团体、任何特权阶层的利益。任何想把中国共产党同中国人民分割开来、对立起来的企图，都是绝不会得逞的！9500多万中国共产党人不答应！14亿多中国人民也不答应！

新的征程上，我们必须紧紧依靠人民创造历史，坚持全心全意为人民服务的根本宗旨，站稳人民立场，贯彻党的群众路线，尊重人民首创精神，践行以人民为中心的发展思想，发展全过程人民民主，维护社会公平正义，着力解决发展不平衡不充分问题和人民群众急难愁盼问题，推动人的全面发展、全体人民共同富裕取得更为明显的实质性进展！

——以史为鉴、开创未来，必须继续推进马克思主义中国化。马克思主义是我们立党立国的根本指导思想，是我们党的灵魂和旗帜。中国共产党坚持马克思主义基本原理，坚持实事求是，从中国实际出发，洞察时代大势，把握历史主动，进行艰辛探索，不断推进马克思主义中国化时代化，指导中国人民不断推进伟大社会革命。中国共产党为什么能，中国特色社会主义为什么好，归根到底是因为马克思主义行！

新的征程上，我们必须坚持马克思列宁主义、毛泽东思想、邓小平理论、“三个代表”重要思想、科学发展观，全面贯彻新时代中国特色社会主义思想，坚持把马克思主义基本原理同中国具体实际相结合、同中华优秀传统文化相结合，用马克思主义观察时代、把握时代、引领时代，继续发展当代中国马克思主义、21世纪马克思主义！

——以史为鉴、开创未来，必须坚持和发展中国特色社会主义。走自己的路，是党的全部理论和实践立足点，更是党百年奋斗得出的历史结论。中国特色社会主义是党和人民历经千辛万苦、付出巨大代价取得的根本成就，是实现中华民族伟大复兴的正确道路。我们坚持和发展中国特色社会主义，推动物质文明、政治文明、精神文明、社会文明、生态文明协调发展，创造了中国式现代化新道路，创造了人类文明新形态。

新的征程上，我们必须坚持党的基本理论、基本路线、基本方略，统筹推进“五位一体”总体布局、协调推进“四个全面”战略布局，全面深化改革开放，立足新发展阶段，完整、准确、全面贯彻新发展理念，构建新发展格局，推动高质量发展，推进科技自立自强，保证人民当家作主，坚持依法治国，坚持社会主义核心价值体系，坚持在发展中保障和改善民生，坚持人与自然和谐共生，协同推进人民富裕、国家强盛、中国美丽。

中华民族拥有在5000多年历史演进中形成的灿烂文明，中国共产党拥有百年奋斗实践和70多年执政兴国经验，我们积极学习借鉴人类文明的一切有益成果，欢迎一切有益的建议和善意的批评，但我们绝不接受“教师爷”般颐指气使的说教！中国共产党和中国人民将在自己选择的道路上昂首阔步走下去，把中国发展进步的命运牢牢掌握在自己手中！

——以史为鉴、开创未来，必须加快国防和军队现代化。强国必须强军，军强才能国安。坚持党指挥枪、建设自己的人民军队，是党在血与火的斗争中得出的颠扑不破的真理。人民军队为党和人民建立了不朽功勋，是保卫红色江山、维护民族尊严的坚强柱石，也是维护地区和世界和平的强大力量。

新的征程上，我们必须全面贯彻新时代党的强军思想，贯彻新时代军事战略方针，坚持党对人民军队的绝对领导，坚持走中国特色强军之路，全面推进政治建军、改革强军、科技强军、人才强军、依法治军，把人民军队建设成为世界一流军队，以更强大的能力、更可靠的手段捍卫国家主权、安全、发展利益！

——以史为鉴、开创未来，必须不断推动构建人类命运共同体。和平、和睦、和谐是中华民族5000多年来一直追求和传承的理念，中华民族的血液中没有侵略他人、称王称霸的基因。中国共产党关注人类前途命运，同世界上一切进步力量携手前进，中国始终是世界和平的建设者、全球发展的贡献者、国际秩序的维护者！

新的征程上，我们必须高举和平、发展、合作、共赢旗帜，奉行独立自主的和平外交政策，坚持走和平发展道路，推动建设新型国际关系，推动构建人类命运共同体，推动共建“一带一路”高质量发展，以中国的新发展为世界提供新机遇。中国共产党将继续同一切爱好和平的国家和人民一道，弘扬和平、发展、公平、正义、民主、自由的全人类共同价值，坚持合作、不搞对抗，坚持开放、不搞封闭，坚持互利共赢、不搞零和博弈，反对霸权主义和强权政治，推动历史车轮向着光明的目标前进！

中国人民是崇尚正义、不畏强暴的人民，中华民族是具有强烈民族自豪感和自信心的民族。中国人民从来没有欺负、压迫、奴役过其他国家人民，过去没有，现在没有，将来也不会有。同时，中国人民也绝不允许任何外来势力欺负、压迫、奴役我们，谁妄想这样干，必将在14亿多中国人民用血肉筑成的钢铁长城面前碰得头破血流！

——以史为鉴、开创未来，必须进行具有许多新的历史特点的伟大斗争。敢于斗争、敢于胜利，是中国共产党不可战胜的强大精神力量。实现伟大梦想就要顽强拼搏、不懈奋斗。今天，我们比历史上任何时期都更接近、更有信心和能力实现中华民族伟大复兴的目标，同时必须准备付出更为艰巨、更为艰苦的努力。

新的征程上，我们必须增强忧患意识、始终居安思危，贯彻总体国家安全观，统筹发展和安全，统筹中华民族伟大复兴战略全局和世界百年未有之大变局，深刻认识我国社会主要矛盾变化带来的新特征新要求，深刻认识错综复杂的国际环境带来的新矛盾新挑战，敢于斗争，善于斗争，逢山开道、遇水架桥，勇于战胜一切风险挑战！

——以史为鉴、开创未来，必须加强中华儿女大团结。在百年奋斗历程中，中国共产党始终把统一战线摆在重要位置，不断巩固和发展最广泛的统一战线，团结一切可以团结的力量、调动一切可以调动的积极因素，最大限度凝聚起共同奋斗的力量。爱国统一战线是中国共产党团结海内外全体中华儿女实现中华民族伟大复兴的重要法宝。

新的征程上，我们必须坚持大团结大联合，坚持一致性和多样性统一，加强思想政治引领，广泛凝聚共识，广聚天下英才，努力寻求最大公约数、画出最大同心圆，形成海内外全体中华儿女心往一处想、劲往一处使的生动局面，汇聚起实现民族复兴的磅礴力量！

——以史为鉴、开创未来，必须不断推进党的建设新的伟大工程。勇于自我革命是中国共产党区别于其他政党的显著标志。我们党历经千锤百炼而朝气蓬勃，一个很重要的原因就是我们始终坚持党要管党、全面从严治党，不断应对好自身在各个历史时期面临的风险考验，确保我们党在世界形势深刻变化的历史进程中始终走在时代前列，在应对国内外各种风险挑战的历史进程中始终成为全国人民的主心骨！

新的征程上，我们要牢记打铁必须自身硬的道理，增强全面从严治党永远在路上的政治自觉，以党的政治建设为统领，继续推进新时代党的建设新的伟大工程，不断严密党的组织体系，着力建设德才兼备的高素质干部队伍，坚定不移推进党风廉政建设和反腐败斗争，坚决清除一切损害党的先进性和纯洁性的因素，清除一切侵蚀党的健康肌体的病毒，确保党不变质、不变色、不变味，确保党在新时代坚持和发展中国特色社会主义的历史进程中始终成为坚强领导核心！

同志们、朋友们！

我们要全面准确贯彻“一国两制”、“港人治港”、“澳人治澳”、高度自治的方针，落实中央对香港、澳门特别行政区全面管治权，落实特别行政区维护国家安全的法律制度和执行机制，维护国家主权、安全、发展利益，维护特别行政区社会大局稳定，保持香港、澳门长期繁荣稳定。

解决台湾问题、实现祖国完全统一，是中国共产党矢志不渝的历史任务，是全体中华儿女的共同愿望。要坚持一个中国原则和“九二共识”，推进祖国和平统一进程。包括两岸同胞在内的所有中华儿女，要和衷共济、团结向前，坚决粉碎任何“台独”图谋，共创民族复兴美好未来。任何人都不要低估中国人民捍卫国家主权和领土完整的坚强决心、坚定意志、强大能力！

同志们、朋友们！

未来属于青年，希望寄予青年。一百年前，一群新青年高举马克思主义思想火炬，在风雨如晦的中国苦苦探寻民族复兴的前途。一百年来，在中国共产党的旗帜下，一代代中国青年把青春奋斗融入党和人民事业，成为实现中华民族伟大复兴的先锋力量。新时代的中国青年要以实现中华民族伟大复兴为己任，增强做中国人的志气、骨气、底气，不负时代，不负韶华，不负党和人民的殷切期望！

同志们、朋友们！

一百年前，中国共产党成立时只有 50 多名党员，今天已经成为拥有 9500 多万名党员、领导着 14 亿多人口大国、具有重大全球影响力的世界第一大执政党。

一百年前，中华民族呈现在世界面前的是一派衰败凋零的景象。今天，中华民族向世界展现的是一派欣欣向荣的气象，正以不可阻挡的步伐迈向伟大复兴。

过去一百年，中国共产党向人民、向历史交出了一份优异的答卷。现在，中国共产党团结带领中国人民又踏上了实现第二个百年奋斗目标新的赶考之路。

全体中国共产党员！党中央号召你们，牢记初心使命，坚定理想信念，践行党的宗旨，永远保持同人民群众的血肉联系，始终同人民想在一起、干在一起，风雨同舟、同甘共苦，继续为实现人民对美好生活的向往不懈努力，努力为党和人民争取更大光荣！

同志们、朋友们！

中国共产党立志于中华民族千秋伟业，百年恰是风华正茂！回首过去，展望未来，有中国共产党的坚强领导，有全国各族人民的紧密团结，全面建成社会主义现代化强国的目标一定能够实现，中华民族伟大复兴的中国梦一定能够实现！

伟大、光荣、正确的中国共产党万岁！

伟大、光荣、英雄的中国人民万岁！

开展党史学习教育
庆祝中国共产党成立100周年

概述

【四川省坚持把开展党史学习教育作为一项重大政治任务】四川省坚持把开展党史学习教育作为一项重大政治任务，按照“学史明理、学史增信、学史崇德、学史力行”要求，制定全省党史学习教育实施意见和系列专项方案、特色方案。四川省委十一届十次全会审议通过《中共四川省委关于深入学习贯彻党的十九届六中全会精神巩固党史学习教育成果的决定》，推动广大党员干部系统深入学党史，融会贯通悟思想，用心用情办实事，锐意进取开新局。

省委第一时间成立庆祝中国共产党成立100周年活动暨党史学习教育领导小组。省级领导干部带头作专题宣讲和党课报告150余场，领办“我为群众办实事”项目103项，深入联系指导市（州）和分管领域开展调研督导。组建25个省委巡回指导组，深入各地各部门（单位）开展7轮督导。

2021年6月25日，四川省十三届人大常委会第二十八次会议表决通过《四川省红色资源保护传承条例》。泸定桥、夹金山等44个建设项目被纳入国家“十四五”文化保护传承利用工程项目库。全省各地爱国主义教育基地也在提档升级，启动建设中国共产党四川历史展览馆和四川革命军事馆。

四川省聚焦革命老区、原深度贫困县制定支持政策，围绕教育、就业、医疗、卫生等重点领域和“一老一小”等特殊群体，推出为群众办实事项目10200余项。全省有19个市（州）在各级政务服务大厅设立“办不成事”反映窗口共计2376个，解决“办不成”的为民实事7032件。

【四川省坚持把庆祝中国共产党成立100周年作为贯穿全年的工作主线】四川省坚持把庆祝中国共产党成立100周年作为贯穿全年的工作主线，围绕爱党爱国爱社会主义主题，精心策划开展系列重大活动，围绕党中央重大战略思想、重大决策部署，统筹做好形势政策宣传和重大主题宣传，全省呈现出正能量更加强劲、主旋律更加高昂的生动局面。

在营造浓厚氛围方面：精心组织四川省庆祝中国共产党成立100周年座谈会、“两优一先”表彰大会、老党员老干部报告会和长征精神主题论坛等活动；大力宣传“七一勋章”和全国全省“两优一先”称号获得者，以及道德模范、“四川好人”“最美人物”等，铸造百年党史的鲜活丰碑。

在服务中心大局方面：四川省统筹推进抗击新冠肺炎疫情、决战脱贫攻坚、全面建成小康社会、成渝地区双城经济圈建设等重大宣传工作；建好四川国际传播中心，打造国际传播矩阵，不断完善大外宣格局；借助重大经贸文化交流活动等加大宣传推介，生动讲好中国故事四川篇章。

在弘扬社会主义核心价值观方面：攀枝花中国三线建设博物馆、中国三峡集团金沙江巨型水电站入选全国爱国主义教育示范基地，长征国家文化公园（四川段）加快建设；评选四川省道德模范49名，“四川好人”“新时代好少年”150名，其中2人获评全国道德模范，20人入选“中国好人榜”，1人入选全国“新时代好少年”；组织300余万名志愿者开展主题志愿服务活动17万余场（次）；新时代文明实践中心建设全面覆盖全省所有县级行政区，建成新时代文明实践中心166个、实践所2940个。

2021年6月25日，“巴蜀儿女心向党”——四川省庆祝中国共产党成立100周年文艺演出在成都举行。演出由“开天辟地”“火红年代”“春潮激荡”“走向复兴”等篇章组成，大量节目尽显“四川元素”，共有2000余名演职人员参加。这是四川省近10年来举办规格最高、规模最大的文艺盛会。

2021年6月26日，“壮丽史诗　伟大飞跃——四川省庆祝中国共产党成立100周年主题展览”开幕，展出1200余张图片及400余件珍贵文物、实物。线下参观人数近90万人次，网上展馆浏览量达1800余万次。

【四川省社科联以“学习百年党史，坚定‘四个自信’，贡献社科力量”为抓手，扎实推进党史学习教育】四川省社科联认真贯彻落实中央和省委党史学习教育部署，第一时间学习传达习近平总书记在党史学习教育动员大会上的重要讲话精神，结合社科实际，以“学习百年党史，坚定‘四个自信’，贡献社科力量”为统揽，突出学党史、悟思想、办实事、开新局，扎实推进四川省社科联及其所属社会组织党史学习教育。

一方面着力在学党史、悟思想上下功夫。

举办四川省社科联机关党员干部及其所属社会组织党支部负责人“党史学习教育理论与实践培训班”；邀请四川省委党史研究室副主任江红英为全体党员干部作题为“中国共产党奋斗历程与启示”的辅导报告；定期组织青年党员干部学习交流。

全系统覆盖发放党史学习教育规定学习资料400余册、拓展学习资料200余册，开展机关主题阅读活动推荐党史读物10余种。

坚持个人自学与集中学习、理论学习与交流讨论相结合的方式开展党史学习教育，召开党组集中学习会20次，党组成员和部门主要负责同志讲党课共计28次，普通党员讲微党课和交流心得体会31次。

另一方面着力在办实事、开新局上下功夫。

深入推进“我为群众办实事”实践活动，结合实际制定四川省社科联及其所属社会组织的“我为群众办实事”项目清单，部署开展以“讲政治、转作风、强服务”专项活动为重点的办实事活动，7个为群众办实事项目纳入省委“两新”及工委“两新联万村·党建助振兴”活动。

【四川省社科联按照中央、省委统一部署，积极开展庆祝建党100周年活动】一是深入学习习近平总书记“七一”重要讲话精神，坚持党组带头学，召开社科联主席办公会专题研学，积极组织发动全省社科界学，全覆盖推动各级社科组织、社科工作者深入学习，全省各级社科组织举办学习贯彻落实习近平总书记“七一”重要讲话精神等相关理论研讨会200余场次。

二是参与承办了省委宣传部主办的四川省庆祝中国共产党成立100周年理论研讨会，汇编形成《四川省庆祝中国共产党成立100周年理论研讨会论文集》。

三是牵头策划和组织知名专家，编撰5卷本、150多万字的《奋力书写时代答卷 以新发展理念推动治蜀兴川》系列丛书，呈现了省委省政府团结带领全川人民在治蜀兴川的伟大实践中奋力书写的时代答卷和取得的重大成就。

四是编印《砥砺奋进——四川哲学社会科学发展纪实》画册庆祝中国共产党成立100周年，在全省社科界开展了庆祝建党100周年理论与实践征文活动，在《天府新论》开设专栏刊载了“中国共产党领导百年社会革命的理论逻辑、历史逻辑和实践逻辑”等专题稿件。

五是成立“建党精神研究中心”等省级社科重点研究基地，同省委党史研究室联合设立“庆祝中国共产党成立100周年暨党史学习教育活动”专项课题，总结党的历史经验，弘扬伟大的建党精神。

六是同成都体育学院等联合举办中国共产党建党百年体育宣传理论与实践研讨会，同四川省民族文化影像艺术协会等联合开展“百年恰是风华正茂——庆祝中国共产党成立100周年百名摄影师聚焦四川巨变摄影作品展”，同重庆日报报业集团书画院等共同主办“百年梦想光耀中华——庆祝中国共产党成立100周年川渝书画联展”等系列活动。

省委省政府重大部署、会议及省领导参与的重要活动

省重大部署及会议

【全省党史学习教育动员大会在成都召开】2021年3月1日，全省党史学习教育动员大会在成都召开，省委书记彭清华出席会议并讲话。他强调，要深入学习贯彻习近平总书记在党史学习教育动员大会上的重要讲话精神，全面落实党中央决策部署，以高度政治自觉扎实开展我省党史学习教育，引导广大党员、干部切实做到学史明理、学史增信、学史崇德、学史力行，守正创新抓住机遇，锐意进取开辟新局，在新征程中不断谱写治蜀兴川时代新篇，以优异成绩庆祝建党100周年。省委副书记、省长黄强主持会议，省政协主席柯尊平、省委副书记邓小刚出席。

彭清华指出，在全党开展党史学习教育，是以习近平同志为核心的党中央立足党的百年历史新起点、统筹中华民族伟大复兴战略全局和世界百年未有之大变局、为动员全党全国满怀信心投身全面建设社会主义现代化国家而作出的重大决策。习近平总书记在党史学习教育动员大会上的重要讲话，从统揽伟大斗争、伟大工程、伟大事业、伟大梦想的战略高度，深刻阐述了开展党史学习教育的重大意义，深刻阐明了党史学习教育的重点和工作要求，对新时代学习党的历史、弘扬党的传统、开启新的征程、创造新的伟业作出全面部署，为开展好党史学习教育指明了方向、提供了根本遵循。扎实开展全省党史学习教育，是当前和今后一个时期全省的一项重大政治任务。各级党委（党组）要认真学习领会习近平总书记重要讲话精神，按照党中央和省委部署要求，坚决抓好、贯彻落实。彭清华指出，要深刻认识开展党史学习教育的重大意义，以高度政治自觉学习党史、以史鉴今、资政育人。历史是最好的老师，党的历史是最生动、最有说服力的教科书。在庆祝党百年华诞的重大时刻，在“两个一百年”奋斗目标历史交汇的关键节点，党中央决定在全党集中开展党史学习教育，对于推动全党深入学习领会习近平新时代中国特色社会主义思想，更好总结历史经验、认识历史规律、掌握历史主动，建设更加强大的马克思主义执政党，奋力夺取新时代中国特色社会主义伟大胜利，具有重大而深远的意义。四川是一片孕育红色基因、富有革命传统的热土，诞生了彪炳史册的重要党史人物，经历了波澜壮阔的重大党史事件，镌刻了撼天动地的不朽党史印记，书写了克难奋进的时代党史新篇，四川地方党史是中国共产党历史的重要组成部分。当前我省全面建成小康社会胜利在望，巴蜀儿女正满怀信心迈步新征程，朝着全面建设社会主义现代化四川的宏伟目标奋勇前行。面对艰巨繁重任务和各种困难挑战，必须从“红色家谱”、奋斗历史中汲取经验智慧和前进力量，在经济社会发展火热实践中继续发扬彻底的革命精神，始终保持“赶考”的清醒，切实做到学史明理、学史增信、学史崇德、学史力行，在新的历史起点奋力推动治蜀兴川再上新台阶。

彭清华指出，要突出学党史、悟思想、办实事、开新局，抓实抓细党史学习教育重点任务。要学出绝对忠诚，始终在思想上、政治上、行动上同以习近平同志为核心的党中央保持高度一致；学出信仰信念，自觉做习近平新时代中国特色社会主义思想的坚定信仰者和忠实实践者；学出辩证思维，进一步增强把握历史发展规律和大势的能力；学出为民情怀，始终践行以人民为中心的发展思想；学出忧患意识，不断增强斗争精神、丰富斗争经验、提升斗争本领；学出昂扬斗志，以一往无前的奋斗姿态迎难而上、攻坚克难，豪情万丈迈步新征程、奋进新时代。

彭清华指出，要把握总体安排、坚持守正创新，高标准高质量开展党史学习教育。注重融入日常、抓在经常，精心组织专题学习和专题培训，全面加强政治引领，扎实开展“我为群众办实事”实践活动，适时召开专题民主生活会和组织生活会，确保取得扎实成效。在具体推进过程中，要坚持领导带头、以上率下，坚持以知促行、知行合一，坚持因地制宜、分类指导，坚持开

门开放、群众评价，力戒形式主义“走过场”，以实际行动让群众看到新变化新气象。要切实加强组织领导，压紧压实责任，把握正确导向，加强督促指导，确保党史学习教育有力有序推进。要坚持两手抓、两促进，以学习教育成果推进中心工作开展，以改革发展成绩检验学习教育成效，确保“十四五”迈好第一步、见到新气象。

【四川省庆祝中国共产党成立100周年座谈会在成都召开】2021年7月2日，四川省庆祝中国共产党成立100周年座谈会在成都召开，省委书记彭清华出席会议并讲话。他强调，要深入学习贯彻习近平总书记在庆祝中国共产党成立100周年大会上的重要讲话，弘扬伟大建党精神，不忘初心、牢记使命，乘势而上、接续奋斗，以万丈豪情凌云壮志启航新征程、谱写新篇章，奋力推动新时代治蜀兴川再上新台阶，为实现第二个百年奋斗目标、实现中华民族伟大复兴的中国梦贡献四川力量。省委副书记、省长黄强主持会议，省政协主席柯尊平、省委副书记邓小刚、西部战区副司令员兼战区空军司令员王强、西部战区副政委兼政治工作部主任赵瑞宝出席。

彭清华指出，1921年中国共产党正式成立，是开天辟地的大事变，深刻改变了近代以后中华民族发展的方向和进程，深刻改变了中国人民和中华民族的前途和命运，深刻改变了世界发展的趋势和格局。习近平总书记在庆祝中国共产党成立100周年大会上发表的重要讲话，庄严宣告“我们实现了第一个百年奋斗目标，在中华大地上全面建成了小康社会”，全面回顾了党一百年波澜壮阔的辉煌历史进程，高度评价了党为实现中华民族伟大复兴作出的不朽历史功绩，深刻总结了党百年来形成的伟大建党精神，对以史为鉴、开创未来提出“九个必须”的重要要求，号召全体中国共产党员在新的赶考之路上努力为党和人民争取更大光荣。习近平总书记的重要讲话，高屋建瓴、气势恢宏，思想深刻、内涵丰富，激荡人心、催人奋进，是一篇闪耀着马克思主义光辉的纲领性文献，是中国共产党更好担负历史使命的行动指南，对于激励全党同志在新的历史起点接续奋进，向着实现第二个百年奋斗目标、向着实现中华民族伟大复兴的中国梦阔步前行，具有重大而深远的意义。

彭清华指出，百年大党，百年华章。在百年苦难辉煌的奋斗历程中，我们党矢志不移把实现共产主义作为最高理想和最终目标，始终将自己的命运同中国人民和中华民族的命运紧紧连在一起，英勇投身为中国人民谋幸福、为中华民族谋复兴的历史洪流之中，以“为有牺牲多壮志，敢教日月换新天”的大无畏气概，书写了中华民族几千年历史上最恢宏的史诗。这一百年来开辟的伟大道路、创造的伟大事业、取得的伟大成就，必将载入中华民族发展史册、人类文明发展史册。四川是全国较早传播马克思主义的地区之一，也是我们党开展革命活动和建立地方组织较早的地区之一，在百年党史中书写了可歌可泣、不可磨灭的光辉篇章。毛泽东、周恩来、刘少奇、朱德、邓小平、陈云、刘伯承、陈毅、聂荣臻等老一辈无产阶级革命家曾在这片红色土地上挥斥方遒、纵横驰骋，千千万万共产党人在这里出生入死、战天斗地，团结带领全川人民进行艰苦卓绝的伟大斗争，谱写了一曲曲气吞山河的英雄壮歌。回望来时路，我们永志不忘先辈先烈们挥洒在这片大地的热血、奉献给这片天空的青春。

彭清华指出，党的十八大以来，省委坚定以习近平新时代中国特色社会主义思想为指导，全面贯彻习近平总书记对四川工作系列重要指示精神，团结带领全省各族人民攻坚克难、砥砺前行，治蜀兴川各项事业取得新的重大成就。今日之四川，经济实力跃上新台阶，基础设施日臻完善，改革开放不断深化，人民生活水平显著提高，生态环境质量持续改善，民主法治建设迈出坚实步伐，全面从严治党不断向纵深推进，政治生态持续发生可喜变化。尤其具有重要历史意义的是，四川与全国同步全面建成小康社会，在创造美好生活、实现共同富裕的道路上迈出了坚实的一大步。在这个过程中，全省党员干部始终保持奋发有为精神状态，在重大斗争考验面前临危不惧、冲锋在前，敢于斗争、敢于胜利，使鲜红的党旗在各条战线猎猎迎风、高高飘扬。

彭清华指出，百年风雨兼程，百年苦难辉煌。我们党领导人民披荆斩棘、乘风破浪，取得了一个又一个伟大胜利，昭示了一条颠扑不破的真理：只有中国共产党才能领导中国，只有社会主义才能救中国，只有改革开放才能发展中国、发展社会主义、发展马克思主义，只有中国特色社会主义道路才能引领中国走向繁荣富强。总结党的百年历史，习近平总书记科学概括了“坚持真理、坚守理想，践行初心、担当使命，不怕牺牲、英勇斗争，对党忠诚、不负人民”的伟大建党精神，系统阐述了以史为鉴、开创未来的“九个必须”。历史经验弥足珍贵，伟大精神激励前行。我们要深刻领会、准确把握，继续弘扬光荣传统、赓续红色血脉，永远把伟大建党精神传承下去、发扬光大。要用历史映照现实、远观未来，从中国共产党的百年奋斗中看清楚过去我们为什么能够成功、弄明白未来我们怎样才能继续成功，在新的征程上更加坚定、更加自觉地牢记初心使命、开创美好未来。

彭清华指出，大道康庄，行者无疆。雄伟壮丽的社会主义事业，凝结着一代代共产党人艰苦卓绝的付出与奉献，承载着无数先哲英烈的寄托与厚望。百年历史既是辉煌过去，又是崭新序章。我们党已经走过千山万水，但仍需跋山涉水、负重前行。当前，四川已经站在新的历史起点，踏上了全面建设社会主义现代化的新长征，前进道路上还有许多“雪山”“草地”等着我们去跨越，还有许多“夹金山”“泸定桥”需要我们去征服，必须继续保持攻坚克难、开拓奋进的勇气和毅力，站在历史的深厚基础上更加坚定地走向未来。全省各级党组织和广大党员干部要深入学习贯彻习近平总书记重要讲话精神，以万丈豪情和凌云壮志启航新征程、谱写新篇章，一步一个脚印向着实现第二个百年奋斗目标奋勇前进。启航新征程、谱写新篇章，我们要始终牢记“党政军民学、东西南北中，党是领导一切的”，以高度政治自觉坚决做到“两个维护”；始终牢记“方向决定道路，道路决定命运”，树立志不改、道不变的坚定信念；始终牢记“发展理念是发展行动的先导”，持续用力以新发展理念引领推动高质量发展；始终牢记“江山就是人民、人民就是江山”，矢志不渝地实现好、维护好、发展好最广大人民群众的根本利益；始终牢记“社会主义是干出来的，新时代是奋斗出来的”，不断锤炼不惧风险、敢于斗争、勇于胜利的风骨和品质；始终牢记“打铁必须自身硬”，毫不动摇地把党的建设新的伟大工程推向前进。青年是祖国的未来、民族的希望。要坚持以党建带团建，教育引导广大青年牢记习近平总书记“不负时代，不负韶华，不负党和人民的殷切期望”的谆谆嘱托，以实现中华民族伟大复兴为己任，把青春奋斗融入党和人民事业，在为祖国、为民族、为人民的不懈奋斗中绽放绚丽的青春之花。

【四川省庆祝中国共产党成立100周年理论研讨会召开】2021年7月7日，在省委的统一部署下，省委宣传部、省委党史研究室和四川省社科联联合举办的四川省庆祝中国共产党成立100周年理论研讨会在成都召开。四川省委常委、宣传部部长甘霖出席会议并讲话。省直相关部门、各市（州）党委宣传部和党史研究室有关负责同志，省内有关高校、党校、科研院所的专家学者和理论研讨会入选论文作者代表近160人参加了会议。

会议深入学习贯彻习近平总书记“七一”重要讲话精神，深入研讨中国共产党百年奋斗的光辉历程、伟大成就和宝贵经验，统一思想，凝聚共识，为全面建设社会主义现代化四川、奋力实现第二个百年奋斗目标提供强大精神力量。与会代表紧扣主题，围绕学习贯彻习近平总书记“七一”重要讲话精神作了深入交流发言。

会议强调，学习宣传贯彻习近平总书记“七一”重要讲话精神是当前和今后一个时期的重大政治任务。社科理论界是推进学习宣传贯彻工作的重要方面军，要坚决贯彻中央和省委部署要求，充分发挥学术优势，全面深入领会，迅速把思想和行动统一到“七一”重要讲话精神上来，推进重点研究，为学习贯彻“七一”重要讲话精神注入学术力量，突出学术优势，高质量做好“七一”重要讲话精神学习宣传研究工作，切实推动习近平总书记“七一”重要讲话精神在四川落地生根。

省领导参与的重要活动

【彭清华前往电子科技大学作党史学习教育专题党课报告】2021 年 4 月 25 日，省委书记彭清华前往电子科技大学作党史学习教育专题党课报告，寄语全省广大青年学生深入学习贯彻习近平总书记在党史学习教育动员大会上的重要讲话精神，修好党的历史这门必修课，从党的百年历程中感悟初心使命、赓续红色基因，切实做到学史明理、学史增信、学史崇德、学史力行，以社会主义建设者和接班人的使命担当，更加奋发有为迈步新征程、建功新时代。

【黄强赴绵阳市梓潼县“两弹城”调研时强调，扎实开展党史学习教育，以优异成绩迎接建党 100 周年】2021 年 3 月 31 日，受省委书记彭清华的委托，省委副书记、省长黄强赴绵阳市梓潼县实地调研“两弹城”红色资源保护利用工作，强调要深入学习领会、全面贯彻落实习近平总书记对革命文物工作的重要指示精神，切实加强革命文物保护利用，全力保护传承好“两弹城”宝贵的红色文化遗产，扎实开展党史学习教育，大力弘扬“两弹一星”精神，为治蜀兴川再上新台阶凝聚强大精神力量，以优异成绩迎接建党 100 周年。

梓潼县“两弹城”是中国工程物理研究院院部旧址，是我国继青海之后第二个核武器研制基地的总部，“两弹一星”功勋奖章获得者王淦昌、邓稼先、于敏等多位杰出科学家在此工作和生活过，被评为全国红色旅游经典景区、国防科技工业军工文化教育基地、四川省爱国主义教育基地等。

黄强走进院部办公楼、两弹历程馆、邓稼先旧居、战备防空洞遗址、大礼堂等处，仔细观看相关文物、文献和照片，回顾缅怀老一辈科学家们走过的艰辛历程和取得的丰功伟绩，察看并了解“两弹城”红色资源保护利用情况。

黄强强调，“两弹一星”精神是中国共产党人精神谱系中的重要组成部分，“两弹城”是我们的宝贵财富，是激发全社会“热爱祖国、无私奉献、自力更生、艰苦奋斗、大力协同、勇于攀登”的生动教材，要高度重视，加大力度，狠抓落实，切实把红色文化资源保护好、管理好、运用好。要抓紧成立“两弹城”保护利用和文物资料收集整理工作领导小组，下设若干工作专班，省委宣传部、文旅厅等部门具体指导，市县主要负责人亲自挂帅推动，尽快制定工作方案和保护利用规划，倒排工期、挂图作战。要结合实际实施分级分类保护管理，对危险建筑开展抢救性修缮，对重点文物修旧如旧、恢复原貌、强化保护，对极不协调的非文物设施予以拆除，对符合利用条件的科学开发利用。要加强文献资料和历史文物收集整理，做好内容审核报批工作，规范提升展陈水平，积极对接国家相关部委，不断提升保护层级，深挖红色资源，讲好红色故事，持续擦亮叫响“两弹城”红色旅游名片和党史学习教育品牌。省政府秘书长胡云，省委宣传部、文旅厅和绵阳市负责人等参加调研。

【黄强参观红军强渡大渡河历史文化科普基地，强调要深入贯彻落实习近平总书记在党史学习教育动员大会上的重要讲话精神和对革命文物工作的重要指示精神】2021 年 4 月 4 日，省委副书记、省长黄强参观科普基地，详细了解红军渡河战斗经过，实地调研革命文物保护利用情况。他要求，革命文物保护工作要细之又细，加强维护修缮和环境整治，进一步规范展陈，做好把关。同时强调，要深入贯彻落实习近平总书记在党史学习教育动员大会上的重要讲话精神和对革命文物工作的重要指示精神，把革命文物保护利用工作列入重要议事日程，用好用活红色资源，抓紧抓实党史学习教育，充分发挥红色、绿色、特色优势，奋力推动经济社会高质量发展。

【黄强到西华大学作党史学习教育专题党课报告】2021 年 5 月 31 日，省委副书记、省长黄强到西华大学作党史学习教育专题党课报告，勉励广大青年学生深入学习贯彻习近平总书记在党史学习教育动员大会和中国科学院第二十次院士大会、中国工程院第十五次院士大会及中国科协第十次全国代表大会上的重要讲话精神，从党史学习中感悟初心使命、汲取奋斗力量、坚定前进信心，自觉肩负起历史重任，传承红色基因，勇于创新作为，让青春在治蜀兴川、建设祖国和服务人民的不懈奋斗中绽放绚丽之花。

报告会后，黄强来到西华大学先进飞行器与动力四川省高校重点实验室，调研推进低空空域管理改革和无人机及发动机为载体开展产业化研究情况，强调要传承老一辈科学家精神，着力增强自主创新能力，推动更多科研成果落地转化。

西华大学党委书记余孝其主持报告会。副省长罗强，省直有关部门负责人和党员代表、成都市党员干部代表、西华大学师生代表等参加。

【甘霖在宜宾市调研党史学习教育开展和文旅融合发展等情况】2021年7月20日至21日，四川省委常委、宣传部部长甘霖在宜宾市调研党史学习教育开展、文旅融合发展等情况，强调要深入学习贯彻习近平总书记“七一”重要讲话精神，全面落实中央和省委部署要求，用好红色资源，高标准高质量开展好党史学习教育，因地制宜突出特色，努力开创文旅深度融合发展新局面。

甘霖一行先后前往李庄文化抗战博物馆、赵一曼纪念馆、翠屏区融媒体中心、宜宾学院以及三江新区东部产业园等地，实地调研运用红色资源开展党史学习教育以及文旅融合发展、媒体融合等情况。

甘霖强调，广大党员干部要提高政治站位，把学习贯彻习近平总书记“七一”重要讲话精神作为党史学习教育的核心内容，不断深化思想认识，推动党史学习教育走深走实，在学史明理、学史增信、学史崇德、学史力行上持续取得新成效。要保护和用好红色资源，创新形式、丰富内容，综合运用各类宣传教育资源，引导党员干部不断从党的历史中汲取政治养分。要扎实开展“我为群众办实事”实践活动，用心用情解决好群众“急难愁盼”问题，切实增强人民群众获得感幸福感安全感。要充分挖掘弘扬好独具特色的文旅资源，打造出具有典范性、标志性的文旅项目。要扎实推进创新驱动引领高质量发展，继续发挥宜宾大学城优势，以更实举措推进产学研一体化深度融合发展。

【罗强在凉山雅安调研红军长征（四川段）时强调，弘扬长征精神，走好新时代长征路】2021年2月23日至25日，副省长罗强先后到凉山州会理县、西昌市、冕宁县和雅安市石棉县、天全县调研红军长征（四川段）革命文物保护利用工作，要求贯彻落实习近平总书记在党史学习教育动员大会上的重要讲话精神，落实省委省政府要求，进一步提高政治站位，加强革命文物保护利用，发挥好教育和文旅功能，不忘初心弘扬伟大长征精神，牢记使命走好新时代长征路。罗强先后调研皎平渡遗址、会理会议纪念地、礼州会议会址、彝海结盟纪念馆、中国工农红军强渡大渡河纪念馆、天全县红军纪念馆和会理古城、川矿记忆等地，详细了解红军长征（四川段）革命文物保护利用情况。他强调，要切实抓好党史学习教育，坚持正确导向，提升思想内涵，讲好长征故事、先辈故事，增强“四个意识”、坚定“四个自信”、做到“两个维护”。要进一步研究梳理红军长征（四川段）发生的重大事件，尊重历史，落实文物保护工作责任，用好红军长征这部历史教科书，开发设计精品红色旅游线路，传递红色能量，鼓舞人民不忘初心、继续前进，在新的长征路上阔步前行。

【罗强出席青年师生代表学习贯彻习近平总书记在庆祝中国共产党成立100周年大会上重要讲话精神座谈会并讲话】2021年7月4日上午，青年师生代表学习贯彻习近平总书记在庆祝中国共产党成立100周年大会上重要讲话精神座谈会在成都召开。副省长、省委教育工作领导小组第一副组长罗强出席会议并讲话。

会上，组织学习了习近平总书记在庆祝中国共产党成立100周年大会上的重要讲话精神，传达了四川省庆祝中国共产党成立100周年座谈会精神。省教育厅、团省委和西南财经大学、四川师范大学、成都石室中学、南充高级中学的主要负责同志，高校辅导员、教师、青年学生代表作了交流发言。

会议指出，习近平总书记的重要讲话向全体党员发出了新的时代号召，对青年一代提出了殷切希望，为全党全国各族人民向第二个百年奋斗目标迈进指明了方向、提供了根本遵循。

会议强调，青年是祖国的未来、民族的希望。学习贯彻习近平总书记重要讲话精神，是当前和今后一个时期的重大政治任务，是下一阶段党史学习教育的重要主题主线。各级各类学校党委要按照中央、省委党史学习教育部署，迅速掀起学习贯彻习近平总书记重要讲话精神的热潮；广大教师要忠诚于党和人民的教育事业，争当“四有”好老师；广大青年学生要不负时代与韶华，践行“请党放心、强国有我”的誓言，在新征程上展现新作为，努力做又红又专、德才兼备、全面发展的中国特色社会主义建设者和可靠接班人。

省社科联重要部署、会议及活动

重要部署与会议

【四川省社科联召开党组中心组（扩大）学习会，集体学习习近平总书记在党史学习教育动员大会上的重要讲话精神并交流学习体会】2021 年 3 月 3 日至 5 日，四川省社科联召开党组中心组（扩大）学习会，集体学习习近平总书记在党史学习教育动员大会上的重要讲话精神并交流学习体会，部署开展机关及其所属社会组织党史学习教育安排。党组书记、常务副主席姜怡主持会议并做党课辅导；党组班子成员、各部室（中心）副处级以上领导干部参加了学习会。会议还集体学习了习近平《论中国共产党历史》《关于若干历史问题的决议》《关于建国以来党的若干历史问题的决议》，学习了习近平总书记在省部级主要领导干部学习贯彻党的十九届五中全会专题研讨班开班式和全国脱贫攻坚总结表彰大会上的重要讲话精神，传达学习了四川省党史学习教育动员大会和省级领导干部及市厅级主要负责同志的读书班精神。参会人员均进行了交流讨论。姜怡作了题为“坚持学史明理、增信、崇德、力行　以新发展理念推动社科工作高质量发展”的党课辅导，深入领学习近平总书记在党史学习教育动员大会上的重要讲话精神、省委书记彭清华在全省党史学习教育动员大会和在省级领导干部及市厅级主要负责同志读书班讲话精神。姜怡指出，开展党史学习教育是一场唤醒红色基因、坚定理想信念的精神磨砺，是一场强化以人民为中心、向发展要动力的宗旨之旅，是一场提升战斗力、练就铁肩膀的务实之行。四川省社科联作为省委省政府领导下的学术性人民团体，身处意识形态“前沿阵地”的工作性质要求党员干部具备较高的政治素养，机关全体党员干部务必认真落实中央和省委党史学习教育的部署要求，增强思想和行动自觉，先学一步，学深一层，认真阅研学习教育资料，以学史明理、增信、崇德、力行，守正创新扎实参加学习教育；同时要深入学习习近平总书记关于新发展阶段、新发展理念、新发展格局的重要论述，深刻领会科学内涵和实践要求，并以此指导工作。姜怡要求，开展学习教育，要落脚工作实践，要科学谋划推动我省社科工作高质量发展的措施办法。当前要对标中央和省委关于新发展阶段、新发展理念、新发展格局的指示要求，强化政治引领，强化担当作为，结合 2021 年度工作目标，抓住关键重点，统一思想，统一步伐，增进凝聚力、战斗力和向心力，履行好四川省社科联职能职责，以攻坚克难的勇气和务实有效的举措推动社科联工作再上新台阶。

【四川省社科联社会组织联合党委召开年度工作会议，认真学习习近平总书记在党史学习教育动员大会上的重要讲话精神和彭清华在全省党史学习教育动员大会上的讲话精神】2021 年 3 月 23 日，四川省社科联社会组织联合党委召开年度工作会议，联合党委委员及四川省社科联学会部相关同志参加了会议。会议由四川省社科联社会组织联合党委副书记、四川省社科联科研部部长、《天府新论》副主编谢莲碧同志主持。会议认真学习了习近平总书记在党史学习教育动员大会上的重要讲话精神和省委书记彭清华在全省党史学习教育动员大会上的讲话精神，传达学习了2021年3月10日召开的四川省社科联七届五次常务理事会会议精神。

按照议程安排，四川省社科联社会组织联合党委副书记、学会部部长胡毅同志就2021年度联合党委要开展的党史学习教育、基层党组织建设、入党积极分子培养、支部换届改选、联合党委制度建设等重点工作做了说明。参会人员围绕今年联合党委重点工作，对如何扎实推进、高质量完成各项目标任务，更好发挥联合党委在抓党建促发展促繁荣上的重要牵引作用，组织开展党史学习教育，共同营造庆祝中国共产党成立100周年的隆重氛围，进行了广泛深入的交流讨论，提出了多条建设性意见。

【四川省社科联机关党委、四川省社科联社会组织联合党委在四川长征干部学院凉山彝海结盟分院举办“党史学习教育理论与实践培训班”】2021年4月13日至15日，四川省社科联机关党委、四川省社科联社会组织联合党委在四川长征干部学院凉山彝海结盟分院举办了“党史学习教育理论与实践培训班”，来自四川省社科联机关、四川省社科联社会组织的35位党员干部参加了培训。四川省社科联党组副书记、副主席及四川省社科联社会组织联合党委书记罗仲平，四川省社科联党组成员、机关党委书记张志怀参加了本次培训。

此次培训中，学员们认真聆听了专家“四史”专题讲座，并在昭觉县火普村、冕宁县彝海结盟地等进行实地学习，切身感受伟大的脱贫攻坚精神和伟大的长征精神，深化了对红色政权来之不易、新中国来之不易、中国特色社会主义来之不易的认识，深化了对中国共产党为什么“能”、马克思主义为什么“行”、中国特色社会主义为什么“好”的体会。

【四川省社科联举办庆祝中国共产党成立100周年座谈会】2021年6月29日，四川省社科联举办庆祝中国共产党成立100周年座谈会，向部分老同志颁发“光荣在党50年纪念章”，新接收预备党员入党宣誓，表彰2020—2021年度机关优秀共产党员、优秀党务工作者，老同志代表和在职党员代表座谈发言。党组书记、副主席姜怡主持会议并讲话。

座谈会上，姜怡代表上级党组织向入党满50年的陈国志、黄永清、方庆丽三位老同志颁发“光荣在党50年纪念章”；为预备党员周宅贤举办入党宣誓仪式；宣读四川省社科联机关党委《关于表彰四川省社科联机关2020—2021年度优秀共产党员和党务工作者的决定》。

姜怡代表四川省社科联党组向获得“光荣在党50年纪念章”的老同志表示敬意，向新入党同志和受到表彰的党员表示祝贺。姜怡在讲话中简要回顾了中国共产党为谋求国家独立、民族解放、人民幸福和世界和平而艰苦奋斗的历程，总结了中国共产党对当代哲学社会科学的领导、支持和推动。

姜怡要求切实增强四川省社科联工作的政治性、先进性、群众性，发挥机关党建的政治保证和思想引领作用，加强机关纪律建设和作风建设，推动全体党员干部进一步提高政治站位、理论素养、业务能力和工作质量，讲政治顾大局，转作风提精神，重质量提速度，为全省社科机构和社科人员做好服务。

【四川省社科联党组中心组召开会议，专题学习领会习近平总书记在庆祝中国共产党成立100周年大会上的重要讲话精神】2021年7月2日，四川省社科联党组中心组召开会议，专题学习领会习近平总书记在庆祝中国共产党成立100周年大会上的重要讲话精神。

会议提出，四川省社科联的党员干部要始终增强“四个意识”、坚定“四个自信”、做到“两个维护”，按照总书记的号召和党中央的部署，牢记初心使命，坚定理想信念，践行党的宗旨，坚持正确的政治方向和学术导向，为中华民族伟大复兴贡献力量。

会议强调，要把学习领会和贯彻落实习近平总书记的重要讲话精神，当作当前和今后一段时期首要的政治任务，一是机关要持续利用“三会一课”、主题党日等形式，深入开展学习交流，先学一步、学深一层，切实把思想和行动统一到习近平总书记重要讲话精神上来；二是认真履行学术性群众团体责任，引导全省社科界围绕习近平总书记重要讲话的重大意义、科学内涵、精神实质和实践要求，组织学习研讨，深化研究阐释，推出理论文章；三是组织力量深入基层，推动各类社会组织以群众喜闻乐见的方式，开展对习近平总书记重要讲话精神的普及宣传，促进讲话精神走深走实；四是机关全体党员和青年干部要积极响应党中央的号召，不忘初心，牢记使命，坚定信念，奋发作为，高效率、高质量完成工作任务，为推进哲学社会科学繁荣发展贡献力量。

【四川省社科联召开七届五次主席办公会，深入学习贯彻习近平总书记“七一”重要讲话精神】2021 年 7 月 19 日，四川省社科联召开七届五次主席办公会，深入学习贯彻习近平总书记“七一”重要讲话精神。

四川省社科联党组书记、常务副主席姜怡在会上通报了上半年工作情况，对下半年主要工作进行了安排部署。姜怡指出，2021 年是中国共产党成立 100 周年，也是实施“十四五”规划、开启全面建设社会主义现代化国家新征程的第一年。2021 年以来，全省社科界坚定以习近平新时代中国特色社会主义思想为科学指导，按照四川省社科联七届五次常务理事会工作安排，围绕庆祝建党 100 周年、党史学习教育、夺取“双胜利”、脱贫攻坚暨乡村振兴、推动成渝地区双城经济圈建设等重点工作，切实担负起“举旗帜、聚民心、育新人、兴文化、展形象”的使命任务，各项工作取得明显效果。

【四川省社科联召开党组中心组（扩大）会议，专题学习讨论习近平总书记“七一”重要讲话精神】2021 年 8 月 10 日，四川省社科联召开党组中心组（扩大）会议，专题学习讨论习近平总书记“七一”重要讲话精神。党组书记、副主席姜怡主持会议。

会议集体学习了习近平总书记在西藏考察时的重要讲话精神。中心组成员彭斌、张志怀、李泽敏围绕学习领会习近平总书记“七一”重要讲话精神，分别就“‘七一’重要讲话中的新思想”“汲取中华优秀传统文化的智慧与力量”“发展新时代马克思主义”等专题进行了交流讨论。

姜怡围绕习近平总书记“七一”重要讲话的政治意义、理论意义和实践意义作了讲话。她指出，习近平总书记“七一”重要讲话，深刻体现了中国共产党为中华民族谋复兴、为中国人民谋幸福的使命担当，庄严昭告中国共产党团结带领人民实现第二个百年奋斗目标的坚强决心，高屋建瓴地诠释了“四个伟大”的丰富内涵，具有十分重要的政治意义；习近平总书记“七一”重要讲话，坚持马克思主义立场观点方法，坚持辩证唯物主义和历史唯物主义，把中国共产党对“三大规律”的认识提高到一个新的阶段，丰富和发展了当代马克思主义，具有十分重要的理论意义；习近平总书记“七一”重要讲话，围绕中华民族伟大复兴这一主题，首次概括了伟大建党精神，全面总结以史为鉴、开创未来的“九个必须”，为全党全国各族人民向第二个百年奋斗目标迈进指明了前进方向、提供了根本遵循，具有十分重要的实践意义。

姜怡提出，全省社科界要把学习领会习近平总书记“七一”重要讲话精神作为当前和今后一段时期的首要政治任务，学深悟透，立学立行，认真落实习近平总书记关于构建中国特色哲学社会科学的重要指示精神，坚持党对哲学社会科学的全面领导，坚持马克思主义对哲学社会科学的指导，坚持以人民为中心的导向，坚持服务大局充分发挥思想库和智囊团作用，坚持全面从严治党加强自身建设，启航新征程、建功新时代，为治蜀兴川再上新台阶和社科强省建设贡献力量。

【四川省社科联青年干部集体学习习近平总书记重要讲话精神，开展党史学习交流】2021 年 9 月 14 日，四川省社科联青年理论学习小组召开集体学习会，认真领会习近平总书记在中央党校中青年干部培训班开班式上的重要讲话精神，并开展党史学习交流。

大家认为，习近平总书记在讲话中指出年轻干部必须练好内功、提升修养，做到信念坚定、对党忠诚，注重实际、实事求是，勇于担当、善于作为，坚持原则、敢于斗争，严守规矩、不逾底线，勤学苦练、增强本领，努力成为可堪大用、能担重任的栋梁之材，不辜负党和人民期望和重托。这是习近平总书记对年轻干部的谆谆教诲，是年轻干部今后工作和生活的重要遵循。当世界百年未有之大变局加速演进，中华民族伟大复兴进入关键时期，年轻干部要敢于立时代潮头，加强理论学习，提高党性修养，砥砺政治品格，锤炼过硬本领，以忠诚干净的实际担当行动，在全面建设社会主义现代化国家新征程中作出贡献。

重要活动

【“百年磨砺铸辉煌”专题讲座联合开展】2021 年 1 月 30 日，四川省社科联、四川省图书馆联合开展“百年磨砺铸辉煌”专题讲座，四川省委党史研究室副主任、四川省社科联副主席江红英讲授。

江红英从“百年：不懈奋斗进取”“磨砺：战胜艰难险阻”“铸造：运用致胜武器”“辉煌：创造丰功伟业”4 个方面回顾了 100 年来党团结和带领中国人民进行新民主主义革命、社会主义革命和建设、改革开放和社会主义现代化建设的壮丽过程，分析了党在百年历史中百炼成钢的“秘诀”，展示了党团结和带领人民作出的 3 个伟大历史贡献，诠释了中国共产党的初心使命和责任担当。

【庆祝中国共产党成立 100 周年四川社科“百年百秒”系列短视频上线四川省社会科学界联合会官方微信“四川社科”】为回顾梳理四川哲学社会科学在党的坚强领导下走过的历史进程，总结四川哲学社会科学繁荣发展的宝贵经验，2021 年 4 月 12 日，四川省社会科学界联合会办公室致函各市（州）社科联、高校社科联、省级学会、协会、研究会、民办社科机构，面向全省社科界征集庆祝中国共产党成立 100 周年四川社科“百年百秒”短视频。

全省社科界坚持以习近平新时代中国特色社会主义思想和党的十九大精神为指导，增强“四个意识”、坚定“四个自信”、做到“两个维护”，围绕构建具有中国特色、四川特点的哲学社会科学，以四川省社科界先进学术人物、优秀成果等为重点，以人物故事或成果背后的故事为小切口，以短视频为宣传手段，推出“百年百秒”主题系列宣传，为中国共产党成立 100 周年献礼。

截至 2021 年底，四川省社科联从征集到的相关视频中选择具有代表性的故事，进行深度挖掘二次加工，形成“百年百秒”系列短视频，并在四川省社会科学界联合会官方微信“四川社科”上展播，见表 1。

表 1　“百年百秒”短视频列表

序号	视频名称	时间	视频来源
1	曾康霖	2021-07-29	西南财经大学社科联
2	继光精神普及基地巡展视频	2021-08-02	德阳社科联
3	走近三星堆	2021-08-03	德阳社科联
4	《嘉绒口语学习读本》背后的故事	2021-08-04	阿坝社科联
5	王成佑：将红色万源的革命精神传承下去	2021-08-06	万源社科联
6	四川郭沫若研究中心	2021-08-09	乐山社科联
7	四川孝文化普及基地	2021-08-11	德阳社科联
8	四川宋瓷博物馆	2021-08-13	遂宁社科联
9	李冰导洛科普文化基地	2021-08-18	德阳社科联

续表1

序号	视频名称	时间	视频来源
10	陈子昂读书台励志教育普及基地	2021－08－20	遂宁社科联
11	王荣成：研究、挖掘、传承红色歌谣	2021－08－23	宣汉社科联
12	百年竹园烈士纪念园	2021－08－28	乐山社科联
13	百年韶华	2021－08－30	遂宁社科联
14	工业先导 功在中华	2021－09－01	乐山社科联
15	攀枝花中国三线建设博物馆	2021－09－06	攀枝花社科联
16	黎州书香文化社科普及基地	2021－09－10	雅安社科联
17	项楚谈治学理念	2021－12－03	四川大学社科联
18	中国哲学史研究专家詹石窗	2021－12－06	四川大学社科联

【庆祝中国共产党成立100周年百名摄影师聚焦四川巨变摄影作品展开展】2021年6月21日，由四川省社会科学界联合会主办，四川省艺术摄影协会、四川省民族文化影像艺术协会承办，民族杂志社、四川艺术网提供媒体支持的“百年恰是风华正茂——庆祝中国共产党成立100周年百名摄影师聚焦四川巨变摄影作品展”开展。

【高校社科界庆祝中国共产党成立100周年座谈会——四川大学专场召开】2021年6月25日，高校社科界庆祝中国共产党成立100周年系列座谈会——四川大学专场在四川大学国际学术交流中心举行。此次会议由教育部社科司指导，以“研究阐释中国共产党革命精神，弘扬红色文化，传承红色基因”为主题，与会专家学者围绕深入开展“四史”教育、传承红色基因，培育时代新人、助推“两个大局”等内容进行座谈和理论研讨。

教育部社会科学司司长徐青森，教育部党史学习教育高校第十一指导组副组长赵忠、谢守成，教育部高校党建工作联络员肖铁岩，四川省社科联党组书记姜怡等参加座谈会。四川大学校长李言荣院士，四川大学副校长李蓉军、姚乐野，四川大学党委副书记曹萍、郭勇，以及来自中国社科院、武汉大学、重庆大学、湖南大学、中共四川省委党校等高校和科研机构的专家学者参加座谈会。中央党史研究室原主任、四川大学特聘教授、四川大学党史党建研究院名誉院长欧阳淞作主旨报告。

会上，李言荣和姜怡为四川大学中共党史党建研究院揭牌，为“四川大学革命英烈传记丛书”揭幕。欧阳淞以“中国共产党革命精神的丰富内涵与时代价值”为题作视频主旨报告。当日下午，参会学者代表围绕座谈会主题进行交流发言。

【共话体育宣传力量——建党百年体育宣传理论与实践研讨会在蓉召开】2021年6月5日，中国共产党建党百年体育宣传理论与实践研讨会在成都体育学院召开。来自全国马克思主义新闻观、体育新闻、体育产业等理论与实践战线的50余名代表参加了会议。

开幕式上，成都体育学院党委副书记潘小非在致辞中表示，中国共产党建党100年来，作为党和国家宣传战线的重要领域，体育宣传为推动体育事业健康发展提供了舆论支持和精神动力。

在中国体育科学学会副理事长祝莉看来，此次研讨会的成果将为丰富体育传播理论、指导体育传播实践、提高体育传播效力提供学理支撑，并希望大家以会议为契机，不断深入探索，系统总结体育宣传的经验，将体育宣传融入国家大外宣格局中，让中国特色体育发展的道路越走越宽，为建立人类命运共同体贡献体育力量。

“在中国共产党建党百年的历史时刻，回顾百年体育宣传历史、提炼体育宣传精髓、展望体育宣传美好未来，体现了体育文化研究传播工作者的使命与担当，也将为四川体育强省建设、成都赛事名城建设贡献力量。”四川省社会科学界联合会党组副书记罗仲平表示。

开幕式现场，中国人民大学荣誉一级教授、成都体育学院特聘教授陈力丹，人民日报社体育部主任薛原，新华社体育部副主任周杰，中国体育报业总副社长、人民体育出版社社长王成，中央广播电视总台 CCTV5 前主任马国力，成都体育学院新闻与传播学院教授、中国体育科学学会体育新闻传播分会秘书长郭晴等先后作大会报告。

此次研讨会由中国体育科学学会、四川省社会科学界联合会、成都体育学院共同主办，中国体育科学学会体育新闻传播分会、成都体育学院新闻与传播学院、四川体育传播高水平团队承办，旨在全面贯彻习近平新时代中国特色社会主义思想，落实“学党史、悟思想、办实事、开新局”的部署要求，系统总结中国共产党百年体育宣传工作的历史经验，推动新时代体育宣传工作创新发展。本次研讨会亦是国家社会科学基金重大课题“中华人民共和国体育史研究（1949—2019）”的阶段性成果。

【第二届新时代四川律师行业党建论坛暨第二届四川律师论坛在成都举行，四川省社科联主席杨泉明出席论坛并致辞】2021 年 6 月 29 日，第二届新时代四川律师行业党建论坛暨第二届四川律师论坛在成都举行，四川省社科联主席杨泉明出席论坛并致辞。

本次论坛以“奋斗百年路　领航新征程”为主题，旨在献礼中国共产党百年华诞，充分展现四川律师行业坚持党的全面领导，认真落实新时代律师行业党建工作新要求，激励全省律师行业更加紧密地团结在以习近平同志为核心的党中央周围，引领广大律师为法治四川建设贡献新的更大力量。

杨泉明指出，坚持党的领导，坚持政治引领、思想引领，是我国律师行业的光荣传统，也是一项政治原则。同时强调，四川省哲学社会科学界联合会将充分发挥职能作用，进一步动员组织我省广大社会科学理论工作者特别是法学理论工作者，进一步开展律师制度相关领域重大理论和实践问题的研究，形成更多既有理论深度又有实践指导性的研究成果，广泛普及律师职业知识。为推动律师制度的进一步改革和律师队伍建设的进一步加强，为切实解决律师执业难问题，切实维护律师合法权利，进一步优化律师队伍结构，为建设法治中国、法治四川作出应有的努力。

【百年梦想　光耀中华——庆祝中国共产党成立 100 周年川渝书画联展开幕】2021 年 9 月 17 日，为庆祝中国共产党成立 100 周年，在四川省社科联、重庆市人民政府文史研究馆指导下，四川省社科联社会组织联合党委、四川华西徐悲鸿张大千艺术研究院、重庆日报报业集团书画院、华龙网书画艺术联谊会共同主办的“百年梦想　光耀中华——庆祝中国共产党成立 100 周年川渝书画联展”在蓉开幕。四川省人民政府原副省长韩邦彦、李进，四川省社科联、四川省政协书画研究院、重庆日报报业集团书画院、华龙网书画艺术联谊会等单位代表，以及川渝两地书画家和各界人士 200 余人出席开幕式。

省社科机构重要活动及学术会议

重要活动

【100 位书法家创作 100 米书法作品，庆祝中国共产党成立 100 周年】2021 年 3 月 27 日，四川省经济文化协会与中石油西南油气田公司共同策划，联合中石油书协、四川省书协，举办百人百米书法长卷创作展。组织 100 位书法家在毛泽东主席视察隆昌气矿纪念馆现场创作 100 米书法

作品，庆祝中国共产党成立100周年。

【中央党史和文献研究院专家来四川省社科院辅导党史学习教育】2021年3月30日，为深入贯彻落实中央和省委关于党史学习教育的部署要求，四川省社科院召开党史学习教育专家辅导报告会暨党委理论学习中心组（扩大）会。会议邀请中央党史和文献研究院第一研究部副主任、一级巡视员、研究员许先春博士，以“立足百年新起点，奋力开启新征程——学习习近平总书记《论中国共产党历史》”为题作辅导报告。会议由院党委书记李后强教授主持。党委副书记、院长向宝云研究员，党委副书记陈井安研究员，党委委员、副院长郑泰安研究员及胡学举编审出席会议。全院副处级以上干部，副高级以上专业技术人员，离退休党支部书记、学生党支部书记、院属社会组织党支部书记共200余人参加了会议。

许先春研究员从《论中国共产党历史》的编辑过程和主要特点、《论中国共产党历史》的基本观点和核心要义、《论中国共产党历史》蕴含的科学思想方法和工作方法、《论中国共产党历史》展现的真理力量和人格魅力4个方面进行专题讲解。他指出，《论中国共产党历史》的编辑工作具有展现全面性、富有代表性、体现原创性、突出指导性、注重教育性、彰显鲜活性6个鲜明特点。《论中国共产党历史》的基本观点和核心要义可以概括为“六个伟大”：创造了伟大历史、作出了伟大贡献、践行了伟大初心宗旨、形成了伟大理论、铸就了伟大精神、积累了伟大经验。《论中国共产党历史》蕴含的科学思想方法和工作方法要求讲好中国共产党故事，传承红色基因，树立正确党史观，全面、历史、辩证地评价历史人物，旗帜鲜明反对历史虚无主义，坚持学用结合。他认为，《论中国共产党历史》展现的真理力量和人格魅力体现在5个方面：宏阔的历史视野、坚定的人民立场、鲜明的问题导向、深厚的历史情怀和强烈的历史担当。

【“学党史·颂党恩·跟党走”——酒城讲坛百场公益讲座基层行拉开序幕】2021年3月29日，由中央党史和文献研究院第一研究部副主任、一级巡视员、研究员许先春博士担任主讲嘉宾的公益讲座在四川警察学院开讲。由此，泸州市社科联组织的“学党史·颂党恩·跟党走”——“酒城讲坛”百场公益讲座基层行主题活动拉开序幕。

“学党史·颂党恩·跟党走”——泸州“酒城讲坛”社科普及基地百场公益讲座基层行由泸州市社科联牵头组织，是泸州市庆祝中国共产党成立100周年群众性主题宣传教育活动的重要组成部分，是全市党史学习教育的重要平台。讲座深入宣传中国共产党在革命、建设和改革各个历史时期所走过的光辉历程、取得的辉煌成就，生动再现中国共产党成立100年来的历史瞬间、典型人物、难忘故事，让听众在聆听讲座中了解中国共产党的光辉历程，领悟马克思主义中国化的理论内涵，不忘初心、铭记党恩、紧跟党走，从而凝聚和激发为实现中华民族伟大复兴砥砺奋进的强大精神力量。

百场公益讲座历时3个月，采用“宣讲+故事+文艺”的形式，由30余名优秀讲师组成4个小分队，深入全市机关、学校、企业、园区、军营和村（社区）开展专题讲座100场次。

【四川省社科院和成都市社科联召开“学习贯彻习近平总书记在庆祝中国共产党成立100周年大会上重要讲话精神”四川社科专家座谈会】2021年7月2日，四川省社科院、成都市社会科学界联合会在四川省社科院共同主办“学习贯彻习近平总书记在庆祝中国共产党成立100周年大会上重要讲话精神”四川社科专家座谈会。来自四川省委政策研究室、四川省委党史研究室、四川省直机关党校、西南交通大学、西南财经大学、西南石油大学、四川省社科院、成都市社会科学界联合会等单位的专家学者参加座谈会。

四川省社科院党委书记李后强主持会议，并作“深度学习和自我革命铸就百年大党的辉煌”为题的发言。他表示，习近平总书记的重要讲话令人振奋和激动，尽显大党气派、大国气度，是通篇闪耀着马克思主义思想的光辉文献，是以史为鉴、开创未来的行动指南，是中国共产党21世纪的政治宣言书，是全面建成社会主义现代化强国的出师动员令，让我们倍受教育、倍增信心。中国共产党是一个学习型的勇于自我革命的马克思主义政党，具有深度学习和自我修复特质，这是我们党从小到大、从弱变强、不可战胜的内在功能。我们党的深度学习是深入学习、持续学习、学用结合、知行合一。自我修复就是自我革命，是自愈系统功能，体现为自我净化、自我完善、自我革新和自我提高，有着丰富的思想内涵和深厚的哲学意蕴，是辩证统一的有机整体。

成都市社科联（院）党组书记、院长陈蛇研究员围绕“弘扬伟大建党精神　谱写社科华章”作了发言。他表示，新时代新征程，要以坚忍执着的理想信念，坚持党的全面领导；要坚持巩固马克思主义对哲学社会科学研究的指导地位；要本领过硬、牢记党的初心使命。

四川省社科院党委副书记陈井安研究员，副院长郑泰安研究员，胡学举编审，全国人大代表、四川省社科院杨先农研究员，四川省委党史研究室副主任江红英，四川省委政研室政治处处长、谢圣赞教授，四川省直机关党校《党政研究》常务副总编刘彦武教授，西南交通大学马克思主义学院院长林伯海教授，西南财经大学马克思主义学院院长唐晓勇教授，西南石油大学马克思主义学院李学林教授，四川省社科院马克思主义学院常务副院长曾敏研究员，产业经济研究所所长达捷研究员等专家学者作了精彩交流发言。

与会专家学者一致认为，习近平总书记在庆祝中国共产党成立 100 周年大会上的重要讲话，系统总结了党在不同时期团结带领中国人民取得的伟大成就，科学凝练了开创未来的“九个必须”，创新诠释了伟大建党精神，高屋建瓴、气势恢宏、催人奋进，主题极其重大、内容极其丰富、影响极其深远。作为哲学社会科学工作者，要深入学习宣传贯彻习近平总书记的重要讲话精神，坚持守正创新，深化研究阐释，为全面建成社会主义现代化强国和治蜀兴川再上新台阶作出新贡献。

【中华人民共和国国史学会会长莅临四川省社科院，以“我们党历经百年依然朝气蓬勃的主要表现、原因和经验”为题作专题讲座】2021 年 10 月 26 日上午，中华人民共和国国史学会会长、中国社科院原副院长朱佳木研究员应邀莅临天府智库大家论坛，为全院各专业研究生及部分老师作了学习习近平总书记“七一”重要讲话的专题讲座，题为“我们党历经百年依然朝气蓬勃的主要表现、原因和经验”。

在两个半小时的讲座中，朱佳木会长首先从中国共产党的奋斗历程、精神状态和队伍构成 3 个方面阐述了其历经百年依然朝气蓬勃的主要表现；接着，他对其中的原因作了深刻分析，指出拥有为人民大众谋利益的初心并能始终坚守这个初心，拥有注重实际、与时俱进的创新精神并能不断创造出新的理论，拥有自我纠错和修复的能力并能勇于承认错误、纠正错误，是中国共产党历经百年依然朝气蓬勃的主要原因；最后，他总结了中国共产党历经百年依然朝气蓬勃的三条基本经验，即：把党的最高纲领与当前纲领相结合，把党的集中统一与发扬民主相结合，把党的全面领导与自我整顿相结合。

【川渝部分县区党校共建“红色教育联盟”】2021 年 12 月 4 日，中共重庆市潼南区委党校、中共重庆市荣昌区委党校、中共荣县县委党校、中共隆昌市委党校、中共仪陇县委党校、中共宜宾市南溪区委党校签约共建川渝党校“红色教育联盟”，在干部培训、决策咨询、理论研究、教学管理、队伍建设等方面加强合作。联盟党校围绕各自教学资源，将辖区内成熟的教育基地作为联盟党校优选现场教学基地，共同打造培训基地联盟。

学术会议

【“庆祝中国共产党成立 100 周年暨百年巨变中的青年使命”学术研讨会召开】2021 年 3 月 20 日，“庆祝中国共产党成立 100 周年暨百年巨变中的青年使命”学术研讨会在四川大学召开，来自北京大学、清华大学、中国人民大学、北京师范大学、华中师范大学等 80 余所高校 100 余名专家学者参加了会议。会议由《思想理论教育导刊》编辑部、《社会主义核心价值观研究》编辑部、四川大学马克思主义学院、国家社科基金重大项目“推动青年理想信念教育常态化制度化研究”课题组和全国高校思想政治工作队伍培训研修中心（四川大学）联合主办。大会开幕式由四川大学马克思主义学院名誉院长张磊教授主持。

【首届毛泽东思想研究峰会召开】2021 年 3 月 27 日，在中国共产党百年诞辰之际，为深入推进毛泽东思想的研究，由四川社科院主办，四川省社科院马克思主义学院（毛泽东思想研究所）、毛泽东思想研究杂志社、西南石油大学马克思主义学院、四川农业大学马克思主义学院、成都理工大学马克思主义学院共同承办的首届毛泽东思想研究峰会——“毛泽东思想与中国共产党”学术研讨会在腾讯会议平台召开。

四川省社科院副院长胡学举在本次峰会上致辞，来自中共中央党校、中共中央党史和文献研究院、中国社科院、北京大学、清华大学、中国人民大学、北京师范大学、北京联合大学、南京大学、武汉大学、湘潭大学、华东师范大学、华南师范大学、华南农业大学、武汉理工大学、闽南师范大学、上海工程技术大学、河北大学、燕山大学、广东警官学院、中共山西省委党校、电子科技大学、四川农业大学、《思想理论教育导刊》杂志社等单位的 30 余位专家学者围绕会议主题发言。本次峰会由四川省社科院马克思主义学院常务副院长兼《毛泽东思想研究》常务副主编曾敏研究员，《毛泽东思想研究》副主编赵小波副研究员主持，全国共有百余专家通过网络平台参与了峰会。

【庆祝建党 100 周年学术研讨会暨中国历史唯物主义学会成立 40 周年高层论坛】2021 年 4 月 17 日，由中国历史唯物主义学会、中国社科院国家文化安全与意识形态建设研究中心、四川大学联合主办，四川大学马克思主义学院和《四川大学学报》（哲社版）编辑部共同承办的庆祝建党 100 周年学术研讨会暨中国历史唯物主义学会成立 40 周年高层论坛在四川大学举行。来自全国高校、社科院、党校、军队和政府有关单位、学术期刊等机构的 200 余位专家学者参加了会议。在开幕式上，四川省委宣传部副部长高中伟，四川大学党委常务副书记、马克思主义学院院长曹萍，中国历史唯物主义学会会长、中国社科院国家文化安全与意识形态建设研究中心主任侯惠勤分别致辞。中国社科院马克思主义研究院党委书记、副院长辛向阳出席并讲话。

【全国高校马克思主义理论学科研究会第 50 次学科论坛】2021 年 5 月 15 日，由西华师范大学马克思主义学院承办的全国高校马克思主义理论学科研究会第 50 次学科论坛暨“中国共产党成立 100 周年与马克思主义中国化理论创新”学术研讨会在南充召开。西华师范大学党委书记王安平，四川省教育厅宣传思想与统战工作处处长李大鹏，复旦大学博士生导师、全国高校马克思主义理论学科研究会副会长顾钰民，中国高等教育学会副秘书长郝清杰，《马克思主义理论学科研究》编辑部副主编、全国高校马克思主义理论学科研究会副会长郑端，校党委常委、宣传部部长周勇出席会议。会上，顾钰民教授、郝清杰研究员分别围绕“深化对中国特色社会主义最本质特征的认识”“马克思主义是一块整钢”作了主题报告。

【“中国共产党建党百年与党的建设学科发展”理论研讨会暨马克思主义学院院长论坛】2021 年 5 月 24 日，“中国共产党建党百年与党的建设学科发展”理论研讨会暨马克思主义学院院长论坛在西南财经大学柳林校区举行。会议由西南财经大学主办，西南财经大学习近平新时代中国特色社会主义思想研究中心、马克思主义学院承办，来自全国 20 余所知名高校的马克思主义学院负责人和专家学者、期刊主编以线上和线下相结合的方式参加研讨会。

在主题发言环节，来自北京大学、北京师范大学、山东大学、同济大学、中央财经大学、上海财经大学、中国农业大学等高校的 18 位专家学者围绕会议主题就党的建设学科发展、大学生“四史”教育、近代中国道路选择、全面从严治党等方面内容进行深入交流研讨。与会专家学者一致认为，中国共产党成立一百年来，始终坚持为中国人民谋幸福、为中华民族谋复兴的初心使命，在领导中国人民站起来、富起来、强起来的伟大征程中谱写了壮丽的历史篇章。党的百年华诞之际，我们要以党史学习教育为契机，聚焦党史党建的重点、热点和难点问题，为推动党的建设学科繁荣发展贡献力量。

在马克思主义学院院长论坛上，来自四川大学、重庆大学、上海财经大学、电子科技大学等 14 所高校的马克思主义学院负责人深入学习贯彻习近平总书记在党史学习教育动员大会上的重要讲话精神、在清华大学考察时的重要讲话精神，围绕各高校深入推进党史学习教育融入思想政治理论课教学研究的经验开展深入交流。

【庆祝中国共产党成立 100 周年暨 2021 年全国马克思主义理论学科青年学者论坛】2021 年 5 月28 日至 29 日，庆祝中国共产党成立 100 周年暨 2021 年全国马克思主义理论学科青年学者论坛在西南石油大学举行，教育部思政司原司长、北京师范大学思想政治工作研究院院长冯刚，西南石油大学校党委副书记、纪委书记郭世一，四川省教育厅宣传思想与统战工作处副处长刘向晖出席了会议开幕式并致辞。会议由中国教育战略发展学会思想道德建设专业委员会和西南石油大学主办，来自全国的 150 余位代表参加了会议。

在主旨报告阶段，教育部思政司原司长、北京师范大学思想政治工作研究院院长冯刚教授，四川大学马克思主义学院党委书记李栓久教授，电子科技大学马克思主义学院院长吴满意教授，西南交通大学马克思主义学院院长林伯教授，苏州大学马克思主义学院院长田之健教授，重庆大学马克思主义学院院长张邦辉教授等 14 位专家作了精彩的学术报告。

【“百年党史与新时代长征路”理论研讨会】2021 年 6 月 5 日，为庆祝中国共产党成立 100 周年，由四川省党的建设研究新型智库、中共四川省委党校（四川行政学院）党建教研部、四川省党校系统中共党建党史学会以及四川省党的建设研究高水平团队等主办，由中共四川省委党校（四川行政学院）决策咨询部、党史教研部、《理论与改革》《党政研究》和《中共成都市委党校学报》等单位协办，以“百年党史与新时代长征路”为主题的理论研讨会在中共成都市委党校召开。此次会议重点围绕百年党史的主题与主线、百年党史的经验与启示、如何走好新时代长征路等诸多方面问题进行探讨交流。

【“邓小平与中国特色社会主义——庆祝中国共产党成立 100 周年”理论研讨会】2021 年 10 月 14 日，中共中央党史和文献研究院第三研究部、中国中共文献研究会邓小平思想生平研究会、中共四川省委党史研究室、四川省社科院和中共广安市委市政府在广安联合举办“邓小平与中国特色社会主义——庆祝中国共产党成立 100 周年”理论研讨会，学会理事单位广安市委党史研究室、邓小平故里管理局参与承办此次研讨会。来自各主办单位及中国社科院、北京大学、中国人民大学、同济大学、陕西师范大学、湖南师范大学、中共重庆市委党史研究室、百色干部学院等全国各地的近百名专家学者参加了会议。与会专家学者认真学习领会习近平总书记“七一”重要讲话精神，对中国共产党百年奋斗的光辉历程和伟大成就、伟大建党精神的丰富内涵和时代价值、全面建成小康社会的历程和意义、中国共产党以史为鉴开创未来的使命任务和邓小平在党的百年发展史上的重要地位，特别是邓小平对开创中国特色社会主义的伟大历史贡献等历史和理论问题进行了深入研讨交流。

【聚焦“百年现代化历程与马克思主义伦理学的历史使命”——第七届全国马克思主义伦理学论坛】2021 年 10 月 23 日，第七届全国马克思主义伦理学论坛在西南财经大学举行。论坛由清华大学高校德育研究中心、中国人民大学伦理学与道德建设研究中心、西南财经大学马克思主义学院共同主办，以“百年现代化历程与马克思主义伦理学的历史使命”为主题，来自全国 50 余所高校的专家学者和期刊负责人参加。

【第三届四川红色文化学术峰会暨“中国共产党百年辉煌与四川红色历史人物研讨会”】2021 年 12 月 5 日上午，第三届四川红色文化学术峰会暨“中国共产党百年辉煌与四川红色历史人物研讨会”在四川自贡举行。本届峰会由四川旅游学院马克思主义学院、四川省社科院马克思主义学院（毛泽东思想研究所）、四川红色文化教育学院共同主办。峰会旨在共同研讨中国共产党的百年峥嵘岁月与伟大精神，共同挖掘四川红色历史资源，共同缅怀革命先烈的丰功伟绩，积极当好红色传人，激励广大党员干部在新的赶考路上接续奋斗、砥砺前行。

课题设立与学术成果

课题设立

【四川省社科规划“庆祝中国共产党成立 100 周年暨党史学习教育”专项课题（2021 年）】
2021 年 6 月 5 日，四川省社科规划“庆祝中国共产党成立 100 周年暨党史学习教育”专项课题共立项 20 项，具体名单见表 2。

表 2　四川省社科规划“庆祝中国共产党成立 100 周年暨党史学习教育”专项课题（2021 年）立项名单

序号	项目名称	负责人	工作单位
1	中国共产党对世界反法西斯统一战线建设的贡献研究	彭波	成都大学
2	“互联网+”背景下四川革命历史名人文化传播与开发研究	任文举	乐山师范学院
3	中国共产党成立以来标语口号及英译研究	樊习英	攀枝花学院
4	四川三线建设精神口述史研究	代俊	攀枝花学院
5	新中国成立初期中国共产党对构建完整工业体系的理论探索与实践路径	徐鹏	四川大学
6	党史题材经典音乐研究	汪涛	四川大学
7	四川抗美援朝老兵口述史料整理与研究	苏东来	四川省社科院
8	中国共产党依法治国的历程与基本经验研究	张邦铺	西华大学
9	中国共产党创新发展马克思主义经济学的贡献	蒋南平	西南财经大学
10	中国共产党推进人民美好生活建设的历程与经验研究	周海荣	西南财经大学
11	中国共产党四川隐蔽战线斗争史研究（1921—1949）	何薇	西南交通大学
12	红色歌谣呈现的川陕苏区党群关系研究	冉绵惠	西南交通大学
13	中国共产党建设和发展中华民族共同体的历史贡献研究	恩佳	西南民族大学
14	民国时期川康地区少数民族共产党员群体研究	马廷中	西南民族大学
15	四川省全面建成小康社会的理论与实践研究	何雄浪	西南民族大学
16	中国共产党领导的人民抗疫斗争史研究	胡伟力	西南医科大学
17	“共产党人的精神”专题音乐党课实践研究	黄小惠	宜宾学院
18	四川长征红色资源整理与研究	谭春花	中共四川省委党校
19	中国共产党国家文化安全战略思想的形成与发展研究	马勤	中共四川省委省直机关党校
20	卢德铭烈士理想信念的形成及当代价值研究	陈莎	中共自贡市委党校

【四川省社科规划“宣传阐释习近平总书记在庆祝中国共产党成立100周年大会上的重要讲话精神”重大项目（2021年）】2021年11月15日，经四川省社科联党组批准，2021年四川省社科规划“宣传阐释习近平总书记在庆祝中国共产党成立100周年大会上的重要讲话精神”重大项目的申报工作正式启动。项目指导思想是：坚持以习近平新时代中国特色社会主义思想为指导，深入贯彻落实党的十九大和十九届二中、三中、四中、五中、六中全会精神，紧紧围绕习近平总书记在庆祝中国共产党成立100周年大会上的重要讲话精神，立足我省实际，深入研究阐释，推动理论创新，着力推出有理论说服力、有实践指导意义、有决策参考价值的重大成果，为宣传贯彻习近平总书记在庆祝中国共产党成立100周年大会上的重要讲话精神，走好实现第二个百年奋斗目标新的赶考之路提供有力的理论支撑和学理支撑。在完成项目受理申报、评审、网上公示等程序后，经四川省社科联党组批准，共有10项课题获批立项，具体名单见表3。

表3　四川省社科规划“宣传阐释习近平总书记在庆祝中国共产党成立100周年大会上的重要讲话精神”重大项目（2021年）立项名单

序号	项目名称	负责人	工作单位
1	中国特色社会主义创造人类文明新形态研究	胡芳	四川大学
2	马克思主义中国化“两个结合”及其关系研究	刘肖	四川大学
3	全过程人民民主的生成逻辑、价值意蕴及发展进路研究	李俊	四川大学
4	发扬斗争精神的重大意义和实践要求研究	冯兵	四川大学
5	伟大建党精神的生成逻辑及传承理路研究	单孝虹	四川省社科院
6	全人类共同价值的国际传播研究	薛新国	西华大学
7	中国共产党开创中国式现代化新道路研究	任志江	西南财经大学
8	全人类共同价值的理论与实践研究	林伯海	西南交通大学
9	中国共产党传统文化观的百年嬗变研究	崔发展	西南石油大学
10	全过程人民民主的四川实践创新研究	郭从伦	中共四川省委党校

学术成果

【《奋力书写时代答卷　以新发展理念推动治蜀兴川》系列丛书】为庆祝中国共产党成立100周年，2021年6月，四川省社科联在成都举行《奋力书写时代答卷　以新发展理念推动治蜀兴川》系列丛书新书发布会，向党的百年华诞献礼。全书共五卷，主要包括脱贫攻坚暨乡村振兴、全面深化改革、全面依法治省、全面加强党的建设、文化旅游发展5个方面的内容。四川省社科联主席杨泉明、省委宣传部副部长高中伟出席新书发布会，省委党史研究室、省地方志办公室等十余家省级相关部门的负责同志和代表，来自四川大学、西南财经大学、省社科院等省内20家高校和科研院所的专家学者和丛书编写组成员近100人参加发布会。四川省社科联党组书记、副主席姜怡主持新书发布会，向给予丛书出版大力支持的相关单位和专家学者表示衷心感谢。

【《中国共产党四川历史（第一卷）》】2021年5月，《中国共产党四川历史（第一卷）》经修订后正式出版发行。这部著作记述1921年至1949年在中国共产党领导下的四川新民主主义革命历史，是当前党史学习教育的权威辅导读物。自中央党史和文献研究院决定统一修订重版各省市党史基本著作以来，四川省委党史研究室本着编修“红色家谱”、打造精品工程的理念，启动了

《中国共产党四川历史（第一卷）》修订工作。在修订过程中，对原书篇章结构作出重大调整，对相关内容适当增补删减。其中，主要对以下几个方面进行了修订补充：一是调整体例结构；二是突出主题主线，着重突出中国共产党为民族谋复兴、为人民谋幸福的历史主线；三是吸收最新成果，根据四川党史研究最新成果，对原书重要史实、统计数字、引文等进行了多方面的考订和核实，对部分结论进行了适当修正。

【《社会主义发展简史》】2021 年 8 月，由四川大学马克思主义学院名誉院长张磊教授、曹萍教授牵头的中央马克思主义理论研究和建设工程重大项目暨国家社科基金重大项目“社会主义发展史”顺利结项，研究成果《社会主义发展简史》由中宣部审定，并出版发行。该书被列为全国党史学习教育重要参考材料。

【《四川全面建成小康社会大事记》】2021 年 10 月，由四川省委党史研究室编著的《四川全面建成小康社会大事记》出版发行。该书涵盖经济建设、政治建设、文化建设、社会建设、生态文明建设和党的建设等方面，时间跨度从 1978 年到 2021 年。

【《信仰的力量——四川老共产党员的红色记忆》《巴蜀新天——四川解放与建政的历史印记》】2021 年 10 月，由四川新华出版发行集团、当代四川史编委会、四川省社科院、新华文轩出版传媒股份有限公司主办，四川人民出版社、当代四川史编委会办公室承办的“牢记初心使命 传承红色基因”《信仰的力量——四川老共产党员的红色记忆》《巴蜀新天——四川解放与建政的历史印记》新书首发式在蓉举行。

【《天府新论》开设专栏刊载庆祝中国共产党成立 100 周年暨党史学习教育理论文章】2021 年，《天府新论》开设庆祝中国共产党成立 100 周年专栏，在第 3、4、5、6 期刊载下列文章。

第 3 期：

《中国共产党领导百年社会革命的理论逻辑、历史逻辑和实践逻辑》，邵骏鹏，中国人民大学

《“三线精神”的凝练历程与时代价值——以攀枝花三线建设为例》，郑妮，中共四川省委党校

第 4 期：

《中国共产党百年现代化思想的演进与启示》，杨文圣，天津大学

《党内法规制度建设的百年探索与时代启示》，辛艺萱，南开大学

第 5 期：

《革命与修辞：“星星之火，可以燎原”的话语言说》，岳忠豪，中国人民大学

《亚洲世纪与中国的南亚战略：文本分析和文化观察》，胡水君，中国社科院

第 6 期：

《庆祝中国共产党成立 100 周年中国共产党与西部经略》，唐杰，重庆大学

《从资本逻辑回归生命逻辑：马克思生产理论的内在理路》，韩菲，华东师范大学

【四川学者撰写理论阐释文章在主流媒体发表】2021 年，四川学者在《人民日报》《中国社会科学报》等国家主流媒体发表庆祝中国共产党成立 100 周年暨党史学习教育理论文章，共 3 篇，具体名单见表 4。

表 4　四川学者在《人民日报》《中国社会科学报》等国家主流媒体发表的理论阐释文章名单（2021 年）

序号	篇名	作者	单位	来源
1	唱响党史学习教育主旋律——百年大党的历史回响	裴泽庆	中共四川省委党校	光明网，2 月 26 日

续表4

序号	篇名	作者	单位	来源
2	马克思主义中国化催生伟大建党精神	杨先农	四川省社科院 毛泽东思想（邓小平理论）研究所	《中国社会科学报》，8月5日
3	坚持敢于斗争 ——深刻认识党的百年奋斗历史经验	李刚	中共四川省委党校	《人民日报》，12 月 17 日

【四川省社科联组织专家学者撰写理论阐释文章在《四川日报·思想周刊》刊发】2021 年，四川省社科联组织专家学者在《四川日报·思想周刊》发表理论阐释文章 400 余篇。其中与庆祝中国共产党成立 100 周年暨党史学习教育相关的文章共 25 篇，具体名单见表 5。

表 5　《四川日报·思想周刊》刊发与庆祝中国共产党成立 100 周年暨党史学习教育相关的文章名单（2021 年）

序号	篇名	作者	单位	日期
1	党史学习教育的历史传承现实动因和战略考量	裴泽庆	中共四川省委党校	3 月 29 日
2	重温激情岁月 凝聚“三线精神”	纪志耿	四川大学	4 月 19 日
3	历史和人民选择马克思主义是完全正确的	刘宗灵	电子科技大学	5 月 10 日
4	没有调查就没有发言权 ——重温《湖南农民运动考察报告》	冯兵，赵欣	四川大学	5 月 10 日
5	领导干部如何掌握科学的学习方法？	邱然	中共四川省委党校	5 月 10 日
6	从四个维度学习长征故事	杨丽梅	中共四川省委党校	5 月 17 日
7	新时代学习和实践马克思主义的三个坚持	张晓明	西华师范大学	5 月 24 日
8	学习川陕苏区创建和发展历史， 深刻把握“江山就是人民，人民就是江山”	陈从楷	四川农业大学	6 月 21 日
9	历史转折中的思想解放“宣言书” ——重温《解放思想，实事求是，团结一致向前看》	裴泽庆	中共四川省委党校	6 月 21 日
10	从理论到实践的伟大转折 ——重温《改革是中国发展生产力的必由之路》	崔霞	四川省委省直机关党校	6 月 28 日
11	观乎人文，以化成天下	舒大刚， 邱雪来	四川大学	7 月 5 日
12	归根到底是因为马克思主义行	董朝霞	四川师范大学	7 月 19 日
13	深刻感悟马克思主义的真理力量和实践力量	彭雪华， 崔发展	西南石油大学	7 月 19 日
14	中华民族伟大复兴的历史进程不可逆转	陈仲	中共四川省委党校	8 月 2 日
15	把红色精神永远传下去	曾大军	中共四川省委党校	8 月 16 日
16	伟大抗震救灾精神在四川的铸就、弘扬和传承	谢海彬	四川省委党史研究室	8 月 16 日

续表5

序号	篇名	作者	单位	日期
17	学习“两路”历史　弘扬“两路”精神	任思奇，李后强	中共四川省委党校，四川省社科院	8月16日
18	文艺工作要以人民为中心——重温《在延安文艺座谈会上的讲话》	冯兵，周敏	四川大学	9月13日
19	学习赵一曼、张思德、江竹筠等川籍革命先烈的故事——和平年代同样需要英雄情怀	石立春	四川大学	9月13日
20	马克思主义战略策略的纲领性文献——《共产主义运动中的“左派”幼稚病》导读	薛新国	西华大学	10月18日
21	学习延安时期我们党加强自身建设的历史　全面从严治党永远在路上	冯兵，尚爽	四川大学	10月18日
22	百年优异答卷的实践逻辑	李后强	四川省社科院	11月22日
23	从党的百年奋斗中把握历史主动精神	李辽宁，杨晓庆	四川大学，成都医学院	11月22日
24	持续巩固党史学习教育成果　在新征程上展现新气象新作为	冯兵，尚爽	四川大学	12月13日
25	中国共产党是民族复兴伟业的坚强领导核心	李新	中共四川省委党校	12月20日

【四川学者在CSSCI来源期刊发表强化理论阐释的文章】2021年，四川学者在CSSCI来源期刊发表的与庆祝中国共产党成立100周年暨党史学习教育相关的文章共34篇，具体名单见表6。

表6　四川学者在CSSCI来源期刊发表的与庆祝中国共产党成立100周年暨党史学习教育相关的文章名单（马克思主义学科类和政治学学科类，2021年）

序号	篇名	作者	来源
1	邓小平早年政治思想的演进历程	罗芳芳	党的文献，2021（1）：65－70
2	“铁路通了事情就好办了”——陈云与新中国铁路事业的起步	田永秀	党的文献，2021（1）：71－76
3	中国共产党的领导与中华民族伟大复兴	王炳林，祝伶俐	中国高校社会科学，2021（2）：4－14
4	从百年党史感悟党的群众路线	彭琳	红旗文稿，2021（8）：19－21
5	中国共产党党内法规百年发展历程与基本经验	张洪松	马克思主义研究，2021（1）：115－126
6	严肃党内政治生活的百年经验与启示	郭祎	科学社会主义，2021（2）：10－16
7	中国共产党纪律建设制度化百年演进历程、动力与经验	滕文浩	四川大学学报（哲学社会科学版），2021（4）：21－28
8	叩听百年党史的浩荡回声	李江澜	红旗文稿，2021（10）：21－23

续表6

序号	篇名	作者	来源
9	“要兵不要官?”——十年内战时期中共兵运方针的政策导向、内在困局及其转向	刘宗灵，严静	民国档案，2021（2）：71—86
10	国有企业党的领导制度百年探索：发展历程与基本经验	张洪松，朱家明	四川大学学报（哲学社会科学版），2021（2）：14—23
11	善政革命：晋察冀边区政权建设研究	廖军，苏志宏	四川大学学报（哲学社会科学版），2021（2）：24—31
12	“党指挥枪”：全面抗战初期军队党的建设	张屹，王木林	党的文献，2021（1）：84—89
13	中国共产党百年推进党内政治生活制度化建设的演进轨迹、发展逻辑与现实启示	丁玉峰	思想战线，2021，47（3）：11—18
14	中国共产党革命精神中的劳动育人资源论析	樊新华，李北东	四川师范大学学报（社会科学版），2021，48（4）：27—33
15	建党百年大视野下的世界百年未有之大变局：经验与启示——“庆祝建党100周年学术研讨会暨中国历史唯物主义学会成立40周年高层论坛”综述	魏泳安	马克思主义研究，2021（5）：142—144
16	实现人民当家作主是中国共产党始终不渝的奋斗目标	张磊	马克思主义研究，2021（5）：34—42
17	四川省德阳市：“四个着力”促进党史学习教育致知笃行	四川省德阳市委组织部	党建，2021（8）：43—44
18	中国共产党破解历史周期率难题的路径选择——从民主、法治到治理的历史演进	任中平	理论与改革，2021（1）：1—10
19	人民至上与实干为要：百年大党永恒的价值理念与奋斗本色的双向互嵌	叶本乾，方素清	社会主义研究，2021（1）：1—7
20	中国共产党百年对外交往的基本经验探析	刘世强	世界经济与政治，2021（6）：28—47
21	中国共产党自我修复能力的历史呈现与生成逻辑	高中伟，黄怡文	四川大学学报（哲学社会科学版），2021（3）：13—20
22	百年大党领导“中国之治”：理论范式与制度全景	王小鹏，刘先春	江西财经大学学报，2021（4）：3—13
23	周永开：“党是我一生的追随”	李云良，吴维义	党建，2021（9）：39—41
24	四川省泸州市：深入开展党史学习教育，为建设新时代区域中心城市凝聚精神力量	杨林兴	党建，2021（9）：46—48
25	马克思主义中国化的生成：历史逻辑与方法论自觉	陈加飞	四川大学学报（哲学社会科学版），2021（5）：17—27
26	做好党史教学工作，讲好党史故事	邱然，杨丽梅	党的文献，2021（4）：76—80

续表6

序号	篇名	作者	来源
27	百年来中国共产党领导下的农村土地改革历程与展望	黄敏，丁娟，吴晓伟	四川师范大学学报（社会科学版），2021，48（5）：20—27
28	共青团典型选树和典型教育工作的历程、经验与未来	谭毅	中国青年研究，2021（9）：23—31
29	党员同志要主动回应群众期盼	刘仁富	求是，2021（16）：78
30	中国共产党领导陕甘宁边区妇女解放运动的历史审视	何毅，姜东苑	西南民族大学学报（人文社会科学版），2021，42（10）：211—219
31	以大历史观深入学习党的历史	杜黎明	人民论坛，2021（33）：28—31
32	青年干部理论学习要克服三种倾向	刘陈波	求是，2021（23）：77
33	代际交融与双城摆荡：大革命前后四川共产主义运动的组织网络研究	刘宗灵，应星	中共党史研究，2021（6）：51—73
34	中国共产党资本政策百年变迁析论	田永秀，张雪永	社会主义研究，2021（6）：1—8

高扬思想旗帜　坚定政治方向

· 全面加强党对社科工作的领导
· 深入学习宣传党的创新理论
· 深化党的创新理论阐释研究
· 压紧压实意识形态工作责任
· 以党建促进社科事业发展

全面加强党对社科工作的领导

【四川省社科界强化政治引领，把党的领导贯穿到哲学社会科学工作的全领域、全过程】四川省社科界坚定以习近平新时代中国特色社会主义思想为指导，强化思想理论武装、深化理论研究阐释、加强意识形态工作、以党建促进社科发展，把党的领导贯穿到哲学社会科学工作的全领域、全过程，确保哲学社会科学始终沿着正确政治方向前行。

一是持续学习贯彻习近平新时代中国特色社会主义思想，认真学习宣传贯彻党的十九届五中、六中全会以及四川省委十一届九次、十次全会精神。

四川省社科联组织全省社科界分层分级持续深入学习贯彻习近平新时代中国特色社会主义思想，认真学习宣传贯彻党的十九届五中、六中全会精神，教育引导社科工作者深刻领会“两个确立”对新时代党和国家事业发展、对推进中华民族伟大复兴历史进程所具有的决定性意义，切实提高政治判断力、政治领悟力、政治执行力，做“两个确立”的坚决拥护者和“两个维护”的坚定践行者。

按照中央、省委统一部署，四川省社科联组织发动各级社科组织根据不同受众，分层分类开展宣传宣讲，将党的创新理论和中央及省委省政府重大决策部署更广泛地送达基层。

同时，全省社科界认真学习习近平总书记给《文史哲》编辑部回信，省委十一届九次、十次全会精神，以及全国、全省宣传思想工作会议精神等。

二是持续压紧压实意识形态工作责任。

坚持“守土有责、守土负责、守土尽责”，把意识形态工作与业务工作同部署、同落实、同检查，强化抓早抓小、实行动态管理，全省社科界意识形态领域形势总体平稳。

三是持续推进社科组织党的建设。

制定《四川省社科联社会组织联合党委 2021 年“两个覆盖”集中攻坚实施方案》，完成 11 家社会组织党支部换届改选，新培育辅导 4 家社会组织成立党支部。

深入学习宣传党的创新理论

学习贯彻党的理论与方针政策

【四川省社科联与四川师范大学联合举办习近平总书记“5·17”重要讲话发表 5 周年座谈会】从 2017 年起，四川省社科联连续五年组织召开学习贯彻习近平总书记“5·17”重要讲话精神暨名家谈治学座谈会。2021 年 5 月 17 日，四川省社科联与四川师范大学联合举办“以新发展理念引领四川哲学社会科学高质量发展——习近平总书记‘5·17’重要讲话发表 5 周年座谈会”，来自四川大学、西南财经大学、西南民族大学、成都体育学院、四川师范大学、西南交通大学、四川省社科院等高校和科研院所的专家学者及学生代表共 70 余人参加了座谈会。座谈会由四川省社科联党组书记、副主席姜怡主持，四川师范大学党委书记李向成教授在座谈会上致辞。

四川省社科联主席杨泉明教授在讲话中指出，2021 年是习近平总书记“5·17”重要讲话发表 5 周年，也是中国共产党成立 100 周年、“十四五”规划开局之年，还是四川省社科联成立 40 周年。站在新的历史起点上，全省社科界要更加自觉地肩负起历史重任，更好地推进文化强省、社科强省建设，努力创造出属于我们这一代人、无愧于新时代的历史功绩。一要紧扣读原著、学原文、悟原理，不断增强学习贯彻“5·17”重要讲话精神的系统性和科学性。当前，要把学习习近平总书记重要讲话精神与学习党史紧密结合起来，与总结回顾党的哲学社会科学事业发展的光辉历史紧密结合起来。二要全面理解和准确把握习近平总书记对哲学社会科学的系列重要讲话精神，更加坚定哲学社会科学事业发展的正确方向。进一步明确目标任务，始终坚持马克思主义的指导思想地位，坚持为党和人民著书立论。要进一步加强学风建设。三要立足新发展阶段，贯彻新发展理念，构建新发展格局，推动全省哲学社会科学事业高质量发展。今后一个时期的重要任务就是全面落实我省哲学社会科学“十四五”规划中提出的各项任务，在社科强省建设中迈出更大步伐。四要充分发挥高校和科研院所的主力军作用。四川省社科联和各高校院所领导班子要共同为高校和科研院所社科工作的开展创造更好条件。

四川省社科党组书记、副主席姜怡指出，习近平总书记给《文史哲》编辑部全体编辑人员的回信中，再次阐明了哲学社会科学的重要作用，对广大哲学社会科学工作者提出了最新的要求。在习近平总书记“5·17”重要讲话发表5周年之际，四川省社科联和四川师范大学联合举办此次座谈会，将学习贯彻习近平总书记给《文史哲》编辑部全体编辑人员回信的重要指示精神，与学习贯彻习近平总书记在哲学社会科学工作座谈会上的重要讲话精神结合起来，与当前正在进行的党史学习教育结合起来，围绕“以新发展理念引领四川哲学社会科学高质量发展”这一主题，对如何立足新发展阶段，贯彻新发展理念，构建新发展格局，推动四川哲学社会科学高质量发展进行研讨，具有特别重要的意义，体现了四川社科界繁荣发展哲学社会科学的决心与担当。

在专家发言环节，四川省社科联副主席、西南财经大学党委书记赵德武教授，西南民族大学党委书记杨敏教授，成都体育学院党委书记刘青教授，四川师范大学党委副书记、校长汪明义教授，四川省社科院党委副书记陈井安研究员，四川大学党委常委、副校长姚乐野教授，西南交通大学文科建设处处长张雪永教授围绕“以新发展理念引领四川哲学社会科学高质量发展”的主题，回顾了近年来在习近平总书记对哲学社会科学工作系列重要指示精神的指导下，所在单位社科事业发展的亮点、特色和经验，并就如何立足新发展阶段，贯彻新发展理念，构建新发展格局，繁荣发展具有中国特色、四川特点的哲学社会科学进行了深入研讨和广泛交流。

【四川省社科联认真组织学习习近平总书记给《文史哲》编辑部全体编辑人员的回信】习近平总书记2021年5月9日给《文史哲》编辑部全体编辑人员的回信后，四川省社科界结合开展党史学习教育，认真贯彻习近平总书记关于哲学社会科学重要论述。

2021年5月11日，四川省社科联召开党组扩大会，传达学习习近平总书记的回信内容。会议提出，四川省社科联全体党员干部要结合省社科联职能职责创造性开展工作，引导全省社科界始终坚持正确的政治方向和学术导向，在增强民族自信、推动学术创新、繁荣发展哲学社会科学、打造高品质学术期刊等方面努力担当作为。

2021年5月12日，四川省社科联《天府新论》编辑部召开专题学习会，全体编辑学习习近平总书记的指示精神。大家一致表示，将切实贯彻落实习近平总书记的要求，坚守初心、尽职尽责，努力在引领社科学术创新、展示高水平研究成果、支持优秀学术人才成长、促进中外学术交流等方面不断努力，进一步提升刊物质量和学术影响。

【四川省社科联与西南财经大学举办“习近平总书记‘5·17’重要讲话发表5周年暨学习贯彻习近平总书记给《文史哲》编辑部全体编辑人员回信精神座谈会”】2021年5月16日，四川省社科联与西南财经大学举办“习近平总书记‘5·17’重要讲话发表5周年暨学习贯彻习近平总书记给《文史哲》编辑部全体编辑人员回信精神座谈会”，社科界学者李锡炎、丁任重、陈玉屏等7位学者，结合学习习近平总书记的重要指示精神，结合四川哲学社会科学的发展状况，畅谈了学习体会。四川省社科联党组书记、副主席姜怡，西南财经大学党委书记赵德武会上作了讲话。

【四川省社科期刊协会组织召开“学习贯彻习近平总书记给《文史哲》编辑部全体编辑人员的回信精神座谈会”】2021年5月17日，四川省社科期刊协会组织召开“学习贯彻习近平总书记给《文史哲》编辑部全体编辑人员的回信精神座谈会”。座谈会由会长何一民教授主持。《四川大学学报》《四川师范大学学报》《财经科学》《社会科学研究》《民族学刊》《西南石油大学学报》《党政研究》《天府新论》《电子科技大学学报》《四川警察学院学报》等期刊编辑部的有关同志在会上交流。

与会同志在发言中表示，2021 年 5 月 9 日，习近平总书记在给《文史哲》编辑部全体编辑人员的回信中指出：“增强做中国人的骨气和底气，让世界更好认识中国、了解中国，需要深入理解中华文明，从历史和现实、理论和实践相结合的角度深入阐释如何更好坚持中国道路、弘扬中国精神、凝聚中国力量。”这是对广大哲学社会科学工作者的期望和要求，是对哲学社会科学期刊提出的期望和要求，是号召整个哲学社会科学界进一步集中精力研究中国问题和中华文明、探讨中国道路、总结中国经验、关注中国未来和道路。习近平总书记的回信为包括《文史哲》在内的所有哲学社会科学杂志指明了办刊努力方向，对整个哲学社会科学事业具有重大的指导意义。

四川省社科期刊协会在组织会员单位深入学习贯彻习近平总书记给《文史哲》编辑部全体编辑人员的回信重要指示精神的同时，突出强调要将其与学习贯彻习近平总书记 2016 年 5 月 17 日在哲学社会科学工作座谈会上的重要讲话精神结合起来，与习近平总书记在参加全国政协十三届二次会议文化艺术界、社会科学界委员联组会时的重要讲话精神结合起来，与正在开展的党史学习教育结合起来，把增强“四个意识”、坚定“四个自信”、做到“两个维护”落实到期刊出版工作中，为弘扬中华文化、繁荣学术研究作出新的更大贡献。

【四川省社科联召开专题会议，学习宣传贯彻党的十九届六中全会精神】2021 年 12 月 2 日，四川省社科联召开专题会议，学习宣传贯彻党的十九届六中全会精神。

会议学习《中国共产党第十九届中央委员会第六次全体会议公报》，并结合工作实际研究部署学习宣传贯彻落实意见。

会议指出，这次全会是在我们党成立一百年的重要历史时刻，在党和人民胜利实现第一个百年奋斗目标、全面建成小康社会，正在向着全面建成社会主义现代化强国的第二个百年奋斗目标迈进的重大历史关头召开的。全会通过的《中共中央关于党的百年奋斗重大成就和历史经验的决议》是一篇马克思主义的纲领性文献，必将对推动全党统一思想、统一意志、统一行动，团结带领全国各族人民以史为鉴、开创未来，埋头苦干、勇毅前行，在新时代更好坚持和发展中国特色社会主义、实现中华民族伟大复兴产生重大而深远的影响。

四川省社科联党组书记、副主席姜怡强调，深入学习宣传贯彻党的十九届六中全会精神是当前和今后一段时期的首要政治任务，全体党员干部务必要充分认识党的十九届六中全会的重大意义，准确把握全会精神实质和丰富内涵，增强“四个意识”、坚定“四个自信”、做到“两个维护”。她要求，一是党组成员带领分管部室和所在支部全面系统学习领会全会精神，把学习党的十九届六中全会精神同深化党史学习教育结合起来，持续强化党的创新理论武装；二是按照中央和省委的统一安排部署，精心组织宣传阐释，积极营造学习贯彻党的十九届六中全会精神的浓厚氛围；三是把学习贯彻全会精神与做好当前社科工作紧密结合起来，抓好各项任务落实，特别是要以学习贯彻党的十九届六中全会精神为重点，谋划好明年的工作。

【四川省社科联召开党组（扩大）会议，传达学习省委十一届十次全会精神】2021 年 12 月 3 日，四川省社科联召开党组（扩大）会议，传达学习省委十一届十次全会精神。四川省社科联党组书记、副主席姜怡主持会议。会议指出，省委全会深入学习贯彻党的十九届六中全会精神的重大举措，主要体现在省委《关于深入学习贯彻党的十九届六中全会精神巩固党史学习教育成果的决定》和省委书记彭清华的重要讲话中。全体干部职工要在全面系统深入学习领会党的十九届六中全会精神的基础上，把深刻把握“两个确立”、坚决做到“两个维护”作为重中之重，自觉做

“两个确立”的坚决拥护者和“两个维护”的坚定践行者。

会议强调，全省社科界一是要把深入学习贯彻党的十九届六中全会精神，认真落实省委十一届十次全会决策部署作为当前和今后一个时期的重大政治任务，切实把思想和行动统一到党的十九届六中全会和省委十一届十次全会精神上来，积极开展宣传、研究、阐释，切实发挥思想库、智囊团作用；二是结合开展“我为群众办实事”实践活动和巡视反馈整改工作，扎实抓好以学习党的十九届六中全会精神为重点巩固党史学习教育成果各项工作，进一步做到学史明理、学史增信、学史崇德、学史力行；三是压实责任强化落实，加大督查力度，健全制度机制，确保今年各项工作任务圆满完成；四是立足社科职能职责，围绕全会决策部署，认真谋划好明年工作。

【四川省社科联领导赴美姑县龙门乡嘎勒村宣讲党的十九届六中全会和省委十一届十次全会精神】2021 年 12 月 14 日，四川省社科联党组书记、副主席姜怡，党组副书记、副主席罗仲平一行，赴美姑县龙门乡嘎勒村宣讲党的十九届六中全会和省委十一届十次全会精神，调研定点帮扶工作，慰问当地群众，看望派驻人员。

姜怡结合自己的体会和感悟，向龙门乡党委、政府负责人和村两委同志宣讲党的十九届六中全会《中共中央关于党的百年奋斗重大成就和历史经验的决议》和省委十一届十次全会《关于深入学习贯彻党的十九届六中全会精神巩固党史学习教育成果的决定》，强调两者的重大意义。她指出，要准确把握党百年奋斗的重大成就、历史经验，深刻领会“两个确立”的决定性历史意义，更加自觉地践行“两个维护”精神宣讲。凉山是习近平总书记始终牵挂的地方，要坚决做好巩固脱贫攻坚成果同乡村振兴有效衔接工作，继续发扬“上下同心、尽锐出战、精准务实、开拓创新、攻坚克难、不负人民”的脱贫攻坚精神，尽快实现产业振兴、人才振兴、文化振兴、生态振兴、组织振兴。

姜怡听取了龙门乡和嘎勒村负责同志的情况介绍，就龙门乡和嘎勒村今后的发展进行了讨论和研究。她嘱咐驻村第一书记袁成多向乡、村领导和当地群众请教，深入了解方方面面的情况，全心全意帮助村两委工作，并及时向机关通报工作进展。

姜怡一行还慰问了嘎勒村的一些群众，了解家庭收入、子女上学和医疗保障等情况，并送上慰问物资。她鼓励他们要靠自身努力增加收入，过上更好的日子。

【四川省社科联领导带队到所属社团组织宣讲党的十九届六中全会精神和省委十一届十次全会精神】2021 年 12 月 22 日，围绕学习宣传贯彻党的十九届六中全会精神和省委十一届十次全会精神，四川省社科联党组书记、副主席姜怡带队前往多家所属社团组织开展了宣讲和调研活动。在宣讲中，姜怡强调，深入学习贯彻党的十九届六中全会精神、认真落实省委十一届十次全会部署要求，是当前和今后一个时期全省广大社科组织的重大政治任务。广大社科组织要切实提高政治站位，切实增强“四个意识”、坚定“四个自信”、做到“两个维护”，要深刻认识“两个确立”的决定性意义和“十个明确”的内涵要义，自觉做“两个确立”的坚决拥护者和“两个维护”的坚定践行者。要切实推进以学习全会精神为重点巩固党史学习教育成果，充分发挥社科组织职能作用，在围绕中心、服务大局中认真履职尽责，努力担当作为，为推动新时代治蜀兴川再上新台阶凝聚社科力量、贡献社科智慧。

在四川省推进政府和社会资本合作研究会上，姜怡强调，研究会全体员工，特别是党员同志要始终坚定正确的政治方向，立足学史力行再出发，大力弘扬伟大建党精神，持续推进党支部建设。姜怡还指出，研究会作为四川省研究深化政府和社会资本合作模式的重要力量，要认真组织学习全会精神，增强理论武装和提升党性修养，更好发挥研究会的学科和平台优势，紧紧围绕省委确定的以实现碳达峰、碳中和目标为引领，推动绿色低碳优势产业高质量发展的重要决定展开深入研究，为推动治蜀兴川再上新台阶作出研究会应有的贡献。

在四川省博物馆学会，姜怡指出，学习宣传贯彻党的十九届六中全会精神和省委十一届十次全会精神，关键要和我们正在做的事情结合起来，以更加昂扬的姿态迈步新征程、建功新时代。同时，姜怡还与四川省博物馆学会的负责同志就如何更好弘扬中华优秀传统文化、深入推进古蜀文明保护传承工程、更好促进我省文物考古研究和文博事业发展等重要内容进行了深入交流。

在与四川华西徐悲鸿张大千艺术研究院的艺术家们进行面对面、互动式的宣讲活动中，姜怡对研究院在“为民服务办实事”实践活动中取得的成绩予以充分肯定，并鼓励研究院全体人员自觉加强对全会精神的学习、理解和贯彻，持续在学党史、悟思想、办实事、开新局上下功夫，围绕弘扬伟大建党精神、传承中华优秀传统文化、服务乡村振兴战略、不断满足人民群众对美好生活的向往等方面作出新的更大贡献。

四川省社科联党组副书记、副主席罗仲平，党组成员、机关党委书记兼《天府新论》主编张志怀，以及相关处室负责同志一同参加宣讲和调研活动。

【四川省委宣讲团深入市（州）、高校和企业，宣讲党的十九届六中全会精神和省委十一届十次全会精神】按照省委统一安排部署，学习贯彻党的十九届六中全会精神省委宣讲团深入市（州）、高校和企业，宣讲党的十九届六中全会精神和省委十一届十次全会精神。

省委宣讲团第五分团负责人、省委党校（四川行政学院）副校（院）长裴泽庆在内江宣讲。裴泽庆向与会人员介绍了党的十九届六中全会的背景意义和成果，强调要坚持唯物史观、正确党史观和大历史观，并对党的十九届六中全会精神和省委十一届十次全会精神进行了全面系统的阐释解读。

省委宣讲团第七分团在南充宣讲。省委党史研究室副主任江红英、省委党史研究室三处处长谢海彬、西南石油大学马克思主义学院院长张小飞先后在南充市高坪区、嘉陵区开展宣讲。江红英围绕“党的十九届六中全会是重大历史关头具有重要历史意义的会议”“深刻认识和把握党的十九届六中全会精神”“省委十一届十次全会贯彻落实党的十九届六中全会精神的战略考量和重要举措”3个方面进行了讲解。

省委宣讲团第十分团负责人、省委党史研究室二级巡视员周锐京在达州市宣讲。在近两个小时的宣讲报告中，周锐京全面系统地阐述了党的十九届六中全会精神和省委十一届十次全会精神。

在四川农业大学，省委宣讲团高校分团负责人、省委教育工委书记李建勤从“党的十九届六中全会是什么”“省委十一届十次全会精神学什么”“贯彻两个全会精神教育做什么”等方面展开宣讲。他强调，全省教育系统要从党的百年奋斗重大成就和历史经验中感悟思想伟力，传承红色基因、赓续精神血脉，切实做到以史为镜、以史明志、知史爱党、知史爱国，为实现中华民族伟大复兴奉献青春力量。

省委宣讲团高校分团成员、西南民族大学博士生导师郑长德在宜宾学院宣讲党的十九届六中全会精神和省委十一届十次全会精神。郑长德解读了党的十九届六中全会精神，并就省委十一届十次全会深入贯彻党的十九届六中全会精神的战略考量和重要举措进行辅导讲解。

省委宣讲团企业分团第五场报告会在四川省能源投资集团有限责任公司举行。省委宣讲团成员、四川农业大学马克思主义学院党委书记杨世义从深刻认识总结党百年奋斗重大成就和历史经验的重大意义、党百年奋斗的初心使命和重大成就、党百年奋斗的历史意义和历史经验、如何从党的百年奋斗历程中汲取智慧和力量，以及省委十一届十次全会的重大意义、省委全会贯彻落实十九届六中全会精神的战略考量和重要举措6个方面进行了深刻阐述。

【四川省社科界召开深入学习贯彻党的十九届六中全会精神座谈会】2021年12月29日，四川省社科联在成都召开座谈会，认真学习贯彻党的十九届六中全会精神和省委十一届十次全会精神，纪念四川省社科联成立40周年。

与会代表围绕深入学习贯彻党的十九届六中全会精神，进一步动员全省社科工作者不忘初心、牢记使命，努力推动四川从社科大省向社科强省迈进，为全面建设社会主义现代化强国贡献社科智慧和力量进行了交流研讨。

四川省社科联主席杨泉明讲话强调，全省广大社科工作者，要深刻认识党的十九届六中全会及其《中共中央关于党的百年奋斗重大成就和历史经验的决议》的重大意义，切实提高政治站位，增强“四个意识”、坚定“四个自信”、做到“两个维护”。全省社科界一是要深化学习。把认真学习贯彻党的十九届六中全会精神以及全会审议通过的《中共中央关于党的百年奋斗重大成就和历史经验的决议》作为当前和今后一个时期的重大政治任务，并用好各种平台宣传阐释普及党的十九届六中全会精神。二是要加强研究。紧紧围绕党的十九届六中全会加大课题规划力度，加强理论研究。三是要服务大局。紧扣中央和省委经济工作会议提出的一系列经济社会发展的重大课题，立足四川的“一干多支、五区协同”战略找准切入点，紧扣人民群众关切的痛点、堵点、难点问题积极建言献策，为党和国家，为省委的决策提供理论支撑。四是要推动发展。以实施我省哲学社会科学“十四五”规划为抓手，全力推动我省哲学社会科学的繁荣发展，全力推进社科强省建设。

2021 年是四川省社科联成立 40 周年。四川省社科联主席杨泉明回顾总结了四川哲学社会科学 40 年来发展取得的成就。一是形成了多类型、广覆盖的社科平台和组织体系，硬件设施建设取得很大的跃升；二是形成了结构合理、支撑力强的四川省社科规划项目综合体系；三是国家社科基金立项质量和规模持续增长发展；四是省社科优秀成果评奖已成为促进社科事业发展重要推力；五是社科普及工作实现了持续发展；六是社会科学综合功能得到充分发挥；七是建成了一批在全国具有重要影响力的优长学科；八是形成了社科人才辈出的生动局面。杨泉明主席还谈道，回顾 40 年的发展历程，我们得到很多经验启示。一是必须坚持正确方向，要不断巩固马克思主义的指导地位，牢牢把握意识形态主导权；二是必须勇担责任使命，要立志为党和国家事业发展建言献策、述学立论；三是必须坚持“四个自信”；四是必须坚持服务大局；五是必须增强创新意识；六是必须弘扬学术正道，要坚持对学术不端行为、学术腐败行为的零容忍。

四川省社科联党组书记、常务副主席姜怡主持会议，四川省社科联党组班子成员、社科专家学者代表、部分社科组织负责人、四川省社科联各处室全体同志、四川省社科联离退休老干部代表参加了会议。“四川省社会科学杰出贡献专家”刘诗白教授、项楚教授为会议发来贺信。

学术会议

【“习近平新时代中国特色社会主义思想的逻辑与科学思维方法”高端学术论坛】为深入学习习近平新时代中国特色社会主义思想，更好地推动我国逻辑与科学思维方法的研究和发展，2021 年 4 月 24 日，由中国逻辑学会主办、四川师范大学哲学学院和四川省逻辑学会共同承办的“习近平新时代中国特色社会主义思想的逻辑与科学思维方法”高端学术论坛在成都召开，本次论坛受到国家社科基金特别资助。中国逻辑学会名誉会长邹崇理、会长杜国平以及来自中国社科院、四川大学、南京大学、北京师范大学、武汉大学、重庆大学、西南大学、西南政法大学、西南财经大学等高等院校的 40 余名专家参加了论坛。四川师范大学副校长张海东到会致辞，四川省社科联派员到会祝贺。

与会专家学者紧扣会议主题进行了主旨演讲和研讨报告等环节。武汉大学桂起权教授、重庆大学吕进教授、天津商业大学瞿麦生教授、天津财经大学刘明明教授、东南大学陈爱华教授、四川大学邓生庆教授、北京师范大学郭佳宏教授、南京大学张建军教授等先后发言，从不同角度阐述探讨了习近平新时代中国特色社会主义思想的逻辑与科学思维方法。与会学者认为，习近平总书记倡导的科学思维方法是对思维能力要求的宏观概括，是培育思维能力与养成科学思维方法的发展探究。

【第二届新时代中国特色社会主义政治经济学论坛】 2021 年 11 月 6 日，第二届新时代中国特色社会主义政治经济学论坛（2021）在线上举行。会议由 7 家全国中国特色社会主义政治经济学研究中心主办，西南财经大学全国中国特色社会主义政治经济学研究中心、经济学院、马克思主义经济学研究院、《经济学家》编辑部、《财经科学》编辑部承办。西南财经大学副校长、西南财经大学全国中国特色社会主义政治经济学研究中心主任尹庆双教授主持开幕式。

西南财经大学党委书记赵德武在致辞中指出，新时代中国特色社会主义经济思想为推动和加强中国特色社会主义经济学科建设指明了前进方向、提供了根本动力，为中国特色经济学理论创新提出了一系列重大选题。如何走好中国式现代化道路、弘扬中国精神、凝聚中国力量，如何构建以国内大循环为主体、国内国际双循环相互促进的新发展格局，促进社会公平正义，是理论工作者义不容辞的政治责任和学术使命。

中国人民大学校长、中国人民大学全国中国特色社会主义政治经济学研究中心主任刘伟教授以“关于新时代中国特色社会主义政治经济学的特点”为题，对有关问题进行了阐释。南京大学原党委书记、南京大学全国中国特色社会主义政治经济学研究中心主任洪银兴教授的演讲主题为“中国式现代化开创人类文明新形态”，从两个一百年到现代化两个阶段探讨以人民为中心的现代化，现代化的中国特征。吉林大学中国特色社会主义政治经济学研究中心主任宋冬林教授以“人民为核心范畴、以人民性为核心品质的中国特色社会主义政治经济学”为演讲主题，阐述了中国特色社会主义政治经济学百年来围绕人民而展开的理论与实践。吉林财经大学魏旭教授代替吉林财经大学全国中国特色社会主义政治经济学研究中心主任孙杰光教授作题为“党对经济工作的全面领导与营商环境优化”的报告，从政治环境、市场空间、党的直接领导、将营商环境优化纳入党建 4 个方面分析探讨党对国有经济改革与营商环境改善塑造的举措及相关理论。中国人民大学经济学院院长刘守英认为，实现农民富裕应在城乡融合的框架下让农民的收入在城市增长，确保农民在城市的权利。西南财经大学马克思主义经济学研究院院长丁任重教授在题为“中国特色社会主义政治经济学若干问题分析”的报告中，提出中国特色社会主义政治经济学需要突出研究两个大局、新发展格局、两个奇迹、两碳战略、两个战略重点。

四川大学经济学院院长蒋永穆在题为“中国百年解决绝对贫困：历程、特征与展望”的报告中，阐述了中国共产党百年反贫困的接力推进、演进刻画与精神赓续。辽宁大学经济学院院长谢地的报告主题为“协调发展是衡量高质量发展的重要标尺”，提出协调发展是按比例分配社会劳动规律的客观要求、是党领导经济工作一贯的方针政策、是新时代高质量发展的内生特点和评价标准。中国人民大学经济学院副院长、中国人民大学全国中国特色社会主义政治经济学研究中心副主任谢富胜的报告主题为“以问题为导向，构建新发展格局”，围绕国际经济大循环运行、中国参与国际大循环去的高速增长、国际大循环主导的发展格局矛盾、国内大循环已有方案、构建新发展格局 5 个问题展开汇报。

与会学者还围绕“中国特色社会主义政治经济学”“市场经济运行与宏观调控”“马克思主义政治经济学”“数字经济发展与治理”“乡村振兴与乡村治理”等问题展开研讨。

【全国高校马克思主义理论学科研究会第 52 次学科论坛暨第九届民族（地区）高校马克思主义理论学科论坛】 2021 年 9 月 25 日，全国高校马克思主义理论学科研究会第 52 次学科论坛暨第九届民族（地区）高校马克思主义理论学科论坛在西南民族大学武侯校区举行。本次论坛以线上和线下结合的方式进行，来自武汉大学、中山大学、四川大学、中央民族大学等近 40 所高校的 200 余名高校马克思主义理论学科专家学者围绕马克思主义理论学科建设、全国高校思想政治理论课改革创新以及进一步发挥思政课在铸牢中华民族共同体意识中的主渠道作用等议题开展研讨。

西南民族大学党委书记杨敏介绍西南民族大学及马克思主义学院在学科建设、队伍建设、科学研究、教学展示、教学成果等方面取得的成绩。

与会专家学者分别作了题为“中国共产党百年征程中思想政治教育探索与实践”“人类命运共同体构建新探”等主旨报告。在学术交流环节，30余位专家学者分别以“百年党史”“铸牢中华民族共同体意识”“思政课教学及其他”为专题分成3个小组作大会专题发言。

【“学习贯彻党的十九届六中全会精神、省委十一届十次全会精神”理论研讨会】2021年12月19日，由四川省政治学会主办、电子科技大学马克思主义学院承办的“学习贯彻党的十九届六中全会精神、省委十一届十次全会精神”理论研讨会在电子科技大学召开。来自中国社科院、四川省社科院、电子科技大学、中共四川省委党校、四川大学、西南交通大学、四川师范大学、西南科技大学、西华师范大学、西南民族大学等科研机构和高校近30名专家学者参会。中国政治学会副会长、四川省政治学会会长、四川省社科院党委副书记陈井安研究员出席会议，中国社科院中国廉政研究中心秘书长蒋来用研究员应邀参加会议。电子科技大学马克思主义学院院长吴满意教授主持研讨会。

陈井安在发言中指出，要系统全面深刻地学习领会党的十九届六中全会精神和省委十一届十次全会精神，作为社科研究理论工作者，要高度关注党百年奋斗历程中的理论创新，这是党的事业兴旺发达的不竭动力，也是中国共产党“不但善于破坏一个旧世界，也善于建设一个新世界”的根本武器。党在理论上的三次“马克思主义中国化的飞跃”与中华民族伟大复兴进程中的“四次伟大飞跃”具有密切的逻辑和因果关系。三次马克思主义中国化的理论创新，在新民主主义革命时期、社会主义革命和建设时期、改革开放和社会主义现代化建设新时期，同时中国特色社会主义新时代指导、推进和实现了中华民族伟大复兴进程中的四次伟大飞跃。陈井安要求学会全体同仁要全面贯彻落实习近平新时代中国特色社会主义思想，系统谋划和推进各项工作，将深入学习和研究阐释党的十九届六中全会精神和省委十一届十次全会精神作为当前和今后一个时期的重要政治任务。要深入研究新时代重大理论和实践课题，积极回答时代之问。既要回应实践中的热点、难点问题，也要解答理论上的焦点、重点问题。如全过程人民民主理论和实践、共同富裕的实现条件和路径、成渝地区双城经济圈建设中的体制机制创新问题、“双碳”目标下的四川绿色发展问题、新时代贯彻落实全面从严治党战略问题等一系列重大理论和实践课题，都需要我们聚精会神地加以分析和研究。

特邀嘉宾中国社科院中国廉政建设研究中心秘书长蒋来用研究员，中共四川省委党校副校长裴泽庆教授、四川大学公共管理学院党委书记姜晓萍教授、西南交通大学公共管理学院陈光教授、四川大学国际关系学院黄金辉教授、四川师范大学赵万江教授、西南科技大学马院院长黎万和教授等四川省政治学会副会长，四川省社科院政治学研究所所长方茜研究员、西南交通大学马克思主义学院田雪梅教授及李春梅教授等四川省政治学会常务理事，以及特邀嘉宾四川大学公共管理学院王敬尧教授、西华师范大学政治与行政学院李永洪教授，围绕十九届六中全会和省委十一届十次全会精神学习，并结合研究实际进行了热烈交流与讨论。

与会专家一致表示，作为政治学理论工作者，要有高度政治自觉，提高政治站位，先学一步、深学一层，研究阐释并宣传宣讲好党的十九届六中全会和省委十一届十次全会精神，多出成果、出好成果，为四川民主政治高质量发展建言献策，以优异的学术成果和昂扬奋进的精神状态迎接党的二十大和省十二次党代会。

【2021年深入学习贯彻习近平生态文明思想研讨会】2021年12月28日，2021年深入学习贯彻习近平生态文明思想研讨会在成都举行。研讨会以“深入学习贯彻习近平生态文明思想　努力建设人与自然和谐共生的美丽中国”为主题，通过线上和线下相结合的方式开展理论研讨和实践交流，深入学习贯彻党的十九届六中全会精神，深化对习近平生态文明思想重大意义、丰富内涵、核心要义、实践要求的理解和把握，指导推动生态文明和美丽中国建设。

生态环境部党组书记孙金龙，四川省委书记、省人大常委会主任彭清华出席主论坛并作主题报告。四川省委副书记、省长黄强出席主论坛并致辞。

孙金龙在报告中指出，党的十八大以来，以习近平同志为核心的党中央以前所未有的力度抓生态文明建设，生态文明战略地位显著提升，绿色发展成效不断显现，生态环境质量明显改善，生态文明制度体系更加健全，全球环境治理贡献日益凸显，美丽中国建设迈出重大步伐，我国生态环境保护发生历史性、转折性、全局性变化。这些成就的取得，其根本在于以习近平同志为核心的党中央坚强领导，在于习近平新时代中国特色社会主义思想尤其是习近平生态文明思想的科学指引。习近平生态文明思想是党领导人民推进生态文明建设取得的标志性、创新性、战略性重大理论成果，内涵丰富、博大精深，主要体现在坚持党对生态文明建设的全面领导、坚持人与自然是生命共同体、坚持绿水青山就是金山银山、坚持全面推动绿色发展、坚持良好生态环境是最普惠的民生福祉、坚持山水林田湖草沙一体化保护和系统治理、坚持用最严格制度最严密法治保护生态环境、坚持建设美丽中国全民行动、坚持共谋全球生态文明建设等方面。要在学思用贯通、知信行统一上下功夫，更加自觉推动发展与保护协同共进，更加自觉深入打好污染防治攻坚战，更加自觉建立健全现代环境治理体系，更加自觉推动构建地球生命共同体，勇做习近平生态文明思想的坚定信仰者、忠实践行者、不懈奋斗者。

彭清华在报告中指出，习近平生态文明思想是习近平新时代中国特色社会主义思想的重要组成部分，是新时代建设社会主义生态文明的强大思想武器，深刻回答了为什么建设生态文明、建设什么样的生态文明、怎样建设生态文明等重大理论和实践问题，把我们党对生态文明建设规律的认识提升到了一个新高度。这一重要思想，体现了为中华民族长远计、为子孙后代谋的大局观，体现了坚持生态优先、绿色为要的发展观，体现了人民至上、以人为本的价值观，体现了统筹兼顾、整体谋划、综合施策的系统观，体现了依法依规、从严从实、动真碰硬的治理观。通过这些年在学习中实践、在实践中深化，我们越来越深切地感受到习近平生态文明思想的强大真理力量。四川是长江、黄河两大母亲河的重要水源涵养地和补给地，生态环境地位独特而重要。我们将以本次研讨会为契机，继续在学懂弄通做实习近平生态文明思想上下功夫，始终胸怀“国之大者”，紧紧围绕把握新发展阶段、贯彻新发展理念、融入新发展格局、推动高质量发展，系统谋划推动全省“十四五”生态文明建设和生态环境保护工作，让巴蜀大地天更蓝、山更绿、水更清、环境更优美，奋力谱写美丽中国的四川篇章。

黄强在致辞中说，党的十八大以来，习近平总书记就生态文明建设提出了一系列新理念新思想新战略，形成了习近平生态文明思想，开辟了生态文明建设理论和实践的新境界。四川好山好水好风光。习近平总书记叮嘱我们，一定要把生态文明建设这篇大文章写好，充分绽放四川独特的自然生态之美、多彩人文之韵，谱写美丽中国的四川篇章。我们始终牢记嘱托，重拳出击治污染，壮士断腕调结构，“四不两直”抓督察，进一步筑牢长江、黄河上游生态屏障，美丽四川建设迈出坚实步伐。我们将深入学习贯彻习近平生态文明思想，抓好中央生态环保督察反馈问题整改，一体化保护和系统治理山水林田湖草沙冰，有序推进碳达峰、碳中和，加快建设人与自然和谐共生绿色发展先行区，肩负起维护国家生态安全的神圣使命。

生态环境部党组成员、副部长翟青主持主论坛。中央党史和文献研究院副院长王志民，全国人大宪法和法律委员会副主任委员、中国法学会副会长江必新，全国政协经济委员会副主任、中国环境与发展国际合作委员会中方首席顾问刘世锦，中国地质大学（武汉）校长、中国科学院院士王焰新，北京工业大学生态文明研究院院长、中国社科院学部委员潘家华在主论坛作主旨演讲。

深化党的创新理论阐释研究

获立国家社科基金重大专项项目

【获立研究阐释党的十九届六中全会精神国家社科基金重大项目（2021 年）】 2021 年 11 月 25 日，全国哲学社会科学工作办公室发布《研究阐释党的十九届六中全会精神国家社科基金重大项目招标公告》。根据公告，该招标工作总的要求是：以习近平新时代中国特色社会主义思想为指导，深入贯彻落实党的十九大和十九届二中、三中、四中、五中、六中全会精神，紧紧围绕习近平总书记重要讲话和《中共中央关于党的百年奋斗重大成就和历史经验的决议》，组织力量深入研究阐释十九届六中全会提出的新思想新观点新论断，深刻揭示党百年奋斗蕴含的理论逻辑、历史逻辑、实践逻辑，大力推动实践基础上的理论创新，着力推出有理论说服力、有实践指导意义的重大成果，为学习宣传贯彻党的十九届六中全会精神提供坚实学理支撑。

2021 年，四川省社科界积极申报研究阐释党的十九届六中全会精神国家社科基金重大项目，并获立 3 项资助，具体名单见表 7。

表 7　四川省研究阐释党的十九届六中全会精神国家社科基金重大项目（2021 年）立项名单

序号	项目名称	负责人	工作单位
1	创造性转化与创新性发展视野下的中华生命智慧研究	詹石窗	四川大学
2	新发展阶段生产发展、生活富裕、生态良好的中国特色文明发展道路研究	邹红	西南财经大学
3	统筹西部边疆地区发展和安全的理论与实践研究	丁忠毅	四川大学

【获立国家社科基金高校思政课研究专项项目（2021 年）】 2021 年，全国共有 151 项国家社科基金高校思政课研究专项课题获得立项，其中，四川省获立 2 项，具体名单见表 8。

表 8　四川省国家社科基金高校思政课研究专项项目（2021 年）立项名单

序号	项目名称	负责人	工作单位
1	新时代运用革命文化资源提升思政课教学效果路径研究	冯兵	四川大学
2	高校思想政治理论课线上线下教学模式研究	张华春	西南石油大学

设立四川省社科规划专项项目

【四川省社科规划思想政治理论课研究专项课题（2021 年）】 2021 年 6 月 7 日，四川省社科规划思想政治理论课研究专项课题（2021 年）完成受理申报、评审、网上公示等程序，共有 21 项课题立项，具体名单见表 9。

表 9　四川省社科规划思想政治理论课研究专项课题（2021 年）立项名单

序号	项目名称	负责人	工作单位
1	运用四川改革开放探索实践提升思政课教学效果研究	王阳	成都大学
2	大数据视域下高校思想政治理论课“微课堂”研究	李晓峰	成都开放大学
3	习近平总书记关于“四史”重要论述融入高校思想政治理论课教学研究	刘海军	成都中医药大学

续表9

序号	项目名称	负责人	工作单位
4	高校校史文化融入思政课的逻辑理路和实践路径研究	许传明	成都体育学院
5	大学生党建与思政课协同育人机制的构建路径研究	米华全	电子科技大学
6	高校思想政治理论课意识形态安全风险防范功能研究	王红云	电子科技大学
7	社会文化环境变动对思政课教师职业认同感的影响	蒋政	乐山师范学院
8	习近平青年观指引高校思想政治工作研究	李正赤	四川大学
9	新时代大中小学“螺旋上升开设思政课”的实践与探索研究	闫钢	四川大学锦江学院
10	公安英模精神融入公安院校思政课改革创新与赋能路径研究	马中全	四川警察学院
11	指向深度学习的高校思政课混合式教学改革研究	郭改玲	四川旅游学院
12	大中小学思政课教师专业发展共同体建设研究	胡燕	四川师范大学
13	思政课视角下大陆高校港澳台学生国家认同感研究：指标测度、影响因素及作用机制	陈宁	西南财经大学
14	习近平总书记关于爱国主义教育的重要论述研究	刘玉标	西南交通大学
15	高校思想政治理论课学生疑问挖掘与回应研究	李渊博	西南交通大学
16	抗疫场域中筑牢中华民族共同体意识路径研究	崔庆五	西南民族大学
17	四川民族高校“老西藏精神”与中华民族共同体意识培育研究	杨公卫	西南民族大学
18	中华优秀传统文化资源融入高校思政课的内在逻辑与创新路径研究	彭雪华	西南石油大学
19	移动互联技术与高校思政课教学的全要素深度融合探究	卢婷婷	西南石油大学
20	精准思维视域下高校思想政治理论课创新模式研究	黄晓利	西南医科大学
21	四川省高校思政课教师职后培训体系研究	程翔宇	中国民用航空飞行学院

【四川省社科规划“党的十九届六中全会和省委十一届十次全会精神研究阐释”重大项目（2021 年）】2021 年 12 月 29 日，四川省哲学社会科学规划办公室发布《2021 年四川省社科规划“党的十九届六中全会和省委十一届十次全会精神研究阐释”重大项目申报通知》。根据通知，该重大项目的指导思想是：坚持以习近平新时代中国特色社会主义思想为指导，深入研究阐释党的十九届六中全会和省委十一届十次全会精神，结合四川贯彻落实举措，开展重大理论和现实问题研究。

经专家评审、社会公示并报四川省社科联党组批准，全省共有 10 项项目获得该重大项目立项，具体名单见表 10。

表 10　四川省社科规划“党的十九届六中全会和省委十一届十次全会精神研究阐释”重大项目（2021 年）立项名单

序号	项目名称	负责人	工作单位
1	中国共产党边疆民族工作的百年历程、伟大成就与重要经验研究	汪洪亮	四川师范大学
2	中国共产党百年奋斗对世界历史进程的深刻影响研究	刘世强	西南财经大学
3	促进全体人民共同富裕历史逻辑研究	颜军	西南交通大学
4	四川涉藏州县农牧民共同富裕推进路径与重点任务研究	刘金华	四川省社科院
5	党的十八大以来全面从严治党的实践创新和新鲜经验研究	廖冲绪	四川省社科院
6	坚持和加强党领导下的互联网平台风险治理研究	王炎龙	四川大学

续表10

序号	项目名称	负责人	工作单位
7	中国共产党推动中华优秀传统文化创造性转化创新性发展的历程与经验研究	邢海晶	四川大学
8	巩固党史学习教育成果的经验、路径、方法研究——以四川省为例	王凡	中共四川省委党校
9	四川绿色低碳优势产业发展的禀赋与实现路径研究	何东	西华大学
10	“双碳”视域下成渝双城经济圈绿色低碳产业高质量协同发展研究	骆毓燕	成都理工大学

形成具有代表性的理论阐释成果

【四川学者撰写理论阐释文章在《人民日报》《光明日报》、中国社会科学网等国家主流媒体发表】2021年，四川学者在《人民日报》《光明日报》、中国社会科学网等国家主流媒体发表理论阐释文章，强化理论先导和舆论引导作用，部分名单见表11。

表11　四川学者在《人民日报》《光明日报》、中国社会科学网等国家主流媒体发表的部分理论阐释文章名单（2021年）

序号	篇名	作者	单位	来源
1	在“双向”互动中铸牢中华民族共同体意识	李海林	西南民族大学	中国社会科学网，3月8日
2	《共产党宣言》日文版的诞生——日共创始人堺利彦的回顾谈	许晓光	四川师范大学	《光明日报》，7月12日
3	坚持全面从严治党永远在路上，确保党不变质不变色不变味	贺璇	四川大学	《人民日报》，8月27日
4	以实际行动诠释对党忠诚	易飞	中共四川省委党校	《人民日报》，11月19日
5	新时代党的新闻政策演化特点	蒋晓丽	四川大学	中国社会科学网，12月2日

【四川省社科联组织专家学者撰写理论阐释文章在《四川日报·思想周刊》刊发】为强化理论先导和舆论引导，2021年，四川省社科联组织专家学者在《四川日报·思想周刊》发表理论阐释文章400余篇，部分名单见表12。

表12　《四川日报·思想周刊》刊发的部分理论阐释文章名单（2021年）

序号	篇名	作者	单位	日期
1	坚持系统观念　优化经济系统	李后强	四川省社科院	1月4日
2	从科学家精神中汲取前行伟力	易刚	西华师范大学	1月4日
3	供给侧结构性改革的《资本论》阐释	陈驰	四川师范大学	1月11日
4	盘活“人地钱”为乡村振兴添动力	郭晓鸣	四川省社科院	1月11日
5	统筹兼顾供需两侧　让扩大内需成为强力引擎	蒋永穆	四川大学	1月11日
6	全力培养社会主义建设者和接班人	杨祥禄	四川旅游学院	1月18日
7	新时代如何增强文化自信	董朝霞	四川师范大学	1月18日
8	用大数据提升突发公共事件应急能力	李怀杰	电子科技大学	1月18日
9	符号是如何让这个世界有“意义”的？	赵毅衡	四川大学	2月8日

续表12

序号	篇名	作者	单位	日期
10	项楚：平生志业首敦煌	尹赋	四川大学	2月8日
11	中国共产党坚持马克思主义指导地位的国际比较	薛新国	西华大学	2月8日
12	坚持新粮食安全观　必须强化“五种能力”	李后强	四川省社科院	2月15日
13	中国国学在俄罗斯的传播和影响	刘亚丁	四川大学	2月15日
14	融入新发展格局　推动四川经济现代化	鲁荣东	四川省经济和社会发展研究院	3月1日
15	聚焦社会主要矛盾　聚力人民幸福事业	胡学举	四川省社科院	3月8日
16	马克思分配公正思想的现实意义	万远英	西华大学	3月8日
17	让城市自然有序生长的“道”与“法”	郑钧蔚	四川省社科院	3月8日
18	脱贫攻坚：全面建成小康社会进程中的伟大斗争	单孝虹	四川省社科院	3月15日
19	挖掘中华传统体育精华　融入新时代学校体育教育	蒋玲玲	成都体育学院	3月15日
20	治蜀兴川法治实践的科学分析	高晋康	西南财经大学	3月15日
21	南宋理学家张栻论修身：明人伦知礼义辨义利	杨世文	四川大学	3月22日
22	持之以恒加强和改进党的作风建设 ——重温毛泽东《整顿党的作风》	冯兵	四川大学	3月29日
23	贯彻新发展理念走好新时代的长征文化开发“路”	郭海龙	西南交通大学	3月29日
24	抓好新时代教育评价改革的“牛鼻子”	李怀杰	电子科技大学	3月29日
25	改革越到深处越要担当作为	李强彬	四川大学	4月12日
26	坚持中国特色社会主义就是坚持科学社会主义	叶本乾	电子科技大学	4月12日
27	紧扣“一体化”唱响体育“双城记”	张永韬	成都体育学院	4月19日
28	“恩感文化”与“礼义之邦”	谭光辉	四川师范大学	4月26日
29	巩固拓展脱贫攻坚成果的理论逻辑与实现路径	张克俊	四川省社科院农村发展研究所	4月26日
30	以“合作社+集体经济组织”模式巩固拓展脱贫攻坚成果	郭晓鸣，骆希，王萍	四川省社科院	4月26日
31	有效提升网络政治传播引导力 促进青年制度自信萌生和增强	李想	西华师范大学	5月10日
32	加快建构红色资源概念　明确使用管理职责	张立哲	四川省委党校	5月10日
33	以马克思主义为指导构建具有中国特色的哲学社会科学 ——学习习近平总书记“5·17讲话”心得	薛新国	西华大学	5月10日
34	持续推进文化强国建设　不断提升文化软实力	林伯海	西南交通大学	5月24日
35	大力弘扬农村改革精神　纵深推进改革开放事业	纪志耿，陈庆玲	四川大学	5月24日
36	实事求是始终是中国共产党人认识世界和改造世界的根本要求	王春英	四川省委党校	5月24日
37	抓毗邻地区　为川渝统筹发展探新路作示范	吴振明	四川省社科院	5月24日
38	党的政治建设是一个永恒课题	郭从伦	四川省委党校	6月7日

续表12

序号	篇名	作者	单位	日期
39	聚焦聚力“高能级”打造创新平台体系	李后强	四川省社科院	6月7日
40	“链式创新”打通科技经济对接通道	盛毅	四川省社科院	6月7日
41	用什么东西来代替被打碎的国家机器呢	董朝霞	四川师范大学	7月12日
42	为全面建设社会主义现代化四川贡献社科力量	姜怡	四川省社科联	7月12日
43	完善科技评价制度　驱动科技创新发展	白春光，李怀杰	电子科技大学	7月12日
44	金融适度分权：更好监管化解区域性和系统性风险	刘锡良，董青马	西南财经大学	7月26日
45	努力为党和人民争取更大光荣	陈从楷	四川农业大学	8月2日
46	革命理想高于天	叶本乾	电子科技大学	8月2日
47	建议在四川建设长江国家文化公园	李后强	四川省社科院	8月2日
48	为创新驱动引领高质量发展提供有力法治保障	张立哲	四川省委党校	8月2日
49	统一战线是党的事业取得胜利的重要法宝	王洪树	四川大学	8月2日
50	全力保障民生　优化我省公共服务支出	张序，劳承玉	四川省社科院	8月16日
51	推进家庭农场高质量发展　亟待更大力度政策创新	郭晓鸣，王蔷，林冬升	四川省社科院	8月16日
52	理解共同富裕的四个维度	张立哲，王倩楠	四川省委党校	8月30日
53	统筹“两个大局”必须坚持和加强党的领导	郭东奇，郭祎	四川省委党校	8月30日
54	思考农村地区谋划创新工作应从“靠近中心”向“融入体系”转变	苏茂林	四川省社科院	9月6日
55	推动农业实现更广空间的对外开放和合作共赢	张克俊	四川省社科院	9月6日
56	引导青年不负时代是新时代教师职责所在	何为	西华大学	9月6日
57	如何成为可堪大用、能担重任的栋梁之材？总书记48字要求须牢记——勇于担当善于作为	任思奇，李后强	中共四川省委党校，四川省社科院	9月6日
58	如何成为可堪大用、能担重任的栋梁之材？总书记48字要求须牢记——坚持原则敢于斗争	唐晓勇	西南财经大学	9月6日
59	如何成为可堪大用、能担重任的栋梁之材？总书记48字要求须牢记——严守规矩不逾底线	裴泽庆	四川省委党校	9月6日
60	马克思主义基本原理同中华优秀传统文化相结合的四大理论命题	傅其林	四川大学	9月27日
61	建文化强省旅游强省　为何须系统提升“五力”？	李后强，李单晶	四川省社科院，成都市社科院	10月11日
62	人无精神则不立　国无精神则不强	王宇	成都理工大学	10月11日
63	如何提升党的基层组织建设水平？	李辽宁，杨晓庆	四川大学	10月18日

续表12

序号	篇名	作者	单位	日期
64	整体把握中国式现代化新道路	张晓明	西华师范大学	10月18日
65	做好两项改革“后半篇文章”须克服五个现实挑战	郭晓鸣，王萍	四川省社科院，四川师范大学	10月22日
66	坚定不移推进党风廉政建设和反腐败斗争	杨祥禄	四川旅游学院	11月1日
67	持续拓宽中国开放的大门　推动形成全面开放新格局	任思奇	中共四川省委党校	11月8日
68	共建世界级制造集群	盛毅	四川省社科院	11月15日
69	努力凝聚共同富裕的共识	蓝定香	四川省社科院	11月15日
70	以一体发展为导向提升产业链条张力	李中锋	四川省社科院	11月15日
71	打造科技创新高地须处理好三对关系	蓝定香	四川省社科院	11月22日
72	四川应加速城市经济治理数字化转型	吴垠	西南财经大学	11月22日
73	推动城乡要素高效配置和公共资源均衡配置	张克俊	四川省社科院	11月22日
74	现代化农产品批发市场建设是农业“三链耦合”的关键	罗远航，李标	四川省商业投资集团，西南财经大学	11月22日
75	中华优秀传统文化如何融入高校思想道德课	莫秀蓉，文广	西华师范大学	11月22日
76	在常态化防疫中推动学雷锋志愿服务	黄力，苏亮	韶山干部学院，中共德阳市委党校	11月29日
77	多层传播　提升巴蜀消费知名度美誉度	蹇莉	四川省社科院	11月29日
78	马克思主义中国化新的飞跃的重要里程碑	裴泽庆	中共四川省委党校	11月29日
79	协同治理　筑牢长江上游生态屏障	李晟之	四川省社科院	11月29日
80	一体建设　增强公共服务便利性可及性	黄进	四川省社科院	11月29日
81	思考从三个维度扎实推进共同富裕	方茜，孟榆	四川省社科院	12月6日
82	习近平新时代中国特色社会主义思想方法论的原创性特征	李刚	中共四川省委党校	12月6日
83	道家“胜而不美”的和平精神	詹石窗	四川大学	12月13日
84	贯彻新时代党的组织路线的制度保障	裴泽庆	中共四川省委党校	12月13日
85	优化营商环境要坚持问题导向	唐琼	中共四川省委党校	12月20日
86	以市场需求导向夯实企业创新主体地位	程洪	电子科技大学	12月27日
87	深刻认识科技自立自强与对外开放合作的辩证关系	吴满意	电子科技大学	12月27日

【四川学者在CSSCI来源期刊发表强化理论阐释文章】2021年度，四川学者在CSSCI来源期刊发表的理论阐释文章，强化理论阐释。其中，在马克思主义学科类发表的理论阐释文章共5篇（具体名单见表13），在政治学学科类发表的理论阐释文章共39篇（具体名单见表14）。

表13　四川学者在CSSCI来源期刊发表的理论阐释文章名单（马克思主义学科类，2021年）

序号	篇名	作者	来源
1	马克思恩格斯的跨文明交往观探析	任思奇	社会科学研究，2021（4）：207－212
2	资产阶级劳动价值论的马克思意识形态批判	胡芳	宁夏社会科学，2021（5）：27－36

续表13

序号	篇名	作者	来源
3	恩格斯社会发展动力思想的历史发展与时代价值	王洪树，罗文双	四川师范大学学报（社会科学版），2021，48（5）：28－34
4	中国特色社会主义生产力发展的特征与优势——基于与发达资本主义国家的比较	骆前秋	经济社会体制比较，2021（5）：9－19
5	马克思的实证何以如此特别？——计量分析与《资本论》研究方法的比较	赵磊，赵晓磊	政治经济学评论，2021，12（4）：121－139

表14　四川学者在CSSCI来源期刊发表的理论阐释文章名单（政治学学科类，2021年）

序号	篇名	作者	来源
1	为四川“十四五”开好局起好步提供坚强政治保障	王雁飞	党建，2021（5）：12－14
2	新时代村级党组织振兴的实践路径研究	殷焕举	中州学刊，2021（3）：12－17
3	认同与信任：新中国初期中共对失业者政治文化训练评析	高中伟，苏彦玲	江汉论坛，2021（2）：89－96
4	中国共产党全面从严治党的理论蕴涵、关键策略和责任架构	张衔，雷伟	西南民族大学学报（人文社会科学版），2021（1）：165－170
5	学习社会主义发展史，不断坚定“四个自信”	张磊	求是，2021（11）：30－33
6	小康之后：后现代价值观的浮现与挑战	房宁，丰俊功	文化纵横，2021（3）：130－137
7	新时代依规治党的内涵、特征与路径研究	任志江，曲玲玲	理论视野，2021（3）：80－85
8	“两大奇迹”的制度性成因	杜黎明	人民论坛，2021（12）：56－59
9	人民外交”的理念与启示	邓宗豪	人民论坛，2021（12）：90－93
10	理解“百年未有之大变局”深刻内涵的三个向度	黄金辉，黄杰	思想理论教育导刊，2021（3）：12－19
11	理论武装凝聚磅礴力量	张磊	党建，2021（7）：67－70
12	编制和实施五年规划：中国共产党治国理政的重要方式	丁忠毅	思想理论教育导刊，2021（4）：71－77
13	新发展阶段城市基层治理的空间正义及其制度实现	范逢春，马浩原	上海行政学院学报，2021，22（3）：47－57
14	社会主义核心价值观在农村的传播与践行	陈乐香	人民论坛，2021（5）：68－70
15	政党功能：中国特色社会主义制度显著优势的生成动因	王小鹏	探索，2021（3）：82－93
16	新时代中国文化走出去的若干思考——基于20世纪初德语作家对中国文化的吸收与借鉴	刘卫东	毛泽东邓小平理论研究，2021（2）：84－90
17	中国道路的实践辩证法及其开源意义	王让新，李弦	社会科学研究，2021（4）：76－81
18	习近平防范化解重大风险重要论述：理论渊源、科学体系与时代价值	张鹏，唐教成，龚一恒	人文杂志，2021（6）：27－36
19	“两个大局”下领导干部“政治三力”提升方略	范逢春	人民论坛，2021（20）：36－39

续表14

序号	篇名	作者	来源
20	缘何提高政治站位具有极端重要性	冯兵	人民论坛，2021（20）：32—35
21	网络道德建设内蕴的多重向度审视	王欣玥	思想理论教育，2021（7）：84—90
22	农村社区治理能力现代化的公共选择逻辑 ——基于15个省份150份政策文本的分析	衡霞	探索，2021（4）：38—48
23	中国共产党引领基层治理提升组织力的创新路径探索	张爱艾	西南民族大学学报（人文社会科学版），2021，42（9）：194—198
24	建设社会主义现代化强国的深刻意涵	罗哲	人民论坛，2021（24）：36—38
25	人工智能赋能高校党建的逻辑理路与实践策略	米华全	思想理论教育，2021（9）：81—87
26	习近平关于“厚植党执政的群众基础” 重要论述的内在逻辑与创新价值	李新芝	四川师范大学学报（社会科学版），2021，48（5）：5—12
27	中国共产党长期执政的“人民逻辑” ——基于对人民范畴演进的考察	祝佳兴，刘占祥	社会主义研究，2021（4）：73—79
28	马克思主义为什么行的生动诠释	蒋永穆	人民论坛，2021（28）：31—33
29	习近平新时代区域协调发展重要论述溯源与探讨	杨继瑞，杨蓉	中国高校社会科学，2021（6）：4—10
30	党史“本体论”视域下当代中国马克思主义的研究向度	李刚，徐凤琴，苏茂林	理论视野，2021（10）：87—93
31	中华民族共同体意识的正当性与证成性逻辑	张思军，陶丽	宁夏社会科学，2021（6）：30—39
32	新时代网络文明建设的认知路向	王丽鸽	思想理论教育，2021（12）：85—90
33	推动制度优势转化为国家治理效能	闰从山	人民论坛，2021（34）：60—62
34	扎实促进全体人民共同富裕： 时代要求、难点挑战和路径安排	蒋永穆，何媛	思想理论教育导刊，2021（11）：4—12
35	在中国式现代化新道路中实现共同富裕	韩文龙	思想理论教育导刊，2021（11）：19—24
36	正确把握中国式现代化新道路中的若干辩证统一关系	林伯海，李潘	思想理论教育导刊，2021（11）：38—42
37	中国共产党发展民生事业的基本原则	郭绍均	思想理论教育导刊，2021（12）：51—56
38	论全人类共同价值与人类命运共同体的辩证关系	林伯海	马克思主义研究，2021（11）：79—88
39	十八大以来党的政治纪律建设的基本经验	闫勇，王同昌	社会主义研究，2021（6）：79—84

压紧压实意识形态工作责任

【四川省社科联全面落实意识形态工作责任制】四川省社科联党组始终坚持“守土有责、守土负责、守土尽责”，把抓实抓好意识形态工作摆在突出位置，与业务工作同部署、同落实、同检查，并纳入年度绩效考核和个人评先评优，确保意识形态责任制落实到人落实到岗。党组主要负责人切实履行第一责任人责任，带头抓意识形态工作，带头管阵地把导向强队伍。党组分管领导切实履行“一岗双责”，加强分管领域的意识形态工作。

四川省社科联分层分级建立每月一督查和每季度一分析一研判工作机制，层层传导压力，层层推动落实。定期召开意识形态工作分析会，及时传达学习中省有关意识形态工作方面的会议和文件精神，加强分析研判，加强动态管理，及时发现和处理倾向性、苗头性问题，着力抓早抓小、防患未然。

四川省社科联不断加强对社科学术社团的政治引导和组织管理，坚持对各类社科研究成果、社科组织、社科平台、社科刊物、社科活动的意识形态把关，加强报告会、研讨会、讲座、论坛和社科普及等活动的动态管理和备案审查。

四川省社科联按照“谁主办谁负责”的原则，对主管主办的综合性学术期刊《天府新论》，在原有“三审三校”审校制度的基础上，增加交叉互校环节，进一步强化审核把关。

四川省社科联按照《四川省社科联网站信息安全和网络意识形态工作责任制实施办法》，切实强化对网络信息的管控。

【各社会组织加强意识形态工作】各市（州）社科联、各高校社科联、各学会/协会/研究会、民办社科研究机构等社会组织，全省各社科重点研究基地、社科高水平团队、社科普及基地等学术及科普机构，坚持“守土有责、守土负责、守土尽责”，全面加强意识形态工作，把牢各类社科活动、研究成果的意识形态关，确保全年全省社科界意识形态领域形势总体平稳。

以党建促进社科事业发展

【四川省社科联召开 2021 年全面从严治党工作会议】2021 年 4 月 7 日，四川省社科联召开 2021 年全面从严治党工作会议，深入学习贯彻习近平新时代中国特色社会主义思想，认真贯彻落实十九届中央纪委五次全会、省纪委十一届五次全会和省直机关工委 2021 年机关党的建设工作暨纪检工作会议精神及工作部署，总结 2020 年全面从严治党工作，部署 2021 年重点任务。党组书记、副主席姜怡主持会议并讲话，省纪委监委驻省委宣传部纪检监察组组长张卓到会指导并作讲话，党组副书记、副主席罗仲平作 2020 年党风廉政建设工作报告。

张卓对四川省社科联 2020 年党风廉政建设工作给予了肯定，认为四川省社科联落实政治责任更加坚定，教育监督经常性进一步增强，作风纪律建设进一步向好。张卓强调，全面深入推进从严治党，加强党风廉政建设工作，要坚持把政治要求融入日常，进一步强化政治责任，严守政治纪律和政治规矩，自觉接受政治监督；要坚持把中央八项规定精神落到实处，做到在思想意识上严起来，在监督管理上严起来，在追责问责上严起来；要坚持把廉洁风险防控抓出成效，围绕权力运行查风险，围绕权力制约添措施，围绕权力监督抓执行；要坚持把“一岗双责”履职到位，理清任务、强化推动、密切配合，形成责任互联互通，压力传导通畅，齐抓共管的工作格局。

姜怡在讲话中指出，2020 年四川省社科联党组坚持以习近平新时代中国特色社会主义思想为指导，认真贯彻落实中央、省委的决策部署，始终把强化政治责任，严守政治纪律和政治规矩放在首位，推动全面从严治党各项工作取得了新进展新成效。同时，必须清醒认识全面从严治党工作存在的差距和不足，要进一步在加强基层组织建设、“两个责任”压力传导、逗硬制度执行、推进机关作风转变上持续用力。姜怡强调，推进全面从严治党，必须做到态度不能变，决心不能减，尺度不能松。要进一步强化政治引领，坚定把牢正确的政治方向；要严格责任落实，防止“空对空”“两张皮”；要精准开展风险排查，进一步扎紧制度笼子，强化对权力运行的监督制约。以“一流的精神状态、一流的工作标准、一流的工作作风、一流的工作成效”，扎实推进全面从严治党向纵深发展，为推动社科事业高质量发展提供坚强的政治保障。四川省社科联班子成员和机关及下属事业单位全体干部职工参加了会议。

【四川省社科联机关党建工作扎实推进】四川省社科联机关党委印发《四川省社科联 2021 年机关党建工作安排》，制定《2021 年创建“四好一强”领导班子工作方案》，制发《2021 年党组理论学习中心组专题学习和机关党员理论学习计划》，印发 5 期《理论学习重点内容》。中心组全年开展学习 16 次，中心组成员作各类心得体会交流 29 人次。2021 年 3 月，四川省社科联机关党委被四川省直机关工委评为 2020 年度党组（党委）中心组理论学习先进单位，得到通报表彰。

【四川省社科联社会组织联合党委扎实党建工作】四川省社科联联合党委制定《四川省社科联社会组织联合党委 2021 年“两个覆盖”集中攻坚实施方案》，完成 11 家社会组织党支部换届改选，新辅导培育 4 家社会组织成立党支部。

围绕中心大局　贡献社科智慧

- 持续提升围绕中心服务大局能力
- 助力成渝地区双城经济圈建设发展
- 助推巩固拓展脱贫攻坚成果同乡村振兴有效衔接
- 为现代产业体系建设和经济发展出谋划策
- 推进绿色发展与生态文明建设
- 为四川高质量发展建言献策

四川省社科界以党委政府所盼、人民群众所需为己任，主动融入国家战略，紧扣治蜀兴川重大决策部署，针对经济社会发展中的重大理论和现实问题，主动谋划、主动作为，举办系列高端论坛和高层次研讨会，搭建研究交流平台，协同开展战略性和对策性研究，积极为经济社会发展提供智力服务，发挥“思想库”和“智囊团”作用。

持续提升围绕中心服务大局能力

应用对策研究成效显著

【应用对策研究成果】全省社科界紧紧围绕成渝地区双城经济圈建设、脱贫攻坚和乡村振兴等重大战略，紧紧围绕区域协调发展、开放发展等治蜀兴川重大实践问题，组织开展跨学科集中攻关，推出了极具学术创新意义和实践价值的成果，得到中央领导同志和省委省政府主要领导的肯定性批示，多项成果得到及时转化应用，有力服务了经济社会发展，具体名单见表 15 和表 16。

表 15　四川省第十九次社会科学优秀成果奖获奖成果部分应用对策研究成果名单

序号	成果名称	完成人	工作单位
1	加强对《公报》宪法修改的新闻宣传，提高宪法修改的舆论影响力	周伟	四川大学
2	新中国“三农”十大理论问题研究：70 年发展与变迁	蒋永穆	四川大学
3	新疆深入推进“去极端化”工作实证调查及其法制化研究	张立哲	中共四川省委党校
4	关于设立“国家（凉山）改革创新发展试验区”的建议	张友	西南民族大学
5	向标杆医院学文化	姜洁	四川大学
6	攀西国家战略资源创新开发试验区发展研究	张旭辉	攀枝花学院
7	国防科技产业集群发展研究	边慧敏	西华大学
8	高质量发展背景下科技型中小企业信用评估体系构建与应用研究	余澳	四川大学
9	四川省民营经济高质量发展研究	彭亮	四川师范大学
10	关于加快成德眉资同城化的研究	成都市政协课题组	成都市政协
11	中国流域经济与政区经济协同发展研究	刘世庆	四川省社科院
12	关于成都建设中国特色消费型城市的建议	毛中根	西南财经大学
13	公园城市建设与水环境治理研究	陈杰	四川省社科院
14	天府学	李后强	四川省社科院
15	四川省文化强省指标体系建设研究	四川文化强省指标体系建设研究课题组	四川省社科院
16	乡村振兴视域下四川省农村产业、人口、土地协同互动研究报告文萃	许彦	中共四川省委党校
17	“一带一路”战略框架下四川开放型经济发展研究	李晓燕	四川省社科院
18	文化企业证券化发展研究	杜坤伦	四川省社科院

续表15

序号	成果名称	完成人	工作单位
19	走向繁荣：四川藏区经济社会发展若干问题研究	王建平	四川省经济和社会发展研究院
20	城乡统筹发展中的要素整合与机制设计	刘后平	成都理工大学
21	关于建设“国家深度贫困区（凉山）城乡融合共享绿色创新发展试验区”的建议	郑洲	西南民族大学
22	推进四川省中华优秀传统文化传承创新系列对策建议	向宝云	四川省社科院
23	农业转移人口市民化下西部城镇人口承载力评价研究	蒋瑛	四川大学
24	四川农业农村发展若干问题研究	吕火明	四川省农业科学院
25	四省藏区多维贫困及其治理对策研究	杨浩	四川农业大学
26	城乡基本公共服务均等化的实现机制与监测体系	姜晓萍	四川大学
27	青藏高原东缘牧区生态保护与经济发展耦合研究	杨丽雪	西南民族大学
28	推进四川涉藏州县绿色高质量发展的系列对策建议	陈井安	四川省社科院
29	“鸡鸣三省”会议研究系列报告	胡学举	四川省社科院
30	四川妇联组织在妇女群众中发挥作用的情况调查	谢立	四川广播电视大学
31	构建中国特色社会主义视域下农村养老社会支持体系研究	刘金华	四川省社科院
32	法治视域下藏传佛教寺院社会治理创新研究	郑妮	中共四川省委党校
33	成都市金牛区“四维融合”深化县级融媒体改革	“融媒体”改革课题组	中共成都市金牛区委政策研究室
34	地方财政支出与城乡收入差距关系研究	谢芬	四川省社科院
35	森林碳汇扶贫：理论、实证与政策	曾维忠	四川农业大学
36	乡村振兴战略构想与实现路径：以四川省为例	四川乡村振兴战略研究课题组	四川省社科院
37	长江上游地区大型水库移民多维贫困治理及精准脱贫研究	何思妤	四川农业大学
38	四川省建设旅游强省和世界重要旅游目的地研究	王冲	四川师范大学
39	农业转型与绿色高质量发展研究	漆雁斌	四川农业大学
40	混合所有制企业协同治理研究	马胜	成都大学
41	四川经济高质量发展研究	四川省统计局课题组	四川省统计局
42	马铃薯主粮化战略实施路径	马铃薯主粮化战略实施路径课题组	成都大学
43	体育传播对转变中小学生体育认知和锻炼行为的实证研究	李晖	四川省社科院
44	四川学前教育高质量发展的对策建议	刘涛	四川省教育科学研究院
45	成都市市属高校发展情况调研报告	成都市市属高校发展情况课题组	成都大学

续表15

序号	成果名称	完成人	工作单位
46	四川省川陕革命老区农村产业融合发展研究	孟秋菊	四川文理学院
47	乡村振兴与农村金融反贫困创新	申云	四川农业大学
48	固边图藏：清末赵尔丰川边经营	徐君	四川大学
49	困境与突破：农村教师配置问题研究	刘小强	成都师范学院

表16　2021年部分应用对策研究成果名单

序号	成果名称	完成人	工作单位
1	以“村庄经营”推动乡村振兴	李后强	四川省社科院
2	规范在线教育促进教育公平的建议	李建平	四川师范大学
3	发挥蜂产业独特优势、打造成都公园城市建设特色名片的建议	张社梅	四川农业大学
4	文化赋能品牌，助推新时代四川白酒产业高质量发展	李明	四川省社科院
5	县区融入双城经济圈建设的思考与建议 ——来自南江县决策咨询委员会的报告	杨奎荣，李后强等	四川省社科院
6	疫情常态化背景下四川粮食安全及生产的政策建议	郭华	四川农业大学

智库建设扎实推进

四川省新型智库与重点研究基地和高水平团队积极协同，围绕国家重大需求和治蜀兴川战略需求，开展前瞻性、针对性、储备性、操作性研究，当好治蜀兴川的智囊团、社会舆论的引领者、人才培养的孵化器，提出有思想、有见地、有分量的治蜀兴川良策。四川首批新型智库共有22个，分九大类，分别是：战略谋划类、创新驱动类、改革开放类、区域发展类、农业农村类、政治建设类、社会建设类、文化建设类、生态文明建设类。截至2021年，四川省建设了22家新型智库，具体名单见表17。

表17　四川首批新型智库名单

序号	类型	智库名称	机构
1	战略谋划类	新时代省情与发展战略研究智库	四川省社科院
2	战略谋划类	发展战略与宏观经济研究智库	四川省经济和社会发展研究院
3	区域发展类	区域协调发展与多点多极研究智库	西南财经大学
4	区域发展类	经济区发展与重大生产力布局研究智库	四川师范大学
5	区域发展类	民族宗教事务研究智库	西南民族大学
6	创新驱动类	军民融合发展研究智库	中国工程物理研究院， 西南科技大学
7	创新驱动类	现代产业与创新发展研究智库	中国科学院成都文献情报中心
8	农业农村类	乡村振兴战略研究智库	四川省社科院
9	农业农村类	农业农村改革发展研究智库	四川农业大学
10	改革开放类	国有企业改革与发展研究智库	四川大学

续表17

序号	类型	智库名称	机构
11	改革开放类	对外开放与合作研究智库	四川大学
12	改革开放类	现代金融服务与创新研究智库	西南财经大学
13	社会建设类	社会事业和社会保障研究智库	电子科技大学
14	社会建设类	社会治理与公共政策研究智库	四川大学
15	文化建设类	中华优秀传统文化传承与文化产业事业发展研究智库	四川省社科院
16	政治建设类	党的建设研究智库	中共四川省委党校
17	政治建设类	依法治省研究智库	中共四川省委党校
18	政治建设类	党内法规研究智库	中共四川省委党校
19	政治建设类	统一战线研究智库	四川省社会主义学院
20	生态文明建设类	生态保护与环境治理研究智库	中国科学院成都分院
21	生态文明建设类	自然灾害应急管理与灾后重建研究智库	四川大学
22	生态文明建设类	自然灾害防治与地质环境保护研究智库	成都理工大学

协同攻关成效初显

【举办系列高端论坛、研讨会】四川省社科界举办系列具有品牌效应的高端论坛、研讨会，吸引大批国内外知名专家学者关注四川、研究四川，为四川省经济发展提供有力支撑。围绕推动成渝地区双城经济圈建设，组织成渝两地高校、社科院、党校、学会等举办“成渝地区双城经济圈高峰论坛”“成渝地区乡村产业协同振兴”高端智库论坛等研讨会；紧扣巩固拓展脱贫攻坚成果同乡村振兴战略有效衔接的主题，四川省社科界围绕坚持农业农村优先发展，巩固脱贫攻坚成果，接续推进乡村振兴的需要，举办“民族地区乡村振兴和基层治理研讨会”“首届秦巴文化与乡村振兴高峰论坛”等研讨会；聚焦现代产业体系建设和经济发展，四川省社科界围绕加快建设现代产业体系、稳固经济基本盘，举办“第四届国际金融科技论坛”“2020中国夜光经济圆桌会”等研讨会；推动生态优先绿色发展，四川省社科界坚持践行“绿水青山就是金山银山”理念，围绕生态建设和经济社会发展全面绿色转型需要，举办“2021全球绿色发展高峰论坛”“第七届西部油气论坛”等研讨会；聚力高质量发展推动治蜀兴川再上新台阶，四川省社科界坚持把高质量发展作为现代化建设的首要任务，站位新发展阶段、贯彻新发展理念、服务新发展格局，围绕创新驱动引领高质量发展、“一干多支、五区协同”战略等，举办“‘一干多支、五区协同’创新驱动引领高质量发展研讨会”“创新驱动1+1——贯彻习近平总书记创新发展重要论述 深入推进创新驱动引领高质量发展研讨会”等研讨会。

【推进跨区域、跨部门、跨学科的合作】四川省社科界积极推进跨地域、跨部门、跨学科联合开展课题研究，与重庆市社科联共同设立“成渝地区双城经济圈建设重大问题研究”重大专项，与四川省人大法工委、四川省委政法委、四川省财政厅、四川省统计局等实务部门，围绕加强地方立法、法治四川建设、成渝地区双城经济圈发展战略、统计工作等联合设立课题，引导全省社科工作者把研究视野投向经济社会发展第一线。四川省体育局与重庆市体育局党签署《成渝地区双城经济圈体育产业协作协议》，四川农业大学与天府新区共建乡村振兴研究院，成都理工大学与四川省扶贫开发局签署《四川省巩固拓展脱贫攻坚成果第三方协作战略合作协议》，四川省经济文化协会与都江堰市签署《投资合作框架协议》，四川大学牵头正式成立的全国首家碳中和技术创新中心（省级），四川省循环经济协会能源低碳发展专业委员会成立，西南石油大学成立碳中和研究院，四川省人社厅、四川省社科院和中国社科院人口与劳动经济研究所签署战略合作协议，四川省统计局与西南财经大学共建四川省人口与发展数据实验室，四川省社科院与中共甘孜州委签订新型智库建设合作协议，推出《奋力书写时代答卷　以新发展理念推动治蜀兴川》系列丛书等研究成果。

助力成渝地区双城经济圈建设发展

开展学术交流

【中国共产党社会主义建设道路的探索与实践——三线建设与成渝地区双城经济圈建设研讨会举办】2021年3月25日至26日，为深入学习贯彻习近平总书记在党史学习教育动员大会上的重要讲话精神，中央党史和文献研究院第七研究部、中共四川省委党史研究室、中共重庆市委党史研究室、攀枝花市委、攀枝花市人民政府联合主办“中国共产党社会主义建设道路的探索与实践——三线建设与成渝地区双城经济圈建设”研讨会。攀枝花市委书记张正红、中央党史和文献研究院第七研究部副主任班永杰、中共重庆市委党史研究室副主任徐光煦、中共四川省委党史研究室副主任江红英出席开幕式并致辞，攀枝花市委副书记、市长虞平主持开幕式。

张正红指出，攀枝花因三线建设而生、因与成渝合作而兴，同成渝地区建立起了紧密的联系，形成了资源互通、优势互补、协同联动的区域发展共同体。当前，攀枝花正聚焦建设现代化区域中心城市，奋力推进攀枝花市域、川西南滇西北、国内国际“三个圈层”一体化发展，特别是围绕融入“外圈”，全力推动成昆铁路扩能改造、宜西攀高铁、攀宜高速公路、新机场等重大交通项目建设，争取开通成都至攀枝花的旅游列车和直达动车，全力推动成渝地区双城经济圈建设，更好地融入和服务新发展格局。

班永杰认为，三线建设是社会主义制度集中力量办大事的成功实践，是中国特色社会主义制度优越性的集中体现，是中国共产党对社会主义工业化道路的一次成功探索。攀枝花发展与三线建设紧密相连，攀枝花的辉煌发展历程，就是我们党三线建设方略的成功实践。

徐光煦说道，三线建设是党中央在20世纪60年代中期作出的战略决策，这是共和国一段辉煌的历史，不仅给我们留下了弥足珍贵的工业遗产，还孕育形成了“艰苦创业、无私奉献、团结协作、勇于创新”的“三线精神”。当年，成都是成昆铁路的重要枢纽，重庆是常规兵器工业基地，攀枝花是重要钢铁基地，虽然三地相距数百公里，但资源互通、优势互补、联动发展，形成了紧密联系的后方工业体系，为备战时期的国防建设作出了积极贡献。回顾历史，川渝两地山水相连、地缘相近、文化同源、历史同脉。

江红英在致辞中说，轰轰烈烈的三线建设，是新中国在国防和经济建设史上的一次重要探索。这一探索改变了中国区域经济版图和产业发展格局，是一项影响极其深远的伟大战略决策。攀枝花是一座因三线建设而生的英雄城市，经过几十年的发展，已经成为中国钒钛之都和康养胜地。攀枝花市委市政府正勇担时代使命、再赴国家战略，全力推动成渝地区双城经济圈建设。祝愿攀枝花抓住这一重大战略机遇，推动经济社会发展再上新台阶。

【川渝党校协同服务成渝地区双城经济圈建设2021年联席会召开】2021年3月30日，为了更好地发挥党校作用，服务成渝地区双城经济圈建设这一国家战略，川渝党校协同服务成渝地区双城经济圈建设2021年联席会在中共重庆市委党校（重庆行政学院）召开，中共四川省委党校（四川行政学院）常务副校（院）长李新、重庆市委党校（重庆行政学院）常务副校（院）长谢金峰出席会议并讲话。

李新在讲话中对 2020 年两校协同服务成渝地区双城经济圈建设取得的成效给予充分肯定。他指出，回望去年、成果丰硕，经过多轮次深度合作，双方构建起了“学员联训、师资联培、智库联建、机制联通、感情联心”的协同发展格局，交流互动迈上了新台阶，实现了质的飞跃；展望今年、满怀期待，两校要在去年良好合作的基础上，推动感情从联心到同心，推动机制从联通到畅通，推动成果从见效到实效，携手开创合作新局面。

谢金峰指出，推进落实好川渝党校 2021 年合作事项，要用好优势、做好沟通、抓好落实，在合作事项上下真功夫、细功夫、苦功夫、长功夫，推动合作再深化、再拓展、再突破，以务实的工作举措，换扎实的工作成效，切实为协同服务成渝地区双城经济圈建设贡献党校力量。

会议交流了川渝党校协同服务成渝地区双城经济圈建设的合作成果，联合印发了《川渝党校 2021 年合作事项清单》。

【“成渝地区双城经济圈应用型高校产教融合联盟”第一次工作会暨国家产教融合型试点城市建设工作研讨会召开】2021 年 4 月 1 日至 2 日，由“成渝地区双城经济圈应用型高校产教融合联盟”主办、成都工业学院承办的“成渝地区双城经济圈应用型高校产教融合联盟”第一次工作会暨国家产教融合型试点城市建设工作研讨会在宜宾市召开。会议的主题是“聚势、合作、服务、共赢”。

重庆科技学院校长尹华川、成都工业学院副校长陈传伟、重庆财经学院校长吴华安、四川外国语大学成都学院副校长沈光临以及新道科技有限公司西南区总经理侯爱华，围绕成渝地区高等教育一体化发展、现代产业学院探索建设，校企融合、产教融合、政行企校多主体协同育人等主题作大会报告。

会议举行联盟成员单位合作签约仪式和在宜研究院揭牌仪式。重庆科技学院、四川旅游学院、成都工业学院、西昌学院分别签订了 3 项合作协议。与会嘉宾为“成渝地区双城经济圈应用型高校产教融合联盟宜宾研究院”“四川省应用型本科高校联盟宜宾研究院”“四川省电子信息产教联盟宜宾研究院”“宜宾成都工业学院研究院”4 个研究平台进行揭牌。

2020 年轮值理事长单位成都工业学院严余松校长作大会总结。严余松指出，在习近平新时代中国特色社会主义思想指导下，本次会议紧紧围绕成渝地区双城经济圈建设，秉承“真诚合作，优势互补，资源共享，共同发展”的原则，气氛热烈、思想新颖、干货满满，表现出了政企校领导专家共发声、联盟合作形式新尝试、校校合作深化新内容、联盟成员间友谊新提升 4 个方面的特点，表明了成渝地区应用型本科高校的办学成效显著、水平快速提升，为推动“四新”建设，深入推进科教结合、产学融合，创新应用型人才培养模式提供了良好借鉴。

【成渝地区双城经济圈高校论坛召开】2021 年 4 月 3 日，由西南财经大学、重庆工商大学联合主办的“成渝地区双城经济圈高校论坛”在西南财经大学召开。四川省政协副主席赵振铣、四川省政协原副主席解洪、重庆工商大学副校长李敬、四川省社科院原副院长盛毅，西南财经大学副校长尹庆双、马克思主义经济研究院院长丁任重、成渝经济区发展研究院院长杨继瑞，以及来自四川大学、西南大学、西南交通大学等成渝两地十余所高校的专家学者、师生代表和新闻媒体共 50 余人参加了论坛，中国西部经济研究中心主任毛中根主持开幕式。

赵振铣致辞指出，要进一步坚定以习近平总书记重要讲话精神指引成渝地区双城经济圈建设，凝聚形成推动成渝地区双城经济圈建设的强大合力，不断强化川渝两地引领西部高质量发展、打造新的增长极和重要动力源的使命担当。尹庆双致辞指出，举办成渝地区双城经济圈高校论坛汇聚整合高校智库资源，搭建高端对话交流平台，恰逢其时。西南财经大学将与成渝两地高校携手并进、深化合作，贯彻落实好习近平总书记的重要讲话精神，在推进成渝地区双城经济圈建设伟大征程中作出新贡献，谱写新篇章。解洪以“双城”“经济圈”两个关键词深刻论述了新阶段创新推动成渝地区双城经济圈建设的新任务。丁任重指出成渝双城经济圈建设过程中要注重成都、重庆两个主城区的极核发展问题。李敬阐述了“打造带动全国高质量发展的重要增长极和新的动力源”中的动力源问题。杨继瑞认为双城经济圈不仅仅是双城的二重唱，也要注重带动相关辐射区域的高质量发展。重庆工商大学周兵教授、西南财经大学毛中根教授、四川大学邓翔教授、西南大学涂建军教授、西南交通大学戴宾教授、四川农业大学吴平教授、长江师范学院熊正贤教授、重庆第二师范学院马正兵教授等专家学者先后就“成渝地区双城经济圈打造西部科技创新中心”“成渝两地旅游协同发展”“协同推进巴蜀文化旅游走廊”“辩证认识成渝双城经济圈发展合作的难度以及重点”“一极两中心两地”“共建川南渝西融合发展试验区”等主题开展深入交流和研讨。

【成渝地区双城经济圈高校就业创业联盟生涯教育分盟会员大会暨第一届职业生涯发展教育论坛举办】2021 年 4 月 23 日，由四川省教育厅、重庆市教育委员会指导，成渝地区双城经济圈高校就业创业联盟主办，西南石油大学、重庆师范大学承办的成渝地区双城经济圈高校就业创业联盟生涯教育分盟会员大会暨第一届职业生涯发展教育论坛在西南石油大学举办，大会主题为“双城纪元・未来已来”，论坛主题为“社会主义现代化远景视角下的职业生涯发展教育”。大会的召开宣告成渝地区双城经济圈高校就业创业联盟生涯教育分盟成立。作为成渝地区双城经济圈高校就业创业联盟最大分盟，共 101 所成员高校，涵盖成渝两地全部“双一流”高校。生涯教育分盟在教育部就业指导中心、重庆市教育委员会、四川省教育厅的指导下，积极探索，用实际行动做好成渝地区高校学生职业发展与就业指导工作，并辐射支持两地高中生涯教育工作，为助推两地就业创业工作“一体化”协同发展，成势见效，发挥积极作用。生涯教育分盟为成员高校职业发展与就业指导教师构建专业化的教师培训，面向成员高校学生提供标准化测评和咨询指导服务，以及丰富的生涯教育活动和求职训练平台。

会议由生涯教育分盟会员大会和第一届职业生涯发展教育论坛两部分组成。在生涯教育分盟会员大会上，分盟聘任 8 名到会学者为顾问专家，并为战略合作企业授牌。随后的论坛设主论坛、生涯教育与生涯发展分论坛和职业发展与就业指导分论坛。在主论坛中，与会专家分别以“生涯教育与大学生职业发展”“生涯发展教育和人才培养”为题作主旨报告。在生涯教育与生涯发展分论坛中，与会专家分别以“职业生涯发展教育与大学生发展”“职业生涯发展与高中生发展”“一体化职业生涯发展教育模式”为题作报告。在职业发展与就业指导分论坛中，与会专家分别以“高校生涯教育精准化探索与实践”“高校职业生涯教育改进的‘五结合’模式构建”“2021 年中国企业招聘科技趋势分享”作报告。

【成渝双城博士后交叉学科论坛举办】2021 年 4 月 27 日，“成渝双城博士后交叉学科”论坛在四川大学举行。四川大学副校长张林，四川省人力资源和社会保障厅党组成员、副厅长董宏杰，重庆市人力资源和社会保障局二级巡视员曾孝忠，四川省人力资源和社会保障厅二级巡视员付林，四川省委组织部、四川省教育厅、四川省人力资源和社会保障厅、重庆市人力资源和社会保障局的相关领导，以及重庆大学、电子科技大学、西南交通大学、西南大学、西南财经大学、重庆医科大学相关部处负责人出席了会议。

张林表示，学科交叉融合是当前科学技术发展的重大特征，是新学科产生的重要源泉，本次论坛是四川大学推动学科交叉、打造博士后交叉学科品牌的重要举措，将进一步增提高论坛的水准与品质，激发更多创新的思想与火花。董宏杰指出，希望川渝两地高校以本次论坛为契机，结合川渝两地创新驱动发展需求，联手开展跨区域、跨学科、跨领域的博士后科研合作和成果转化，推动实现资源的共建、共享、共发展，携手为成渝地区双城经济圈建设作出贡献。曾孝忠强调，博士后人才作为推动“双城经济圈”建设的“生力军”，是川渝两地高质量发展新的增长极和创新驱动的新引擎，本次论坛为博士后人才们提供了开放、共享、创新、合作的跨学科交流平台，为创新发展提供人才智力支撑。

本次论坛设有“信息+”“医学+”“新工科”“成渝文化和经济”4个分论坛，来自成渝双城高校270余名博士后出席了论坛，共同探讨相关交叉学科领域关键性挑战问题和研究热点。

【成渝地区乡村产业协同振兴高端智库论坛举行】2021年7月10日，由中共四川省委党校（四川行政学院）区域协同发展、乡村振兴研究智库共同主办，中共隆昌市委党校承办的“成渝地区乡村产业协同振兴”高端智库论坛在隆昌市举行。中共重庆市委党校、四川省社科院、西南大学、西南财经大学、重庆工商大学以及四川党校系统等38家单位的100余名领导、专家和教师代表参加论坛。论坛围绕成渝地区乡村产业协同振兴的战略目标，从不同视角深入探讨了推动成渝地区乡村产业协同振兴的具体路径。论坛指出，农业是国民经济的基础，农村经济是现代化经济体系的重要组成部分，实施乡村振兴战略是新时代“三农”工作的总抓手。自《成渝地区双城经济圈建设规划纲要》出台以来，川渝合作不断取得新进展新成效，已经签署了《建设成渝现代高效特色农业带战略合作框架协议》《共同推进成渝地区双城经济圈农业会展高质量发展战略合作框架协议》等合作协议，共同推动农业生产要素高效集聚，带动沿线、沿江、沿界农业协同发展，川渝两地乡村振兴正迎来新的发展机遇期。

参会专家学者通过“川渝乡村振兴协同研究的方向、路径探讨”“成渝地区高位推进乡村振兴的发展选择”“智慧农业与乡村振兴”“乡村大变局下的乡村开放协同发展”等话题，聚焦成渝地区乡村产业协同振兴，分享了智慧农业、数字技术等农业发展的前沿现状，从不同的研究视角，就成渝地区乡村振兴过程中的发展现状、问题风险、解决措施等展开了深入的探讨交流，就人才流失、资金缺乏、土地撂荒等突出问题提出意见和建议，共话成渝地区乡村产业协同振兴。

中共四川省委党校一级巡视员李章忠认为，推动成渝地区双城经济圈建设是党中央作出的重大战略决策，自《成渝地区双城经济圈建设规划纲要》出台以来，川渝合作正不断取得新进展新成效，川渝两地乡村振兴也迎来了新的发展机遇期，体现在多重战略叠加、基础条件优越、区位优势突出。

西南大学经济管理学院副院长罗超平认为，数字技术的有效运用作为乡村振兴的技术突破口，在推动农业产业链数字化、信息化、智能化建设，有效对接小农户与大市场，纠正信息偏颇方面发挥着巨大作用。需要构建以农户为核心，政府和互联网为农户赋能，电商平台、企业、高校、贷款机构、网络运营商等多方辅助的立体化发展模式。

重庆工商大学经济学院副院长黄潇建议，要针对智慧农业从业人员不足的问题，要加快农村高技能人才培训速度，出台相关政策强化乡村振兴人才支撑。针对设施农业科技水平不高的问题，要加强智慧农业生产技术引进。此外，针对土地集约化程度不高问题，要加强智慧农业生产技术引进，平衡各方收益，探索与片区综合地价、土地出让金挂钩的动态补偿机制。

西南财经大学中国西部经济研究中心副主任贾晋认为，乡村振兴战略下乡村发展出现了5个新趋势：乡村发展的外生驱动在工业化和城镇化基础上叠加跨区域开放协同发展；乡村产业链、供应链、价值链受需求驱动呈现跨城乡、跨区域和跨国别布局；土地资源配置由“乡村集约集聚—城乡指标资本交易—城镇开发利用”转变为“乡村集约集聚—跨区域指标资本交易—综合开发利用”和“乡村集约集聚—资源资本交易—乡村开发利用”两条路径；集体经济日益成为共同富裕的重要载体；数字经济催生乡村技术创新新路径。

四川省社科院副研究员陈明红认为，成渝地区高位推进乡村振兴面临四大挑战：一是强化示范带动功能的共享平台建设有待完善，现有各类平台覆盖范围小，产业发展的协同关联不足；二是促进产业协同发展的制度体系有待健全，多元产业和业态之间缺乏协同，农业生产性服务业配套不充分，农村产业融合缺乏有效升级；三是支持乡村产业升级导向的政策体系有待优化，促进竞争力提升的政策支持导向尚不突出，政策弹性空间有待扩大，绿色发展的政策激励有待强化；四是推进城乡融合发展的体制机制有待突破，城乡要素交换主体不对等，农村集体建设用地难以盘活，农村金融服务能力有待提升，乡村人才外流趋势未得以根本性扭转。对此，陈明红建议，成渝地区高位推进乡村振兴需要重点突破，加快建设和完善共享服务平台，构建跨区域发展协作机制，促进多元乡村产业深度合作，强化农业生产性服务体系，推动乡村旅游产业升级，优化支农政策支持导向，适度扩大政策弹性空间，深化乡村体制机制变革。

【成渝地区双城经济圈高峰论坛——建设国际消费中心城市的探索与实践和促进区域共同富裕的路径与策略研讨会举行】2021 年 12 月 3 日，成渝地区双城经济圈高峰论坛——建设国际消费中心城市的探索与实践和促进区域共同富裕的路径与策略研讨会在四川外国语大学成都学院举行。本次研讨会由四川省社科联、成都市社科联指导，西南财经大学成渝经济区发展研究院、重庆工商大学成渝经济区城市群产业发展协同创新中心、金沙智库研究会联合主办，四川外国语大学成都学院承办。来自四川省社科院、成都市社科院、中共成都市委党校、四川大学经济学院、重庆工商大学经济学院、四川旅游学院、四川外国语大学成都学院的与会嘉宾们为助推成渝地区双城经济圈建设建言献策。

在开幕式上，四川外国语大学成都学院校长杨江教授在致辞中表示，承办本次研讨会是学校发展应用型科研的重要路径和成果。论坛围绕“区域共同富裕”和“建设国际消费中心城市”展开，希望研讨会产生更多更好的研究成果，为成渝双城经济圈建设和相关决策落地、产业企业发展提供强大理论支撑。重庆工商大学经济学院副院长黄潇教授在致辞中表示，本次探讨会是成渝地区双城经济圈智库联盟的重要活动，对于凝聚成渝地区双城经济圈发展共识、共同科学解读相关政策文件精神将起到积极推动作用。专家学者需把资政建议和学术论文更好地写在巴蜀大地上，为成渝地区双城经济圈建设作出更大贡献。西南财经大学科研处副处长赵峰博士在致辞中表示，要把研究阐释习近平新时代中国特色社会主义思想，特别是习近平新时代中国特色社会主义经济思想作为哲学社会科学工作者的政治责任和学术使命。希望与会专家围绕促进共同富理论和实践创新，深度服务成渝地区双城经济圈建设发表真知灼见，更好地服务党和政府科学决策。

在主题研讨中，与会专家学者主要围绕成渝地区双城经济圈建设背景下的“区域共同富裕的路径抉择”和“建设国际消费中心城市的探索与实践”展开交流讨论。中共四川省委政研室调研二处处长谢圣赞研究员围绕共同富裕主题作了主旨发言，以翔实的数据为支撑，分析成渝地区经济发展现状和区域发展差异，既充分肯定近年来尤其是实施成渝地区双城经济圈国家战略以来经济社会发展取得的显著成就，为实现共同富裕奠定了坚实基础，同时也指出四川区域发展不平衡不充分问题突出，成都市与省内欠发达地区发展差距较大，四川与浙江等沿海发达地区相比也还存在着明显的现实差距。在高质量发展中推进共同富裕需要处理好公平与效率等 4 个关系，四川应在农业农民领域率先推动共同富裕，缩小区域差距、城乡差距和收入差距。可以选择成都平原经济区开展试点，率先推动共同富裕示范区建设。四川大学党委宣传部部长徐海鑫教授表示，在建设成渝地区双城经济圈的过程中，要把握“机制”和“动力”的关系，以新发展理念为指导，促进新发展格局；要把握“目的”和“逻辑”的关系，深入研究四川发展过程中新的经济增长动因。西南财经大学中国西部研究中心所长汪希成教授在总结时指出，实现区域共同富裕需循序渐进、不断奋斗，成都和重庆均是美食、文化、会展、旅游和赛事名城，要紧抓产品、场地、服务等要素，更好地打造国际购物和消费名城。

【第二届成渝地区双城经济圈建设统计科学研讨会举办】2021 年 12 月 16 日，第二届成渝地区双城经济圈建设统计科学研讨会在重庆市大足区召开，由重庆市统计局、四川省统计局联合主办，重庆市统计学会、四川省统计学会联合承办，主题为“把握成渝双城建设新机遇，共谋区域协同高质量发展”，来自川渝两地多个市、区、县统计部门工作人员近百人参会。

会上，重庆市统计局负责人对川渝两地统计工作提出倡议，包括深化合作，进一步加强全方位对接，不断完善两地统计战略合作；完善监测体系，加强数据共享，持续完善成渝地区双城经济圈统计监测指标体系；开展分析研究，及时、有序、高效开展统计监测与分析研究，提高统计服务的时效性和针对性等。

四川省统计局负责人表示，将充分开发利用两地统计科研资源和高校、科研院所研究力量，共建成渝地区双城经济圈监测分析合作平台。在做好统计监测中，将准确把握“一极两中心两地”目标定位，加快完善成渝地区双城经济圈综合统计监测体系。另外，在深化科研合作方面，将依托现有合作平台和两地统计科研力量，加强川渝统计局科研合作，开展发展指数研究等一揽子工作。

成渝地区双城经济圈协同发展中心常务副主任周兵进行主旨演讲，围绕成渝地区双城经济圈发展状况、重要经济中心建设情况、共建具有全国影响力的科技创新中心等方面，系统解读了成渝地区双城经济圈建设规划纲要重点任务。

【2021 成渝地区专业人士合作峰会暨川渝地区会计服务行业协同发展论坛举办】2021 年 12 月 24 日上午，2021 成渝地区专业人士合作峰会在蓉举行。开幕式上，重庆市注册会计师行业党委副书记、注协秘书长张青，四川省注册会计师行业党委副书记、注协副秘书长郭正苏分别代表两省市注册会计师行业签署了川渝地区五大协会协同发展框架协议。峰会主论坛上，中国注册会计师协会会长赵鸣骥以视频方式发表了题为“汇聚注册会计师行业力量 助力成渝地区双城经济圈建设”的主旨演讲。四川省委统战部常务副部长钟家霖主持峰会开幕式。500 余名政府相关部门和律师、会计、税务、新经济、新媒体等行业的嘉宾代表参会。

12 月 24 日下午，在川渝地区会计服务行业协同发展论坛上，中国注册会计师协会常务副会长、秘书长舒惠好，四川省委统战部机关党委书记王志军，四川省财政厅一级巡视员黄友，重庆市财政局副局长李虹相继发表致辞。四川注协和重庆注协联合发布了川渝地区 20 强会计师事务所名单，举行了川渝注册会计师行业战略合作协议的签订仪式。中国证监会原首席会计师陈毓圭以“从审计理论模型看高质量审计的实现路径”、北京国家会计学院院长秦荣生以“我国会计服务业的发展趋势”、德勤华西区审计及鉴证领导合伙人杨海蛟以“以卓越审计质量服务成渝双城经济圈建设”、信永中和集团合伙人宋朝学以“加强会计师事务所一体化建设为成渝双城经济圈建设提供高质量服务”为主题进行主旨演讲。西南财经大学教授吕先锫、四川成渝高速公路股份有限公司财务总监郭人荣、重庆中鼎会计师事务所董事长王彭果、天职国际会计师事务所合伙人童文光、天健会计师事务所合伙人王章礼、信永中和集团国际业务副总经理林建昆等业内外专家学者围绕“‘双城记’中注会专业服务的方向、路径和着力点”主题展开对话。湖南湖北等兄弟协会领导、川渝注册会计师协会领导以及川渝两地学术界、实业界和行业代表 80 余人出席论坛。

四川省委统战部、重庆市委统战部共同向天府新区、两江新区授予“成渝地区双城经济圈新的社会阶层人士实践基地”。峰会期间举办了“成渝新机遇——新媒体新经济产业发展论坛”“成渝地区双城经济圈法治化营商环境下法律服务协同发展论坛”“川渝地区会计服务行业协同发展论坛”“西南五省市区税务师行业高质量发展合作论坛”“新的社会阶层人士联谊组织建设研讨会”“携手开新局、江天共发展——两江新区、天府新区新的社会阶层人士助力国家级新区建设发展论坛”6 个分论坛；四川注协、重庆注协联合发布了川渝地区 20 强会计师事务所名单，举行了川渝注册会计师行业战略合作协议签订仪式。

【《成都都市圈建设蓝皮书（2021）》发布会暨新发展格局下的都市圈发展高端研讨会召开】2021 年 12 月 30 日，由中国区域科学学会、中国社科院国家未来城市实验室、成都市社科院主办，成都市社科院成都研究院、成都市金沙智库研究会承办的“《成都都市圈建设蓝皮书（2021）》发布会暨新发展格局下的都市圈发展”高端研讨会在成都召开。中国社科院生态文明研究所书记、国际欧亚科学院院士杨开忠教授，国家发展和改革委员会国土开发与地区经济研究所原所长肖金成教授，重庆工商大学原校长杨继瑞教授，西南交通大学区域经济与城市管理研究中心主任戴宾教授，四川省社科院原副院长盛毅研究员，成都市社科院院长姚凯，成都市社科院副院长廖德斌，成都市社科院副院长阎星研究员，以及来自北京大学、上海财经大学、首都经济贸易大学、中国科学院、中国（深圳）综合开发研究院、西南财经大学、电子科技大学等高校和科研院所的专家，以及成都市政府研究室、德阳市区域协同发展局、眉山市发展和改革委员会、资阳市同城化发展工作局的领导出席了会议。会议以线上和线下相结合的方式举行。

杨开忠在“融入构建新发展格局的西部战略”主旨演讲中说道，新发展格局本身固有的、根本的属性是强大的全球资源优化配置能力，西部地区建设全球资源配置能力具有地缘、规模以及生产基础方面的潜力和优势，同时受空间格局相对无效率的制约，未来应以国际经济走廊为区位指向，促进资源向国际经济走廊/陆海大通道集聚，实施基于中心城市、都市圈和城市群的空间品质—人才—创新多级驱动战略，打造现代产业体系和经济体系，促进西部地区融入新发展格局；肖金成从国家层面深入分析了成渝地区双城经济圈建设的重大意义、发展基础与优势、重点内容，认为成都都市圈建设的关键在于体制创新，要重点加强都市圈合作机制建设、探索经济区与行政区适度分离改革。

来自北京大学、上海财经大学、首都经济贸易大学、中国科学院南京地理与湖泊所、中国（深圳）综合开发研究院等高校和科研院所的专家学者围绕都市圈与城市群的关系、都市圈体制机制改革、都市圈产业与产业链建设、合作平台建设、都市圈规划等主题对中国城市群和都市圈的建设进行了深入探讨；西南财经大学、四川省社科院、西南交通大学、四川省区域科学学会等科研院所的专家学者从绿色都市圈建设、都市圈管理职能与行政区适度分离、同城化发展的基本理论问题、省级边界区域合作发展等方面对成都都市圈和成渝地区双城经济圈建设进行了深度分析与讨论；电子科技大学、四川省经济和社会发展研究院、成都经济发展研究院、中共四川省委党校（四川行政学院）的专家学者就如何建设成都都市圈进行了圆桌讨论；德阳市区域协同发展局、眉山市发展和改革委员会、资阳市同城化发展工作局分别介绍了德阳、眉山、资阳同城化、都市圈建设的推进状况及未来展望。

研讨会发布了《成都都市圈建设蓝皮书（2021）》，中国社科院生态文明研究所和成都市社科院签署了战略合作协议。

【《成渝地区双城经济圈体育产业协作协议》签署】2021年2月19日，重庆市体育局、四川省体育局、成都体育学院通过视频会议形式召开了2021年川渝体育深化融合发展推进会，成都体育学院党委副书记、校长舒为平与重庆市体育局党组书记、局长丁洪，四川省体育局党组书记、局长罗冬灵共同签署了《成渝地区双城经济圈体育产业协作协议》，成都体育学院党委常委、副校长何本祥，天府国际体育赛事研究院、发展规划处相关人员出席了会议。

该协议的签署，是深入贯彻落实党中央关于成渝地区双城经济圈国家重大战略部署，按照《成渝地区双城经济圈建设规划纲要》，牢固树立一盘棋思想和一体化发展理念，健全合作机制，打造区域体育产业协作的高水平样板，进一步提升成渝地区体育产业高质量发展和一体化发展水平，使成渝地区成为具有全国影响力的重要体育经济中心、体育科技创新中心、体育改革新高地、高品质健康生活宜居地，打造带动全国体育产业高质量发展的重要增长极和新的动力源。

按照协议，将成立“成渝地区体育产业协作领导小组”，领导小组组长由两省市体育局局长担任，两省市分管体育产业的局领导、成都体育学院分管科研的校领导担任副组长，相关职能部门负责人为领导小组成员。同时，在领导小组下设立“成渝地区体育产业协作秘书处”，秘书处设在成都体育学院天府国际体育赛事研究院，将进一步发挥成都体育学院天府国际体育赛事研究院高端智库作用，通过“一省一市一院”的协作机制，推动成渝地区体育产业协调发展、可持续发展、一体化发展、高质量发展。

开展理论与实践研究

【国家社科基金项目、教育部人文社会科学研究项目】2021 年，四川省社科学者围绕成渝地区双城经济圈建设申报并获批国家社科基金项目、教育部人文社会科学研究项目，部分名单见表 18。

表 18　2021 年四川省获批成渝地区双城经济圈建设相关的国家社科基金项目、教育部人文社会科学研究项目部分名单

序号	项目名称	负责人	工作单位
1	区域协同视域下成渝地区双城经济圈文体旅产业融合协同创新研究	田建强	成都体育学院
2	双城经济圈建设背景下成渝协同辐射效应研究	严红	中共四川省委党校
3	成渝地区双城经济圈体育产业协同发展测度与优化策略研究	陈鸥	西华大学

【四川省、重庆市社科规划“成渝地区双城经济圈建设”重大项目】2021 年 4 月 15 日，经受理申报、评审、网上公示等程序，并经四川省社科联党组批准，2021 年四川省、重庆市社科规划“成渝地区双城经济圈建设”重大项目立项课题发布，部分名单见表 19。

表 19　2021 年四川省、重庆市社科规划“成渝地区双城经济圈建设”重大项目部分名单

序号	项目名称	负责人	工作单位
1	成渝地区双城经济圈产业升级与长江流域生态优化的共馈机制研究	张荣光	成都理工大学
2	成渝地区双城经济圈国际供应链协同发展研究	慕银平	电子科技大学
3	双循环新发展格局下成渝地区双城经济圈制造业高质量发展体系研究	邓富民	四川大学
4	知识产权助推成渝地区双城经济圈高质量发展研究	王元地	四川大学
5	成渝地区双城经济圈城乡融合发展：理论逻辑与区域实现	龚勤林	四川大学
6	成渝城市群品牌体系评价与传播策略研究	李珊	四川大学
7	资源要素市场化配置下城乡融合发展的“成渝方案”研究	廖祖君	四川省社科院
8	成渝共建西部金融中心协同立法研究	高晋康	西南财经大学
9	成渝经济圈打造国际产业分工和承接产业转移示范区的发展现状和战略路径研究	王珏	西南财经大学
10	艺术表达视阈下成渝城市群品牌传播研究	刘兴全	西南民族大学

【四川省社科规划年度项目、基地重大项目、专项项目】2021 年，四川省社科规划年度项目、基地重大项目、专项项目对成渝地区双城经济圈建设进行立项资助，部分名单见表 20。

表 20　2021 年四川省社科规划项目立项资助成渝地区双城经济圈建设项目部分名单

序号	项目名称	负责人	工作单位
1	“双循环”视角下成渝地区体育旅游合作结构及优化路径研究	田建强	成都体育学院
2	成渝地区双城经济圈建设视域下城市民族工作协同创新研究	张华志	西南民族大学
3	成渝经济圈视域下城乡基层社区治理协同发展研究：以成都东部新区为主的考察	樊英杰	成都大学
4	成渝双城经济圈战略背景下“体医结合”协同发展的模式与路径研究	刘国辉	成都体育学院
5	成渝双层经济圈建设背景下新信息技术驱动四川体育产业升级路径研究	刘香	成都体育学院

续表20

序号	项目名称	负责人	工作单位
6	成渝地区双城经济圈建设战略背景下巴蜀体育文化走廊构建研究	刘成菊	内江师范学院
7	成渝地区双城经济圈建设背景下四川省康养产业投融资机制构建研究	房红	攀枝花学院
8	成渝双城经济圈空间技术溢出效应与经济发展策略研究	李智	四川大学
9	成渝地区双城经济圈文旅融合产业资源评价、利用效率及影响因素研究	冉杰	四川旅游学院
10	成渝地区双城经济圈生态文明协同共建机制研究	邱高会	四川农业大学
11	成渝双城经济圈背景下文化产业积聚群研究	文云英	四川音乐学院
12	成渝双城经济圈背景下智慧农业保险防返贫体系构建研究	谢小蓉	西南财经大学
13	成渝地区双城经济圈区域和城市系统经济人口承载力研究	王晟哲	西南石油大学
14	一体化发展视域下成渝城市群协同创新水平、绩效及实现路径研究	陈雨柯	西南石油大学
15	“双城”建设下四川内陆开放口岸构建多式联运协同发展机制研究	李平	宜宾学院
16	乡村振兴战略下羌族民俗文化与乡村旅游融合路径研究	刘超	阿坝师范学院
17	成渝城市群水环境非点源污染网络治理机制研究	李毅	中共成都市委党校
18	成渝双城经济圈人才协同培育及优化路径研究	徐书婕	四川大学
19	成渝城市群城市规模、创新能力与空间溢出效应研究	陈姝兴	西南财经大学
20	铁路与成渝经济社会变迁研究	曲成举	西南财经大学
21	成渝双城构建区域创新共同体的府际合作治理机制研究	刘鑫	西南交通大学
22	古希腊哲学中的“努斯”思想研究	窦安振	西南民族大学
23	多态场景下成渝双城经济圈内突发公共卫生事件的客流组织管理及应急协同研究	骆晨	中国民用航空飞行学院
24	成渝地区双城经济圈体育产业一体化发展研究	张永韬	成都体育学院
25	成渝地区双城经济圈学校体育协同发展研究	李林	成都体育学院
26	川菜文化传承与成渝双城经济圈餐饮高质量发展研究	杜莉	四川旅游学院
27	成渝地区协同立法的理论基础及制度建构	冯雷	四川大学
28	成渝双城经济圈产业融合统计检测与对策研究	李学军	成都锦城学院
29	基于生态系统服务核算的成渝地区双城经济圈绿色发展协调度——“两山”转化理论视角下的新测度指标体系构建	陈晓兰	四川大学

推出研究成果

【彭清华在《人民日报》撰文谈成渝地区双城经济圈建设】2021年3月5日，《人民日报》登载了四川省委书记彭清华关于成渝地区双城经济圈建设的理论文章《推动成渝地区双城经济圈建设成势见效》，突出双城引领，强化双圈互动，促进两翼协同，聚焦重点任务，务求取得实打实的工作成效和可感知的发展变化。

彭清华认为，成渝地区双城经济圈建设是习近平总书记和党中央着眼新发展阶段、经略西部腹地、完善区域布局、促进协同发展作出的重大战略决策，是构建新发展格局的一项重大举措，为四川抢抓机遇、更好融入新发展格局提供了战略引领。我们坚持把推动成渝地区双城经济圈建设作为重大政治任务，紧紧围绕建设具有全国影响力的重要经济中心、科技创新中心、改革开放新高地和高品质生活宜居地，打造带动全国高质量发展的重要增长极和新的动力源的目标定位，谋划四川“十四五”发展及 2035 年远景目标，切实把国家战略势能转化为发展实效。

2021 年是“十四五”开局之年，也是成渝地区双城经济圈建设成势见效之年。五年看头年，今年是关键。我们将深入贯彻党中央决策部署，突出双城引领，强化双圈互动，促进两翼协同，聚焦重点任务，务求取得实打实的工作成效和可感知的发展变化。

具体工作中要着力抓好六件事：一抓成都极核和主干功能。以支持成都建设践行新发展理念的公园城市示范区为引领，推进成都、德阳、眉山、资阳同城化和成都平原经济区一体化发展，整体推进成都都市圈城市群建设，更好地发挥成都辐射带动作用。二抓南北两翼。川南经济区重点做强产业、交通、教育、医疗等优势领域，打造全省第二经济增长极；川东北经济区重点促进革命老区振兴发展，推动产业结构优化升级。三抓基础设施。成都天府国际机场即将建成投入使用，加快铁路和高速公路骨干路网建设，打造出川出海大通道。四抓国家级省级两级新区。紧紧围绕国家和全省重大战略实施，“一区一策”量身定制配套政策举措，做到高起点规划、高标准建设、高水平运营、高质量发展。五抓毗邻合作。务实推动万达开川渝统筹发展示范区、川南渝西融合发展试验区、川渝高竹新区等建设。六抓政策协同。完善川渝产业链创新链深度融合机制，共建西部科学城、西部金融中心和巴蜀文化旅游走廊；开展协同立法、联合执法，共同抓好长江上游跨境河流生态环境保护；进一步推动政务服务事项通办和民生政策共享，着力解决就业、教育、医疗、养老、救助等民生问题，让成渝地区双城经济圈建设更好惠及群众。

【《成渝地区双城经济圈建设年鉴（2021）》】 2021 年 12 月 28 日，经重庆市人民政府、四川省人民政府批准，四川省发展和改革委员会、重庆市发展和改革委员会、四川省地方志工作办公室、重庆市地方志办公室联合编纂的《成渝地区双城经济圈建设年鉴（2021）》由新华出版社公开出版发行。年鉴除特载、综述、大事记、附录、索引外，正文设 11 个大类，计 90 万字、图照近 470 幅，全面展现 2020 年川渝各级各部门闻令而动，全方位、多领域投入推进成渝地区双城经济圈建设国家战略的年度新举措、新成果、新经验。

【《新中国成立以来川渝地区城乡关系演变研究》】 作者李益彬，中国社会科学出版社 2021 年 12 月出版。该著作立足区域城乡协调发展，以发展经济学的二元理论、社会学的城乡关系理论为主要理论基础，以新中国成立以来包括沱江流域在内的川渝地区近 70 年（1949—2016 年）的城乡关系发展演变为基本历史事实，开展区域城乡关系研究，从“恢复与重建”“体制内演化”“调适与更新”“分化与重组”“探索与创新”5 个阶段分别考察了川渝地区半个多世纪城乡关系发展、演变过程中的共性与个性特征及其对川渝城乡发展的影响。

【多条对策建议在《四川日报·思想周刊》登载】 2021 年 4 月 19 日，成都体育学院张永韬教授发表文章《紧扣“一体化”唱响体育“双城记”》，认为当务之急是在思想上形成一体化发展理念，提出创新顶层设计形成“1+2+*N*”的规划体系，以项目合作促体育产业集群式发展，借交通优势助区域体育产业全面协同。

2021 年 5 月 24 日，四川省社科院区域经济研究所副研究员、四川省区域科学学会副会长吴振明发表文章《抓毗邻地区　为川渝统筹发展探新路作示范》，提出加快探索经济区和行政区适度分离，加大对川渝毗邻欠发达地区支持力度，加快川渝毗邻地区区域性中心城市发展，引导川渝毗邻地区分工协作，建立川渝毗邻地区联动发展沟通机制。

2021 年 11 月 15 日，四川省委省政府决策咨询委员、四川省社科院研究员盛毅发表文章《共建世界级制造集群》，提出成渝地区双城经济圈要打造带动全国高质量发展的重要增长极和新的动力源，必须在建设世界级制造集群上取得突破，推动制造业从全球第三、四梯队水平提升到第二、三梯队，进而带动服务业迈上新台阶，具体应从 5 个方面着力共建世界级制造集群：遵循世界级制造集群演进规律，选择几个制造业作为培育对象，分层次建立集群发展推进机制，推动创新资源向拟建集群汇集，完善集群发展的配套体系。

【四川学者在CSSCI来源期刊发文】2021年四川学者在CSSCI来源期刊发表有关成渝地区双城经济圈建设的学术论文，部分名单见表21。

表21　2021年四川学者在CSSCI来源期刊发表的部分学术论文名单

序号	篇名	作者	来源
1	多维度视阈下成渝地区双城经济圈建设探析	何一民，崔峰，何永之	四川师范大学学报（社会科学版），2021，48（3）：180－190
2	成渝地区双城经济圈协同治理的结构特征与演进逻辑——基于制度性集体行动的社会网络分析	单学鹏，罗哲	重庆大学学报（社会科学版），2021，27（2）：55－66
3	支持成渝地区双城经济圈建设的财税制度优化	刘蓉，晋晓姝	税务研究，2021（3）：21－25
4	金融创新、技术创新与经济增长的嵌合驱动研究——基于成渝地区双城经济圈的数据实证	杨力，朱国龙，魏奇锋	经济体制改革，2021（4）：195－200
5	基于合作之竞争博弈的成渝双城经济圈良性关系重构	杨继瑞，周莉	社会科学研究，2021（4）：100－109
6	成渝地区双城经济圈科技创新与经济高质量发展耦合协调度研究	魏奇锋，徐霞，杨彩琳，杨力	科技进步与对策，2021，38（14）:54－61
7	成渝地区双城经济圈优质跨域合作创新的驱动逻辑——基于区域科技进步奖获奖数据的分析	宋潇，张龙鹏	中国科技论坛，2021（10）：143－152
8	成渝双城经济圈产业结构升级与环境效率——基于非动态面板门槛模型	郑小强，蒲泱竹	软科学，2021，35（11）：58－64
9	成渝地区双城经济圈经济一体化研究——基于社会网络分析	苏斌，薛佳滢，颜利，黄俊，杨锐	中国科技论坛，2021（12）：101－108
10	川渝两地县域经济创新发展的结构分析	张鹏，杜云晗，叶胥	中国人口·资源与环境，2021，31（11）：134－143
11	农户绿色生产行为形成机理的实证研究——基于川渝地区860户柑橘种植户施肥行为的调查	何悦，漆雁斌	长江流域资源与环境，2021，30（2）:493－506

【南充市社会科学界联合会推出系列决策报告】南充市社会科学界联合会充分发挥哲学社会科学的资政功能，引导社科专家深入研究市委市政府的重大战略决策部署和当前市经济社会发展的各种现实问题，撰写的《南充丝绸文化在成渝经济圈的创新与发展研究》《南充市临江新区城市承载能力与区域经济协调发展研究》《成渝地区双城经济圈的协同创新发展能力研究》等应用价值高、操作性强的社科应用成果并向有关部门及时报送，为党政建言献策。

【巴中市融入成渝地区双城经济圈建设的调查研究】巴中市委政研室撰写，报告基于巴中“三地一园”（“成渝地区双城经济圈北向开放新高地、绿色产品供应地、产业转移承接地、生活宜居后花园”）发展定位，建议着力发展一体化交通、现代产业增长极、文化交融互促核心区等重点工作。报告中提出的建设成渝地区双城经济圈北向开放新高地、绿色产品供应地、产业转移承接地的发展定位，被省委十一届七次全会充分吸收，明确提出支持巴中建设成渝地区北向重要门户枢纽、成渝地区绿色产品供给地和产业协作配套基地。

助推巩固拓展脱贫攻坚成果同乡村振兴有效衔接

开展学术交流

【彭州市乡镇治理现代化研讨会召开】2021年4月21日，由彭州市委城乡社区发展治理委员会与四川大学共同主办、丹景山镇承办的彭州市乡镇治理现代化研讨会在成都彭州市举行。会上，来自东北大学、中国人民大学、南开大学、四川省社科院、四川大学等单位的8位专家学者及四川省民政厅、四川省委组织部、成都市委组织部、成都市委政法委、成都市委社治委、成都市民政局、成都市市场监管局的相关负责人先后进行了交流发言。

东北大学文法学院院长、民政部全国基层政权建设和社区治理专家委员会委员张雷教授认为，当前彭州乡镇政府服务能力得到了很大提升，农村社区建设取得了不俗的成绩，并从加强农村社会组织培育、加强城乡之间的互动、个性化指标体系设计、通过市场机制配置高水准的公共服务等方面提出了建议。

四川省社科院党委副书记陈井安教授认为，丹景山镇在治理过程中成功激发了基层干部的使命感和群众的责任感，实现了从过去的被动应付到现在主动作为的转变、从问题导向向目标导向的转变以及从实践总结向实践探索、理论总结的转变，为其他地区的乡镇治理提供了良好的经验。

中国人民大学农业与农村发展学院、民政部全国基层政权和社区建设专家委员会委员仝志辉教授将丹景山镇的治理经验归结为切实发挥党建引领，通过集体经济联动将乡镇社会紧密联系，实现小区、街区和林盘的分类治理，将数字化作为一种辅助手段与现有功能体制相结合，并重视本地人才的自我生产能力以及对外地人才的吸引力。

南开大学周恩来政府管理学院锁利铭教授将丹景山镇的经验归结为政府工作方式和目标追求的变化（从追求数量到追求质量的转变）、工作机制的变化（重视自组织建设和功能）、治理主体的变化（平等的、尊重的、基于共识的主体关系）以及治理结构的变化（平等的、共识的、交互的扁平化网络结构），并强调在乡镇治理现代化中融入新型城镇化战略和构建网络型的城市群中，注重多中心、多层次、多节点的建设，实现城市之间互联互通。

四川大学公共管理学院、中国县域发展研究中心主任王敬尧教授从价值理念和指标体系维度阐述对乡村治理现代化的理解，强调要在利用有利条件和落实党建引领过程中实现资源活化，在当前乡村治理基础、资源、环境、制度、结构和组织发生改变的背景下更新价值理念，并设置更加精细化的指标体系。

【2021年乡村振兴“狮山论坛”举办】2021年5月16日，由四川师范大学主办、四川师范大学中国乡村振兴研究院和四川师范大学四川乡村振兴学院（总部）共同承办的2021年乡村振兴“狮山论坛”在四川师范大学狮子山校区举行。

论坛特邀四川省内外“三农”领域的专家学者，围绕“乡村振兴与农业高质量发展”主题进行研讨，共话学术前沿，共享创新成果。国务院发展研究中心农村经济研究部部长叶兴庆，中国社科院农村发展研究所研究员党国英，四川省委省政府决策咨询委员农业组副组长、四川省农业厅原厅长任永昌，四川省农业科学学院党委书记吕火明，成都师范学院院长杜伟，四川省社科院原副院长杜受祜，四川大学经济学院院长蒋永穆，四川农业大学党委常委、组织部部长杨锦秀，西南财经大学经济学院原院长李萍，四川师范大学中国乡村振兴研究院首席研究员郭晓鸣，四川师范大学校长汪明义，副校长郭朝辉、张海东出席会议。四川乡村振兴学院13个分院的负责人，中国乡村振兴研究院、四川乡村振兴学院（总部）、继续教育学院的相关负责人以及部分学生代表参加了会议。会议包括签约仪式、主旨演讲和圆桌对话 3 个环节。

汪明义作题为“四川乡村振兴学院建设构想”的主旨演讲。他从文化振兴是乡村振兴的灵魂、乡村教育是乡村文化振兴的动力源、办好乡村教师教育是师范大学的时代使命 3 个方面展开详细阐述。

叶兴庆作题为“以融合发展之力助推乡村振兴”的专题演讲，他通过对实施乡村振兴战略的历史基础、现实逻辑和实践要求进行深入分析，提出振兴之道在于融合，并对实现融合发展需要解决的突出问题作了分析阐述。

党国英作题为“试谈乡村发展中的人口布局引导政策”的专题演讲。他通过对人口布局类型、我国人口布局的约束条件、人口布局的预测和人口布局的引导政策 4 个方面深入阐述了人口布局问题在实现乡村振兴和城乡融合发展中的重要性。

在圆桌对话环节，任永昌、吕火明、杜伟、杜受祜、蒋永穆、杨锦秀和李萍围绕“乡村振兴与农业高质量发展”主题分别作交流发言，从农业的高质量发展、农村和乡村的差别、巩固脱贫攻坚成果和乡村振兴衔接、乡村宅基地改革、素质乡村战略、组织振兴和美丽乡村建设 7 个方面开展深入研讨，并提出相关意见和建议，为乡村振兴和农业高质量发展提供了有益的思路。

【秦巴文化与乡村振兴高峰论坛召开】 2021 年 5 月 18 日，首届秦巴文化与乡村振兴高峰论坛由四川省社科院四川历史研究院和四川省秦巴文化研究会联合举办，省内外与会嘉宾围绕文化建设带动乡村振兴、红色文化、乡土文化以及经济文化协同发展等内容展开研讨。

四川省社科院研究员、四川省秦巴文化研究会名誉会长谭继和认为，乡村振兴的重点是乡村生态和乡村文态，要推动以乡愁文化为中心的乡村生态的振兴，推动以乡贤文化为中心的乡村文态振兴。

四川省社科院四川历史研究院院长张彦表示，处在成渝两地纽带上的秦巴地区，也会随着国家战略部署的实施，迎来一个空前的经济文化发展机遇。

举办首届秦巴文化与乡村振兴高峰论坛，就是希望以文化建设引领，带动和提升乡村振兴，在秦巴地区完成脱贫攻坚的艰巨任务以后，在乡村振兴中走出一条绿色发展、高质量发展、经济文化协同发展的道路。

【山区县乡村振兴峰会举行】 2021 年 5 月 22 日至 23 日，“合作・赋能・共享——汉源・2021 山区县乡村振兴峰会”在四川省雅安市汉源县举行。峰会由四川省社科院、四川省乡村振兴战略研究智库、雅安市人民政府主办，雅安市农业农村局、雅安市扶贫开发局和汉源县人民政府承办。四川省内外“三农”知名专家和学者齐聚“阳光康养城、宜居新汉源”，开展了现场调研、主题演讲、主题分享等活动，大家凝聚山区县乡村振兴发展共识，形成了具有指导性、可操作性的研究成果，进一步巩固拓展脱贫攻坚成果与乡村振兴有效衔接，推动农民合作社和家庭农场高质量发展，促进小农户融入现代农业发展进程，高质量推动国家乡村振兴战略落地落实。

主题演讲阶段，中央农办、农业农村部乡村振兴专家咨询委员会委员，清华大学中国农村研究院副院长张红宇作题为“农民合作社与乡村振兴战略实施”的主题演讲。他认为，我国农民合作社正在经历由数量型向质量型转变。需要进一步创新机制，引入更多社会资源，形成支持农民合作社高质量发展的强大合力。要走出一条具有中国特色的乡村振兴道路，有效培育新型农业经营主体至关重要。

农业农村部农村合作经济指导司一级巡视员赵铁桥作题为“加快合作社高质量发展”的主题演讲。他认为，农民合作社是亿万小农户有效对接现代农业的重要组织载体。汉源在确保试点工作整体推进的基础上，通过创新合作机制整合更多专业力量，支持县域农民合作社高质量发展，形成的一揽子有效模式和做法，对全国试点县工作推进具有重要价值。

四川省委省政府决策咨询委员会副主任、四川省社科院党委书记、成都市社科联主席李后强作主旨报告。他在报告中提出建立“汉源农村组织学”概念。他指出，农村组织学属于行为组织学、农村社会学和农村经济学的交叉学科，汉源在组织农民增收、农业增效、农村增辉方面有许多创新和成就。“汉源农村组织学”是指在农民、农村、农业工作中汉源创造的针对基层自治组织和经济运行组织的原则理念方法方式，核心是党建引领基层组织建设和发展，从而带动农村经济社会进步与繁荣。此外，浙江省嘉兴市秀洲区，江苏省泰兴市，四川省雅安市汉源县、南充市高坪区和绵阳市安州区 5 个试点县（区、市），分别以“攻坚探索合作社整区提升加快推动农业高质量发展——浙江秀洲开展全国农民合作社整县提升试点工作情况汇报”“农民专业合作社提质发展在泰兴的实践”“合作・赋能・共享——育强新型经营主体擦亮农业金字招牌——汉源县农民专业合作社发展实践分享”“采用十条措施补短创新提升合作社质量——绵阳市安州区着力培育乡村产业振兴载体”等为题，向参会嘉宾分享了经验和做法。

主题讨论阶段，政府主管部门、专业服务机构和一线操作团队等相关方代表，共同就如何培育农民合作社、促进乡村振兴进行主题讨论。中央农办、农业农村部乡村振兴专家咨询委员会委员，四川乡村振兴战略研究智库首席专家，四川省社科院研究员郭晓鸣强调，要充分认识到家庭农场、农民合作社在乡村振兴中发挥的重要作用，在提质增效的大趋势下，依托主导产业形成的真正农民合作社，应该得到更大力度的政策扶持。

峰会期间，四川省社科院和中国农民合作社研究中心共同发布了《汉源县农民合作社高质量发展的创新经验与政策启示》。雅安职业技术学院和汉源县人民政府举行了“雅安乡村振兴学院汉源分院”授牌仪式，并发布了《2021 山区县乡村振兴汉源宣言》。

【“发展种业，节约粮食”专家座谈会召开】2021 年 5 月 29 日，由四川省社科院农村发展研究所、四川饭扫光食品集团公司共同举办的“发展种业，节约粮食”专家座谈会在四川省社科院召开，会议旨在学习贯彻落实习近平总书记在中国科学院第二十次院士大会、中国工程院第十五次院士大会、中国科协第十次全国代表大会上的重要讲话精神，来自四川省农业农村厅、四川省社科院、四川省农业科学院、西南财经大学、四川农业大学、成都市烹饪协会、四川饭扫光食品集团公司、成都市饮食公司钟水饺店等机构的专家和嘉宾参加了会议。

四川省委省政府决策咨询委员会副主任，四川省社科院党委书记，成都市社科联主席李后强教授在研讨中面对四川农业民族品牌话题时提道：“粮食是生命之源，我们要发展‘有根的产业’”。

四川省社科院机关党委专职副书记陈杰副研究员在发言中谈道：“目前关于粮食问题，我们的当务之急，第一个方面是解决‘被卡脖子’的问题。种子被誉为农业的芯片，我们要创造中国种子的芯片技术”。“我们还要解决中国人的吃饭问题，因为‘中国人的饭碗任何时候都要牢牢端在自己的手上’。而我们的饭碗也应该装中国人自己的粮食”。

四川农业大学水稻研究所办公室主任、品种改良中心副主任邓其明教授谈道：“粮食安全问题首先就体现在我国耕地面积的减小、人口的增长上。其原因在于，我们农民种地的效益不高，积极性在降低”。他认为，要解决国家粮食安全问题，要确保耕地面积“18 亿亩红线”不能掉，保障好种植面积；要提高农民的增量效益、提升种植积极性；要优化农机设备。

西南财经大学西部经济研究中心副主任贾晋教授认为，粮食储备是粮食安全关键因素，建议成都应有完善的应急体系。

四川省农业科学院副院长任光俊研究员表示，制约粮食生产发展的根本问题是生产规模小，生产机械化程度低。对农业科技人员，有“三个要”：要自立自强，要研发农业新装备，要进一步开放合作。

四川省农业农村厅总经济师廖蔚认为，当前四川农业发展还存在一些短板，如土地资源结构先天不足、山地丘陵居多等，要深入实施“藏粮于地，藏粮于技”战略。

【民族地区乡村振兴和基层治理研讨会召开】2021 年 6 月 17 日，由四川省委统战部、四川省民宗委指导，四川知识分子联谊会、四川欧美同学会·四川留学人员联谊会主办，阿坝州委统战部、阿坝师范学院承办的民族地区乡村振兴和基层治理研讨会在阿坝师范学院举行。

研讨会上，四川省委统战部副部长陈武，四川省民族宗教委二级巡视员周发成致辞。陈武分别以“特色、要素、主体、保障、信心”5 个关键词从 5 个方面进行分析，即民族地区乡村振兴要根据民族风情、民族文化突出特色，做到保护有力，开发有序；要具备人才、资本、科技、管理等要素，优化配置；要以农民为主体，发挥基层组织和带动主体的作用，与之构建“利益共同体”；要为乡村振兴提供政治保障、组织保障和政策保障；对于乡村振兴这场持久战要有信心。他指出，统一战线在乡村振兴中提供人才、智力、资本、科技等支持，对乡村振兴具有积极推动作用。周发成表示，民族要复兴乡村必振兴，要坚决贯彻党中央精神，融入国家战略，通过乡村振兴使民族地区与全国乡村同步振兴，实现全面现代化的伟大目标。

阿坝州委常委、统战部部长蔡清礼接着发言。他表示，阿坝州是四川省脱贫攻坚的主战场之一，希望各位领导、专家在产业发展、生态环保和基层治理等方面献计献策，为阿坝州提供更多的帮助。

四川欧美同学会、四川留学人员联谊会会长，农工党四川省委主席、四川省政协原副主席王正荣在发言中讲道，全省民族地区要切实增强推进乡村振兴的政治自觉和行动自觉，推动农业全面升级，农村全面进步，农民全面发展。

四川师范大学副校长、第十三届全国人大代表、民盟成都市委副主委、民盟四川省文化委主任蔡光洁就“发挥地方高校优势，加快推进乡村人才培养体系建设”发表演讲。她认为，目前的乡村振兴面临振兴人才队伍薄弱、空心化严重等问题，必须转型培养应用型的人才。

华西医院教授、博士生导师王坤杰在“坚持需求导向、精准发力，助力民族地区卫生振兴”的演讲中认为，要坚持“不忘初心、牢记使命，为了西部各民族群众的全民健康”的宗旨，坚持需求导向，全面提升医疗水平。

四川省社科院社会学所李羚研究员认为，乡村振兴包括产业、生态、文化、人才和组织 5 个方面，其中组织是其他 4 个方面的重要支撑。

四川欧美同学会、四川留学人员联谊会副会长兼日韩分会会长李沄璋以“四川民族地区空间规划与美丽乡村建设”为主题展开演讲。他认为，要实施西部保育培育、东部优化提升的国土空间战略，形成主体功能明确，空间联动发展五大片区。

四川旅游学院副校长、四川知识分子联谊会副会长陈云川以“旅游+”产业发展模式助推民族地区乡村振兴为主题，分享了“旅游+衣食住行”“旅游+文化”“旅游+体育”“旅游+交通”“旅游+农业”五种模式。

四川作协主席、四川知识分子联谊会副会长阿来的演讲主题是“人民是出发点也是目的地”。他谈道，当前农村缺乏新的劳动力和适应现代化的新农民，基层组织建设难以真正实现，所以需要培养新时代新农民。

会议强调，要突出民族地区乡村振兴特色，充分发挥民族地区自然生态、民族文化优势，在保护中开发、传承中挖掘，做到保护有力、开发有序，以系统的思维推动民族地区乡村振兴。要强化民族地区乡村振兴各项要素，让城乡之间人才、科技、管理等要素流动起来，打通各项要素流向农村的通道，最大限度地优化配置各项资源。

【第九届中国合作经济中青年学者工作坊暨第三届乡村振兴西部论坛举行】2021 年 9 月 25 日至 26 日，第九届中国合作经济中青年学者工作坊暨第三届乡村振兴西部论坛在四川省成都市崇州市天府国际慢城举办。论坛由浙江大学中国农村发展研究院（CARD）、四川农业大学管理学院、崇州市政府主办，本次学术会议主题为“乡村振兴与农民合作社创新发展”，目的是探讨我国农民合作社发展、乡村振兴的研究理论，总结农民合作社发展与乡村振兴的典型做法和实践经验，凝聚从事相关研究的中青年学者等新生力量，为乡村振兴和农民合作社创新发展提供源源不断的动力。

论坛期间，举行了项目集中签约仪式。其中，浙江大学CARD中国农民合作组织研究中心与成都市崇州都市农业产业功能区管委会签订合作协议，双方将共建浙江大学崇州农民合作社教学实践基地。根据协议，将由浙江大学CARD中国农民合作组织研究中心相关人员组成研究团队，在崇州市农业产业功能区，以合作社章程及相关制度建设为重心，从成员身份、财产制度、治理结构、盈余分配等方面指导当地农民合作社规范化发展。探索建立合作社、公司、小农户在现代农业发展中的共益机制。同时，从品牌建设、营销模式、土地流转、资源配置等方面指导当地农民合作社提高市场竞争能力；根据需要，指导当地农民合作社发起建立合作社联合社或者能够满足参与合作社共同需求的区域性联合社等。四川农业大学管理学院与成都市崇州都市农业产业功能区管委会签订合作协议，双方将共建四川农业大学崇州农村经济制度改革研究基地与固定观测点。根据协议，四川农业大学管理学院将组建产业发展、城乡融合改革、农村社区治理改革、农产品品牌、农村集体经济发展5个研究团队，在崇州建立四川农业大学现代农业农村改革发展研究院，立足崇州、面向全川提供现代农业农村改革发展定制研究，探索建立人才培养“政产研学教”科教、产教基地，建立农村经济制度变迁的数据史料库等。

论坛期间，围绕“乡村振兴与农民合作社创新发展”主题，与会领导及12位社会科学领域从事乡村振兴、农业合作社相关研究的知名专家作主旨发言，纵论乡村振兴与农民合作社创新发展的重大主题、共谋乡村转型的有效路径。中国人民大学中国合作社研究院院长孔祥智教授作了“百年农民组织史：从对抗到合作”主题报告；华南农业大学国家农业制度与发展研究院院长罗必良教授作了“交易、契约及其组织化：一个案例分析”主题报告；浙江大学CARD中国农民合作组织研究中心主任徐旭初教授作了“对农民合作的再认识”主题报告；中共崇州市人大常委会党组成员、都市农业功能区党工委书记王成龙作了“公园城市与乡村振兴”主题报告；四川省社科院农村发展研究所所长张克俊研究员作了“家庭农场和农民合作社带头人制度的四川探索及启示建议”主题报告等。

“中国合作经济中青年学者工作坊”由浙江大学CARD中国农民合作组织研究中心于2013年创建，至今已与西南政法大学、农业部管理干部学院、安徽大学、山东农业大学、福建农林大学、浙江经贸职业技术学院、南京林业大学等单位联合成功举办8届，在我国合作经济领域具有显著的影响力。“乡村振兴西部论坛”是四川省社会科学界联合会与四川农业大学联合举办的学术论坛，由四川省农村发展研究中心、四川农业大学管理学院联合举办，旨在探讨乡村振兴研究理论、总结乡村振兴典型做法和经验，高质量推进乡村振兴战略实施，至今已成功举办两届。

【第五届全国县域治理高层论坛召开】2021年9月26日，“第五届全国县域治理高层论坛：县域财政金融的守正创新”在四川大学召开，来自国务院发展研究中心、中国科学院、中国财政科学研究院、湖北大学、西南财经大学、江西财经大学、吉林财经大学等多个高校、智库和科研院所的学者，来自农业农村部以及四川省、浙江省相关实务部门的专家，《四川大学学报（哲学社会科学版）》《东北师范大学学报（哲学社会科学版）》《社会科学研究》《中南财经政法大学学报》《党政研究》《湖北民族大学学报》等多家期刊界主编等共同参与了此次论坛。论坛聚焦于县域财政金融的治理展望、发展环境、关键领域与实践路径，共话县域财政金融的守正创新。论坛将不同地区层级、不同学科领域、不同职业背景的实践者和研究者齐聚成都，共论县域财政金融的守正创新，为政策的制定和实施提供了切实参考，为理论的研究与发展搭建了学术平台。

国家级人才入选者、四川大学社会科学研究处处长傅其林教授致辞。他指出，县域治理是国家治理的基础和重点，而财政金融在县域治理中居于中轴地位，财权也是国家权力体系中核心和实质的权力，县域财政金融的探讨具有重要的理论与现实意义。

第十一届、十二届全国政协委员，全国政协参政议政人才库特聘专家，华夏新供给经济学研究院院长，中国财政科学研究院贾康研究员在致辞中表示，县级财政作为政府财政层级中的组成部分，承担着国家治理现代化的重要任务，希望本次论坛能够深化县域财政金融的探讨，促进学术交流和思想解放。贾康研究员在“县域财政金融的改革创新”主题报告中依循“守正创新”“守正出奇”的思路，明确了县域发展在中国发展中事关全局的突出地位，强调县域财政金融是宏观间接调控两大政策作用的稳底盘，指出县域财政金融守正出奇的创新需形成“定制化解决方案”，合力财政职能与政策金融，形成规划、制度、政策等多方面有效供给。

随后，论坛分别围绕“县域财政金融的治理展望”“县域财政金融的发展环境”“县域财政金融的关键领域”“县域财政金融的实践探讨”作了专题报告，多位专家学者围绕4个核心话题进行了热烈而充分的研讨。国务院发展研究中心宏观经济研究部副部长冯俏彬教授围绕“推进县域财政治理现代化”的主题，提出“十四五”时期中国财政的关键在于统筹“发展”与“安全”，要优化结构、加强管理、控“新”化“旧”，完善政府债务管理制度和债券发行管理机制，防范并化解地方政府债务风险；同时，还着重强调县域经济高质量发展要跳出原有在地化的认知，积极融入区域发展。

农业农村部政策与改革司政策调研处处长胡顺平以“更好发挥县域财政金融对乡村振兴的动力支撑作用”为主题，讨论了县域经济在国民经济调控管理中的重要作用，强调当前乡村振兴亟须县域财政金融的守正创新，要充分发挥县域财政金融对乡村振兴的动力支撑作用。

西南财经大学公共管理学院院长廖宏斌教授基于组织理论视角，深入探讨地方政府土地财政中存在问题与风险，并对化解地方债务提出了建设性的观点。

法国巴黎学院陶瓷艺术学院院长操驰作了“让艺术在县域治理环境中发挥作用”的主题发言，强调要在县域治理中融入审美和艺术，重视地方文化软环境的建设和打造。

西南财经大学公共管理学院陈建东教授通过二氧化碳排放与县域经济发展的相关性分析，揭示县级政府能够更好地把握区域异质性，强调要提高对县域经济发展的重视程度。

中国科学院北京仿生技术研究院常务副院长陈通教授聚焦“科学成果转化与县域经济发展”的主题，以定州未来科技城为例，分享了PPP模式中非盈利主体的参与实践，为当前我国科学成果转化与财政金融相结合助力地方经济发展提供了若干启示。

四川省发展和改革委员会项目管理协调处副处长杨成章以“财政金融硬约束下县域经济高质量发展何以可能”为题，讨论了我国县域财政面临的风险与问题，分析了地方政府如何处理防范金融风险与推动地方经济高质量发展的关系，并从谋划项目、抓好产业、推动创新、筹措资金、优化环境5个方面提出了化解地方金融财政风险的建议。

四川大学公共管理学院丁亮博士生汇报了与其导师王敬尧教授合作的“县域债务风险化解的能力路径”研究内容，提出应该密切关注县级政府举债的承载能力、用债的注意力分配、化债的创新发展能力以及债务评估问责中的驱动能力。

【党建引领乡村振兴研讨会召开】2021年10月23日至24日，由中共四川省委组织部、红旗文稿杂志社共同主办，西南交通大学承办的“党建引领乡村振兴”全国高层研讨会在西南交通大学召开。来自中央和国家机关、国内知名高校和研究机构的领导和专家，部分四川省委组织部特邀研究员，以及省内外基层一线代表齐聚蓉城，举创新理论之旗，论乡村振兴之道，谋党建引领之策。四川省委常委、组织部部长于立军出席开幕式并致辞。

研讨会以“党建引领乡村振兴”为主题，采取现场考察和会议研讨、线上交流和线下对话、主旨演讲与主题论坛相结合的方式，深入学习贯彻习近平总书记关于乡村振兴的重要论述，认真贯彻中组部抓党建促乡村振兴工作部署，交流四川抓党建促乡村振兴、促基层治理、促“两项改革”的经验做法，从理论和实践上深入研讨党建引领乡村振兴的时代课题，为推动农业农村现代化、全面建设社会主义现代化四川聚智聚力。

于立军指出，四川农耕文明源远流长，农业农村积蕴深厚，天府之国因农而起，巴蜀大地重农为先，治蜀兴川兴农而盛。随着脱贫攻坚全面完成，党中央作出“三农”工作重心向全面推进乡村振兴历史性转移的重大决策，开启了书写中华民族伟大复兴的“三农”新篇章，赋予了党建引领乡村振兴的历史使命。乡村振兴是大战略、党建引领是大文章，必须系统谋划、组合出击、全面发力，突出政治引领、思想引领、组织引领和人才引领，把党的政治优势、组织优势转化为乡村振兴优势。

西南财经大学马克思主义学院院长唐晓勇认为，党的组织体系建设是国家治理体系的核心构成，决定着国家治理现代化的方向、进程与效果，其建设成效是实现国家治理现代化的根本前提和政治保证。

四川省社科院党委副书记陈井安研究员认为，高素质干部队伍建设要着重“三力”的培养：一是要重视干部队伍善作善成的“能力”养成；二是要重视干部队伍干事创业的“动力”养成；三是要重视干部队伍政治忠诚的“定力”养成。

中国社科院马克思主义研究院习近平新时代中国特色社会主义思想研究部主任陈志刚研究员认为，确立领导核心和指导思想，是马克思主义政党的重要原则，是国际共产主义运动的重要经验。无产阶级政党的力量，从根源上来自人民，从机制上来自组织。

全国党刊研究会副会长、《非公有制企业党建》杂志总编辑、红旗出版社社长褚定华认为，在党的二十大报告描绘的宏伟蓝图中，非公有制经济具有十分重要的地位，要以高质量党建引领高质量发展，以高素质干部队伍保证高质量发展。

【全国党校（行政学院）系统全面实施乡村振兴战略研究研讨会召开】2021 年 12 月 8 日，由中央党校（国家行政学院）社会和生态文明教研部、科研部、中共四川省委党校（四川行政学院）、绵阳市委、绵阳市人民政府共同主办，中共绵阳市委党校协办的全国党校（行政学院）系统“全面实施乡村振兴战略研究”研讨会召开。会议旨在深入学习贯彻六中全会精神，对中央党校（国家行政学院）设立的、全国党校（行政学院）系统教师广泛参与的“全面实施乡村振兴战略研究”课题的研究成果进行总结交流，进一步推动课题研究和社会调查工作。

中央党校（国家行政学院）副校（院）长李毅，四川省委常委、绵阳市委书记罗增斌，中共四川省委党校（四川行政学院）常务副校（院）长李新出席研讨会并代表主办方致辞。中央党校（国家行政学院）教育长龚维斌在研讨会上作主旨演讲，社会和生态文明教研部主任褚松燕主持开幕式。

李毅在开幕式致辞中强调，推进全面实施乡村振兴战略研究意义重大，各级党校（行政学院）在推进实施乡村振兴战略中加强调查研究，提出有价值的对策建议，是应尽的本分和责任。他指出，全国党校（行政学院）系统在“全面实施乡村振兴战略研究”课题中团结协作、密切协同，课题调查研究进展顺利，取得了阶段性成果，我们要始终牢记“国之大者”，紧紧围绕党和国家工作大局，结合自身实际，发挥自身优势，深耕实践研究，不断深化乡村振兴等重大现实问题调查研究，进一步发挥思想理论阵地和科研高端智库作用，为社会主义现代化建设和中国哲学社会科学发展作出党校人应有的贡献。

龚维斌就“‘全面实施乡村振兴战略研究’课题概况与研究发现”作主旨演讲，从课题目的、研究内容、组织架构、研究进展、主要成果、初步发现和工作计划 7 个方面详细介绍了中央党校（国家行政学院）“全面实施乡村振兴战略研究”课题的基本情况。他还发布了课题研究的初步发现：一是我国实现乡村振兴具有良好基础，体现在脱贫攻坚战奠定的基础牢、农民对基层党组织的认可度高、农民对乡村振兴的知晓面广 3 个方面；二是我国乡村全面振兴面临五大难题，即部分干部群众对乡村振兴的本质认识模糊、“看病养老教育”是农民最担心的三大民生难题、基础设施建设相对滞后是共通现象、人居环境整治仍然任重道远、乡村精神文化活动形式单一。

主旨演讲分上下半场，专家学者们分别就乡村振兴相关主题作演讲。在分论坛环节，来自全国党校（行政学院）系统的专家学者们分别在 5 个分论坛以“组织振兴”“产业振兴”“人才振兴”“文化振兴”“生态振兴”为题进行了深入的线上研讨，并就分论坛研讨情况作了大会交流。本次会议采取线上线下相结合的形式，上午的开幕式和主旨演讲分别在中央党校（国家行政学院）、中共绵阳市委党校设立线下会场，全国党校（行政学院）系统 300 余名参会代表通过网络观看现场直播。

【四川省第一期乡（镇）长安全专题培训班举办】受四川省应急管理厅委托，2021 年 3 月 24 日至 26 日，四川省第一期乡（镇）长安全专题培训班在西华大学举办，四川省部分乡（镇）、街道负责人共 120 人参加培训。此次会议旨在深入学习贯彻习近平总书记关于应急管理、安全生产的重要论述，全面落实中央和四川省委关于安全工作的重大决策部署，进一步筑牢乡（镇）、街道负责人安全发展理念。

【四川农业大学与四川天府新区共建乡村振兴研究院】2021 年 1 月 21 日，四川农业大学与四川天府新区正式签署共建天府新区乡村振兴研究院项目合作协议。协议约定，双方将依托天府新区统筹城乡和农业农村局（乡村振兴功能区管委会）和学校新农村发展研究院，在四川天府新区成都直管区共同设立天府新区乡村振兴研究院，围绕“政、产、学、研、用、金、媒”开展深度合作，共同打造助力四川农业强省建设的新名片。双方约定当年将完成天府新区乡村振兴研究院的行政管理体系建设，并先期入驻包括四川农大荣廷昭院士在内的农业绿色发展、鲜食玉米、数字乡村等 3 支以上高层次现代农业研究团队，全力开展“卡脖子”技术攻关、涉农科技型企业孵化等工作。

【成都理工大学和四川省扶贫开发局签署《四川省巩固拓展脱贫攻坚成果第三方协作战略合作协议》】2021 年 1 月 22 日上午，四川省扶贫开发局在成都举办“四川省巩固拓展脱贫攻坚成果第三方合作协议签字仪式”，成都理工大学校长刘清友、四川农业大学校长吴德分别代表省内 2 所高校和四川省扶贫开发局局长、党组书记，四川省人民政府副秘书长（兼）降初签订《四川省巩固拓展脱贫攻坚成果第三方协作战略合作协议》，四川省各地市州扶贫开发局局长等参加签字仪式。按照协议规定，四川省扶贫开发局将与成都理工大学和四川农业大学共同建立领导体系、联席会议等工作机制，积极探索建立扶贫开发成效监测平台、研究平台和交流宣传平台，建设机构库和专家库，充分利用高校的智力优势，转化运用理论研究成果，为贫困地区培养培训基层干部和实用人才。

【四川省经济文化协会与都江堰市签署《投资合作框架协议》】2021 年 2 月 18 日，四川省经济文化协会与都江堰市签署《投资合作框架协议》，在都江堰市天马镇共同打造以乡村振兴为主题的“天府源・川派文化综合体”。该项目占地 400 亩，由四川省经济文化协会策划设计、投资建设及后期运营管理，预计投资 14.9 亿元，力争将该项目打造成省级文旅农商融合发展示范基地、省级重点社科普及基地、民族医药发展基地，助力都江堰五大新城建设。

开展理论与实践研究

【获批与巩固拓展脱贫攻坚成果同乡村振兴有效衔接相关的国家社科基金项目、教育部人文社会科学研究项目】2021 年，四川省社科学者围绕巩固拓展脱贫攻坚成果同乡村振兴有效衔接申报并获批国家社科基金项目、教育部人文社会科学研究项目，部分名单见表 22 和表 23。

表 22　2021 年四川省获批巩固拓展脱贫攻坚成果同乡村振兴有效衔接国家社科基金项目部分名单

序号	项目名称	负责人	工作单位
1	乡村振兴视域下西南民族地区农村基层党建高质量发展研究	刘渊	四川大学
2	乡村振兴背景下凉山彝族村寨“景村”空间融合的机制与模式研究	李念	四川农业大学
3	乡村振兴与新型城镇化战略下农村地区“镇改市”问题研究	吴翔	四川省社科院
4	乡村振兴背景下农村社区“医养结合”深度融合体系构建及培育路径研究	唐健	西南医科大学
5	乡村振兴战略下党建引领基层协商治理的机制与路径研究	李德虎	中共成都市委党校
6	乡村振兴视域下驻村第一书记角色重构与作用发挥机制研究	窦清华	中共宜宾市委党校
7	民族地区全域旅游发展与乡村振兴融合推进研究	陆铭宁	西昌学院
8	四省涉藏地区乡村振兴内生发展能力促进机制及对策研究	刘晓红	西南民族大学
9	共享发展理念下西南民族地区脱贫攻坚与乡村振兴战略有效衔接研究	胡雯	中共四川省委党校
10	社会治理共同体视域下四川藏羌彝区相对贫困人口重大生活决策能力提升路径研究	陈璟	成都师范学院
11	以数字赋能推进稳定脱贫长效机制构建研究	周宇晗	电子科技大学
12	风险冲击视角下规模性返贫的预警、阻断与长效治理研究	贺立龙	四川大学
13	基于准自然实验的社会组织综合性扶贫效应及可持续性研究	路征	四川大学
14	川西北牧区农牧民相对贫困识别与长效治理研究	杨帆	四川大学
15	西南少数民族易地扶贫搬迁大中型集中安置区稳定脱贫跟踪调查与后续帮扶研究	蓝红星	四川农业大学
16	基于脆弱性分析视角的凉山彝区巩固脱贫成果与后续帮扶机制研究	张克俊	四川省社科院
17	川甘青滇涉藏农牧区相对贫困人口生计转型综合调查与优化策略研究	柴剑峰	四川省社科院
18	乌蒙山区脱贫户返贫风险诊断、预测与防范机制研究	孙炜红	西南财经大学
19	乡村建设行动中的社会资本引导效率与机制创新研究	王建洪	西南科技大学
20	凉山彝区党组织防范规模性返贫风险研究	潘传辉	中共四川省委党校
21	西南民族地区易地扶贫搬迁农户生计转型与后续帮扶措施研究	郭玉坤	西南民族大学
22	数字鸿沟视角下贫困代际传递及相对贫困治理研究	王炼	西南石油大学
23	中国扶贫	周晶	电子科技大学
24	美丽乡村旅游社区空间生产研究	程励	四川大学
25	凉山彝区防止规模性返贫监测评价、预警体系问题研究	贾晋	西南财经大学

表 23　四川省获批巩固拓展脱贫攻坚成果同乡村振兴有效衔接教育部人文社会科学研究项目名单

序号	项目名称	负责人	工作单位
1	原深度贫困地区脱贫后帮扶政策体系优化研究：基于四川凉山的田野跟踪调查	文书洋	西南财经大学
2	脱贫攻坚与乡村振兴战略背景下美丽乡村依法建设能力提升机制研究——以四川省为例	闫有喜	宜宾学院
3	乡村振兴背景下中国企业持续扶贫的社会信任驱动机制及其实现路径研究	李摇琴	四川大学

续表23

序号	项目名称	负责人	工作单位
4	彝族易地搬迁社区治理共同体构建的社区心理机制研究	魏真瑜	西南财经大学
5	易地扶贫搬迁农户生计恢复力测度及后续帮扶策略研究——以凉山彝族自治州为例	李川	西昌学院
6	秦巴山区农村相对贫困长效解决机制研究	徐太军	西华师范大学
7	脱贫故事融入民族高校思政课研究	朱永梅	西南民族大学
8	新发展阶段民族地区教育对口帮扶评价与监测体系研究	张佳	成都师范学院

【四川省社科规划项目立项资助巩固拓展脱贫攻坚成果同乡村振兴有效衔接项目相关课题】 2021 年 4 月 6 日，四川省社会科学规划办公室发布 2021 年四川省社科规划脱贫攻坚暨乡村振兴重大项目申报指南。该项目是坚持以习近平新时代中国特色社会主义思想为指导，全面贯彻党的十九大和十九届二中、三中、四中、五中全会精神以及省委十一届五次、六次、七次、八次全会精神，落实中央和省委省政府决策部署，坚定不移贯彻新发展理念，为做好巩固拓展脱贫攻坚成果同乡村振兴有效衔接，推进乡村全面振兴，推动治蜀兴川再上新台阶提供有力的理论支撑。该课题为省级重大项目，面向全省公开申报。经受理申报、评审、网上公示等程序，四川省社科联党组批准，四川省社科规划项目“脱贫攻坚暨乡村振兴”重大项目立项名单见表 24。

表 24　2021 年四川省社科规划项目“脱贫攻坚暨乡村振兴”重大项目立项名单

序号	项目名称	负责人	工作单位
1	四川省农产品地理标志保护利用与乡村振兴衔接机制研究	冉华庆	成都文理学院
2	乡村振兴背景下农村土地制度供给效果评价——基于四川省试点区域的调查	刘润秋	四川大学
3	凉山彝族地区防止规模性返贫的监测预警体系及熔断机制研究	张衔	四川大学
4	乡村建设行动：生成逻辑、实施路径和价值意蕴研究	纪志耿	四川大学
5	巩固拓展四川革命老区脱贫攻坚成果同乡村振兴有效衔接的实现机制研究	何思妤	四川农业大学
6	四川省少数民族传统村落保护发展调查研究	喇明英	四川省社科院
7	四川巩固拓展脱贫攻坚成果同乡村振兴有效衔接研究	张克俊	四川省社科院
8	防止凉山彝族地区返贫的实证研究	贾晋	西南财经大学

此外，2021 年，四川省社科规划年度项目、基地重大项目、专项项目对巩固拓展脱贫攻坚成果同乡村振兴有效衔接进行立项资助，部分名单见表 25。

表 25　2021 年四川省社科规划项目立项资助巩固拓展脱贫攻坚成果同乡村振兴有效衔接的项目部分名单

序号	项目名称	负责人	工作单位
1	普惠金融视角下四川涉藏地区脱贫攻坚与乡村振兴有效衔接路径研究	臧敦刚	四川农业大学
2	“乡村振兴”视角下四川涉藏地区旅游系统韧性评价及提升路径研究	骆毓燕	成都理工大学
3	四川省民族地区职业教育服务乡村振兴的贡献测度与长效机制研究	彭敏	四川师范大学
4	乡村振兴背景下四川农村集体经济发展路径与模式创新研究	王萍	四川师范大学
5	乡村振兴背景下农村基层党组织组织力提升研究	万远英	西华大学
6	乡村振兴战略下羌族民俗文化与乡村旅游融合路径研究	刘超	阿坝师范学院

续表25

序号	项目名称	负责人	工作单位
7	党的十八大以来四川交通反贫困对全面推进乡村振兴的经验研究	邱铁鑫	电子科技大学
8	复杂适应系统视角下乡村振兴中多组织合作网络研究	孟致毅	四川大学
9	乡村振兴背景下四川省村两委“一肩挑”的有效实现研究	冯义强	四川农业大学
10	后全面小康社会新发展阶段农村相对贫困治理机制研究	张克俊	四川省社科院
11	“后脱贫时代”基于农户风险管理视角的返贫风险及其阻断机制研究	王阳	成都信息工程大学
12	川西少数民族地区农户生计可持续性调查与政策支持研究	鲍文	成都信息工程大学
13	绝对贫困与相对贫困的结构转换与协同治理研究	贺立龙	四川大学
14	四川省民族地区职业教育服务乡村振兴的贡献测度与长效机制研究	彭敏	四川师范大学
15	区域协同视野下的川陕革命老区返贫风险防范研究	兰奎	四川文理学院
16	共建共治共享格局下四川民族地区易地扶贫搬迁社区“代治”转“自治”的衔接问题研究	王杰	西华大学
17	生境条件差异视角下的四川相对贫困治理模式研究	王睿	西华师范大学
18	后脱贫时代大小凉山彝族地区语言服务体系构建研究	朱力	西华师范大学
19	扶贫背景下的民族地区公共体育服务供给研究	全彦秀	西华师范大学
20	后扶贫时代四川凉山地区易地扶贫搬迁农户生计发展困境与后续扶持政策研究	郭玉坤	西南民族大学
21	凉山彝族地区低收入群体家庭关系及自我发展研究	郝彧	西南民族大学
22	四川省数字金融发展对农村相对贫困的影响与保障机制研究	伍艳	西南民族大学
23	脱贫农民幸福指数研究——以凉山州金阳县为例	沈西林	西南石油大学
24	四川深度贫困地区返贫风险：理论分析、实证检验和对策研究	周宇晗	电子科技大学
25	复杂适应系统视角下乡村振兴中多组织合作网络研究	孟致毅	四川大学
26	凉山彝族地区绿色减贫机制及“脱贫摘帽”后的高质量发展路径研究	王元聪	四川大学
27	相对贫困治理视域下四川民族地区县域教育机会益贫性研究	段义德	四川农业大学
28	凉山彝族地区后全面小康社会稳定脱贫长效机制研究	杜婵	四川省社科院
29	乡村振兴战略下羌族民俗文化与乡村旅游融合路径研究	刘超	阿坝师范学院
30	大熊猫国家公园社区乡村系统响应及振兴路径研究	朱琳	成都理工大学
31	促进民族地区义务教育质量提升的教育扶贫政策研究	唐安奎	成都师范学院
32	川西坝子非遗传承与乡村振兴的跨学科研究	李菲	四川大学
33	四川彝族地区相对贫困识别与长效治理研究	胡知能	四川大学
34	乡村振兴战略背景下凉山民族地区教育治理现代化研究	阿呷热哈莫	四川师范大学
35	四川革命老区巩固拓展脱贫攻坚成果与乡村振兴有效衔接研究	蒲小梅	四川文理学院
36	凉山彝族饮食文化资源助推乡村旅游发展研究	罗边伍各	西昌学院
37	四川省农业农村现代化发展指标体系研究	何周蓉	西南科技大学
38	四川涉藏地区乡村建设行动的民族特色研究	张华志	西南民族大学
39	乡村振兴视角下农村集体经济组织法律问题研究	于雅璁	四川警察学院

续表25

序号	项目名称	负责人	工作单位
40	四川省乡村振兴绿色创新发展统计调查研究	伍星	成都工业学院
41	四川省农村客运服务质量评价及其对乡村振兴促进作用的统计分析	朱海华	四川大学
42	定点帮扶推进金融服务乡村振兴研究	肖诗顺	四川农业大学

推出研究成果

【彭清华在《四川日报》发表署名文章《激活四川乡村治理“一池春水”》】2021年1月4日，四川日报转发省委书记彭清华在绵阳市三台、盐亭两县蹲点调研形成的“两项改革”调研报告《激活四川乡村治理“一池春水”》。文章指出，推进乡镇行政区划和村级建制调整改革是四川结合省情实际贯彻落实党的十九届四中全会精神、加强和改进乡村治理的重大基础性改革。“两项改革”的主要目的，是将乡镇和建制村数量调减、布局调优、成本降低、效能提高，进一步优化资源要素配置，重塑乡村经济和治理版图，加强农村基层政权和基层组织建设，为促进乡村全面振兴、推动县域经济高质量发展、巩固党的执政地位夯实基层基础。文章同时指出，四川乡村治理取得初步成效，乡村振兴增加新动能，人民群众增强获得感；主要做法是满足群众美好生活新期待，顺应高质量发展大趋势；“后半篇”文章是持久释放改革红利，全面提升乡村治理水平。

【彭清华在《学习时报》发表调研报告《凉山脱贫攻坚回访调查》】2021年2月26日，《学习时报》刊发省委书记彭清华的蹲点调研报告《凉山脱贫攻坚回访调查》。文章阐述了凉山彝区发生划时代全方位巨变，包括居住条件发生历史性巨变、生产方式实现跨越式提升、公共服务实现全方位保障、群众精神面貌发生深刻变化；总结了打赢脱贫攻坚战的几点启示，包括下足绣花功夫精准扶贫、集中资源力量攻克深度贫困堡垒、注重激发贫困地区干部群众内生动力、真抓实干确保脱贫成效经得起历史和人民检验；提出了需要重视研究的新情况和新问题，包括大批贫困群众集中安置对改善社区治理提出了新要求、解决绝对贫困问题后需要把农村发展均衡性和政策普惠性提上日程、顺势而为推动村级集体经济规范管理发展壮大等。

【《中国西部扶贫问题研究》】2021年5月22日，《中国西部扶贫问题研究》由四川大学出版社出版发行。该书由作者王卓自1994年深度参与小额信贷扶贫试验到近年来的若干研究成果组成，分3个篇章。上篇是对世纪之交中国贫困问题和21世纪扶贫政策的思考；中篇是对中国扶贫中的重要投入要素——扶贫资金相关议题的研究，提出了扶贫陷阱论；下篇针对扶贫陷阱而展开的两个方面的思考，一是贫困主体的社会支持体系，二是扶贫多元主体参与的运行实践与机制。

【《四川脱贫攻坚亲历者口述实录》】由四川省委党史研究室编著的《四川脱贫攻坚亲历者口述实录》于2021年初由中共党史出版社公开出版发行。该书分为省卷、市（州）卷、援川干部卷，共收录脱贫攻坚口述资料300多篇、200多万字。该项目自2019年10月启动，由四川省委党史研究室制定实施方案、技术规范，组织业务培训、在线改稿和内容编辑，各市（州）和省级相关部门负责遴选口述对象、组织访谈和整理口述稿件。

【《新时代脱贫攻坚在四川》】四川省地方志学会完成《新时代脱贫攻坚在四川》的编纂出版，全方位展示省委省政府带领全省人民齐心协力脱贫攻坚的巨大成就。

【《守望老家》】四川传统村落立档调查样本优选《守望老家》（孟燕主编，四川美术出版社2021年1月出版），献礼中国共产党成立100周年。本书一套四辑，共收录四川26个具有广泛性、代表性的国家级传统村落立档调查样本。四川传统村落立档调查是国家社科基金的特别委托项目——“留住乡愁——中国传统村落立档调查”的一部分。2014年，该项目在中国文学艺术基金会、中国民协、省文联党组的支持下，由四川省民协牵头组织省及当地专家开展工作。本书以深入田野的调研、图文并茂的形式留下了所选乡村的珍贵信息，是民间文艺助力乡村振兴的成功实践。

【《发挥高校优势为乡村振兴提供服务支撑》（《人民日报》）】四川师范大学副校长张海东在《人民日报》（2021 年 9 月 29 日 第 09 版）发表《发挥高校优势为乡村振兴提供服务支撑（新知新觉）》一文。文章写道，民族要复兴，乡村必振兴。实施乡村振兴战略，既需要加强顶层设计，也需要举全党全社会之力共同写好这篇大文章。作为人才培养、科技创新和社会服务的重要阵地，高校要主动服务党和国家重大战略部署，明确自身责任、发挥自身优势，为全面推进乡村振兴、加快农业农村现代化提供服务支撑。文章主要写了以下 3 个方面：一是推动产业发展；二是提高教育水平；三是强化人才支撑。

【《促进“十四五”时期农业、农村与农民的发展》（《光明日报》）】四川大学经济学院教授、博士，成都文理学院副教授蒋和胜、岳锋、刘胜林等在《光明日报》（2021 年 5 月 11 日第 11 版）发表《进“十四五”时期农业、农村与农民的发展》一文。文章指出，“十四五”时期是我国开启全面建设社会主义现代化国家新征程的第一个五年，也是 2035 年基本实现社会主义现代化的起步阶段，抓好开局、走好起步至关重要。从多维度来审视，“十四五”时期我国农业农村发展将迎来双循环战略更加强化农业“压舱石”地位、“三农”工作重心历史性转移、加快促进城乡要素双向流动等多重机遇，也将直面我国发展外部环境不确定性增多、农业综合成本不断抬升、农村生态环境和要素制约问题愈加突出等严峻挑战。为更好抓住机遇、有效应对挑战，根据相关要求，需要从农业、农村、农民 3 个层面出发，重点推进实现农业高质高效、乡村宜居宜业、农民富裕富足，助力实现农业农村现代化发展。

【多篇理论文章在《四川日报·思想周刊》发表】2021 年，四川学者积极在《四川日报·思想周刊》发文，助力乡村振兴，部分文章名单见表 26。

表 26　四川学者在《四川日报·思想周刊》发表的乡村振兴文章部分名单（2021 年）

序号	篇名	作者	单位	日期
1	盘活“人地钱”为乡村振兴添动力	郭晓鸣	四川省社科院	1 月 11 日
2	脱贫攻坚：全面建成小康社会进程中的伟大斗争	单孝虹	四川省社科院	3 月 15 日
3	巩固拓展脱贫攻坚成果的理论逻辑与实现路径	张克俊	四川省社科院	4 月 26 日
4	以“合作社+集体经济组织”模式巩固拓展脱贫攻坚成果	郭晓鸣，骆希，王萍	四川省社科院，四川师范大学	4 月 26 日
5	大力弘扬农村改革精神　纵深推进改革开放事业	纪志耿，陈庆玲	四川大学	5 月 24 日
6	推进家庭农场高质量发展　亟待更大力度政策创新	郭晓鸣，王蔷，林冬升	四川省社科院	8 月 16 日
7	思考农村地区谋划创新工作应从“靠近中心”向“融入体系”转变	苏茂林	四川省社科院	9 月 6 日
8	推动农业实现更广空间的对外开放和合作共赢	张克俊	四川省社科院	9 月 6 日
9	推动城乡要素高效配置和公共资源均衡配置	张克俊	四川省社科院	11 月 22 日
10	现代化农产品批发市场建设是农业“三链耦合”的关键	罗远航，李标	四川省商业投资集团、西南财经大学	11 月 22 日

【四川学者在 CSSCI 来源期刊发文】2021 年，四川学者在 CSSCI 来源期刊发表的有关四川全力巩固拓展脱贫攻坚成果同乡村振兴有效衔接的学术论文，部分名单见表 27。

表 27　四川学者在 CSSCI 来源期刊发表的有关巩固拓展脱贫攻坚成果同乡村振兴有效衔接的学术论文部分名单（2021 年）

序号	篇名	作者	来源
1	乡村振兴与民族地区高质量发展	向琳，郑长德	广西民族研究，2021（1）：126—135
2	乡村振兴战略背景下西藏农村公共文化空间建构研究	郑洲	民族学刊，2021，12（2）：68—75
3	乡村振兴法律制度保障体系构建研究	李新平，胡燕，卢晓莉	农村经济，2021（3）：18—25
4	新型城镇化与乡村振兴协同发展路径：逆城镇化视角	段龙龙	现代经济探讨，2021（5）：10—16
5	贫困地区脱贫攻坚与乡村振兴衔接研究——基于广西 N 县 624 户脱贫户的调查数据	蒋雨东，王德平	干旱区资源与环境，2021，35（6）：24—29
6	巩固拓展脱贫攻坚成果与乡村振兴有效衔接——基于“主体—内容—工具”三维整体框架	王国敏，何莉琼	理论与改革，2021（3）：56—66
7	职业化发展：民族地区乡村振兴的人才困境与路径选择	杨帆，梁伊馨	民族学刊，2021，12（4）：25—32
8	乡村振兴背景下少数民族地区文化产业高质量发展的路径	陈丽芳，董蕾	云南民族大学学报（哲学社会科学版），2021，38（4）：46—52
9	科技创新与乡村振兴系统耦合协调发展及影响因素分析	佘茂艳，王元地	统计与决策，2021，37（13）：84—88
10	城乡融合引领下乡村空间生产与“乡村+”发展路径探讨——成都公园城市城乡融合乡村振兴典型案例的启示	范颖，苟建汶，李果	农村经济，2021（7）：136—144
11	完善“互联网+职业教育”助力乡村振兴	谷满意	人民论坛，2021（27）：62—64
12	旅游对全面脱贫与乡村振兴作用的途径与模式——“旅游扶贫与乡村振兴”专家笔谈	孙九霞，徐新建，王宁，谢彦君，马波，章锦河，杨勇，李菲，廖婧琳，翁时秀	自然资源学报，2021，36（10）：2604—2614
13	扎实推动巩固拓展脱贫攻坚成果同乡村振兴有效衔接	蒋永穆，祝林林	马克思主义与现实，2021（5）：98—104
14	乡村振兴视域下桂滇黔民族地区传统体育的价值评估	文冬妮，陈炜	广西民族研究，2021（6）：155—163
15	国家公园门户社区旅游发展与民族地区乡村振兴——美国的经验教训对我国的启示	沈兴菊，刘韫	民族学刊，2021，12（12）：23—29
16	电子商务发展与乡村振兴：中国经验	王奇，牛耕，赵国昌	世界经济，2021，44（12）：55—75
17	决战脱贫攻坚、决胜全面小康的政治经济学研究	贺立龙，刘丸源	政治经济学评论，2021，12（3）：78—104
18	新发展阶段巩固拓展脱贫攻坚成果的多重逻辑、科学内涵与实现维度	杜婵，张克俊	农村经济，2021（10）：62—72
19	胡焕庸线以西巩固脱贫成果与双循环高质量发展探究——以改建非典型二元结构为视点	孙勇，甘娜，陈朴	云南师范大学学报（哲学社会科学版），2021，53（3）：31—43

续表27

序号	篇名	作者	来源
20	深度贫困地区经济作物产业扶贫的思考	郑双怡，阳维熙，冯琼	西南民族大学学报（人文社会科学版）2021，42（3）：142－148
21	西北民族地区产业防贫实践中的农户主体性——基于宁夏南部民族社区调查	成媛，陈祎	中南民族大学学报（人文社会科学版），2021，41（1）：38－45
22	产业发展、就业质量对易地扶贫搬迁政策满意度的影响机理——基于对凉山彝区易地扶贫搬迁户的田野调查	常晓鸣	民族学刊，2021，12（4）：18－24
23	脱贫摘帽后原深贫山区乡村的经济韧性建构——以四川省凉山州卢家营盘村为例	李晋，戴旭宏	农村经济，2021（11）：45－52
24	旅游减贫助推乡村文化振兴：一个尝试性的分析框架	郭凌	四川师范大学学报（社会科学版），2021，48（2）：72－79
25	乡村旅游示范村助力精准扶贫路径研究	王黎，童静，刘成	农村经济，2021（3）：56－63
26	相对贫困治理中的金融扶贫创新研究	王韧，何正达，郭晓鸣，骆希	农业经济问题，2021（4）：59－70
27	组织同构与治理嵌入：农村集体经济何以促进乡村治理高效能——以四川省彭州市13镇街为例	衡霞	社会科学研究，2021（2）：137－144
28	都市圈建设背景下农村教育发展走向的思考	刘秀峰	教育发展研究，2021，41（8）：48－53
29	消费保险视角下农村扶贫政策的福利效应分析	王貂，徐舒，杨汝岱	中国工业经济，2021（2）：61－79
30	财政工具的农村减贫效应与效率——基于三条相对贫困线的分析	张楠，寇璇，刘蓉	中国农村经济，2021（1）：49－71
31	高等教育阻断农村相对贫困代际传递的效应研究	段义德，郭丛斌	中国高教研究，2021（2）：50－56
32	农村普惠保险减贫的机制及空间效应研究	徐婷婷，陈先洁	保险研究，2021（1）：3－21
33	场域、惯习与“后2020”农村地区返贫及治理——以四川省H县为例	赵如，杨钢，褚红英	农村经济，2021（1）：86－93
34	贫困对农村居民自评健康的影响及机制分析——来自中国家庭金融调查的证据	柳建坤，张云亮	中国农业大学学报（社会科学版），2021，38（3）：55－71
35	普惠保险如何作用于农村反贫困长效机制建设？——基于贫困脆弱性的研究	张栋浩，蒋佳融	保险研究，2021（4）：24－42
36	农村“体育＋”精准扶贫协同机制实现路径	王晓芳，刘江宏	沈阳体育学院学报，2021，40（1）：72－78
37	数字乡村建设视域下农民实践参与度评估及驱动因素研究	苏岚岚，彭艳玲	华中农业大学学报（社会科学版），2021（5）：168－179，199－200
38	农民数字素养驱动数字乡村发展的机理研究	苏岚岚，张航宇，彭艳玲	电子政务，2021（10）：42－56
39	民族地区数字乡村建设：逻辑起点、潜在路径和政策建议	陆九天，陈灿平	西南民族大学学报（人文社会科学版），2021，42（5）：154－159

续表27

序号	篇名	作者	来源
40	乡村治理现代化的政治伦理建构	潘坤	云南民族大学学报（哲学社会科学版），2021（1）：96—101
41	“三治”结合乡村治理体系中新乡贤的作用研究	黄文记	西南民族大学学报（人文社会科学版），2021（1）：171—177
42	相对贫困绿色治理：逻辑、困境及路径——以四川藏彝民族地区为例	王元聪，刘秀兰	民族学刊，2021，12（2）：61—67
43	再部落化现象：乡村治理的新挑战——基于湖南H村的研究	邝良锋，罗昱夫	理论与改革，2021（1）：85—95
44	我国相对贫困的识别标准与协同治理	王国敏，何莉琼	新疆师范大学学报（哲学社会科学版），2021，42（3）：100—111
45	相对贫困治理的内生动力机制与运行逻辑	王卓，董贝贝	社会科学研究，2021（4）：110—117
46	新时代乡村社会治理创新：基础、困境与路向	肖平，周明星	云南民族大学学报（哲学社会科学版），2021，38（4）：110—117
47	信息化对区域贫困治理的影响	张聪颖，畅倩，霍学喜	中国人口·资源与环境，2021，31（6）：124—134
48	移民再嵌入与后扶贫时代搬迁社区治理	张磊，伏绍宏	农村经济，2021（9）：17—25
49	全面建成小康社会后的贫困治理与乡村发展	甘犁，陈诗一，冯帅章，黄季焜，刘守英，史耀疆，张琦，张晓波，张维，赵耀辉，左停	管理科学学报，2021，24（8）：105—114
50	中国相对贫困长效治理机制构建研究——基于英美福利治理的反思	王卓，郭真华	农村经济，2021（11）：35—44
51	后脱贫时代凉山州因病返贫治理对策	戚兴宇，向洪讯	民族学刊，2021，12（9）：66—73

为现代产业体系建设和经济发展出谋划策

开展学术交流

【2020中国夜光经济圆桌会召开】2021年1月16日，由四川省社科院新闻与传播研究所，四川大学、电子科技大学、《成都日报》社、曹操出行大数据研究院联合举办的“2020中国夜光经济圆桌会”在四川省社科院召开。来自四川省社科院、电子科技大学、四川大学、西南财经大学、吉利学院、四川省旅游学校等高校的专家学者，为进一步推动疫情时期夜间经济、文旅经济、消费经济的恢复发展献计献策。

四川省委省政府决咨委副主任、四川省社科院党委书记李后强教授在以“夜光经济的牛顿体系”为题的主旨演讲中创新性地提出“如果把人们在夜间活动的总量看作牛顿力，夜间经济就是改变城市状态的重要动力”，认为可以参考牛顿定律建立夜光经济学定律，即夜光经济第一定律（惯性定律）、夜光经济第二定律（加速定律）、夜光经济第三定律（作用力定律）、夜光经济第四定律（生命定律）、夜光经济第五定律（数据定律）、夜光经济第六定律（色彩定律），并指出潮流夜市、文创集市、微演艺、行浸式夜游正在成为城市夜光经济发展的重要“活力因子”。同时认为，当前成都夜光经济正迎来全面升级，深度结合了文创、文博、艺术、商业等新兴业态，让古蜀文化传承与现代时尚潮流在“夜成都”中相融共生。

西南财经大学西财智库 CEO 汤继强教授指出，巴蜀自古就有良好的夜间经济传统，随着成渝地区双城经济圈建设步伐加快，巴蜀文化旅游走廊和高品质消费空间将日臻完善，多元融合的消费业态将更加丰富多彩，成渝打造巴蜀特色的国际消费目的地，夜经济将为之增光添彩、大放光芒。

电子科技大学数字文化与传媒研究中心主任谢梅提出了“河流赋能，打造锦江文旅核心品牌”的观点，利用锦江与成都文化资源的相互赋能，打造独具成都特色的文旅核心品牌；认为成都的锦江沿岸拥有凸显天府品牌的文旅资源集群，可以通过弥补河流与河岸资源的不足、整合成都丰富的文博资源、深度挖掘锦江河畔的文化价值，唤醒沿岸民俗文化和民俗生活，探索出文旅融合的夜间经济新模式；并建议依托锦江沿岸现有的自然、人文、历史资源，以点带面打造“大文博产”业模式、“大演艺”产业模式、“人文风情带”的锦江“两大一带”文旅核心品牌。

【第四届国际金融科技论坛举办】 2021 年 7 月 17 日至 18 日，由西南财经大学、美国加州大学伯克利分校国际风险数据分析联盟（Consortium for Data Analytics in Risk，CDAR）、成都市地方金融监督管理局联合举办的“第四届国际金融科技论坛 SWUFE & CDAR 2021”在成都召开，成都市委常委、常务副市长谢瑞武，西南财经大学党委副书记、校长卓志，西南财经大学党委常委、副校长尹庆双等出席论坛。国内外百余位金融科技领域领导专家、行业领袖、企业高管、高校学者围绕“Fintech beyond Common Sense 新发展格局下的金融科技”主题展开交流。

谢瑞武指出，成都经济基础好、人才条件好、生活宜居好、开放机会好、未来前景好，“五好”优势激活创新策源动能。成都市在传统金融提质增效的基础上，正构建以金融科技为突破的现代金融产业生态圈，推动西部金融中心建设由传统机构型金融向以金融科技为先导的现代金融转变。未来，成都将以更加开放的胸襟拥抱金融科技，以更富创新的探索激活金融科技，以更具包容的生态滋养金融科技，以更优质的营商服务护航金融科技。

卓志认为，在当前新时代、新科技、新财经背景下，金融行业正发生深刻变革，技术驱动金融业务、管理全面创新，倒逼传统金融机构转型，推动金融监管机制和方式转变。如何应时而谋、顺势而为，是需要深入思考的重大命题。

美国加州大学伯克利分校国际风险数据分析联盟联合主任 Robert Anderson，2003 年诺贝尔经济学奖获得者、美国著名计量经济学家 Robert F. Engle，广东省原副省长陈云贤，瑞士再保险首席经济学家 Jerome Jean Haegeli 等嘉宾分别发表了主题演讲，共同回顾金融科技发展的历程，评估发展现状，聚焦气候风险，探讨如何用国家和政府的力量来克服市场的外部性，实现中国“双碳”目标。

来自北京大学、中央财经大学、厦门大学、西南财经大学的专家围绕金融科技的发展与金融科技学科建设发表了自己的观点，勾勒了金融科技学科建设的未来发展蓝图；来自武汉大学、中国人民大学、暨南大学、西南财经大学、美国加州大学伯克利分校等知名大学的 9 名专家学者分享了学术成果。

【成都市扎实推进共同富裕研讨会召开】 2021 年 12 月 4 日，成都市社科联（院）、成都市金沙智库研究会联合召开了“成都市扎实推进共同富裕”研讨会，对“共同富裕”这一历史命题开展互动研讨。西南财经大学杨继瑞教授，成都市社科联副主席、成都市社科院副院长阎星研究员，四川大学经济学院陈永正教授，西南交通大学戴宾教授，四川农业大学校党委常委杨锦秀教授，中共成都市委党校邵昱教授，西南财经大学中国西部中心副主任贾晋研究员等专家从共同富裕与基本经济制度的关系、成都新时期城乡融合发展、农村农民共同富裕、“一干多支”战略对四川区域差距的影响等不同角度进行了交流发言。

与会者一致认为，共同富裕既是愿景，也是现实结果，需要从“共创共享”再到“共赢共富”。一是从区域发展来看，区域条件的差异对共同富裕有重要影响，不同区域因为地理区位、区位条件、劳动生产率的不同，财富的分配和占有存在不平衡，需要从区域间的帮扶机制、补偿机制、公共服务均等化机制入手，推动共同富裕体制机制的建立。四川省委“一干多支、五区协同”的发展战略正是从着力解决四川区域不平衡问题出发，重塑了四川经济地理新格局，促进了区域差距缩小。二是从城乡关系来看，要实现共同富裕最艰巨最繁重的任务仍然在农村，针对城乡间差距问题，要全面推进乡村振兴，聚焦乡村资源资产，特别是生态、文化资源资产的整合和开发，盘活农村资产，增加当地农民财产性收入，使更多农民勤劳致富，通过不断发展来进一步缩小区域、城乡和贫富的差距。三是从成都实践来看，当前成都的城乡关系已进入一个新阶段，成都城乡融合发展对策也要进行相应创新，要从“制度统筹”向“全面融合”深化转型，把握价值融合中的有效市场培育、空间融合中的关键区域转型、要素融合中的改革政策落地、社会融合中的治理机制优化四大关键点。在公园城市建设的契机下，推进城乡要素双向化流动，实现乡村价值多元化转化，回应群众对美好生活的向往。

【疫情防控常态化背景下成都营商环境建设研讨会召开】2021 年 12 月 14 日，为贯彻落实党的十九届六中全会、四川省委十一届十中全会以及《成都市强化创新突破建设稳定公平可及营商环境标杆城市实施方案》精神，切实将优化营商环境与常态化疫情防控工作高效结合，凝聚各方力量，贡献学术智慧，助力成都高质量发展，成都市社科联（院）、成都市金沙智库研究会联合举办了“疫情防控常态化背景下成都营商环境建设”研讨会，成都市社科联（院）党组书记、院长姚凯，成都市社科联（院）副主席、副院长阎星出席会议，来自西南交通大学、电子科技大学、四川大学、成都理工大学、西南民族大学、中共四川省委党校、中共成都市委党校、四川省社科院、成都市经济发展研究院、成都市工业经济和信息化研究院、成都市社科联（院）等学术单位的专家学者参加了会议。

与会专家从数据环境、市场环境、法治环境、文化环境、服务环境等方面为成都市在疫情防控常态化背景下进一步优化营商环境提出了对策路径：

在数据环境方面，要建立数字化营商环境，聚焦数字化转型背景下中小企业发展需求，将疫情防控以来出台的财税、金融、社保等一系列阶段性惠企帮扶政策相衔接，构建起长短结合的多层次政策体系，助力经济治理由经验型转向数据型、由定性目标转向定量目标、由粗放调控转向精准调控，为高质量发展积蓄力量。

在市场环境方面，应建立“尊商重商优商”公平的市场环境和宽容失败的创新环境，继续落实一系列“尊商重商优商”政策和举措，真正让企业特别是民营企业家放心、安心，着力提高企业特别是民营企业家的社会荣誉感，优化企业的发展环境，促进城市经济健康持续发展。

在法治环境方面，“法治就是营商环境”，成都应着重加强法治政府建设，处理好政府与市场的关系，落实“法无授权不可为”，打消市场主体的顾虑和担忧，打造法治成都、诚信成都。

在文化环境方面，可通过提取、筛选和整合成都市独特的自然、历史、民俗传承中特定的营商文化资源，在个性化的定位、视觉形象设计和整合传播等过程中对成都营商形象和品牌进行整体塑造，培育成都的营商地标，形成具有成都特色的文化因素，建立积极向上向善、打动人心、汇聚人气的营商文化体系。

在服务环境方面，政府应承担好“全程服务者”角色，着力降低制度性交易成本，积极为市场主体提供更多更细致更周到的服务，把“用户思维”理念融入优化营商环境的全链条，优化提升“城市大脑”等一体化在线服务平台功能，帮助企业解决生产经营需求，促进“线上线下”文明有序。

开展理论与实践研究

【获批与现代产业体系建设和经济发展相关的国家社科基金项目、教育部人文社会科学研究项目】2021 年，四川省社科学者围绕现代产业体系建设和经济发展申报并获批国家社科基金项目、教育部人文社会科学研究项目，部分名单见表 28 和表 29。

表 28　2021 年四川省获批国家社科基金项目部分名单

序号	项目名称	负责人	工作单位
1	工业大数据统计测度理论及应用研究	李勇	成都信息工程大学
2	区块链技术下小微企业供应链融资的模式与路径创新研究	周筱蕊	成都大学
3	藏羌彝走廊民族传统体育产业与文旅产业融合发展机制及路径研究	谢卫	成都中医药大学
4	数字经济驱动下公司治理变革的机理与效应研究	徐子尧	四川大学
5	基于政企农协同的绿色农业发展机制与实现路径研究	李后建	四川农业大学
6	提升我国农业产业链供应链可追溯性的消费决策及应用问题研究	赵智晶	四川农业大学
7	数字化背景下农业—食品产业链融资机制及风险治理研究	丁昭	四川农业大学
8	生猪产业链融资机制与风险治理研究	王玉峰	四川农业大学
9	数字普惠金融缓解小微企业融资约束的作用机理与路径优化研究	郭华	四川农业大学
10	中巴经济走廊第二阶段的战略风险识别及应对策略研究	李景峰	四川省社科院
11	基于产业互联网的城乡融合理论逻辑与实现路径研究	李晓燕	四川省社科院
12	基于最优金融分权框架的我国地方中小银行危机研究	洪正	西南财经大学
13	中美重大技术竞争下中国资本市场对外开放的影响研究	张翔	西南财经大学
14	全象国际资金循环表的编制与应用研究	朱莉	西南财经大学
15	兼顾短期宏观稳定与长期经济增长的逆周期调节政策设计研究	陈师	西南财经大学
16	基于高维数据变量选择方法的系统性金融风险测度与预警研究	潘志远	西南财经大学
17	多层次养老保险与老龄金融市场联动发展的路径优化研究	陈加旭	西南石油大学
18	金融风险跨市场传染的交易过程及干预对策研究	徐浩峰	四川大学
19	“国内国际双循环”视角下英国重商主义经济理论与实践研究	张志	西南财经大学
20	社区居家医养结合服务高质量运作模式研究	曹杨	四川大学

表 29　2021 年四川省获批教育部人文社会科学研究项目部分名单

序号	项目名称	负责人	工作单位
1	智能互联产品的竞争生态链衍生服务配置与激励机制研究	李晓静	四川师范大学
2	数字服务场景下多维互动质量对顾客忠诚的影响机制研究：基于顾客感知依赖的视角	陈鑫	西南财经大学
3	体验性产品供应链中基于消费者行为的渠道策略研究	孙晓杰	西南交通大学
4	食品公众政策与健康食品消费：基于含糖饮料消费的实证研究	丁玉莲	西南财经大学
5	金融开放下异质性影子银行的社会福利效应研究：基于效益与风险双视角的评估	李雪莲	西南财经大学
6	基于经济金融关联网络的金融科技动态监管机制构建研究	朱波	西南财经大学

续表29

序号	项目名称	负责人	工作单位
7	大数据赋能下新兴技术创新的产业化及其治理网络研究	魏奇锋	成都理工大学
8	乡村振兴背景下中国企业持续扶贫的社会信任驱动机制及其实现路径研究	李摇琴	四川大学
9	美国货币政策对中国经济的溢出效应：理论与传导机制研究	戴薇	西南财经大学
10	小微企业融资模式创新的数字化驱动机制、路径与对策研究	王军	四川大学
11	内外兼修：人工智能服务对消费者光顾实体门店意愿的影响研究	蒋玉石	西南交通大学
12	保险机构投资者与资本市场稳定研究：投资风格、作用路径与治理效果	何娜	西南民族大学
13	2035年远景目标下我国体育产业高质量发展路径优化研究	柳伟	成都体育学院
14	基于粒计算的动态异质金融数据融合方法研究	黄雁勇	西南财经大学
15	轨道交通产业发展的阶段性特征统计测度及驱动效应评估研究	薛锋	西南交通大学
16	中国家庭数字金融行为变化及影响研究	吴雨	西南财经大学
17	零售企业渠道融合发展的理论与实证研究	花海燕	成都理工大学
18	2035年远景目标下我国体育产业高质量发展路径优化研究	柳伟	成都体育学院
19	双循环新发展格局下中国体育制造产业链优化升级研究	汪丽	成都体育学院

【四川省社科规划项目立项资助现代产业体系建设和经济发展】2021年，四川省社科规划年度项目、基地重大项目、专项项目对现代产业体系建设和经济发展相关的课题进行立项资助，部分名单见表30。

表30　2021年四川省社科规划项目立项资助现代产业体系建设和经济发展相关课题部分名单

序号	项目名称	负责人	工作单位
1	中国对“一带一路”沿线国家农业直接投资风险识别、测度及预警研究	吴秀敏	四川农业大学
2	平台经济视角下现代化农业经济体系构建研究	李晓燕	四川省社科院
3	金融创新推动下体育产业创新发展的路径与对策研究——以成都体育产业为例	周筱蕊	成都大学
4	基于复杂网络分析的国际金融市场泡沫联动研究	李旸	四川大学
5	体育旅游产业生态系统构建、纵深推进与协同治理研究	吕兴洋	西南财经大学
6	交通基础设施建设与资本市场资源配置——来自高铁开通与公司上市的证据	金智	西南财经大学
7	影子银行、中小企业融资约束与违约风险溢出效应研究	李雪莲	西南财经大学
8	文旅融合视角下的成都文创产业高质量发展路径研究	宋彬彬	西南民族大学
9	四川省生产性服务业开放水平测度及其制造支持效应研究	龚静	成都大学
10	零工经济平台用工背景下四川省社会保障制度的特殊性与政策优化研究	翁玉玲	成都理工大学
11	平台企业参与的“互联网+回收”模式和策略研究	程红	成都理工大学
12	新型农业经营主体的就业创业带动效应研究	李江一	四川大学
13	社会网络视角下四川省农民工返乡创业的示范效应及政策支持研究	徐茅娣	西南财经大学

续表30

序号	项目名称	负责人	工作单位
14	四川省产业结构调整与新型城镇化之间的耦合协调及互动机制研究	吴安兵	西南财经大学
15	沱江流域县域经济协调发展研究	李权昆	内江师范学院
16	区域康养产业协同发展机制研究——以川西南滇西北为例	张旭辉	攀枝花学院
17	四川白酒产业高质量发展的影响因素及测度研究	余元春	四川轻化工大学
18	高质量发展下四川文旅产业转型升级动能与路径研究	黄萍	四川文化产业职业学院
19	“后疫情时代”健康产业高质量发展法治保障研究	羊海燕	西南医科大学
20	数字经济统计监测体系和增加值核算方法研究	丛日玉	成都信息工程大学
21	工业大数据统计及对四川现代工业监测应用研究	李勇	成都信息工程大学
22	四川产业数字化转型统计测度与收敛性研究	张伟科	四川大学
23	四川省区域产业动态演化统计监测研究	邓国营	四川大学
24	四川省农业农村现代化评价指标体系构建与综合评价研究	付宗平	四川省社科院
25	“多维统筹”框架下四川应急产业高质量创新发展路径研究	徐雷	西华大学
26	新时代四川民族地区现代服务业高质量发展的实现路径与政策支持研究	张广宇	西南民族大学
27	基于新发展理念的四川省旅游高质量发展路径研究	芮田生	内江师范学院
28	供给侧结构性改革背景下四川省经济增长方式转变研究	邓忠奇	四川大学
29	“双循环”新发展格局下四川经济增长动能与路径研究	徐志向	西南财经大学
30	四川省产业结构调整与新型城镇化之间的耦合协调及互动机制研究	吴安兵	西南财经大学
31	四川自贸区建设对标国际经贸规则路径研究	张倩雯	西南交通大学
32	基于创新生态系统视角的四川省集成电路产业“卡脖子”技术攻关的协同创新机制	唐明凤	西南财经大学
33	提升四川省营商环境竞争力研究	郭红玲	西南交通大学
34	西部地区陆海新通道对产业链延伸重构的影响路径及对策研究	李东坤	西南交通大学
35	四川“5+1”现代工业高质量发展研究	张玉奇	西南科技大学

【四川省社科规划项目“地方金融监管专项课题”】2021年，“地方金融监管专项课题”为省级项目，面向全省公开申报。经受理申报、评审、网上公示等程序，经四川省社科联党组批准立项，部分名单见表31。

表31　2021年四川省社科规划项目“地方金融监管专项课题”项目部分名单

序号	项目名称	负责人	工作单位
1	《四川省地方金融监督管理条例》立法后评估实证研究	王伦刚	西南财经大学
2	金融创新背景下的非法集资风险防控研究	罗荣华	西南财经大学
3	地方金融监管立法比较研究	陈实	四川大学
4	数字金融安全风险管控机制研究	张红伟	四川大学
5	定点帮扶推进金融服务乡村振兴研究	肖诗顺	四川农业大学
6	小额贷款公司不良率差异认定标准研究	王焱霞	西南民族大学

续表31

序号	项目名称	负责人	工作单位
7	完善地方金融监管体系研究	马向荣	乐山师范学院
8	基于大数据的四川省地方金融监管体系研究	罗航	西华大学

推出研究成果

【四川省服务型制造推动“5+1”产业发展的调查与建议】该成果在《四川省重要成果专报》刊登，其作者是电子科技大学陈旭。该成果提出，目前四川省服务型制造由于缺乏与“5+1”产业体系有效结合的顶层设计、服务型制造链群式发育不足、企业服务化转型意识和能力不足等因素，总体水平还较低；四川省需要围绕产业特色及转型发展需求，聚焦装备制造、电子信息等优势产业，将发展服务型制造与提升特色优势产业紧密结合，提高企业转型意识和能力，探寻适合五大产业服务型制造的发展路径和模式。

【多条对策建议在《四川日报·思想周刊》登载】2021年，四川学者积极在《四川日报·思想周刊》发文，助力四川产业体系建设和经济发展，部分名单见表32。

表32　四川学者在《四川日报·思想周刊》登载的部分对策建议名单（2021年）

序号	篇名	作者	单位	日期
1	坚持系统观念 优化经济系统	李后强	四川省社科院	1月4日
2	融入新发展格局　推动四川经济现代化	鲁荣东	四川省经济和社会发展研究院	3月1日
3	“链式创新”打通科技经济对接通道	盛毅，杜雪锋	四川省社科院	6月21日
4	金融适度分权：更好监管化解区域性和系统性风险	刘锡良，董青马	西南财经大学	7月26日
5	建文化强省旅游强省　为何须系统提升“五力”	李后强，李单晶	四川省社科院，成都市社科院	10月11日
6	以一体发展为导向提升产业链条张力	李中锋	四川省社科院	11月15日
7	多层传播，提升巴蜀消费知名度美誉度	蹇莉	四川省社科院	11月22日
8	优化营商环境要坚持问题导向	唐琼	中共四川省委党校	12月20日
9	以市场需求导向夯实企业创新主体地位	程洪	电子科技大学	12月20日

【四川学者在CSSCI来源期刊发文】2021年，四川学者在CSSCI来源期刊发表有关现代产业体系建设和经济发展的学术论文，部分名单见表33。

表33　四川学者在CSSCI来源期刊发表的有关现代产业体系建设和经济发展的部分学术论文名单（2021年）

序号	篇名	作者	来源
1	全球价值链嵌入、数字经济与产业升级——基于中国城市面板数据的研究	肖锐，汤宽之，洪正	当代经济科学，2021，43（2）：36—47
2	县域农村产业融合发展与农民生活质量——来自重庆市37个区县的经验证据	张林，罗新雨，王新月	宏观质量研究，2021，9（2）：100—113
3	中国服务业在全球产业支撑体系中的地位及其影响因素	姚星，王博，王磊	财贸经济，2021，42（3）：145—160

续表33

序号	篇名	作者	来源
4	网络短视频产业的法治治理：理念、规则和机制——以著作权分享为视角	饶世权	中国编辑，2021（1）：14—20
5	科技服务业与高技术产业协同集聚创新效应：理论分析与实证检验	黄晓琼，徐飞	中国科技论坛，2021（3）：93—102
6	内陆地区城市群产业链供应链稳定性与竞争力提升研究——以成德眉资同城化为例	曹邦英，贺培科，龚勤林	经济体制改革，2021（1）：63—69
7	知识生态视域下面向产业集群的区域综合科技服务系统生态化发展研究	黄晓琼，徐飞	科技进步与对策，2021，38（3）：60—69
8	新基建：赋能传媒产业高质量发展	许志强	中国出版，2021（4）：3—6
9	基于李嘉图贸易模型的中美产业竞争理论与实证分析	周江，胡静锋，宋彦，王晓煊	宏观经济研究，2021（1）：79—95
10	人力资本结构高级化对产业结构变迁影响的测算	陈加旭，何尧，詹惠丹	统计与决策，2021（2）：80—83
11	科技金融、高新技术产业与产业结构升级	刘姝璠，张荣光，邓江晟	统计与决策，2021（2）：145—149
12	由OTT到RCS：5G时代传媒产业的前向一体化	刘书亮	编辑之友，2021（2）：76—83
13	中美贸易摩擦背景下“卡脖子”技术识别方法与突破路径——以电子信息产业为例	汤志伟，李昱璇，张龙鹏	科技进步与对策，2021（1）：1—9
14	环境规制、财政分权与区际污染密集型产业转移	姜泽林，叶燚，陈灿平	四川师范大学学报（社会科学版），2021（1）：33—41
15	从传统行业到产业互联网创新实践——许毅刚变革管理思想的演化过程研究	潘琼，杜义飞	管理学报，2021，18（1）：1—11
16	进口冲击与中国婴幼儿奶粉产业链价格传递——兼论以价格竞争赢得市场的可能	道日娜，张进	中国农村经济，2021（4）：100—122
17	产业互联网平台价值共创机理——基于宏图智能物流的案例研究	杜华勇，王节祥，李其原	商业经济与管理，2021（3）：5—18
18	新发展格局下乡村“产业-生态”协同振兴进路——基于县域治理分析框架	翟坤周	理论与改革，2021（3）：40—55
19	产业跃升、金融结构与中国经济增长	洪正，张琳，肖锐	管理世界，2021，37（8）：58—79
20	组态视角下高技术产业创新效率提升路径研究——一项模糊集定性比较分析	冯旭，王凡	科技进步与对策，2021，38（11）：54—60
21	构建现代生态产业体系：内涵厘定、逻辑框架与推进理路	罗胤晨，李颖丽，文传浩	南通大学学报（社会科学版），2021，37（3）：130—140
22	都市圈城乡产业融合：基本特征、实现机制及政策建议	罗平	农村经济，2021（6）：79—86
23	数字经济背景下我国文化创意产业发展研究——评《促进文化创意产业发展的公共政策》	刘婧，田晓膺	江西财经大学学报，2021（4）：2，149
24	新时代我国体育产业高质量发展的理论探绩与问题论域	刘亮，吕万刚	北京体育大学学报，2021，44（7）:1—8

续表33

序号	篇名	作者	来源
25	产业竞争视角下税收征管对企业创新影响机制研究——基于“竞争效应”和“资源效应”	兰竹虹，曾晓，辛莹莹	中国软科学，2021（2）：181－192
26	产业专业化影响粤港澳大湾区城市经济发展吗？	陈利，陈说，朱喜钢	经济问题探索，2021（10）：112－122
27	央地产业政策协同、外资参股与国有企业研发投入水平	狄灵瑜，步丹璐，石翔燕	产业经济研究，2021（5）：83－96
28	数字化转型对产业结构升级的空间效应研究——基于静态和动态空间面板模型的实证分析	陈堂，陈光	经济与管理研究，2021，42（8）：30－51
29	新型数字基础设施能够推动产业结构升级吗——来自中国272个地级市的经验证据	何玉梅，赵欣灏	科技进步与对策，2021，38（17）：79－86
30	石油产业链贸易网络及其影响因素研究——以“一带一路”沿线国家为例	李优树，冉丹	经济问题，2021（9）：111－118
31	基于行业分类核算的健康产业增加值测算方法	蒋志华，丛日玉，邹永红	统计与决策，2021，37（17）：35－39
32	政策工具视角下中外智能制造产业集群政策比较研究	余川江，李晴，龚勤林	东南学术，2021（5）：170－179
33	考虑多主体参与的产业共性技术研发模式比较研究	郑月龙，刘思漫，白春光	中国管理科学，2021，29（8）：44－56
34	社会网络与产业生态交互赋能下青年返乡创业的演进机制	古川，尹宁，赵利梅	农村经济，2021（9）：128－134
35	大数据产业发展与地方经济增长	刘德林，周冬	统计与决策，2021，37（19）：102－105
36	数字政府建设与国家治理现代化——2021中国国际大数据产业博览会专业论坛及第五届数字政府治理高峰论坛会议综述	贾开，高乐，曾宇航	中国行政管理，2021（9）：157－159
37	我国体育产业研究的动态演进与知识基础——基于CSSCI源文献的计量分析	付东，杨雪梅，徐光斌	体育学研究，2021，35（5）：48－52
38	经济内循环视域下高技术产业与地区经济协调发展分析	李杰	西南民族大学学报（人文社会科学版），2021，42（11）：129－140
39	战略性新兴产业协同创新网络协同度研究——基于“网络的网络”结构分析视角	刘国巍，邵云飞，刘博	科技进步与对策，2021，38（23）：56－66
40	模块化网络视角下我国大健康产业链协同创新能力评价研究	刘国巍，邵云飞，刘博	科技进步与对策，2021，38（24）：85－95
41	中国产业集聚的环境效应及其作用机制	朱东波，李红	中国人口·资源与环境，2021，31（12）：62－70
42	媒体产业融合10年：脱媒化与碎片化——基于我国报业上市公司年度报告的分析	李瑾，周昊宇	新闻界，2021（10）：61－67
43	数字文化创意产业的结构要素、内涵辨析与细分框架	丁锦箫，蔡尚伟	出版发行研究，2021（12）：32－40
44	“一带一路”背景下四川省体育产业发展路径研究	付东，李旻	成都体育学院学报，2021，47（4）：93－99

续表33

序号	篇名	作者	来源
45	服务业 OFDI 对企业生产率的影响	钟鑫，易文，郭宁	财经科学，2021（7）：66—80
46	西部地区生产性服务业集聚对区域经济发展的影响：机制与实证	龚勤林，王舒鹤	经济体制改革，2021（5）：48—54
47	创新与高端服务业人才集聚对经济增长影响的共轭效应研究——基于西部地区城市面板数据的分析	杨帆，杜云晗	中国软科学，2021（10）：82—91
48	“一带一路”沿线城市网络的联结及其集聚性影响因素研究——基于生产性服务业跨国公司联系的视角	丁如曦，赵磊，李东坤	国际经贸探索，2021，37（11）：37—51
49	中国旅游发展笔谈——生态保护与生态旅游发展·科技创新：生态旅游发展关键问题的思考	刘俊，王胜宏，余云云	旅游学刊，2021，36（9）：5—7
50	增值税转型与中国制造业企业出口动态	陈瑾，李丹，孙楚仁	经济科学，2021（1）：5—17
51	税收分成如何影响企业创新——来自我国上市工业企业专利申请量的证据	徐子尧，潘李靖	贵州财经大学学报，2021（1）：44—51
52	工业劳动力流动、资本创造与经济地理空间均衡	何雄浪	吉首大学学报（社会科学版），2021（1）：77—86
53	中国工业能源效率的空间交互效应识别与分析	王莉，白彦	西南民族大学学报（人文社会科学版），2021，42（6）：152—161
54	国有注资对民营企业绩效的影响——基于中国工业企业的研究	董艳，刘佩忠	经济学（季刊），2021，21（6）:1925—1948
55	物流成本、工业生产率和城镇化水平的空间差异	谭策天，何文，刘玉人	南开经济研究，2021（6）：162—178，252
56	政府补贴对制造业企业创新效率的影响效应研究	严荔，谢正娟	经济体制改革，2021（2）：124—130
57	转型背景下中国制造业的创新激励：“行政型”激励还是“经济型”激励——基于制造业不同产权上市企业的对比研究	王亚，李桂华，李园园，李文辉	中国科技论坛，2021（4）：75—84
58	工业化后期我国制造业创新升级的内在机理与推进策略	李月起，杨继瑞	经济问题，2021（5）：80—85
59	实体企业金融化对其生产性投资影响的理论与实证研究——以中国 1383 家上市制造业企业为样本	李清政，赵芮	科学决策，2021（5）：1—20
60	税收分成、财政激励与制造业企业活力——来自“增值税分成”改革的证据	李建军，吴懿	财贸经济，2021，42（9）：5—19
61	四川省劳动密集型制造业高质量发展研究——基于 2006—2019 年的数据	徐万刚	四川师范大学学报（社会科学版），2021，48（5）：151—159
62	基于行业异质性的国家质量标准对我国制造业全球价值链地位影响研究	李优树，张坤，杜雨霈	宏观质量研究，2021，9（5）：115—128
63	基于价值视角的制造业数字化服务转型机理与路径——仁和集团案例研究	董晓松，许仁仁，赵星，罗群阳	中国软科学，2021（8）：152—161

续表33

序号	篇名	作者	来源
64	对外贸易与制造业机器人使用：行业开放促进技术进步的新证据	陈昊，闫雪凌，杨立强	统计研究，2021，38（3）：44—57
65	我国制造业企业国内价值链嵌入度的测算与事实	袁凯华，李后建，高翔	统计研究，2021，38（8）：83—95
66	不同补贴方式对企业全要素生产率的影响——基于制造业上市公司的实证研究	孙阳阳	软科学，2021，35（10）：61—67
67	FDI对中国制造业行业二元式创新的影响——行业市场化水平和外资进入速度的调节作用	邓娅娟，王元地，秦颖	软科学，2021，35（11）：13—18
68	制造业数字化转型中组织惯性与路径权变——仁和药业案例研究	董晓松，许仁仁，赵星	科学决策，2021（11）：32—48
69	农业要素禀赋结构、农业制度安排与农业工业化进程的理论逻辑探析	罗浩轩	农业经济问题，2021（3）：4—16
70	中国农业增长类型转变了吗：基于1999—2016年31个省份的经验数据	罗浩轩	广东财经大学学报，2021，36（2）：102—112
71	农业全要素生产率与农业优先发展	王芳，曾令秋	财经科学，2021（2）：121—132
72	“一带一路”倡议下中国海外农业投资合作的基础、成效、问题与对策	叶前林，段良令，刘海玉，周杰	国际贸易，2021（4）：82—88
73	从生产到市场：小农户迈向现代农业的路径研究——基于中国扶贫基金会善品公社的实践案例	王蕾，曾旭晖，骆希	农村经济，2021（1）：39—45
74	农业龙头企业带动小农户衔接现代农业发展研究——四川省达州市例证	孟秋菊，徐晓宗	农村经济，2021（2）：125—136
75	长江上游农业水权制度现状与面临困境研究——以四川省为例	沈茂英	农村经济，2021（3）：9—17
76	我国农业上市公司市场表现及成因研究	庞悦，刘用明	农村经济，2021（3）：75—84
77	转入土地、农户农业信贷需求与信贷约束——基于中国家庭金融调查（CHFS）数据的分析	路晓蒙，吴雨	金融研究，2021（5）：40—58
78	数字乡村战略下农业信息化与家庭经营融合发展的路径研究	钟秋波	四川师范大学学报（社会科学版），2021，48（4）：78—86
79	“推动力”还是“摩擦力”？——金融素养对农户农业生产投资的影响	韩科飞，蔡栋梁，陈韶晖	商业研究，2021（3）：73—82
80	构建“三有”经济体制与推动农业高质量发展	常璇，王国敏	理论探索，2021（3）：75—83
81	农业机械化对农民收入的影响研究——基于系统GMM模型与中介效应模型的实证分析	陈林生，黄莎，李贤彬	农村经济，2021（6）：41—49
82	数字技术赋能农业高质量发展	杨建利，郑文凌，邢娇阳，靳文学	上海经济研究，2021（7）：81—90，104
83	“一带一路”背景下中国与中东欧国家农业教育合作研究	李京蓉，申云	比较教育研究，2021，43（7）：30—39
84	气候变化、农业科研投入与农业全要素生产率	易福金，周甜甜，陈晓光	南京农业大学学报（社会科学版），2021，21（4）：155—167
85	欧美农业支持政策的资本化效应及其启示	林文声，朱烈夫，陈荣源	农村经济，2021（8）：138—144

续表33

序号	篇名	作者	来源
86	乡村振兴与农业现代化发展探析	程静，冯永泰	理论视野，2021（4）：47—52
87	一个不完全契约履约效率的案例研究——基于农业循环经济项目的实践逻辑	郑晓书，王芳	农业经济问题，2021（10）：64—77
88	中国农业竞争力提升视域下的小农户发展	蒋永穆，刘虔	贵州财经大学学报，2021（5）：92—100
89	乡村振兴背景下农业巨灾风险分散机制完善研究	丁少群，张珏，李丹	理论探索，2021（5）：96—104
90	农地确权与农业生产结构调整：来自中国家庭金融调查的证据	李江一，仇童伟	财贸研究，2021，32（9）：57—69
91	民族地区农业现代化与信息化的同步特征及协同发展研究	邓丽，薛娇	民族学刊，2021，12（6）：38—45
92	小农户嵌入现代农业的衔接模式及其绩效研究	刘畅，吕杰，付娆	农村经济，2021（10）：119—126
93	平台经济发展再审视：垄断与数字税新挑战	周文，韩文龙	中国社会科学，2021（3）：103—118
94	集镇、集期与集市经济：施坚雅农村市场理论的经济人类学阐释	宋靖野	中国农业大学学报（社会科学版），2021，38（1）：60—68
95	区域一体化促进了城市群经济高质量发展吗？——基于长三角城市经济协调会的准自然实验	张跃，刘莉，黄帅金	科学学研究，2021，39（1）：63—72
96	“湾区经济”与东亚湾区城市经济合作——“上东首”自贸区的构建	方行明，屈子棠，杨万东，王璐	上海经济研究，2021（2）：112—128
97	中国的经济政策不确定性内生于经济波动吗？	祝梓翔，车明，邓翔	经济学动态，2021（1）：49—67
98	空间经济学及其新发展：新经济地理学	何雄浪	西南民族大学学报（人文社会科学版），2021（1）：88—97
99	经济政策不确定性、区域经济复杂度与企业创新行为	吕一清，吉媛	科技进步与对策，2021（1）：71—78
100	双循环新发展格局下现代物流业促进区域经济协调发展研究	廖毅，汤咏梅	理论探讨，2021（1）：88—93
101	资本全球治理与美国对外经济政策转向	葛浩阳，冉梨	财经科学，2021（1）：65—75
102	银行资本、风险预期与杠杆率增长背景下的经济波动	刘子威，李雪莲，薛蕾	国际金融研究，2021（5）：65—75
103	政策性诱导集聚、资源错配与经济增长——来自开发区企业的证据	卢飞，刘梅，刘明辉	科学学研究，2021，39（7）：1188—1198
104	中国边境省域旅游经济空间结构演变及特征研究	黄爱莲，朱俊蓉，彭聪	经济问题探索，2021（1）：155—170
105	市场经济下收入分配公平性的理论、逻辑与价值导向	廖海亚	安徽大学学报（哲学社会科学版），2021，45（1）：137—144
106	零工经济时代数字平台控制劳动力的供给行为	唐虹，费翔	财经科学，2021（4）：62—75
107	金融风险视角下金融杠杆对经济增长的影响研究	黄倩，李江城，熊德平	改革，2021（4）：78—94

续表33

序号	篇名	作者	来源
108	双重价值链、经济不确定性与区域贸易竞争力——“一带一路”建设的视角	马丹，何雅兴，郁霞	中国工业经济，2021（4）：81—99
109	新型农村集体经济发展的新规律：一个三维分析框架	田世野，李萍	社会科学研究，2021（3）：51—58
110	民族地区网红经济的生成逻辑、演化路径与经济社会影响研究	陆九天，高娟，陈灿平	民族学刊，2021，12（3）：52—57
111	莫迪经济外交政策的理论逻辑与实践	李涛，袁晓姣	南亚研究，2021（2）：1—20
112	金融结构视角下杠杆率对经济增长的影响	李优树，张敏	统计与决策，2021，37（9）：147—151
113	规模不经济下零售商信息分享模式对双渠道闭环供应链影响	王桐远，王增强，李延来	管理工程学报，2021，35（3）：195—207
114	算法可以中立吗？——“零工经济”的新可能	贾开	文化纵横，2021（4）：117—124
115	数字经济发展的就业结构效应	叶胥，杜云晗，何文军	财贸研究，2021，32（4）：1—13
116	数字经济如何影响企业风险承担水平	陈小辉，张红伟	经济管理，2021，43（5）：93—108
117	经济政策不确定性对A股IPO抑价的影响研究	朱宏泉，刘晓倩，李亚静	系统工程理论与实践，2021，41（5）：1197—1210
118	数字金融、营商环境与经济增长	张蕊，余进韬	现代经济探讨，2021（7）：1—9
119	中国数字经济发展水平及演变测度	王军，朱杰，罗茜	数量经济技术经济研究，2021，38（7）：26—42
120	微时代体育社群经济模式及实现路径	王晓芳，刘江宏	体育与科学，2021，42（4）：56—62
121	中国宏观经济不确定性的测度	祝梓翔，程翔，邓翔	统计与决策，2021，37（16）：110—113
122	共享经济平台数据治理：框架构建、核心要素及优化策略	蒋国银，陈玉凤，匡亚林	情报杂志，2021，40（8）：71—80
123	跨渠道整合对实体零售商经济绩效的影响	崔兴文，史亚莉	软科学，2021，35（8）：139—144
124	“8·8”九寨沟地震冲击下区域旅游经济联系的格局及影响因素	刘大均，陈君子，朱爱琴	经济地理，2021，41（3）：223—230
125	城市群能带动区域经济增长吗？——基于7个国家级城市群的实证分析	丁任重，许渤胤，张航	经济地理，2021，41（5）：37—45
126	集体经济发展、土地产权与资本下乡应对策略	李明	农村经济，2021（8）：72—79
127	交通和信息基础设施对经济增长的影响机制、效应评估和路径优化研究	黄书雷，方行明，鲁玉秀，米军	经济问题探索，2021（10）：100—111
128	健康风险认知偏差对商业健康保险购买决策的影响——基于行为经济学视角	王伊琳，陈先洁，孙蓉	中国软科学，2021（9）：66—74
129	资本市场更好支持实体经济发展的路径探索	王擎，宋磊	理论探讨，2021（5）：106—112

续表33

序号	篇名	作者	来源
130	借贷约束、财政政策与经济波动	潘超，程均丽	财经论丛，2021（9）：15－27
131	内陆自贸区促进地区经济增长的宏观效应——基于合成控制法的四川实证	孙海波，陈健生	财经科学，2021（8）：119－132
132	数字经济与财政分权：内在机制与实证检验	张红伟，王莉莉，陈小辉	经济与管理研究，2021，42（7）：76－93
133	数字经济环境下知识共享、开放式创新与创新绩效——知识整合能力的中介效应	童红霞	财经问题研究，2021（10）：49－61
134	我国飞地经济运行机制的完善	高幸，张明善	中南民族大学学报（人文社会科学版），2021，41（11）：90－97
135	经济增长的政治经济学——净产出价值增长的决定因素	肖磊，骆桢	政治经济学评论，2021，12（5）：64－79
136	SNA视角下我国数字经济生产核算问题研究	彭刚，朱莉，陈榕	统计研究，2021，38（7）：19－31
137	存量—流量一致框架下金融化的经济增长效应研究	郝芮琳，陈享光	国际金融研究，2021（10）：3－13
138	数字经济时代的税制改革路径：基于税制与征管互动关系的思考	袁娇，陈俊言，王敏	税务研究，2021（12）：28－34
139	平台经济数字治理：框架、要素与路径	蒋国银	学术前沿，2021（17）：32－39
140	数据要素市场化配置与区域经济发展——基于数据交易平台的视角	杨艳，王理，廖祖君	社会科学研究，2021（6）：38－52
141	夜间体育消费助推夜间经济发展的思考	李秦宇，程林林	成都体育学院学报，2021，47（6）:103－107
142	西部大开发以来民族地区的经济发展：基于“铸牢中华民族共同体意识”的分析	郑长德	民族学刊，2021，12（7）：9－22
143	基于DEA交叉效率的交通运输与区域经济发展耦合协调度分析	李勇，骆琳，李禹锋，王沁	统计与决策，2021，37（22）：107－110
144	区域经济高质量协同发展测度及影响因素识别——以四川省为例	张铃，王纪人，李志刚，霍志磊	统计与决策，2021，37（22）：111－115
145	数字经济背景下小微企业生存能力的政治经济学分析	任迎伟，吕玲，张冰然	经济学家，2021（11）：33－42
146	基于计划行为理论的农户参与林下经济意愿影响因素分析	成蓥，曾维忠，胡原	农村经济，2021（11）：62－69
147	数字经济发展缩小了城乡居民收入差距吗？	王军，肖华堂	经济体制改革，2021（6）：56－61
148	区域人口结构对我国经济增长的影响研究——基于2002—2018年区域面板数据的实证检验	张筱竹，杜青龙	经济体制改革，2021（6）：62－69
149	金融发展对西藏农牧区经济增长影响的实证研究	巩艳红，张斌，庞洪伟	西藏大学学报（社会科学版），2021，36（4）：132－138

续表33

序号	篇名	作者	来源
150	奶茶经济的地理学批判与研究议题	黄耿志，吴康，戴俊骋，刘晨，姚常成，唐婧娴，张旭，胡晓辉	经济地理，2021，41（12）：1—11
151	发展融资对经济增长的行业溢出效应	许坤，胡东婉	贵州社会科学，2021（12）：134—142
152	西南民族地区融入南向“一带一路”经济走廊的现状、挑战及对策建议	易鑫，尹响，王思佳	民族学刊，2021，12（12）：38—49
153	基于TCM—CVM综合模型的古城旅游景区经济价值评估——以阆中古城为例	李环，赵韬，向程	干旱区资源与环境，2021，35（3）：196—201
154	新时期技术创新下我国金融科技2.0发展的现实困境与路径选择	段彬，黄让	科学管理研究，2021，39（4）：144—149
155	农村人口结构与金融资源配置的时空耦合水平测度及影响因素研究	郭华，岑霞，罗彤，张洋	宏观经济研究，2021（6）：146—160
156	央地财政关系调整与宏观经济波动	王文甫，艾非，王召卿	财经论丛，2021（2）：13—23
157	长江经济带金融服务实体经济效率测度	宋志秀，梁松	统计与决策，2021，37（4）：154—158
158	平台经济全球化的资本逻辑及其批判与超越	韩文龙	马克思主义研究，2021（6）：134—145
159	全球金融发展与经济增长的结构性关联效应——基于金融周期和金融稳定机制的分析	马永谈，鲁静怡，林萍，谢权斌	财经科学，2021（10）：1—14
160	德国数字经济反垄断监管的实践与启示	袁嘉	国际经济评论，2021（6）：56—76
161	数字经济与实体经济深度融合发展的着力向度与治理创新——以贵州省的融合发展实践为例	杨庐峰，张会平	理论与改革，2021（6）：140—150
162	畅通城乡经济循环：生成逻辑、现实梗阻与实现路径	吴振方，李萍	农村经济，2021（10）：18—26
163	技术变革、利润率与中国经济增长——基于马克思经济增长模型	骆桢，徐昊翔	贵州财经大学学报，2021（6）：11—18
164	“金融加速器效应”抑或“理性资产价格泡沫效应”——基于货币政策、资产价格与经济波动的时变关系研究	张蕊，郭潇蔓，申程程	贵州财经大学学报，2021（6）：36—47
165	中国省域经济不确定性的溢出效应研究	林桐	统计与决策，2021，37（23）：96—100
166	数字经济发展、数字鸿沟与城乡居民收入差距	陈文，吴赢	南方经济，2021（11）：1—17
167	数字经济、空间溢出与城市经济高质量发展	鲁玉秀，方行明，张安全	经济经纬，2021，38（6）：21—31

推进绿色发展与生态文明建设

开展学术交流

【2021 全球绿色发展高峰论坛举行】2021 年 9 月 6 日至 8 日，由全球绿色发展联盟、四川省侨办、四川大学、重庆大学联合主办的 2021 全球绿色发展高峰论坛在成都顺利召开。会议聚焦“碳中和愿景下能源转型与创新”，设置主、分论坛 10 场，聚焦“可再生能源与新型电力系统”“能源转型和绿色低碳发展”“绿色用能与综合能源系统”“碳交易市场和绿色金融”“绿色低碳与智慧乡村”“零碳能源与女性领导力”等专题展开对话。100 余名诺贝尔奖获得者、海内外院士、各国能源行业专家学者及著名高校相关专业人士等通过线上和现场结合的方式参加本次论坛。本次峰会聚焦碳中和愿景下的能源转型与创新，汇集全球能源领域顶尖专家学者，针对可再生能源、能源物联网、综合能源系统、绿色低碳等前沿热点展开学术交流，共同探讨应对气候变化的创新型解决方案，不仅为各国专家学者在科学研究、专业探讨、项目对接、人才培养等方面的合作提供了交流平台，更将推动全球清洁能源技术的革新与发展，助力实现碳中和的美好愿景。主旨演讲环节，2007 年诺贝尔和平奖得主、美国艺术科学院院士、美国加州大学伯克利分校丹尼尔·科曼教授介绍了其团队的最新研究方向和相关机构在绿色发展方面的做法和经验，呼吁中美双方加强合作，为人类可持续发展作出新的贡献。

中国工程院院士、深圳大学深地科学与绿色能源研究院院长、教育部科技委主任、四川大学谢和平教授分享了在二氧化碳矿化发电颠覆性技术、零碳排放的直接煤固体燃料电池发电技术、海水直接制氢新技术等多个研究领域的最新进展，以及这些技术研发将对实现碳中和目标发挥的积极作用。

中国科学院院士、美国工程院外籍院士、中国电力科学研究院名誉院长周孝信，中国工程院院士、南方电网公司专家委员会主任委员、华南理工大学名誉院长李立浧，美国斯坦福大学教授、能源效率中心创始人詹姆士·斯维尼，国务院参事、北京协和医学院卫生健康管理政策学院执行院长刘远立，德国克劳斯塔尔工业大学教授、德国地球科学与岩土工程院院士侯正猛，欧洲科学院院士、香港大学浙江研究院执行院长郭正晓等专家学者作了主题发言。圆桌论坛上，四川大学肖先勇等学者作了交流发言。大会期间还特别举行了《绿色发展国际交流合作框架协议》《交通大脑与绿色能源的零碳规划运营系统合作协议》两个国际合作项目的落地签约仪式。

【首届中国数字碳中和高峰论坛举行】2021 年 9 月 7 日，首届中国数字碳中和高峰论坛在成都举行。此论坛由国家网信办、国家发展和改革委员会、国家生态环境部、四川省人民政府指导，国家网信办信息化发展局、中国互联网发展基金会、中华环保联合会、成都市人民政府、四川省委网信办、中国信息通信研究院主办。论坛以“数字助力，绿色发展”为主题，分为开幕式暨主论坛和数字技术赋能行业绿色低碳发展、数字经济驱动低碳转型新跨越、数字生活引领绿色低碳新风尚 3 场平行分论坛。各领域专家学者和企业代表等 500 余人齐聚一堂，探讨如何有效利用数字化手段助推实现“二氧化碳排放力争于 2030 年前达到峰值，努力争取 2060 年前实现碳中和”的重大目标。

中国气候变化事务特使解振华致辞，中央网信办副主任盛荣华，生态环境部副部长叶民出席会议并致辞，中国互联网发展基金会理事长王秀军出席会议，四川省委常委、常务副省长罗文，成都市市长王凤朝出席会议并致辞。解振华在视频讲话中表示，加快推进以信息网络、智能制造为代表的新一轮科技革命，既是抢占发展先机的重要机遇，也是推动实现碳中和的重要途径。应着力推动大数据、互联网应用，解决大数据中心能耗问题，引导“互联网+低碳生活”，让数字化、网络化、智能化为实现碳达峰、碳中和增添动力。盛荣华指出，当前数字化、网络化、智能化发展深入推进，极大地改变了传统生产方式和发展模式，网络空间日益成为绿色发展的新空间。我们应顺应信息革命潮流，牢牢把握历史机遇，充分发挥互联网特色和信息化优势，推动数字化绿色化深度融合，将数字经济的减碳优势与绿色发展的广阔前景紧密结合起来，为经济社会全面绿色低碳转型提供助力。同时，要充分运用各类网络平台，创新传播语态，推动形成全社会崇尚生态文明理念，让简约适度、绿色低碳的生活方式成为新时代的新风尚。罗文表示，近年来，省委省政府坚持把绿色低碳发展摆在突出位置来抓，推动产业数字化转型、能源数字化转型、市场数字化转型，持续降低碳排放强度，确保如期实现碳达峰、碳中和目标。

在主旨演讲环节，中国互联网发展基金会理事长王秀军，中国工程院院士、中国工程院原副院长邬贺铨，中国工程院院士、国家气候变化专家委员会委员、生态环境部环境规划院院长王金南，中国工程院院士、云计算技术专家王坚，原国家信息化专家咨询委员会常务副主任周宏仁等发表演讲。王秀军表示，实现“双碳”目标是一个系统性工程，需要全社会的共同努力。中国互联网发展基金会将围绕数字技术、数字经济、数字生活的递进式、跨越性发展，系统扶持相关项目，为数字空间“双碳”项目注入新动力。

王坚认为，“今天的数字化，就是一百年前的电气化。”“城市容纳了全球50%～60%的人口，但是消费了约70%的能源。”“城市关乎生产和生活，应该被视作一个非常重要的主体。”王坚提出了“城市数字化”的概念——城市数字化，关键在于让城市资源使用效率得到巨大提升，从而可以在城市人均资源消耗量远低于发达国家时，且达到碳中和的情况下，依旧可以让人民生活水平有一个极大提升。“云计算就像在电气化时代的电一样，对社会产生非常大的影响”。

王金南以“建立碳排放监测网络、促进碳达峰碳中和”为题进行演讲。他认为，实现碳达峰、碳中和要有十大关键技术：气候模式和碳循环模拟预测技术、清洁能源和智慧储能关键技术、碳捕集和封存规模化关键技术、近零排放节能建筑关键技术、绿色低碳交通关键技术、现代农业与粮食减碳关键技术、工业行业零碳工艺变革关键技术、生态固碳增汇关键工程技术、温室气体排放监测核算关键技术、气候弹性和适应机制关键技术。就利用大数据、大网络可以为碳达峰、碳中和做什么这一问题，王金南提到了5个场景：建立符合MRV要求的温室气体排放清单、城市的碳中和大脑、支撑当前减污降碳协同增效、建立全国的二氧化碳排放总量控制体系，以及用大数据来支撑公众参与到碳中和这个进程当中去，“希望建立一个自愿性的个人碳收支体系”。

邬贺铨以“IT与‘双碳’的机遇与挑战”为题阐述“双碳”未来。他认为，“‘双碳’目标的实现路径，需要从能源结构调整、产业结构调整和碳汇与封存及转化几方面共同发力”。在他看来，绿色化、电气化、数字化是降碳的关键。

王秀军发表演讲，认为中国互联网发展基金会应与社会各界一道，从3个方面抢占碳中和时代的战略制高点：第一，为数字空间“双碳”项目注入新动力；第二，为数字空间“双碳”生活引领新时尚；第三，为数字空间“双碳”发展唱响主旋律。

周宏仁认为，“碳达峰、碳中和”实质上是一场广泛而深刻的经济社会变革。要有序推进碳达峰、碳中和工作，积极发展新能源，把握好“碳达峰、碳中和”的推进节奏。

开幕式暨主论坛上，中国互联网发展基金会发布3项成果：一是数字碳中和专项公益基金正式启动筹备工作；二是中国互联网发展基金会与相关机构、企业，签署了数字化助力碳中和目标实现战略合作备忘录；三是数字空间绿色低碳行动倡议书同期发布，号召大家从理念、平台、技术等方面积极探索数字碳中和路径，大力推动数字化绿色化协同转型发展。

【第七届西部油气论坛举行】2021年11月6日，由四川省社科联、西南石油大学、石油工业出版社有限公司、中国石油西南油气田公司等单位联合主办，西南石油大学科研处、四川石油天然气发展研究中心、西南石油大学碳中和研究院等部门承办，四川省人民政府发展研究中心、西南石油大学全球校友企业家发展联盟（四川）等单位协办的第七届西部油气论坛以线上会议形式成功举行，有 2 万余人次参加了线上会议。四川省社科联党组副书记于丽以视频形式参加了论坛开幕式。于丽在开幕式致辞中表示，本次论坛以“‘30·60’‘双碳’目标：油气与能源转型”为主题，直接契合我国对世界气候变化的庄严承诺，紧扣我国当前能源发展的形势与任务、机遇与挑战，具有理论价值与现实意义。四川省生态环境厅总工程师赵乐晨指出，化石能源二氧化碳排放是温室气体的重要来源，是积极应对气候变化，实现碳达峰、碳中和的关键领域。各界同仁共同探讨能源转型战略、油气企业转型发展等关系国家能源安全与绿色转型的议题，对发挥政产学研交流平台作用，助力实现碳达峰、碳中和目标具有重要意义。

论坛分为院士论坛、分论坛和交流对话 3 个环节。在院士专家论坛上，德国国家工程院院士雷宪章、中国工程院院士赵文智、西南石油大学教授赵金洲、中国科学院院士邹才能围绕百年变局和“双碳”目标背景下，传统能源和新能源的地位、作用及发展路径作了主题发言。雷宪章介绍了欧洲以节能、清洁能源和绿氢为三大支柱的脱碳之路，以及重视电氢耦合协调与热能转型的能源低碳发展路径，并以此为四川清洁能源示范省建设提供参考。赵文智认为，天然气是推进化石能源向新能源过渡的“重要桥梁”和支撑高比例利用的“最佳伙伴”定位，他预测生产和消费在 2040 年左右达峰，应多措并举保障天然气供应安全。赵金洲提出了保障能源安全、优化能源结构、强化节能减排三大实现“双碳”目标的能源思路举措。邹才能结合世界油气工业发展、非常规油气革命性创新以及油气与新能源融合发展等趋势，探讨了我国构建清洁低碳、安全高效现代能源体系过程中传统油气行业的发展路径。

在交流对话环节，中国工程院院士罗平亚、国家发展和改革委员会能源研究所副所长张有生、中化能源股份公司首席经济学家王能全、中石油西南油气田经济与管理企业技术高级专家贺志明 4 位专家围绕“‘30·60’目标：油气与新能源融合发展趋势”进行了交流对话。专家们认为，海洋石油行业、深地储能等领域能够为“双碳”目标作出贡献，油气人工智能等领域是油气行业提质增效和绿色低碳发展的必然趋势，地热能高效开发是“双碳”目标下油气行业转型升级的重要机遇。

在分论坛上，25 位来自高校、企业的专家学者和青年学生，围绕“30·60”目标下能源转型发展战略、“30·60”目标与油气企业转型发展、低碳绿色生活——当代青年的责任与担当等议题进行了学术汇报交流。

【中国城市经济学会公园城市专委会暨公园城市碳中和实现路径研讨会举行】2021 年 12 月 13 日，由中国城市经济学会公园城市专委会与成都市社科院主办，成都市社科院成都研究院承办的中国城市经济学会公园城市专委会暨公园城市碳中和实现路径研讨会在成都举行。会议总结了 2021 年公园城市专委会的主要工作，深入探讨了“双碳”背景下公园城市的建设路径。中国社科院学部委员、中国城市经济学会会长潘家华在本次研讨会上发表主旨演讲。他指出，“碳中和”目标是建设公园城市示范区的刚性测度，成都建设公园城市示范区应更加深刻地理解“碳中和”的理论内涵，更加科学地认识“碳中和”的实现路径。中国社科院生态文明研究所副所长庄贵阳、成都市社科院院长姚凯、北京理工大学管理与经济学院副院长唐葆君、北京工商大学商学院副院长王楠等 20 名专家学者参会并演讲。与会专家围绕四川省委十一届十次全会审议通过的《中共四川省委关于以实现碳达峰、碳中和目标为引领推动绿色低碳优势产业高质量发展的决定》以及成都市委市政府有关“碳达峰”“碳中和”的工作要求，深入探讨了成都打造“碳中和”先锋城市的建设路径。此次研讨会还介绍了《公园城市发展报告（2021）》。

【四川大学牵头的全国首家碳中和技术创新中心（省级）正式成立】2021 年 4 月 10 日，碳中和技术创新高峰论坛暨四川省碳中和技术创新中心揭牌仪式在四川大学举行。这是四川大学面向国家重大战略需求，落实习近平总书记在联合国大会上提出关于“碳达峰、碳中和”愿景的具体举措，也是四川大学启动的“创新 2035”五大先导计划中“天地一体与生态演化”专项的破题之举。魏复盛院士、彭先觉院士、郝吉明院士、周守为院士、张远航院士、贺克斌院士、岳国君院士、孙丽丽院士、石碧院士、王琪院士等 10 余位院士，生态环境部应对气候变化司司长李高、四川省科技厅副厅长田云辉、四川省生态环境厅副厅长彭勇，四川大学校长李言荣院士、副校长褚良银，以及来自教育部、科技部、中国 21 世纪议程管理中心、中科院、北京大学、清华大学、中石化、国家电网、东方电气等单位的 100 余位专家学者参加了会议。

【四川省循环经济协会能源低碳发展专业委员会成立】2021 年 5 月 25 日，四川省循环经济协会能源低碳发展专业委员会成立大会在成都举行。西南石油大学碳中和首席科学家、德国国家工程院院士雷宪章，国家发展和改革委员会能源研究所副所长张有生，中国工程院院士罗平亚，西南石油大学校党委书记赵正文，四川省循环经济协会会长、生态环境厅原副厅长钟勤建，西南石油大学校党委常委、副校长巫晓兵，中国石油西南油气田公司党委委员、副总经理李宝军，四川省能源投资集团有限责任公司副总经理严江等出席。会上，四川省循环经济协会副会长杨有仪宣读了专委会成立的批复，四川省循环经济协会副会长明劲向专委会授牌。参会代表表决通过了专委会管理制度并选举产生了专委会负责人。罗平亚院士、雷宪章院士被聘为专委会首席专家，西南石油大学成为专委会主任委员单位。赵正文代表专委会向广大能源企业、专家学者、科研机构等发出四川省能源绿色低碳转型行动宣言。赵正文指出，能源低碳发展专业委员会应国家所需，成立恰逢其时。已经有大量的企业单位、专家学者积极响应，加入低碳专业委员会。倡议大家行动起来，共同努力，主动作为，乘势而上，推动完善能源低碳发展的顶层设计，构建四川绿色经济新发展格局，创新体制机制，加快形成节约能源和保护环境的产业体系和空间格局，助力四川及国家提前实现“双碳”目标。雷宪章、张有生应邀分别作了主旨报告“使命担当，探索四川率先实现碳中和之道”“‘双碳’目标下我国化石能源与非化石能源发展关系辨析”。雷宪章认为，碳中和是全球发展的大趋势，碳达峰、碳中和是习近平总书记代表中国对世界作出的庄严承诺，“双碳”目标的达成事关中华民族的伟大复兴，倒逼中国经济实现绿色发展，完成从工业文明到生态文明的转变。雷宪章介绍了欧洲碳中和的脱碳之路，探索了四川率先实现碳中和的发展路径。张有生指出，我国实现碳达峰、碳中和意义巨大，任务艰巨，能源的发展对支撑碳达峰与碳中和具有关键作用。未来能源发展会经历 5 个阶段：化石能源占绝对主体、增量替代、存量替代、主体更替、碳中和。张有生辨析了在统筹发展与安全过程中化石能源与非化石能源间的关系。

【西南石油大学成立碳中和研究院】2021 年 7 月 12 日，西南石油大学碳中和研究院正式成立并挂牌，这是我国能源、地矿类高校中第一个成立的碳中和研究院。西南石油大学率先开展“双碳”行动，依托学校的化学化工学院、电气信息学院、新能源与材料学院、石油与天然气工程学院、地球科学与技术学院、光伏产业研究院、天然气现代产业学院的学科优势和特色，跨学科联合，集全校之力，在能源碳中和领域形成战略性、前沿性、稀缺性的科技创新成果，服务国家战略及成渝双城经济圈建设，助推成都打造具有全国影响力的碳中和科技创新中心，为我国能源革命助力。据了解，西南石油大学碳中和研究院由校长赵金洲教授、德国国家工程院院士雷宪章教授共同担任首席科学家，西南石油大学副校长、国家杰出青年基金获得者张烈辉教授任院长，唐鋆磊教授任常务副院长，李晓平教授、段明教授、周莹教授、张安安教授担任副院长。研究院已聚集包括中国工程院院士罗平亚、德国国家工程院院士雷宪章在内的校内专职科研人员 51 人、国内外兼职领军学者 6 人。研究院设立了 4 个研究中心，包括“天然气绿色开发利用研究中心”“零碳能源系统研究中心”“储能技术研究中心”“二氧化碳高效捕集与绿色转化研究中心”。为加快推进研究项目落地、助力产业发展，西南石油大学碳中和研究院积极主动作为，作为主力军参与碳中和天府永兴实验室筹建工作。同时，碳中和研究院还联合四川天府新区管理委员会、四川省能投集团在天府科学城共建天府新能源研究院，从产业需求出发，打造产学研用一体化模式，开展新能源技术研发和科技成果转化，为学校的碳中和行动和天府永兴实验室的建设提供强有力的支持。

开展理论与实践研究

【获批与生态优先绿色发展相关的国家社科基金项目、教育部人文社会科学研究项目】2021年，四川省社科学者围绕生态优先绿色发展申报并获批国家社科基金项目、教育部人文社会科学研究项目，部分名单见表34和表35。

表34　2021年四川省获批与生态优先绿色发展相关的国家社科基金项目部分名单

序号	项目名称	负责人	工作单位
1	区域科技资源协同融合、智能共享与生态化治理机制研究	周蓉	成都信息工程大学
2	碳达峰—碳中和目标情境下制造业企业供应链的低碳转型研究	陶志苗	四川大学
3	基于政企农协同的四川藏区绿色农业发展机制和实现途径研究	王文轲	四川师范大学
4	基于卫星数据的碳排放与碳固定统计测度及应用研究	陈建东	西南财经大学
5	新时代凉山彝区生态文明建设中栖居生境的弹韧性营造机制研究	张原	西南民族大学
6	基于“模糊—冲突”模型的生态环境政策执行逻辑研究	李廷	西南石油大学
7	《巴黎协定》遵约机制研究	冯帅	四川大学
8	国际贸易背景下的全球气候治理：回顾、问题与进路	刘磊	四川大学

表35　2021年四川省获批与生态优先绿色发展相关的教育部人文社会科学研究项目部分名单

序号	项目名称	负责人	工作单位
16	“两山”转化理论下生态的经济价值转化效率考察：测度、时空格局与影响因素分析	陈晓兰	四川大学
20	碳排放交易机制中企业CO_2成本转嫁与减排有效性研究——基于非线性市场结构视角	陈哲	四川大学
21	碳中和背景下的森林碳汇项目非碳效应评估研究	曾维忠	四川农业大学
30	典型沙漠化逆转区社会生态系统恢复力演变及其驱动机制研究	王睿	西华师范大学
52	跨域生态环境治理中的府际合作机制研究	张露露	西南交通大学
83	都江堰灌区农村面源污染防治生态措施与乡村振兴协同机制研究	杨青娟	西南交通大学
85	川西高原藏区牧民对冰冻圈灾害的感知与适应策略研究	陆恒	四川师范大学

【四川省社科规划项目立项资助生态优先绿色发展相关课题】2021年，四川省社会科学规划项目“生态文明建设专项课题”以习近平新时代中国特色社会主义思想为指导，进一步提升我省生态文明建设研究理论水平，推动全省生态环境的高水平保护和经济社会的高质量发展，服务美丽四川建设。“生态文明建设专项课题”为省级项目，面向全省公开申报。经受理申报、评审、网上公示等程序，四川省社科联党组批准，四川省社科规划项目“生态文明建设专项课题”立项名单见表36。

表36　2021年四川省社科规划项目“生态文明建设专项课题”立项名单

序号	项目名称	负责人	工作单位
1	少数民族传统聚落生态空间解析与智慧传承策略研究	第宝锋	四川大学

续表36

序号	项目名称	负责人	工作单位
2	四川省"十四五"碳排放形势及达峰路径研究	杨耀	四川省环境政策研究与规划院
3	四川省工业低碳转型与绿色产业构建的战略研究	任春坪	四川省环境政策研究与规划院
4	习近平生态文明思想在四川的实践研究	周培	西华师范大学
5	四川长江、黄河上游生态屏障建设内涵及状态评估指标体系研究	刘航	中共四川省委党校
6	基于生态系统服务框架的古代成都文献生态价值挖掘与研究	马英杰	成都大学
7	基于现代化信息技术下的社区环境教育实施路径、模式及对策研究	焦阳	四川大学
8	习近平生态文明思想在中小学学校教育中的贯彻实践策略研究	杨俊锋	四川省成都市第七中学
9	习近平法治思想与习近平生态文明思想耦合研究	张璐	四川省环境政策研究与规划院
10	四川省重点城市建设成渝经济副中心的生态环境绩效评估研究	任丽平	西华师范大学
11	四川省"两山"转化典型案例的实现方法与路径研究	郭仕利	西南财经大学
12	生态环境突发事件中的应急响应策略研究	范春梅	西南交通大学
13	习近平生态文明思想进教材、进课堂、进头脑研究	朱为鸿	西南民族大学
14	乡村振兴背景下四川乡镇生态环境综合治理的机制创新及制度保障研究	傅晶晶	西南石油大学
15	河长制对沱江流域环境保护的成效评估与改进方向研究	吕春兰	宜宾学院

此外，2021 年，四川省社科规划年度项目、基地重大项目、专项项目对生态优先绿色发展相关的课题进行立项资助，部分名单见表 37。

表 37　2021 年四川省社科规划项目立项资助生态优先绿色发展相关课题部分名单

序号	项目名称	负责人	工作单位
1	技术创新视角下省域农业碳减排的协同策略研究	何艳秋	四川农业大学
2	四川涉藏地区绿色技术创新扩散多主体协同及激励政策优化研究	王文轲	四川师范大学
3	成都公园城市生态绿隔区乡村社区转型发展研究	范颖	四川音乐学院
4	生态文明建设视野下国土空间规划法学的范畴体系研究	汪灏	西华大学
5	习近平生态文明思想的国际传播研究	王小蓉	西华师范大学
6	信息传递视角下农民合作社主导绿色农业技术扩散渠道作用机理与引导策略研究	魏晋	西南科技大学
7	空间治理语境下湖滨带土地利用协同调控绩效与制度优化研究：以嘉陵江南充段为例	陈磊	西华师范大学
8	四川黄河流域生态补偿多元主体合作意愿研究	钟绍卓	西南财经大学
9	虚拟水视角下长江上游城市群水资源优化配置研究	鲁仕宝	内江师范学院
10	资源型企业碳中和的路径选择与推进策略研究	高辉	成都理工大学
11	县域经济绿色发展进程中制造业跨区域低碳制造与绿色技术创新实施路径及竞合博弈研究	马常松	绵阳师范学院
12	碳中和目标下四川农业绿色发展机制与实现路径研究	戴小文	四川农业大学
13	欧盟"碳中和"立法及其启示研究	冯帅	四川大学

续表37

序号	项目名称	负责人	工作单位
14	大熊猫国家公园生态环境统计监测研究	申广斯	成都信息工程大学
15	“双碳”战略目标下成都市域轨道交通与经济发展的统计研究	潘志刚	西南交通大学

推出研究成果

【黄强在《中国环境报》发表署名文章《铁心布置　铁面检查　铁腕执法　坚决筑牢长江黄河上游重要生态屏障》】2021年8月11日出版的《中国环境报》在头版头条发表了四川省委副书记、省长黄强的署名文章《铁心布置　铁面检查　铁腕执法　坚决筑牢长江黄河上游重要生态屏障》。文章指出，生态文明建设是关系中华民族永续发展的千年大计。四川省认真学习、深刻领会、全面贯彻习近平新时代中国特色社会主义思想，牢固树立“绿水青山就是金山银山”理念，切实树牢上游意识、坚决担负上游责任，坚定不移走生态优先、绿色发展之路，奋力谱写美丽中国四川篇章。文章强调坚定以习近平生态文明思想为指导，牢牢扛起生态环境保护重大政治责任；铁心布置、铁面检查、铁腕执法，以铁的作风强力推动生态环境质量持续改善；以钉钉子精神纵深推进生态环境保护督察问题整改，坚决守住生态环境质量“只能更好不能变坏”刚性底线要求；驰而不息、持续用力地推进生态保护与修复，不断夯实“美丽四川”生态底色。

【西南石油大学围绕“双碳”建立近零碳标准体系】西南石油大学完成《四川省近零碳校园》《四川省近零碳机关》《四川省近零碳景区》《四川省近零碳企业》标准体系指南制定工作，建立近零碳标准体系。

【西南石油大学多份智库报告受到省部级领导批示或采纳】西南石油大学搭建资政研究及政策建议的报送平台，形成向政府部门提交智库报告的常态机制，多份智库报告受到省部级领导批示或采纳。《四川盆地页岩气资源高效开发主要挑战与应对策略》（张烈辉）在省政研室《调查与决策》刊出，《让四川超前实现碳达峰和碳中和的建议》（张鹏）提交政协四川省第十二届委员会第四次会议的提案被立案；《关于成都打造全国“碳中和示范城市”的建议》（张鹏）被成都市委办公厅《信息专报》“专报锐平书记”专栏刊发。

【南充市社会科学界联合会完成《生态新路——产业升级与美丽中国路径》】南充市社会科学界联合会完成《生态新路——产业升级与美丽中国路径》报告，该成果被评为南充市优秀社科成果一等奖。全书始终贯彻习近平总书记提出的“绿水青山就是金山银山”和“推动经济高质量发展”新理念，紧紧围绕“建设生态文明、保护生态环境、加强节能减排、推进绿色发展、促进产业升级、共建美丽中国”这一主题，坚持理论与实践相结合的原则，深入探讨了我国生态文明地位与美丽中国建设、城乡环境保护与生态产业发展、转变发展方式与产业转型升级等方面的问题，提出了一系列具有创新性、实用性和操作性的对策建议。

【《中国川西林盘非遗（马椅子）工坊更新项目》荣获2021年度全球人居环境规划设计奖】四川省经济文化协会完成《中国川西林盘非遗（马椅子）工坊更新项目》。该成果因地制宜，借鉴传统被动节能设计策略，低成本改善传统村落人居环境质量，体现了绿色低碳可持续的理念。项目由协会副会长刘卫兵主持设计完成，将传统人居智慧和绿建创新理念相结合的方法，在川西林盘保护和更新工作中具有极强的示范效应。同时，与传统非遗工匠合作的经验，可广泛应用到乡村非遗文化的活态保护和乡村振兴的可持续发展中。该成果凭借本土乡建的可持续性创新表达，荣获2021年度全球人居环境规划设计奖。

【多条对策建议在《四川日报·思想周刊》登载】四川学者积极在《四川日报·思想周刊》发文，助力四川绿色发展。2021年8月2日，四川省社科院党委书记李后强教授发表文章《建议在四川建设长江国家文化公园》，认为在四川建设长江国家文化公园是保护和建设中华民族母亲河的需要，补齐文化短板的需要，贯彻落实党的十九届五中全会精神的需要。认为主园区选址宜宾李庄。认为要建立长江国家文化公园，四川必须加强研究论证和规划，首先，要尽快开展长江文化资源的全面调查和认定，摸清文物古迹、非物质文化遗产、古籍文献等重要文化遗产底数，对濒危遗产遗迹遗存实施抢救性保护；其次，要整合长江文化的研究力量，建设跨学科、交叉型、多元化的创新研究平台，形成一批高水平研究成果；最后，要加强长江题材精品纪录片的创作和长江文化的宣传推广活动，支持长江流域地区与共建"一带一路"国家深入开展多种形式人文合作，倡议发起世界大河文明论坛。2021 年 11 月 29 日，四川省社科院农村发展研究所研究员李晟之《协同治理　筑牢长江上游生态屏障》，认为长江上游最大耦合点在成渝地区，协同治理抓住了共筑长江上游生态屏障的关键点，四川在共筑长江上游生态屏障建设中具有引领作用。

【四川学者在 CSSCI 来源期刊发文】2021 年，四川学者在 CSSCI 来源期刊发表的有关生态优先绿色发展的学术论文，部分名单见表 38。

表 38　四川学者在 CSSCI 来源期刊发表的有关生态优先绿色发展的部分学术论文名单（2021 年）

序号	篇名	作者	来源
1	习近平生态文明思想对公园城市建设的指导价值	廖茂林，占妍泓，周灵，孙传旺，张智勇	中国人口・资源与环境，2021，31（12）：140—148
2	公园城市水系统顶层规划的实践探索——以天府新区为例	王波，胡滨，牟秋，阮晨	城市规划，2021，45（8）：107—112
3	低碳视角下区域物流与生态环境协调发展研究	周泰	统计与信息论坛，2021，36（6）:62—72
4	"一带一路"绿色低碳化能源合作内涵、困境与路径	余晓钟，白龙，罗霞	亚太经济，2021（3）：17—24
5	产品网络外部性对低碳供应链减排与定价决策影响研究	伍星华，艾兴政，李思寰	中央财经大学学报，2021（6）：118—128
6	碳交易机制下零售商合作的费用分配研究	冯海荣，曾银莲，周杰	中国管理科学，2021，29（5）：108—116
7	策略互动和技术溢出视角下的农业碳减排区域关联	何艳秋，陈柔，朱思宇，夏顺洁，王芳	中国人口・资源与环境，2021，31（6）：102—112
8	中国种植业碳补偿率测算及空间收敛性	吴昊玥，何宇，黄瀚蛟，陈文宽	中国人口・资源与环境，2021，31（6）：113—123
9	中国碳市场的碳减排效应研究——基于市场机制与行政干预的协同作用视角	吴茵茵，齐杰，鲜琴，陈建东	中国工业经济，2021（8）：114—132
10	工业智能化对碳排放的影响——基于我国细分行业的实证	黄海燕，刘叶，彭刚	统计与决策，2021，37（17）：80—84
11	碳排放权交易、产业结构与地区减排	蒋和胜，孙明茜	现代经济探讨，2021（11）：65—73
12	"双碳"目标下的能源转型：多维阐释与中国策略	温馨	贵州社会科学，2021（10）：145—151
13	地区碳排放如何影响企业杠杆率？	陈小辉，张红伟，冉芳	证券市场导报，2021（12）：2—13

续表38

序号	篇名	作者	来源
14	农户绿色生产行为形成机理的实证研究 ——基于川渝地区860户柑橘种植户施肥行为的调查	何悦，漆雁斌	长江流域资源与环境，2021，30（2）：493－506
15	绿色供应链视域下大型体育赛事主办地选择研究	卿平	成都体育学院学报，2021，47（2）：102－108
16	我国农业绿色发展水平与效率耦合协调性研究	肖华堂，薛蕾	农村经济，2021（3）：128－134
17	国际研发资本技术溢出对绿色技术进步的影响	杜江，韩科振，吴瑞兵	统计与决策，2021，37（8）：128－132
18	绿色防控技术对稻农经济收益的影响及其作用机制	李后建，曹安迪	中国人口·资源与环境，2021，31（2）：80－89
19	对外直接投资对绿色全要素生产率的空间效应影响	张伟科，葛尧	中国管理科学，2021，29（4）：26－35
20	异质性环境规制、技术创新与中国工业绿色化	史敦友	贵州财经大学学报，2021（3）：83－93
21	中国绿色经济发展水平测度及其影响因素研究	徐晓光，樊华，苏应生，郑尊信	数量经济技术经济研究，2021，38（7）：65－82
22	县域绿色治理的概念内涵、运行模型与路径创新	史云贵，倪端梅	思想战线，2021，47（4）：154－163
23	生态文明视角下山地城市绿色基础设施规划研究 ——以重庆市九龙坡区新城为例	赵万民，冯矛，李云燕，邓宇	城市规划，2021（7）：91－103
24	地方官员更替、政治关联与企业绿色创新	刘诗园，杜江	经济经纬，2021，38（4）：93－102
25	消费者自我概念对绿色产品购买意愿的影响机理 ——面子意识的中介效应	崔保军，梅裔	河南师范大学学报（哲学社会科学版），2021，48（5）：52－59
26	城市参与驱动小农户生产绿色转型的行为逻辑 ——基于成都蒲江箭塔村的经验考察	莫经梅，张社梅	农业经济问题，2021（11）：77－88
27	电子商务对绿色农产品消费溢价的影响分析 ——基于产品展示机制和声誉激励机制	蒋玉，于海龙，丁玉莲，莫睿	中国农村经济，2021（10）：44－63
28	空气污染与企业绿色创新 ——基于我国重污染行业A股上市公司的经验证据	马永强，赵良凯，杨华悦，唐国琼	产业经济研究，2021（6）：116－128
29	“路学”视角下青藏高原生态环境保护路径探讨 ——以“绿色江河”及其志愿者为分析对象	徐君，杨辛玥	青海社会科学，2021（6）：36－42
30	我们为什么需要绿色金融？ ——从全球经验事实到基于经济增长框架的理论解释	文书洋，张琳，刘锡良	金融研究，2021（12）：20－37
31	价值转向视角下公众参与生态环境治理的实践路径	陈美岐	四川师范大学学报（社会科学版），2021，48（3）：78－86
32	黄河流域生态保护与高质量发展的耦合协调： 评价与趋势	孙继琼	财经科学，2021（3）：106－118
33	智能时代的广告生态困境及其治理	唐英，黄娟	当代传播，2021（2）：106－108

续表38

序号	篇名	作者	来源
34	生态文明建设与资源循环利用耦合关系	王敏晰，马宇，刘威，王亚杰，李新	资源科学，2021，43（3）：577－587
35	基于RSEI的地震区生态环境质量恢复研究——以汶川县为例	潘洪义，李加安，张琴	长江流域资源与环境，2021，30（3）：745－757
36	藏族本土生态知识研究述论	拉先，多杰扎西	西藏大学学报（社会科学版），2021，36（1）：120－125
37	政策因素对川滇藏交界区域三生空间重构的作用——以中央西藏工作座谈会有关生态建设精神为中心	甘娜，陈红利	西藏大学学报（社会科学版），2021，36（1）：175－185
38	基于生态足迹模型的川西北高原地区可持续发展的耦合路径分析	杨丽雪，张明善，王尚成，李进	民族学刊，2021，12（3）：58－63
39	制度优势与生态环境治理现代化：嵌入逻辑及其实践	董史烈	中州学刊，2021（6）：72－78
40	金沙江中下游特有鱼类的生物学、生态学特征及其保护对策	朱其广，杨志，唐会元，樊寒冰，胡莲	长江流域资源与环境，2021，30（7）：1593－1602
41	基于生态系统的电商监管模式研究	周德良，徐宏玲	社会科学研究，2021（1）：83－91
42	文化生态视阈下社火民俗体育的发展困境及共生路径	樊永强	西安体育学院学报，2021，38（4）：478－483
43	青藏高原生态安全屏障状况与保护对策	傅伯杰，欧阳志云，施鹏，樊杰，王小丹，郑华，赵文武，吴飞	中国科学院院刊，2021，36（11）：1298－1306
44	城市化与生态环境耦合协调时空分异特征及动力因素——以四川省为例	郭玉坤，白云升，洪舒蔓	城市问题，2021（12）：48－57
45	三江源生态保护与环境治理研究——以青海省曲麻莱县野生动物保护为中心	徐君，陈蕴	民族研究，2021（6）：27－40
46	黄河流域防洪法律制度探究	田志，胡德胜	干旱区资源与环境，2021，35（11）：1－8

为四川高质量发展建言献策

开展学术交流

【中国社科院学部委员金碚莅临四川省社科院作题为“双循环新格局与需求侧改革的理论理解”专题讲座】2021年1月5日，四川省社科院学术论坛第245讲举行，中国社科院学部委员金碚教授作题为“双循环新格局与需求侧改革的理论理解”专题讲座。金碚教授从宏微观范式着手，对双循环新格局进行了解读，一方面我国出口额占GDP比重逐年降低，双循环是大国经济的趋势性事实，这也是我国新发展格局的落脚点；另一方面西方化并不是一国发展的唯一道路，双循环不是一个比例问题，也不是一个趋向“主体同质，规则一致”的过程，而是国际规则空域交叠形成的过程，这要求世界各国在域境范围内“多元适应”。此外，金碚教授还对需求侧改革理论进行了讲解，指出需求侧改革主要解决的是总量平衡的问题，本质是金融问题、货币问题。

【罗强在中共四川省委党校作《突发事件应对的实践与思考》专题报告】2021 年 3 月 25 日，副省长罗强莅临“蜀光讲坛”，以“突发事件应对的实践与思考”为题，结合亲身经历，通过 3 个实战案例分析，讲解突发事件应对处置，互动交流探讨，为中共四川省委党校 2021 年春季学期全体学员作了一堂精彩专题报告。他指出，党的十八大以来，习近平总书记围绕防范风险挑战、应对突发事件作了一系列重要论述，为我们做好新时代突发事件应对处置工作提供了根本遵循和行动指南。要贯彻落实《中华人民共和国突发事件应对法》，建立健全突发事件应对处置体制机制。常务副校（院）长李新主持本次“蜀光讲坛”，有关高校负责同志及中共四川省委党校 2021 年春季学期全体学员聆听报告。

【2021 年市州社科联工作会召开】2021 年 4 月 8 日至 9 日，四川省社科联召开 2021 年市州社科联工作会，全面落实中央和省委关于党史学习教育的工作部署和具体要求，围绕深入贯彻落实党的十九届五中全会和省委十一届八次全会精神，扎实推进全省社科界 2021 年工作进行了交流，奋力推进新时代社科工作高质量发展。会议指出，2021 年是中国共产党成立 100 周年，是“十四五”规划的开局之年，抓好 2021 年工作意义重大。2021 年工作的总体要求是：以习近平新时代中国特色社会主义思想为指导，全面贯彻党的十九大和十九届二中、三中、四中、五中全会精神，深入落实习近平总书记对四川工作系列重要指示精神和关于哲学社会科学的重要讲话精神，增强“四个意识”、坚定“四个自信”、做到“两个维护”，扎实抓好省委十一届三次全会以来重大决策部署落实。会议强调，各级社科联要立足新发展阶段、贯彻新发展理念、构建新发展格局，聚焦举旗帜、聚民心、育新人、兴文化、展形象的使命任务，紧紧围绕学习宣传贯彻习近平新时代中国特色社会主义思想，推动中央和省委重大决策部署实施，实现文化强省和构建中国特色、四川特点的哲学社会科学目标，积极助力“十四五”开局起步，努力为推动治蜀兴川再上新台阶、夺取全面建设社会主义现代化四川新胜利贡献力量，以优异成绩庆祝建党 100 周年。四川省社科联党组成员、机关党委书记张志怀围绕深入学习贯彻中央、省委相关决策部署，就社科战线开展党史学习教育作交流。各市州社科联围绕 2021 年工作进行了座谈交流、深入探讨。四川省社科联党组副书记彭斌出席会议并讲话。

【第九届中国高校社会科学前沿论坛：“科技变革与人文创新”理论研讨会召开】2021 年 4 月 9 日，由《中国高校社会科学》编辑部、中国社科院文学研究所马克思主义文艺与文化批评研究中心、西南科技大学文学与艺术学院、四川网络文学发展研究中心联合举办的第九届中国高校社会科学前沿论坛：“科技变革与人文创新”理论研讨会在绵阳召开。来自中国社科院、中共中央党校（国家行政学院）、山东大学、同济大学、首都师范大学、上海大学、西南科技大学等高校科研机构的 60 余名学者参加了会议。

会议围绕习近平总书记关于发展哲学社会科学、科技创新重要论述研究，科技变革时代人文社会科学面临的机遇和挑战，科学技术与现代人文精神的有机互动，数字人文学科的意义与前景，媒体融合与文艺变革创新，人工智能参与文艺创作的经验与反思，互联网文艺的成就与突围等热门议题展开了讨论。

西南科技大学副校长陈朝先出席会议并致辞。他认为，在新时代下，既要深入思考科技变革给人文社会科学发展带来的机遇，又要总结自然科学与人文社会科学在融合中的经验。

教育部高等学校社会科学发展研究中心主任、《中国高校社会科学》总编辑王炳林在会上介绍了人文学科的研究方法、学科融合与交叉的方向，并指出，学术研究要跳出狭隘的学科界限，开拓广阔的学科视野，建立学科动态调整机制，加强多学科融合研究，培养创新型、融合型、应用型人才。

中国社科院文学所副所长丁国旗对绵阳作为科技城立足技术进行“科技变革和人文创新”的现实条件和优势作了分析。

会议组织了三场主题发言和两组分组讨论，参会专家学者立足各自的研究方向，紧密结合会议主题，围绕媒介融合语境下文艺美学范式转换研究、科技变革与人文创新语境中的新时代人文主体精神重构问题、技术哲学的未来走向、人工智能时代马克思主义文论的创新发展等方面的重要议题进行了深入探讨。中国社科院党圣元教授深入分析了科技变革与人文创新语境中的新时代人文主体精神重构问题，山东师范大学孙书文教授对科技、市场、大众之于网络文艺的作用发表了自己独到的见解。此外，多位参会的青年学者也都在会上分享了他们在各自领域的研究成果。

【第五届发展与展望论坛举办】2021 年 7 月 7 日，由西南财经大学发展研究院、全球化智库（CCG）联合举办的第五届发展与展望论坛在西南财经大学召开。西南财经大学校长、党委副书记卓志教授致开幕辞，西南财经大学发展研究院副院长、党支部书记李丁教授主持开幕式。

卓志在致辞中说，发展与展望论坛已经成为西南财经大学搭建的集政产学研为一体的高端交流平台，相信此次群英汇聚的学术盛宴，一定会产生支撑人才和绿色可持续发展的思想火花和真知灼见。国务院参事、西南财经大学发展研究院院长、全球化智库（CCG）理事长王辉耀教授表示，发展研究院已经打造了一系列绿色、金融、人才、可持续发展等领域的智库品牌，接下来还将在西部高等教育领域推出新的研究报告，希望能够为国家和西部地区发展贡献新的智慧。

来自人才发展、绿色发展、城市与区域发展等研究领域的专家学者及政府部门领导，围绕“绿色、人才、区域”主题，采用圆桌研讨会形式，对“新时代成渝地区双城经济圈人才发展”“绿色发展”“区域协调发展”等进行跨界交流研讨，探寻如何以新发展理念为指导推动成渝地区双城经济圈高质量发展。

西南财经大学发展研究院副院长陈涛教授主持发布了《四川人才发展报告（2020）》，并对报告内容进行了介绍。该报告是继 2017 年、2018 年、2019 年后连续第四年推出聚焦四川省人才发展的智库研究报告，由西南财经大学发展研究院联合全球化智库（CCG）、政府、企业、高校、科研机构及社会智库等十余位专家学者和一线管理者共同编写完成，由社科文献出版社出版发行。会议同步发布了著名经济学家、西南财经大学发展研究院名誉院长李晓西教授所著《川江蜀居弥——情系西财十二载》。

【四川省与中国社科院座谈交流会召开】2021 年 7 月 23 日，四川省与中国社科院座谈交流会在成都召开，17 位中国社科院学部委员以“深入推进创新驱动引领高质量发展”为主题，聚焦重大问题，为四川高质量发展建言献策。省委书记彭清华会见中国社科院院长谢伏瞻一行，代表省委省政府欢迎他们来川调研。省委副书记、省长黄强出席座谈会并致辞，谢伏瞻出席并讲话。

彭清华介绍了四川经济社会发展情况和近年来省院深化交流合作取得的成效。他希望进一步深化与中国社科院的战略合作，充分发挥中国社科院作为国家级综合性高端智库优势，聚焦推动国家重大战略落地落实和促进四川高质量发展，建设高水平省院合作平台，组织开展高层次、前瞻性、战略性研究，提出更多针对性、指导性强的意见建议，为推动我省改革发展提供智力支持和工作指导。

黄强指出，四川正深入学习贯彻习近平总书记“七一”重要讲话精神，坚决守住安全底线和生态红线，抓好创新发展、开放发展、巩固拓展脱贫攻坚成果同乡村振兴有效衔接三件大事，推动经济社会扎实稳健发展。希望院省双方继续深化合作，联合培养紧缺高层次人才，促进我省哲学社会科学繁荣发展；希望中国社科院进一步发挥高端智库、咨政建言作用，多为四川高质量发展贡献“锦囊妙计”，助推治蜀兴川再上新台阶。

谢伏瞻指出，党中央作出成渝地区双城经济圈建设战略部署，使成渝地区在国家发展中的地位更加凸显。当前，四川面临着很好的发展机遇。希望四川完整准确全面贯彻新发展理念，更加注重发展的平衡性，不断提升成都市的辐射和带动能力；更加注重生态建设，提高防灾减灾能力，大力促进民族地区发展和社会稳定；做好军民协同创新大文章，培育创新环境新优势，持续提升科技创新能力；着力推动高水平开放，加快建设内陆开放新高地，奋力推动经济社会高质量发展。中国社科院将继续发挥人文社科研究优势，结合四川实际，找准合作领域，为四川高质量发展贡献智慧和力量。

四川省委常委、宣传部部长甘霖主持会议，中国社科院副院长、学部委员高培勇出席会议并发言，中国社科院学部委员蔡昉、金碚、王巍、李培林、潘家华发言。副省长罗强，中国社科院办公厅、科研局和省直有关部门（单位）及成都市、绵阳市、德阳市负责同志等参加了会议。

【2021 亚洲教育论坛年会举行】2021 年 9 月 18 日，由中国高等教育学会、中国教育发展战略学会指导，欧美同学会留加拿大分会、高校毕业生就业协会、全国工商联民办教育出资者商会、四川师范大学主办的 2021 亚洲教育论坛年会在成都天府国际会议中心举行。联合国教科文组织执行局主席章新胜，中国教育学会原会长、北京师范大学原校长钟秉林，中国高等教育学会副会长、国家民族事务委员会原副部长级专职委员管培俊，欧美同学会副会长、亚洲教育论坛秘书长姚望等嘉宾出席。大会的主题是“亚洲教育的未来”，共有近 30 个国家和地区的 900 余名代表参会。大会包括两个平行分论坛，主题分别是“高等教育高质量发展的意蕴与实践”“全球教育创新：重塑全球领导力”。

上午 9 时，2021 亚洲教育论坛年会开幕。开幕式上，韩国前总理李寿成、新西兰前总理珍妮·希普利、爱尔兰前总理伯蒂·埃亨、泰国格乐大学校长杨金泉、“英国创意产业之父”约翰·霍金斯、英国牛津大学执行校长理查德·霍博思等，纷纷通过视频云端致辞。成都市人大常委会副主任仰协、中国高校毕业生就业协会会长王路江、中国教育战略学会执行会长孙霄兵、全国工商联民办教育出资者商会会长张杰庭作现场致辞。随后，太原理工大学党委书记郑强，同济大学原副校长江波等分别作主旨报告，杜伦大学校长凯伦·奥布莱恩、澳大利亚职业技术教育学院 CEO 克雷格·罗伯逊、剑桥大学助理校长杰弗里·沃德等发表线上演讲。

由四川师范大学、亚洲教育论坛、全球教育 50 人论坛共同举办的高等教育论坛同步举行，该论坛是 2021 亚洲教育论坛年会的重要分论坛之一，包括两个平行分论坛，主题分别是“高等教育高质量发展的意蕴与实践”“全球教育创新：重塑全球领导力”。来自英国牛津大学、英国剑桥大学、英国杜伦大学、英国华威大学、美国斯坦福大学、美国哥伦比亚大学、清华大学、北京大学、上海交通大学、华中科技大学、南京大学、深圳大学、浙江大学、中国传媒大学、西南大学、国防大学、香港中文大学、西南交通大学、青海师范大学、西安外国语大学、山西师范大学等国内外高校领导及教育学院院长、知名专家学者通过线上和线下相结合的方式作主旨演讲。

在分论坛“高等教育高质量发展的意蕴与实践”，四川轻化工大学教育与心理科学学院院长黄英杰提出在危机时代需要开辟新的大学教育伦理实践，传播新的宇宙观、自然观、文化观，走向新的文明。四川师范大学教育科学学院卢德生教授指出，高质量大学是国家高质量发展的组成部分，高质量大学课堂是高质量大学建设的根基，他从以关键要素串联多层目标、以教改研究促成深度教学、以质量文化引领保障体系 3 个方面详细阐述高质量大学课堂建设的着力点。汪明义以“中国大学的四重逻辑：根、魂、梦、路”为题作主旨演讲，他指出，根、魂、梦、路是揭示中国特色社会主义的历史逻辑、价值逻辑、现实逻辑以及实践逻辑。中国模式的世界一流大学应将民族性作为自己的根基，将“全人性、人类型和全球化”作为自己的基本准则，为民族复兴提供力量。

在分论坛“全球教育创新：重塑全球领导力”，四川师范大学教育科学学院傅林教授提出在新形势、新阶段、新理念、新格局下，终身教育体系的构建离不开全民学习型社区的建设。西南交通大学郭俊教授介绍了我国轨道交通领域颠覆性技术的发展现状、对工程教育的思考和西南交通大学近年来的实践成果，并对工程教育提出了 3 点建议。

【2021 年四川省党校（行政学院）系统智库基地建设工作会召开】2021 年 9 月 23 日，四川省党校（行政学院）系统智库基地建设工作会在眉山市仁寿县举行，中共眉山市委党校常务副校长尹鸿、仁寿县委常委、组织部部长、党校校长何禹衡及中共四川省委党校（四川行政学院）相关智库负责同志或代表、全省党校（行政学院）各智库基地有关负责同志 100 余人参加会议。中共四川省委党校教育长、校（院）务委员胡雪松出席会议并讲话，仁寿县委副书记唐余致辞。胡雪松指出，中国特色新型智库建设是推进国家治理体系和治理能力现代化的重要内容，工作会的目的就是进一步明确智库研究基地建设的相关要求、交流工作进展、讨论推进举措，把智库研究基地建设这项工作抓紧抓实抓好。胡雪松强调，服务“国之大者”，充分发挥党校在新型智库建设中的重要作用；坚持“动态调整”，探索构建贯通高效的党校智库建设协作体系；突出“四种特性”，切实提升党校智库研究基地建设成效。唐余代表仁寿县委县政府对工作会在仁寿召开表示热烈欢迎，并介绍了仁寿相关情况。会议通报了各级党校智库基地建设推进情况，同时就下一步更好地提升智库建设、发挥智库作用作出安排。会议专题发言阶段，来自绵阳市、达州市、泸州市、凉山州、仁寿县、武胜县、松潘县的 7 名党校智库基地负责人代表分别介绍了基地建设相关情况。

【第四届中印高级别二轨对话举办】2021 年 9 月 23 至 24 日，由四川大学国际关系学院、中国南亚研究中心和印度国防研究分析所共同主办的第四届中印高级别二轨（视频）对话在彭州市举行。全国政协常委裘援平博士、印度前驻华大使南威哲等 20 余位中印前政要和学界专家参会。四川大学副校长姚乐野教授、印度国防研究分析所主任齐湛分别代表主办方致欢迎词。中国驻印度大使孙卫东、印度驻中国大使唐勇胜分别做线上发言，并对此次会议的成功举办表示祝贺。

双方针对中印关系现状，分别就重建互信、边界问题、地缘政治环境变化、经贸关系与务实合作等议题进行坦诚深入的交流。中方认为，中印关系应停止下滑、重回正轨，坚持并落实两国领导人达成的重要共识，这符合两国人民的根本利益。双方应通过加强对话磋商，持续增进彼此了解与互信，妥善处理矛盾和分歧，将边界问题与双边关系发展适当分开，不要让偶发事件干扰破坏关系大局。双方应加强在亚洲地区和全球层面的协商合作，互为崛起伙伴，维护发展中国家权益。双方要积极扩大经贸、人文等各领域务实合作，造福于两国和两国人民。

驻印度大使孙卫东应邀以视频方式出席开幕式并致辞。他分享了 3 点看法：一是中印作为两个东方大国，要避免掉入西方陈旧思维的陷阱；二是要从全面的而非片面的角度看待两国关系；三是中印要坚持战略自主，把命运掌握在自己手中。他认为，第一，中印要增进互信，把握双边关系正确方向；第二，中印要加强对话，促进合作；第三，中印要妥处分歧，避免分歧上升为争端。

【“一干多支、五区协同”创新驱动引领高质量发展研讨会召开】2021 年 9 月 25 日，由四川省社科联、西南科技大学主办，西南科技大学社科联、绵阳市社科联、四川循环经济研究中心、西南科技大学经济管理学院承办的“一干多支、五区协同”创新驱动引领高质量发展研讨会在绵阳市召开。来自四川大学、电子科技大学、西南财经大学、西南交通大学等近 30 家省内高校，以及四川省社科院、四川省发展与改革研究所、四川省统计局统计科学研究所等部门的领导和专家学者，以及成都市、内江市等 11 个市州社科联和市州相关部门的代表近 120 人参加了研讨会。

四川省社科联主席杨泉明，党组书记、常务副主席姜怡出席会议并讲话。杨泉明表示，四川省社科界要牢固树立问题意识，坚持问题导向，以高度的理论自觉和行动自觉，紧紧围绕推进“一干多支、五区协同”发展战略的系统性、深层次、长期性问题，以及构建区域发展新格局中的痛点、难点和堵点问题，精准靶向研究，提高研究的针对性和实效性，为实现四川省经济社会高质量发展贡献社科智慧和力量。

西南科技大学校长董发勤，中共绵阳市委常委、秘书长、宣传部部长张学民出席开幕式并致辞。张学民表示，当前，绵阳正在深入贯彻落实党中央大政方针和省委决策部署，围绕“一干多支、五区协同”战略，坚持科技立市、创新强市，加快建设国家科技创新先行示范区，主动融入全省区域发展大局，与成都平原经济区 8 个城市联通一体、抱团聚力、多点发力，不断推进一体化发展。

研讨会上，西南财经大学研究生院院长周铭山教授作了题为“完善关键核心技术创新体系，服务四川经济高质量发展”的主题报告；西昌学院校长贺盛瑜教授作了题为“着力‘四得’人才培养、支撑凉山经济高质量发展”的主题报告；成都市政协城建人资环专委会副主任陈蛇作了题为“以疫情常态化防控思维全面推动城市交通数智化转型的思考”的主题报告；电子科技大学学报编辑部主任田江研究员作了题为“成渝地区科技创新效率与区域产业发展分析”的主题报告；省发展与改革研究所所长鲁荣东作了题为“突出‘主引擎’作用构建协调创新格局”的主题报告；四川省区域经济研究会会长戴宾作了题为“构建‘一干多支、五区协同’区域协调发展格局的进展与展望”的主题报告；四川省统计局统计科学研究所的原所长车茂娟作了题为“成德眉资人口特征分析”的主题报告。

贺盛瑜在本次会议上作了题为“着力‘四得’人才培养　助力凉山经济高质量发展”的主题报告，以“做好发展定位——凉山经济高质量发展之根”“优势资源开发——凉山经济高质量发展之路”“乡村振兴战略——凉山经济高质量发展之机”“各类人才匮乏——凉山经济高质量发展之困”“‘四得’人才培养——凉山经济高质量发展之本”为报告内容，从省委省政府支持凉山建成四川“一干多支”中“最具特色的一支”为导入，全面地阐述了凉山州经济高质量发展的基本情况，并重点介绍了西昌学院在助力凉山州经济高质量发展过程中的人才支撑作用，以“下得去、留得住、用得上、干得好”的“四得”人才培养为凉山州经济高质量发展提供了持续发展的基础，为凉山民族团结稳定、经济社会发展和脱贫奔康作出了突出贡献。

电子科技大学学报编辑部主任田江研究员指出，“应该重点聚焦电子信息产业，因为绵阳有非常好的电子信息产业发展基础。应加强与九院合作，在核工业等相关方面形成优势产业。这样既发挥了地域优势，又有自己的特色，形成‘一干’和我们绵阳的‘一支’全面协调发展”。

四川省发展与改革研究所所长、高级经济师鲁荣东指出，“四川省一半的两院院士都在绵阳，绵阳研究与试验发展经费比重长期在 6.5%以上。省委对发挥绵阳在全省创新驱动方面的引领作用是非常重视的”。

西南交通大学区域经济与城市管理研究中心主任戴宾教授认为，“省委提出通过培育 7 个副中心城市来推动竞相发展格局的形成。绵阳无论是城市规模、城市实力还是科技创新能力，都是最有优势的”。“要建成副中心城市，绵阳还应该从几个方面努力。第一，经济总量要在全省达到一定比重，至少应达到 8%；第二，在科技创新上要和成都一起担负起推动全省发展的重要功能；第三，进一步把城市中的核做大做强，提升发展实力和水平”。

会议还举行了专题讨论。来自成都信息工程大学、西华师范大学等高校和四川省社科院的专家学者们分别围绕“一干多支、五区协同”热点、焦点话题展开了广泛交流和研讨。本届研讨会是响应中央、省委深入实施创新驱动发展战略而举办的一场学术盛宴，能进一步深化拓展“一干多支、五区协同”战略部署，更好地发挥社科界思想库、智囊团作用。

【四川民族地区市域社会治理能力现代化学术研讨会召开】2021 年 10 月 23 日，四川民族地区市域社会治理能力现代化学术研讨会在四川民族学院召开。来自四川大学、华东政法大学、重庆大学、海南大学、西南民族大学、西南财经大学、西华大学、中共四川省委党校（四川行政学院）、四川省高级人民法院、甘孜州委政法委、北京惠诚（成都）律师事务所、重庆百君（成都）

律师事务所等专家到校进行学术交流。

四川大学法学院院长左卫民教授致辞表示，民族地区基层正在进行市域社会治理现代化实践，取得了一定效果，积累了一些经验。希望与会学者能贯彻落实中央精神，参考各地推动市域社会治理的先进经验，结合甘孜州和其他民族区域自治地方的实践做法，进行深入的、有建设性的、接地气的、可操作的、有益的探讨，为深入推进民族地区社会治理现代化体系建设提供借鉴。

甘孜州委政法委副书记康斌指出，甘孜州作为全国市域社会治理现代化第一期试点城市，按照“甘孜品牌＋县市特色＋乡镇亮点”总体思路，有力有序推进，已初步构建起共建共治共享的市域社会治理现代化格局。甘孜州司法局副局长徐继珂表示，市域社会治理是国家治理在市域范围的具体实践，也是甘孜州委三创联动工作之一。

四川大学左卫民，西南民族大学杜文忠、康涛，西华大学张邦铺，中共四川省委党校（四川行政学院）郑妮等作主题发言。论题涉及“学习贯彻习近平法治思想，深入推进国家治理现代化”“传统中国的社会治理”“四川涉藏地区依法治理思考——以各地草山纠纷治理为例”“藏族传统法文化在基层治理中的影响与运用”“民族地区市域社会治理热思考”“权威理论视角下民族村落的治理逻辑——从西北地区 Y 村疫情防控谈起”“地理标志产业赋能甘孜藏族自治州乡村振兴探究——地理资源与藏族文化遗产的延展”“社会治理法治化、法律修正与法秩序统一”等方面。

【第二届四川省经济和社会发展专家论坛举行】2021 年 10 月 26 日，由四川省委省政府决策咨询委员会、四川省发展和改革委员会、四川大学、四川省社科院共同举办的以“创新驱动引领四川高质量发展”为主题的第二届四川省经济和社会发展专家论坛在成都举行。省委副书记、省长黄强出席并致辞。来自碳中和、轨道交通、人工智能等领域的顶尖专家参会，从不同领域发出创新需求、围绕四川高质量发展建言献策。

全国人大财政经济委员会副主任委员刘新华围绕“坚持创新驱动发展，塑造发展新优势”，中国社科院副院长高培勇围绕“以实现高水平自立自强引领新发展格局构建”，中国工程院院士、四川大学制革清洁技术国家工程实验室主任石碧围绕“创新碳中和技术，抢占产业竞争制高点”，西南交通大学党委书记王顺洪围绕“发挥四川综合优势，推动轨道交通高质量发展”，通威集团董事局主席刘汉元围绕“加快可再生能源发展，助力碳中和目标落地”，电子科技大学计算机科学与工程学院院长申恒涛围绕“人工智能和数字经济社会高质量转型发展”作主题演讲。

中国工程院院士、四川大学制革清洁技术国家工程实验室主任石碧强调了发展资源碳中和技术对四川的特殊意义。他认为，“四川可再生能源电力装机量、发电量占比均达 80％以上，电力能源接近碳中和。而成品油 80％依赖域外输入，亟须通过加强资源碳中和技术创新，强化碳中和能力”。他表示，四川生物质资源丰富，利用废弃有机碳源制备大宗材料和燃料化学品，能有效支持四川先进材料、能源化工、食品饮料、装备制造等万亿级产业低碳发展。

西南交通大学党委书记王顺洪认为，“四川轨道交通发展前景广阔，抢抓国家综合立体交通规划、成渝地区双城经济圈建设等机遇，四川正在形成更安全、更智能、更环保的轨道交通体系”。他指出，四川有从事轨道交通产业的企事业单位约 100 家，居全国第二位，正在构成集高校、科研、勘察设计等板块及系统于一体的政产学研用全产业链链条。他建议，推动四川轨道交通高质量发展，可以通过打造高温超导磁浮技术新品牌，使轨道交通建设更安全可靠、绿色环保。同时，需要大力宣传绿色出行方式，使绿色成为习惯，以绿色推动发展。

通威集团董事局主席行业专家刘汉元在“加快可再生能源发展，助力碳中和目标落地”主旨发言中指出，光伏将是加快可再生能源发展、助力碳中和目标落地的关键答案。他认为，利用水、光、风等资源优势，四川有条件在全国率先实现全清洁能源从低碳到全清洁化发展。

电子科技大学计算机科学与工程学院院长申恒涛认为，要推动我国数字经济健康发展，聚焦数字经济的新兴"硬实力"，人工智能至关重要。他提到，人工智能可以提升组织运营和产业创新效率，是数字经济促进高质量发展的核心手段，对四川而言，电子信息、先进制造、生物医药、现代服务等优势产业是发展人工智能的基础。他建议，四川要营造健康的人工智能生态环境，特别是落实四川省人工智能研究院，加大对基础科研的投入，构建人才引进交流平台，孵化产业，共建生态。要加快发展本地人工智能龙头企业，重点扶持本地企业，并设立一批政府示范项目向本地企业倾斜。此外，他还提到要开放更多应用场景，开展"AI+场景应用"具象化工程示范，快速扩大人工智能产业规模，并不断完善政务数据资源共享开放政策。

2021 年 10 月 27 日，围绕"对标国家战略需求，立足我省优势争创国家实验室""提升企业创新能力，激发科技创新活力""发力新基建，培育新动能""提升创新金三角能级，推动成渝地区双城经济圈发展"等主题举办四场专题对话。四川省人大常委会副主任彭琳、四川省政协副主席林书成、四川大学校长李言荣和省直有关部门负责同志等参加论坛。论坛为来自企业、高校、科研院所、智库机构的各个领域专家提供了碰撞思想火花、助力四川发展的重要咨政平台。

【第二十三届中国管理科学学术年会举办】2021 年 12 月 11 日至 12 日，第二十三届中国管理科学学术年会在四川大学举行。本次会议以"双循环格局下的管理科学"为主题，由中国优选法统筹法与经济数学研究会、四川大学、中国科学院科技战略咨询研究院、《中国管理科学》编辑部主办。年会在四川大学和中科院科技战略研究院设置线下会场，通过网络直播方式举行，来自全国高校和科研院所、企业的专家学者在线参加了本届年会，直播平台累计观看人数超过 10 万人次。

四川大学党委常委、副校长姚乐野教授在四川大学会场出席开幕式并致辞，中国科学院科技战略咨询研究院潘教峰研究员、《中国管理科学》编辑部主编李建平教授、中国优选法统筹法与经济数学研究会理事长池宏研究员在中国科学院科技战略研究院会场出席开幕式并致辞。姚乐野在致辞中表示，希望参加年会的专家学者们，着眼"十四五"发展，坚持"四个面向"，围绕"双循环格局下管理科学"的大会主题，报告成果、展示中国管理科学领域的新进展，互动对话、探讨管理科学如何服务国家战略，共谋学科高水平建设、同促经济高质量发展。

中国工程院院士、中国优选法统筹法与经济数学研究会顾问、合肥工业大学杨善林教授，中国工程院院士、东北大学副校长唐立新教授，国家自然科学基金委员会管理科学部副主任刘作仪研究员，天津大学管理与经济学部主任张维教授，清华大学管理科学与工程系主任陈剑教授，中国优选法统筹法与经济数学研究会副理事长、中国科学技术大学余玉刚教授，中国优选法统筹法与经济数学研究会各位理事、代表及参会专家学者以线上方式出席开幕式。四川大学校长助理、商学院院长徐玖平教授，四川大学商学院常务副院长邓富民教授，中国优选法统筹法与经济数学研究会、四川大学商学院徐泽水教授在四川大学会场出席开幕式。《中国管理科学》名誉主编、中国优选法统筹法与经济数学研究会蔡晨研究员，中国优选法统筹法与经济数学研究会常务副秘书长傅继良高级工程师在中国科学院科技战略咨询研究院会场出席开幕式。

在主题报告环节，合肥工业大学杨善林院士、东北大学唐立新院士、国家自然科学基金委员会管理科学部刘作仪研究员、四川大学徐玖平教授、中国科学院潘教峰研究员、天津大学张维教授、清华大学陈剑教授、中国科学技术大学余玉刚教授分别做了主题报告。

杨善林院士以"数据科学与数字经济"为题，从数据资源性、数字产业化、产业数字化 3 个方面，阐述了数据科学的主要研究方向、关键科学问题，数字产业化的发展历程和关键技术，产业数字化的内在逻辑等内容。唐立新院士以"Data analytics and optimization for smart industry"为题，以钢铁行业为例，引入智能工业重要性，阐述了智能工业发展的所涉及优化决策问题；同时对求解智能工业关键问题中使用的优化决策技术方法做了系统性的归纳，并结合当前机械行业特征阐述了数据分析与优化在智能工业中发挥的重要作用。

刘作仪研究员围绕国家自然科学基金改革，从推进分类评审、评审改革试点、改革对资助工作的影响等方面，解读了自然科学基金委构建“理念先进、制度规范、公正高效”的新时代科学基金治理体系的工作思路与举措。

徐玖平教授以“大型水利水电工程建设项目集成管理”为题，从时代背景、系统集成、统筹优选、研究成果、方向展望5个方面，结合工程项目实际案例，深入浅出地阐述了大型水利水电工程建设项目集成管理的系统观点、研究范式、建模技术、模型理论和算法体系。

潘教峰教授以“智库双螺旋法的十个关键问题”为题，系统介绍了智库研究双螺旋法10个关键问题涉及的环节和时空域等内容。

张维教授以“互联网时代的‘众治’：股吧发帖与上市公司财务造造假”为题，阐述了股吧发布帖子和公司财务造造假之间的关系及其内在影响路径。

陈剑教授以“从运营优化到生态建设——大变局下的供应链管理”为题，从生态建设角度深度剖析了大变局时代背景下对供应链的影响、发展和变革。

余玉刚教授以“基金委管理科学与工程‘十四五’规划建议”为题，介绍了基金委管理科学与工程学科的特征、发展规律、规划目标、布局优化等内容。

在分专题交流环节中，围绕“优选学与优化管理、统筹学与项目管理、经济数学与金融风险管理、供应链与运作管理、决策优化与企业经营管理、能源与复杂系统管理”6个专题设18个分会场进行了学术论文报告交流评审。

【2021年第三届西非论坛暨国别与区域研究工作座谈会举行】2021年12月15日，由电子科技大学主办的中国非洲史研究会支持的2021年第三届西非论坛暨国别与区域研究工作座谈会在成都电子科技大学以线下线上方式举行。此次论坛的主题为中非共建“一带一路”背景下西非经济与社会发展，来自全国各地的300余位专家学者以及学生代表参会交流，并举办非洲文学文化研究案例及方法论圆桌交流。

电子科技大学校党委副书记申小蓉，“七一”勋章获得者、首位中国政府非洲事务特别代表刘贵今，中国和平发展基金会副秘书长、原中国驻几内亚比绍大使王华，教育部国别与区域研究工作秘书处负责人罗林在开幕式上致辞。申小蓉表示，成立西非研究中心是学校坚持服务国家重大战略需求、推进哲学社会科学“走出去”战略的重要举措，是学校构建国际化跨学科研究体系、打造新型高端“智库”的有益探索。中心自成立以来，坚持服务国家对非战略和“一带一路”倡议，着眼于西非国家发展的现实问题与需求，搭建高水平的国际学术交流平台，取得了良好成绩。希望大家携手进步、共同发展，为构建中非命运共同体作出更大贡献。刘贵今表示，中国作为最大的发展中国家，非洲作为发展中国家最集中的大陆，具有广阔的合作前景。近年来，我国的对非研究蓬勃发展，电子科技大学西非研究中心聚焦于西非地区研究，尤其是与加纳的大学和研究机构开展深度合作，取得了丰硕的研究成果，做出了特色、做出了水平。加强中非合作是构建人类命运共同体的重要组成部分，希望广大学者共同努力，进一步加强交流合作、碰撞思想火花、结出更多成果。王华结合国际国内形势深入分析了开展对非研究的机遇与挑战，并指出，当前世界格局持续突变，风险挑战前所未有。非洲国家禀赋各异、千差万别，更需要我们持续深入开展国别与区域研究，用自己的聪明才智和辛勤汗水浇灌中非合作共赢之花。罗林表示，近年来，我国的国别和区域研究迅速发展，尤其是在“一带一路”倡议研究方面精耕细作，产出了一批高水平研究成果。更难能可贵的是，在多学科参与、跨学科协同和推动国别与区域研究可持续发展方面取得了广泛共识。相信在大家的共同努力下，国别与区域研究将取得更大的成绩。

浙江师范大学非洲研究院院长刘鸿武，中国非洲史研究会会长、电子科技大学西非研究中心协议教授李安山，加纳中华工商总会会长、西非研究中心顾问委员会委员唐宏，贝宁华侨华人会会长史亚娟先后进行主题发言。

刘鸿武作了题为“高校如何发挥学科优势开展有特色的区域国别研究”的主题发言，从国家战略需求、区域国别学的内涵与属性、人才培养目标等方面深入探讨了中国区域国别研究人才培养的指导思想、路径和创新实践。

本次论坛还分别以“校企合作培养非洲工程人才”“非洲文学研究案例方法”为主题设了两场圆桌交流研习会。与此同时，论坛期间还举办了《西非发展研究（2017—2020）》发布会，以及“成电讲坛”之西非研究系列讲座。

【创新驱动 1+1——贯彻习近平总书记创新发展重要论述　深入推进创新驱动引领高质量发展研讨会举办】2021 年 12 月 24 日，由四川日报社、遂宁市委、电子科技大学联合主办的“创新驱动 1+1——贯彻习近平总书记创新发展重要论述　深入推进创新驱动引领高质量发展”研讨会在遂宁市启幕。研讨会突出“理论+实践”的特色，邀请国内外知名专家学者、地方政府及部门负责人、科学家、企业家等来自不同领域的嘉宾交流碰撞，同时还揭牌 3 个“创新发展理论实践基地”。

中国人民大学副校长刘元春、四川省委省政府决策咨询委员会副主任王海林、中国科学技术发展战略研究院副院长孙福全、四川省科技厅副厅长田云辉、四川省住房和城乡建设厅总工程师杨搏、中央党校马克思主义学院教授邱耕田、北京大学马克思主义学院教授郇庆治、清华大学马克思主义学院教授刘立等发表主题演讲。

四川省委省政府决策咨询委员会副主任王海林认为“双碳”战略牵引，四川产业创新发展迎来三大机遇，建议建设绿色低碳电力供应基地，壮大清洁能源装备制造产业集群，发展林草碳汇产业。

四川省科技厅副厅长田云辉提出以“赋权、减负、放活”为重点完善创新体制机制，围绕“成果赋权”抓好职务科技成果权属改革，围绕“科研减负”抓好扩大高校院所科研自主权改革，围绕“企业放活”抓好创新型企业群体培育。

四川省住房和城乡建设厅总工程师杨搏指出，“双碳”目标倒逼城市创新发展，应重新认识城市天性，树立系统思维、存量思维、更新思维、治理思维、底线思维五大思维；应聚焦构建绿色低碳的产业体系、优化城绿相融的城市结构、转变高碳排放的用能结构、完善低碳高效的基础设施、推广低耗节能的绿色建筑、建设现代宜人的居住社区、实现精细智慧的城市治理七大重点。

中央党校马克思主义学院教授邱耕田认为，习近平总书记从创新角度深化了对人类社会发展规律的认识。创新驱动之所以能成为人类社会发展的规律，关键在于创新的作用和人类发展的大势，人类社会发展的创新驱动规律已经转化成了我国经济社会发展的重要理念和一系列实践行动。

清华大学马克思主义学院教授刘立提出以“非对称”赶超战略突破“卡脖子”技术，阐述了“非对称”赶超战略的新时代内涵和遵循“非对称”赶超战略的新时代要求。

电子科大马克思主义学院院长吴满意指出深刻认识科技自立自强与对外开放合作的辩证关系：开放合作是中国特色自主创新道路的应有之义；强化科技自立自强和开放合作相结合，是适应我国技术创新发展战略的需要；强化科技自立自强和开放合作相结合，是实现高质量发展、为人民谋幸福的需要；强化科技自立自强和开放合作相结合，是构筑我国科技竞争新优势的需要。

【社科专家参加第二届西部自贸司法协同创新论坛】2021 年 10 月 9 日，由四川省高级人民法院、中国（四川）自由贸易试验区工作办公室指导，成都市中级人民法院主办，四川自由贸易试验区人民法院和中国—东盟法律研究中心承办的第二届西部自贸司法协同创新论坛在四川天府新区举行。论坛以“高质量发展主题下的自贸区司法协同创新”为主题，聚焦服务保障西部自贸区高质量发展，旨在全面提升自贸区司法协同理论和实务研究的深度融合发展，持续推动司法服务保障自贸试验区深化改革和扩大开放，助推西部自贸区实现高质量发展。

天府新区总部经济局党组成员、副局长刘强以“高质量建设天府中央商务区护航自贸试验区高水平发展”为题作主旨演讲；西南政法大学国际法学院院长张晓君以“西部陆海通新通道背景下的西部自贸试验区法治保障”为题作主旨演讲；四川大学法学院自贸区暨“一带一路”法律研究中心主任杜玉琼以“我国涉外仲裁制度的发展演进”为题作主旨演讲；中国社科院国际法研究所国际经济法研究室主任刘敬东以“批准新加坡公约的若干法律问题”为题作主旨演讲。

在“高质量发展主题下的西部自贸试验区营商环境建设与司法保障”板块，四川大学法学院教授、四川省法学会“一带一路”法治研究会秘书长王军杰对世界2020营商环境报告、成渝两地营商环境水平及巴中、宜宾、绵阳营商环境分别进行了分析，并提出全面提升成渝营商环境水平的建议。四川省律师协会副会长辜超平以提升涉外法律服务质量为视角，提出了优化西部自贸试验区营商环境及法治环境建设的意见建议。

在“高质量发展背景下的自贸试验区商事法律规则的协同创新”板块，四川省社科院研究员、教授周友苏分析了股权共有的现实样态，介绍了股权共有在《中华人民共和国民法典》及《中华人民共和国公司法》中的相关规定，以“商事法律规则的协同创新”为视角，分享了对股权共有的法律适用的看法。泸州市龙马潭区人民法院执行局副局长熊涛围绕龙马潭区人民法院创新悬赏全覆盖执行机制进行发言，分享了悬赏执行机制的做法和效果。天府新区法院（四川自贸区法院）党组书记、院长罗登亮就对四川自贸试验区公司治理中的现存问题及成因进行了分析，并提出了完善的思考和建议。

在“高水平开放背景下的涉外商事纠纷解决机制协同创新”板块，蜀道投资集团有限责任公司法务部副部长罗世海以公司境外项目案例入手，介绍了在纠纷处置中存在的困难和问题，分享了处理方法。四川省高级人民法院民三庭庭长杨丽就四川法院更好地服务创新和发展营商环境及构建多元化纠纷解决机制作了分享。四川大学法学院副教授杨亦晨围绕国际商事法庭生效判决的跨境执行路径进行了交流。

【四川省人社厅、四川省社科院和中国社科院人口与劳动经济研究所签署战略合作协议】2021年10月26日，在泸州市举行的“十四五”高质量就业青年学者高峰论坛暨优秀就业创业服务成果展上，中国社科院人口与劳动经济研究所、四川省人力资源和社会保障厅、四川省社科院本着“优势互补、合作共赢、共同发展”的原则，签署战略合作协议，共同致力于推动四川实现更加充分更高质量就业，切实增强人民群众对就业的获得感、幸福感、安全感。三方围绕开展决策咨询、深化研究合作、推动成果转化、强化人才培养展开深入合作交流。通过三方合作，致力实现“中国社科院人口与劳动经济研究所、四川省社科院的研究质量不断提高，服务决策能力不断增强，科研成果转化效率显著提升；四川省就业创业政策精准性、稳定性和协同性不断提高，公共就业创业服务能力显著增强，就业容量不断扩大，就业质量稳步提升，就业环境不断优化，经济社会持续健康发展”的总体目标。

【四川省统计局与西南财经大学共建四川省人口与发展数据实验室签约暨揭牌仪式在西南财经大学举行】2021年10月8日，四川省统计局与西南财经大学共建四川省人口与发展数据实验室签约暨揭牌仪式在西南财经大学举行。在人口问题对国家和区域发展的影响不断深化的背景下，该实验室将为各级党委政府推动经济高质量发展、社会治理效能提升和人口可持续发展提供重要的决策支撑。根据合作共建内容，实验室将以四川“七人普”数据为基础建立数据仓库，依托四川省统计系统数据资源与西南财经大学人才资源构建研究智库，探索与各类数据链接和匹配的模式与机制，完善管理与运作体系，聚焦并产出系列应用型研究成果，分阶段建设以人口数据为核心、多源数据为拓展、人口研究为抓手、共同运维为保障、全社会有序使用的聚焦服务于全国与四川经济社会高质量发展的人口数据创新应用平台。

【四川省社科院与中共甘孜州委签订新型智库建设合作协议】2021年10月25日，甘孜州委与四川省社科院专家座谈会暨新型智库建设签约仪式在四川省社科院举行。甘孜州委书记沈阳、院党委书记高中伟出席会议并讲话，院长向宝云致辞，院党委副书记陈井安主持会议。甘孜州委常委、州政府党组成员邓立军，州委常委、宣传部部长汪玉琼以及四川省社科院副院长郑泰安、胡学举、李中锋参加了会议。邓立军、李中锋分别代表双方在《中共甘孜州委 四川省社会科学院甘孜州新型智库建设合作协议书》上签字。根据协议，双方将本着优势互补、互利共赢、共同发展、平等自愿原则，共同建设甘孜州新型智库。四川省社科院党委书记高中伟指出，四川省社科院将坚持体现地方社科院特色，发挥地方社科院作用，努力把党的创新理论、四川历史文化、区域发展、民族与宗教、生态文明建设5个主攻方向与甘孜的经济社会发展紧密联系起来，进一步加强对甘孜的研究。他建议，甘孜州要统筹打好政策、民族、生态、文化、资源和党建六张牌：一是更加注重甘孜州情分析，用足用实中央和省委的政策工具；二是更加注重民族团结和社会稳定，为扎实推进共同富裕打好基础；三是更加注重生态文明建设，为经济发展提供坚实保障；四是更加注重文化传承保护，彰显康巴文化魅力；五是更加注重特色资源的利用，在“双碳”战略下实现产业新跨越；六是更加注重干部思想政治建设，推动党史学习教育常态化。高中伟表示，此次签署新型智库建设合作协议，将发挥学术和智力优势，努力把甘孜的资源优势研究透，把甘孜的实践经验总结好，为省委省政府重大决策提供科学依据、重要参考，为推动治蜀兴川再上新台阶作出新的贡献。沈阳指出，甘孜州地域广大、历史悠久、文化多元、资源丰富、潜力巨大，有着良好的发展前景，希望四川省社科院的专家学者能够为甘孜州的发展思路和工作举措出点子、支高招，为甘孜州的经济社会发展问题把脉问诊、建言献策，希望双方能以此为契机，建立多层次、全方位的长效合作机制。向宝云致辞时说，甘孜州是新中国成立的第一个专区级少数民族自治州，是连接西北和西南的“咽喉”、民族大融合的“走廊”、藏汉贸易的主要集散地和茶马互市的中心，是康巴文化的核心区，拥有绝美的自然风景、神秘的宗教文化、独特的民族风情，是康藏高原上的璀璨明珠。举办专家座谈会、签署合作协议，是州院合作关系的新推进、州院合作模式的新拓展。四川省社科院张克俊、廖冲绪等8位专家分别围绕党的建设、乡村振兴、生态文明建设和产业发展等内容进行了发言。

【四川省应急管理学院、四川省林草学院成立】2021年12月16日，应急管理部国家自然灾害防治研究院城市灾害研究中心、四川省应急管理学院在西华大学挂牌成立，国家林业草原西南森林与草原生态防火工程技术研究中心、四川省林草学院在四川农业大学挂牌成立，副省长罗强为两个学院授牌。

受自然地理条件影响，四川灾多、灾频、灾重特点突出，应急管理任务艰巨。四川是长江黄河上游生态屏障，是全国主要林区、牧区之一，林草资源丰富，森林草原防火任务繁重。推动应急、林草事业高质量发展，迫切需要建设一批高层次科研平台、培养引进一批高水平专业人才。四川深入贯彻习近平生态文明思想和习近平总书记关于防灾减灾救灾重要指示精神，按照中央关于高等教育走内涵式发展道路的精神，省委省政府主要领导亲自研究部署，充分依托现有高校、整合优质资源、盘活闲置资产，组建四川省应急管理学院和四川省林草学院，推动应急管理部、国家林草局的高层次研究平台落地四川。两个学院及相关研究中心成立后，将聚焦应急、林草领域重难点问题，进一步加强人才培养、科学研究和社会服务，为推动林草和应急事业高质量发展、服务国家和地方经济社会发展提供坚强人才支撑。

开展理论与实践研究

【四川大学启动“创新2035”五大先导计划】四川大学“创新2035”先导计划启动会于2021年1月召开，聘请多位两院院士和四川大学杰出教授作为先导计划的首席科学家。四川省卫健委党组书记敬静、四川省科技厅副厅长杨品华、成都市科技局局长丁小斌、成都东部新区管委会主任惠朝旭、成都高新区党工委副书记李伟、四川天府新区科创和人才局党组书记石建等，四川大学党委书记王建国、校长李言荣，魏于全院士、张兴栋院士、李安民院士、石碧院士，文科杰出教授曹顺庆、霍巍，常务副校长许唯临，副校长张林、姚乐野、褚良银及省市校相关单位负责人参加启动会。校长李言荣主要围绕“学校为什么要做‘创新 2035’先导计划”“如何做好”以及“做了以后会有什么效果”3 个方面作了讲话。会议提出了“创新 2035”五大先导计划，即物质结构透明计划、未来医学港湾计划、天地一体与生态演化计划、信息软件与底层算法计划、文明互鉴与全球治理研究计划。为保障计划的顺利实施和有序推进，四川大学将组建多学科、跨学院团队，对接国家“十四五”重大科技计划和科技创新基地建设规划，争取国家支持；对接成渝双城经济圈建设规划和四川省成都市“十四五”规划以及地方产业转型的重大需求，争取地方政府支持；对接教育部和四川大学“双一流”建设发展规划，从人才、经费、条件建设等方面给予支持保障。

【获批与治蜀兴川相关的国家社科基金项目、教育部人文社会科学研究项目】2021 年，四川省社科学者围绕治蜀兴川申报并获批国家社科基金项目、教育部人文社会科学研究项目，部分名单见表 39 和表 40。

表 39　2021 年四川省获批与治蜀兴川相关的国家社科基金项目部分名单

序号	项目名称	负责人	工作单位
1	数字赋能中国全球价值链攀升的路径与测度研究	马丹	西南财经大学
2	新格局高质量发展下中等收入群体的消费效用最大化选择与需求释放决策研究	邓龙安	成都师范学院
3	环境约束下长江经济带城市群产业联动高质量发展研究	何雄浪	西南民族大学
4	需求侧管理下中国全球价值链地位提升的机理和对策研究	蒋瑛	四川大学
5	马克思主义视域下全球化和逆全球化交替前行的原因和机理研究	葛浩阳	西南财经大学
6	人类命运共同体视域下跨文明交往研究	任思奇	中共四川省委党校
7	新发展格局下宅基地“三权分置”及实现路径研究	杜伟	成都师范学院
8	民主协商推进基层群众有效自治的长效机制与实现路径研究	李强彬	四川大学
9	国家治理现代化导向下深化群团改革研究	谭毅	四川大学
10	社会组织参与社会治理共同体建设的途径与整合机制研究	韦克难	西南财经大学
11	中国人口转变新格局与人口治理创新研究	王学义	西南财经大学
12	新时代人口长期均衡发展目标、指标及测度研究	张俊良	西南财经大学
13	特大城市居住空间分异的邻里效应及其治理研究	蒋和超	西南财经大学
14	地方政府防范化解重大安全风险协同机制研究	陈旭	中共四川省委党校
15	重大突发事件中县级融媒体基层舆论认同提升机制研究	周珣	中共四川省委党校
16	制度、制度变迁与社会稳定风险评估	雷尚清	四川大学

表 40　2021 年四川省获批与治蜀兴川相关的教育部人文社会科学研究项目部分名单

序号	项目名称	负责人	所在单位
1	习近平总书记推进共同富裕的理论创新与实现路径研究	李亚	四川大学
3	供应链信用风险传导的作用机制及治理策略研究	顾婧	四川大学

续表40

序号	项目名称	负责人	所在单位
4	用户视角下数字创新生态系统的演化机理与治理政策研究	李代天	电子科技大学
5	超网视角下跨区域突发事件协同治理机制创新研究	杜蕾	西南财经大学
6	城市社区治理共同体生成要素与可持续发展机制研究	许宝君	四川大学
7	世界一流大学智库影响力生成的美国经验与中国路径研究	文少保	西华师范大学
8	西部民族地区学前教育高质量发展的现状与制度支持研究	田涛	成都大学
9	多源异质认知信息驱动的应急医疗资源需求预测和智能决策方法研究	缑迅杰	四川大学
10	基于大数据混合模型仿真的突发公共卫生事件医疗资源预警和配置优化研究	刘世勇	西南财经大学

【四川省社科规划年度项目立项资助的治蜀兴川相关项目】2021年7月29日，《2021年四川省社会科学规划项目“法治四川专项课题”申报指南》经中共四川省委政法委、四川省社会科学规划办公室、四川省法学会研究决定，在全省发布。该项目申报工作的指导思想是以习近平新时代中国特色社会主义思想为指导，全面学习宣传贯彻习近平法治思想，服务推进依法治国、依法治省，紧紧围绕全省经济社会发展的重大法律问题和法治建设中亟须解决的现实问题，开展法学基础理论和应用对策研究，全面提升四川省法学研究服务四川高质量发展水平，为新时代“治蜀兴川”再上新台阶提供有力法学理论支撑。“法治四川专项课题”为省级项目，面向全省公开申报。经受理申报、评审、网上公示等程序，经四川省社科联党组批准，“法治四川”专项课题立项名单见表41。

表41　2021年四川省社科规划“法治四川”专项课题立项名单

序号	项目名称	负责人	工作单位
1	营商环境法治化建设背景下的刑事合规构建	张斌	四川大学
2	“平台封禁”滥用市场支配地位的反垄断法规制	李毅	西南财经大学
3	《民法典》个人信息处理规则的体系构造研究	印通	西南财经大学
4	新《行政处罚法》实施问题研究	钟佩霖	成都大学
5	四川省网络食品安全综合治理法律规制研究	王怡	电子科技大学
6	习近平法治思想视野下公众参与地方立法理论与实践研究	蒲晓媛	内江师范学院
7	经常性社会心理服务疏导和预警干预机制研究	张立敏	四川大学锦江学院
8	乡村振兴视角下农村集体经济组织法律问题研究	于雅璁	四川警察学院
9	预防未成年人违法犯罪家庭责任调查研究	房丽	四川轻化工大学
10	四川省涉藏牧业区域社会治理法治化研究	秦海	四川省高级人民法院
11	优化四川营商环境的司法保障实证研究——以25个再审抗诉案件为例	李君临	四川省社科院
12	世行营商环境“登记财产”指标解析及我省不动产登记营商环境优化建议	刁其怀	四川省社科院
13	刑法介入互联网平台垄断的边界问题研究	王群	四川省社科院
14	保险治理突发重大公共卫生事件的法治路径研究	黄丽娟	西南财经大学
15	民法典动产担保功能主义立法及体系化研究	辜明安	西南财经大学
16	环境资源保护司法协作机制研究	阳露昭	西南财经大学
17	互联网平台反垄断问题研究	黄亮	西南交通大学

续表41

序号	项目名称	负责人	工作单位
18	三孩视阈下四川省生育配套支持体系的构建研究	周小菲	西南民族大学
19	案件预测、合意达成与调解效能提升的路径研究	王方	西南石油大学
20	重大突发公共卫生事件下对外医疗援助法律规制研究	刘楠	西南医科大学
21	刑事案件远程视频审理机制研究	赵琦	成都大学
22	成渝地区协同立法的理论基础及制度建构	冯雷	四川大学
23	欧盟“碳中和”立法及其启示研究	冯帅	四川大学
24	新型涉众型金融犯罪应对机制研究	陈昊明	四川大学
25	电子诉讼规则研究——以C市民事电子诉讼试点改革经验为对象	彭昕	四川师范大学
26	大数据与金融业深度融合背景下个人金融数据的民刑交叉保护研究	罗娟	西华大学
27	电子诉讼规则研究	莫皓	西南民族大学
28	社会治理法治化视域下甘孜藏族自治州基层社会治理的现实困境与纾解进路	张娜娜	四川民族学院
29	流域环境司法理念下长江上游环境保护司法协作机制研究	陈恋	西南石油大学

此外，2021年，四川省社科规划年度项目、基地重大项目、专项项目对治蜀兴川相关的课题进行立项资助，部分名单见表42。

表42 2021年四川省社科规划项目立项资助治蜀兴川相关课题部分名单

序号	项目名称	负责人	工作单位
1	“十四五”期间四川省社会安全防控体系构建研究	胡业勋	中央四川省委党校
2	提升四川省营商环境竞争力研究	郭红玲	西南交通大学
3	天府新区公园城市高质量发展指标体系研究	刘任远	四川天府新区党工委
4	我省县域高质量发展的实现路径与评价体系研究	艾毓斌	四川省农村信用社联合社
5	四川自贸区建设对标国际经贸规则路径研究	张倩雯	西南交通大学
6	“双循环”新发展格局下四川经济增长动能与路径研究	徐志向	西南财经大学
7	新发展格局背景下四川省深化农村宅基地三权分置改革研究——基于全国33个改革试点县的追踪调研和比较分析	杜伟	成都师范学院
8	特大城市交通精细化治理的机制创新研究	曾鹦	成都市社科院（联）
9	地方政府竞争视角下金融分权对我国区域创新差异化的影响机制研究	徐子尧	四川大学
10	破解对县（市、区）“一把手”权力监督难题研究	廖冲绪	四川省社科院
11	法律监督嵌入地方投融资平台财政补贴治理的限度研究	陆佳	西南财经大学
12	大数据背景下诈骗犯罪被害的基层社会治理研究	夏一巍	西南财经大学
13	区域协调发展视域下的四川涉藏地区空间治理和产业融合发展研究	常晓鸣	中共成都市委党校
14	“一带一路”沿线国家制度协同视角下四川涉外企业社会责任管理研究	刘名旭	成都信息工程大学
15	大数据时代国家舆论安全预警机制及其关键技术应用研究	李忠伟	成都信息工程大学
16	养老社会组织参与老龄社会治理的机制和路径研究	李永忠	成都医学院
17	新发展格局下四川省城乡基本公共服务均等化的空间治理机制研究	罗若愚	电子科技大学

续表42

序号	项目名称	负责人	工作单位
18	基于新发展理念的四川省旅游高质量发展路径研究	芮田生	内江师范学院
19	重大突发公共卫生事件中的四川省应急公共服务体系建设研究	张序	四川省社科院
20	四川省推进数据要素流通的路径创新与政策设计研究	张会平	电子科技大学
21	新时代四川乡村“三治”协同推进研究	张晓磊	四川大学
22	四川省推进数据要素流通的路径创新与政策设计研究	张会平	电子科技大学
23	全球治理下跨国投资的环境风险法律规制研究	陈嘉	四川警察学院
24	四川省粮食安全保障战略转变问题研究	范丹	西南财经大学
57	“双碳”目标视野下中国能源安全法律保障体系研究	秦扬	西南石油大学
25	地方政府竞争视角下金融分权对我国区域创新差异化的影响机制研究	徐子尧	四川大学
26	“多维统筹”框架下四川应急产业高质量创新发展路径研究	徐雷	西华大学
27	四川“三州”民族地区社会治安“网格化”治理机制创新研究	熊征	西华大学
28	四川省农村公共服务高质量供给机制创新研究	许丹	西南民族大学
29	新发展格局背景下四川省深化农村宅基地三权分置改革研究——基于全国33个改革试点县的追踪调研和比较分析	杜伟	成都师范学院
30	新发展格局下四川省城乡基本公共服务均等化的空间治理机制研究	罗若愚	电子科技大学
31	环境目标约束下四川中小制造企业高质量发展驱动因素研究	罗莹	四川师范大学
32	区域协调发展视野下四川民族地区公共服务建设研究	乔新娥	西华师范大学
33	“双城”建设下四川内陆开放口岸构建多式联运协同发展机制研究	李平	宜宾学院

【国家社科基金重大项目“‘高质量’导向下城乡社区治理和服务体系建设的有效性研究”开题报告会在四川大学举行】2021年7月16日，恰逢《中共中央国务院关于加强基层治理体系和治理能力现代化建设的意见》公布之机，由四川大学公共管理学院姜晓萍教授担任首席专家的研究阐释十九届五中全会精神国家社会科学基金重大项目“‘高质量’导向下城乡社区治理和服务体系建设的有效性研究”开题报告会在四川大学举行。华中师范大学徐勇教授、浙江大学郁建兴教授、清华大学任剑涛教授、中山大学肖滨教授、中国人民大学杨开峰教授、吉林大学田毅鹏教授、东北大学张雷教授、东北大学张平教授、南开大学吴晓林教授，以及《新华文摘》高级编辑胡元梓、《中国行政管理》主编解亚红、《管理世界》编辑王群光、《中国社会科学文摘》编辑罗浩、《社会科学研究》常务副主编黄进、《四川大学学报》（哲学社会科学版）主编原祖杰、《社会科学研究》编辑陈果、《中国社会科学报》四川站站长曾江、人民日报《民生周刊》研究员于峰、四川日报报业集团华西社区传媒首席编辑吴家全等高校、政府部门、期刊的50余位知名专家学者参加了开题报告会，并围绕“‘高质量’导向下城乡社区治理和服务体系建设的有效性，推进基层治理现代化”主题开展深入研讨。

【中国体育史年会暨国家社科基金重大项目“中华人民共和国体育史研究（1949—2019）”学术研讨会举办】2021年7月16日至18日，由国家体育总局体育文化发展中心和中国体育科学学会体育史分会共同主办，成都体育学院承办的2021中国体育史年会暨国家社科基金重大项目“中华人民共和国体育史研究（1949—2019）”学术研讨会在成都体育学院举行。国家体育总局体育文化发展中心主任、中国体育博物馆馆长李静，国家体育总局宣传司一级巡视员曹康，四川省社科联党组副书记罗仲平，四川大学党委常委、副校长姚乐野，以及来自全国体育学术界，50

余所高校的200余名专家学者出席了会议。会议以“中国共产党百年体育理论与实践”为主题，深入探讨了中国共产党成立百年来在体育研究领域的成就与经验，展望了体育史学研究创新和发展的新方向。

推出研究成果

【彭清华在人民日报发表署名文章《坚定践行新发展理念　奋力绘就新时代治蜀兴川新画卷》】2021年5月29日，省委书记彭清华在人民日报发表署名文章《坚定践行新发展理念　奋力绘就新时代治蜀兴川新画卷》。文章指出，四川是一片富有红色基因、革命传统的热土。党的十八大以来，习近平总书记多次来川考察指导、多次作出重要指示批示，要求我们推动治蜀兴川再上新台阶，为新时代四川改革发展提供了方向指引和根本遵循。我们始终牢记习近平总书记殷殷嘱托，传承红色基因、发扬奋斗精神，认真践行新发展理念、坚定推动高质量发展，全省地区生产总值从2012年的2.39万亿元增加到2020年的4.86万亿元、迈上两个万亿元台阶，三大攻坚战取得重大成就，全面建成小康社会胜利在望，奋力谱写全面建设社会主义现代化国家四川篇章。文章还提出，四川着力实施创新驱动发展战略，全面塑造发展新优势；着力增强发展的整体性协调性，不断缩小地区差距、城乡差距；着力推进人与自然和谐共生，切实筑牢长江黄河上游生态屏障；着力形成对外开放新格局，加快提升开放型经济水平；着力践行以人民为中心的发展思想，持续增强群众的获得感、幸福感、安全感。

【彭清华在经济日报发表署名文章《坚定以创新驱动引领四川高质量发展》】2021年8月2日，《经济日报》在“学思践悟习近平经济思想”专栏，发表了省委书记彭清华的署名文章《坚定以创新驱动引领四川高质量发展》。文章强调创新是引领发展的第一动力。文章指出，四川是全国科教大省，正处于培育发展新动能、塑造发展新优势的关键期。要坚定把创新驱动引领高质量发展作为一项事关战略全局的重大任务来抓，坚持服务国家全局与推动地方发展相统筹、深化科技创新与强化制度创新相协同、激活资源存量与做优资源增量相促进、发挥政府作用与激发市场活力相结合，一头抓国家战略科技力量建设，一头抓产业技术创新和全社会创新创造，着力塑造更多依靠创新驱动、更多发挥先发优势的引领型发展，推动四川省创新发展不断迈出新步伐、见到新气象。文章提出坚持以重大区域发展战略为引领，进一步优化区域创新布局；坚持以服务国家战略科技力量建设为牵引，加快打造高能级创新平台；坚持以促进创新链产业链深度融合为抓手，加速科技成果向现实生产力转化；坚持以全面深化科技体制改革为关键，充分激发创新主体活力动力；坚持以营造创新创造良好环境为支撑，更大力度集聚创新资源、提升创新活动效率；深入推进创新驱动引领高质量发展事关经济社会发展全局。

【黄强在《学习时报》发表署名文章《坚决扛起高水平科技自立自强时代重任，在“振芯铸魂固根”上为国家作出新贡献》】2021年10月11日，《学习时报》“重要言论”专栏发表了黄强省长的署名文章《坚决扛起高水平科技自立自强时代重任，在“振芯铸魂固根”上为国家作出新贡献》。文章指出，科技是国家强盛之基，创新是民族进步之魂。四川深入学习贯彻习近平总书记“七一”重要讲话和关于科技创新的重要论述，牢固树立科学技术是第一生产力、创新是引领发展的第一动力、人才是第一资源理念，深入实施创新驱动发展战略，以提升科技创新牵引力、原创力、支撑力、竞争力、聚合力、保障力为抓手，在“振芯”上创新突破，在“铸魂”上砥砺精神，在“固根”上厚植土壤，坚决扛起建设具有全国影响力的科技创新中心的战略使命，坚决扛起高水平科技自立自强的时代重任。文章强调以强化战略科技力量建设提升科技创新牵引力，以加强关键核心技术攻关提升科技创新原创力，以夯实企业创新主体地位提升科技创新支撑力，以打造创新人才集聚高地提升科技创新竞争力，以推进全方位开放合作提升科技创新聚合力，以机制创新突破体制障碍提升科技创新保障力。

【四川省社科联《奋力书写时代答卷　以新发展理念推动治蜀兴川》系列丛书新书发布】 2021年6月27日上午，四川省社科联在成都举行《奋力书写时代答卷　以新发展理念推动治蜀兴川》系列丛书新书发布会，向党的百年华诞献礼。在这个特殊的历史时刻，四川省社科联切实发挥思想库、智囊团作用，牵头策划并组织社科界专家编撰《奋力书写时代答卷　以新发展理念推动治蜀兴川》系列丛书。丛书意在系统梳理党的十八大以来，四川省委坚定以习近平新时代中国特色社会主义思想为指导，全面落实习近平总书记对四川工作系列重要指示精神和党中央决策部署，统筹推进"五位一体"总体布局、协调推进"四个全面"战略布局，认真践行新发展理念，扎实推动高质量发展的理论和实践探索；呈现了在四川省委的坚强领导下，"十三五"规划目标任务圆满完成，脱贫攻坚战取得全面胜利，全面建成小康社会胜利在望，治蜀兴川各项事业取得的重大成就。

丛书主要围绕"五位一体"总体布局和"四个全面"战略布局，分别从脱贫攻坚暨乡村振兴、全面深化改革、全面依法治省、全面加强党的建设、文化旅游发展5个方面分5卷进行理论梳理、实践提炼和案例分析，各卷分别按照理论篇、实践篇、案例篇进行编撰。理论篇主要通过梳理国内外学术关注焦点和研究最新进展，突出四川社科理论界在推进相关问题理论深化、观点创新、对策建议等方面的学术贡献，体现哲学社会科学在推进理论和实践创新、服务科学决策上的独特作用。实践篇主要体现全省各级党委、政府贯彻落实习近平新时代中国特色社会主义思想和习近平总书记对四川工作系列重要指示精神，立足新发展阶段、贯彻新发展理念、构建新发展格局，促进全省经济社会高质量跨越式发展的生动实践，其中主要包括省委省政府确定的治蜀兴川战略、各职能部门研究制定的制度创新成果，以及相关行业和相关组织的改革探索，特别突出来自基层的创新实践。案例篇主要立足于理论和实践的结合，精选治蜀兴川生动实践中所形成的具体实践案例，以提炼和总结出一批可复制、可借鉴、可推广的经验和做法。

四川省委宣传部副部长高中伟对丛书的出版给予高度肯定，认为5卷本丛书反映了省委省政府坚定以习近平新时代中国特色社会主义思想和习近平总书记对四川工作系列重要指示精神武装头脑、指导实践、推动工作的思想自觉和行动自觉；呈现了省委省政府团结带领四川人民在治蜀兴川的伟大实践中奋力书写的时代答卷和取得的重大成就；体现了四川社科理论界立足于社会实践、回应时代关切、以精品奉献人民的自觉追求和四川省社科联的坚定政治立场与责任担当。与会专家学者和省级相关部门代表认为，丛书的出版，对相关领域的理论探讨和实践创新具有重要推动作用，对促进我省哲学社会科学繁荣发展具有重要价值。

【《政府互联网服务能力蓝皮书：中国地方政府互联网服务能力发展报告（2021）》发布】 2021年11月29日上午，由电子科技大学公共管理学院、电子科技大学智慧治理研究院和成都市经济发展研究院承办的《政府互联网服务能力蓝皮书：中国地方政府互联网服务能力发展报告（2021）》发布会正式举行，这是"中国地方政府互联网服务能力发展报告"系列第三次以蓝皮书形式面向全国发布。报告由电子科技大学智慧治理研究院和成都市经济发展研究院、四川新型智库—社会事业和社会保障研究智库、清华大学互联网治理研究中心、上海交通大学公共信息与社会计算研究中心、复旦大学数字与移动治理实验室与中山大学数字治理研究中心等多家共同机构发布。

【绵阳市社会科学界联合会完成《绵阳协同打造成渝绵"创新金三角"创新路径研究》等5项研究成果】 绵阳市社会科学界联合会完成《绵阳协同打造成渝绵"创新金三角"创新路径研究》等5项研究成果，得到市委主要领导签批，并批转有关领导和部门阅研，多条建议被市级相关部门借鉴采纳。

【南充市社会科学界联合会完成《当代中国政治认同建构：理念、内容和路径》报告】 2021年，南充市社会科学界联合会完成《当代中国政治认同建构：理念、内容和路径》报告，该成果是教育部人文社科青年项目“当代中国公民政治认同的理论与实践研究”和四川大学生思想政治教育研究中心重点项目“高校思想政治教育与大学生政治认同培育研究”的最终研究成果。全书在马克思主义理论指导下，以公民政治认同为研究对象，从理论、内容和路径等维度出发，对当代中国政治认同建构的理论与现实问题进行了全面、深刻的分析与阐释。

【四川农业大学多份研究报告获省部级领导肯定性批示】四川农业大学积极发挥社科界思想库、智囊团作用。撰写的“关于共同富裕目标下构建新型农村集体经济评价体系的建议”“强化职业技能培训，助推农民合作社高质量发展”“完善国有上市公司党组织参与公司治理的信息披露政策建议”等8份研究报告获副省长尧斯丹、省人大常委会副主任陈文华、中国证券监督管理委员会副主席阎庆民等省部级领导肯定性批示。

【四川大学李晓梅教授在《人民日报》上发表文章《完善供给体系　提升供给能力推动公共服务高质量发展（新知新觉）》】2021年11月22日，四川大学公共管理学院李晓梅教授在《人民日报》上发表了文章《完善供给体系　提升供给能力推动公共服务高质量发展（新知新觉）》。文章指出，党的十八大以来，我国基本公共服务均等化加快推进，建成世界上最大的社会保障网，基本医疗保险覆盖超13.5亿人，基本养老保险覆盖超10亿人；累计建设各类保障性住房和棚改安置住房8000余万套，帮助2亿多困难群众改善了住房条件；教育公平和质量不断提升，2020年九年义务教育巩固率为95.2%；基本医疗和公共卫生服务改善。同时也应看到，我国发展不平衡不充分的问题仍然突出，基本公共服务均等化水平有待进一步提升。“十四五”规划和2035年远景目标纲要把“基本公共服务均等化水平明显提高”作为“十四五”时期我国经济社会发展主要目标的内容，并提出2035年“基本公共服务实现均等化”。这要求我们牢固树立系统观念，加强前瞻性思考、全局性谋划、整体性推进，坚持尽力而为、量力而行，完善公共服务供给体系，提升公共服务供给能力，推动公共服务均衡、优质、创新发展。文章强调推动公共服务均衡发展、推动公共服务优质发展、推动公共服务创新发展。

【四川大学法学院顾培东教授在《人民日报》上发表《认识传统社会“无讼”理念（学术随笔）》】2021年7月12日，四川大学法学院顾培东教授在《人民日报》上发表《认识传统社会“无讼”理念（学术随笔）》一文。文章写道，中华传统文化崇尚以和为贵，重视人际和善、邻里和谐、家庭和睦，这些理念深深影响着中国人的思想和行为，也影响着国家和社会治理方式。在中华传统法律文化中，“无讼”是一个重要理念。“无讼”理念及司法实践对我国古代治理产生了较大影响。社会对“无讼”目标的追求，使得礼让谦和的道德观念备受推崇，而锱铢必较、睚眦必报则受到贬责，“以和为贵”的价值取向更加深入人心。

【四川省社会经济管理研究院完成系列项目】四川省社会经济管理研究院于2021年7月，承担完成《全省重点开发区县域经济高质量发展之宣汉实践》（四川当代县域经济发展中心委托项目）；9月，承担完成《隆黄铁路扩能改造背景下隆昌发展对策研究》（政协隆昌市委员会办公室委托项目）、《温江区新时期产业体系构建思考》（成都市温江区发展和改革局委托项目）；11月，承担完成《关于川藏铁路建设中地方交通配套几个问题的建议》（中共四川省委、四川省人民政府决策咨询委员会办公室委托项目）、《现代都市工业高质量发展研究项目》（成都市金牛高新技术产业园区管理委员会委托项目）、《三江新区打造“一带一路”战略支点研究》（宜宾三江新区发展和政策研究局委托项目）、《成都迈入超大城市行列重大特征和对策研究》（成都市金沙智库研究会委托项目）、《郫都区经济类专题调研报告》编制（成都市服务业研究院委托项目）；12月，承担完成《宜宾融入“双循环”新发展格局问题研究》（中共宜宾市委宜宾市人民政府决策咨询委员会委托，获中共宜宾市委主要领导批示）、《提升成都制造业高质量发展路径研究》（成都市经济和信息化局委托项目）。《确立大都市区发展方略推动成都1000万人口超大城市现代治理》以成都市哲学社会科学研究重要成果报告（第18期）报送。

【多条对策建议在《四川日报·思想周刊》登载】 2021 年，四川学者积极在《四川日报·思想周刊》发文，聚力高质量发展推动治蜀兴川再上新台阶，部分名单见表 43。

表 43　四川学者在《四川日报·思想周刊》发表的治蜀兴川相关的部分文章名单（2021 年）

序号	篇名	作者	单位	日期
1	从科学家精神中汲取前行伟力	易刚	四川省中国特色社会主义理论体系研究中心，西华师范大学	1 月 4 日
2	供给侧结构性改革的《资本论》阐释	陈驰	四川师范大学	1 月 11 日
3	统筹兼顾供需两侧　让扩大内需成为强力引擎	蒋永穆	四川省社科院，四川大学	1 月 11 日
4	用大数据提升突发公共事件应急能力	李怀杰	电子科技大学	1 月 18 日
5	坚持新粮食安全观　必须强化“五种能力”	李后强，郑钧蔚	四川省社科院	2 月 15 日
6	聚焦社会主要矛盾　聚力人民幸福事业	胡学举，郑钧蔚，胡广宇	四川省社科院，四川旅游学院	3 月 8 日
7	让城市自然有序生长的“道”与“法”	郑钧蔚，朱勇	四川省社科院，成都市天府公园城市研究院	3 月 8 日
8	治蜀兴川法治实践的科学分析	高晋康	西南财经大学	3 月 15 日
9	改革越到深处越要担当作为	李强彬	四川大学	4 月 12 日
10	聚焦聚力“高能级”打造创新平台体系	李后强	四川省社科院	6 月 21 日
11	从理论到实践的伟大转折 ——重温《改革是中国发展生产力的必由之路》	崔霞	四川省委省直机关党校	6 月 28 日
12	为全面建设社会主义现代化四川贡献社科力量	姜怡	四川省社科联	7 月 12 日
13	完善科技评价制度　驱动科技创新发展	白春光，李怀杰	电子科技大学	7 月 19 日
14	为创新驱动引领高质量发展提供有力法治保障	张立哲	中共四川省委党校	8 月 2 日
15	全力保障民生　优化我省公共服务支出	张序，劳承玉	四川省社科院	8 月 16 日
16	理解共同富裕的四个维度	张立哲，王倩楠	中共四川省委党校	8 月 30 日
17	整体把握中国式现代化新道路	张晓明	西华师范大学	10 月 18 日
18	做好两项改革“后半篇文章”须克服五个现实挑战	郭晓鸣，骆希，王萍	四川省社科院，四川师范大学	10 月 22 日
19	持续拓宽中国开放的大门 推动形成全面开放新格局	任思奇	四川省中国特色社会主义理论体系研究中心，中共四川省委党校	11 月 8 日
20	努力凝聚共同富裕的共识	蓝定香	四川省社科院	11 月 15 日
21	百年优异答卷的实践逻辑	李后强	四川省社科院	11 月 22 日
22	打造科技创新高地须处理好三对关系	蓝定香	四川省社科院	11 月 22 日

续表43

序号	篇名	作者	单位	日期
23	四川应加速城市经济治理数字化转型	吴垠	西南财经大学	11月22日
24	推动城乡要素高效配置和公共资源均衡配置	张克俊	四川省社科院	11月22日
25	一体建设 增强公共服务便利性可及性	黄进	四川省社科院	11月29日
26	思考从三个维度扎实推进共同富裕	方茜，孟榆	四川省社科院	12月6日
27	优化营商环境要坚持问题导向	唐琼	中共四川省委党校	12月20日
28	以市场需求导向夯实企业创新主体地位	程洪	电子科技大学	12月20日
29	深刻认识科技自立自强与对外开放合作的辩证关系	吴满意	电子科技大学	12月20日

【四川学者在CSSCI来源期刊发表治蜀兴川相关论文】2021年，四川学者在CSSCI来源期刊发表治蜀兴川相关论文，部分名单见表44。

表44　四川学者在CSSCI来源期刊发表的治蜀兴川相关的部分论文名单（2021年）

序号	篇名	作者	来源
1	高质量发展背景下我国人类发展指数协调性测度	刘呈军，聂富强，任栋	统计与决策，2021，37（5）：60—64
2	“十四五”时期公共文化服务高质量发展思考：破解老问题，应对新挑战	杨晓泉	图书馆论坛，2021，41（2）：10—18
3	基于高质量发展的“一带一路”国际能源合作模式创新研究	余晓钟，刘梦薇，白龙	科学管理研究，2021，39（2）：166—170
4	高质量发展视域下西部地区制造业集聚污染问题研究	邓宗豪，黄勤	经济问题探索，2021（5）：74—83
5	我国县域经济高质量发展的指标体系构建	王蔷，丁延武，郭晓鸣	软科学，2021，35（1）：115—119，133
6	交通基础设施与民族地区高质量发展——来自高铁开通的证据	刘玉萍，郑长德	民族学刊，2021，12（3）：37—51
7	高质量发展背景下长江经济带“人—水—地”系统耦合协调效应评价	刘波，黄勤，杨理珍	软科学，2021，35（5）：27—34，42
8	高质量发展背景下县域社会治理质量差异及影响维度——基于50个县域面板数据的分析	范逢春，谭淋丹	河南师范大学学报（哲学社会科学版），2021，48（1）：67—77
9	基于资本循环理论的区域优势转化与生态财富形成研究——兼论绿水青山就是金山银山的理论逻辑与实现路径	龚勤林，陈说	政治经济学评论，2021，12（2）：97—118
10	城市治理质量：概念建构与认识逻辑	夏志强，陈佩娇	上海行政学院学报，2021，22（2）:64—72
11	国家与社会关系视角下的农村社会治理转型	朱凤霞，陈俊天	科学社会主义，2021（1）：94—100
12	在国家治理现代化中坚持集体主义导向	冯刚，邢斐	思想教育研究，2021（3）：90—95
13	新时代传统农区基层治理现代化的组织形态选择——基于黔北、鲁西农村的考察	王向阳	理论与改革，2021（2）：100—112

续表44

序号	篇名	作者	来源
14	从战略高度完善我国社会保障体系——学习习近平总书记关于完善社保体系重要讲话精神·努力提升社会保障治理效能	林义	社会保障评论，2021，5（2）：16－17
15	“数字税”全球治理改革的共识与冲突——基于实验主义治理的解释	贾开，俞晗之	公共行政评论，2021，14（2）：20－37
16	中国共产党破解历史周期率难题的路径选择——从民主、法治到治理的历史演进	任中平	理论与改革，2021（1）：1－10
17	新发展阶段城市基层治理的空间正义及其制度实现	范逢春，马浩原	上海行政学院学报，2021，22（3）：47－57
18	“思维—技术—规则”框架下超越数字政府技术治理路径依赖的优化方略	匡亚林	青海社会科学，2021（2）：77－83
19	基本公共服务制度体系显著优势及其转化为治理效能的实现路径	康健	东北大学学报（社会科学版），2021，23（3）：55－61
20	全球视野下百年来中国宗教治理的现代化变迁	吴华	西南民族大学学报（人文社会科学版），2021，42（6）：121－129
21	新型农村社区“三社联动”治理：模式转换与创新路径——基于多案例比较分析	申云，潘世磊，吴平	农村经济，2021（6）：87－95
22	政策工具选择的适配均衡与协同治理——基于社会组织政策文本的研究	王炎龙，刘叶子	四川大学学报（哲学社会科学版），2021（3）：155－162
23	重大公共安全危机中的制度治理：逆向摩擦、模式构建与系统支撑	兰旭凌	行政论坛，2021，28（4）：133－141
24	以信息化驱动国家治理现代化：逻辑、融合过程与发展框架	罗双	甘肃行政学院学报，2021（2）：29－39
25	政策工具视角下市域社会治理现代化政策试点的扎根分析——基于全国60个试点城市的研究	谢小芹，姜敏	中国行政管理，2021（6）：98－104
26	国家审计覆盖率与国有企业治理效率——来自地方审计机关的经验证据	刘玉玉，蔡春，王爱国	审计与经济研究，2021，36（4）：10－20
27	区块链思维视角下基层新特征和治理新路径	黄莉	社会科学研究，2021（5）：134－139
28	中国共产党引领基层治理提升组织力的创新路径探索	张爱艾	西南民族大学学报（人文社会科学版），2021，42（9）：194－198
29	国家如何引领私人生活的变革——基于近年来农民生活治理实践的考察	王向阳	上海行政学院学报，2021，22（5）：14－23
30	国家治理的技术框架：从管理工程到社会工程的空间重塑	罗梁波	学术月刊，2021，53（10）：102－117
31	奋力开创城乡社区发展治理新格局	王道明	人民论坛，2021（18）：60－61
32	基础设施PPP项目治理：契约治理、关系治理和正式制度环境	姜影，王茜，崔兴硕	公共行政评论，2021，14（5）：41－60
33	新发展阶段城乡基层治理的态势演变、逻辑转换与思路创新	范逢春	行政论坛，2021，28（5）：87－95

续表44

序号	篇名	作者	来源
34	循数治理与政府治理数字化转型——基于成都高新区“政务守信通”信用画像的研究	谢小芹	公共管理与政策评论，2021，10（6）:54—66
35	基本公共服务均等化视角下空间治理情境变动及策略研究	李晓梅，青鑫，郑冰鑫	软科学，2021，35（11）：39—45
36	城市治理中的空间正义：理论探索与议题更新	夏志强，陈佩娇	四川大学学报（哲学社会科学版），2021（6）：189—198
37	国家治理现代化视域下我国多层次社会保障制度的创新探索	林义，刘斌	经济体制改革，2021（6）：20—25
38	跨界视角下企业环保的外部治理研究——基于西藏地区企业的多案例分析	杜青龙，杨燕霞，郑一涵	西藏大学学报（社会科学版），2021，36（4）：149—157
39	川甘青滇四省涉藏州县“块状”治理的“情境有效性”研究——基于公共服务评价的考察	陈井安，刘伟	民族研究，2021（5）：35—51
40	有效投资促进“双循环”新发展格局形成的机理研究	蒋瑛，黄其力	求是学刊，2021，48（3）：75—85
41	对等视阈下外资安全审查的建构逻辑与制度实现	张怀岭，邵和平	社会科学，2021（3）：40—52
42	网络空间安全战略情报保障能力要素的演化规律研究	陈明	情报杂志，2021（1）：19—24
43	网络空间安全战略情报保障能力的影响因素及对策研究	陈明，汤文峤	情报杂志，2021（2）：111—115，82
44	基于PSR模型的粮食安全风险评估及保障措施——以长江中下游粮食主产区为例	金亚男，张时琪，郑双怡	农村经济，2021（7）：42—49
45	地方政府数据开放全生命周期安全管理政策研究——基于全国17个省级政府的政策文本分析	冉连，张曦	情报杂志，2021，40（8）：111—118
46	中国国家文化安全形势评估——基于PSR和FAHP的实证研究	韩源，刘家豪，苏茂林	社会科学，2021（10）：15—27
47	食物安全观视角下的我国食用植物油安全保障体系构建	狄强，刘渝阳	农村经济，2021（10）：27—34
48	农村土地承包关系长久不变——历史进程、理论维度与实践逻辑	刘润秋，姜力月	福建论坛（人文社会科学版），2021（1）：37—46
49	新中国农村土地制度调整变迁：个人与集体的天平“定盘星”抉择	杨继瑞，周莉，李霜怡	西南民族大学学报（人文社会科学版），2021，42（6）：162—168
50	农村社区治理能力现代化的公共选择逻辑——基于15个省份150份政策文本的分析	衡霞	探索，2021（4）：38—48
51	中国农村公共文化服务高质量发展——基本内涵、问题清单与行动框架	许丹	社会科学研究，2021（5）：115—123
52	百年来中国共产党领导下的农村土地改革历程与展望	黄敏，丁娟，吴晓伟	四川师范大学学报（社会科学版），2021，48（5）：20—27
53	发展视域下中国农村土地产权制度的变迁——基于两种产权理论的比较	田世野，李萍	学术月刊，2021，53（12）：74—84
54	新格局下的农村消费：意涵、问题与进路	郭险峰，文波	青海社会科学，2021（5）：89—97

续表44

序号	篇名	作者	来源
55	农村“一户一宅”的改革探索、遗留问题与完善对策——基于江西省余江区宅基地试点改革的考察	余永和，赵凤鸣	农村经济，2021（12）：46—54
56	农村社区治理能力现代化的双重困境研究	衡霞	理论探索，2021（6）：68—74
57	进口对中国企业创新的影响研究	曲如晓，李婧，高利	国际商务（对外经济贸易大学学报），2021（2）：45—58
58	技术赋能、用户驱动与创新实践：智能时代下政府治理模式创新	雷鸿竹，王谦	西南民族大学学报（人文社会科学版），2021，42（2）：234—240
59	战略联盟双元性对合作创新绩效的影响：一个有调节的中介效应	吴言波，邵云飞，殷俊杰	科技进步与对策，2021，38（2）：1—10
60	基础研究与技术创新协同方向及特征研究——以新型电子元器件领域为例	张玲玲，张宇娥，杜丽，凌世婷，林青，余梦霞	图书情报工作，2021，65（13）：55—64
61	商业银行网点扩张如何影响企业创新：理论与经验证据	张伟俊，袁凯彬，李万利	世界经济，2021，44（6）：204—228
62	基础研究发展与企业技术创新——基于国家重点实验室建设的视角	张龙鹏，邓昕	南方经济，2021（3）：73—88
63	宏观金融杠杆波动抑制了技术创新吗？——来自中国省际面板数据的经验证据	张璟，张震，刘晓辉	国际金融研究，2021（6）：3—12
64	区域创新能力指数体系构建、监测与评价——基于四川省21个地区的研究与实践	张婧，何彬，彭大敏，曾婷	软科学，2021，35（6）：44—51
65	公私合作技术创新网络创新绩效影响因素元分析	周贵川，何亚惠，罗文雪，张黎明	科技进步与对策，2021，38（13）：1—10
66	行政审批制度改革与企业创新投入	何晓斌，柳建坤，张云亮	科研管理，2021，42（7）：40—49
67	个人所得税激励与企业创新	程小可，孙乾，高升好	中国软科学，2021（6）：103—119
68	数字金融、创新投入与企业全要素生产率	冉芳，谭怡	统计与决策，2021，37（15）：136—139
69	云服务供应链多人合作与技术创新决策的两型博弈模型	南江霞，张莉，张茂军，李登峰	系统工程理论与实践，2021，41（7）:1771—1783
70	专利质量对企业绩效的影响研究——技术创新类型的调节作用	宋艳，常菊，陈琳	科学学研究，2021，39（8）：1459—1466
71	“Serendipity”在技术创新中的合法性研究	李天柱，马佳，宋丹荣	科学学研究，2021，39（8）：1528—1536
72	西部地区城市创新与人才集聚互动关系研究	徐彬，刘金华	贵州社会科学，2021（7）：131—138
73	混合所有制改革制度背景下异质性大股东对企业创新投入的影响——基于国有企业和非国有企业的比较分析	狄灵瑜，步丹璐	研究与发展管理，2021，33（4）：152—168
74	基础研究发展对技术创新的影响：基于最优研发结构视角	张龙鹏，钟易霖	科技进步与对策，2021，38（17）：19—25

续表44

序号	篇名	作者	来源
75	风险投资与企业技术创新：产品市场竞争的调节作用	宋竞，胡顾妍，何琪	管理评论，2021，33（9）：77—88
76	企业最优技术创新模式选择研究	王剑文，范莉莉，刘璐	科研管理，2021，42（10）：85—96
77	中国企业“双循环”中开放式创新网络的平衡效应——基于数字赋能与组织柔性的考察	杨震宁，侯一凡，李德辉，吴晨	管理世界，2021，37（11）：184—205
78	中国突破性创新的理论模式与实践研究	陈光，钟方媛，明翠琴，刘凤	软科学，2021，35（10）：22—30
79	贫困治理参与、市场竞争与企业创新——基于上市公司参与精准扶贫视角	岳佳彬，胥文帅	财经研究，2021，47（9）：123—138
80	实体企业金融化对技术创新的影响研究	赵芮，曹廷贵	经济与管理研究，2021，42（9）：62—76
81	“一带一路”国际能源合作创新模式实施保障机制研究	余晓钟，罗霞	科学管理研究，2021，39（5）：160—168
82	中国特色哲学社会科学话语体系构建的创新路径	陈士勇，黄晓利	人民论坛，2021（32）：107—109
83	基础研究投入的创新转化——基于国家自然科学基金资助的证据	叶菁菁，周骁遥，陈实	经济学（季刊），2021，21（6）：1883—1902
84	非控股国有股权对民营企业创新水平的影响研究	韦浪，赵劲松	财政研究，2021（10）：114—128
85	对外直接投资速度、研发国际化与企业创新	陈冬，周慧，吴佳慧	会计与经济研究，2021，35（5）：79—96
86	企业创新与原始股激励——基于创业板上市公司的经验证据	余渡，逯东，杨丹	会计研究，2021（12）：136—148
87	中国共产党领导制定实施经济发展战略的历史变迁研究	任志江，赵德馨	社会科学，2021（2）：145—160
88	我国国有经济使命变迁历程回顾与“十四五”取向	盛毅	经济体制改革，2021（3）：11—17
89	加快完善社会主义市场经济体制的重大理论与实践问题研究	韩文龙，刘璐	政治经济学评论，2021，12（3）：53—77
90	我国地区经济高质量发展的测度及时空演变特征	黄寰，王凡，吴安兵	统计与决策，2021，37（17）：112—117
91	马克思社会再生产理论视阈下中国经济“双循环”新发展格局研究	徐志向，丁任重，张敏	政治经济学评论，2021，12（5）：40—63
92	中国城市群空间结构演化机制与优化路径问题研究——中国特色社会主义政治经济学的视角	姚常成，宋冬林	教学与研究，2021（10）：20—36
93	“两山”价值转化的经济地理思维：从逻辑框架到西南实证	方一平，朱冉	经济地理，2021，41（10）：192—199
94	阿根廷的社会保障与经济发展：回顾与镜鉴	张浩淼	社会保障评论，2021，5（4）：20—37

续表44

序号	篇名	作者	来源
95	金融资源配置水平与经济高质量发展	郭华，罗彤，张洋	统计与决策，2021，37（23）：136—140
96	中国共产党百年经济发展思想研究：研究回眸与展望	蒋永穆，王瑞	社会科学辑刊，2021（6）：132—141
97	人口流动、环境规制与城市经济高质量发展	何雄浪，史世姣	财经科学，2021（12）：78—91
98	美国不确定性对中国经济的时变冲击——基于QBLL－TVP－VAR模型的实证分析	张德园，林宇，侯县平	管理评论，2021，33（12）：71—86
99	西部内陆自由贸易试验区政策实施的经济效应评估——基于HCW法对四川、重庆、陕西自贸区的比较分析	孙海波，陈健生	南开经济研究，2021（6）：70—88
100	平台经济反垄断与保障国家经济安全	吴垠	马克思主义研究，2021（12）：114—121
101	中国农村公共文化服务制度变迁研究——以制度变迁为分析框架	许丹，陈果	社会科学，2021（3）：28—39
102	中国农村公共文化服务制度创新动力分析——基于理性选择制度主义的考察	许丹	行政论坛，2021，28（2）：90—98
103	农村最低生活保障制度对农村收入分配差距的调节效果	蒲晓红，徐咪	新疆师范大学学报（哲学社会科学版），2021，42（3）：130—144

坚定文化自信
推动文化强省建设

- 弘扬社会主义先进文化和革命文化
- 传承发展中华优秀传统文化
- 推进四川历史名人文化研究
- 提升中华优秀文化对外影响力

弘扬社会主义先进文化和革命文化

四川是一片孕育红色基因、富有革命传统的热土，在革命、建设、改革各个历史时期发挥着重要作用，做出了重大贡献。共产党人精神谱系中的许多伟大精神，四川都是重要实践地、凝结地、贡献地和发源地，都带有鲜明的“四川印记”。全省社科界全面贯彻党的十九大和十九届二中、三中、四中、五中、六中全会精神，深入贯彻习近平总书记对四川工作系列重要指示精神，认真落实省委十一届八次、九次全会精神，围绕以爱国主义为核心的民族精神和以改革创新为核心的时代精神，进一步增强道路自信、理论自信、制度自信、文化自信，加大四川社会主义先进文化和革命文化的研究与阐释。

传承与推广

◆弘扬伟大建党精神，加强党史研究与理论研讨

围绕庆祝中国共产党成立 100 周年，四川省社科界紧紧围绕庆祝中国共产党成立 100 周年这条主线，坚持稳中求进、守正创新，坚定不移推动党的创新理论深入人心，围绕中国共产党百年奋斗光辉历程组织开展了一系列重大理论研讨活动，发布了一系列研究课题，推动形成了一批理论成果。

【罗强专题研究提升红色纪念馆展陈有关工作】2021 年 6 月 29 日，罗强副省长召开专题会议，研究进一步提升红色纪念馆展陈有关工作。

罗强指出，党中央高度重视红色资源保护利用工作，2021 年 6 月 25 日中共中央政治局就用好红色资源、赓续红色血脉进行了集体学习，习近平总书记发表重要讲话，为我们做好工作指明了方向、提供了根本遵循。我省是红色资源大省，拥有丰富的红色资源和厚重的红色文化，省委书记彭清华、省长黄强也多次就抓好红色旅游发展和红色纪念馆展陈相关工作作出批示指示。

罗强强调，要深入学习贯彻习近平总书记重要讲话精神，严格落实彭清华书记和黄强省长指示批示要求，全面系统地梳理总结我省红色资源保护利用工作中存在的问题和差距，逐一抓好整改。要对全省红色资源开展一次全面普查，深入开展学术研究，准确梳理呈现重大历史事件清晰脉络。要开展红色纪念馆、景区展陈规范提升专项行动，用 2 个月时间对省级以上红色景区景点、纪念馆、爱国主义教育基地进行一次考察调研，抓紧出台规范红色纪念馆展陈工作的意见。要实施红色旅游三年提升行动计划，大力完善公共服务基础设施，加强对展陈内容、解说词研究审查和讲解员培训，创新展陈方式、提升展陈水平。要重点抓好江姐故里红色教育基地建设项目建设、赵一曼纪念馆陈列展览水平提升工作，加快推进“红军长征在四川”永久性展览馆项目，加大红色精品剧目创作展演，为庆祝建党百年营造浓厚氛围。

【“记录百年党史　感恩伟大时代”主题论坛暨巴蜀方志文化研究中心成立】为热烈庆祝中国共产党百年华诞，深入贯彻落实习近平新时代中国特色社会主义思想和党的十九大精神，系统总结中国共产党成立以来川渝两地党组织团结带领人民不懈奋斗、全面建成小康社会的丰富理论与实践经验，重温党的光辉历史、继承和弘扬党的优良传统，2021 年 6 月 21 日至 22 日，由四川省地方志工作办公室、重庆市地方志办公室、内江师范学院共同主办，四川省地方志学会、内江师范学院社会科学联合会等单位承办的“记录百年党史　感恩伟大时代”主题论坛暨巴蜀方志文化研究中心成立仪式在内江市举行。

【四川省开展长征历史文化研究和传承活动】《四川省人民政府办公厅关于印发四川省“重走长征路·奋进新征程”红色旅游年实施方案的通知》于 2021 年 4 月 8 日发布。方案要求“开展长征历史文化研究和传承活动”，包括：

举办长征文化论坛。组织老红军、老党员和党史研究领域专家学者对长征历史文化进行深入研究，进一步还原历史细节、挖掘历史故事。发布红色旅游创新发展研究课题，支持出版长征文化研究书籍和论文集。

组织红色文献巡展。策划推出“建党百年”系列展陈活动，综合运用红色文献、红色文物、历史图片等资源，通过数字云展播、音像制品、多媒体互动展示等形式，全景再现红军长征在四川走过的艰苦卓绝的革命道路和中国共产党辉煌光荣的历史篇章。

【“长征文化论坛暨第三届彝海学术峰会”召开】2021年5月21日，“长征文化论坛暨第三届彝海学术峰会”在凉山州冕宁县召开。本次峰会由四川省社科院、中共四川省委党史研究室主办，中共冕宁县委、冕宁县人民政府和四川省社科院马克思主义学院承办。来自中共中央党校、中共中央党史和文献研究院、广东警官学院、中共四川省委党校、中共四川省委党史研究室、四川农业大学、西南民族大学、西南石油大学、西华大学、四川旅游学院、成都医学院、四川省社科院、四川省巴蜀画派艺术院、四川能投文化旅游开发集团等单位的专家学者及媒体代表90余人参加了会议。

四川省委省政府决策咨询委员会副主任、四川省社科院党委书记李后强教授出席会议并作“彝海结盟的方法论意义”的主旨发言。彝海结盟体现了党和红军民族工作的创新方法。此次长征文化论坛暨学术峰会以“弘扬长征精神·推进乡村振兴”为主题。与会专家围绕长征精神助力脱贫攻坚基本经验、长征精神引领乡村振兴、彝海结盟史料搜集整理与时代价值、彝海结盟干部学院课程设置及主题教育、长征精神与推动干部教育等8个议题进行了深入研讨。专家学者们在传承红色基因，不忘来时路、走好新时代的长征路，用长征精神强化党员的理想信念，保护红色文化资源及利用红色文化资源进行干部教育等方面达成了诸多共识。“奋斗百年路·启航新征程”，本次论坛暨峰会是一次集中的党史学习教育，凝聚力量，鼓舞人心，同时吹响了奋斗再出发的时代号角。

◆加大保护利用，推动革命文化研究高水平发展

四川省社科界以伟大建党精神和共产党人精神谱系的传承弘扬为使命，进一步观照现实，推动对革命文化的理论探索与发扬创新。积极搭建中国特色社会主义思想研究平台，推动建立“建党精神研究中心”等重点研究基地和“四川党的建设研究团队”等高水平团队。推进长征国家文化公园和四川长征干部学院建设，鼓励文物博物馆机构、高等院校、科研机构开展革命文物保护利用研究，整合文物、党史、军史、教育、档案、地方志等各方面研究力量，加强我省革命文物系统性研究，推出红军长征、川陕苏区文物保护利用研究系列成果。

深度挖掘，加强梳理，实现四川革命文化的建档归类与数字化保护。随着《四川省红色资源保护传承条例》实施，加强革命文物保护立法，探索红色文化遗址遗迹的保护、管理和合理利用，把红色基因和革命精神研究好和传承好。

【《广元市红色革命遗址遗迹保护条例》施行】2021年1月1日起，《广元市红色革命遗址遗迹保护条例》正式施行，这是广元市出台的首部文物保护地方性法规。条例共分为6章41条，按照“保什么、谁来保、怎么保”的思路，确定了保护对象和保护原则，明确了保护责任和法律责任。广元是川陕革命根据地中的核心区域、西部的主战场，红四方面军长征的出发地，红色资源富集厚重。该市现有红色革命重要机构136处、重要会议旧址3处、重要革命人物墓地58处。目前，只有少部分红色革命遗址遗迹列入文物保护单位受《中华人民共和国文物保护法》调整保护。《广元市红色革命遗址遗迹保护条例》的出台，对于加强广元市红色革命遗址遗迹的保护、管理和合理利用、传承红色基因、弘扬革命精神、开展爱国主义教育具有十分重要的意义。

【彭清华调研红色文化建设情况】2021年3月22日至24日，省委书记彭清华前往绵阳市北川县、平武县、江油市、梓潼县、游仙区和科技城新区，调研了解党史学习教育开展情况，督促指导做好“十四五”开局起步工作。他强调，要深入学习贯彻习近平总书记重要讲话精神和全国两会精神，全面落实党中央大政方针和省委决策部署，用好红色资源高标准开展党史学习教育，发挥特色优势奋力推动经济社会高质量发展。

22 日上午，彭清华来到北川老县城地震遗址，深切悼念“5・12”汶川特大地震罹难同胞和在抗震救灾中牺牲的烈士，了解在党中央坚强领导下各级党组织和广大党员干部、群众万众一心、众志成城抗震救灾的伟大壮举。

23 日上午，彭清华来到王右木纪念馆，仔细听取王右木寻求救国良方、传播革命火种的生平事迹介绍，对当地组织党员干部在纪念馆开展读书会、主题党日活动等做法给予肯定。他说，必须挖掘用好这些宝贵财富，教育引导党员干部特别是青少年从中充分汲取红色养分，更好地传承红色基因。

23 日下午，彭清华在梓潼县会议中心召开座谈会，听取市县开展党史学习教育情况汇报并讲话。他指出，要进一步深化在建党一百周年之际开展党史学习教育重大意义的认识，教育引导党员干部深刻认识红色政权来之不易、新中国来之不易、中国特色社会主义来之不易，深刻认识中国共产党为什么“能”、马克思主义为什么“行”、中国特色社会主义为什么“好”，更加坚定“四个自信”，把苦难辉煌的过去、日新月异的现在、光明宏大的未来贯通起来，以更加坚强的意志和定力，去战胜前进道路上的各种艰难险阻，为实现新的奋斗目标不懈努力。要在学懂弄通做实党的创新理论上持续下功夫，知其言更知其义，知其然更要知其所以然，坚持理论联系实际，不断提升改造主观世界和客观世界的能力水平。要用好四川和绵阳的红色资源，讲好党的故事、革命的故事、英雄和烈士的故事，教育引导党员干部坚定信仰信念、加强党性修养，用思想的力量推动实践的创新。要着力解决实际问题，扎实开展“我为群众办实事”实践活动，切实为群众办实事、解难题，做好经济社会发展工作，以改革发展成绩检验学习教育成效。各级领导干部要发挥好示范带动作用，在学党史、讲党史、懂党史、用党史上带好头，深刻汲取历史经验，全面掌握实践要求，不断开创事业发展新局面。

【高质量高标准推进长征国家文化公园四川段建设】2021 年 3 月 16 日，长征国家文化公园四川段建设工作领导小组召开第二次全体会议，深入学习贯彻中央有关精神，落实省委部署要求，研究推动下一步工作。四川省委常委、宣传部部长、领导小组组长甘霖出席会议并讲话，副省长、领导小组组长罗强主持会议。

会议强调，建设长征国家文化公园是习近平总书记亲自部署、亲自推动的重大文化工程。中央作出系列决策部署，省委省政府认真落实中央精神，作出部署安排。要担当担责抓落实，加强省级层面的规划、指导、督促和保障，确保中央和省委的工作部署不折不扣落实到位。要对表对标抓规划，在继续加强对接上下功夫，主动服务于国家规划编制工作，在丰富文化内涵上下功夫，立足长征史实，强化学术支撑，挖掘展示四川长征文化的丰富内涵，在统筹规划体系上下功夫，确保形成整体协同、高质高效的规划体系。要有力有序抓项目，加强项目策划，加快项目实施，严格项目把关，打好关键领域、重点项目攻坚战，用一批实实在在的项目支撑长征国家文化公园建设取得实效。要聚焦聚力抓保障，强化政策支持，突出地方主体，加强协同联动，全力确保各项工作高质量高标准推进，努力把长征国家文化公园四川段建设成为一流工程。

会议听取了领导小组成员单位工作汇报，审议了长征国家文化公园四川段建设实施方案、重点项目和支持政策等。

【四川举办首届长征精神主题论坛】2021 年 6 月 22 日，由省委组织部、中共四川省委党校主办的四川首届长征精神主题论坛在成都举行。四川省委常委、组织部部长、中共四川省委党校校长于立军出席论坛开幕式并致辞，为四川长征干部学院揭牌。

于立军指出，省委坚定贯彻落实习近平总书记“把红色资源利用好、把红色传统发扬好、把红色基因传承好”的重要指示精神，大力挖掘红军长征在四川的丰富资源，把弘扬伟大长征精神与建设红色教育基地、与开展党史学习教育、与提升干部教育培训整体水平紧密结合，实现了党校和学院办学水平双促进、双提升。举办首届长征精神主题论坛，开启了四川长征干部学院联合共建的新征程新起点。

于立军强调，弘扬伟大长征精神、走好新时代长征路，要加强政治建设，始终坚持党的全面领导，确保党中央各项决策部署落地生根。要坚定理想信念，始终沿着正确方向坚定前行，自觉做习近平新时代中国特色社会主义思想的坚定信仰者和忠实实践者。要牢记党的宗旨，始终坚持以人民为中心，在服务群众、造福群众中展现新时代共产党人的良好风貌。要保持昂扬斗志，始终朝着既定目标矢志奋斗，在全面建设社会主义现代化国家的新征程中勇挑重担、再立新功。

本届论坛以“弘扬伟大长征精神、走好新时代长征路”为主题，邀请来自省内外的专家学者围绕长征历史和长征精神开展了学术研讨。在中国井冈山干部学院教学科研部党建研究中心教授刘付春看来，长征精神是井冈山精神与苏区精神的传承赓续，是民族精神的最高体现。原中央党史研究室研究员、中国延安干部学院教学科研部研究员姚金果指出，长征精神也包括在长征研究中坚持实事求是，一切从实际出发的精神。在新时代弘扬长征精神，要更加深刻理解“一切从实际出发，一定要将真实历史研究与新时代长征精神传承相结合。论坛上，两本以“弘扬伟大长征精神，走好新时代长征路”为主题的论文集新鲜出炉，凝聚了省内外长征研究方面专家学者和教研人员的智慧结晶。

【《四川省红色资源保护传承条例》开始实施】为突出红色资源的四川特色、落实红色资源保护传承责任，2021 年 6 月 25 日，四川省十三届人大常委会第二十八次会议表决通过《四川省红色资源保护传承条例》。条例共有 7 章 55 条，将于 2021 年 7 月 1 日起施行。当天下午，省人大常委会举行《四川省红色资源保护传承条例》新闻发布会，邀请省委宣传部、文化和旅游厅、省人大教科文卫委、省人大常委会法工委相关负责人对条例的立法情况、亮点特色、贯彻落实举措等进行发布。

条例要加强革命文物资源调查，建立健全革命文物名录分级公布制。完善革命文物定期排查和日常养护管理制度，切实落实革命文物保护责任人制度，实施责任人公示制。规范革命文物保护标识设置和登记建档，建设革命文物资源数据库。加强各类革命文物征集、收集，鼓励社会捐赠，开展散落民间革命文物的征集、鉴定，组织开展口述史、回忆录等资料采集，整理收集历史音像资料。加强革命文物系统性保护，实施一批革命旧址维修保护重点工程，加大省级及以下不可移动革命文物保护力度。加强馆藏革命文物保护，实施一批馆藏革命文物保护修复、预防性保护、数字化保护重点项目。

【弘扬雪山草地长征精神协商座谈会召开】2021 年 6 月 10 日，由全国政协民族和宗教委员会、四川省政协主办，中共四川阿坝州委、州政协承办，以“保护红色文化，传承红色基因，推动高质量发展”为主题的弘扬雪山草地长征精神协商座谈会在阿坝州松潘县召开。

会议指出，阿坝是以红军长征爬雪山、过草地而闻名的革命老区，孕育了以“艰苦卓绝、长征丰碑”为内核的雪山草地长征红色文化。在庆祝中国共产党成立 100 周年、纪念红军长征胜利 85 周年之际，在全党深入开展党史学习教育的重要时间节点，召开此次会议恰逢其时，意义重大而深远。

会议建议，应深入挖掘红色文化内涵，深入开展党史口述史资料征集，提高红色文化研究水平，讲好长征故事；应切实做好红色资源保护与传承，围绕建设长征国家文化公园，加强对长征文物的征集整理和保护；应重视红色资源的综合开发和利用，将长征文化与生态旅游、民族文化旅游紧密结合，打造红色旅游示范区；应加大政策和资金的扶持，支持革命老区改善基础设施、改善各族群众生活，实现振兴发展，让红色基因永续传承。

会前，全国政协民族和宗教委员会、四川省政协、四川部分市州政协以及阿坝州 13 个县（市）政协组成联合调研组，重走长征路、重温长征史，瞻仰红色遗址、缅怀革命先烈，并就雪山草地长征红色文化保护与传承情况进行了专题调研。

全国政协常委、民族和宗教委员会副主任全哲洙出席会议并讲话。四川省政协副主席李昌平主持会议，全国政协民族和宗教委员会驻会副主任杨小波，教科卫体委员会副主任常荣军及部分少数民族界、宗教界党外委员参加了会议。

【广安成立红色研学联盟】2021 年 3 月 21 日，广安成立红色研学联盟。联盟首批吸纳广安邓园文化旅游发展有限公司、广安文旅集团等会员单位 19 家，聘请邓小平故里“全国优秀讲解员”聂静等 47 人为研学导师。联盟将针对不同年龄段研学者，重点打造研学教育品牌，打造研学旅游精品线路，研发研学课程，编辑研学教材，设置现场教学点近 100 个，涵盖广安境内红色旅游、非物质文化遗产传习、乡村振兴等知名“打卡点”，并以时间线串联。

【2021 年中华经典诵写讲演系列活动启动】2021 年 3 月 24 日，由省委宣传部、省委教育工委、四川省教育厅、四川省语言文字工作委员会联合主办的四川省 2021 年中华经典诵写讲演系列活动正式启动。本次活动以“传承中华经典、弘扬红色文化、感恩党的深情”为主题，通过诵读、书写、讲解、篆刻等多种表达方式庆祝中国共产党成立 100 周年。活动对象包括全省中小学生、大学生、留学生、各行业部门职工、军人。活动分为“诵读中国”经典诵读大赛、“诗教中国”诗词讲解大赛、“笔墨中国”汉字书写大赛、“印记中国”师生篆刻大赛及四川省蜀风诗韵中小学生诗词大会 5 个部分。

【四川省档案馆、重庆市档案馆发布馆藏红色珍档名录】2021 年 5 月 21 日，四川省档案馆、重庆市档案馆在成都携手发布 100 件（组）馆藏红色珍档名录，其中 22%的档案是首次公开。这是川渝两地档案馆首次跨区域联合评选红色档案珍品。这 100 件（组）红色珍档有文书、照片、音视频及实物档案，时间跨度从 1918 年至 2020 年，其中不乏革命志士们留下的遗稿、日记、书信等，革命战争时期出版的珍贵红色刊物，川渝各地地下党组织的架构与活动情况报告以及中国人民志愿军维护和平、反对侵略的英雄事迹档案等。

◆加大社会主义先进文化的研究阐释

四川省社科界立足三线建设精神、“两弹一星”精神等在内的四川先进文化，围绕以爱国主义为核心的民族精神和以改革创新为核心的时代精神，深度挖掘与探索中国共产党人精神谱系中的四川印记，并做好面向大众的多种形式的宣传，为新时代“文化强省”贡献社科思想与理论力量。

【彭清华调研乐山铁道兵博物馆】2021 年 5 月 31 日至 6 月 1 日，省委书记彭清华前往乐山市金口河区永和镇的成昆铁路关村坝站调研铁道兵博物馆。调研中，他仔细端详一幅幅照片、一件件实物，详细了解铁道兵修筑成昆铁路的艰辛岁月和丰功伟绩。在听取乐山市和金口河区开展党史学习教育及“我为群众办实事”实践活动情况汇报时，彭清华强调，领导干部要发挥头雁作用，沉下心来抓好专题学习，突出重点、深入思考，做到学有所思、学有所悟、学有所得。要保护和用好红色资源，加强对红色文化的研究、阐发和宣传，引导广大党员干部不断从党的历史中汲取政治养分，发扬优良传统，凝心聚力为民族复兴和人民幸福而不懈奋斗。省领导王一宏、陈炜，省直有关部门负责同志参加调研。

【黄强调研“两弹城”红色资源保护利用工作】2021 年 3 月 31 日，受省委书记彭清华委托，省委副书记、省长黄强赴绵阳市梓潼县实地调研“两弹城”红色资源保护利用工作，强调要深入学习领会、全面贯彻落实习近平总书记对革命文物工作的重要指示精神，切实加强革命文物保护利用，全力保护传承好“两弹城”宝贵的红色文化遗产，扎实开展党史学习教育，大力弘扬“两弹一星”精神，为治蜀兴川再上新台阶凝聚强大精神力量，以优异成绩迎接建党 100 周年。

梓潼县“两弹城”是中国工程物理研究院院部旧址，是我国继青海之后第二个核武器研制基地的总部，“两弹一星”功勋奖章获得者王淦昌、邓稼先、于敏等多位杰出科学家在此工作和生活过，被评为全国红色旅游经典景区、国防科技工业军工文化教育基地、四川省爱国主义教育基地等。

黄强走进院部办公楼、两弹历程馆、邓稼先旧居、战备防空洞遗址、大礼堂等处，仔细观看相关文物、文献和照片，回顾缅怀老一辈科学家们走过的艰辛历程和取得的丰功伟绩，察看并了解“两弹城”红色资源保护利用情况。

黄强强调，“两弹一星”精神是中国共产党人精神谱系中的重要组成部分，“两弹城”是我们的宝贵财富，是激发全社会“热爱祖国、无私奉献、自力更生、艰苦奋斗、大力协同、勇于攀登”的生动教材，要高度重视，加大力度，狠抓落实，切实把红色文化资源保护好、管理好、运用好。要抓紧成立“两弹城”保护利用和文物资料收集整理工作领导小组，下设若干工作专班，省委宣传部、文旅厅等部门具体指导，市县主要负责人亲自挂帅推动，尽快制定工作方案和保护利用规划，倒排工期、挂图作战。要结合实际实施分级分类保护管理，对危险建筑开展抢救性修缮，对重点文物修旧如旧、恢复原貌、强化保护，对极不协调的非文物设施予以拆除，对符合利用条件的科学开发利用。要加强文献资料和历史文物收集整理，做好内容审核报批工作，规范提升展陈水平，积极对接国家相关部委，不断提升保护层级，深挖红色资源，讲好红色故事，持续擦亮叫响“两弹城”红色旅游名片和党史学习教育品牌。省政府秘书长胡云，省委宣传部、文旅厅和绵阳市负责人等参加调研。

【2021 年春节文化惠民服务活动拉开帷幕】2021 年 2 月 3 日，“文化赶大集留牛过大年”四川省 2021 年春节文化惠民服务活动正式拉开帷幕，由四川省委常委、宣传部部长甘霖出席启动仪式并宣布活动启动。此次活动采取线上互动与线下体验相结合的方式，推出晒春联、秀年饭、云团年、送祝福、闹元宵、游天府、畅观影、享阅读、宅家练、惠民乐等十大春节文化套餐，包括上千场文化活动。此次活动是由省委宣传部会同省委网信办、四川省文化和旅游厅、四川省体育局、四川省广电局等 12 个部门单位精心策划推出。

【四川省社科院神话研究院与四川大学科幻研究院达成合作意向】2021 年 2 月 4 日，“神话与科幻：学术规划暨两院合作”茶话会在成都举行，活动由四川省社科院神话研究院与四川大学科幻研究院共同主办。四川省社科院文艺所所长兼神话研究院副院长艾莲研究员主持开场，分别介绍了神话与科幻的交流背景与现实意义，并就两院合作的基本构想作了阐述。姜振宇博士就设立的四川大学科幻研究院近况作了简要说明，着重介绍了与《科幻世界》等一道参与成都创建“科幻之都”的工作内容。科幻研究院院长李怡教授在发言中从“新神话”与“大文学”概念切入，他强调在今天科技迅猛发展时代，神话的概念已超越了仅代表原始蒙昧的认知，需要和科幻结合起来；科幻的发展也日益超越了仅反映技术演进的阶段，开始进入追溯生命本源和世界本源的想象。徐新建教授以文学人类学视野观照，提出“新科幻”与“新神话”互为前提，并重申了“神话是科幻原型，科幻是未来神话”的观点，然后就彼此交融合作提出了建议方案。向宝云教授从学术研究服务地方发展的智库角度出发，强调了神话与科幻两院联盟的战略意义，就两院合作的平台共建、人才交流等的事项作了阐发，希望在 2021 年尽快启动，根据具体目标落实相关举措，为“神话与科幻”的联合发展作出贡献。

【“2021 年乡村振兴背景下民俗文化铸牢中华民族共同体意识学术研讨会暨第二届民俗文化学术研讨会”举办】2021 年 4 月 16 日至 18 日，由中共得荣县委宣传部、得荣县融媒体中心主办，得荣县文学艺术和社会科学界联合会、得荣县文化广播电视和旅游局、得荣县文学爱好者和民间文化保护协会承办的“2021 年乡村振兴背景下民俗文化铸牢中华民族共同体意识学术研讨会暨第二届民俗文化学术研讨会”在四川省甘孜州得荣县召开，来自北京、西藏、青海、甘肃、四川、云南等地的各民族专家学者结合得荣县的资源特色和地域民族民俗文化特色，作了以“乡村振兴如何铸牢中华民族共同体意识”“民俗文化的重要性与收集方法”“民俗文化节目制作方法”“纳西在汉藏之间：历史经验与未来世代”“康南地区弦子歌舞文化”“民俗文化记录记载方法”“文学创作的技巧与经验”“藏族历史与农耕文化”等为主题的学术报告，围绕铸牢中华民族共同体意识、做好新时代民族工作等展开了深入广泛的探讨与交流。

【川剧发展与成渝地区双城经济圈建设学术研讨会召开】为落实四川省文化和旅游厅、重庆市文化发展委员会提出的《推动成渝地区双城经济圈建设战略合作协议》，推动川渝两地川剧交流与发展，共同打造巴蜀文化区域文化品牌，推动川渝两地文化旅游事业繁荣发展，2021 年 6 月 10 日至 11 日，由四川省川剧理论研究会、四川省艺术研究院、重庆市文化和旅游研究院以及四川省社会科学联合会在成都联合举办“川剧发展与成渝地区双城经济圈建设学术研讨会”。来自川渝两地的川剧表演艺术家和川剧理论研究者共 70 余人围绕“川剧如何适应新时代发展”“川渝双城给川剧带来的机遇”“互联网思维下的川剧”“青年编剧的创作”等主题展开了讨论，四川省社科联、四川省文化和旅游厅代表参加了会议。

四川省川剧理论研究会会长杜建华提出，川渝两地的院团应该加深交流，以川剧的继承和创新来推动川渝文化的建设，同时开发对川渝红色题材剧目的研究和创作。四川省艺术研究院院长陈淳谈道，应该加强川渝地区多方面的合作，共同打造巴蜀文化，以推动文旅事业的繁荣，川剧在这个过程中将迎来新的发展机遇。重庆市文化和旅游研究院院长刘德奉指出，川剧发展一百多年来，不仅有很多优秀作品，也产生了很多研究成果。此次会议将是一个新起点，也是川渝携手开展川剧理论研究的新契机。四川省文化和旅游厅二级巡视员范远泰认为，成渝两地的合作，对于振兴川剧有着巨大的意义。川剧的发展要“拿作品说话”，川剧既要继承经典，也应创新，继续创作像《死水微澜》这样的优秀作品。同时，经过这一次的研讨会，相信“川剧理论先行、川剧评论助力、川剧界团结赋能”一定能够助力川剧发展。

本次研讨会借力成渝双城经济圈建设，推动川剧发展，以川剧的继承创新丰富成渝特色文化建设，探索川剧与成渝旅游市场融合发展的路径，推进川渝地区川剧院团的深度合作。

【“鲁迅与中国新文学的社团时代”学术研讨会举办】2021 年 6 月 19 日至 20 日，中国鲁迅研究会“鲁迅与中国新文学的社团时代”学术研讨会在成都家园国际酒店召开，本次会议由中国鲁迅研究会主办、四川大学文学与新闻学院承办。来自全国各高校、研究机构的百余位专家学者参加了此次学术研讨会。中国鲁迅研究会会长孙郁教授致开幕词。他表示，这次会议拉开了本年度学术研讨的序幕，而“鲁迅与中国新文学的社团时代”则涉及文化史重要节点的丰富内蕴，该主题从社团史的视角出发帮助研究者更好地理解文学史。尤其是从鲁迅与许多青年社团的交往中可以窥见其精神地图的一部分，对我们产生长久的启迪。他还指出，四川是新文学的活跃之地，鲁迅滋育了一大批巴蜀作家，许多鲁迅研究者也于成都写下重要篇章，他由此鼓励学人们继续致力于新文化的建设、拓展思维和审美空间，以“立人精神”促进国家进步和文化繁荣。

【“辉煌创业历程——自贡三线建设专题展”举办】2021 年 8 月 23 日，由自贡市委市政府主办的“辉煌创业历程——自贡三线建设专题展”在自贡三线建设骨干企业长征机床厂开展，生动展示自贡三线建设历史，传承弘扬三线建设精神，凝聚推动自贡超常跨越和高质量发展的强大动力。展览由《前言》《空前壮举》《难忘岁月》《奋斗楷模》《非凡功绩》《重铸辉煌》和《结束语》组成，包含大量三线建设历史信息和时代元素，用大量的文件、实物、图片档案及视频展示历史。

【多维视野下的盐业史融合创新研究学术研讨会举行】2021 年 10 月，盐文化普及基地与云南大学历史与档案学院、中国商业史学会盐业史专业委员会、《思想战线》编辑部、中国盐文化研究中心在云南省昆明市联合举办了“多维视野下的盐业史融合创新研究”学术研讨会。立足盐业改革发展需求，坚持问题导向，把基础研究与应用研究相结合，在盐业史研究理论创新、路径创新、思想创新等不同方面进行了探讨，充分体现了历史学、社会学、民族学、教育学、经济学、文学、考古学、建筑学、生态学等多种学科交叉融合。来自全国 30 余所高校、科研院所、博物馆、盐业机构的 90 余名专家学者参加了会议。

【第二届科学家精神论坛举行】2021 年 10 月 16 日，第二届科学家精神论坛在“两弹一星”干部学院举行，来自中央、省、市有关单位部门、科研院所、干部学院、高校等 56 个单位，近 300 余名领导、专家学者齐聚位于绵阳市梓潼县的“两弹一星”干部学院，以“弘扬科学家精神推动科技自立自强”为主题，为助推科技强国建设开展深入研讨。中新社原副社长、“两弹一星”干部学院名誉院长周秉德指出，绵阳早已是名扬全国的“科技城”，弘扬科学家精神是绵阳光荣而神圣的使命。绵阳又是“两弹一星”艰苦创业的重要基地，是“两弹一星”精神的重要发祥地，蕴藏着丰富的红色资源和红色基因。

【《中国网络文学研究》学术辑刊在四川启动】2021 年 12 月 24 日，面向全国的网络文学理论学术辑刊《中国网络文学研究》在四川启动，该辑刊由中国作协网络文学中心、四川省作家协会和西南科技大学主办，四川省作家协会网络文学中心、四川省网络作家协会、西南科技大学文学与艺术学院承办。中国作家协会副主席、四川省作家协会主席阿来，中国作家协会网络文学中心副主任何弘，西南科技大学党委常委、副校长苏伟洲，成都时代出版社有限公司董事、副总编辑庞惊涛出席活动，来自四川省作家协会和西南科技大学等单位的有关领导、专家学者莅临现场，共同见证了《中国网络文学研究》学术辑刊的启动。

【产业数字化助力民间工艺创新发展高峰论坛举办】2021 年 12 月 25 日，四川文化产业普及基地联合四川文化产业发展研究中心、中国自然辩证法研究会科学与艺术专委会举办了“产业数字化助力民间工艺创新发展·高峰论坛”。论坛以腾讯云视频会议形式召开，设“科学、技术与民间工艺”主旨论坛与“民间工艺创新发展”“产学研融合”“产业数字化与传统文化振兴”3 个分论坛。中国艺术研究院研究员孙建君、清华大学美术学院教授张夫也、清华大学人文学院教授刘兵等国内从事民间工艺研究的高校、科研院所、知名企业专家学者及民间工艺传承工作者，围绕会议主题，深入聚焦产业数字化背景下民间工艺创新发展在实践过程中的经验与问题，共同研讨了民间工艺数字化传承、保护与创新的关键问题及未来走向。

研究阐释与成果

【国家社科基金重大项目】2021 年，四川省获立有关弘扬社会主义先进文化和革命文化主题的国家社科基金重大项目 2 项，具体名单见表 45。

表 45　四川省获立有关弘扬社会主义先进文化和革命文化主题的国家社科基金（2021 年）重大项目名单

序号	项目名称	负责人	工作单位
1	马克思主义美学史	阎嘉	四川大学
2	《汉语大字典》修订研究	雷汉卿	四川大学

【国家社科基金后期资助项目】2021 年，四川省获立有关弘扬社会主义先进文化和革命文化主题的国家社科基金后期资助项目 2 项，具体名单见表 46。

表 46 四川省获立有关弘扬社会主义先进文化和革命文化主题的国家社科基金后期资助项目（2021 年）名单

序号	项目名称	负责人	工作单位
1	社会主义核心价值观大众认同机理研究	易刚	西华师范大学
2	新时代的理论张力	杜黎明	四川大学

【国家社科基金优秀博士论文出版项目】2021 年，四川省获立有关弘扬社会主义先进文化和革命文化主题的国家社科基金优秀博士论文出版项目 1 项，具体名单见表 47。

表 47 四川获立有关弘扬社会主义先进文化和革命文化主题的国家社科基金优秀博士论文出版项目（2021 年）名单

序号	项目名称	负责人	工作单位
1	媒介技术视角下中国 UGC 内容生产方式变迁研究	杨珊	四川大学

【国家社科基金年度项目】2021 年，四川省获立有关弘扬社会主义先进文化和革命文化主题的国家社科基金年度项目 5 项，具体名单见表 48。

表 48 四川省获立有关弘扬社会主义先进文化和革命文化主题的国家社科基金年度项目（2021 年）名单

序号	项目名称	负责人	工作单位
1	川藏、青藏“两路”精神口述史挖掘、整理与研究	郭海龙	西南交通大学
2	对口援藏中铸牢中华民族共同体意识的路径机制及典型案例研究	朱金春	四川大学
3	西南民族地区口头传统中的“同源共祖”观与中华民族共同体意识研究	肖坤冰	西南民族大学
4	新时期以来小说“情感体制”研究	谭光辉	四川师范大学
5	比较文学方法论与话语建构研究（1978—2020）	赵渭绒	四川大学

【国家社科基金西部项目】2021 年，四川省获立有关弘扬社会主义先进文化和革命文化主题的国家社科基金西部项目 3 项，具体名单见表 49。

表 49 四川省获立有关弘扬社会主义先进文化和革命文化主题的国家社科基金西部项目（2021 年）名单

序号	项目名称	负责人	工作单位
1	主流媒体新闻权威的影响模型及重建路径研究	彭剑	四川省社科院
2	重大突发事件中县级融媒体基层舆论认同提升机制研究	周珣	中共四川省委党校
3	长征体育文化资源的辑录及传承利用路径研究	张建	中国民用航空飞行学院

【教育部人文社会科学研究规划基金、青年基金、自筹经费项目】2021 年，四川省获立有关弘扬社会主义先进文化和革命文化主题的教育部人文社会科学研究规划基金、青年基金、自筹经费项目 8 项，具体名单见表 50。

表 50 四川省获立有关弘扬社会主义先进文化和革命文化主题的教育部人文社会科学研究规划基金、青年基金、自筹经费项目（2021 年）名单

序号	项目名称	负责人	工作单位
1	新时代中华体育精神与大学生思想政治教育融合研究	顾春先	成都体育学院
2	智能传播中人机交互的过程、用户感知与心理效应研究	蒋忠波	四川大学
3	中国共产党青年工作的历史考察与基本经验研究（1949—1956）	苏德强	四川大学

续表50

序号	项目名称	负责人	工作单位
4	民族交往交流交融对少数民族铸牢中华民族共同体意识的效果研究	谭林	四川旅游学院
5	马克思“类本质”理论视域下的人类命运共同体思想研究	王延华	四川师范大学
6	翻译家石声汉研究——新中国学术外译先驱	张保国	乐山师范学院
7	社交媒体对少数民族大学生中华民族共同体认同的影响及构建研究	赵丹	西南民族大学
8	成渝地区双城经济圈体育产业协同发展测度与优化策略研究	陈鸥	西华大学

【教育部人文社会科学研究西部和边疆地区项目】2021年，四川省获立有关弘扬社会主义先进文化和革命文化主题的教育部人文社会科学研究西部和边疆地区项目9项，具体名单见表51。

表51　四川省获立有关弘扬社会主义先进文化和革命文化主题的教育部人文社会科学研究西部和边疆地区项目（2021年）名单

序号	项目名称	负责人	工作单位
1	高校推进习近平新时代中国特色社会主义思想大众化研究	向黎	成都大学
2	习近平总书记推进共同富裕的理论创新与实现路径研究	李亚	四川大学
3	党的自身建设引领国家治理现代化的作用机制和实践路径研究	王小鹏	四川大学
4	日本军记物语对中国诗歌的接受研究	邓力	四川大学
5	民族地区城乡职业教育一体化发展的文化模式研究	彭敏	四川师范大学
6	中国各民族戏剧的交往交流交融研究	杨梅	绵阳师范学院
7	改革开放四十年西南雕塑文献整理与研究（1978—2018）	邓喜军	四川师范大学
8	汉语规范化运动与当代文学语言形态研究（1949—1966）	朱姝	四川大学
9	知识社会学视野下中国少数民族书写与当代文学史的关系研究	吴雪丽	西南民族大学

【教育部哲学社会科学研究后期资助项目】2021年，四川省获立有关弘扬社会主义先进文化和革命文化主题的教育部哲学社会科学研究后期资助项目2项，具体名单见表52。

表52　四川省获立有关弘扬社会主义先进文化和革命文化主题的教育部哲学社会科学研究后期资助项目（2021年）名单

序号	项目名称	负责人	工作单位
1	百年来中国共产党人对“五四精神”的纪念、诠释及其价值意义研究	刘宗灵	电子科技大学
2	汉语异形同指现象研究	刘春卉	四川大学

【四川省社科规划重大项目】2021年，四川省资助有关弘扬社会主义先进文化和革命文化主题的四川省社科规划重大项目2项，具体名单见表53。

表53　四川省资助有关弘扬社会主义先进文化和革命文化主题的四川省社科规划重大项目（2021年）名单

序号	项目名称	负责人	工作单位
1	四川长征干部学院历史场境和环境建设研究	裴泽庆	中共四川省委党校
2	四川铁路史（多卷本）	田永秀	西南交通大学

【四川省社科规划重点基地重大项目】2021年，四川省资助有关弘扬社会主义先进文化和革

命文化主题的项目四川省社科规划重点基地重大1项，具体名单见表54。

表54　四川省资助有关弘扬社会主义先进文化和革命文化主题的四川省社科规划重点研究基地重大项目（2021年）名单

序号	项目名称	负责人	工作单位
1	当代网络文学中的传统文化重述调查	李澜澜	西南科技大学

【四川省社科规划年度项目】2021年，四川省资助有关弘扬社会主义先进文化和革命文化主题的四川省社科规划年度项目41项，具体名单见表55。

表55　四川省资助有关弘扬社会主义先进文化和革命文化主题的四川省社科规划年度项目（2021年）名单

序号	项目名称	负责人	工作单位
1	巴蜀现代作家的都市体验研究	胡希东	成都大学
2	尼布尔的社会伦理学研究	黄路苹	四川大学
3	新媒体环境下大运会提升成都形象的传播策略研究	蹇莉	四川省社科院
4	改编电影对中国社会变革的再现（1979—2019）——基于电影社会学视角	王瑛	四川师范大学
5	边缘文化视野下的现代巴蜀人物画图式表达研究	杨小晋	西华师范大学
6	成渝地区双城经济圈建设视域下城市民族工作协同创新研究	张华志	西南民族大学
7	四川涉藏地区地名研究	贡波扎西	阿坝师范学院
8	“一带一路”视域下天府民俗文化网络视频传播范式研究	陈卓	成都理工大学
9	媒介融合视域下四川网络文学的IP内容变现研究	孙婧	成都理工大学
10	基于语料库的天府文化在“一带一路”沿线国家的传播与接受研究	李家元	成都农业科技职业学院
11	汉藏语系语言非作格动词带宾语的类型学研究	吕建军	成都师范学院
12	四川省城市体育文化与城市传播力的融合研究	潘虹燕	成都体育学院
13	羌族传统体育的新时代特征及其文旅融合路径研究	刘涛	成都体育学院
14	分类视角下天府绿道文化承载力评价与文化植入对策研究	唐承林	成都信息工程大学
15	新时代峨眉武术文化创造性转化与创新性发展研究	王亚慧	乐山师范学院
16	成渝地区双城经济圈建设战略背景下巴蜀体育文化走廊构建研究	刘成菊	内江师范学院
17	攀西地区三线建设文学史料的收集与研究（1964—1980）	许见军	攀枝花学院
18	来蓉留学生对四川地域文化适应性研究	周丹	四川大学
19	成都市区近六十年音变研究	何婉	四川大学
20	中国现代美术中四川涉藏地区“社会肖像”研究	黄凌子	四川大学
21	“一带一路”语境下的敦煌壁画艺术功能转变与活化实践研究	张令伟	四川大学
22	四川长征文化资源涵养共产党人初心使命的长效机制研究	单孝虹	四川省社科院
23	从“书同文”到“语同音”：语言文字规范统一与文化认同	汤洪	四川师范大学
24	当代中国电影中的西方形象建构研究	闫新	四川师范大学
25	“文化强省”视域下四川“灾后重建”的影像表现与人文价值	黄颖	四川师范大学
26	四川广元“凤舟竞渡”与地域社会变迁研究	李凌	四川师范大学

续表55

序号	项目名称	负责人	工作单位
27	新时代川派文艺评论美学特质研究	李立	四川文化产业职业学院
28	巴蜀文化与中国钢琴音乐发展研究	王文	四川音乐学院
29	基于公共空间的汶川地震灾难记忆数字化重建及对策研究	叶茂	西华大学
30	西南民族地区乡村教师乡土文化自信培育研究	王小红	西华师范大学
31	同胞冲突及其解决：家庭子系统的影响	曹晓君	西华师范大学
32	习近平生态文明思想的国际传播研究	王小蓉	西华师范大学
33	禹羌文化蕴含的中华民族共同体意识及价值研究	吕雪梅	西华师范大学
34	后脱贫时代大小凉山彝族地区语言服务体系构建研究	朱力	西华师范大学
35	当代中国彝族与美国印第安抒情诗叙事比较研究	周芸芳	西华师范大学
36	四川省“逆行者”英雄群体的媒介特征、精神内涵与文化功能研究	杜敏	四川大学
37	从历史人物到文艺典型：革命先辈江姐形象建构与传播研究	孙化显	四川大学
38	当代成都新媒介视觉文化研究及其后疫情前瞻	王陌潇	四川大学
39	图像时代文学理论革新研究	付骁	西华大学
40	四川小提琴家群体审美意识的建构	蒲力华	西华师范大学
41	铁路与成渝经济社会变迁研究	曲成举	西南财经大学

【四川省社科规划“宣传阐释习近平总书记在庆祝中国共产党成立100周年大会上的重要讲话精神”重大项目】2021年，四川省资助有关弘扬社会主义先进文化和革命文化主题的四川省社科规划“宣传阐释习近平总书记在庆祝中国共产党成立100周年大会上的重要讲话精神”重大项目6项，具体名单见表56。

表56　四川资助有关弘扬社会主义先进文化和革命文化主题的四川省社科规划“宣传阐释习近平总书记在庆祝中国共产党成立100周年大会上的重要讲话精神”重大项目（2021年）名单

序号	项目名称	负责人	工作单位
1	中国特色社会主义创造人类文明新形态研究	胡芳	四川大学
2	发扬斗争精神的重大意义和实践要求研究	冯兵	四川大学
3	伟大建党精神的生成逻辑及传承理路研究	单孝虹	四川省社科院
4	全人类共同价值的国际传播研究	薛新国	西华大学
5	中国共产党开创中国式现代化新道路研究	任志江	西南财经大学
6	全人类共同价值的理论与实践研究	林伯海	西南交通大学

【多篇理论文章在《四川日报·思想周刊》发表】2021年，四川学者积极在《四川日报·思想周刊》发文，助力弘扬社会主义先进文化和革命文化，部分文章名单见表57。

表57　四川学者在《四川日报·思想周刊》发表的弘扬社会主义先进文化和革命文化文章部分名单（2021年）

序号	篇名	作者	单位
1	新时代如何增强文化自信？	董朝霞	四川师范大学

续表57

序号	篇名	作者	单位
2	加快建构红色资源概念　明确使用管理职责	张立哲	中共四川省委党校
3	从四个维度学习长征故事	杨丽梅	中共四川省委党校
4	持续推进文化强国建设　不断提升文化软实力	林伯海	西南交通大学
5	建议在四川建设长江国家文化公园	李后强	中共四川省社科院
6	把红色精神永远传下去	曾大军	中共四川省委党校
7	伟大抗震救灾精神在四川的铸就、弘扬和传承	谢海彬	中共四川省委党校
8	学习“两路”历史　弘扬“两路”精神	任思奇，李后强	中共四川省委党校，四川省社科院
9	文艺工作要以人民为中心——重温《在延安文艺座谈会上的讲话》	周敏	四川大学
10	建文化强省旅游强省　为何须系统提升“五力”?	李后强	四川省社科院
11	多层传播　提升巴蜀消费知名度美誉度	蹇莉	四川省社科院

【《社会主义发展简史》出版】由四川大学马克思主义学院名誉院长张磊教授、曹萍教授牵头的中央马克思主义理论研究和建设工程重大项目暨国家社科基金重大项目“社会主义发展史”顺利结项，研究成果《社会主义发展简史》由中宣部审定，2021年8月在全国出版发行，该书被列为全国党史学习教育重要参考材料。

传承发展中华优秀传统文化

中华优秀传统文化承载中华民族的基因和血脉，巴蜀优秀传统文化是中华优秀传统文化的重要组成部分。推动中华优秀传统文化（尤其是巴蜀优秀传统文化）的研究阐释和创造性转化、创新性发展，对坚定文化自信、推进文化强国及四川文化强省建设具有重要意义。

文化活动

◆加强成渝合作，传承冷门“绝学”，发掘中华优秀传统文化中的当代价值

落实中央和省委关于传承发展中华优秀传统文化重大决策部署，立足巴蜀文化的源流脉络、内含特点、资源禀赋，持续推进中华文化基本问题研究，实现中华优秀传统文化研究平台化、体系化和数字化发展。持续推进四川历史名人研究，推动冷门“绝学”传承与研究，持续推动四川大学中华文化研究院等省重点中华文化研究院建设，持续推动古文字与先秦史研究中心、简帛与石刻文字研究中心、三星堆文化与青铜文明研究中心等研究基地建设，持续推动四川道教与中华文化传承传播研究团队等高水平研究团队建设，形成体系化的研究阐释格局。

确保冷门“绝学”代有传承。加大先秦史、古文字学、中医医史文献等对文明传承具有战略性、储备性、长远性的冷门“绝学”的支持力度，推动相关学科领域形成结构合理的人才梯队，形成稳定的学术团队和研究方向，支持四川大学恢复重建古文字学研究团队、四川师范大学建立简帛研究团队、成都中医药大学建立天回医简研究团队。

从文化角度助力成渝地区双城经济圈建设。四川和重庆合作推动巴蜀文化旅游走廊建设，联合举办巴蜀文化论坛，并在文化学术交流、非遗保护、考古发现与文物保护上实现合作共建与共同传承。“川渝地区巴蜀文明进程研究”被纳入“考古中国”重大项目。

不断发掘中华优秀传统文化中的当代价值。为强化巴蜀文化精神标识，加强非物质文化遗产的保护与研究，设立首批非物质文化遗产保护传承基地，规划单独编制的历史文化名城。持续推动包括川茶、川酒、川盐等四川特色文化研究，助推四川特色文化的阐释与传播。

【成渝地区双城经济圈巴蜀文化学术交流会举办】2021年1月28日至29日，为助力成渝地区双城经济圈建设，强化巴蜀文化精神标识，落实落细《深化四川重庆合作推动巴蜀文化旅游走廊建设2020年重点工作》和《重庆市文物局四川省文物局成渝地区双城经济圈文物保护利用战略合作协议》精神，重庆市文化遗产研究院邀请四川省文物考古研究院、成都文物考古研究院共同组织成渝地区双城经济圈巴蜀文化学术交流会，会议共分为巴蜀文化学术交流会和重庆考古业务科研报告会两大板块，通过线上和线下方式同步进行。来自成渝两地的10名考古学者围绕成渝地区巴蜀文化研究、西南地区汉文化传播、宋元（蒙）山城防御体系等主题分享了最新考古发现和研究成果；重庆市文化遗产研究院文物考古研究所、建筑遗产研究所、文物修复保护所、保管部、文物信息中心等业务部门的12名专业技术人员，分别围绕考古发现研究、文物修复保护、古建保护研究等主题进行报告，达到了总结收获、分享成果的目的。

【川渝将共建非遗保护传承体系】2021年3月30日，成渝地区双城经济圈非遗保护共建合作工作座谈会在遂宁举行。会上，四川省非物质文化遗产保护中心和重庆市非物质文化遗产保护中心签署《推动成渝地区双城经济圈非物质文化遗产保护共建合作框架协议》，双方将围绕加强资源整合、推进合理利用、培育非遗品牌等多个方面合作，共同构建川渝两地非物质文化遗产保护传承体系，共同推动川渝两地非物质文化遗产保护、传承、利用和发展。根据协议，双方将成立巴蜀非遗保护专家委员会（联合工作小组），每半年在两地轮流举行专家会议，交流学术研究成果，研讨非遗保护政策建议。

加强资源整合方面，双方将建立非遗保护联动机制，共同推动川剧、川菜、蜀锦、蜀绣、石刻等两省市同根同源非物质文化遗产项目的研究梳理和保护传承。此外，两地将合作开展非遗传播、展览展示、人才培养、学术研究、非遗招商及非遗扶贫等方面重点项目，推进双城经济圈内优秀传统文化区域性、整体性保护。

推进合理利用方面，两地将加大“非遗”生产性保护、衍生品开发、文化产业相结合等方面合作力度，培育一批非遗特色产业，构建非遗产业链，助推形成一批知名品牌。同时，搭建文化产业交流合作机制，共同打造非遗产品综合展示交易平台。建立与非遗相关的特色文化产业重大项目推进联动机制和川渝特色文化产业重大项目库。

培育非遗品牌方面，双方将整合川渝两地非遗特色文化旅游资源，共同开发并推出有特色、有市场竞争力的川渝两地一程多站非遗旅游线路。同时，两地将全面赋能“巴蜀文脉”人文旅游、“巴蜀风韵”民俗旅游、“巴山蜀水”生态康养等十大巴蜀特色优势产业集群。

【巴蜀文化论坛举行，达成“成都共识2021”】2021年5月8日，由中央社会主义学院、四川省社会主义学院和重庆社会主义学院联合举办的“巴蜀文化论坛”在蓉召开。来自四川省内外各高等院校、科研机构、全国社院系统单位、全省统战系统、各民主党派四川省委及省工商联的260余位代表参加了论坛。

四川省委常委、统战部部长田向利出席论坛作主旨演讲时指出，文化是民族的血脉，是人民的精神家园。巴蜀文化样态丰富多彩、文化遗存璀璨夺目、文化大家代代辈出、文化习俗多姿多彩、统战文化灿烂辉煌，是中华文化的重要组成部分。要进一步坚定文化自信，弘扬巴蜀文化，为全面建设社会主义现代化四川、实现中华民族伟大复兴提供强大精神支撑。

田向利强调，要以文凝心，建好共有精神家园，把巴蜀优秀传统文化的继承和发展融入社会主义精神文明建设、融入社会主义道德建设、融入中华民族共同体意识教育，不断巩固团结奋斗的共同思想政治基础。要以文聚力，服务文化强省建设，准确把握新发展阶段特征，深入贯彻新发展理念，积极融入新发展格局，更好构筑巴蜀精神、创造巴蜀价值、展现巴蜀力量。要以文塑统，推动文化统战建设。发挥巴蜀文化感染力、整合力、融汇力、教化力，提升统战工作、壮大统战事业，寻求最大公约数，画出最大同心圆。要以文为媒，促进文明交流互鉴，携手共同丰富和发展人类文明，不断厚植人类命运共同体的人文基础。

当日，与会代表共同达成并发布了《巴蜀文化论坛·成都共识 2021》。该共识围绕巴蜀文化传承与创新，提出“助力中华文化复兴新格局、倡导民族文化交融新风尚、开拓中外文明交流新气象、促进巴蜀地域文化新发展、打造巴蜀文化表达新载体、营建巴蜀文旅走廊新环境、共创美好文化城市新生活”等鲜明主张，倡议共同携手彰显巴蜀人文之韵，绽放人类多彩文明，为铸牢中华民族共同体意识，树立中华文化自信增添助力。

【第二届成渝历史与文化双城论坛举行】2021 年 4 月 16 日至 18 日，为推动“成渝地区双城经济圈”建设和重庆、成都两个国家中心城市文化建设与发展，提升成渝城市文化的世界影响力，成都历史学会、重庆地方史研究会、中共成都市委党校、成都市社会主义学院、成都市中华文化学院、四川大学城市研究所、重庆市历史学会等单位在中共成都市委党校联合主办了第二届“成渝历史与文化双城论坛”。中共成都市委党校常务副校长屠火明，重庆市地方史研究会会长、西南大学马克思主义学院教授周勇，成都市历史学会秘书长、四川大学历史文化学院副院长鲍成志分别在论坛开幕式上致辞，充分肯定了成渝两地历史文化学界携手共建学术共同体的重要意义，高度评价了历史文化视野的研究对“成渝地区双城经济圈”建设的巨大作用，并对两地学者长期的合作交流寄予厚望。

论坛以成渝历史文化与成渝地区双城经济圈建设为主题，在大会的主题发言环节，成都市历史学会会长、四川大学城市研究所所长何一民教授从全球化、历史、地理、经济、文化等多维度论证了中央建设“成渝地区双城经济圈”战略决策的科学性和正确性，提出必须统一认识，提高政治站位，将双城经济圈建设成为具有国际竞争力的高质量增长极和动力源；周勇教授畅谈了“成渝双城历史文化论坛”的由来与理念，提出要在专深研究成都史、重庆史的基础上，构建成渝城市区域史，推动整个成渝地区双城经济圈城市群的研究，并对“十四五”期间“成渝历史与文化双城论坛”的学术主题进行了前瞻性规划；成都市历史学会副会长、成都市社科院经济研究所所长尹宏研究员则在阐释文化体育旅游产业融合的内涵特征和机制模式的基础上，以西部超大城市成都为例，探讨了新时代文化体育旅游产业融合的城市路径。

来自四川大学、西南民族大学、西南交通大学、西南政法大学、西南大学、四川师范大学、重庆师范大学、成都信息工程大学、成都大学、重庆市三峡博物馆、四川省社科院、成都市社科院、中共成都市委党校、中共重庆市委党校、重庆地方史研究会、成都市社会主义学院、成都市中华文化学院、成都历史学会、重庆市历史学会等单位的 80 余名专家学者，分别就成渝地区的历史文化特质与城市发展、近代以来成渝两地城市发展历程、共和国时期成渝地区的交通、工业与城市发展、新时期双城历史文化资源与文体旅产业融合，以及双城战略中的政府合作机制和学术共同体的打造等问题展开了广泛深入的交流。

【四川省民协向重庆捐赠走马镇民间文学三集成史料】2021 年 3 月 9 日，走马镇民间文学三集成史料捐赠仪式在重庆市非物质文化遗产保护中心举行。四川省民协捐赠了走马镇民间文学三集成史料，包括民间故事手稿、录音带、照片、采录卡片等原始资料，以使这些史料不被毁损，得以长期保存，使之更好地服务于新时代的文化建设。此次捐赠是成渝双城经济圈建设文艺先行的举措之一，也是川渝两地文艺界共同传承发展中华优秀传统文化、记录保留珍贵民族文化记忆的最好见证。

【川渝共同成立巴蜀方志文化研究中心】由川渝共建的巴蜀方志文化研究中心于 2021 年 6 月

22 日在四川省内江市揭牌成立。这一以巴蜀方志文化研究为特色的跨学科、跨领域平台，将为成渝地区双城经济圈建设贡献文化力量。地方志是延续中华文脉、传承优秀传统的重要载体。巴蜀方志文化研究中心由四川省地方志工作办公室、重庆市地方志办公室联合内江师范学院共同建设。三方将以“汇以致用、传承创新”为原则，将地方志“存史、育人、资治”三大功能定位与当代高校人才培养、科学研究、社会服务、文化传承创新和国际交流合作五大职能紧密结合，在地方志理论研究、巴蜀旧志整理、地情文献编纂、巴蜀文化阐释、地域文化资源开发利用、青少年地情教育等方面形成合力，更好地服务成渝地区双城经济圈建设。

【《中华续道藏》编纂出版工程 2021 年第一次工作会议举行】2021 年 3 月 18 日，“《中华续道藏》编纂出版工程 2021 年第一次工作会议”在四川大学举行，会议由四川大学道教与宗教文化研究所所长盖建民教授主持。中国道教协会副会长张高澄道长，中国道教协会李寒颖秘书长，四川大学党委常委、副校长姚乐野教授，《中华续道藏》执行主编暨首席专家、四川大学杰出教授詹石窗先生，宗教文化出版社史原朋总编辑，巴蜀书社资深编审施维先生，四川大学社科处副处长张洪松教授，以及四川大学道教与宗教文化研究所党政班子主要成员、《中华续道藏》编纂专门委员会工作组成员等 30 余人参加了会议。首席专家詹石窗代表《中华续道藏》编纂专门委员会，作 2020 年度工作报告。他汇报了各个团队 2019—2020 年的文献搜集情况。2019 年，由于整体编纂方案有所变动，“原始珍本编”调整为 12 辑，每辑 80 册，“精华点校编”保持 108 册，新增《道教教义思想的当代诠释》1 卷、《中华续道藏提要》4 卷。詹石窗表示，编纂专门委员会将同心协力，勇往直前，确保圆满完成任务。

【多学科系统性开展《考古五粮液》研究项目】2021 年 3 月 20 日至 22 日，由四川省文物考古研究院主办，四川大学考古文博学院、成都文物考古研究院、宜宾市博物院共同合作开展的“考古五粮液”研究项目考古发掘阶段性工作总结暨专家研讨会在四川宜宾市召开。中国人民大学国学院教授、中国秦汉史研究会顾问王子今，中国社科院考古研究所研究员、中国考古学会公共考古专业指导委员会主任王仁湘，中国汉画学会副会长、四川博物院首席专家魏学峰，四川省政协副秘书长赵川荣，江西景德镇御窑博物院院长江建新，江西省文物考古研究院研究员杨军，四川大学考古文博学院副院长李映福，成都市文物考古研究院研究员陈剑，以及宜宾市文博系统相关领导等近 40 人参加了会议。专家研讨会上，项目专家组组长王仁湘表示：在本阶段，我们看到了阶段性成果，有了重大发现。在利用多学科合作方式开展综合研究的基础上，为中国酒业考古开拓了新方向。项目组专家魏学峰表示：项目从启动至今，已有阶段性的成果，在宜宾城区内发现了与酿酒有关的遗址遗存，并在发掘过程中出土了大量与酿酒有关的文物。项目组专家江建新表示：在本阶段发掘出土的瓷器的断代上，可结合科学手段进一步分析，对其年代进行更加精准的判定。与会专家对阶段性发掘工作给予高度肯定，成果不仅丰富了宜宾地区酒业发展历史的研究，还为溯源中国蒸馏酒历史提供了有力实证。

【武汉大学西迁乐山历史文化保护利用启动】2021 年 3 月 26 日，武汉大学西迁乐山历史文化保护利用启动暨乐山文庙博物馆揭牌仪式在乐山市文庙举行。武汉大学、乐山市人民政府、乐山师范学院共同发起成立“武汉大学西迁历史文化保护研究中心”，旨在充分挖掘、保护和传承武汉大学西迁乐山的历史文化和精神价值，永久保护武汉大学西迁旧址，永续传承武汉大学“乐山精神”，谱写新时代武大乐山携手奋进新篇章。

【中国川派餐饮文化品牌建设与国际传播学术研讨会举办】2021 年 4 月 25 日，由四川省食品发酵工业研究院、四川轻化工大学、四川旅游学院联合主办的中国川派餐饮文化品牌建设与国际传播学术研讨会在成都召开。会议形成了大力弘扬川派餐饮文化、提升川派餐饮内涵及品牌高度和国际竞争力及影响力、打造川派餐饮经济新增长极的共识。研讨成果形成专题报告呈送四川省商务厅和省上其他相关部门。

【重修《汉语大字典》高端学术论坛召开】 2021年7月10日，由四川大学文学与新闻学院主办的“重修《汉语大字典》高端学术论坛”在成都召开，来自全国高校的30余位专家学者参加了本次学术论坛。四川大学党委常委、副校长姚乐野教授认为，经川、鄂两省300余位专家连续奋战15年编纂的《汉语大字典》，是新中国成立以来汉字形音义收录最完备、规模最大的一部汉语字典，当前在充分研究的基础上对《汉语大字典》进行修订是时代赋予我们的重大使命。四川大学文学与新闻学院院长李怡教授指出，任何一部大型辞书都有着时代与历史的局限性，最近30年国内外汉语言文字学发展迅猛，有必要在充分汲取学界成果的基础上，组织专家充分讨论，为今后的修订工作奠定坚实的基础。年届93岁高龄的向熹教授指出，我们国家从站起来到富起来再到现在强起来，历经72年，而我国的字典辞书发展与国家发展历程有某种意义上的一致性。四川大学文科杰出教授项楚先生致辞中回忆了45年前第一次参加四川省《汉语大字典》编纂会议的场景，表明自己对《汉语大字典》有特别的情感，如今有机会再与《汉语大字典》再续前缘，深感荣幸。本次学术论坛共进行了4场主题报告会，19位专家分别从各自的研究出发作了精彩的主题报告。

【中国音韵学第21届学术研讨会召开】 2021年8月21日至22日，由西南交通大学主办，西南交通大学人文学院、西南交通大学出版社、巴蜀书社、《西南交通大学学报》（社会科学版）联合承办的“中国音韵学第21届学术研讨会暨汉语音韵学第16届国际学术研讨会”以线上线下结合的方式在成都召开。四川省政协副主席赵振铣、四川省委宣传部副部长周青、西南交通大学副书记桂富强、西南交通大学文科建设处处长张雪永、西南交通大学人文学院副院长沈如泉等领导出席了开幕式并致辞。著名学者北京大学郭锡良、四川大学赵振铎、四川大学向熹、南京大学鲁国尧等教授为开幕式致辞。会议讨论所涉内容包括老一辈音韵学家学术思想研究、音韵学专题研究、音韵学与汉语方言研究、音韵学与少数民族语言研究、音韵学与古籍整理研究、音韵学与古代文学研究、音韵学与地方志文献研究、中国古典文献学研究等多个方面。

【四川省教育厅批准建立第一批全省高校重点中华优秀传统文化学院】 2021年3月8日，四川省教育厅发布《四川省教育厅关于印发第一批全省高校重点中华优秀传统文化学院等名单的通知》，该项目是为了深入学习贯彻习近平新时代中国特色社会主义思想，落实中央和省委关于传承发展中华优秀传统文化重大决策部署，推进构筑四川教育“鼎兴之路”重点任务，最终确定第一批全省高校重点中华优秀传统文化学院（培育项目），全省共计10个，具体名单见表58。

表58　第一批全省高校重点中华优秀传统文化学院（培育项目）名单

序号	名单
1	乐山师范学院乐山传统文化学院（培育项目）
2	攀枝花学院中华传统文化学院（培育项目）
3	成都工业学院中华传统文化学院（培育项目）
4	成都师范学院中华传统文化学院（培育项目）
5	成都艺术职业大学中华传统文化学院（培育项目）
6	四川文化艺术学院中华传统文化学院（培育项目）
7	四川大学锦城学院中华传统文化学院（培育项目）
8	四川电影电视学院中华传统文化学院（培育项目）

续表58

序号	名单
9	四力长江职业学院长江书院（培育项目）
10	四川天一学院中华传统文化学院（培育项目）

【手工业考古·黄骅论坛举办】 2021 年 9 月，盐文化普及基地与河北海盐博物馆联合承办学术研讨会在河北黄骅市举行。北京大学、中国社科院、国家文物局考古研究中心、中国国家博物馆等 30 余家高校和科研单位及地方文化研究机构、文博系统内专家代表 50 余人参加了会议。会议对盐业考古新发现与研究、馆藏盐业文物研究、盐业考古理论与方法、盐业考古与手工业考古等多领域的发展与研究起到了重要作用。

【中华道统思想的当代价值学术研讨会举办】 2021 年 10 月 15 日至 17 日，四川省朱熹研究会承办了由国际儒学联合会、四川师范大学主办的“中华道统思想的当代价值”学术研讨会，并邀请专家做了 3 场系列讲座，收到会议论文 54 篇。来自四川大学、中国人民大学、首都师范大学、西南财经大学、西南民族大学、西南石油大学、西华师范大学、海南师范大学、四川省社科院等国内知名高校、研究机构的 80 余名专家学者围绕“中华道统思想与当代社会发展的理论与实践”“中华道统思想中蕴涵的不同于西方价值的中华文明价值与中国文化精神”“执中、中道思想的当代价值”“重仁义、尚礼乐思想的当代价值”“行王道、黜霸道思想对构建人类共同体的价值与意义”等议题进行充分讨论与深入交流。

【骈文国际学术研讨会暨第七届中国骈文学会年会召开】 2021 年 10 月 22 日至 24 日，由西南交通大学人文学院、中国骈文学会主办的“骈文国际学术研讨会暨第七届中国骈文学会年会”在成都召开。本次会议采用线下线上相结合的方式同步进行。中国骈文学会会长、南京大学文学院教授曹虹亲撰对联。中国骈文学副会长、广西师范大学文学院教授莫道才代表学会致辞。这是中国骈文学会成立以来首次在西南地区举办年会，对推动骈文研究尤其是带动西南地区骈文研究将产生积极影响。

【省委宣传部专家组考察“中华盐文化研究院”建设工作】 2021 年 11 月 26 日，省委宣传部专家组到四川轻化工大学考察“中华盐文化研究院”建设工作。四川轻化工大学校党委书记王洪辉、自贡市委宣传部部长唐杰出席在该校举行的“中华盐文化研究院建设汇报会”并作表态发言。省委宣传部专家组在自贡市盐业历史博物馆了解了“井盐科技史”及历年来开展的各类盐文化传播推广活动情况，在中国盐文化研究中心通过资料和实物了解了盐文化各方面的科学研究成果、获奖及学术研讨交流活动情况。

【首届中华国术传承与发展高端学术论坛举办】 2021 年 12 月 11 日，由成都体育学院主办、成都体育学院中华国术院承办的首届中华国术传承与发展高端学术论坛开幕式在成都体育学院举行。四川省委宣传部文化传承发展处负责人黎红勇，四川省教育厅科学技术与研究生教育处处长贺羽，四川省社科联规划评奖处负责人赵静，以及业界相关专家学者应邀参会。会议以“传承·守正·创新”为主题，设 1 个大会主论坛，6 个分论坛，采用“线上+线下”结合的形式举办。大会主报告环节，成都体育学院首席教授、博士生导师郝勤教授及湖北大学琴园学者特聘教授、国家体育总局武术研究院专家委员会专家、博士生导师、中国武术九段蔡仲林教授分别作了题为“‘国术’的前世今生：一种文化符号的重生与解读”“体教融合背景下武术进学校的机遇与挑战”的主题报告。本次论坛展示了中华国术的研究成果，探讨了中华国术的未来发展方向。首届中华国术传承与发展高端学术论坛的成功举办为成都体育学院中华国术院学术品牌的创建奠定了基础，为中华国术的传承与发展以及国内外中华国术的交流互鉴搭建了重要的平台。

【数字宗教学与智库发展论坛举办】 2021年12月18日，“数字宗教学与智库发展论坛”在成都召开。论坛由教育部人文社会科学重点研究基地四川大学道教与宗教文化研究所主办，采取线上线下相结合的形式进行。会议发起“数字宗教学与智库发展联盟倡议”，联盟立足宗教学专业，旨在充分整合宗教学学科力量，为完善宗教学知识体系贡献力量，充分发挥智库功能。中国宗教学会会长、中国社科院世界宗教研究所所长郑筱筠研究员作了题为“加强马克思主义宗教学学科建设，发挥好智库作用”的主题报告。她指出，习近平总书记强调要加强“三支队伍”建设，并提出了明确要求，指明了具体方向。主题报告后，论坛进入专场讨论阶段。与会学者分别就加强马克思主义宗教学学科建设、“宗教学”学科的内涵与边界、南亚宗教安全与治理、卿希泰先生道教学术研究中的马克思主义底色、数字宗教、道教传世文献与田野文献的数据库建设等议题进行了分享与讨论。

【四川大学携手阿里、伯克利发布“汉典重光”中国海外古籍“数字化回归”平台】 2021年5月18日，由四川大学、阿里巴巴集团公益基金会、美国加州大学伯克利分校联合发起的“汉典重光”海外古籍数字化回归与研究整理平台在北京发布。本次首批回归了原藏于伯克利的20万页古籍善本，包含40余种珍贵宋元刻本、写本，明清至民国时期著名学者钱谦益、翁方纲、王韬的抄本、稿本，以及著名藏书楼嘉业堂、密韵楼的抄本，还有清文澜阁《四库全书》零本等。开幕式上，中国科学技术协会副主席、书记处书记孟庆海，中国国家图书馆副馆长、国家古籍保护中心副主任张志清分别致辞。开幕式后，与会专家学者召开了学术讨论会。

【峨眉武术论坛暨第三届内江武学研讨会举办】 2021年12月8日，由内江师范学院、内江市体育局、内江市武术协会主办，全国普通高校中华优秀文化传承基地（峨眉武术）、峨眉武术社科普及基地、峨眉武术文化学院、内江师范学院体育学院承办的“峨眉武术论坛暨第三届内江武学研讨会”在峨眉武术馆举行。峨眉武术基地养生团队和武术队成员进行了武学文化和技术展示，四川省武术协会副主席尤再清先生作了题为“峨眉格斗术之我见”的学术讲座，与会嘉宾围绕武学传承、武学发展、拳理和技击理论等进行了交流切磋。内江师范学院党委副书记、校长陈晓春，内江市体育局副局长刘若义，四川省武术协会副主席尤再清，内江市武术协会主席罗国建等领导和嘉宾出席了会议。

◆加强区域探索，挖掘各民族优秀传统思想资源，铸牢中华民族共同体意识

不断发掘中华优秀传统文化中的当代价值。深入梳理各民族历史与优秀传统思想资源，充分发挥藏羌彝文化走廊的资源优势，持续加强对民族地区的社会历史、哲学宗教、语言文字等的研究，深入梳理各民族历史与优秀传统思想资源，深化铸牢中华民族共同体意识研究。

【中国民族史学会第七届“边疆·民族·历史”青年学者论坛举办】 2021年4月17日至18日，由中国民族史学会主办，四川大学历史文化学院、四川大学中国藏学研究所、四川大学铸牢中华民族共同体意识研究基地承办的第七届“边疆·民族·历史”青年学者论坛在四川大学召开。本次论坛的主题是“从东北到西南：明清时期半月形地带的区域、族群与社会”。来自全国高校和研究机构的29名专家学者参加了本次论坛。中国民族史学会副会长、四川大学中国藏学研究所副所长石硕教授致辞，他回顾了童恩正先生提出的“半月形文化传播带”，认为其极具学术价值和现实意义。因此，本次论坛以明清时期半月形地带为主题，讨论从东北到西南的区域、族群与社会，非常有建设性意义，既有详细、扎实的个案研究，又体现了整体的、宏观的视角，做到了既能见树木，又能见森林，能够对“半月形文化传播带”的研究有所推进。最后，石硕教授鼓励年轻学者充分交流、充分讨论，以期能够产生共鸣，并在研究方法、理论层面凝聚共识。

【中国少数民族优秀传统思想资源与铸牢中华民族共同体意识高端论坛举行】 2021年4月23日至25日，“中国少数民族优秀传统思想资源与铸牢中华民族共同体意识”高端论坛在成都举行。西南民族大学党委常委、副校长尔古打机，中国少数民族哲学及社会思想史学会顾问、中央民族大学哲学与宗教学学院博士生导师佟德富，中国社科院哲学研究所博士生导师何成轩，中共中央党校督学、中国现代哲学研究会会长乔清举，第六届国际儒学联合会副会长、中国伦理学会副会长、宁夏大学博士生导师李伟，四川大学国际儒学研究院院长、博士生导师舒大刚，四川师范大学哲学研究所博士生导师蔡方鹿，2020年度国家社科基金重大项目“中国少数民族儒学通论”首席专家、西南民族大学哲学学院博士生导师杨翰卿，四川大学哲学系主任、博士生导师熊林，西南大学哲学一级学科负责人、博士生导师任丑，贵州大学哲学与社会发展学院院长、博士生导师陈艳波等来自国内20余所高校的专家学者参加了会议。

【中国辽金文学学会第十一届年会暨学术研讨会举行】2021年4月24日，中国辽金文学学会第十一届年会暨学术研讨会在内江师范学院第一学术报告厅开幕。本次大会由中国辽金文学学会、内江师范学院、《民族文学研究》杂志社主办。来自全国24所高校以及6家学术期刊杂志社的50名专家学者代表齐聚沱江之滨，围绕“辽金文学基础文献挖掘、整理与研究”“辽金文学理论研究”“辽金文学研究与民族共同体意识”“辽金文学与跨学科研究”等学术议题展开讨论切磋。

【四川省14个非遗项目入选第五批国家级非遗名录】2021年5月24日，国务院批准文化和旅游部确定的第五批国家级非物质文化遗产代表性项目名录共185项和国家级非物质文化遗产代表性项目名录扩展项目名录共140项。四川省入选项目分别是：端公戏（旺苍端公戏）、藏棋、青城武术、滑竿（华蓥山滑竿抬幺妹）、藤编（怀远藤编）、彝族刺绣（凉山彝族刺绣）、川菜烹饪技艺、彝族传统建筑营造技艺（凉山彝族传统民居营造技艺）、龙舞（安仁板凳龙）、藏族唐卡（郎卡杰唐卡）、酿醋技艺（保宁醋传统酿造工艺）、手工制鞋技艺（唐昌布鞋制作技艺）、绿茶制作技艺（蒙山茶传统制作技艺）、中医诊疗法（李仲愚杵针疗法）。

◆围绕考古新成果新发现，推进古蜀文明保护传承

按照四川省委省政府“边发掘、边保护、边阐释”的基本要求，全省社科界的考古学、历史学、人文科学和自然科学的联合攻关，围绕三星堆、江口明末战场、皮洛遗址等考古新成果新发展，做好保护传承与研究阐释，进一步研究和回答中华民族多元一体格局和各区域文明演进路径等重大问题。坚定文化自信，厚植历史根基，“让地下的文物活起来”，推动古蜀文明的全面阐释与宣传传播。

【彭清华调研指导三星堆遗址考古发掘工作】作为国家文物局设立的“考古中国”重点项目——三星堆遗址新一轮考古发掘取得阶段性成果。2021年3月24日，省委书记彭清华前往德阳广汉市三星堆遗址考古发掘现场，调研指导考古发掘工作。他强调，要深入学习贯彻习近平总书记关于做好考古和历史研究工作的重要指示精神，以建设三星堆国家文物保护利用示范区为契机，完善保护传承体系，做好出土文物修复保护，加强历史文化研究阐释，建好国家考古遗址公园推动文旅融合发展，不断提升以三星堆为代表的古蜀文明影响力。

三星堆遗址是20世纪人类最重大考古发现之一，赢得了“沉睡三千年、一醒惊天下”的美誉。此次考古发掘的6座祭祀坑已出土文物500余件，许多都属于首次发现。彭清华非常关注三星堆新一轮考古发掘工作，他来到考古发掘现场，实地察看了解祭祀坑发掘进度及象牙、青铜器、金器等文物发掘情况，并前往现场实验室、三星堆博物馆文保中心，借助科学仪器仔细察看新出土文物，听取文物修复保护及三星堆国家文物保护利用示范区建设等情况汇报。为同步推进考古、保护和研究工作，国内30余家科研机构和高校参与了此次考古发掘。彭清华亲切看望慰问考古专家和工作人员，代表省委向大家表示感谢，勉励大家再接再厉、密切配合，细致做好后续发掘、保护和研究工作。

彭清华在调研中指出，以三星堆为代表的古蜀文明，是中华文明起源多元一体的重要组成部分，开展遗址考古发掘对于研究中华民族历史、展示中华文明成就、增强文化自信具有重要意义。要充分发挥多个学科、多支团队联合考古发掘的优势，积极构建田野考古、实验室考古、科技考古等深度合作新模式，充分运用现代科学技术和信息化手段，提高考古发现和成果分析能力，提高出土文物和遗址保护能力。要深化对三星堆最新考古发现的学术研究，与宝墩文化、金沙文化等结合起来，进一步揭示古蜀文明发展演进的脉络，做好通俗化解读，让文物说话、让历史说话、让文化说话。近年来，三星堆遗址以其独特的文化价值、历史价值、资源价值，已成为四川文化旅游的一张靓丽名片。要在全面有效保护基础上，切实做好合理利用和传承发展工作，高质量建设三星堆国家文物保护利用示范区，按照世界文化遗产标准加强重点保护区遗址保护和环境整治，打造具有国际水平的国家考古遗址公园。

【黄强赴广汉市三星堆遗址调研】2021 年 2 月 17 日，省委副书记、省长黄强赴广汉市三星堆遗址调研，并代表省委书记彭清华和省委省政府看望慰问在考古发掘现场辛勤工作的考古专家，强调要深入学习贯彻习近平总书记在中央政治局第二十三次集体学习时关于“努力建设中国特色、中国风格、中国气派的考古学，更好认识源远流长、博大精深的中华文明，为弘扬中华优秀传统文化、增强文化自信提供坚强支撑”的重要讲话精神，认真贯彻落实党中央国务院和省委省政府关于文物保护利用工作部署要求，运用多学科研究方法和现代科学技术，高水平组织好三星堆考古发掘和学术研究工作，争取在中国共产党建党 100 周年到来之际取得重大的新发现、新成果。

黄强参观了三星堆博物馆综合馆、青铜馆，详细了解有关情况，要求把新馆建设项目作为创建国家文物保护利用示范区的重要支撑加快推进，按照以人为本、馆园结合的指导思想建设一流遗址博物馆，不断改善保护、展示设施设备条件，提升文物保护和展陈水平，以考古成果丰富展陈内容，深入阐释展示好三星堆文化，彰显三星堆文明作为中华文化组成部分的独特魅力。在三星堆遗址考古发掘现场和现场实验室，黄强了解 3～8 号祭祀坑考古发掘和出土文物修复情况，强调要建立多学科融合、多领域合作的三星堆祭祀区考古体系，对遗址进行全面调查勘探和重点发掘，做好遗址保护展示和环境整治工作，加强学术研究和文物保护领域国际合作。

黄强强调，三星堆历史文化遗产是中华文明源远流长、博大精深、多元一体的重要见证，重启三星堆考古发掘工作意义重大，要抓住入围首批国家文物保护利用示范区创建名单这一重大机遇，科学有序做好考古发掘工作，在全面有效保护基础上做好合理利用和传承发展，扎实推进示范区创建工作，建设多学科融合、科技考古先导试验区，实施考古遗址系统性保护，探索建立共建共营共享的大遗址保护利用新模式，推动文化旅游深度融合发展，并充分借助媒体加大宣传力度，组织好考古成果报道工作，进一步扩大以三星堆为代表的巴蜀文化影响力和传播力，为建立展现中华文明多元一体起源发展的重要标识作出应有贡献。

【“走进三星堆　读懂中华文明”主题活动在广汉三星堆举行】2021 年 5 月 28 日，由国务院新闻办公室、国家文物局、四川省人民政府联合举办的“走进三星堆　读懂中华文明”主题活动在广汉三星堆举行，上演了一场集学术性、思想性、观赏性、趣味性于一体的文化盛宴。中宣部副部长蒋建国，国家文物局副局长胡冰，四川省委常委、宣传部部长甘霖，四川省人民政府副省长罗强出席活动。

辉煌灿烂的古蜀文明是多元一体的中华文明的重要组成部分，也是世界文明交流互鉴的重要实证。本次活动邀请 200 余名来自多个国家和地区的驻蓉驻渝领事机构代表、贸易促进机构代表和媒体记者，走进三星堆考古发掘现场和博物馆，近距离感受古蜀文化魅力。联合国教科文组织、希腊国家考古博物馆等专程发来视频，表达对于三星堆重大考古发现的祝贺。

此次活动发布了三星堆新一轮考古发掘的最新进展和成果，在 6 座“祭祀坑”中已新发现象牙、青铜器、金器、玉石器等文物近 2000 件，其中最新发现的青铜顶尊人像重磅亮相，成为一大亮点，引发众多关注。下一步还将继续科学有序做好三星堆遗址考古发掘、文物修复和文物保护工作，加快建设三星堆国家遗址公园，持续推动三星堆所承载的中华优秀传统文化创造性、创新性发展。

当晚在三星堆博物馆举行的“三星堆奇妙夜”，打造了一场沉浸式古蜀文明体验。主题灯展流光溢彩，服饰大秀彰显东方美学，交响乐曲畅想远古辉煌，仿佛引领着进入一场神秘梦境。活动中还发布了“三星堆文化全球推广战略合作”九大项目，涉及影视、音乐、图书、文创等多个领域，共探三星堆 IP 在新文创领域的多元合作。著名作家阿来进行三星堆文化全球推介，首个“走读中国”体验基地也在三星堆揭牌并向世界发出“走读中国”邀约。

【四川省考古学会第一届会员代表大会举行】2021 年 5 月 16 日，四川省考古学会第一届会员代表大会在成都举行。会议表决通过了《四川省考古学会章程》。来自四川省民政厅的相关负责人宣读了《社会组织名称预登记通知书》，“准予成立四川省考古学会”。选举产生了学会第一届理事会，四川大学考古文博学院霍巍教授当选为四川省考古学会第一届会长。来自全省 21 个地市州的 218 名会员代表参加了会议。

【三星堆与大足石刻共建巴蜀文化旅游走廊】2021 年 12 月 15 日，巴蜀文化旅游走廊建设专项工作组第四次联席会在四川广汉市举行。会上，来自四川的三星堆博物馆与来自重庆的大足石刻研究院签订合作协议，将在共建巴蜀文旅走廊、学术文化交流方面展开合作。根据协议，双方将相互提供博物馆（景区）运营相关的信息、资料，同时确认和寻求有益于双方博物馆（景区）共同发展的项目和活动。

【三星堆遗址与金沙遗址联合申报世界文化遗产】2021 年 12 月 19 日，四川德阳广汉三星堆遗址管委会与成都金沙遗址博物馆签署《三星堆遗址与金沙遗址联合申遗合作协议》。双方一致同意，将在世界文化遗产申报与研究、陈列展览、宣传推广等方面展开合作。双方将三星堆遗址、金沙遗址“打捆”，联合向联合国教科文组织申报世界文化遗产项目，联合编写申报世界文化遗产文本；充分利用双方资源，开展多种形式和层面的合作研究，不断扩大三星堆遗址、金沙遗址在学术界的影响力；同时，在文物保护、文物修复、国家考古遗址公园建设、博物馆学等领域加强双方合作。联合国教科文组织亚太地区世界遗产培训与研究中心（北京）主任助理李光涵介绍，世界文化遗产的价值标准共有 6 项，三星堆与金沙遗址至少符合其中 3 项：代表一种独特的艺术成就，在一定时期和区域产生过重大影响，是一种已消失文明的见证。北京大学考古文博学院孙华教授认为，三星堆和金沙都是重要的都城遗址，三星堆的城墙、宫室区域、宗教祭祀区域等都还保存着，金沙遗址的祭祀区保存也很完整，两者联合申遗，具有互补性。

【四川大学考古文博学院全面参与三星堆祭祀坑考古发掘并取得重大进展】2021 年 3 月 20 日，三星堆遗址发布最新考古成果，四川大学考古文博学院全面参与三星堆祭祀坑考古发掘。为满足三星堆祭祀区考古发掘与研究的需要，四川大学考古文博学院成立由不同研究领域的 15 位教师组成的三星堆考古团队，与四川省文物考古研究院的专业人员一道共同发掘祭祀区 5、6、7 号器物坑，取得重大进展。

【“川渝地区巴蜀文明进程研究”成为“考古中国”重大项目】2021 年 3 月 20 日，“考古中国”重大项目工作进展会在成都市召开，通报四川广汉三星堆遗址重要考古发现与研究成果。

川渝地区处于巴蜀文明的脉络之中，巴蜀文明奠定了川渝地区长江上游史前文化高地地位，将川渝地区的巴蜀文明进行单独研究意义重大。目前，国家文物局已确定“川渝地区巴蜀文明进程研究”作为“考古中国”的重大项目，以三星堆、竹瓦街、小田溪、城坝等遗址为重点，深入研究川渝地区文明演进及其融入中华民族多元一体总体格局的历史进程。

据了解，除了一系列的考古报告、论文、专著外，该项目还将举办讲座 32 场，开展公众考古活动 35 场、科普活动 22 场，联合川渝两地的学校老师，共同推进巴蜀文明进程的研究。

【考古发现成都平原最早水稻田】2021 年 6 月 7 日，四川成都文物考古研究院公布新津宝墩遗址最新考古成果——考古人员在2020—2021年度的考古发掘中，发现了成都平原最早的水稻田，为人们了解成都平原史前水稻种植提供了珍贵信息。位于成都市新津区的宝墩古城遗址是我国长江上游地区的一处史前城址，也是成都平原稻作文明发源地。

【四川省立法保护三星堆遗址】2021年7月29日，《四川省三星堆遗址保护条例》已正式施行。四川省明确了“边发掘、边保护、边阐释”的基本要求，以地方立法对三星堆遗址的保护予以固定。条例规定，三星堆遗址的保护管理，应当坚持保护为主、抢救第一、合理利用、加强管理的方针，坚持文物本体保护与周边环境保护并重，统筹协调遗址保护与当地经济社会发展、民生改善的关系。条例创新性规定，考古要同步发掘、同步数字化保护、同步价值阐释、同步全球推广。考古机构应制定保护预案，做好文字、影像等资料的动态管理，避免或者减轻文物的损害和信息的流失。

【首批四川省非物质文化遗产保护传承基地名单公布】2021年8月5日，首批四川省非物质文化遗产保护传承基地名单正式公布。基地遴选对象包括四川境内从事非遗保护利用和传承创新的企事业单位、社会团体等。经过推荐申报、专家评审、实地考察等环节，最终评选出首批10个基地，分别为：四川省非物质文化遗产保护中心、成都中医药大学、成都市靖绣缘蜀绣有限责任公司、泸州老窖股份有限公司、中国绵竹年画村景区管理委员会、四川省资中县木偶剧团、峨眉山市武术运动中心、雅安茶厂股份有限公司、安岳县文化馆、德格宗萨藏医药有限公司。

【成都考古新发现周代遗址——犀园村遗址】2021年8月25日，成都文物考古研究院公布，在成都市郫都区发现一处周代遗址——犀园村遗址。该遗址共清理出西周和春秋时期的墓葬80余座、房址10余座、灰坑60余个、灰沟3条、窑1座、灶1座等，出土了大量的青铜器、玉石器、陶器等遗物，青铜器主要有剑、鏚、带钩、印章、敦等，其中柳叶形剑、印章等都是典型的蜀文化器物。该遗址正好处在以三星堆、金沙为代表的早期蜀文化向晚期蜀文化过渡的关键节点上，可进一步揭秘古蜀文明重要缺环。

【国家文物局通报四川稻城皮洛遗址等3项重要考古发现成果】2021年9月27日，国家文物局在京召开“考古中国”重大项目重要进展工作会，通报四川稻城皮洛遗址等3项重要考古发现成果。四川稻城皮洛遗址是在川西高原发现的一处大型旧石器时代旷野遗址。考古发掘揭露出中更新世末期至晚更新世连续的地层堆积，从7个文化层中出土石制品6000余件，展示了“砾石石器—手斧组合—石片石器”的旧石器时代文化发展序列。该遗址最重大的发现是数量丰富、形态规整、技术成熟的手斧和薄刃斧，是目前在东亚发现的最典型的阿舍利晚期阶段的文化遗存，也是目前发现的世界上海拔最高的阿舍利技术产品。

【四川5处大遗址入选国家文物局保护利用“十四五”专项规划】2021年11月23日，国家文物局印发《大遗址保护利用“十四五”专项规划》（以下简称《规划》）。在《规划》公布的145处大遗址中，四川有5处，分别是成都平原史前城址、三星堆遗址、金沙遗址、罗家坝遗址、城坝遗址。大遗址是实证中国百万年人类史、一万年文化史、五千多年文明史的核心文物资源。在《规划》的重点工作中，有不少与四川息息相关。其中，“川渝地区巴蜀文明进程研究”被纳入“考古中国”重大项目，将开展多学科、跨地区合作研究，集中力量解决重大历史问题。

【成都首个单独编制的历史文化名城保护规划获批】2021年12月10日，成都市首个单独编制的《成都历史文化名城保护规划（2019—2035）》（以下简称《保护规划》）已获省政府批复，将对市域、主城区、历史城区、历史文化街区与文物古迹等进行系统性保护。根据《保护规划》，成都确定了面积为24.66平方千米的历史城区范围和少城、文殊院、大慈寺、水井坊4个历史文化街区。同时明确要整体保护成都历史文化名城“两江环抱、三城相重、两轴一心、多苑环绕”格局和历史环境要素，严格控制历史城区及周边建筑高度和空间视廊，疏解人口密度，优化交通系统，加强配套基础设施建设，完善公共服务和综合防灾体系，不断改善人居环境质量；加大对历史文化名镇名村和传统村落、文物保护单位、历史建筑、古树名木等的保护力度，传承和弘扬非物质文化遗产与优秀传统文化。

学术成果

【《中国城市通史》】《中国城市通史》是以四川大学历史文化学院何一民教授为首席专家的研究团队，倾数十年之力编著完成，堪称当前中国城市史研究领域集大成者，为高等院校开设中国城市发展课程奉献了一部全面系统的著作。身为《中国城市通史》的主编，何一民教授曾写出《中国城市史纲》《中国城市史》《近代中国城市与社会变迁》《近代中国衰落城市研究》等专著，这也为他主编《中国城市通史》奠定了扎实的基础。在编纂《中国城市通史》的过程中，何一民领衔的整个团队秉承中国修史传统精神，力求遵照“搜采欲博，考评欲精，职任欲分，义例欲一，秉笔欲直，持论欲平”的原则。《中国城市通史》系统梳理了从史前时期至新中国成立前的数千年间中国城市从孕育到生长的发展变迁过程，从时间与空间两个维度对历史上中国城市的发展变迁加以考察。同时按朝代顺序将中国城市发展历史分为7个时期，每一时期编纂一卷，分别为绪论卷、先秦卷、秦汉魏晋南北朝卷、隋唐五代卷、宋辽夏金卷、元明卷、清代卷、民国卷，共8卷7册，计450余万字，涵盖每个时期城市的空间形态、经济发展、人口数量、管理制度、社会生活等各个方面。

【《中上古蜀语考论》】由西南交通大学汪启明教授、四川大学赵振铎教授等所著的《中上古蜀考论》于2017年12月由中华书局出版。该成果为国家社科基金项目成果，书中结合考古学、人类学、文献学、移民史等学术成果，讨论了中上古蜀语的韵部特点和词汇演变，界定了“蜀语”“蜀方言”与“四川方言”，以一部52.6万字的著作证明了“蜀文化是中华文明的重要源头，蜀语是汉语的前身华夏通语的源头之一”。

【《天府文化系列丛书》】《天府文化系列丛书》是成都市社科联（院）深入贯彻落实市委第十三次党代会精神以及世界文化名城建设大会精神，推动践行新发展理念的公园城市示范区建设的重大文化工程。首批出版9册，内容丰富、形式多样，有助于增进市民群众对于城市文化的自信，为新时代成都的社会建设事业提供思想动力。首批出版的9册分别为何一民教授等编著的《神鸟起舞：金沙太阳神鸟与太阳崇拜的文化解读》、王川教授等著的《成都寻古录：从文物读成都》、舒大刚教授和马明宗教授合著的《蜀钱史话》、谭平教授和马英杰教授合著的《走近天府农耕文明》、许蓉生研究员著的《书香成都》、王苹教授主编的《天府文化美论》、刘兴全教授主编的《天府文化系列漫画》、李菲教授等编著的《大艺微言：蜀中锦人话蜀锦》和刘平中教授著的《锦江书院与“石室流风”》。

【《道家与道教研究著作提要集成（1901—2017）》】《道家与道教研究著作提要集成（1901—2017）》是四川大学杰出教授詹石窗先生主持的国家社会科学基金重大招标项目“百年道家与道教研究著作提要集成”（批准号：14ZDB118）的最终成果，获得2020年度国家出版基金资助。2021年9月，由国家图书馆出版社正式出版。全书共6册，分为8辑。该书是四川大学道教与宗教文化研究所的创新性产出，是四川大学文科领域的又一项标志性成果，是詹石窗教授为四川大学文科学术建设、国际道文化研究所作出的又一项重要贡献。全书核检了中国百余年来的道文化研究论著，呈现了道文化研究的发展历程与学术谱系，总结了研究经验，有助于增强学术自信、文化自信，能够推动道文化研究的进一步深化。这一巨制的出版，为构建“道教研究的中国学派”提供了文献基础，在学术界热议“建立中国道教学学科体系、话语体系、学术体系”的当下显得尤为及时。同时，它也为各国学术同行提供了认识中国道学研究的窗口与“捷径”，有助于提升我国相关领域学术研究的国际影响力。在“数字人文”蓬勃发展的当下，该书也为道文化专题数据库的建设夯实了文献数据基础。

【多篇理论文章在《四川日报·思想周刊》发表】2021 年，四川学者积极在《四川日报·思想周刊》发文，助力传承创新中华优秀传统文化，部分文章名单见表 59。

表 59　四川学者在《四川日报·思想周刊》发表的传承优秀传统文化文章部分名单（2021 年）

序号	篇名	作者	单位	日期
1	项楚：平生志业首敦煌	尹赋	四川大学	2 月 8 日
2	中国国学在俄罗斯的传播和影响	刘亚丁	四川大学	2 月 22 日
3	挖掘中华传统体育精华　融入新时代学校体育教育	蒋玲玲	成都体育学院	3 月 15 日
4	南宋理学家张栻论修身：明人伦知礼义辨义利	杨世文	四川大学	3 月 22 日
5	“恩感文化”与“礼义之邦”	谭光辉	四川师范大学	4 月 26 日
6	观乎人文，以化成天下	舒大刚，邱雪来	四川大学	7 月 5 日
7	马克思主义基本原理同中华优秀传统文化相结合的四大理论命题	傅其林	四川大学	9 月 27 日
8	中华优秀传统文化如何融入高校思想道德课	莫秀蓉，文广	西华师范大学	11 月 22 日
9	道家“胜而不美”的和平精神	詹石窗	四川大学	12 月 13 日

研究成果

【国家社科基金冷门“绝学”研究专项项目】2021 年，四川省获立有关传承创新文化主题的国家社科基金冷门“绝学”研究专项项目 2 项，具体名单见表 60。

表 60　四川省获立有关传承创新文化主题的国家社科基金冷门“绝学”研究专项项目（2021 年）名单

序号	项目名称	负责人	工作单位
1	中国史学典籍的早期西传研究（1500—1800）	胡文婷	电子科技大学
2	侗台语群诸民族表意古文字整理与研究	韩江华	四川大学

【国家社科基金中国历史研究院重大历史问题研究专项项目】2021 年，四川省获立有关传承创新文化主题的国家社科基金中国历史研究院重大历史问题研究专项项目 1 项，具体名单见表 61。

表 61　四川省获立有关传承创新文化主题的国家社科基金中国历史研究院重大历史问题研究专项项目（2021 年）名单

序号	项目名称	负责人	工作单位
1	中华文明起源与先秦君主政体演进研究	彭邦本	四川大学

【国家社科基金重大项目】2021 年，四川省获立有关传承创新文化主题的国家社科基金重大项目 3 项，具体名单见表 62。

表 62　四川省获立有关传承创新文化主题的国家社科基金重大项目（2021 年）名单

序号	项目名称	负责人	工作单位
1	古蜀地区文明化华夏化进程研究	唐飞	四川省文物考古研究院
2	三星堆文化与中国文明研究	黎海超	四川大学
3	中国西南道教文献整理与数据库建设	盖建民	四川大学

【国家社科基金年度项目】2021年，四川省获立有关传承创新文化主题的国家社科基金年度项目24项，具体名单见表63。

表63　四川省获立有关传承创新文化主题的国家社科基金年度项目（2021年）名单

序号	项目名称	负责人	工作单位
1	三国经学史	潘忠伟	四川师范大学
2	川滇黔彝族古歌调查与研究	宋阿依姆	四川大学
3	科技视野下的巴蜀铜器与社会研究	黎海超	四川大学
4	巴蜀道教文献研究	陈云	四川省社科院
5	明代蜀王府遗址2013—2020年发掘资料整理与研究	易立	成都市文物考古工作队（成都文物考古研究院）
6	巴蜀神话传说集成与研究	李诚	四川师范大学
7	苏轼与韩国古典汉诗文研究	阮怡	四川师范大学
8	李调元与清代四川刻书研究	王永波	四川省社科院
9	巴蜀民间身体行为符号表征与文化记忆研究	王定宣	西南医科大学
10	性别视野下帝国博物学研究	姜虹	四川大学
11	敦煌吐蕃医学文献整理与研究	志玛泽仁	四川民族学院
12	中国古代史学基本概念与范畴研究	刘开军	四川师范大学
13	中国古代职贡图像文献整理与研究	罗建新	西华师范大学
14	清代民国学者商周金文拓本题跋研究	吴毅强	四川大学
15	中外交流视域下的本草研究——以汉魏至隋唐为中心	陈宪良	成都中医药大学
16	考古所见魏晋南北朝隋唐时期天文材料的整理与研究	王煜	四川大学
17	上清大洞经教的发展、整合与传播研究	周作明	西南民族大学
18	清代民国西南地区珍稀刊本道书的搜集、整理与研究	何欣	四川大学
19	明清正一道与江南地域社会研究	张泽洪	四川大学
20	民国楚辞学递嬗与转型研究	汤洪	四川师范大学
21	中国古代文体分类学原理研究	李凯	西南民族大学
22	数字时代公共艺术生产研究	孙婧	成都理工大学
23	文学人类学视野下的《山海经》玉文化研究	杨骊	四川省社科院
24	吐蕃简牍卜辞、敦煌藏文卜辞与《格萨尔》卜辞渊源关系研究	完玛加	阿坝师范学院

【国家社科基金西部项目】2021年，四川省获立有关传承创新文化主题的国家社科基金西部项目18项，具体名单见表64。

表64　四川省获立有关传承创新文化主题的国家社科基金西部项目（2021年）名单

序号	项目名称	负责人	工作单位
1	四川丹棱郑山—刘嘴石窟考古报告	白彬	四川大学
2	泸沽湖周边族群中韩规古籍文献的发掘、整理与释读研究	拉先	西南民族大学
3	《吴虞年谱长编》及其研究	魏红翎	成都大学

续表64

序号	项目名称	负责人	工作单位
4	蕃尼古道喜马拉雅段藏文化传播的叙事场景重建研究	阚瑷珂	成都理工大学
5	习近平用典对传承发展中华优秀传统文化的范本价值研究	李新芝	四川师范大学
6	中华优秀传统文化融入党员干部政治忠诚教育研究	易飞	中共四川省委党校
7	周秦君臣伦理变迁史研究	惠翔宇	成都理工大学
8	云南剑川海门口遗址发掘资料整理与研究（2016—2019）	赵德云	四川大学
9	出土镇墓文与汉唐道教研究	何江涛	四川大学
10	宋代诏令的文体形态与文体观念研究	戴路	四川大学
11	佛教文体与文化视野中的宋辽金僧人塔铭文研究	李熙	四川省社科院
12	中国历代“大一统”赋研究	邓稳	四川师范大学
13	三皇五帝神话体系的文化基因研究	刘勤	四川师范大学
14	清代科举生态与清词“尊体”品格的生成	苏利海	西南民族大学
15	清末海外游记知识谱系（1840—1911）	齐小刚	宜宾学院
16	日藏汉文古写本、古刻本禅宗文献语言文字研究	王长林	四川大学
17	基于语料库的《唐宋禅宗语言辞典》编纂	王勇	四川师范大学
18	元代畏兀儿汉文文献整理与研究	王红梅	西华师范大学

【国家社科基金青年项目】2021年，四川省获立有关传承创新文化主题的国家社科基金青年项目1项，具体名单见表65。

表65　四川省获立有关传承创新文化主题的国家社科基金青年项目（2021年）名单

序号	项目名称	负责人	工作单位
1	刘沅、刘咸炘的学术进路与近代蜀学转型发展研究	戴森宇	四川大学

【国家社科基金后期资助项目】2021年，四川省获立有关传承创新文化主题的国家社科基金后期资助项目6项，具体名单见表66。

表66　四川省获立有关传承创新文化主题的国家社科基金后期资助项目（2021年）名单

序号	项目名称	负责人	工作单位
1	瑶族的视觉文化研究	陈杉	四川师范大学
2	明清易代之际的宋史研究	高远	四川师范大学
3	中国远古之美研	张法	四川大学
4	中国古代灾害诗史	文航生	西华师范大学
5	黄庭坚在两宋时期的经典化与文化塑形	范金晶	四川大学
6	李白杜甫儒释道思想比较研究	郑家治	西华大学

【教育部人文社会科学研究规划基金、青年基金、自筹经费项目】2021年，四川省获立有关传承创新文化主题的教育部人文社会科学研究规划基金、青年基金、自筹经费项目7项，具体名单见表67。

表 67　四川省获立有关传承创新文化主题的教育部人文社会科学研究规划基金、青年基金、自筹经费项目（2021 年）名单

序号	项目名称	负责人	工作单位
1	四川藏羌彝文学中的家园意识研究	黄群英	西南科技大学
2	清代蜀地琴学古谱研究与整理	李松兰	四川师范大学
3	四川曲艺传承人口述史整理与研究	谭春艳	四川师范大学
4	“意”与中国式美学体系建构的逻辑关系研究	王赠怡	四川文理学院
5	海内外现存《四库全书》散本的调查与研究	高远	四川师范大学
6	“非遗”蜀绣核心针法的数字化保护和“活态”传承研究	杨璐铭	四川大学
7	凉山州彝族传统体育文化的主体性消解与纾困研究	孙亮亮	四川文理学院

【教育部人文社会科学研究西部和边疆地区项目】2021 年，四川省获立有关传承创新文化主题的教育部人文社会科学研究西部和边疆地区项目 2 项，具体名单见表 68。

表 68　四川省获立有关传承创新文化主题的教育部人文社会科学研究西部和边疆地区项目（2021 年）名单

序号	项目名称	负责人	工作单位
1	四川宋墓出土神煞俑的考察与研究	胡听汀	四川大学
2	基于民族文化基因视角的四川藏区聚落人居环境地域分异与活态发展研究	张妍	成都大学

【四川省社科规划年度项目】2021 年，四川省资助有关传承创新文化主题的四川省社科规划年度项目 42 项，具体名单见表 69。

表 69　四川省资助有关传承创新文化主题的四川省社科规划年度项目（2021 年）名单

序号	项目名称	负责人	工作单位
1	巴蜀现代作家的都市体验研究	胡希东	成都大学
2	四川泸沽湖地区濒危民族语调查研究	周岷	四川师范大学
3	晚清民国时期四川乡土志书纂修与国家认同、地域社会文化传承创造研究	高远	四川师范大学
4	四川甘阿凉地区舞蹈类非物质文化遗产传承研究	廖恒	四川音乐学院
5	边缘文化视野下的现代巴蜀人物画图式表达研究	杨小晋	西华师范大学
6	四川涉藏地区地名研究	贡波扎西	阿坝师范学院
7	中华优秀传统文化视域下大学生性道德价值观培育研究	王进鑫	成都工业学院
8	明末《坤舆格致》汉译流传的科学思想史研究	陈仕丹	成都师范学院
9	文化人类学视域下的四川藏羌彝装饰纹样谱系研究	李茜	成都师范学院
10	新津宝墩遗址聚落环境考古资料整理研究	黄明	成都市文物考古工作队（成都文物考古研究院）
11	先秦儒家审美教育思想研究	周江	绵阳师范学院
12	宋代四川《春秋》学研究	张尚英	四川大学
13	川派盆景非遗传承人口述史	张蕾	四川农业大学
14	唐宋时期印度密教传入川滇地区文献的整理与研究	邓影	中共四川省委党校
15	羌族羊皮鼓舞“释鼓”音乐形态传承研究	汪浩	四川师范大学

续表69

序号	项目名称	负责人	工作单位
16	川南地区龙舞仪式中身体技术的文化生产及活态传承研究	薛源	四川师范大学
17	中华优秀传统文化融入大学生公共理性培育研究	梁玉敏	西华师范大学
18	嘉陵江中下游民间音乐类非物质文化遗产保护与传承研究	李嵬	西华师范大学
19	非遗视野下巴象鼓舞的文化意蕴及当代价值研究	王沪川	西华师范大学
20	清代四川方志中的戏曲史料辑考	蒋玉斌	西华师范大学
21	四川格萨尔藏戏变迁研究及数据库建设	杨于卓	西南民族大学
22	藏传《诗镜论》传承与研习现状	才让道吉	西南民族大学
23	羌族民间舞蹈文化形态研究	赵明	西南民族大学
24	古代巴蜀名医传记文献研究	饶福婷	西南医科大学
25	巴蜀民间传统体育文化记忆的解构与重构研究	王定宣	西南医科大学
26	近代自贡井盐商贸路线及其遗产调查研究	邓军	自贡市盐业历史博物馆
27	乡村振兴战略下羌族民俗文化与乡村旅游融合路径研究	刘超	阿坝师范学院
28	新中国成立后藏羌宗教文化交流与变迁的路径研究	梁佳佳	阿坝师范学院
29	凉山彝语声调类型及演化研究	周颖异	成都理工大学
30	上古汉语“切割”范畴语义要素及其句法互动研究	王春燕	成都中医药大学
31	传统文化背景下儒释道价值观对家族企业社会责任行为的影响研究	苏蓉佳	四川大学
32	汉代东王公图像的整理与研究	庞政	四川大学
33	藏传佛教宁玛派在四川涉藏地区的发展现状调查研究	刘秧	四川大学
34	禅宗文献利用与《汉语大字典》修订研究	王长林	四川大学
35	刘沅经学思想研究	戴森宇	四川大学
36	《平定两金川方略》整理研究	宋桂梅	四川大学
37	四川五代十国墓葬出土首服形象的整理与研究	胡听汀	四川大学
38	地方治理视域下晚清川盐官运改制研究	张万东	四川轻化工大学
39	孔子道德哲学研究	唐梵凌	四川师范大学
40	宋育仁“经术”思想及其实践研究	陈阳	四川师范大学
41	四川地区魏晋南北朝时期道教遗存的考古调查与研究	赵川	西南交通大学
42	《经典释文》体例研究	陈亮亮	西南民族大学

【四川省社科规划重点基地重大项目】2021 年，四川资助有关传承创新文化主题的四川省社科规划重点基地重大项目 7 项，具体名单见表 70。

表 70　四川省资助有关传承创新文化主题的四川省社科规划重点研究基地重大项目（2021 年）名单

序号	项目名称	负责人	工作单位
1	丝绸之路上的饮食风尚及其文化传承研究	陈宪良	成都中医药大学
2	巴蜀文化走廊石窟寺保护与文旅价值挖掘	刘洪江	乐山师范学院
3	金文与西周政治文化研究	邹家兴	四川大学

续表70

序号	项目名称	负责人	工作单位
4	川菜文化传承与成渝双城经济圈餐饮高质量发展研究	杜莉	四川旅游学院
5	明代四川盐商的文化生活史研究	李玉芝	四川轻化工大学
6	凉山彝族饮食文化资源助推乡村旅游发展研究	罗边伍各	西昌学院
7	川藏铁路沿线典型地域文化元素库构建、传承与创新研究：以列车设计为例	向泽锐	西南交通大学

【四川省社科规划中华传统文化专项项目】2021 年，四川省资助有关传承创新文化主题的四川省社科规划中华传统文化专项项目 20 项，具体名单见表 71。

表 71　四川省资助有关传承创新文化主题的四川省社科规划中华优秀传统文化专项项目（2021 年）名单

序号	项目名称	负责人	工作单位
1	羌族非遗文化体系及其保护与传承发展研究	罗晓飞	成都大学传统工艺研究院
2	峨眉武术史料收集、整理与研究	李传国	成都体育学院中华国术院
3	载体与呈现：中华武术文化符号在海外受众的传播效果实证研究	马秀杰	成都体育学院中华国术院
4	川派中医导引的溯源及挖掘整理研究	邬建卫	成都中医药大学中国出土医学文献与文物研究院
5	历代涉医石刻文献整理与研究	章红梅	成都中医药大学中国出土医学文献与文物研究中心
6	巴蜀地域文化视域下的李白接受史	苏燊	绵阳师范学院李白文化研究中心
7	中华民族射日形象的文化认同与图像重构	付莎莎	绵阳师范学院民间文化研究中心
8	明代四川新都杨氏科举家族研究	陈长文	四川大学杨慎研究中心
9	四川山水题材绘画中的地域山水文化研究	李明	四川大学杨慎研究中心
10	巴蜀文豪在俄罗斯的译介与传播	赵心竹	四川大学中华文化研究院
11	红色家风示范效应及其当代价值研究	韩蕊	四川轻化工大学中国盐文化研究中心
12	川籍名僧圆悟克勤禅师著作词汇研究	王勇	四川师范大学巴蜀文化研究中心
13	四川羌族节庆体育文化资源挖掘与整理	戴朝	四川师范大学中华传统文化学院
14	社会转型期渝东南新民俗红色资源保护利用研究	赵心宪	四川师范大学中华传统文化学院
15	四川道教传统音乐资源的收集与整理	柳良	四川音乐学院中华传统音乐研究院
16	非遗视角下川西平原汉族民歌数据库建设研究	朱艳	西华大学李冰研究中心
17	中华茶文化的跨文化传播研究	肖坤冰	西南民族大学藏羌彝文化研究院
18	四川藏羌非物质文化遗产在油画中的动态传承与创新研究	许永康	西南民族大学藏羌彝文化研究院
19	元代杜诗评注及阐释传统研究	王猛	西南民族大学藏羌彝文化研究院
20	廖平《论语微言述》研究	杨永明	宜宾学院四川思想家研究中心

【四川省社科规划“宣传阐释习近平总书记在庆祝中国共产党成立 100 周年大会上的重要讲话精神”重点项目】2021 年，四川省资助有关传承创新文化主题的四川省社科规划“宣传阐释习近平总书记在庆祝中国共产党成立 100 周年大会上的重要讲话精神”重点项目 1 项，具体名单见表 72。

表 72　四川省资助有关传承创新文化主题的四川省社科规划“宣传阐释习近平总书记在庆祝中国共产党成立 100 周年大会上的重要讲话精神”重点项目（2021 年）名单

序号	项目名称	负责人	工作单位
1	中国共产党传统文化观的百年嬗变研究	崔发展	西南石油大学

【四川省、重庆市社科规划“成渝地区双城经济圈建设”重大项目】 2021 年，四川省资助有关传承创新文化主题的四川省、重庆市社科规划“成渝地区双城经济圈建设”重大项目 2 项，具体名单见表 73。

表 73　四川省资助有关传承创新文化主题的四川省、重庆市社科规划“成渝地区双城经济圈建设”重大项目（2021 年）名单

序号	项目名称	负责人	工作单位
1	成渝城市群品牌体系评价与传播策略研究	李珊	四川大学
2	艺术表达视阈下成渝城市群品牌传播研究	刘兴全	西南民族大学

推进四川历史名人文化研究

四川作为中华文明的重要发源地之一，历史文化积淀深厚，名人巨匠灿若星辰。特别是历史上涌现出的一大批杰出政治家、思想家、科学家、艺术家，承载着中华民族优秀的精神品格，体现着巴蜀人民独特的气质风范，是四川发展的宝贵资源和突出优势。2017 年 1 月，中共中央办公厅、国务院办公厅印发《关于实施中华优秀传统文化传承发展工程的意见》（中办发〔2017〕5 号）。2017 年 2 月，中共四川省委宣传部、四川省文化厅、四川省新闻出版广电局联合印发《关于实施四川历史名人文化传承创新工程的意见》（川宣发〔2017〕6 号），启动实施四川历史名人文化传承创新工程；2017 年 7 月，确定大禹、李冰、落下闳、扬雄、诸葛亮、武则天、李白、杜甫、苏轼、杨慎 10 位首批四川历史名人。2020 年 6 月，文翁、司马相如、陈寿、常璩、陈子昂、薛涛、格萨尔王、张栻、秦九韶、李调元 10 人被确定为第二批四川历史名人。近年来，在省委宣传部的领导下，四川省社科联组织引领全省社科界，牢牢把握“创造性转化、创新性发展”的方针，深入挖掘四川历史名人思想文化资源及其当代价值，持续推进四川历史名人文化研究重点基地建设工程、四川历史名人文化研究重大项目实施工程、四川历史名人文化研究社会团体培育建设工程、四川历史名人文化研究人才培养工程、四川历史名人文化普及品牌建设，形成四川历史名人文化“四工程一品牌”传承创新体系。该体系对推动中华优秀传统文化传承发展，延续巴蜀优秀传统文化发展脉络，提升人民群众文化素养，增强四川文化软实力、影响力、竞争力具有重要意义。

四川历史名人文化研究重点基地建设工程

为继续做好第一批、第二批四川历史名人文化传承创新工作的统筹和推进，四川省社科联积极筹建四川历史名人文化重点研究基地建设，先后组织建立大禹研究中心、李冰研究中心、落下闳研究中心、扬雄研究中心、诸葛亮研究中心、武则天研究中心、李白研究中心、杜甫研究中心、苏轼研究中心、杨慎研究中心四川十大历史名人社科重点研究基地，紧密围绕持续推进第一批、第二批四川历史名人文化，通过课题研究、学术研讨等方式，推动历史名人文化学术研究、人才培养和对外交流。

◆**文化与学术活动**

结合区域资源和文化特色，围绕四川历史名人的思想、文化、功绩等各方面，采取研讨会、论坛、座谈交流等方式，汇聚国内外社科学者，共同研讨四川历史名人的当代价值，构筑文化和学术研讨高地。

【四川省诸葛亮研究中心召开线上“后疫情时代三国文化的传播发展”国际研讨会暨2021年学术年会】2021年12月27日，四川省诸葛亮研究中心线上召开“后疫情时代三国文化的传播发展”国际研讨会暨2021年学术年会，中日学者共40人相聚云端，研讨后疫情时代三国文化的传播发展问题。日本二松学舍大学教授伊藤晋太郎、四川大学历史文化学院教授方北辰、成都永陵博物馆研究员谭良啸、内江师范学院教授曾良、西华师范大学文学院二级教授杨小平、陕西理工大学教授梁中效、广州大学人文学院教授纪德君、成都大学文新学院副教授刘咏涛等19位专家学者围绕三国文化的对外传播、三国文化的基础文献研究、三国文化的课堂教学以及跨文化视野下的三国研究4个主题展开了精彩的论述，提出了切实可行的发展建议，分享了三国研究的最新成果。其中，日本学者伊藤晋太郎一直致力于中日三国文化传播，将日本“三国文化”研究论著传播到中国，迄今已有6篇日本三国文化研究论著目录发表在《内江师范学院学报》上。方北辰将三国时代的疫情与今天的新冠疫情对比，从历史角度梳理了疫情对社会、人口、文化的影响，以史为鉴，对现在具有很大的启发意义。谭良啸提出创建“诸葛亮与三国文化”线上高端论坛，聚集当代三国文化研究方面的专家，开展专题讲座。杨小平分享了他即将出版的著作《易培基〈三国志补注〉研究》，从文献学的角度介绍了文献注释中的易错点、异文等。梁中效则强调要深入研究三国蜀道文化对经济建设、东亚以及“一带一路”的重要作用。

【扬雄研究中心与扬雄研究会联合指导“西道孔子·春祭大典”】2021年4月3日，在四川省扬雄研究会、扬雄研究中心、郫都区委宣传部的指导下，“西道孔子·春祭大典”在扬雄故里——成都郫都区友爱镇子云村扬雄墓园里举行。研究扬雄文化的专家学者、四川省扬雄研究会代表，以及扬氏宗亲、师生代表、村民以及社会贤达人士等，汇集扬雄墓前，参加穿汉服、游绿道、拜先贤、诵经典活动。通过清明节缅怀先人、寄托哀思，更好地弘扬和传播扬雄的精神和文化。

【“扬雄与四川”天府人文讲坛】2021年6月3日，由四川省社科联、中共绵阳市委宣传部、绵阳市社科联主办，中共绵阳市涪城区委宣传部、绵阳市涪城区社科联承办的“天府人文讲坛”——“扬雄与四川”高层次专题讲座在中国科技城——绵阳市举办。中共绵阳市委宣传部副部长陈进宝，绵阳市社科联副主席姚辉，绵阳市社科联副主席车韵飞，绵阳市社科联副主席、中国社科院世界历史研究所副研究员吕厚量，绵阳市涪城区委副书记魏有良等领导出席了讲座。绵阳市社科联主席梁茂主持讲座，四川省社科联二级调研员田丰为讲座致辞，特邀北京师范大学历史学院副教授李凯主讲。讲座以《汉书》等历史典籍为基础，分析了蜀地独特的地域环境以及在这种环境中孕育出的蜀人“乐天知命”的人生观、世界观，梳理了从文翁以来蜀地众多的弘文重教学术巨擘，揭示了扬雄这座历史文化高峰形成的背景和卓越贡献。绵阳市各县（市、区）社科联、社科学会（协会）、市级社科普及基地、子云文化研究创新等相关单位负责人，以及涪城区部分基层干部群众及子云文化爱好者近300人参加了讲座。

【成都杜甫草堂博物馆第四届硕博论坛举办】2021年8月20日，由中国杜甫研究会、四川省杜甫研究中心、四川省杜甫学会、成都杜甫草堂博物馆联合主办的“成都杜甫草堂博物馆第四届全国硕博论坛”在草堂书院举办。来自全国各地不同高校的专家学者和硕博研究生、杜诗爱好者共105人参与了此次论坛。此次论坛由四川省杜甫学会秘书长彭燕研究员主持。成都杜甫草堂博物馆馆长刘洪、四川省杜甫研究中心首席专家徐希平教授分别致辞。日本杜甫学会会长下定雅弘教授、副会长松原朗教授也为论坛发来贺函，以示祝贺。刘洪馆长代表成都杜甫草堂博物馆对与会专家和同学表示热烈欢迎，时值建党百年之际，论坛举办具有特别意义。研究杜甫，传承杜甫精神，培养学术生力军是草堂人的责任和使命。徐希平教授充分肯定了论坛的公益性质，指出论坛为青年学子的交流学习提供了一个良好平台。下定雅弘教授和松原朗教授对同学们的选题给予了肯定，认为年轻学者之间切磋琢磨是极其有益的。二人就日本学者对津阪东阳《杜律详解》的译注工作进行了介绍。本次论坛共遴选出 12 篇优秀论文进行报告，分别由西南民族大学王猛副教授、西华大学王燕飞副教授主持。

【春节文化论坛暨四川省落下闳研究会会员大会举办】2021 年 12 月 11 日，由四川省落下闳研究中心、四川省落下闳研究会主办，中华档案文献研究院、四川省社科重点研究基地区域文化研究中心、西华师范大学历史文化学院等承办的“春节文化论坛暨四川省落下闳研究会会员大会”在四川省阆中市天宫院开幕。会议采用线上线下相结合的形式。50 余位南充本地专家学者线下参会，南充以外的 30 位专家学者线上参会。本次会议分 3 个流程，分别是四川省落下闳研究会会员大会、春节文化论坛和田公社区文化帮扶座谈会。与会的专家学者围绕主题进行了积极的思考与交流。中华档案文献研究院院长金生杨教授对“落下闳学术中的易学因素”进行了讲解阐发；西华师范大学严正道教授通过《蜀中广记》一书为我们介绍了巴蜀地区的一大春节风俗，即出行游宴，详细讲述了唐宋时期初一至十五每天的主要游宴活动，并列举了范成大、陆游等人的诗篇来进行论证；阆中历史文化名城研究会副会长张治平兼论了彭鼓与天彭山、天彭门、天彭阙的天文文化意义；四川省落下闳研究中心副主任杨小平教授对落下闳的数学成就作了阐述；张存良研究员以年、岁、冬至、腊等为例来谈及古代的年终之祭与岁首之庆；侯开良研究员简述了阆中天数文化环境。

◆学术成果

【《杨升庵散文》出版】2021 年 7 月 6 日，由成都市新都区政协文化文史委员会策划，四川省人民政府文史研究馆特约馆员、四川省杨慎研究会会长倪宗新编著的“杨升庵研究系列”之《杨升庵散文》由中央文献出版社出版。该书为国内迄今出版的第一部“杨升庵散文”总集，共计收文 434 篇，按文体分为书序、题跋、赠序、杂记、书说、碑志、论辩、哀祭、辞赋、颂赞、传状、奏议、箴铭 14 类，并加以校勘和简要注释。全书上、中、下 3 册，计 123.6 万字。该书有助于全面把握杨升庵散文的鲜明特点，有助于进一步研究、认知、传承杨升庵文化的精神内涵。

【《李冰研究学刊》持续出版】由四川李冰研究会与李冰研究中心等联合编辑的《李冰研究学刊》持续见刊。辑刊栏目分为海外研究、李冰文化研究、都江堰文化研究、研究生论坛等板块，收录国内外知名学者和专家的文章，进一步为李冰及都江堰文化研究提供了研究资料，促进了李冰及都江堰文化的传播和弘扬。

【李冰研究相关论文与著作持续出版】由四川李冰研究会会长彭邦本教授撰写的《中华文化符号解读（系列）——都江堰：中华科学文明的世界符号》（《中国民族》2021 年第 5 期）被新华网全文转载（2021 年 6 月 3 日）。由四川李冰研究会副秘书长李钊副教授撰写的《“十三五”期间巴蜀文化的研究进展与反思》（《中华文化论坛》2021 年第 4 期）被“中国历史研究网”全文转载（2021 年 9 月 3 日）。由李钊副教授所著的《唐代四川农业发展与社会变迁研究》于 2021 年 12 月由新华出版社出版，全书 45.2 万字，全面阐述了唐代都江堰水利工程的建设与管理及其对农业发展的贡献。

【《大禹文化》持续出版】2021 年 11 月，值四川省大禹研究会成立 30 周年之际，由我国已故知名历史学家李学勤先生题写刊名的大禹研究会会刊《大禹文化》（四川省大禹研究会成立 30 周年专刊）正式出版。该刊在全国大禹学术圈内赠阅，对弘扬大禹精神，传承大禹文化起到了积极的推动作用。

【大禹研究相关论文与著作持续出版】2021 年 1 月，由四川大禹研究会常务理事汤洪所著的《古代巴蜀与南亚的文化互动好融合》一书由中华书局出版发行。

【李白研究刊物持续出版】2021年，四川省李白研究会编印《四川省李白研究会通讯》第十二～十四辑，完成《李白研究论丛》第九、十辑审稿编辑工作。

【武则天研究相关著作持续出版】2021年7月，由左茜主编的《中国民间文学中的武则天》出版，该书选入137个民间故事传说、轶事，主要内容包括："三地"传说、武则天入宫前后故事、武则天朝政轶事、武则天风物传说等。8月，由孟宪实主编的《武则天研究》出版，该书以新史学的研究路径，突破了传统史学的藩篱，从另一种视角展示了不一样的武则天。10月，《武则天学术研究与文化动态》出版，该书从3个维度全面系统地总结了中文学界、文娱产业和文化传承与保护事业对武则天的研究、创作和开发保护成果。

【《扬子学刊》持续出版】《扬子学刊》第四辑刊发文章24篇，于2021年10月正式出版。《扬子学刊》第五辑刊发文章38篇，设有扬子著述研究、扬子思想研究、扬子生平研究、扬子文化研究等栏目，于2023年6月出版。

【《苏轼书法全集》结项】2021年12月10日，由西南大学中国书法研究所、眉山三苏祠博物馆主编的《苏轼书法全集》正式结项。该全集收录苏轼及苏氏一门书法作品540余件，是史上最全、最精、最浩大的全集。

四川历史名人文化研究重大项目实施工程

【国家社科基金项目】2021年，围绕四川历史名人文化研究，《苏轼与韩国古典汉诗文研究》获立国家社科基金项目。

表74　四川省获立有关四川历史名人文化研究的国家社科基金年度项目（2021年）名单

序号	项目名称	负责人	工作单位
1	苏轼与韩国古典汉诗文研究	阮怡	四川师范大学

【四川省社科规划中华优秀传统文化研究专项项目】2021年，围绕四川历史名人文化研究，四川省资助四川省社科规划中华优秀传统文化研究专项项目1项，具体名单见表75。

表75　四川省资助有关四川历史名人文化研究的四川省社科规划
"中华优秀传统文化研究"专项课题项目（2021年）名单

序号	项目名称	负责人	工作单位
1	元代杜诗评注及阐释传统研究	王猛	西南民族大学藏羌彝文化研究院

【四川省社科规划"巴蜀文化对外传播研究"专项项目】2021年，围绕四川历史名人文化研究，四川省资助四川省社科规划"巴蜀文化对外传播研究"专项项目2项，具体名单见表76。

表76　四川省资助有关四川历史名人文化研究的四川省社科规划
"巴蜀文化对外传播研究"专项课题项目（2021年）名单

序号	项目名称	负责人	工作单位
1	李白在英美世界的经典化建构研究	何新	成都师范学院
2	三苏文化融入大学英语课程研究	王成秀	四川工商学院

【四川省社科规划（基地）重大项目】四川省社科规划基地重大项目仅限于四川省社科联和四川省教育厅联合设立并通过评估达标的四川省社科重点研究基地（含扩展）进行申报。2021年，围绕四川历史名人文化研究，四川省资助四川省社会科学规划重点研究基地重大项目1项，具体名单见表77。

表 77　四川省资助有关四川历史名人文化研究的四川省社会科学规划重点研究基地重大项目（2021 年）名单

序号	项目名称	负责人	工作单位
1	杜甫与成都	潘殊闲	西华大学

【四川十大历史名人社科重点研究基地发布专项课程】 四川十大历史名人社科重点研究基地先后发布专项课题。其中，大禹研究中心立项“当代贵州布依族大禹祭祀活动研究”等课题 7 项。落下闳研究中心立项“落下闳科学文化外宣翻译与传播研究”“落下闳文化品牌研究”重点项目以及“基于社会、经济、文化价值的落下闳文化的保护与开发研究”“落下闳文献资料和传说整理”等一般项目 4 项。诸葛亮研究中心立项“《汉丞相诸葛忠武侯集》研究”等一般项目 7 项。李白研究中心立项“浙江省唐代诗人评点资料汇编”“‘李白游踪’之友情诗绘本创作与研究”“以李白诗歌为源的 20 世纪中国新音乐创作的探索和实践”等重点课题，“李白儒释道思想研究”等一般项目以及“高职教育教学中李白诗歌的审美价值研究”等自筹项目共 39 项。扬雄研究中心项目立项“文化传承视阈下扬雄文学高中地方课程开发与应用研究”等一般项目 5 项。武则天研究中心共立项 21 项，其中“《武则天研究学刊》（第二辑）”等后期资助 3 项，“郭沫若历史剧《武则天》研究”“武则天与唐宋帖学书法嬗变研究”“唐代乾陵石刻艺术的考古学研究”重点项目 3 项以及“武则天休闲养生文化与资源整合开发研究”等一般项目 15 项。

四川历史名人文化研究社会团体培育建设工程

为持续推动四川历史名人文化的传承与研究，四川省社科联积极开展四川历史名人文化研究社会团体的培育建设，先后建成四川十大历史名人研究会：四川省大禹研究会、四川省李冰研究会、四川省落下闳研究会、四川省扬雄研究会、四川省诸葛亮研究会、四川省武则天研究会、四川省李白研究会、四川省杜甫学会、四川省苏轼研究会、四川省杨慎研究会。组织开展四川历史名人文化研究，搭建交流平台，举办学术活动，出版学术成果，推进四川历史名人文化保护与利用，促进四川历史名人文化传承创新工作深入开展。

【四川省诸葛亮研究会成立】 2021 年 4 月 1 日，四川省诸葛亮研究会正式成立。研究会通过线上群组讨论、协商等方式开展诸葛亮思想及三国历史文化方面的交流与对话，共谋做好文化传承创新工作，为汇聚三国历史文化研究力量搭建好学术研究平台。研究会倡导会员在做好本职工作的基础上，坚持开展诸葛亮及三国历史文化学术研究。

【纪念司马相如诞生 2200 周年座谈会召开】 2021 年 4 月 23 日，由四川省社科院指导，四川省司马相如研究会、中共南充市委宣传部、中共蓬安县委员会、蓬安县人民政府主办，四川省社科院四川历史研究院承办的“纪念司马相如诞生 2200 周年座谈会”在成都锦江宾馆顺利举行。

会上，四川省社科院院长、研究员向宝云在致辞中表示，我们要继续团结国内外优秀学者，充分发掘四川省内从事相关研究的专家学者。要创造条件，搭建平台，激发他们的创新创造热情，发掘他们的学术潜力，把司马相如研究推向新的高度。四川省社科院杰出研究员、四川历史学会会长、四川省司马相如研究会名誉会长谭继和，西南民族大学教授祁和晖，四川省社科院原副院长、研究员盛毅，四川大学商学院信息及企业管理研究所所长任佩瑜教授，四川省司马相如研究会顾问陈尚君，成都理工大学管理学院院长黄萍教授，四川师范大学历史文化与旅游学院院长汪洪亮教授等专家学者分别对相如文化、相如故里、文旅融合发展等领域展开学术交流。来自卓文君家乡邛崃市的代表和来自司马相如家乡蓬安县的代表分别作交流发言。谭继和表示，司马相如是汉代时代精神的奠基者、汉大赋的开拓者、巴蜀文化在汉代的代表者，不仅是以诗书闻名的大儒，也是蜀学的开拓者。蜀学悠久的历史最早源自司马相如，从他开始以后，到扬雄，到苏轼，再到郭沫若，都是对相如文脉基因的传承。学术为根，学术为魂，我们要进一步深入发掘和全面研究司马相如。

【草堂书院揭幕仪式暨四川省杜甫学会第二十一届、中国杜甫研究会第十届学术年会举办】 2021年4月27日至30日，四川省杜甫学会与成都杜甫草堂博物馆、中国杜甫研究会在成都杜甫草堂成功举办“草堂书院揭幕仪式暨四川省杜甫学会第二十一届、中国杜甫研究会第十届学术年会”，来自全国各大高校、科研院所、知名书院及学者近200人参加了会议，叶嘉莹、袁行霈先生分别为大会发来视频致辞和致庆撰联。德国埃尔兰根—纽伦堡大学、比利时根特大学、法国巴黎纽约书院、英国曼彻斯特诗歌图书馆、日本杜甫学会、美国肯恩大学、韩国南首尔大学等海外高校学者和研究机构发来贺信、祝贺视频。会议收到杜甫研究相关主题学术论文102篇，并为草堂书院特聘专家发放聘书。此次会议将杜甫草堂博物馆的杜甫研究工作推向深入，草堂书院的各项工作也正式步入正轨。

【李白纪念馆获“国家二级博物馆”授牌】 2021年5月18日，第45个国际博物馆日主会场活动在四川博物院举行。江油市李白纪念馆获四川省第四批新定级的博物馆，跻身国家二级博物馆行列。李白纪念馆收藏有历代李白诗集版本、历代名家书画精品等文物资料4000余件，其中邓小平、江泽民、胡耀邦、宋庆龄等党和国家领导人的手迹以及仇英、祝枝山、张大千、傅抱石、潘天寿等名家巨擘的作品皆堪称国之瑰宝；艺术的园林建筑、丰富的收藏陈列、完善的接待服务，使得李白纪念馆在海内外享有较高的知名度和美誉度。该馆先后被授予“国家AAAA级旅游景区”“全国爱国主义教育示范基地”“四川省李白文化社科普及基地”“金熊猫”奖先进集体等荣誉称号。此次获评国家二级博物馆，对进一步传播中国传统历史文化知识、提升李白纪念馆知名度和影响力，将起到积极的推动作用。

【《杜甫研究学刊》编辑出版】 四川省杜甫学会按时出版了4期《杜甫研究学刊》。时值“建党100周年”，《杜甫研究学刊》2021年第4期特设“庆祝中国共产党成立一百周年”专栏，特邀中国杜甫研究学会会长刘明华教授、复旦大学查屏球教授、四川省杜甫学会副会长徐希平教授、中国社科院文学所刘宁研究员就杜诗的篇目问题、中国共产党的主要缔造者陈独秀同志的杜诗研究、杜甫与巴蜀民族文化及文学关系、杜诗对中国传统生态智慧的深入呈现等主题进行全面深入的分析，为当前的文化建设提供智力支持。学刊还设置了“纪念《杜甫研究学刊》创刊四十周年”专栏，全面总结了学刊四十年的发展历程。

【第三届海峡两岸大禹文化交流活动暨2021（辛丑）年大禹诞辰祭祀举行】 2021年7月15日，四川省人民政府台湾事务办公室、绵阳市人民政府在北川永昌镇举办了第三届海峡两岸大禹文化交流活动。这是国台办批复的2021对台重点交流项目，含文旅产业发展交流会、少数民族文艺交流展示、文旅融合与乡村振兴座谈会等内容。活动现场共有1000余名群众参与，直接受众达3万人，同步网络直播点击量和祭祀平台浏览量超140万人次。本次活动加强了海内外中华儿女的民族凝聚力和文化自信，进一步推动了海峡两岸传承大禹文化，增强了文化认同。

【李白与唐诗之路学术交流会举办】 2021年10月29日，李白与唐诗之路学术交流会在江油市李白纪念馆召开。本次活动由中共江油市委宣传部、四川省李白研究会、浙江省台州市天台山文化研究会主办，江油市文联、江油市社科联、江油市李白纪念馆承办。来自四川省李白研究会、天台山研究会和安徽省马鞍山市的50余名李白文化专家围绕“李白与唐诗之路研究”和“李白文化产业研究”进行交流探讨，收集、整理会议论文29篇。为李白文化的传承发展提供更多更好的智力支撑，为积极促进两地经济文化建设建言献策。

四川历史名人文化研究人才培养工程

为进一步实施四川历史名人文化传派发展工程，深入研究、阐释、推广中华优秀文化，2020年8月，依托省内研究基础雄厚、文化特色鲜明的高校，四川大学中华文化研究院、四川师范大学中华传统文化学院、西南民族大学藏羌彝文化研究院、四川音乐学院中华传统音乐研究院、成都中医药大学中国出土医学文献与文物研究院和成都体育学院中华国术院6个重点中华文化研究院组建成立。2021年，重点中华文化研究院从坚定文化自信的高度，深入贯彻落实党中央和省委决策部署，把中华优秀传统文化教育作为固本铸魂的基础工程，聚集研究人才，整合学术资源，打造中华优秀文化传承学科群，产出优秀文化成果，推进学术研究与传播，培养具有深厚传统文化素养的大学生群体，进一步提升我省文化传承发展的质量和水平，为推动中华优秀传统文化创造性转化、创新性发展作出贡献。

【全省重点中华文化研究院建设工作现场推进会召开】2021年5月19日，全省重点中华文化研究院建设工作现场推进会在四川大学中华文化研究院召开，深入学习贯彻习近平总书记关于传承弘扬中华优秀传统文化的重要论述，总结交流第一批全省重点中华文化研究院建设情况，研究部署下一步工作。四川省委常委、宣传部部长甘霖主持会议并讲话。四川大学校党委书记王建国出席会议并讲话。四川省委宣传部副部长高中伟，四川省社科联党组书记、副主席姜怡，四川省教育厅党组成员、副厅长戴作安，四川大学副校长姚乐野，以及省委省政府相关部门负责人及全省首批重点中华文化研究院所在高校负责同志参加会议。

会议强调，全省重点中华文化研究院建设是一项久久为功的事业，各参与高校和有关部门要自觉担负职责使命，从坚定文化自信的高度，深刻认识传承发展中华优秀传统文化的重要意义，深入贯彻落实党中央和省委决策部署，把中华优秀传统文化教育作为固本铸魂的基础工程，以实际行动做到“两个维护”。要建强特色优势学科，体现高校自身特点，顺应国家文化发展的大趋势，契合四川文化传承发展需要，发挥比较优势，整合资源力量重点发展重点培养，推动学科建设实现争先进位。要全面融入教育教学，着力补上全体教师的传统文化课，着力提升全体学生传统文化基本素养，推动传统文化全面融入高校日常教学和科研之中。要切实加强贯通研究，坚持不忘本来、吸收外来、面向未来，注重以古鉴今、贯通中西、学科协同，真正把中华优秀传统文化中那些穿越时空、具有普遍意义的价值挖掘出来、传播开来。要积极参与传承工程，坚持以学术强支撑，善于以工程促研究，注重以项目育人才，进一步提升我省文化传承发展的质量和水平，为推动中华优秀传统文化创造性转化、创新性发展作出更大贡献。

【四川大学中华文化研究院举行成立三周年暨书院文化学术研讨会】2021年10月8日，四川大学中华文化研究院成立三周年暨书院文化学术研讨会在四川大学中华文化研究院召开。本次会议由四川大学中华文化研究院、四川省人民政府文史研究馆联合主办，四川省委宣传部、省文史研究馆、省教育厅的相关领导，以及来自清华大学、中国社科院、浙江省社科院、东北师范大学、山东师范大学、华中师范大学、四川大学、西南政法大学、西南民族大学、四川师范大学、成都中医药大学、成都大学、成都师范学院、成都体育学院、四川音乐学院等高校和科研机构的专家学者70余人参加了会议。四川省社科联副主席蔡竞发表讲话，他指出，四川大学中华文化研究院成立以来，在中华优秀传统文化创新发展方面取得了系列成绩，已建设成为中华文化学术研究的阵地，传承普及的高地。书院作为我国古代特有的教育组织方式和文化传承平台，在新时期应赋予新意义，为传承中华优秀传统文化、推动研究院深入发展提供制度和智力支撑。浙江省文史研究馆馆员、浙江省社科院研究员吴光在发言中对四川大学中华文化研究院传承弘扬国学的成就给予了充分肯定，认为“国学复兴，于斯为盛”。中国社科院、中国历史研究院研究员、中国先秦史学会会长宫长为在发言中，认为四川大学中华文化研究院出版了丰硕的学术成果，传播中国声音，讲好中国故事，为中华优秀传统文化的传承发展作出了川大人的应有贡献，取得的骄人业绩令人感佩。开幕式最后，由四川大学杰出教授、中华文化研究院院长项楚致辞，他对与会同仁的一贯支持表示衷心感谢，认为研究院充分发挥跨学科、多学科、综合研究的优势，开展儒释道、文史哲及相关研究。研究院立足川大，面向社会；立足研究，兼顾普及；多角度、多方位弘扬中华优秀传统文化，取得了可喜成绩。希望各位同仁提出宝贵意见，促进更好的发展。

【中国（阆中）巴都和巴文化论坛举办】2021 年 9 月 28 日至 29 日，“中国（阆中）巴都和巴文化论坛”在巴国的最后国都——阆中召开。此次论坛是在四川省对外文化交流中心指导下，由四川师范大学中华传统文化学院和西华大学地方文化资源保护与开发研究中心共同主办、四川省阆中历史文化研究会和阆中市文联承办的首届巴都和巴文化交流盛会。大会收到论文 30 余篇。经过专家们的热烈讨论，会议取得了共同认识并发布了《阆中共识》。大会宣布，巴文化研究中要不断运用新思想、新方法，从新的视野和角度不断提出新课题，为巴文化研究开辟更加广阔的学术空间，建立巴文化资源保护利用与共享机制，构建巴文化特有的思想文化、认知识别、文脉传承、遗产保护、文创研发和艺术生产体系。

【西南民族大学藏羌彝文化研究院组织课题组赴凉山州开展战略合作系列活动】2021 年 5 月 26 日至 30 日，西南民族大学藏羌彝文化研究院、中国语言文学学院、民族语言文学研究院联合课题组赴凉山西昌、盐源等地开展调研，签订系列战略合作协议，挂牌成立实习实践就业基地，开展招生宣传。此次活动由藏羌彝文化研究院院长、中国语言文学学院院长王启涛教授策划并领队。活动以“助力民族文化传承、深化校地教育合作”为宗旨，立足学院人才培养和学科建设实际情况，结合学校结对帮扶工作要求，以基地建设为抓手，以合作项目为载体，院所联动、形成合力，深化凉山民族文化研究布局，积极推进各层次教育合作，得到了中共四川省委宣传部和西南民族大学党委行政的大力支持，各项预期目标圆满达成。

【中医百部经典整理研究和继承型人才培训班开班】2021 年 7 月，由中共四川省委宣传部、四川省中医药管理局、四川省文化和旅游厅、四川省文物局指导，成都中医药大学主办，“四川省重点中华文化研究院”中国出土医学文献与文物研究院、巴蜀书社、“四川省社会科学重点研究基地”中国出土医学文献与文物研究中心、国家中医药管理局中医药古籍保护项目共同承办的“中医百部经典整理研究和继承型人才培训班”开班。此次培训班是响应习近平总书记“冷门绝学有人做”的要求，近几十年来，中医行业领域首次举办的人才培训活动，将在全国产生示范作用。培训班邀请了成都中医药大学中国出土医学文献与文物研究院柳长华教授等 8 位专家学者重点围绕中医历史、“小学”，从目录学、版本学、音韵学等方面入手，共 56 个学时课程，旨在培养专业知识扎实、研究能力强的继承性人才。培训班收到了全国近 30 所中医药院校、综合性大学、科研机构 100 余名教师的申请，最终遴选近 50 名教师参加培训，亦有大量硕、博士研究生旁听会议。

四川历史名人文化普及品牌建立

◆特色普及活动

加强创新发展，推动四川历史名人文化传承“活”起来。通过阐述历史名人的深厚内涵、文化价值，通过开展集知识性、趣味性、实用性于一体的普及与传承工作，让历史名人文化浸润普通人的生活，激发普通大众增强文化自豪感与文化自信。

【四川省李白研究会线上线下相结合进行社科普及】四川省李白研究会以图文、视频等形式在微信公众号、微信工作群、QQ 群、官方微博进行宣传，并结合现代化传媒手段，将讲座与网络互动相结合，推出同步直播。开设线上宣讲活动，包括李白文化“云普及”、李白精品书画“云展览”、“沉舟侧畔千帆过——心随疫动诗歌创作活动”。

【四川省诸葛亮研究会在武侯祠联合承办“大三国志”展】2021 年 3 月 31 日，由国家文物局、四川省文物局和成都市人民政府指导，中国文物交流中心、中共成都市委宣传部、成都市文化广电旅游局主办，成都武侯祠博物馆、四川省诸葛亮研究会承办的“大三国志”展在武侯祠三国文化陈列室广场开幕。国家文物局博物馆与社会文物司副司长金瑞国、中国文物交流中心主任谭平及省市领导和来自河南、陕西、安徽、江苏等地的参展单位代表共同参加开幕仪式。作为21世纪以来规模最大的三国主题巡回展，成都站展览汇集了国内18个省市自治区、36家文博单位的160余件（套）精品文物，其中一级文物30件（套），二级文物39件（套），分为“英雄的时代”“永远的三国”上、下两篇，全面展示三国历史和三国文化源流，讲述富有中国气派、成都风味的当代三国志。截至10月8日闭展，共接待观众141.616万人次。

【“明良千古——刘备与诸葛亮君臣合展”开展】2021年10月1日，由成都武侯祠博物馆、诸葛亮研究会主办的“明良千古——刘备与诸葛亮君臣合展”在成都武侯祠博物馆明良千古展厅开展。展览以三国史事为轴，刘备、诸葛亮生平为魂，君臣鱼水之情为展眼，展示刘备从早期创业的艰辛、称帝时的鼎盛到夷陵的遗憾；诸葛亮从隐居南阳、出山扶主、白帝托孤、南征北伐到星落五丈原的传奇人生；勾勒出刘备与诸葛亮君臣二人间的鱼水情深。展览分为“乱世浮沉 以待天时”“君臣共济　蜀汉立国”“兴复汉室　鞠躬尽瘁”3个单元，汇集国内6家文博单位的240余件（套）汉晋三国时期精品文物。该展览作为成都武侯祠博物馆重点打造的常设展览，是对“三国圣地”成都武侯祠整体陈列的重要补充，将长期面向公众开放。

【四川省杜甫学会文化名人进草堂学术讲座开展】四川省杜甫学会2021年完成4次文化名人进草堂学术讲座，分别是：5月22日中山大学中国语言文学系教授彭玉平“有病呻吟与诗词新境”。6月12日浙江大学文科资深教授张涌泉“探寻敦煌藏经洞之谜”。7月14日西南交通大学教授、博士生导师傅勇林“杜甫为何伟大——迈克尔伍德的理解及启示”。12月30日四川大学中国俗文化研究所所长张弘（普慧）“‘胡’说‘八道’：古代文明交流与互鉴的例证”。四位演讲者是当今文学研究领域的知名专家，他们紧扣社会时事，为公众带来了学术热点和学术前沿的讨论，社会反响很好。

【“世界读书日·走进三国”专场活动举办】2021年4月23日下午，由四川省诸葛亮研究中心与成都武侯区图书馆共同主办的“世界读书日·走进三国”讲座专场活动“四月蜀宫，寻迹三国”在蜀宫琴台开展。活动分为古琴演奏、三国讲座以及望江长廊场景模拟体验3个部分，突破了常规的场馆设置，突出体验式场景化，在将高品质的文化讲座奉献给听众的同时，又让听众获得更丰富的感官体验，满足了听众日益增长的高品质文化需求。据统计，线上线下参加活动的听众超过500人。四川省诸葛亮研究中心主任、四川省社科院文学与艺术研究所研究员艾莲为听众带来了名为“桃园结义与三国时期的桃林”的讲座。“走进三国”系列公益讲座，是四川省诸葛亮研究中心与武侯区图书馆共同打造的社科普及性讲座品牌，2020年7月迄今已成功举办10场，受到了广大听众的喜爱，激发了大众的三国文化的热情。

【李冰研究会、李冰研究中心应什邡市政府邀请赴什邡考察并举行座谈会】2021年5月25日，李冰研究会、李冰研究中心应什邡市政府邀请，在实地考察的基础上为什邡李冰文化产业的发展把脉、献策。研究会、中心专家学者实地考察了李冰导洛通山地点——高景关（朱李火堰）、大王庙、李冰陵等李冰文化资源。在什邡市委常委、宣传部部长向辉主持下，专家学者与什邡市文体局、文体产业发展服务中心、蓥华山管委会等部门的相关领导什邡市领导组织各专家学者围绕什邡李冰文化资源保护与利用现状及存在的问题，举行了座谈会。参加此次考察与座谈会的专家有李冰研究会会长四川大学历史文化学院彭邦本教授，秘书长西华大学科技处副处长鲜乔蓥副教授；李冰研究中心主任西华大学文学与新闻传播学院院长谢应光教授，副主任西华大学文学与新闻传播学院副院长王学东教授，副主任西华大学文学与新闻传播学院李钊副教授以及中心研究员。

【“禹羌大讲堂”普及大禹文化】2021年10月至12月，四川大禹研究会主办的“禹羌大讲堂”面向社区和政府机关工作人员，一共举行了15次普及讲座，内容包括禹羌故事、风俗、歌舞、非遗等，培训5000余人次。“禹羌大讲堂”积极推广禹羌文化知识普及，营造了全民参与的良好禹羌文化氛围，为禹羌文化的传承奠定了坚实的群众基础。

【《禹生石纽在北川》出版】2021 年 12 月，四川省大禹研究会理事、夏氏宗亲夏明显出版普及读物《禹生石纽在北川》。

【四川省李白研究会充分利用陈列展览开展社科普及】2021 年，在充分利用太白堂、太白书屋、诗苑等基本陈列进行李白文化社科普及的基础上，研究会先后举办了“百年征程、红心向党”主题摄影展、“华彩璀璨”绵阳市老年人书法展、“挥毫颂小康·书写新征程”全市统一战线庆祝中国共产党成立 100 周年书画摄影展、“红色奇石·百年颂歌”奇石书法展等庆祝中国共产党成立 100 周年相关的临时展览 14 场。在安徽当涂博物馆和四川省文化艺术学院地举办了 2 场“馀风激兮万世——李白诗意精品书画展”，效果好、影响大，各大主流新闻媒体争相报道。

【“李白与但丁——不可能的对话”网络专题学术讨论会举办】2021 年 11 月 5 日，“李白与但丁——不可能的对话”线上学术讨论会召开。本次讨论会由意大利驻重庆总领馆、四川省李白研究会、江油市李白纪念馆联合主办，意大利驻重庆总领事毕岚祺出席会议，李白与但丁研究相关学者、意大利驻重庆总领馆代表以及川渝高校学生等近 70 人参加。意大利驻重庆总领事毕岚祺、江油市李白纪念馆副馆长左彩龙先后致辞。意大利派外交与国际合作部遣至四川外国语大学 Vincenza Armiento 教授、四川省李白研究会副会长景志明教授分别对但丁和李白的生平、思想与主要成就等进行了系统梳理与介绍。最后双方学者重点从二人对各自国家历史文学的重要影响、与大自然的关系以及李白的漫游与但丁的幻旅 3 个方面进行了比较交流。举办此次学术讨论会，是让李白文化“走向世界”的一次重要尝试。

【四川省李白研究会通过举办各类活动开展社科普及】2021 年春节期间，四川省李白研究会开展送春联、灯谜竞猜，三月三上巳节小匡山举行“春日忆李白”诗歌朗诵、“李白文旅形象设计大赛”、“身着霓裳·邀约李白”汉服秀、“李白归来杯”2021 年少儿诗歌朗诵大赛预赛、“青天有月来几时”中秋诗歌吟诵等各类活动。

◆历史名人文化走进课堂

推动名人文化进课堂，将大禹治水、李冰治水、诸葛亮治蜀等历史名人事迹纳入地方课程教材内容，在全省中小学广泛使用，并鼓励学校开设传统文化兴趣课、选修课，普及传习名人文化的时代价值。

【皇泽寺大讲堂走进川北幼专】2021 年 6 月 30 日，皇泽寺大讲堂第二期——《绝代女皇武则天之谜》在川北幼儿师范高等专科学校开讲。四川省武则天研究中心首席专家谢鲁元进行讲授。

【弘扬工匠精神　传承李冰文化——工匠进校园启动】2021 年 11 月 27 日，四川李冰研究会副会长王学东参加由都江堰市总工会、共青团都江堰市委员会、都江堰市教育局、四川省李冰文化研究会主办，都江堰市李冰小学承办的“弘扬工匠精神　传承李冰文化——工匠进校园”启动仪式。仪式在李冰小学举行。

【高校开设都江堰文化与李冰文化公选课程】四川李冰研究会积极推动在高校开设“都江堰文化与李冰文化”公选课程。西华大学面向本科生与硕士研究生开设“都江堰文化与李冰文化”公选课程，由学会副秘书长李钊博士主讲。

【四川省中小学春日阅读活动分享大禹文化】2021 年 4 月 13 日，四川省 2021 年中小学春日阅读活动现场交流推进会走进朝天，四川省大禹研究会名誉会长李德书同志参加会议，并在大会上以大禹文化和大禹精神为主题进行了阅读分享。

【开展李白文化进校园进基层活动】四川省李白研究会开展李白文化进校园、进乡镇、进社区、进企业、进机关以及进景区。其中为社区图书室捐赠了李白相关书刊 200 余册，李白文化廉政书签 200 余套。李白文化进校园活动先后走进永胜初中、彰明中学、龙凤小学等市内外 8 所中小学校开展李白文化大讲堂和李白文化小课堂。

【"李白文化讲堂"系列文化普及活动】四川省李白文化社科普及基地全年举办了李白文化系列活动，举办"李白文化大讲堂"《馆长一课：园林景观打造》《李白与江油》2场，受众约300人次；先后走进龙凤小学、八一小学、永平初中等8所中小学校开展"李白文化小课堂"，约1150名学生参加；与成都、德阳、绵阳、广元、眉山及江油市内10余所中小学校、幼儿园联合开展"访诗仙"研学活动，惠及学生约6000人次。

【开展扬雄文化进校园进基层活动】四川省扬雄研究会副会长纪国泰为郫都区子云学校设计扬雄文化入校园方案，并完成扬雄纪念馆内容设计；研究会会长、副会长、秘书长等人持续指导郫都区教育局扬雄文化进校园工作，目前已在全区30余所中小学和幼儿园推广，取得了良好的社会效益。

◆历史名人文化融入文旅

融入文旅发展，整合四川历史名人文化旅游资源，依托名人故居、博物馆、纪念馆、景区等各类文化产业与文化资源，为文旅单位积极建言献策，提供智力支持与助力助推。

【"汉晋风华——文物中的三国"系列讲座】2021年5月至10月，"汉晋风华——文物中的三国"系列讲座在成都武侯祠博物馆香叶轩开讲。讲座分为6场，由四川大学历史文化学院方北辰教授、四川大学历史文化学院院长霍巍教授等进行讲授。相关爱好者、武侯祠工作人员、高校学生等群体现场参与。

【李白文旅形象设计大赛】由四川省李白文化社科普及基地主办，四川文化艺术学院承办的李白文旅形象设计大赛，是双方自2020年签署合作协议以来，继李白文化学术讲座、"李白文化节"创意策划大赛、国风汉韵艺术节之后的第四次深入合作。大赛自2021年5月启动，面向社会征集江油市李白文旅形象标识Logo、文创产品等70余件。2021年7月21日，大赛组委会特邀四川省李白研究会、四川文化艺术学院等相关专家学者组成7人评审组，对征集的作品进行初选、复评。本着原创第一，兼具艺术审美、地域特色与实用性的原则，共评选出入围作品24件。最后通过微信公众号对入围作品进行公众投票，综合专家评分与公众投票确定获奖等次。获奖作品将用于基地今后的李白文化宣传普及活动中。

【禹羌文旅文创产业发展交流会举行】2021年7月14日下午，由四川省大禹研究会"禹羌文旅文创产业发展交流会"在北川佳星酒店举行。国家部委、省市县相关领导，两岸禹羌文化专家学者、文旅文创专家等近200人出席会议。会议以"传承、创新、融合、发展"为主题，四川省文联主席郑晓幸、台湾中华城乡文创发展协会副秘书长林怡君等领导、企业家和学者通过主旨演讲、案例分享、对话交流、文创展示等方式围绕禹羌文化创新发展，为进一步推动禹羌文化创新性发展、创造性转化提供了智力支持。

【大禹研究会为北川禹羌文化推广与发展建言献策】2021年7月15日下午，"禹羌文化与乡村振兴座谈会"专家座谈会在新北川召开，中国社科院王吉怀研究员等来自国内各地的30余名专家学者与北川文化学者代表齐聚一堂，为禹羌文化与乡村振兴事业的融合发展，献计献策。7月16日下午，四川省大禹研究会会长尹富、常务副会长王晓沛率领研究会专家一行与北川羌族自治县人民政府县长周福兰等北川领导会晤，为北川发展建言献策。7月25日，四川省大禹研究会顾问赵兴武、副会长尧一三、秘书长朱静、理事高泽友等同志参加北川文旅产业发展务虚会，并分别在会上进行了发言。

◆历史名人文艺创作

四川社科界将历史名人的生平融入文艺事业，通过挖掘历史名人文化资源，创作、参与和助力多样化文艺作品的创作。

【参与《体验中国大禹卷》创作】2021年3月13日至14日，由"体验中国　天府四川"摄制组拍摄的四川省委宣传部外宣项目《体验中国大禹卷》在北川进行拍摄工作，四川省大禹研究会副会长尧一三、秘书长朱静积极参与专题片的拍摄方案制订、拍摄以及后期修改工作，朱静同志全程作为顾问，全程参与了脚本修改和拍摄工作，助力大禹文化在海外的传播。

【《红星闪闪照羌山》获评“银奖金曲”】2021 年 9 月，四川省大禹研究会理事李贤树作曲《红星闪闪照羌山》在《乡村》好声音第三季暨“唱支山歌给党听　百首金曲庆华诞”评选活动中获得“银奖金曲”称号。

【开发数字文创藏品“女帝无双”】2021 年 8 月 10 日，由四川省武则天研究会独家授权，与 ODIN 元宇宙平台共同开发的数字文创藏品“女帝无双”，全球限量发行 100 枚，发行 30 分钟售罄。将悠久的繁盛在元宇宙世界中交汇融合，突出历史人物特有的文化属性和唯一，打造全新的文化输出模式。

【“馀风激兮万世”——李白诗意书画特展】2021 年 10 月 15 日至 11 月 5 日，四川省李白文化社科普及基地品牌活动“馀风激兮万世——李白诗意书画特展”在安徽省马鞍山市当涂县博物馆展出。本次展览共展出 85 件（套）以李白诗作为主题的书画作品，根据诗作的创作年代排序，讲述李白的人生故事与诗歌精神。展览标题取自李白生前的最后一首诗作《临路歌》：“馀风激兮万世，游扶桑兮挂石袂。”展览以李白生平为叙事主线，分“天生太白出绵州”“诗成笑傲凌沧洲”“依然精爽动山川”3 个单元，共展出历代书画名家缅怀、再现李白诗歌意境的精品书画 80 幅。

提升中华优秀文化对外影响力

四川社科界在推动传承古蜀文化、藏羌彝民族文化，推动优秀传统思想道德文化传承创新的基础上，进一步增强历史自觉、坚定文化自信，探索文明互鉴，将对中华优秀传统文化的研究同马克思主义立场观点方法进行结合，同世界不同文明开展文化交流与文明互鉴。加强中华优秀传统文化的外宣、外译及研究工作，注重传统文化传播与国际形象的建构，推动中华传统文化“走出去”与“一带一路”影响力的研究，以文化为依托向世界讲好中国故事，实现中华优秀传统文化走向世界的转化发展。

活动、成果

【历史名人纪录片《李白》在央视纪录片频道播出】由四川省委宣传部、江油市委宣传部、四川广播电视台联合摄制，央视纪录国际传媒承制的四集大型历史名人纪录片《李白》于 2021 年 12 月 1 日至 12 月 4 日在央视纪录频道和四川卫视播出。试图透过李白的诸多“剖面”，勾勒这位艺术巨匠更为清晰完整的轮廓，追寻中国人流淌数千年的精神品格。

【“爪哇—巴蜀文化”国际学术会议举办】2021 年 3 月 18 日，西华大学与印尼三一一大学联合举办“爪哇—巴蜀文化”国际学术研讨会。双方通过视频在线方式，就爪哇文化、巴蜀文化展开交流与互动。西华大学校长刘树根发表讲话，印尼三一一大学学术副校长 Yunus 教授宣布研讨会开幕。三一一大学文化科学学院院长、孔子学院中外方院长以及印尼高校和教育界人士 80 余人参加了会议。双方就爪哇文化和巴蜀文化中的特色和经典进行了交流，加深了相互了解，并期待今后进一步的沟通和交流。

【传统文化翻译与国际传播学术研讨会召开】2021 年 4 月 16 日至 18 日，由中国中医药研究促进会指导，传统文化翻译与国际传播专业委员会主办，西南交通大学外国语学院承办的第二届传统文化翻译与国际传播学术研讨会在成都召开，200 余名来自中医药、翻译、文化传播领域的国内外专家学者参会。

会议以“传承经典，融合世界”为主题，聚焦中医典籍、民族典籍、传统文化典籍的翻译与传播、中医药文化对比研究、文化外译的跨学科研究等，旨在推动新时期文化“走出去”背景下中华传统文化的翻译、传播与跨文化研究。中国中医药研究促进会书记高泉指出，“中医热”在海外持续升温，要让中医及其文化更好更快地“走出去”，需要外语学者的大力参与和积极推广，翻译在其中发挥着重要的作用。当下中医药文化的传播推广应以医术为先，文化为续，搭好传播平台，拓宽传播渠道，构建高效的传播机制，培养高水平中医翻译与传播人才。在主旨发言环节，传统文化翻译与国际传播专业委员会主任、上海大学赵彦春教授，四川大学曹明伦教授等专家学者分别就“中国典籍翻译与国际传播”“中医药典籍、民族医药典籍翻译与国际传播”“‘走出去’背景下中医药文化对比与文创产业研究”“中医与文学、语言学研究”和“文化外译的跨学科研究”5个话题进行了热烈探讨。

【文化交流、互学互鉴——中外人文交流系列活动举办】2021年4月21日，四川历史文化故事普及基地主办了“首届中萨人文对话国际学术研讨会（线上）”。5月19日，基地主办了“中萨人文对话（第二期）暨首届中萨大学生在线学术交流会（线上）”。6月3日，基地应邀参加了“阿根廷日”语言文化艺术交流活动，期待以语言为媒介、以图书为桥梁，促进中阿两国文化交流互鉴，助推两国人民民心相通。7月8日，基地应邀参加智利驻成都总领事馆开馆仪式。系列活动为中外人文交流和文化传播打开了新的窗口。

【文化迁徙国际学术会议举办】2021年9月25日至26日，由四川大学文学与新闻学院、四川大学国家级重点学科比较文学研究基地、中华多民族文化凝聚与全球传播省部共建协同创新中心联合主办的“文化迁徙”学术会议顺利举行。此次会议由国内外知名期刊 *Neohelicon*（A&HCI）、*Comparative Literature Studies*（A&HCI）、《文艺理论研究》（CSSCI）、*Comparative Literature: East & West*（ESCI）协同举办，会议采取线上线下结合的方式进行，来自中国、美国、加拿大、意大利、匈牙利、埃及等国多所高校学者相聚云端，就会议主题展开热烈讨论。四川大学杰出教授曹顺庆、王一平教授、庄佩娜副研究员、杨清老师、翟鹿博士、曹漪那副教授等出席会议并作主旨发言。四川大学杰出教授曹顺庆致开幕辞，他对国内外与会学者的支持表达了感谢，希望中外学者抓住此次对话交流机会、互学互鉴，产出硕果。此次会议设有5组报告，分别由赵毅衡教授、金惠敏教授、王一平教授、斯蒂文·托托西（Steven Tötösy de Zepetnek）教授和山东大学外国语学院冯伟教授主持并评议。围绕“文化迁徙”这一议题，与会学者在东西比较诗学、移民文学书写、汉字跨文明传播、女性研究、翻译及电影、视频、视觉文化研究等领域进行了广泛且深入的交流。会议讨论的话题充分体现了跨文明交流为文学、文化新质的出现带来的积极影响，彰显了文明互鉴的重要意义。

【首届巴蜀文化与南方丝绸之路学术研讨会举办】2021年10月16日，四川师范大学文学院、四川师范大学巴蜀文化研究中心、《四川师范大学学报（社会科学版）》编辑部共同主办首届巴蜀文化与南方丝绸之路学术研讨会。会议主题是南方丝绸之路与巴蜀文化关系。中国社科院学部委员、中华文学史料学学会会长刘跃进，四川师范大学副校长王川出席开幕式并致辞。会上，参会代表进行了广泛的学术交流，尤其是对南方丝绸之路与巴蜀文化的关系、南方丝绸之路中外交流、巴蜀文化与域外汉学、杜甫文学与南方丝绸之路、南方丝绸之路与区域文化互动等相关议题进行了较为深入的探讨。大会主题发言由四川师范大学文学院教授钟仕伦主持，四川师范大学巴蜀文化研究中心主任段渝、四川省社科院民族与宗教研究所研究员徐学书、西华大学文学与新闻传播学院副院长潘殊闲、四川师范大学文学院教授周及徐、山东师范大学文学院教授李梅训、四川师范大学文学院教授王红霞、西华大学文学与新闻传播学院副教授王燕飞分别作主题发言。

【中国—希腊文物保护技术“一带一路”联合实验室三星堆工作站揭牌】2021年10月23日，中国—希腊文物保护技术“一带一路”联合实验室三星堆工作站在广汉三星堆揭牌。该工作站是故宫博物院与省文物考古研究院以“一带一路”联合实验室平台为依托，深化巴蜀地区文化遗产保护研究科研合作的重要载体，是双方未来持续深度合作的开始。“一带一路”联合实验室由科学技术部批准设立，是根据中国和“一带一路”沿线国家和地区的科技需求，参照国家重点实验室建设的国家对外科技合作创新平台，旨在通过中外科学家的务实合作，为推进“一带一路”创新之路建设提供有力的科技支撑。

研究项目

【获立国家社科基金中华学术外译项目】2021 年，四川省获立有关提升中华优秀文化对外影响力主题的项目 5 项，具体名单见表 78。

表 78　四川省获立有关提升中华优秀文化对外影响力主题的国家社科基金中华学术外译项目（2021 年）名单

序号	项目名称	负责人	工作单位
1	明末清初劝善运动思想研究（修订版）	任乐	四川大学
2	敦煌佛教图像研究	冯玉娟	西南民族大学
3	古代北京与西方文明	李海峰	四川外国语大学
4	中国禅宗与诗歌	金小天	电子科技大学
5	中国史前考古学史研究（1895—1949）	马亚雯	西南交通大学

【四川省社科规划“巴蜀文化对外传播研究”专项课题】2021 年，四川省社科规划“巴蜀文化对外传播研究”专项课题共资助 22 项，具体名单见表 79。

表 79　2021 年四川省社科规划“巴蜀文化对外传播研究”专项课题立项名单

序号	课题名称	负责人	工作单位
1	巴蜀作家在东南亚国家的接受与研究	李若珺	成都大学
2	四川地区地质灾害应急语言能力建设研究	陈熙	成都理工大学
3	第 31 届世界大学生夏季运动会与巴蜀体育文化融合传播研究	李梦楚	成都体育学院
4	新时代语境下巴蜀武术跨文化传播与英译	金艳	成都体育学院
5	都江堰—青城山景区英文标识语规范化研究	任松玲	成都东软学院
6	巴蜀文化英文生态翻译规范化研究	陈新宇	泸州职业技术学院
7	翻译传播学视域下的中国网络小说英译研究	王改霞	内江师范学院
8	攀枝花三线建设名人名言英译研究	王欢	攀枝花学院
9	“一带一路”与四川省域城市影视形象与跨文化宣传研究	邹红燕	四川大学
10	城市文化跨文化传播话语体系研究——以成都市“天府文化”国际传播为例	刘佳	四川大学
11	基于慕课的巴蜀文化外语课程建设研究与实践——以《印象四川》课程为例	张媛军	成都锦城学院
12	外语课程思政建设中巴蜀文化资源的开发与利用	仪雪	四川电影电视学院
13	巴蜀文化在高职英语课程教学中的融入研究	黄蜀云	四川交通职业技术学院
14	四川公安外宣翻译问题与策略研究	李晓莲	四川警察学院
15	四川旅游领域公示语日译研究	刘小霞	四川轻化工大学
16	四川高校国际汉语教育中巴蜀文化对外传播调查研究	董小莉	西华大学

续表79

序号	课题名称	负责人	工作单位
17	四川白酒品牌外宣中的广告话语建构研究	李国宏	西华大学
18	大学英语巴蜀文化课程资源开发与研究	王稀婧	西华师范大学
19	视觉语法下成都世界大运会宣传片多模态分析	黄志华	西南财经大学
20	汉学家爱诗客对成都诗歌文化的书写与传播研究	赵为娅	西南交通大学
21	爱尔兰文化语境下的郭沫若研究	刘静	西南交通大学
22	文化记忆模式下“一带一路”与城市形象跨文化宣传研究——以长江第一城宜宾为线索	李丽娟	宜宾学院

以人民为中心 推动社科普及时代化大众化

- 让党的创新理论飞入寻常百姓家
- 普及人文社科知识
- 推出高质量科普成果

2021年，四川省社科普及工作在四川省社科联的统一领导与部署下，积极开展庆祝建党100周年、党史教育和“四史”教育学习的系列宣传宣讲活动，在文化科技卫生“三下乡”集中示范服务活动、“四川社科活动月”系列社科普及活动，以及在乡村振兴、脱贫攻坚、弘扬中华优秀传统文化等不同方面，坚持正确舆论导向，贴近基层大众，宣传党的各项方针政策，推动哲学社会科学知识普及大众化，不断提升人民群众的人文素养。各社科普及基地、各地社科联积极组织社科工作者，守正创新普及形式与普及方法，在《四川日报》开设四川社科专栏，拍摄“百年百秒”短视频，创新新时代社科普及的新话语、新载体；广泛深入农村、学校、企业、社区，开展了丰富多彩的社科普及活动，持续打造“金沙讲坛”“名人大讲堂”“天府人文讲坛”等一批社科普及文化品牌，产出了一大批优秀的、被人民群众喜闻乐见的社科普及成果。

让党的创新理论飞入寻常百姓家

【《全省运用红色资源开展党史学习教育工作方案》出台】2021年5月13日，中共四川省委庆祝中国共产党成立100周年活动暨党史学习教育领导小组印发《全省运用红色资源开展党史学习教育工作方案》（以下简称《工作方案》），要求各级宣传部门、党史部门、教育部门、文旅部门、文物部门等充分运用全省红色资源，引导广大党员干部和青少年群体在红色教育基地重温党的百年辉煌历史，感受党的奋斗历程和伟大成就。《工作方案》提出，要开展资源普查，建设红色资源数据库，发布红色资源名录。要开展专题研究，举办学术交流活动，推出一批有价值、有影响的学术研究成果。要运用现代科技手段，开展线上线下展览展示，增强生动性、互动性和体验性。要精心制作新媒体产品，依托各类新媒体平台传播推广。要创作红色文艺作品，举办群众性文化活动。方案要求，依托四川长征干部学院、小平干部学院、“两弹一星”干部学院等教学点，开展现场教学。充分利用红色资源，就近就便开展组织生活。遴选一批党史学习教育参观学习点，推出精品线路，组织研学活动。组织广大党员干部、青少年等参观瞻仰革命遗址遗迹、红色纪念场馆等，利用国家公祭日、烈士纪念日等重要时间节点，开展缅怀纪念活动。围绕党史学习教育，《工作方案》推出10条研学线路。

【四川省“重走长征路·奋进新征程”红色旅游年启动暨实施方案发布】按照省委省政府的部署和要求，将2021年确定为四川省“红色旅游年”，以“重走长征路·奋进新征程”为主题，在全省开展“红色旅游年”系列活动。2021年4月9日，四川省“重走长征路·奋进新征程”红色旅游年启动仪式主会场在红军强渡大渡河历史文化科普基地纪念广场举行。省委副书记、省政府省长黄强宣布四川省“重走长征路·奋进新征程”红色旅游年启动，省委常委、宣传部部长甘霖致辞，省政府副省长罗强为参加“重走长征路·奋进新征程”红色旅游年活动的代表授旗，省委宣传部副部长，省文化和旅游厅党组书记、厅长戴允康发布了《四川省“重走长征路·奋进新征程”红色旅游年实施方案》（以下简称《实施方案》）。《实施方案》提出，要深度挖掘我省红色旅游资源文化内涵，努力扩大红色文化传播，积极打造红色旅游品牌，大力开展红色文化教育，激发人民群众爱党爱国热情，为热烈庆祝中国共产党成立100周年营造浓厚社会氛围。《实施方案》贯穿全年，共推出10个方面17项系列活动，主要内容有：举办红色旅游年启动仪式，红色旅游经典景区推介，红色旅游精品线路发布，举办红色故事讲解员大赛，开展“优秀红色讲解员讲百年党史”巡回宣讲活动，举办长征文化论坛，组织红色文献巡展，组织开展“红色文化进校园”案例作品征集展示，推出红色主题研学实践教育基地和精品线路，组织主题文艺作品创作展演，开展四川省大学生文化艺术展演，组织开展“重走长征路”系列体育活动，实施宣传推广活动，开发长征文化创意产品，建设长征和黄河国家文化公园，建设长征沿线交通配套设施，开展革命历史文物类纪念设施、遗址和爱国主义教育基地排查维护和整改提升行动。

【“金沙讲坛”举办庆祝建党100周年系列讲座】由四川省社科联、中共成都市委宣传部、成都市社科联主办，成都“金沙讲坛”办公室、成都“金沙讲坛”人文社科普及基地承办的庆祝建党100周年党史红色文化系列讲座在成都博物馆、学习强国主题街区等地开展。省内外知名专家为市民提供了种类丰富、类型多样的公共文化服务产品。金沙讲坛加强媒体建设，每周持续在成都电视台二频道、成都新闻广播FM99.8黄金时段播出“金沙讲坛”节目。此外，“金沙讲坛”还入驻微信公众号、抖音、西瓜视频、今日头条、学习强国等多个平台，逐步拓展宣传阵地，多元传播路径加大了对现场讲座资源的二次开发力度，让讲坛科普力度向多方面、多角度延伸。具体信息见表80。

表80　“金沙讲坛”举办讲座一览表（2021年）

序号	时间	主讲人	讲题	场地
1	4月11日	李后强	党史上的“三个重大悬案”（党的成立日子，遵义会议议程，“鸡鸣三省会议”会址）	成都博物馆
2	4月17日	罗大明	朝气蓬勃，永葆青春：中国共产党为什么伟大辉煌	成都博物馆
3	5月29日	王洪树	中国共产党党性思想的百年演进和时代启示	成都博物馆
4	7月4日	裴泽庆	把党建设得更加坚强有力	成都博物馆
5	7月17日	饶道良	井冈山：中国共产党走向胜利的起点——井冈山斗争与井冈山精神解读	成都博物馆
6	10月9日	施俊伟	学习贯彻七一重要讲话精神，努力为党和国家争取更大光荣	学习强国主题街区
7	10月18日	罗平汉	中国共产党史——新民主主义革命向社会主义革命的过渡	成都博物馆
8	12月9日	廖小明	坚持唯物史观和大历史观，深刻认识百年党史历史经验	成都市社科联

【传承甘孜红色文化系列活动】2021年3月至4月，康巴文化社科普及基地为进一步弘扬以热爱中国共产党、热爱伟大祖国为核心的民族精神，结合甘孜州红色历史，开展了走进校园（甘孜州高级中学、康定市民族中学）、下到乡村（康定市雅拉乡、泸定县紫河乡），展出《缅怀英烈事迹，传承长征精神》超精微素描作品42幅，印制分发宣传册350份，为雅拉乡、紫河村捐赠党史学习书籍共计50册，开展红色文化讲座4场，线下参与群众近千人，发布新闻7篇，被人民日报（四川频道）、甘孜日报等新闻媒体平台刊登。

【建党百年纪检监察发展历程及成就系列宣讲活动】四川省廉洁文化社科普及基地为深入推进党史学习教育，策划、组织、实施了“学党史·感党恩·跟党走——建党百年纪检监察发展历程及成就宣讲”系列大型主题宣讲活动。2021年3月27日，在内江市市中区人民公园组织开展了“崇尚清正之风，高扬廉洁之旗”廉洁主题宣讲活动，宣传贯彻党的十九届中央纪委五次全会精神。3月28日，在内江市春天公园城小区开展了“扬清风正气，树廉洁形象”主题宣传活动，宣传贯彻党的十九届中央纪委五次全会、四川省十一届纪委五次全会精神。4月24日，在内江市范长江纪念馆开展了“廉花处处开，清风拂面来”主题宣传活动；在内江市田家镇长江社区和文化社区开展了“学党史，扬廉风”主题宣传活动。5月29日至7月16日，先后在内江市大千旅游景区、黄桷井社区、东兴区凤凰社区、白马镇恩波广场、大洲广场，乐山市市中区石雁儿社区，宜宾市翠屏区合江门广场开展了多场“建党百年纪检监察发展历程及成就”党史宣传活动。7月13日，在内江市东兴区大西街桂湖社区开展了“倡廉洁新风，创和谐常德”主题宣传活动。7月14日，在乐山市五通桥区丁佑君烈士纪念馆开展了以“缅怀革命先烈，传承红色基因”为主题的参观学习活动。7月15日，在宜宾市李庄廉洁教育基地开展了“感‘国难不废研求’之精神”主题参观学习活动。10月24日、12月19日，先后在资中县银山镇大联村、内江市田家镇正子村开展了以“奉廉政旗帜，扬清风正气”为主题的宣传活动。10月24日，在资中县滨江广场开展了“清正在德，廉洁在志”为主题的廉洁文化宣教活动。12月19日，在内江市东兴区元宝花园和田家镇老体协、田家镇综合文化站、田家镇文化社区联合开展了廉洁文化文艺展演暨建党百年纪检监察发展历程及成就宣讲活动。系列活动直接受众近2万人次，间接受众近5万人次。

【“酒城讲坛”百场公益讲座基层行】2021年3月29日，“学党史·颂党恩·跟党走”泸州“酒城讲坛”社科普及基地百场公益讲座基层行在四川警察学院正式启动，中央党史和文献研究院第一研究部副主任、一级巡视员、研究员许先春担任首场讲座主讲嘉宾。许先春以“开展党史学习教育的根本遵循——学习习近平总书记关于党史的重要论述”为题，从深刻认识开展党史学习教育的重大意义、牢牢把握党史学习教育的重点内容、掌握学好用好党史的科学方法、推动党史学习教育深入开展4个方面，深入分析了党中央在全党开展党史学习教育的深层思想内涵。讲座通过视频信号同步直播，近4000名师生在线聆听。“酒城讲坛”百场公益讲座历时3个月，采用“宣讲+故事+文艺”的形式，由30余名优秀讲师组成4个小分队，深入全市机关、学校、企业、园区、军营和村（社区）开展专题讲座100场次，直接覆盖群众4万人次，并通过电视、电台、报纸、微信公众号等形式，实现二次传播。

【红色研学之旅走进朱德故里】2021年4月5日，由南充市社科联、四川省川北历史文化普及基地、南充起点艺术学校主办，南充市文化科学普及协会承办的“学党史绘新图——红色研学之旅”在仪陇县朱德故里景区拉开帷幕。本次红色研学由参观朱德故里景区，组织教唱红色歌曲，创作革命故事红色长卷，学习了解朱德在中国革命和建设中的卓越贡献，学习中国共产党在革命和建设中的艰辛历程和伟大成就，在仪陇红色老区学习“两德”精神，参观景区客家民俗博物馆，领略川北的民俗文化、非遗艺术等系列活动组成。在研学活动中，志愿者们给小学生们教唱红色歌曲，分发“川北红色文化”系列、“社会主义核心价值观”系列、“川北美丽乡村”系列等宣传手册，交流分享了革命伟人、红色历史文化知识。来自起点学校的200余名小学生及部分家长以及高校志愿者宣传队参加了本次活动。

【学习百年党史，弘扬“三线精神”主题系列活动启动】2021年4月，为庆祝建党100周年，充分发挥德阳市社科普及基地宣传社科知识、弘扬社会主义核心价值观的作用，中共德阳市委宣传部、德阳市社科联授牌的新中国工业建设文化普及基地联合市内多家企事业单位、学会（协会、研究会）启动了“学习百年党史，弘扬‘三线精神’”主题系列活动。系列活动由“弘扬‘三线精神’，不负国家使命”主题图片展；“学习百年党史，弘扬‘三线精神’党史学习教育大讲堂；“德阳工业区及三线建设人物、文物故事”征文及座谈会；“唱响共产党好、社会主义好、伟大祖国好、改革开放好”主题音乐会；“‘学党史，知国史’回顾新中国工业发展史，新中国工业四十五个‘第一’”图片集展五大板块组成。先后接待市内外参观团队50余批次，参观人数突破万人次。

【小丽妈妈讲故事走进乡村小学】2021年4月至5月，广安市妇联、邓小平图书馆、邓小平理论与教育普及基地携手走进邻水县坛同镇黑滩硫磺沟村小学、岳池县石城小学校、广安区肖溪镇勤劳村小学，联合组织开展了以“童心向党沐书香，强国复兴有我”“永远跟党走宣讲志愿服务”暨“小丽妈妈讲故事”为主题的阅读活动，为乡村小学的孩子们送去了宝贵的精神食粮。“小丽妈妈”绘声绘色地给孩子们讲述“闪闪的红星”“信仰绣出国旗红”“双枪老太婆”等党史小故事，并教学生学习《童心向党》手势舞，让孩子们从故事中回到中国共产党艰苦创业的百年历史长河之中，深切感受到中国共产党的艰辛历程和光辉历史，激励孩子们从小学党史，听党话，知党恩，跟党走，传承红色精神，坚定红色信仰。

【“学习党史铸灵魂，凝聚力量育新人”专题宣讲】2021年4月14日，四川省公民文化普及基地刘纬度在界牌中心校向500多名师生进行了"学习党史铸灵魂，凝聚力量育新人"的专题宣讲。以中国共产党百年历史资料和地下党四川省委书记罗世文、县委书记张涤痴先烈坚定信仰、至死不渝的动人事迹，生动讲述了百年党史的经典故事、伟大成就及深远意义，概述了新中国成立以来，特别是改革开放以来取得的巨大成就，并就中国共产党成立、中华人民共和国成立、党的十一届三中全会、党的十八大等重要会议时间节点及重大意义进行了现场互动问答。

【"我爱你中国"中韩艺术歌曲线上音乐会举行】2021年4月30日，由四川省青少年文学艺术社科普及基地参与主办的中韩艺术歌曲作品线上音乐会"我爱你中国"在哔哩哔哩网络平台直播。四川文理学院音乐与演艺学院院长何凤先，副教授李玥欣、杜佳倪，韩国国立江原大学音乐学院教授金贤玉等参与演唱。音乐会共分为两个部分，在中国艺术歌曲演唱部分，选唱了《祖国，慈祥的母亲》《我怎样去爱你》《我爱你中华》《我爱这土地》和《我爱你中国》5首艺术性强，充满对党、对祖国热爱的艺术歌曲。宣传片在短视频平台获得了1.1万次的播放量，直播时吸引了国内外2700余人同时在线观看。

【百年大党的精神谱系系列党史宣讲活动】2021年4月至5月，四川省公民文化普及基地举行系列党史宣讲活动。4月20日，杨世义、张祖奕等为四川农业大学的数百名师生展开党史教育，杨世义从中国共产党成立的红船精神讲起，总结串联了中国共产党人在不同时期的近60个"精神"，阐明了"精神力量是支撑一代又一代中国共产党人力排万难走向胜利的伟大支柱"，他还借助信念、情怀和奋斗3个关键词诠释了中国共产党人一心为民、一心为公的深厚家国情怀。张祖奕以中国共产党成立前后的历史背景为线索展开，以"闯劲""动力""核心"3个要素为切入点，结合图文事例生动阐明了中国共产党永葆青春的秘诀及其对中国的深刻意义。5月19日，杨世义在成都理工大学，以女排精神、北京奥运精神为切入点，从中国共产党伟大精神的发展脉络、红色基因两个视角进行了宣讲。5月20日，孙成勇在前锋区虎城镇以"江山就是人民，人民就是江山——学习中国共产党百年辉煌史"为题作了专题党课。5月22日，杨世义应邀为新华保险四川分公司员工宣讲党史。5月25日，舒永久对深圳宝安区党代表履职能力培训班学员及民航飞行学院离退处党员，从历史回顾、红军长征在四川之最、四川在红军长征中的地位和作用3个方面向学员们做了宣讲。5月27日，舒永久在四川省档案校对民航飞行学院离退处党支部40余人宣讲"彝海结盟及其历史意义"。

【红军强渡大渡河历史文化传承与普及】四川省红军强渡大渡河历史文化社科普及基地按照中共四川省委宣传部、四川省社科联的科普工作要求和中共石棉县委宣传部、县社科联、县教育局、县文体旅游局的统一安排，开展红军强渡大渡河历史文化的传承与普及工作。2021年5月，组织召开"红军强渡大渡河历史文化座谈会"，与红军后代、船工后代、大渡河连、县委组织部、县委宣传部、县党史研究室等相关部门25人，结合自己的工作生活，共同交流探讨新时期如何传承红色基因，弘扬红军强渡大渡河勇士精神，进一步推进红军强渡大渡河历史文化发展。5月至12月，开展了红色历史文化知识进校园系列科普活动。5月，向全县26所中小学校小学五年级、初中二年级和高中二年级的学生赠书红色历史文化科普读本《中央红军长征越过大渡河》5000余册；9月，为全县中小学生开展了红军强渡大渡河历史文化知识科普专题讲座24场次；10月至11月，组织全县各中小学校开展"弘扬红军长征精神·争当有志青少年"科普读书演讲比赛；12月，组织开展"石棉县第三届弘扬红军长征精神·争当有志青少年"科普读书演讲活动。

【"永远跟党走"献礼建党百年文化活动】2021年5月25日，红军强渡大渡河历史文化科普基地协助雅安军分区、石棉县委、县政府在安顺场红军纪念广场举行了"新时代、新长征、新发展——雅安军民'永远跟党走'献礼建党百年文化活动"。活动分重温入党誓词、群众表演、微党课3个部分，作为石棉县"庆祝建党100周年"群众文体系列活动之一，本次活动进一步增强了军民鱼水关系，巩固了石棉红色旅游品牌，助力乡村振兴，并激励干部、群众传承红色文化，争当红军传人，以实际行动庆祝党的百年华诞。雅安市委常委、军分区司令员苏杰，雅安军分区政治委员秦光龙与石棉县委书记罗刚出席了活动。

【青年创客党史学习教育班活动】2021 年 5 月初，四川省大学生创新创业文化普及基地组建青年创客党史学习教育班，结合学员特点，量身定制“传承红色基因，砥砺青春使命”“坚定创业初心使命”“美好生活的向往”三大党史学习教育主题活动，通过实地悟学、企业研学、基层践学、专家讲学等，打造青年创客学习党史的“行走课堂”，促进党史学习教育与创新创业教育有机融合。教育部网站、《中国教育报》以“西南石油大学组建青年创客党史学习教育班——从党史中汲取创新创业智慧”为题进行了专题报道。

【感党恩、爱雅安、庆百年主题文化服务活动】2021 年 6 月 10 日，为引导群众铭党恩，听党话、跟党走，加快建设川藏铁路第一城、绿色发展示范市奠定群众基础、营造和谐氛围，雅安市社科联会同团体会员市茶叶学会、市茶业协会等，在高颐阙文博公园举行了“感党恩、爱雅安、庆百年”主题文化服务活动，开展党史知识、科技知识、本土文化、健康知识、低碳生活常识宣传普及，现场发放、赠送文化书籍、红色文化读物、乡土读物、科普读物、农业实用技术光碟以及各类宣传资料 1000 余份，约 500 名群众参与了此次活动。

【雅州讲坛党史专题讲座走进乡镇】2021 年 7 月初，雅安市社科联会同天全县社科联在天全县新场镇举办了“雅州讲坛”党史专题讲座活动，张德义作题为“中国共产党百年历程与启示”普及讲座，用丰富的史料展示了中国共产党波澜壮阔的奋斗史，揭示了中国共产党百年历史的宝贵经验与启示，点明了牢记中国共产党百年奋斗学思践悟开新局闯新路的方向，深刻阐释了党史学习教育的内涵和要求，激励基层干部高举中国特色社会主义伟大旗帜，坚定以习近平新时代中国特色社会主义思想为指导，深入抓好党中央、省委和市委大政方针的贯彻落实，不断夺取全面建设社会主义现代化雅安的新胜利。来自镇、村、组 80 余名干部到场聆听学习。

【中国共产党领导科技发展科技普及活动】2021 年 5 月 24 日，为深入贯彻落实国家科技部、中央宣传部、中国科协发布的《关于举办 2021 年全国科技活动周的通知》要求，钒钛文化普及基地与钒钛资源综合利用国家重点实验室联合开展了“百年回望：中国共产党领导科技发展”为主题的科技活动，集中展现中国科技事业在中国共产党的领导下，走出的一条中国特色科技创新之路。近 40 名师生参观了钒钛资源综合利用国家重点实验室，观看了《铸魂》资料片，国家重点实验室副主任苗庆东作“参加钒钛资源开发与应用”专题讲座。

【“重温红色经典·铭记党的历史”沙龙音乐会举行】2021 年 5 月 28 日，为庆祝中国共产党成立 100 周年，讴歌百年光辉历程，进一步深化党史学习教育和对归国留学人员的思想政治引领，由省委统战部指导，四川欧美同学会、机关工会、四川省音乐艺术普及基地等单位联合举办的“重温红色经典·铭记党的历史”沙龙音乐会在部机关举办。省委统战部常务副部长钟家霖等部厅领导、部机关干部职工及四川欧美同学会会员代表 100 余人观看演出。“四川同心”“欧美同学会”等权威媒体全程转播，点击播放 20 余万人次。

【“同心向党”纪念建党 100 周年书画展】2021 年 5 月，康巴文化社科普及基地与四川民族学院统战部等部门，在成都市新会展中心文轩美术馆举办了“同心向党”纪念建党 100 周年书画展，旨在向党的百年华诞献礼，践行“中华民族一家亲，同心共筑中国梦”的美好愿景。展览画作 140 幅，印制《同心向党画册》300 册，向大众普及了康巴大地上的红色印记，展现民族高校的时代风范。省州相关部门领导、美术与书法界专家学者、省内兄弟院校及师生代表 100 余人出席了活动。

【武胜红色文化园建成】2021 年 6 月 15 日，武胜县乡村振兴与产业发展文化普及基地“红色文化园”建成，该园占地面积约 100 亩，包括“一场”（红岩广场）、“一区”（思想建设工作展示区)、“一馆”(初心馆)、“一故居”(杨益言故居),成为成渝地区一流、全国有影响的党性教育综合体。其中,初心馆是集党史馆、廉史馆、先锋馆、同心馆、红岩英雄文化陈列馆于一体的纪念馆集群。先后承接省内外培训 50 余场次,接待省内外干部群众 6 万余人次、青少年学生 5000 余人次。

【自流井区举办庆祝中国共产党成立 100 周年美术作品展】 2021 年 6 月 18 日,民俗灯文化普及基地受自贡市自流井区文化广播电视和旅游局委托,策划、承办了“铭记初心与时俱进,光辉岁月砥砺前行”自流井区庆祝中国共产党建立 100 周年美术作品展,征集油画、中国画、水彩画、漆画、插画等 100 件作品展出。12 月,编印美术展作品集 200 册,作为文化宣传资料,用于送文化进社区、进乡镇、进中小学校。

【音乐舞蹈作品《回归时刻》入选参演《伟大征程》】 2021 年 6 月 28 日,为庆祝中国共产党成立 100 周年,由中宣部、文化和旅游部、国家广播电视总局、中央广播电视总台、中央军委政治工作部、北京市联合主办的大型情景史诗文艺演出《伟大征程》在国家体育场盛大举行。《伟大征程》突出表现中国共产党奋斗、奋发、奋进的光辉形象,以丰富的艺术形式和饱满的精神内涵,呈现中国共产党团结带领中国人民不懈奋斗的辉煌历程,艺术地展现党的十八大以来,在以习近平同志为核心的党中央正确领导下,中国共产党和中国国家各项事业取得的历史性成就、发生的历史性变化,凝聚起全中国各族人民开启全面建设社会主义现代化国家新征程、向着第二个百年目标奋进的精神力量。晚会共分为“浴火前行”“风雨无阻”“激流勇进”“锦绣前程”4 个篇章以及首尾的“启航”“领航”部分,四川师范大学舞蹈学院 50 名师生编排的情景合唱与舞蹈作品《回归时刻》在第三篇章“激流勇进”中呈现。

【遂宁潼南地区革命文物背后的故事流动巡展】 2021 年 7 月 1 日起,宋代青瓷文化社科普及基地与重庆潼南文管所联合举办了以“革命文物·见证初心——遂宁潼南地区革命文物背后的故事”为主题的流动巡展活动,设计制作了以 1921 年以来在中国共产党领导下的遂潼人民参与革命斗争为主线的展板 16 块,在遂宁、潼南两地的社区、学校、军营流动展出,惠及观众近 34000 人。

【“星火·丰碑”——庆祝中国共产党成立 100 周年音乐会举行】 2021 年 7 月 2 日,由四川师范大学、教育发展普及基地、四川音乐家协会主办,四川师范大学音乐学院承办,成都乐团协办的“星火·丰碑”——庆祝中国共产党成立 100 周年音乐会在成都城市音乐厅举行。本次音乐会是教育部全国百所高校“音乐党史”系列活动之一,聚焦革命、建设、改革开放与新时代等不同时期广为传唱的音乐作品,通过民族管弦乐演奏、二胡协奏、竹笛协奏、钢琴协奏、交响曲、琵琶协奏、合唱等丰富的形式展演,900 余名观众现场观看了音乐会,在线观看直播人数达到 10.8 万人次。

【红军长征在四川革命历史文物展举办】 2021 年 6 月 11 日至 7 月 20 日,为大力弘扬伟大长征精神,走好新时代长征路,奋力谱写中华民族伟大复兴中国梦四川篇章,盐文化普及基地联合四川博物院,举办了“伟大征程——红军长征在四川革命历史文物展”,展出来自四川博物院、阿坝藏族羌族自治州文物考古研究所(州博物馆)等 9 家省内单位的红军长征革命历史文物 90 余件,展示了从赤水河畔到懋功会师、艰苦徒涉过草地、南下受挫转雪域、甘孜会师携手北上的长征史。围绕展览主题创作了红色文创产品,组织了革命文物流动展览、专题党课及社教活动等。共有 211 家单位观看了展览,组织开展了专题党日活动,接待观众 2.6 万人次,专题讲解 181 场。

【第十三期“蜀人原乡文化大讲堂·名家讲坛”开讲】 2021 年 7 月初,“蜀人原乡文化大讲堂·名家讲坛”举行第十三期主题讲座,邀请北京大学教授、博士生导师岳庆平作题为“中国共产党的百年历程”的主题讲座。岳庆平通过回顾中国共产党的百年历程,详细讲述了中国共产党带领中华民族实现国家繁荣富强和人民富裕的辉煌成就，用大量史实阐述了中国共产党的领导是历史发展的必然、是中国人民的选择、是实现中华民族伟大复兴的根本保证。同时对“学史明理、学史增信、学史崇德、学史力行”“学党史、悟思想、办实事、开新局”等党史学习教育内容进行了深度解读。资阳市文旅系统党员干部，四川希望汽车职业学院和四川省资阳师范学校的教师、学生近300人参加此次讲座。

【向黄继光烈士敬献花篮仪式举行】2021年9月30日，由四川省继光精神普及基地承办的“2021·德阳市暨中江县向烈士敬献花篮仪式”在黄继光纪念馆举行。各界代表神情庄重，面向英雄雕塑整齐列队，现场奏唱《中华人民共和国国歌》，全场肃立，全体人员向为中国人民解放事业和共和国建设事业英勇献身的人民英雄默哀。伴随着深情的《献花曲》，礼兵抬着写有“革命烈士永垂不朽”的花篮拾级而上，缓缓走向英雄雕塑，将花篮轻轻摆放到记载黄继光生平事迹的白玉浮雕前。德阳市委书记靳磊，市委副书记、市长刘光强，市人大常委会主任卢也，市委副书记罗文全，市委常委、中江县委书记苏刚，市委常委、德阳军分区司令员赵创业，市领导吴成钢、罗毅，市政府秘书长孙成斌，退役军人局、武警德阳支队主要负责同志，中江县劳模、先进工作者、在党五十年周年党员、共青团员、武警官兵及民兵代表参加了公祭活动。

【“红色基因代代传”诗歌朗诵会举办】2021年10月27日，由中共广安市委宣传部、广安市文学艺术联合会主办，广安市朗诵艺术家协会、邓小平图书馆、四川省邓小平理论教育与实践普及基地、广安市政协诗书画院、民进四川省委广安直属支部承办的“红色基因代代传”诗歌朗诵会在邓小平图书馆举办。活动在川渝长江嘉陵江流域文艺联盟主题曲《巴蜀两江情》中拉开序幕，诗歌朗诵以“红星照耀大中国”“红岩精神放光芒”“红色故里江河情”“红色基因代代传”四大篇章，讴歌祖国、赞美新时代、畅想美好未来。约800名观众观看了演出。

【“巴蜀风云——川渝红色文献巡展”开幕】2021年12月15日，为发扬红色传统，传承红色基因，由四川省文化和旅游厅、广安市人民政府主办，四川省图书馆、广安市文化广播电视和旅游局、邓小平图书馆、四川省邓小平理论教育与实践普及基地承办的“巴蜀风云——川渝红色文献巡展”在邓小平图书馆举行，四川省文化和旅游厅副厅长赵红川，四川省图书馆党委书记、馆长王龙，广安市副市长王瑛等出席开展仪式并讲话。展览主要展示了从中国共产党成立到新中国成立这段时期，四川波澜壮阔的红色历史。展览以时间为序，以中国共产党在四川的奋斗历程和红军长征为主线，通过四川省图书馆、重庆图书馆、邓小平图书馆大量珍贵的图书、报纸、期刊、图片、实物、音像等具有代表性的历史史料，再现中国共产党的奋斗历程和红军长征在四川走过的波澜壮阔的革命历史，阐释红色历史和伟大长征精神。广安市直机关党员干部、市文化广播电视和旅游系统职工代表，邓小平图书馆全体干部职工以及广安职业技术学院师生代表共200余人参加了开展仪式。

【沫若文化研学活动】郭沫若故居社科普及基地以“机构+基地”为架构、以“郭沫若故居”为核心点，充分挖掘现有资源，结合沫若文化、家风家训，与新华文轩合作开展系列研学活动。2021年全年，对小学段、初中段、高中段学生分别开设了“来自郭沫若的学霸指南”“执炬文化先驱，立志不负桐华”“戎马书生笔如刀”郭沫若人文历史主题红色研学课程，全年共接待学生100批次5000余名。基地打造了党史学习教育红色路线，以“走故居+听党课+重温入党誓词+看党史电影”的方式，感悟郭沫若的红色革命史，成立“沫若讲坛”讲习所，择优选聘30名讲师，深入挖掘郭沫若入党初心、“郭沫若与党的统一战线”、沫若廉政文化等革命历史故事开展党史专题宣讲，培育组建“情景助教”队伍，配套开发了组织生活“套餐”、郭沫若入党历程课件等。全年开展“沫若讲坛”12场，共接待130余个基层党组织、2600余名党员。

【《穿越历史的红色传承——青年党史讲坛》录制播出】区域历史与民族文化科普基地依托四川大学博物馆文史资源，组织四川大学历史文化学院、马克思主义学院、图书馆、团委和电子科技大学、省委党史研究室、新华社，担任总策划和主负责，寻找政策、资金、技术和发布渠道支持，组织并录制《穿越历史的红色传承——青年党史系列讲坛》六讲，通过线下讲座和视频展播。新华网平台985.1万人次点击、地铁覆盖3600万人流量，《人民日报》还进行了专门报道。

【“传承红色基因·弘扬长江精神”系列宣讲活动】2021年全年，范长江纪念馆社科普及基地组织了“传承红色基因·弘扬长江精神”系列科普活动。1月13日，与中共内江市委党校联合举办范长江事迹有奖征文活动；5月19日，在大千园广场举行2021年“中国旅游日”启动仪式暨红色旅游年宣传活动；5月21日至28日，举办了“中国共产党领导科技发展”主题科普活动周暨临展活动；6月，先后在内江职业技术学院、郭北镇郭南小学、市中区新时代文明实践中心、隆昌市新时代文明实践中心、田家镇等地举办“传承红色基因·弘扬长江精神”宣讲暨临展活动；11月30日，举行文轩长江大课堂研学实践活动启动仪式暨内江市东兴区阳光学校“踏长江征程，做田间少年”研学实践活动。

【川大党史故事系列线上推出】为弘扬传承红色基因，四川大学档案馆（校史办公室）、大学精神与大学文化教育社科普及基地深入挖掘党的百年历史中的红色档案资源，利用微信公众号每周推出一期“川大党史故事”。2021年先后推出《“川大党史故事之一”王右木：四川地区的马克思主义先驱》《“川大党史故事之二”恽代英：群星聚集育英才》《“川大党史故事之三”杨闇公：巴蜀播火人》《“川大党史故事之四”童庸生：披荆斩棘的猛士》《“川大党史故事之五”袁诗荛：漫卷四川学生潮》《“川大党史故事之六”廖恩波：转战东南意未休》《“川大党史故事之七”建立成都民先队 投身抗日救亡运动》《“川大党史故事之八”组织抗敌后援会 贯彻抗日民族统一战线》《“川大党史故事之九”成立抗敌宣传团 深入发动民众运动》等系列英雄人物、党史故事。

【江姐纪念馆传承红色文化基因】大学精神与大学文化教育社科普及基地依托四川大学作为全国最早传播马克思主义的发源地之一、西南党团组织发源地的地位，突出重要的党史人物及事件，突出著名英烈事迹，充分发挥“江姐纪念馆”红色文化培根育魂教育服务功能。自2021年3月以来，先后接待了包括中央巡视组、中纪委、省市各厅局（省纪委、省委组织部、省教育厅、省总工会、市纪委监委等）、中国人民银行成都分行、各高校和事业单位、大中小学生约1万余人次，并于清明节组织了“学党史、祭英烈”的祭扫英烈活动，依托“3D江姐馆”平台开展网上祭扫活动。5月28日，新华社“奋斗百年路、启航新征程·数风流人物”特别节目以“江姐：托孤遗书中的坚定与柔情”为题，深入江姐纪念馆，报道了革命烈士江竹筠（“江姐”）的事迹。2021年，“江姐纪念馆暨四川大学革命英烈事迹陈列馆”被四川省委宣传部授予“四川省爱国主义教育基地”，成为重要的党史教育普及活动、传承红色文化基因和知识的场所。

【“学党史、敬英烈、革命薪火代代传”巡展】四川省继光精神普及基地积极创新，深入挖掘“继光精神”原创教育资源，开展“学党史、敬英烈、革命薪火代代传”巡展活动。先后走进辑庆中心校、龙台中学、广福镇小学、冯店镇中学、永丰镇中心校、玉兴镇小学、永兴镇中学、凯江镇小学、富兴镇阳平分校、回龙镇中学、通济镇小学、城北小学12所学校，通过制作200米长的展板，以图文并茂、以点带面的形式，将红色党史带进校园。校园专场巡展活动参与师生达2万人次，提供免费讲解服务30场次，免费发放黄继光英雄事迹连环画册1.2万册，企事业单位巡展活动参与群众达3万余人次，提供免费讲解32场次。此外，从丹东抗美援朝纪念馆引进举办了“英雄儿女——庆祝中国共产党建党100周年”中国人民志愿军英模事迹专题展、“党的光辉历程——庆祝中国共产党建党100周年”专题展、“全军十大挂像英模”事迹专题展，接待观众60万人次，提供免费讲解300余场次。

【“追寻红色足迹·讲述百年风云”双语普及活动】为庆祝中国共产党成立100周年，引导广大青少年深入学好党史、新中国史、改革开放史、社会主义发展史，进一步发扬革命传统和优良作风，激发广大青少年爱党爱国爱社会主义的巨大热情，青少年数字化语言文化普及基地依托电子科技大学外国语学院，发挥专业优势，运用双语开展“追寻红色足迹·讲述百年风云”系列普及活动。主题宣传涵盖书籍、事件、人物、地点、电影5个板块，每期由1位志愿者进行中英双语推荐，共计40期，受众达6000余人次。

【立足“四个优势”，守正创新推进党史学习教育系列宣传与转化应用】德阳市社科联按照中央和省委、市委统一部署要求，对标对表习近平总书记关于党史学习教育重要讲话精神，紧扣目标任务、聚焦重点内容，立足“动、深、新、用”四个优势，守正创新推进党史学习教育活动。一是“动”，发挥社科人才聚集优势，提前谋划、上下联动，广泛发动、扎实推进，左右协同、内外互动，举办庆祝中国共产党成立100周年征文活动，召开庆祝建党100周年研讨座谈会，参与组织庆祝建党100周年图片展、首届“理响德阳”基层理论宣讲大赛等活动，联合市内高校开展“举办一场理论研讨会、到基层讲一堂党史教育课、发表一批党史研究文章”的“三个一”活动，参加市委宣讲团，开展进机关、进企业、进农村、进学校、进社区“五进”活动。二是“深”，发挥社科课题立项优势，深入开展专题理论和应用性对策研究，鼓励全市社科工作者围绕党的百年伟大历程、辉煌成就和宝贵经验等开展深入研究阐释，立项一批有重大价值的研究课题。三是“新”，发挥社科普及阵地优势，深入挖掘整理德阳本土红色资源，充分运用新技术、新手段加强党史学习教育宣传，开展各类宣传普及活动200余场次，参与群众超过20万人次。四是“用”，发挥社科成果运用优势，注重成果转化，将学习研究成果转化成为民办实事的成效，积极发挥社科联资政建言作用。

【“专家网上讲党史”活动开展】在四川省社科联的指导下，由德阳市社科联联合广汉市社科联、媒体融合实践普及基地（广汉市融媒体中心），以党史学习教育为契机，结合“社科活动月”的开展，引导广大市民厚植爱党爱国情怀，通过市县两级微信公众号开设“专家网上讲党史”栏目。先后邀请7名党史研究专家学者与广大干部群众线上面对面，结合德阳地区不同时期的党史故事，系统讲解中国共产党团结带领全国各族人民为中华民族作出的伟大贡献和重大成就，以及开创中国特色社会主义道路，全面推进改革开放和现代化建设的伟大实践与宝贵经验。“专家网上讲党史”栏目采取录制后播放的方式，通过媒体融合实践普及基地（广汉市融媒体中心）各平台面向大众发布推广。

【创新“三个六”特色宣讲机制，扎实开展主题宣讲活动】为深入宣传宣讲习近平总书记在庆祝中国共产党成立100周年大会上重要讲话、四川省委十一届九次全会和成都市委四届十二次全会精神，巴中市创新“三个六”宣传宣讲机制，深入基层、走进群众，扎实开展主题宣讲活动，推动党的重大决策部署落地生根。在宣讲组织上，坚持收看中央省委系列专题宣讲报告会、党员领导带头宣讲、组织市委宣讲团宣讲、组织先进典型代表宣讲、组织分众化对象化宣讲、举办宣讲大赛，“六宣”并举，在全域全员全覆盖上下功夫；在宣讲形式上，坚持“报、网、微、端、屏、播”，“六形”并重，运用文艺宣讲、院坝宣讲、“响网巴中”微宣讲、“理论大家讲”全媒体直播、“村村响”、新时代文明实践中心、学习强国平台等，网上网下一体推进，通过小视角、小故事、小细节，用大众化语言、讲清大道理，在接地气、入人心上下功夫；在宣讲队伍上，坚持区县和系统相融合并行，既组建了6个区县分团，又组建了由团市委牵头的新时代文明实践中心青年宣讲团、由市委老干局牵头的“五老”和英雄模范先进典型宣讲团、由市委统战部牵头的统一战线宣讲团等6个特色分团，遴选政治素质好、理论水平高、宣讲能力强的领导干部和专家学者，在全面推动宣传宣讲进学校、社团、社区、寺庙等“八进”上下功夫。

【“金沙讲坛”举办系列知识讲座】2021年全年，金沙讲坛社科普及基地先后举办“建设幸福美好生活十大工程系列”“迎大运系列”“科技热点系列”讲座，邀请省内外知名专家在成都博物馆、学习强国主题街区等开展大型现场讲座，为市民提供了种类丰富、类型多样的公共文化服务产品。详细信息见表81。

表 81　“金沙讲坛”举办系列知识讲座一览表（2021 年）

序号	时间	主讲人	主题	场地
1	4 月 24 日	帅培业	中国古代体育运动及成都贡献	成都博物馆
2	5 月 9 日	李玉柏	白话通信技术发展——通信促进社会智能，智能创新您的生活	成都博物馆
3	7 月 7 日	贺俊	像经济学家一样思考产业发展问题	成都博物馆
4	7 月 11 日	胡峻梅	异常情绪的识别与干预	成都博物馆
5	8 月 28 日	汤继强	成渝地区双城经济圈漫谈	成都博物馆
6	8 月 29 日	唐琳	柔道——奥运路上的光荣与梦想	成都博物馆
7	9 月 5 日	张晓芳	珍“膝”	成都博物馆
8	9 月 12 日	付华	房颤的危害及诊治	成都博物馆
9	10 月 17 日	牟艾莉	让绘本成为儿童的创造力孵化器	成都博物馆
10	10 月 24 日	肖晓波、宋晔、朱磊	龙泉山守望猛禽，共享城市绿心	成都博物馆
11	12 月 2 日	廖琦	取势　借势　顺势而为	成都市社科联
12	12 月 4 日	廖元和	成渝地区双城经济圈的产业化和城市化目标与发展趋势	学习强国主题街区

【送科技、送文化、送温暖“三下乡”活动】2021 年 2 月 3 日，剑门关古蜀道历史文化社科普及基地走进姚家镇元宝村广兴畜禽养殖专业合作社，开展送科技、送文化、送温暖“三下乡”活动。为企业员工和当地村民书写春联和“福”字 400 余幅，由畜牧专家讲授剑门土鸡养殖管理技术，送科普资料 500 份。此外，基地对全县 29 个乡镇 136 个原贫困村实行全覆盖的科技帮扶，进村入户开展科技服务指导共 382 次，举办产业技术培训班 209 场，参训 7870 人，培养科技致富带头人 415 人，完成乡村振兴在线信息报送 6078 条，天府科技云注册浏览 28355 次，并协助培育建设了 8 个科普示范基地和 6 个省、市专业合作社，为乡村振兴提供了坚实的科技支撑。

【“乡村振兴流动课堂”走进农民新村】2021 年 3 月 4 日，四川省公民文化普及基地深入双流区永安镇双坝村，开展“乡村振兴流动课堂”进农民新村活动。刘纬度作题为“凝聚群众力量，推进乡村振兴”专题讲座，以党的十九大精神、乡村振兴战略思想、习近平总书记在全国脱贫攻坚总结表彰会上的讲话精神为指导，结合双坝村农业、农村、农民实际，围绕为什么要乡村振兴、怎样理解乡村振兴、如何推进乡村振兴等现实问题从理论到实践进行了讲解。刘纬度谈到，实施乡村振兴战略是党和国家实现中华民族伟大复兴的必然要求，是农民群众对美好生活的需求，也是我国农业农村脱贫攻坚取得决定性胜利以后，巩固和拓展脱贫攻坚的成果与乡村振兴有效衔接，是推进农业强、农村美、农民富的有力措施。全村干部群众要同心同德，凝聚强大力量来实现双坝村的产业兴旺、生态宜居、乡风文明、治理有效、生活富裕的目标；要把传统蔬菜、水果等传统产业和乡村旅游新型产业有机结合，创建龙坝（双坝）村农业高质高效、宜业宜居宜旅游、生活富裕富足的和谐美丽幸福新村。双坝村“两委”成员、党员、村民代表共 70 余人参加了活动。

【“促进民族团结进步，助力阿坝乡村振兴”村干部专题培训】2021 年 5 月 13 日，阿坝州藏族羌族自治州广播电视大学举办了以村干部为培训对象的“乡村振兴”专题培训班，四川省公民文化普及基地专家、四川省科技新闻学会智慧宣讲团副团长、“全国乡村振兴规划”课题调研组成员刘纬度作“振奋精神，振兴乡村”主题报告。报告从党的十九大提出乡村全面振兴战略，到《乡村振兴实施意见》《五年乡村振兴规划》《中华人民共和国乡村振兴促进法》等具体措施进行了介绍。对乡村振兴是党和国家要实现中华民族伟大复兴的战略决策，是全国农民对美好生活的迫切需求，是实现农业全面升级、农村全面进步、农民全面发展和农业农村现代化的必然要求等进行了阐释。同时结合阿坝民族地区的实际，就如何理解产业、人才、文化、生态和组织振兴的内涵及相互关系作了分析，就如何振奋村干部精神，提高自身综合素质，在乡村振兴中履行好政治引领、治理责任、道德示范、法治弘扬、致富带头5个方面的责任进行了讲解。60余名村党支部书记和阿坝电大领导班子成员及部分教师代表参加了培训。

【大学生创新创业系列活动举办】 2021年6月，四川省大学生创新创业文化普及基地举办“互联网+”大学生创新创业大赛西南石油大学校园选拔赛，参与师生达3000余人次。8月，组织西南石油大学师生参加第七届四川省“互联网+”大赛，获省级金奖20项。9月至11月，举办大学生创业培训（SYB）5期，培训西南石油大学学生300人。10月，组织西南石油大学师生参加中国国际“互联网+”大学生创新创业大赛，获国家级金奖4项，银奖4项，铜奖3项，获奖数量居省属高校第一。11月，举办创新创业政策（知识）竞赛，参与学生达6000余人次。12月，举办四川省“青年红色筑梦之旅”实践活动，参与高校109所，参与师生40万余人次。

【“江油·布拖”精准关爱活动开展】 2021年8月29日，李白文化社科普及基地联合四川省江油市职业中学校，组织2021级布拖幼教师资班新生开展“学李白·爱中华”主题教育活动，并联合开展“江油·布拖”精准关爱活动。让山区孩子接受优秀传统文化熏陶，成为基地近年积极践行文化扶贫的重要举措。该活动于每年秋季学期定期举行，截至2021年，已连续举办5期，惠及学生约550人次。

【“四川工匠杯”职业技能大赛举办】 2021年9月15日，四川省第五届“四川工匠杯”职业技能大赛宴会设计项目成都市选拔测试赛在四川省酒店与饮食文化普及基地举办，设置宴会设计、主题说明等环节，来自成都市各区县的院校选手、精英等9支队伍参加了此次比赛。宴会设计项目提倡健康环保、安全、节约的理念，在30分钟内独立完成宴会设计、装饰、摆台、菜单安排、酒水服务和10分钟的折花操作；主题说明考核选手的口头表达能力。此次大赛考察了选手的专业综合能力与服务意识，展现出较高的专业技能和职业素养。

【开展“助力巩固脱贫攻坚，助推乡村振兴”专题培训】 2021年10月18日，四川省公民文化普及基地杨世义应邀为政协资阳市委员会“助力巩固脱贫攻坚，助推乡村振兴”专题培训班授课。杨世义联系实际，从坚持中国特色、坚持全面推进、推进城乡融合、深化农村改革4个方面，解读了为什么要坚持中国特色，怎样走好中国特色的乡村振兴之路。

【产业数字化助力民间工艺创新发展高峰论坛举办】 2021年12月25日，四川文化产业普及基地联合四川文化产业发展研究中心、中国自然辩证法研究会科学与艺术专委会举办了“产业数字化助力民间工艺创新发展·高峰论坛”。论坛以腾讯云视频会议形式召开，设“科学、技术与民间工艺”主旨论坛与“民间工艺创新发展”“产学研融合”“产业数字化与传统文化振兴”3个分论坛。中国艺术研究院研究员孙建君、清华大学美术学院教授张夫也、清华大学人文学院教授刘兵等国内从事民间工艺研究的高校、科研院所、知名企业专家学者及民间工艺传承工作者，围绕会议主题，深入聚焦产业数字化背景下民间工艺创新发展在实践过程中的经验与问题，共同研讨了民间工艺数字化传承、保护与创新的关键问题及未来走向。

【“汉语桥”系列文化活动举办】 为落实习近平总书记关于“构建人类命运共同体”的讲话精神，根据南充市委市政府确定的文化强市战略的总体部署，由南充市社科联主办、川北历史文化普及基地与南充市文化科学普及协会承办的南充驻市高校留学生“汉语桥——南充历史文化普及交流”系列活动在南充举行，旨在集中展示南充的历史文化风貌和城市魅力，宣传“中国气派、巴蜀特色、南充风格”的历史文化知识，在“一带一路”沿线国家培养“知华友华”的国际人士。在普及传播中华优秀传统文化的同时，还组织了“汉语桥——落下闳与二十四节气交流分享”“南充饮食文化分享交流”“千园千校生态文化宣传”等活动，直接受众530人次。

普及人文社科知识

【民俗灯文化普及基地送文化进社区、进乡镇、进学校】2021年1月27日、29日，民俗灯文化普及基地联合自贡市自流井区美术馆、区图书馆、区文化馆开展春节送文化下乡活动，先后前往自贡市自流井区荣边镇、飞龙峡镇和仲权镇，送出春联380余份、福字400余份。在大安区回龙镇狮子村建设书画活动室，赠送中国画、书法作品20余件。3月31日、10月13日，组织师生前往自贡市贡井区建设镇中心小学校、自贡市自流井区飞龙峡镇农团小学校开展“手绘彩灯”互动活动。5月19日、6月5日、12月5日、12月10日，先后在自贡市自流井区解放路中学校、四川轻化工大学李白河校区、自贡市彩灯公园中国彩灯博物馆举办《浅谈面具与脸谱》等文化讲座。7月6日至8月27日，联合自贡市自流井区美术馆、区图书馆、区文化馆开展暑期送文化进社区、进乡镇活动，先后前往自贡市自流井区小桥井社区、钟云山社区、毛家坝社区、郭家坳社区、三八路社区、高山井社区、解放桥社区、舒坪镇舒家坳社区、仲权镇双石铺社区和竹元村，结合地方文化传统，举办文化讲座、开展手绘彩灯、手工剪纸、手绘恐龙等少儿美术互动，让基层群众亲身感受到中华文化的独特魅力。

【传承儒家文化，特色文旅实景剧《儒在犍为·大成礼赞》大放异彩】2021年3月25至26日，以“强化文化遗产保护，在文明交流互鉴中发挥孔庙的文化价值”为主题的中国孔庙保护大会暨中国孔庙保护协会第二十三次年会在乐山召开，犍为文庙儒家文化普及基地给予协助。中国孔庙保护协会名誉会长、山东省曲阜市政协主席、中华孔子学会孔子后裔儒学促进委员会副会长孔令玉出席大会并致辞，国家文物局文物保护与考古司二级巡视员庆祝，乐山市人民政府副市长周伦斌，四川省文物局副局长濮新等领导出席会议并讲话。会议发布了《关于全国孔庙保护传承与弘扬中华优秀传统文化的共识》；推出了儒家文化实景剧《儒在犍为·大成礼赞》，该剧以儒家文化传承为主题，分为“礼、乐、舞、赞”4个篇章，通过汉式成人礼、经典诵读、礼仪舞蹈、祭孔大典等表现形式，彰显名邦精神气度，传承儒家人文品格，具有浓郁地方特色。《儒在犍为·大成礼赞》成为全国首部儒家文化主题文旅演出剧目，也是可常态化演出的特色文化旅游实景剧目。犍为文庙儒家文化普及基地在2021年还组织开展成人礼、开笔礼、祭孔礼、拜师礼等儒家传统体验活动仪式。举办开笔礼8场，参与人员927人；拜师礼11场，参与人员2488人；举办成人书画摄影展2场；举办博物馆日活动，参与人员220人。

【“跟着常璩学蜀史”经典文化普及宣讲】2021年3月29日，中华传统经典普及基地在崇州“华阳国志馆”举行“名人大讲堂”2021年第一讲，邀请西南交通大学特聘教授、巴蜀方言与文献研究中心主任汪启明教授作“一等才子一等书，跟着常璩学蜀史”讲座。汪启明与现场观众一起探寻东晋史学家常璩与其代表著作《华阳国志》的故事，并解读了《华阳国志》与三星堆的关系，《四川日报》《成都商报》、凤凰网、封面新闻等进行了报道和直播，全网观观看量共计154万人，其中，封面直播客户端观看量85.2万；封面新闻微博、封面新闻视频微博观看量23.1万；凤凰新闻、新浪新闻、今日头条、手机百度、抖音、快手、微信视频号观看量45.7万。讲座开始前，封面主播走进华阳国志馆，带领线上观众“云逛馆”。此次“名人大讲堂”走进常璩的故里崇州开讲，也是首次走出成都，走出书斋，去往地市州举办。

【“国风汉韵艺术”活动创新“馆校合作”社科普及形式】2021年4月14日，四川省李白文化社科普及基地、江油市李白纪念馆、四川省文化艺术学院共同主办了“国风汉韵艺术”活动，旨在弘扬国风汉韵文化，展示“馆校合作”成果。该活动是李白文化社科普及基地于2020年与四川省文化艺术学院签订“馆校合作”协议以来，围绕“开发一门博物馆课程、培训一批科技创新教师、培养一群学习型学生”3个方面开展的首次合作。学生通过展示文创产品、手工制作、古装走秀、古韵新唱等方式，将所学所得与博物馆所见所感结合起来，通过艺术创新演绎出个人对国学汉韵的不同理解和表达，底蕴深厚、丰富多彩的艺术活动获得了到场嘉宾的一致好评。

【“传经典、品红楼、赏书法”文艺普及进中小学】2021年3月至5月，青少年文学艺术社科普及基地组织相关普及专家和普及志愿者先后走进达州巨全双语学校、达州市宣汉县南坝镇第三小学、四川省邻水中学、四川省通江中学，开展“传经典、品红楼、赏书法”专题文艺普及活动。普及专家们以《红楼梦》为例，用浅显易懂而又幽默诙谐的语言向同学们讲述了为什么要读经典名著和怎样读经典名著，并现场书写书法作品，展示中国书法的魅力。现场向学生赠送《书法举要》《读尚红楼》《汉字钩玄》《小时候》等普及读物。

【“赏华夏衣裳，观宋瓷雅韵”汉服秀主题活动举办】2021年5月22日，宋代青瓷文化社科普及基地、四川宋瓷博物馆在市文化中心博物馆主办了“赏华夏衣裳．观宋瓷雅韵”汉服秀主题活动。活动以汉服走秀为主题，面向社会公众招募40位“汉服秀体验官”，进行沉浸式体验与展示，通过“汉服秀体验官”精彩呈现我国晋、唐、宋、明时期的汉服服饰，参与者发现博物馆新奇、好玩的一面，从传统的参观博物馆展品，学习文物知识，转变为着汉服服饰参与，汉服秀主题活动现场吸引了近600名游客驻足观看，并进行实时线上直播。

【藤椒文化普及推广与研学系列活动】2021年3月至7月，四川洪雅藤椒文化普及基地对餐饮行业人员、研学儿童进行藤椒文化普及、宣传与推广活动。来自红日时代餐饮精英、彭山餐饮协会、玖玖一番调侃大厨十一城厨师、鸡毛店团队精英、洪雅旅游协会柳江古镇分会、厨艺联盟考察团、共进塾餐饮精英考察团、十四城冷菜餐饮精英、红日时代考察团、《赢在后厨》以及全国十城餐饮精英等先后到访，了解学习藤椒文化。7月至12月，来自全国八城的名厨精英，雅安、遵义餐饮烹饪协会，《川味创享》餐饮精英，遂宁、雅安、宝兴、庐山烹饪协会等单位和行业人员在基地了解藤椒知识、藤椒文化、藤椒油的生产工艺以及藤椒油的应用、藤椒产业的发展，进行藤椒创新菜培训等。先后对小太阳幼儿园、洪雅博苑幼儿园开展了科普展教研学活动。

【“古蜀文化的密钥：从华阳国志到三星堆”文化讲座开讲】三星堆遗址发布最新考古挖掘成果，再次掀开古蜀文明神秘的面纱，也重新唤醒了人们对三星堆神秘出土文物的记忆。2021年5月14日，中华传统经典普及基地主任、西南交通大学特聘教授汪启明受邀在“前进文化大讲堂”作“古蜀文化的密钥：从华阳国志到三星堆”讲座。汪启明认为，作为全面描写巴蜀历史地理的我国首部地方志，崇州人常璩所著《华阳国志》或可为三星堆出土文物给出解释。在考古学上，出土文献一定要和传世文献相结合，才能互为印证，形成完整的解释链条。只靠出土文献本身是得不到答案的，要结合传世文献、民俗、语言、遗存甚至神话与传说。汪启明进一步阐释，三星堆现在之所以留下了这么多“谜团”，很重要的一点就是像《华阳国志》这样的文献太少了。本次讲座使观众受到了古蜀文明的熏陶，获益匪浅。此次讲座主题首次开讲是在封面新闻承办的“名人大讲堂”上，当时的直播数据达85万。

【21家海外华文媒体代表走进四川广元昭化古城】2021年5月16日，由四川省侨务办公室、中国新闻社四川分社、广元市委宣传部组织，昭化古城三国文化普及基地协助举办的“2021行走中国·海外华文媒体广元行”活动在四川省广元市昭化区举行。来自美国、俄罗斯、加拿大、日本等15个国家和地区的21家海外华文媒体代表走进广元市昭化古城，感受古城的厚重历史，并观看大型沉浸式实景互动院落剧《葭萌春秋》。该作品由《秦蜀战葭萌》《古城活记忆》《流芳传百世》《桔柏万灯夜》4个篇章构成，讲述了“巴蜀第一县，蜀国第二都”的千年历史。演出无主舞台，以流水线形式布局，游客与演员处于同一场景，利用先进的声光电技术等舞美视听效果，让国际媒体人切身感受昭化古城彼时正在发生的故事，更好地宣传、推介昭化历史文化。

【“醉美四川”特色文化系列讲座举办】2021年5月至6月，四川省社科联、四川省图书馆、四川省图书馆学会、四川省中心图书馆委员会办公室、新华文轩出版传媒股份有限公司联合举办“五月社科活动月”“醉美四川”特色文化系列讲座，共举行川茶文化、川剧文化、川药文化、川酒文化和川菜文化讲座6场。5月23日，在首场讲座中，中国国际茶文化研究会（杭州）副会长、西南茶文化研究中心主任孙前以“茶文化从巴蜀走向世界”为题，从“巴蜀是中华茶文化的摇篮（历史及演进过程）”“茶马古道把蜀茶引向远方，利国裕民”“中英茶文化交流（海上丝茶之路）”3个方面进行了深入浅出的讲解。5月30日，四川省艺术研究院研究员（二级）、四川省川剧理论研究会会长、四川师范大学新闻与传媒学院研究生导师、原四川省川剧艺术研究院院长杜建华以“川剧的文化艺术价值”为题，从什么是川剧、川剧的历史文化价值、川剧剧目的丰富性与文学性、川剧在当代巴蜀文化艺术中的不可替性4个方面进行讲解。6月6日，成都中医药大学药学院教授、博士生导师李敏，以“川产道地常用中药材的鉴别及使用”为题，从冬虫夏草、川贝母等药材真伪鉴别及应用等方面进行讲解。6月13日，四川省农业科学院茶叶研究所党委书记、研究员、国家茶叶技术体系岗位科学家、中国茶叶流通协会副会长、四川省茶叶流通协会会长、四川省学术与技术带头人、四川省茶业工程技术中心主任、四川省茶叶产业技术创新联盟理事长王云以“川茶发展现状及地位优势”为题，从茶概念、茶叶分类、四川茶叶发展现状、四川茶叶发展的地位和优势4个方面进行讲解。6月20日，四川轻化工大学教授郭五林以“川酒何以甲天下”为题，从保障因素、促进因素、根本因素3个维度阐释了川酒的特色文化。6月27日，四川旅游学院二级教授、四川省社科重点研究基地川菜发展研究中心主任、四川省学术技术带头人、世界中餐业联合会饮食文化委员会副主席、四川省民俗协会副会长杜莉以“川菜文化与川菜之美”为题，从川菜与川菜文化、川菜之美的内涵及成因两个方面进行讲解。

【“书香川大·亲子悦读”中国古典诗词品鉴活动举行】2021年6月1日，由四川大学党委宣传部、党委学生工作部（处）、校工会、校团委、研究生工作部和图书馆共同主办的第十五期“青春之我·真人书屋”暨第二十期“书香川大·亲子悦读”活动在四川大学图书馆举行。四川省中国传统文化社科普及基地王彤伟教授以“中国古典诗词欣赏的多个维度”为主题，带领大朋友、小朋友们与诗词为伴，共同度过了一个充满了书香和诗意的“六一”儿童节。王彤伟教授结合自己的研究成果和中小学语文学习的内容，依次带领听众们运用多维度欣赏方法，品鉴优秀传统诗词，辨识现今社会中传统诗词创作和赏析中的良莠不齐现象。

【展开“探秘古建筑之旅”科普教育活动】2021年6月5日，合江汉宋画像石棺历史文化普及基地、合江县博物馆与合江县法院联合开展了“探秘古建筑之旅”科普教育活动，共30组家庭参观了汉代画像石棺陈列室和宋代石刻陈列室，开展了“探秘古建筑科普课堂”“拼搭古建筑模型”科普教育亲子活动。通过讲解古建筑的构成、建造特征、技艺等，运用图文并茂的课件以及视频，结合合江县尧坝东岳庙、法王寺、试院等古建筑的精妙之处，向家长和孩子们展示了古建筑的悠久历史和古代人民的劳动智慧。在活动中，孩子们通过自己实际操作、亲身体验，提高了动手能力，领略到古建筑的内涵美以及独特的建筑艺术。

【川剧艺术走进高校】2021年6月15日，四川省中国传统文化社科普及基地邀请国家级非物质文化遗产川剧代表性传承人、中国戏剧“梅花奖”获得者、国家一级演员肖德美，在四川大学江安校区举行了“传承川剧文化，庆祝建党百年——肖德美川剧艺术传承传播暨实践成果展演”活动。肖德美作了“走近中国川剧，共享戏曲魅力”专题演讲。他强调，川剧不仅需要传承，也需要传播，并从川剧历史、川剧行当、川剧声腔、川剧四功五法等方面介绍了川剧的历史发展，分析了川剧的艺术特征及其表演魅力。展演活动将戏曲理论知识讲授、川剧程式与表演功法示范、经典剧目片段演出、即兴邀请观众上台现场互动等形式相结合，活动内容丰富充实，寓教于乐。

【传统非遗技艺传承与创新系列活动举行】2021年7月4日至5日，由中国纺织工业联合会、中国纺织服装教育学会、中国服装协会等指导，西南纺织服装职业教育联盟主办的西南纺织服装职业教育联盟“双高建设成果展”系列活动在成都纺织高等专科学校举行。5 家企业及四川大学等 10 所联盟内高等学校和中职学校参展。活动由“新时尚・心期待”成都纺专・雷迪波尔时尚之夏作品展、“传统非遗技艺在现代的融合・传承・创新”非物质文化遗产传承人沙龙、“成都纺专・丝丽雅先进材料学院”签约仪式和双高建设成果展组成。在“传统非遗技艺在现代的融合・传承・创新”非物质文化遗产传承人沙龙活动中，6 位国家级非遗技艺传承人、16 位省市级传承人，来自四川省文化馆、四川省传统文化促进会、四川省体育博物馆（四川省体育文化发展中心）、成都市政协的专家和学校有关部门、学院负责人济济一堂，围绕传统非遗技艺的保护与传承、传统非遗与现代时尚的融合与创新等议题展开研讨。

【中华传统体育文化表演活动举办】2021 年 6 月 18 日，由四川文理学院体育学院、四川省青少年文学艺术社科普及基地等单位联合举办了中华传统体育文化表演活动。体育学院师生和四川省法门武术协会会员共 200 多人向现场公众展现了中华传统武术项目舞龙、舞狮、太极、剑术、拳术、棍术、气功、八段锦等，向现场公众展现了中华传统武术文化的独特魅力，诠释了中华民族自强不息、不畏艰难、矢志奋斗的精神。四川文理学院党委书记王成端、校长刁永锋等校领导、学校相关部门负责人、二级学院师生 1000 余人现场观看了表演。

【万人赏月诵中秋活动】2021 年 9 月 16 日，由眉山市文广旅局主办，眉山三苏祠博物馆、三苏文化社科普及基地承办的“一月照今古，千里共婵娟”四川省“万人赏月诵中秋”眉山分会场活动在三苏祠披风榭举行。作为四川省“万人赏月诵中秋”集中展演 20 个分会场之一，本次活动突出东坡文化特色，以文艺表演、诗词吟诵、戏曲民俗等不同形式庆祝中秋、迎接国庆。

【北川流动博物馆走进擂鼓小学】2021 年 9 月 28 日，为弘扬民族文化，北川羌族民俗博物馆、北川禹羌文化普及基地走进北川县擂鼓小学，开展“禹羌文化进校园，助推学校特色发展”活动，本次活动以羌歌、羌舞、羌语、萨朗、草编等作为体验项目，通过现场教学与实操体验，让同学们感受到禹羌文化的魅力，增强了对羌族的认同感和情感。“流动博物馆”进校园活动培养了同学们探索民族知识的兴趣，是对创新文化传播形式的探索。

【埋藏地下的清明上河图——泸州宋代石刻在开封博物馆开展】2021 年 10 月 18 日，由开封市博物馆、泸州市博物馆、四川泸县宋代石刻博物馆、合江县博物馆联合主办的第六届两宋文化论坛活动暨“正值人间好时节——泸州宋代石刻展”开幕式在开封市博物馆开幕。展览整合了泸州市博物馆、四川泸县宋代石刻博物馆、合江县博物馆的三馆文物 45 件，选送展品以宋代诗词中的“天遣神物常守护”“芙蕖深绕谁家宅”“知是日高梳洗起”等为题，共分为 8 个章节，同时配合相应图版文字，讲述宋人的宗教信仰、庭院住宅、晨起梳洗、书房环境、饮食习俗、外出游赏等，石刻生动诠释了宋人千年风华。此次活动是泸州宋代石刻首次走出泸州，让收藏在博物馆里的文物走出去，活起来，让石刻文物所承载的宋时文明、智慧、生活展示给广大群众，让更多的人了解、传播、传承优秀传统文化。此次三馆联合外展，是泸州市文博行业践行“大手牵小手”“抱团发展”理念的成功创举。

【“浅谈面具与脸谱”公益讲座暨 DIY 手绘脸谱艺术普及活动举办】2021 年 12 月 10 日，为弘扬中华优秀传统文化，传播戏剧艺术精髓，增强基层社区工作人员对脸谱和戏剧文化的认知，自贡市自流井区文化广播电视和旅游局、中国彩灯博物馆、四川省民俗灯文化普及基地主办了“浅谈面具与脸谱”讲座暨 DIY 手绘脸谱活动，50 余名来自自流井街道、社区的基层文化专干参加了活动。在讲座中，授课老师结合图片资料，讲述了脸谱艺术的起源、面具文化、面具演化至脸谱、戏剧出现与脸谱发展等知识，使基层干部深入了解了脸谱和戏剧的紧密关系。通过 DIY 手绘脸谱实践，强化了自身的美术基础，近距离感受了中华传统文化的博大精深。

【苏娃讲苏府——红领巾志愿服务活动】2021 年 12 月 12 日，由共青团眉山市委、共青团东坡区委主办、三苏文化社科普及基地参与协办的“苏娃讲苏府”“听金牌讲解员讲三苏祠”特色活动举行。通过金牌讲解员的讲解，红领巾志愿者对三苏文化和三苏祠景区有了更进一步的了解，更加坚定了争做金牌讲解员，践行志愿服务价值观，为传承三苏文化奉献自己力量的决心。

【“四川传统发酵调味品展”开展】2021年12月22日，四川省美食与旅游文化普及基地与烹饪科学四川省高校重点实验室在饮食文化博物馆联合举办了“四川传统发酵调味品展”。本次展览按照四川的市辖地分类，通过美食地图的方式对四川省特色传统发酵调味食品的历史传承、生产工艺、品质特点进行了介绍，现场展出了成都平原、川西地区、川南地区、川东地区传统发酵调味食品20余类。同时通过制作的《四川传统发酵美食》科普手册对发酵食品的定义、益处、常见认识误区、四川发酵食品优势与特色、四川各区域传统发酵食品进行了介绍，展示了“食在中国，味在四川”的奥秘，有助于传统食品从业者和美食爱好者研究传统食品技艺。本次展览向公众现场发送了《健康中国健康饮食》科普手册、《四川传统发酵美食》科普手册和《(成都)饮食文化博物馆》景区宣传手册。展览吸引了1500余名师生到场参观。

【“非物质文化遗产进校园”活动举办】2021年6月21日，康巴文化社科普及基地联合甘孜州文化广播电视和旅游局等多个单位在四川民族学院联合举办了2021年“文化与自然遗产日”暨第二届“非物质文化遗产进校园”活动。通过非遗传承人进课堂教学、“非遗”文创产品展卖、传承人活态展演、邀请“网红”人物、聘任康巴“非遗”校园宣传推广大使和康巴“非遗”校园宣传推广员等多种方式，宣传、推广、普及甘孜州非物质文化遗产。共有2000余人线下参与了活动，10余家媒体进行了报道转载。

【康巴文化科普系列活动举办】2021年12月，康巴文化社科普及基地联合甘孜州博物馆、四川民族学院美术学院举办以“欣赏民居建筑，铸牢共同体意识”为主题的科普活动，通过图片展、数字化资源展、民居模型展、真实民居空间展、学术讲座等不同形式，展出甘孜州代表性民居建筑模型15个，制作展板及科普海报共40幅，参与人数约800人。基地还开展了“嘉绒藏族地区‘枪锅庄’研究”“甘孜踢踏非遗口述史研究”“丹巴嘉绒藏族女性头饰的文化解读”“藏羌彝走廊上的鱼通服饰考察”“炉霍山歌的考察与研究”“木雅特色村寨文化的传承与发展”“文化旅游视角下甘孜州茶马古道驿站的历史态研究”“康巴炉霍地名中的尔龚语遗迹”等多场讲座，普及康巴文化。

【蒙顶山茶科普系列活动举办】四川省蒙顶山茶文化普及基地探索多种形式的蒙顶山茶文化科普与宣传。2021年5月23日，基地以“科普茶叶知识，认知蒙顶山茶”为主题，在牛碾坪万亩观光茶园举行了蒙顶山茶科普走进乡村系列活动，向茶企代表赠送了《蒙顶山茶史话》等科普书籍100余册，发放科普书籍资料300余册，受众达10000余人，线上和线下宣传群众3万余人次。举办“2021蒙顶山茶周末公益科普培训”系列活动，邀请12名省内外专家学者，采取现场讲授和网上直播等不同方式开课38节，综合开展茶叶种植、茶艺、茶诗词歌舞、音乐朗诵等蒙顶山茶文化科普培训活动，对蒙顶山镇小学生开展常态化茶文化培训，利用假期，对大学生进行茶文化培训，共惠及学生3000余人次。促成“四川—中国文艺之乡建设推进会”在蒙顶山召开并推介蒙顶山茶文化。邀请全国知名作家阿来、王祥夫、宗仁发等来蒙顶山采风创作，在全国顶级文学刊物《中国作家》《文艺报》等发表15篇蒙顶山茶文化优秀作品，蒙顶山茶文化首次批量进入国家顶级刊物。参与策划组织在联合国新媒体平台开展蒙顶山茶文化宣传科普行动。探索多形式的蒙顶山茶文化科普团队建设，发动组织各类人才投入蒙顶山茶文化科普，牵头成立蒙顶山茶文化科普基地歌合唱团、演艺队等，常年有50余人投入蒙顶山茶文化的文艺科普工作，开展茶歌茶舞培训演唱和编排11场次，大小演出活动60余场，建立蒙顶山茶文化科普基地直播室，组织开展网上蒙顶山茶文化科普大讲堂10次，在快手、一直播、百家号等网络平台以“宣传科普蒙顶山茶文化”为主题，直播80余场，浏览量达到5万人次以上。在第二个“国际茶日”，撰写蒙顶山茶文化文稿，精选蒙顶山茶图片，发往联合国久间电视台和网站，向联合国193个国家的常驻代表团，以及数千个参与联合国在全球范围各种事务的国际组织宣传推广蒙顶山茶文化，实现蒙顶山茶文化的全球国际传播。

【开展《乌蒙沐歌》民俗文化科普活动】为推进品牌科普工作，沐川县农耕文化社科普及基地结合对沐川农耕文化的收集和整理，自编自导自演了《乌蒙沐歌》实景剧，依托沐川自然山水，融合生态文化、历史文化、民俗文化、农耕文化等地方特色文化元素，借助现代光影科技，将竹乡的生态魅力、历史遗韵、民俗风情尽展于山水之间。全剧包括风云沐源川、诗韵沐川、茶马古道、婚俗遗风、舞动金秋、尾声6个部分。《乌蒙沐歌》成为展示沐川民俗文化的一颗耀眼明珠，成为富有沐川特色的科普品牌。

【峨眉武术论坛暨第三届内江武学研讨会召开】2021年12月8日，由内江师范学院、内江市体育局、内江市武术协会主办，全国普通高校中华优秀文化传承基地（峨眉武术）、四川省峨眉武术社科普及基地、峨眉武术文化学院、内江师范学院体育学院承办的峨眉武术论坛暨第三届内江武学研讨会在四川省峨眉武术社科普及基地峨眉武术馆召开。峨眉武术社科普及基地养生团队和武术队成员进行了武学文化和技术展示，包括峨眉养生茶艺表演以及游龙刀、枪术、八卦拳和太极拳等技艺，再现了峨眉武术刚柔相济的儒、释、道文化内涵。四川省武术协会副主席尤再清作了题为“峨眉格斗术之我见”学术讲座，为在座的嘉宾及同学讲授了峨眉武术技击格斗的诸多技术特点，并示范了峨眉武术“猴子爬杆”“沱江拳”等技击格斗技术。

【峨眉武术文化进校园、进社区活动】峨眉武术社科普及基地为弘扬中华优秀传统文化，加强峨眉武术在校园的传播建设，组织专家学者及工作坊名师开展了“峨眉武术文化进校园”特色系列活动，活动内容包括学术讲座、技能展示、实践及研讨等。截至2021年12月，分别在峨眉山市、内江市、彭州市、凉山州等地的20余所大、中、小学校开展武术文化科普活动20余次，活动辐射人数超过万人。为推进峨眉武术文化传承和普及力度，基地创新性地开展了峨眉武术名师下基层进社区技术指导主题活动，在内江、凉山州等地开展峨眉武术进社区2次，峨眉武术进乡村活动3次，辐射带动群众超1000余人。

【“乱世遗珍——四川地区宋代窖藏文物展”开展】2021年9月18日至2022年1月10日，宋代青瓷文化社科普及基地联合四川博物院、成都博物馆、绵阳市博物馆、南充市顺庆区文物管理所等7家文博单位，共同举办了“乱世遗珍——四川地区宋代窖藏文物展”，展出四川地区宋代窖藏文物150件，部分文物为首次面世展出，反映出宋代四川地区商贸、经济发展情况，并将宋代四川地区人民雅致生活以及审美情趣供大众与文博爱好者共鉴。观展人数共计30000余人次。

【开展宋代青瓷文化普及活动】宋代青瓷文化社科普及基地在春、秋出游季相继开展“胜日寻芳，瓷中探青”“天凉好个秋，共月品瓷韵”等青少年教育主题活动。先后邀请了城南小学、城北小学、船山特殊教育学校、上宁小学、卓同国际学校、圣莲岛小学、河东实验小学、洋渡小学等十余所中小学校的10000余名师生参观博物馆，通过志愿讲解服务，了解家乡的历史变迁，解读中国陶瓷发展的奥秘，探寻宋代文化艺术，增强了青少年学生的民族自豪感和文化自信。基地为深化研学旅行课程，持续开展“研瓷之韵，习宋之雅”研学活动。通过寻宝、知识拓展、亲身体验等形式，让学生沉浸式体验传统文化。截至2021年12月底，已开展研学活动30场次，参与人数1400余人。

【绿陶艺术文化社科普及】会理绿陶艺术文化社科普及基地通过多种方式开展科普活动。2021年1月至11月，完善非遗就业工坊传承场所的改建，共接待游客6987人次，接待专家领导调研16次，在北门城楼开设非遗体验活动22场，让绿陶进社区，走入景区，走到游客面前。培养新生代传承人有5人。新编写会理绿陶社科普及读物（小册子）3.6万份；发放科普宣传资料份，科普书籍册 2.9 万（套）；开展科普培训 2 场，非遗进社区社科普及活动 3 场，直接受众 0.6 万人次，间接受众 1.8 万人次。

【巴文化普及系列活动举办】四川巴文化普及基地通过“请进来”“走出去”等方式普及巴文化。2021 年 7 月，举办达州市首期“巴文化讲坛”，邀请四川省文物考古研究所研究员陈卫东和四川文理学院巴文化研究院副院长、教授秦静，分别作“寻巴——川东地区巴文化的考古学探索”“巴人的军事斗争艺术”专题讲座，讲座直接受众 400 人次，间接受众 5000 人次。9 月，李晓龙博士应邀做客巴中第九届《巴人文化艺术节》系列活动之“诗韵巴山——巴山诗词诵读大会暨专题访谈”栏目，为现场和电视观众解读《巴渝舞》《竹枝词》等巴文化艺术。10 月，王赠怡教授一行前往达川区石梯镇立石子社区，参加“文化惠民在身边·巴渠大讲坛——走进立石子书院”交流会并作发言，举行立石子书院授牌仪式。11 月，王赠怡教授为“四川文理学院巴文化普及点”达州嘉祥外国语学校授牌并作题为“巴人与巴文化”学术讲座。

【开展美食与旅游文化系列普及活动】美食与旅游文化普及基地通过多种方式开展系列科普活动。2021 年 4 月 15 日，邀请国家一级烹饪高级技师、中华非物质文化遗产传承人、利和味道标准化研究院院长赵汉伟作“新餐饮开启中餐标准化 3.0 时代”讲座，共 200 人次参与了活动。4 月 22 日，邀请西南大学历史地理研究所所长、教授、博士生导师蓝勇作“巴蜀传统休闲文化与川菜的平民化演进”讲座，追溯巴蜀两地川菜的文化根源，共 200 人次参与了活动。5 月 1 日至 30 日的“5 月社科月”活动中，根据中国营养协会《中国居民平衡膳食指南》制作科普测试表，鼓励根据自测条目平衡膳食，近 3000 人次参与活动。5 月 14 日，在成都饮食文化馆为成都七中初中学生开展“弘扬中华美食文化，增强文化自信”主题教育活动，100 余名学生参加。5 月 16 日至 20 日，与四川省营养学会、四川省营养师协会联合举办“中国学生营养日进社区、进校园”系列活动，先后在龙泉驿区崇德社区、红咏社区，四川旅游学院开展，向民众科普烹饪营养、平衡膳食、“三减三健”等营养健康知识，讲解体质指数（BMI）及腰围的适宜范围。学校和周边社区共 9000 多人次参加。6 月 30 日，在四川旅游学院举行烹饪学科创新设计技能大赛暨综合实训成果展，共 2000 多人次参加活动。7 月 12 日至 15 日，派出“小红花公益团队”在邛崃市开展暑期三下乡系列活动，组织居民学习果酱绘画、面塑，科学防疫宣传，科普烹饪营养、平衡膳食等知识，共 5000 人次参与活动。9 月 1 日至 30 日，开展“健康中国行，饮食文化育人”主题科普月活动，涵盖“健康中国战略”“健康中国行的总体目标和主要任务”“健康生活方式”“餐饮质量安全提升行动方案”“立德树人和饮食文化特色育人”等 9 个方面，共 2000 人次参与了活动。10 月 28 日，邀请郫县豆瓣传统制作技艺国家级代表性传承人雷定成作“郫县豆瓣历史文化及工艺传承”讲座，400 人次参与了活动。12 月 13 日，举办“美食美景天下行，佳肴佳作匠人心”主题比赛暨展示活动，吸引 246 人参加比赛，2000 余人次参观。

【开展孝文化普及系列活动】四川孝文化普及基地深度挖掘省级非物质文化遗产“安安送米”文化内涵，建成孝泉非遗馆，展馆遵循“以人为本、活态保护”理念，加强学生道德伦理教化、传递德孝文化正能量，持续开展“守护传承，放飞梦想”“课程+基地”“课堂+体验”研学活动。先后接待来自德阳六中、实验小学、东街小学、扬嘉力恒小学、旌阳区第一幼儿园、绵阳东辰学校、成都新世纪学校等近 5000 名师生。2021 年 5 月 18 日，开展旌阳文化大讲坛走进孝泉——“旅游景区文化建设”活动，邀请德阳市地域文化研究专家简以模老师作专题讲座，在德孝讲堂开展“传统礼仪与现代礼仪”培训，受众人员达百余人。6 月 14 日，在武圣宫开展“讲百年党史　颂英雄赞歌”暨“我们的节日”端午安康主题活动，近 100 人参加；举行“孝行传千古，忠义贯乾坤”民俗活动城隍出巡，观看群众 2 万余人。7 月 27 日，举办为期五天的“阅享悦读”活动，传播普及德孝文化。

【“金沙讲坛”举办传播天府文化系列讲座】2021 年全年，金沙讲坛社科普及基地举办“传播天府文化系列”讲座，邀请省内外知名专家在成都博物馆、新会展中心等地开展大型科普讲座，提升市民的人文素养，并通过微信公众号、抖音、西瓜视频、今日头条、学习强国等多个平台，加大对现场讲座资源的二次开发。详细信息见表82。

表82　“金沙讲坛”举办的科普讲座一览表（2021年）

序号	时间	主讲人	主题	场地
1	5月16日	霍巍	三星堆带给我们什么？——考古探秘古蜀文明	成都博物馆
2	5月22日	马经义	《红楼梦》与中国传统文化	成都博物馆
3	6月27日	戴茹	川派古琴艺术赏析	成都博物馆
4	7月10日	杨军	西汉王侯的地下奢华一海昏侯墓考古	成都博物馆
5	9月5日	石磊	中国笛箫艺术赏析	成都博物馆
6	9月25日	杨向宇	误入幽默深处	成都博物馆
7	10月17日	牟艾莉	让绘本成为儿童的创造力孵化器	成都博物馆
8	10月16日	刘采采	三星堆背后那些深埋的古蜀文化	成都博物馆
9	10月17日	王川	成都文物与文化	新会展中心
10	10月24日	沈非	阮韵欣声	成都博物馆
11	12月17日	胡晓远	川菜文化的传承与创新	武侯区图书馆
12	12月18日	龚怡	讲文明，树新风，创典范	成华区和美社区

【“我爱你，中国——中国年画展”举办】2021年1月，幸福家庭教育科普基地在双流区中心公园举办了“我爱你，中国——最美中国年画展”，大力弘扬传承年画中蕴含的爱国主义、惩恶扬善、敬老爱幼、勤劳勇敢等深厚的民族文化传统。画展吸引了众多市民前往观看。

【开展《中华人民共和国民法典》普及宣讲】2021年2月4日，为进一步普及提高行政执法人员的法律素质和执法水平，更好地帮助相关政府履行职责，民事主体的各项权益，充分发挥基地普及力度与广度，四川省公民文化普及基地刘漫露在雅安市综合行政执法局作“民法典时代的行政法”主题讲座。刘漫露围绕《中华人民共和国民法典》的编撰意义、价值原则，《中华人民共和国民法典》中的行政机关、民事活动与行政法之间的关系等进行了分析，对相关法条进行了剖析，雅安市综合执法局各科室、执法支队干部职工与会。3月18日，刘漫露在雅安城市建设投资开发有限公司及子公司开展《〈中华人民共和国民法典〉对公司治理与公司诉讼的影响》专题宣讲活动。刘漫露结合法律事务工作实践经历和公司实际，从《中华人民共和国民法典》对公司治理、决议、清算的影响等对典型案例进行了剖析。系列专题宣讲对干部职工学习贯彻《中华人民共和国民法典》，全面推行依法合规管理、防范化解重大风险提供了有力的法律保障。

【开展动漫文化与知识普及宣传活动】2021年2月，由广元市社科联、昭化区文化旅游和体育局指导，广元动漫游戏文化普及基地主办，四川省骏耀动漫制作有限公司和广元市元七电商有限公司承办的“2021年新春动漫游戏展暨第七届梧桐动漫音乐节”在昭化区卡尔城举行，活动吸引了众多动漫爱好者和市民前来参观体验。5月，广元动漫游戏文化普及基地在广元市芸香社区开展了为期一个月的动漫墙体彩绘，对口广元市芸香社区开展动漫绘画社会服务活动，开展动漫游戏知识竞猜活动，创作推广以武则天动漫IP形象为主的动漫创作与延展设计等。

【开展未成年人保护系列科普活动】2021年3月5日，四川省社科联与青少年性教育普及基地、什邡市妇联共同开展了“为孩子撑起保护伞”三月科普月活动暨什邡市儿童性侵害防范教育讲堂启动仪式，现场发放图书《不许伤害我》、家长读本《为孩子撑起保护伞》，开展“家长讲座”和男（女）生班会课。5 月 20 日至 21 日，与青少年性教育普及基地、泸州市社科联共同开展了“青春无忧，健康成长”五月科技周活动暨泸州市未成年人性安全科普系列活动，发放家长读本《家有儿女初长成》，开展专题讲座 3 场，举办“你好，青春期!”男（女）生主题班会 3 场，开办性教育课堂及图展。3 月至 12 月，与成都大学师范学院联办，在成都市交通广播文艺电台制作片播出“未成年人性保护系列电台节目”，每月 1 期。

【儿童性安全知识教育系列活动启动】2021 年 3 月 25 日，由四川省社科联、四川省青少年性教育普及基地、什邡市妇联、什邡市教育局等联合开展的“四川省青少年性教育普及基地三月科普月活动暨什邡市儿童性安全教育大讲堂启动仪式”在北京师范大学什邡市附属外国语中学举行。四川省青少年性教育普及基地主任苟萍、什邡市妇联主席周敏、副主席刘光志、什邡市教育局机关党委书记廖言覃、北京师范大学什邡市附属外国语中学校长曾凡军出席开幕式并作讲话。此次活动由开幕仪式、知识讲座、科普展览和学生课堂组成，四川省青少年性教育普及基地向学校赠送了《不许伤害我》儿童防范性侵害彩色绘本、《为孩子撑起保护伞》性安全教育家长读本共计 600 册，为家长和教师作了题为“守护花开——青春期性安全教育”科普讲座，组织初中一年级全体同学参观了青少年性教育科普展览，家长和学生共 400 余人参加了启动仪式。

【“世界读书日”暨全民阅读活动启动】2021 年 4 月 22 日，由巴中市社科联、市图书馆、巴州区委宣传部、区文明办、区文广旅局、区教科体局主办，区总工会、区融媒体中心、巴州区图书馆、四川省红军历史文化普及基地、化成职业中学、化成小学、新华文轩巴中中心店共同承办的巴中市巴州区 2021 年“4・23 世界读书日”暨全民阅读活动启动仪式在化成职业中学举办。活动主题为“阅百年历程 传精神力量”，活动上宣读了 2020 年度“书香机关”“书香人家”及“巴中悦读者”表扬文件，新华文轩巴中中心店向化成职业中学捐赠了价值 5000 元的图书，宣读了全民阅读倡议书，开展了红色演讲比赛和党史学习教育活动，600 余人参加了活动。

【“读书点燃智慧，盐韵浸润人生”——读书日主题活动】2021 年 4 月 23 日，盐文化普及基地在第 26 个“世界读书日”来临之际，在自贡市盐业历史博物馆举办了“读书点燃智慧，盐韵浸润人生——第 26 个世界读书日主题活动”。通过朗诵以及盐史专家、诗人、作家带来的好书分享等活动，营造了浓厚的书香氛围。自贡市文化界知名人士、电视台著名主持人、文物工作者、学校师生等 200 余人参加了活动。

【阅读朗诵技巧名人讲座举办】2021 年 4 月 23 日，由邓小平图书馆与广安市广播电视台联合主办，邓小平理论教育与实践普及基地、广安市朗诵艺术家协会、广安市图书馆学会共同承办的“阅读朗诵技巧名人讲座”在邓小平图书馆举办，广安市朗诵艺术家协会主席祝科作“浅谈语音发声及朗诵艺术的表达与‘走心’”讲座。祝科以自身实践经验出发，通过通俗易懂的讲述，与读者积极互动，从语音发声、情声气结合、朗诵艺术的表达、朗诵艺术的误区 4 个方面进行分享，为读者讲述诵读技巧，并现场示范朗诵了散文诗《海燕》、诗歌《囚歌》、古诗词《明月几时有》、现代诗《人民万岁》等。声情并茂的示范朗诵，加深了读者对语言艺术的认知和对诵读艺术的热爱之情，约 100 名读者聆听了讲座。讲座也是“4・23 世界读书日”邓小平图书馆“思源大讲堂”系列活动之一。

【知名作家弋舟、李宏伟读书分享会】2021 年 4 月 24 日，知名作家弋舟、李宏伟在眉山三苏祠东坡书院开办读书分享会，就其代表作《刘晓东》《国王与抒情诗》的创作背景、创作目的及创作心路历程等和书友进行分享，品味阅读的意义。两位作家认为，读书不是一个高高在上的行为，它就像空气和水一样，时刻和我们产生着联系；读书是可以变成每一天的事情，而不是因为某个特殊的节日、时刻才去需要读书。此次读书分享会是“4・23”世界读书日的一个主题活动，眉山市文联和眉山市作协组织文学爱好者 100 余人参加了活动，文学爱好者分别朗诵了《刘晓东》《国王与抒情诗》片段、东坡诗词《水调歌头》等文学作品，眉山的本地作家还与两位作家就文学创作问题进行了探讨与交流。

【开展“防范化解灾害风险，筑牢安全发展基础”科普宣传】2021 年 5 月 13 日，四川应急管理知识普及基地在“5·12”全国防灾减灾日宣传周活动中，开展了以“防范化解灾害风险，筑牢安全发展基础”为主题的科普宣传活动。活动共设置了 10 个宣传展示区域，配置防灾减灾设施设备和宣传书籍，并与乐山市应急管理局等部门一起指导 500 余名师生开展应急救援演练，提高了公众防范各类事故的意识和自救互救能力。

【钒钛资源与钒钛文化科普讲座宣传】2021 年 5 月 23 日，钒钛文化普及基地邀请攀枝花学院杨绍利教授作“回望攀枝花钒钛资源开发历史”钒钛知识科普讲座，杨绍利结合建党 100 周年，讲述攀枝花钒钛资源开发历史、攀西钒钛磁铁矿资源概况、钒钛磁铁矿资源综合利用历史简况，钒钛磁铁矿资源综合利用取得的巨大成就及发展方向。攀枝花学院教师、在校大学生、社会大众等 200 余人与会。7 月 6 日至 8 日，钒钛文化普及基地组织攀枝花学院“不平钒，钛精彩科技下乡”小分队在惠民乡、渔门镇等地开展了钒钛科技和钒钛文化知识的科普宣传活动，就攀枝花丰富钒钛资源的开发历程、趣味知识及老一辈三线建设的无私奉献的精神进行了讲解和宣传。

【“歌声中的美育浸润”——音乐艺术活动举办】2021 年 6 月 5 日，由四川省音乐艺术普及基地、四川音乐学院美育学院主办，成都雅师教育咨询有限责任公司协办的“歌声中的美育浸润”音乐会，在成都城市音乐厅上演。来自四川音乐学院“诗乐”合唱团、成都“云朵·太阳鸟”童声合唱团、眉山市第一小学“东坡”童声合唱团、眉山市丹棱县瑞淑小学“金环·阳光”合唱团、成师附小汇源校区“源声”童声合唱团的 200 余位师生，围绕爱国主义情怀、中华优秀传统文化、四川地域特色等主题，为观众献上了合唱歌曲。此外，四川省音乐艺术普及基地于 3 月 30 日赴乐山师范学院举行“普及美育：综合性艺术课程的魅力”社科普及活动；3 月 31 日，赴眉山市第一小学举办“美育中的童声合唱艺术”社科普及活动；4 月 28 日，赴成都师范学院举办“从音乐体验走向综合性艺术体验”社科普及活动；7 月 26 日至 30 日，作为支持单位与四川音乐学院、中央音乐学院、成都城市音乐厅联合举办 2021 年成都巴松艺术周；10 月 26 日至 27 日，为洛阳市委组织部作“歌声中的党史——音乐鉴赏、体验与表达”讲座。

【开展送文化进彝区——双语科普宣传】2021 年 6 月 15 日至 17 日，四川省社科联会同西南民族大学、少数民族双语教育普及基地、凉山州社科联、中共普格县委宣传部、普格县社科联，组织少数民族双语专家（西南民族大学彝学院马锦卫教授、潘正云教授，凉山州文化局副研究员吉伍依作，冰山州语委副研究员马海尼古）和科普志愿者一行 10 余人在凉山州普格县螺髻山镇开展了以“彝家学科学、科学进彝家”“送文化进彝区，助力乡村振兴”为主题的少数民族双语科普系列宣传活动。宣传队专家结合专业知识，采用彝汉双语，将科普与群众实际相结合，以浅显易懂的方式、生动真实的事例，为村民讲解了一般性疾病与传染性疾病的种类与预防、农业实用技术与农作物种植、防灾救灾、环境与健康等科学知识，详细解答了群众提出的问题，并现场发放了《环境与健康双语科普宣传资料》《农业实用技术与农作物种植》《新冠肺炎预防救治知识》《抗震救灾》等多类双语科普宣传资料 1000 余份。本次活动开拓了群众视野，提高了群众的农业种植技能，进一步增强了群众健康安全防范意识和防灾减灾的能力，有利于帮助和引导群众进一步树立学科学、懂科学、爱科学、用科学的思想，对维护民族团结、乡村振兴建设起到了促进作用。

【《青藏科考与精神》讲座举办】2021 年 6 月 21 日，教育发展普及基地邀请到中国科学院院士、土壤地理学家、土地资源学家孙鸿烈作了题为“青藏科考与精神”主题讲座。通过青藏科考，进一步提升了学生的学术素养，进一步领悟了老一辈科学家艰苦奋斗的品质和勇攀高峰的科研精神。

【“学习＋”家庭教育社区绿岛行动计划举行】2021 年 9 月 1 日，四川创新社会发展与管理研究院联合成都市电视台，在成都学习强国主题街区开展了以家庭教育和家风建设为主题的“开学第一课”，在全国率先启动实施“学习+”家庭教育社区绿岛行动计划。依托“新街坊·守望家空间”智慧社区、“社区 VPE”等系统平台，着力打造家校社协同育人“绿岛”，开设专题讲座，吸引群众走出“小”家、融入“大”家，探索社区思想教育新模式，积极参与和谐社区、美丽乡村等建设，推动家庭家教家风建设高质量发展。

【汉语应用与规范研究基地入选第二批国家语言文字推广基地】2021 年 9 月 3 日，经教育部语言文字应用管理司公示，由四川大学牵头、四川省中国传统文化社科普及基地参与协助申报的“汉语应用与规范研究基地”入选第二批“国家语言文字推广基地”。本次成功获批国家语言文字推广基地，对语言文化服务国家战略方面提出了更高的要求，基地将树立科学语言文字观，加大国家通用语言文字法的宣传贯彻力度，并将在国家通用语言文字推广、民族语言保护、中文信息技术、语言文字科学研究和人才培养等方面积极主动开展科研及社会宣传服务工作。

【四川新增 2 个全国公路科普教育基地】2021 年 9 月 9 日，中国公路学会根据《全国公路科普教育基地认定与管理办法》，发布《关于认定全国公路科普教育基地（2021—2025 年）的决定》，四川交通职业技术学院申报的鱼凫交通运输科普园和四川雅康高速公路有限责任公司申报的蜀道集团川藏公路馆被认定为“全国公路科普教育基地”。

【开展“科普边疆行”——少数民族双语科普大型宣传活动】2021 年 9 月，少数民族双语教育普及基地以铸牢中华民族共同体意识为主线，积极响应国家民委“科普边疆行”活动试点工作号召，在国家民委教科司的指导下，组成 4 个少数民族双语科普宣讲团，赴西藏自治区山南市隆子县开展“科普惠民，科技强边”双语科普系列宣传活动。举办“畜牧养殖和生态保护”专题培训，向农牧民发放《牛羊健康养殖》《寄生虫驱虫药和舔盐》等双语科普读物，通过藏汉双语现场翻译讲解，现场指导农牧民在畜牧业生产中正确使用兽药、健康养殖牛羊、科学收集牧草等；开展“禁毒防艾，养生保健，社区治安，优生优育”知识宣传，发放宣传册数百份，播放宣传音频，并向农牧民免费发放叶酸等物资，提升了农牧民优生优育科学知识，增强了人民群众的预防意识；开展“科创示范”进校园，为中小学生普及科创知识，播撒科学种子，通过户外发射、现场展演、模型展示及科普讲座，自制的无人机飞行表演、四轴无人机飞行展示、橡皮筋飞机的制作及飞行演示、制作木质飞机教学模型等方式，激发和培养了中小学生探索科学的兴趣，提高了学生学习科学知识、运用科学知识服务生活的能力。同时举行了科普活动室捐建仪式，捐赠的科普活动室由“巧夺天工展区”“宇宙探索展区”“奇思妙想展区”“日新月异展区”“红袖添香展区”五大区域组成，并捐赠了 10 万元的科普仪器设备以及科普读物 452 册。

【四川天府新区第七幼儿园科普工作站成立】2021 年 11 月 2 日，成都工业职业技术学院、四川省工业文化普及基地、成都市工业科技与文化科普基地与四川天府新区第七幼儿园共建科普工作站揭牌仪式在四川天府新区第七幼儿园举行，成都工业职业技术学院通识教育学院党总支书记、院长潘岚和四川天府新区第七幼儿园园长黄利飞分别代表两家单位签订了合作协议，科普工作站将充分发挥“两基地”的作用，丰富幼儿科普形式，培养孩子们的科学思维。授牌仪式后，成都市科普讲解大赛一等奖获得者刘建军为小朋友们带来了一场生动有趣的机器人科普课程。随着科普工作站的成立，科普基地将定期派遣师生科普讲解员送课到园，开展科普活动和师资培训，同时双方还将共同开发科普课程。

【开展文艺名家进校园活动】2021 年 3 月至 11 月，青少年文学艺术社科普及基地联合四川文理学院相关部门，先后邀请田雁宁、李耀国、杨仁明、刘朝谦、季水河、谭光辉、杨荣、袁媛、高人雄、农布七林、蒋蓝、罗伟章、常龙云 13 位文艺名家开展文艺讲座与交流活动。名家们从自身文艺创作经历和创作实践出发，分享、交流了创作经验，对文艺的理解、对文艺的爱好与执着追求等，进一步激发了青年学生参与文艺活动、进行文艺创作的热情。

【“法制普及进学校：法治副校长专题讲座”举办】2021 年 3 月 15 日至 12 月 17 日，四川省社会法制教育普及基地联合涪城区司法局、涪城区教体局在绵阳八中、西山路小学、城郊小学、博爱学校、龙门学校、青义小学、成绵路小学跃北校区、新皂小学等学校举办“法治副校长专题讲座”10 场，各位“法治副校长”们以亲切活泼的授课风格讲述了法律权利的相关知识，围绕“做合格的消费者”“捍卫我们的权利”“快乐成长、法律护航”等主题，就如何保护合法权益、规范自己的行为、做一个遵纪守法的好学生、树立正确的消费观念和良好的权利意识等进行了普及宣讲。

【开展“宪法宣传周”系列活动】2021 年 12 月初，四川省社会法制普及教育基地与西南科技大学党委宣传部、法学院联合举办宪法宣传周活动，以“以习近平法治思想为指引，坚定不移走中国特色社会主义法治道路”为主题，开展“学宪法，讲宪法”网上学习及宪法视频展播等形式多样的宪法宣传学习教育活动。3 日，组织“青马工程”班学员、法学院等学生代表开展以“深入学习宣传习近平法治思想，弘扬宪法精神”为主题的宪法晨读活动；4 日，举办“宪法宣传周”启动仪式暨现场展演活动，举办“宪法文化长廊展”，展出了习近平总书记全面依法治国新理念新思想新战略，特别是关于宪法的重要论述党的十九届五中全会精神、新中国宪法发展历程、宪法的地位和作用、宪法的基本原则和主要内容，让宪法知识进入校园，让宪法信仰内化于心、外化于行，为全面依法治校营造良好法治校园环境。

【构建全民终身学习体系战略专题宣讲】2021 年 12 月 10 日，由雅安市教育局主办、雅安开放大学和雅安市社区教育服务中学承办的雅安市“全民终身学习”活动开幕式在雅安开放大学举行，四川省公民文化普及基地刘纬度应邀作“学习贯彻党的十九届六中全会精神，努力构建全民终身学习教育体系”专题报告，对党的十九届六中全会精神重要内容及伟大历史意义进行了宣讲，重点围绕党中央、国务院提出的实施构建全民终身学习体系战略进行了解读，从党和国家政策层面对全民终身学习的重要性以及人民群众对美好生活的追求层面，阐释了以城乡社区为基本单元，努力构建服务全民终身学习教育体系，实现真正意义的教育现代化的重要性和紧迫性。雅安市、各县（区）教育局相关负责人，开放大学相关负责人、干部、教师，以及城乡社区教育学习中心工作室负责人及师生代表共 60 余人参加了宣讲活动。

【落实“语培计划”，举办国家通用语言文字培训活动】2021 年 12 月 11 日至 12 日，为贯彻落实教育部、中央宣传部、中央统战部、国家民委四部门关于《深化新时代学校民族团结进步教育指导纲要》要求，全面加强国家通用语言文字教育，四川大学语言文字工作委员会办公室、学工部，联合四川省中国传统文化社科普及基地、四川大学文学与新闻学院国家语言文字推广基地，面向全校师生开展了 2021 年“语培计划”——国家通用语言文字培训活动。活动分主题课程讲授、知识竞赛等环节，四川大学人事处处长、党委教师工作部部长兼人才工作办公室主任胡兵，学工部副部长卢希芬，语委副主任朱莉，民族学生事务办公室科长冉红艳以及王彤伟、李宇凤、杜晓莉、朱姝、韩江华、谷丰、何倩等出席了本次培训活动。

【正姿正笔正字学术研讨会走进小学校】2021 年 12 月 28 日，龙泉驿区教育局与成都文理学院、四川省书法艺术社科普及基地共同发起的“养成良好的书写姿势，保护未成年人身心健康——龙泉驿区正姿正笔正字”学术研讨会在龙泉驿同安小学召开。研讨会集小学、中学、大学之力，着力解决儿童书写中“牛头、斜肩、虾背、鹰爪”等影响身心健康的问题，从关注“字写得好不好”的结果，回溯如何正姿正笔正字、培养书写能力，促进儿童书写规范普及。与会者观摩了一年级正字正笔公益课课堂，书法普及基地宣教志愿者就“什么是正确的坐姿和握笔”做了细致演示。

【“爱成都·迎大运”系列主题活动启动】2021 年 12 月，由成都市关心下一代工作委员会、中共成都市委老干部局、成都市精神文明建设办公室、成都市教育局主办，四川新世纪品格教育研究院承办的“爱成都·迎大运”系列主题活动启动，共收到绘画作品 30824 幅、书法作品 14071 幅、征文作品 4695 篇、摄影作品 2637 幅、短视频作品 2438 个，各类目作品共计 54665 件，参赛者来自幼儿园儿童、小学生、中学生、教师以及“五老”志愿者等，联动学校上千所。

【金融知识与安全意识多元化普及推广】 2021 年全年，四川省金融知识普及基地利用线上线下一体化宣传方式，积极为社会公众和在校师生普及金融知识，提高社会公众对理财风险的认知，倡导公众理性消费投资，积极宣扬打击非法金融活动和规避风险欺诈的相关知识。依托官方网站、官方微信公众号以及线上多门网课，建立起了多维度的线上多媒体平台，辐射至 80 余所高校，受众人数超过 20000 余人。依托四川大学经济学院、中铁信托以及中国银行等金融机构，深入基层，了解群众的真实需求，开设“金融素养与投资理财”等课程，运用翻转课堂、探究式互动教学与宣传等多种方式，调动社会大众对金融基本知识的学习兴趣。在社区开展金融知识宣讲，提高金融消费者的责任意识和金融安全意识，提升社区居民的金融素养。利用 9 月的“金融知识普及月”，与企业和金融机构一起开展校园贷、金融理财产品安全等金融知识普及宣传活动。10 月，宣讲“大学生防诈骗教育及金融知识”讲座，增强大学生反诈骗意识。

【开展中译外能力建设学术讲座】 2021 年，四川历史文化故事普及基地邀请全国翻译资格考试专家委员会委员、全国翻译系列高级职称评审委员会核心专家、CATTI 国际版专家委员会副主任王卫民、四川师范大学孔令翠教授、基地学术委员任运忠教授、绵阳市人民医院妇产科专家蒋燕医生等专家学者以“翻译漫谈之我见”“周易中的文化及英译”“胚胎发育过程”“逆行者与先驱者辜鸿铭的中国意识与中国译传”等为主题，从译介内容、译介手段、译介人才等方面为西南科技大学外国语学院师生开展中译外能力建设学术讲座，发挥文化讲座的育人功能。

【开展中国特色社会主义法治文化系列普及活动】 中国特色社会主义法治文化普及基地创新普法形式，以线上线下相结合的方式开展普法工作。连续举办“习近平法治思想及其核心要义解读”“民法典担保制度解释实务”“国际法前沿热点：孟晚舟事件”“境外仲裁机构在中国仲裁——立法回顾、司法演进和前景展望”“环境审判中的问题与解决思路”“生态环境新战略和新制度”等讲座；联合四川大学学生社团，针对生活中热点法律问题，以法律相声、法律手语、法律情景剧等不同形式，开展普法宣传活动。

【推进“诸葛家长学堂”送教】 社区家庭教育普及基地积极推进“诸葛家长学堂”送教活动，面向全区公办中小学、幼儿园家长，以微课、线上讲座、现场讲座、沙龙等不同方式，开展线上和线下相结合的家庭教育讲座，全年共开展“家长如何树立正确的成才观和人才观”“家长如何与孩子同进步共成长”“最好的关系成就最好的教育”“人生智慧六层次”“入园焦虑怎么办”“父母的必修基础技能”“自信的孩子，是夸出来的”“三不惯两不管，养出独立自律的孩子”“如何做到‘高质量的陪伴’”“洞悉孩子的心理语言”“孩子的‘性’启蒙教育，我们如何做”等送教讲座 180 余场，参与家长人数达 10 万余人次。“诸葛家长学堂”获评 2021 年四川省及成都市“终身学习品牌”项目。

【开展家庭教育个性化服务】 社区家庭教育普及基地积极推进家庭教育援助中心建设，深化家庭教育个性化服务工作，利用电话热线、QQ、微信及现场一对一等多种咨询渠道，面向武侯区学生家长先后开展了“社交关系和亲密关系”“如何管理自己的情绪”“做焦虑时代的幸福家长”“怎样有效辅导孩子的学习”“如何与孩子沟通”“怎样鼓励孩子才有用”“小习惯，大未来”“如何有效地激发孩子的学习兴趣”等有针对性的主题活动。开展线上和线下相结合的互动式主题沙龙 30 场，开展线上家长集训营 6 期，推出线上精品微课 40 节，参与家长近 2 万人次。

【积极开展国家通用语言文字推广普及活动】 少数民族双语教育普及基地积极开展“铸牢中华民族共同体意识，推广普及国家通用语言文字活动”。组织国家通用语言文字推广普及宣传队赴阿坝州红原县，开展了“民族地区基础教育中国家通用语言文字推广普及与铸牢中华民族共同体意识”的学术讲座，红原县教育局等40余名同志参加。在共同领悟习近平同志有关语言文字重要论述的基础上，对语言文字、教育与国家认同的关系，以及普通话和规范汉字作为国家通用语言文字的历史渊源和学理内涵作了剖析，强调做好国家通用语言文字推广普及工作，是适应、促进新形势下民族地区教育和经济社会发展的必由之路和康庄大道，是铸牢中华民族共同体意识的重要途径和基础工程。宣传队对民族地区“语文”能力提升途径、资源以及须处理好的相关问题与在场人员作了深入交流。此外，基地还在成都市双流区、四川红原县等地，走进机关社区、幼儿园、中小学课堂，打造“中华民族一家亲”语言文化小讲堂，捐赠国家通用语言文字普及读物，实施“童语同音”“语你同行，同声筑梦”工程。

【开展健康文化普及系列活动】2021年，健康文化普及基地面向社会大众开展系列科普活动，在川北医学院、西华师范大学、南充市高坪区安汉广场、高坪区望江社区、高坪区小龙街道、高坪区青苹果幼稚园、高坪区鹤鸣山老年养护中心、顺庆区果山公园、顺庆区人民医院、嘉陵区七彩阳光紫府路幼稚园、嘉陵区木老乡小学、嘉陵区南湖凯旋广场小区、南充市中医医院、南充市商贸幼儿园、南充市双桥镇卫生院、芦溪中心卫生院等地、华凤街道杜家嘴社区，以及大邑县建川博物馆、射洪市、雅安荥经等地先后开展“送2021年健康日历”“大学生健康文化普及”“健康科普进公园”“护齿万人行”“解剖绘画作品展示”“健康科普进社区义诊”“儿童急救知识培训”“中老年健康科普”“‘口腔宣教，从娃娃抓起’口腔宣教”“健康文化宣传视频剧本征集大赛”“健康科普进校园”“‘国际残疾人日’关爱残障儿童”“疫苗接种宣讲进社区”等主题活动。推进健康知识、健康素养和健康行为的宣传与引导，提升公众健康素养，助推形成良好的人人参与健康、人人维护健康、人人享有健康的社会氛围，惠及受众1.8万人。

【开展带着《中华人民共和国民法典》回家乡活动】四川省社会法制教育普及基地以“面对面的方式”开展“带着民法典回家乡”活动，在河北省、山东省、四川省等地的街头商铺、中小学校、医疗机构、儿童福利院等场所，宣讲团成员通过现场发放普法宣传单和讲解，将《中华人民共和国民法典》带到大众的身边，普法内容涵盖《中华人民共和国民法典》各热点问题，诸如网络购物、休闲娱乐、工作就业、婚姻家庭等，共普法宣讲1000余次。中国社会新闻网、四川在线、川观新闻、科大视点等多家媒体进行了报道。

【开展世界遗产普及系列活动】四川世界遗产普及基地走进乐山市市中区白塔街社区、乐山高铁站等地开展“从世界遗产绘本中学知识”“世界遗产旅游科普与咨询服务”“世界遗产进校园”“非遗进校园”“‘大美乐山 千年大佛’世界遗产科普进小学课堂”等活动，受众达10万余人次。

【开展幸福家庭教育公益社科普及活动】幸福家庭教育科普基地结合自身优势，积极开展以幸福家庭教育为主题的“非遗文化传承”“公益亲子手工”“绘本阅读分享”“情随影动”皮影活动、回声经典之“陈岳叔叔讲传统故事”“荐书堂”等各类公益社科普及活动，开展“阅创无限，国潮驾到”打造品牌吉祥物系列活动，运用“阅读+创意”的活动方式构建出新的阅读科普活动。2021年全年共吸引11000余名家长及小朋友到基地参加科普活动，线上公益科普活动点击量累计达到15726次。

推出高质量科普成果

社科普及项目

2021年，四川省社科规划项目（普及项目）经申报、评审、网上公示等程序，并经四川省社科联党组批准，确立立项项目40项，具体名单见表83。

表 83　四川省社科规划项目（普及项目）（2021 年）立项名单

序号	项目名称	负责人	工作单位
1	踏歌田野：四川少数民族童谣	余雁君	西昌民族幼儿师范高等专科学校
2	民法典与未成年人生活 200 问	徐文	西南科技大学
3	漫话成都城之前世今生（中英双语）	代璐	成都艺术职业大学
4	四川古代移民简史	李桂芳	四川省社科院
5	四川脱贫攻坚伟大成就普及读本（中英双语）	张杰	四川大学
6	四川省少数民族青少年法治教育读本（初中版）	王斌	攀枝花学院
7	记忆的传承：四川曲艺科普读本	谭春艳	四川师范大学
8	漫谈建筑工业化之路	张驰	西华大学
9	从蜀道难到蜀道畅	王小玉	四川铁道职业学院
10	川东北传统村落文化记忆	朱德莉	四川文理学院川陕 革命老区振兴发展研究院
11	职业女性心理健康手册	刘娣	西南交通大学
12	漫话四川古遗址	唐毅	西南交通大学
13	中华体育经典故事选编	王光凤	成都体育学院
14	四川武术历史与文化读本	胡宇	西南民族大学
15	成渝地区双城经济圈发展与建设一百问	王虹	成都理工大学
16	中小学美育教育之四川民歌音乐知识读本	陈茜	西南民族大学
17	四川藏族经典民歌音乐文化知识荟萃	张雪	西南民族大学
18	巴蜀民俗体育精选 100 例	杨晔	宜宾学院
19	大众音乐知识 100 问普及读本	杨晓琴	四川音乐学院
20	巴蜀酒文化故事（中英双语）	杨韵	四川文化产业职业学院
21	公安民警心理危机干预实务手册	郑友军	四川警察学院
22	堆里有事	汤莉	四川广汉三星堆博物馆
23	巴蜀方言与民间文化科普读本（可听读物）	王韦皓	西南石油大学
24	成都市创建公园城市简明读本	卢燕群	中共成都市委党校
25	四川省 100 个特色小城镇与特色小镇知识读本	童晶	中共成都市委党校
26	我们一起造高铁——青少年高铁知识读本	郑澎	西南交通大学
27	西南少数民族音乐文化指南	叶姿含	四川音乐学院
28	最后的影戏：成都灯影	罗兰秋	成都体育学院
29	图说成渝古驿道文化	彭然	成都理工大学
30	四川茶馆文化漫谈	池洪涛	南充市文化馆
31	话说乡村振兴	邓思易	四川师范大学
32	话说网络时代的艺术与大众文化生活	唐丽娟	西南交通大学
33	涪江流域表演类非物质文化遗产普及读本	饶晓露	西南科技大学
34	跟“文学名篇”看“锦城风物”	曹佳丽	成都文理学院

续表83

序号	项目名称	负责人	工作单位
35	苏东坡诗画艺术中的养生实践	刘孝利	四川大学
36	睹物思人——四川博物院馆藏革命先烈文物故事选编	李德鑫	四川博物院
37	经典川剧折子戏鉴赏读本	段绪懿	四川师范大学
38	西南少数民族民间传统乐器大全	阿拉腾珠拉	西南民族大学
39	三星堆古蜀文化科普丛书	代钰洪	成都大学
40	后疫情时代居家锻炼健康指南	陈子超	四川大学

科普读物

科普读物具体名单见表84。

表84　科普读物一览表

序号	成果名称	成果形式
1	中国共产党巴中百年历史大事记	图书
2	百年印记——中国共产党成立一百周年文学作品专辑	图书
3	宋代廉政监察纵横	图书
4	中央红军长征越过大渡河	科普读物
5	朱德传奇故事	科普读物
6	朱德德育故事集	科普读物
7	烈士许建业	科普读物
8	书香飘逸金广安	科普读物
9	红军历史文化1000问	科普读物
10	建设美丽乡村政策法规	科普读物
11	四川美丽乡村	科普读物
12	百年梦想、光耀中华	书画集
13	缅怀英烈事迹　传承长征精神（共计42幅）	素描作品
14	缅怀英烈事迹　传承长征精神	宣传册
15	热烈庆祝中国共产党成立100周年——重温党的百年光辉历程	宣传册
16	同心向党	画册
17	心是爱的家	视频
18	四川红色法治文化遗存目录	目录
19	长征文化线路数字化展示体验及教育传播试点项目	案例
20	推行“六个坚持”助力脱贫奔康——武胜县白坪—飞龙乡村振兴示范区旅游扶贫典型案例	案例
21	新时代“新街坊·守望家空间”智慧社区理论与实践研究——成都市探索应用社区公共服务大数据驱动社会治理现代化建设	图书
22	“一带一路”背景下中印教育交流合作研究	图书

续表84

序号	成果名称	成果形式
23	当代交通心理学词汇	图书
24	互联网+与高校共青团服务大学生创新创业教育	图书
25	社会主义核心价值观融入大学生创新创业教育研究	图书
26	高校校园环境对创新创业文化的培育研究	图书
27	大学生创新创业教育与石油精神	图书
28	高校创新创业教育身体系统构建研究——以“立德树人”为引领	图书
29	协同联动：大学生创新创业教育与区域经济发展研究	图书
30	自贡古盐道	图书
31	科技口译 VR 教程	图书
32	峨眉山旅游蓝皮书（中英双语）	图书
33	松筋柔脊十二法	图书
34	博物馆展陈策划与设计	图书
35	全域旅游系统演化、产业融合与价值共享研究	图书
36	商旅安否——清代重庆的商业制度	图书
37	大船航向：近代中国的航运、主权和民族建构（1860—1937）	图书
38	地理大发现研究（15—17 世纪）	图书
39	清初四川通省山川形胜全图	图书
40	健康中国，健康饮食	手册
41	从“箩筐”到“香饽饽”：文化创意产业的昨世今生	科普读物
42	农业实用技术与农作物种植（彝汉双语）	科普读物
43	环境与健康双语科普宣传资料（彝汉双语）	科普读物
44	抗震救灾（彝汉双语）	科普读物
45	畜牧养殖双语科普宣传手册（藏汉双语）	科普读物
46	草原生态环境保护与现代畜牧业（藏汉双语）	科普读物
47	会说话的汉字	科普读物
48	精彩汉字	科普读物
49	中国汉字故事	科普读物
50	传统文化经典读本：汉字	科普读物
51	未成年人防性侵安全手册	科普读物
52	大社科·小知识（第八集）	科普读物
53	会理绿陶社科普及读物	科普读物
54	《中华人民共和国民法典》普法有声读物	科普读物
55	交响乐欣赏手册	科普读物
56	书法举要	科普读物

续表84

序号	成果名称	成果形式
57	小时候	科普读物
58	读尚红楼	科普读物
59	汉字钩玄	科普读物
60	大学生健康教育读本	科普读物
61	健康节日纪念日 36 问——全民健康科普知识读本	科普读物
62	2021 武侯区家校共育案例集	科普读物
63	2021 武侯区最美家书获奖作品集	科普读物
64	武侯区家庭教育援助中心 2021 年纪事	科普读物
65	提高食品安全意识宣传册	宣传册
66	健康中国　健康饮食	科普手册
67	四川传统发酵美食科普	科普手册
68	中国居民平衡膳食指南	科普量表
69	甘孜州民居建筑科普宣传册	宣传册
70	财富管理的艺术：金融工具与风险管理	网课
71	金融知识普及：大学生必备的金融学常识	网课
72	心理健康教育实践（含技术）	网课
73	走进心理学	网课
74	藤椒应用系列短视频 13 个（凉拌三丝、香辣雅笋丝、捞汁柠檬凤爪、红油猪蹄、干绍面、辣子白肉、麻辣土豆、钵钵鸡、豌豆烧肉、藤椒火锅、藤椒汤锅、藤椒鱼、家常金针菇）	视频
75	初识遂宁	绘本
76	《华阳国志》系年考校	图书
77	中外文化精粹系列（干部学习读本）	图书
78	魅力川剧（中西对照读本）	图书
79	蜀歌川谣（中西对照读本）	图书
80	全景四川（中西对照读本）	图书
81	巴蜀文脉（中西对照读本）	图书
82	蓬安历代诗文集	图书
83	蓬安辞赋选	图书
84	蓬安县文史资料	图书
85	梦回昭化	图书
86	四川文物精品——青铜器	图书
87	革命的形成：清季十年的转折	图书
88	志苑集林	图书
89	琢玉成器：考古艺术史中的玉文化	图书
90	中国城市通史	图书

续表84

序号	成果名称	成果形式
91	中国文学史讲演录	图书
92	羌族艺术	图书
93	中国优秀传统文化传承发展研究：基于非物质文化遗产的视角	图书
94	多元文化视域下的文化认同研究：以四川羌族为例	图书
95	综合之美	图书
96	音乐文化演绎与审美	图书
97	远山不远	舞蹈作品
98	藏在门廊上的语言艺术——三苏祠匾额楹联赏析	科普读物
99	名人与三苏祠	科普读物
100	苏祠漫步——三苏祠导览解说词	科普读物
101	川北大木偶	科普读物
102	北斗阑干——二十四节气	科普读物
103	川北皮影戏	科普读物
104	新闻巨子范长江的严谨家风家训	科普读物
105	巴文化达州通览	科普读物
106	从蒙顶山到喜马拉雅山（中英双语）	科普读物
107	名山茶歌民谣	科普读物
108	蒙顶山茶文化百科全书	科普读物
109	蒙顶山茶文化科普知识手册	科普读物
110	书坛百家写遂州：欧阳福题咏遂宁风物120联	科普读物
111	阆中春节文化文集	科普读物
112	司马相如	科普读物
113	落下闳	科普读物
114	落下闳故里探秘	科普读物
115	2019—2020金沙讲坛讲座集萃	科普读物
116	金沙时讯	宣传册
117	生活百图	科普读物
118	遂宁南宋窖藏瓷器三十周年回眸	科普读物
119	名垂宇宙——诸葛亮文化遗存调查	科普读物
120	古代巴蜀与哪吖的文化互动好融合	科普读物
121	羌族文化元素收集整理图集	科普读物
122	大禹文化	科普读物
123	禹生石纽在北川	科普读物
124	中国民间文学中的武则天	科普读物

续表84

序号	成果名称	成果形式
125	武则天研究	科普读物
126	武则天学术研究与文化动态	科普读物
127	悠悠涪水读子昂	科普读物
128	峨眉武术基础套路	科普读物
129	掌控社交	科普读物
130	第二批四川十大历史名人	科普宣传册
131	赞孝泉	快板
132	红鲤	歌曲
133	中华名相之管仲管理思想	网课
134	成都音乐文化	网课视频
135	影视音乐鉴赏	网课视频
136	了解中国传统乐器	网课视频
137	吉他的世界	网课视频
138	红色经典音乐赏析	网课视频
139	正义的叛逆	电影剧本
140	巡看遂宁国宝——遂宁市流动博物馆	案例

项目和成果

· 四川省第十九次社会科学优秀成果奖获奖成果
· 国家社科基金项目
· 教育部人文社会科学研究项目
· 四川省社会科学规划项目

四川省第十九次社会科学优秀成果奖获奖成果

获奖成果

四川省第十九次社会科学优秀成果奖的获奖成果共计 400 项，其中一等奖 29 项，二等奖 121 项，三等奖 250 项，具体名单见表 85。

表 85 四川省第十九次社会科学优秀成果奖获奖名单

序号	等次	成果名称	第一获奖人	工作单位
1	一等奖	中国道教通史	卿希泰	四川大学
2	一等奖	朱熹文集编年评注	郭齐	四川大学
3	一等奖	中国古代物质文化史（铁器卷）	李映福	四川大学
4	一等奖	20 世纪新疆城市与区域发展研究	何一民	四川大学
5	一等奖	国家社会历史形态与中国现代文学	李怡	四川大学
6	一等奖	诗学“活法”考索	曾明	西南民族大学
7	一等奖	当今中国文化现状与发展的符号学研究	“当今中国文化现状与发展的符号学研究”课题组	四川大学
8	一等奖	中上古蜀语考论	汪启明	西南交通大学
9	一等奖	新中国经济制度变迁	李萍	西南财经大学
10	一等奖	森林碳汇扶贫：理论、实证与政策	曾维忠	四川农业大学
11	一等奖	中国流域经济与政区经济协同发展研究	刘世庆	四川省社科院
12	一等奖	农村土地产权制度改革与农民生产行为优化研究	杜伟	成都师范学院
13	一等奖	关于加快成德眉资同城化的研究	成都市政协课题组	成都市政协
14	一等奖	灾害社会风险治理系统工程	徐玖平	四川大学
15	一等奖	健全城乡融合发展的要素平等交换体制机制研究	张克俊	四川省社科院
16	一等奖	国家信用体系建设与信用大数据应用研究	寇纲	西南财经大学
17	一等奖	新中国“三农”十大理论问题研究：70 年发展与变迁	蒋永穆	四川大学
18	一等奖	实证研究：中国法学的范式转型	左卫民	四川大学
19	一等奖	非法集资刑法应对的理论与实践研究	胡启忠	西南财经大学
20	一等奖	新疆深入推进“去极端化”工作实证调查及其法制化研究	张立哲	中共四川省委党校
21	一等奖	跨学科综合集成的应急管理情报体系研究	姚乐野	四川大学
22	一等奖	传统习俗、仪式与现代德育	郑富兴	四川师范大学
23	一等奖	网络社会风险论——媒介、技术与治理	陈华明	四川大学

续表85

序号	等次	成果名称	第一获奖人	工作单位
24	一等奖	新时代治蜀兴川系列研究	中共四川省委党校（四川行政学院）“新时代治蜀兴川系列研究”课题组	中共四川省委党校
25	一等奖	城乡基本公共服务均等化的实现机制与监测体系	姜晓萍	四川大学
26	一等奖	固边图藏：清末赵尔丰川边经营	徐君	四川大学
27	一等奖	巴蜀汉族巫道文化研究	黄尚军	四川师范大学
28	一等奖	国防科技产业集群发展研究	边慧敏	西华大学
29	一等奖	丝路上的华夏饮食文明对外传播	杜莉	四川旅游学院
30	二等奖	宋代“三礼”诠释研究	潘斌	西南财经大学
31	二等奖	古典柏拉图主义哲学导论	梁中和	四川大学
32	二等奖	宋代《周礼》学史	夏微	西南财经大学
33	二等奖	经学是以五经为元典阐发常道的学说	黄开国	四川师范大学
34	二等奖	中国近现代边疆界约研究	赵琪	西南民族大学
35	二等奖	清代中期史学批评研究	刘开军	四川师范大学
36	二等奖	用好藏文文献中的国家认同内容支持涉藏宣传工作的建议	陈沛杉	阿坝师范学院
37	二等奖	隋唐五代城市史	冯兵	四川大学
38	二等奖	从手艺人到神圣艺术家：文艺复兴时期意大利艺术家阶层的兴起	刘君	四川大学
39	二等奖	齐梁之变：成都南朝纪年造像风格与范式源流	霍巍	四川大学
40	二等奖	茂县营盘山新石器时代遗址	陈剑	成都文物考古研究院
41	二等奖	北曲杂剧曲牌联套音乐体制并非源于诸宫调考论	赵义山	四川师范大学
42	二等奖	人类学视域下嘉绒地区少数民族文学生活研究	李菲	四川大学
43	二等奖	袍哥文化与巴蜀现当代文学书写研究	胡希东	成都大学
44	二等奖	中国现代抒情诗叙事性研究	傅华	西华师范大学
45	二等奖	哈贝马斯《现代性的哲学话语》研究	吴兴明	四川大学
46	二等奖	苏辙诗编年笺注	蒋宗许	绵阳师范学院
47	二等奖	山海经集释	周明	四川省社科院
48	二等奖	中国古代文学经典化价值研究	周晓琳	西华师范大学
49	二等奖	小说叙述理论研究	谭光辉	四川师范大学
50	二等奖	20世纪西方反乌托邦小说研究	王一平	四川大学
51	二等奖	语象叙事研究	王安	四川大学
52	二等奖	法国纳西研究启示下的纳西语类型学研究	木艳娟	西南民族大学
53	二等奖	禅宗文献语言论考	雷汉卿	四川大学
54	二等奖	现代汉语语气助词的主观性与主观化研究	何文彬	四川师范大学

续表85

序号	等次	成果名称	第一获奖人	工作单位
55	二等奖	西藏人口转变研究	杨帆	西南财经大学
56	二等奖	信贷约束、影子银行与货币政策传导	高然	四川大学
57	二等奖	马克思经济学的数理分析	张衔	四川大学
58	二等奖	四川省民营经济高质量发展研究	彭亮	四川师范大学
59	二等奖	国际区域经济一体化与当代南北经济关系研究	姜 凌	西南财经大学
60	二等奖	基于不完全契约的制度变迁 对中国经济发展的影响效应及机制研究	吕朝凤	西南财经大学
61	二等奖	四川农业农村发展若干问题研究	吕火明	四川省农业科学院
62	二等奖	乡村振兴战略构想与实现路径：以四川省为例	四川乡村振兴 战略研究课题组	四川省社科院
63	二等奖	青藏高原东缘牧区生态保护与经济发展耦合研究	杨丽雪	西南民族大学
64	二等奖	长江上游地区大型水库移民多维 贫困治理及精准脱贫研究	何思好	四川农业大学
65	二等奖	四川省建设旅游强省和世界重要旅游目的地研究	王冲	四川师范大学
66	二等奖	商业银行绿色信贷行为的经济分析	贺立龙	四川大学
67	二等奖	关于成都建设中国特色消费型城市的建议	毛中根	西南财经大学
68	二等奖	农业转移人口市民化下西部 城镇人口承载力评价研究	蒋瑛	四川大学
69	二等奖	农业转移人口市民化理论及政策研究	祁晓玲	四川师范大学
70	二等奖	农业转型与绿色高质量发展研究	漆雁斌	四川农业大学
71	二等奖	高质量发展背景下我国城市制造业升级的 政策路径及收入分配效应研究	周茂	西南财经大学
72	二等奖	混合所有制企业协同治理研究	马胜	成都大学
73	二等奖	农业灾害管理制度演进与工具创新研究 ——基于农业保险视角	孙蓉	西南财经大学
74	二等奖	企业决策灵活性与资产风险溢价：生命周期的视角	李强	电子科技大学
75	二等奖	中国煤炭产量增长极限与煤炭 资源可持续利用问题研究	方行明	西南财经大学
76	二等奖	城镇化对城乡居民收入差距的影响机理与政策选择	马骁	西南财经大学
77	二等奖	供应链竞合管理理论与应用研究	陈旭	电子科技大学
78	二等奖	营销安全研究	李蔚	四川大学
79	二等奖	持续稳定脱贫的实现路径与政策研究	唐曼萍	四川农业大学
80	二等奖	西南地区农产品物流与电子商务精准扶贫融合研究	贺盛瑜	西昌学院
81	二等奖	产业联盟组合创新能力研究系列论文	邵云飞	电子科技大学
82	二等奖	社会化媒体营销背景下的消费者偏好与决策 ——助推机制及应用研究	谭慧敏	西南财经大学

续表85

序号	等次	成果名称	第一获奖人	工作单位
83	二等奖	公共资助就业培训项目在少数民族农村地区的实施效果研究	杨锦秀	四川农业大学
84	二等奖	PPP项目多利益主体承诺升级行为机理与控制研究系列论文	刘继才	西南交通大学
85	二等奖	四川省新型城镇化发展过程中农村产权制度改革研究	徐彬	四川省社科院
86	二等奖	企业外部技术搜寻平衡机制研究：基于探索—开发的视角	杨雪	四川大学
87	二等奖	政府私域救援研究	陈红霞	四川省社科院
88	二等奖	景区游客高峰时段管理理论与实践	国家旅游行业标准编制组	四川旅游学院
89	二等奖	信用风险演化机理与决策评估方法研究	申峰	西南财经大学
90	二等奖	中国乡村振兴发展指数蓝皮书（2018）	贾晋	西南财经大学
91	二等奖	走向社会公平的中国经验——基于统筹城乡的视角	范逢春	四川大学
92	二等奖	刑民交叉案件中的事实认定与证据使用	龙宗智	四川大学
93	二等奖	中国司法经费管理体制改革研究	张洪松	四川大学
94	二等奖	法官个体本位抑或法院整体本位——我国法院建构与运行的基本模式选择	顾培东	四川大学
95	二等奖	优化　协同　效能：人民法院内设机构改革的成都实践	成都市中级人民法院课题组	成都市中级人民法院
96	二等奖	民族地区社区治理法治化的理论建构与实践探索研究	胡业勋	中共四川省委党校
97	二等奖	加强对《公报》宪法修改的新闻宣传，提高宪法修改的舆论影响力	周伟	四川大学
98	二等奖	中国刑法语境下的法条竞合研究	蔡鹤	四川师范大学
99	二等奖	四川妇联组织在妇女群众中发挥作用的情况调查	谢立	四川广播电视大学
100	二等奖	融入和接纳——农民工随迁子女城市社会融合的双重视角研究	陈国华	成都理工大学
101	二等奖	南丝路铜河家风家训文化研究	肖卫东	四川师范大学
102	二等奖	构建中国特色社会主义视域下农村养老社会支持体系研究	刘金华	四川省社科院
103	二等奖	四川哲学社会科学发展报告（2019）	吕先竞	西华大学
104	二等奖	复合阅读行为理论与应对策略研究	李桂华	四川大学
105	二等奖	大熊猫图志	《大熊猫图志》项目组	四川省地方志工作办公室
106	二等奖	汶川特大地震四川抗震救灾志（八卷）	《汶川特大地震四川抗震救灾志》编委会	四川省地方志工作办公室
107	二等奖	我们时代的大学转型	黄英杰	四川轻化工大学
108	二等奖	何炳松历史教育思想研究	张天明	绵阳师范学院

续表85

序号	等次	成果名称	第一获奖人	工作单位
109	二等奖	高校初任教师教学能力发展论	黄培森	四川文理学院
110	二等奖	从道德到品德——道德内化与道德教育	范春林	西南民族大学
111	二等奖	通达学科核心素养的深度学习研究	李松林	四川师范大学
112	二等奖	高职学生职业素养与职业精神	高职学生职业素养与职业精神课题组	四川交通职业技术学院
113	二等奖	高职院校教育质量内部保障体系研究	卢德生	四川师范大学
114	二等奖	文辅相年谱	杜学元	乐山师范学院
115	二等奖	合作共建“丝绸之路经济带”高等教育共同体	李化树	西华师范大学
116	二等奖	困境与突破：农村教师配置问题研究	刘小强	成都师范学院
117	二等奖	我国优秀运动员流动机制优化研究	杨成波	成都体育学院
118	二等奖	地方政府在体育产业引导培育中的模式及优化	陈林会	成都体育学院
119	二等奖	体育公共服务均等化指标体系研究	郭新艳	成都体育学院
120	二等奖	青少年体质健康公共服务供需匹配研究	张晓林	四川师范大学
121	二等奖	智媒体：新物种在生长	李鹏	四川日报报业集团
122	二等奖	藏区新媒体民族出版研究	白冰	四川大学
123	二等奖	推进四川省中华优秀传统文化传承创新系列对策建议	向宝云	四川省社科院
124	二等奖	民俗文化推进新农村乡风文明建设研究	万远英	西华大学
125	二等奖	新时代党的政治建设	裴泽庆	中共四川省委党校
126	二等奖	“现实的人”的理论跃迁：历史唯物主义的深度解读	王让新	电子科技大学
127	二等奖	邓小平生态文明建设思想研究	李学林	西南石油大学
128	二等奖	马克思主义城乡关系理论在当代中国的发展与实践研究	彭晓伟	西南交通大学
129	二等奖	中华人民共和国70年四川大事记	四川省委党史研究室、省地方志工作办公室	四川省委党史研究室
130	二等奖	新中国成立以来经济发展战略与经济体制模式的历史互动与历史启示	任志江	西南财经大学
131	二等奖	推进四川涉藏州县绿色高质量发展的系列对策建议（研究报告）	陈井安	四川省社科院
132	二等奖	中国基本公共服务均等化与社会转型	丁忠毅	四川大学
133	二等奖	中国共产党政治吸纳整合与阶级阶层问题系列论文	黄金辉	四川大学
134	二等奖	公共性：中国公共行政学的建构基础	夏志强	四川大学
135	二等奖	中国与印度共赢性发展互动机制研究	杨文武	四川大学
136	二等奖	政策抉择与区域发展：我国西部地区人口较少民族社会经济发展的比较研究	刘兴全	西南民族大学
137	二等奖	南诏大理文化史	段玉明	四川大学

续表85

序号	等次	成果名称	第一获奖人	工作单位
138	二等奖	凉山彝族婚姻家庭文化观念变迁研究	曲比阿果	西南民族大学
139	二等奖	慕容鲜卑与五燕国史研究	高然	西华师范大学
140	二等奖	藏族金工艺术 ——甘孜藏族自治州白玉河坡非物质文化遗产研究	蔡光洁	四川师范大学
141	二等奖	西南少数民族多声部民歌唱法研究	刘雯	四川音乐学院
142	二等奖	藏族音乐在城市文化生态中的价值建构	陈波	西南民族大学
143	二等奖	川剧演出史	郭勇	四川省艺术研究院
144	二等奖	有意味的形式——舞蹈符号视角下的 中华“圈舞”舞蹈文化遗存研究	海维清	四川大学
145	二等奖	清代绘画与金石学关系研究	李明	四川大学
146	二等奖	四川改革开放40周年大事记	“四川改革开放40 周年大事记”课题组	省委政研室 （省委改革办）
147	二等奖	天府学	李后强	四川省社科院
148	二等奖	中国西南农村能源生态建设发展分析	王文国	农业农村部沼气 科学研究所
149	二等奖	关于设立“国家（凉山） 改革创新发展试验区”的建议	张友	西南民族大学
150	二等奖	亨利·雷马克与比较文学关系研究	姚连兵	电子科技大学
151	三等奖	十九世纪以来广东基督教的文化扩散与整合	薛熙明	西南民族大学
152	三等奖	生命哲学视域下的道教服食研究	徐刚	成都医学院
153	三等奖	白玉蟾遇师时间辩考	盖建民	四川大学
154	三等奖	论敦煌文书中的道教写经	张泽洪	四川大学
155	三等奖	宋代寺院碑文书写研究	赵德坤	宜宾学院
156	三等奖	中医生命伦理学	杨静	成都中医药大学
157	三等奖	正义论导读	刘莘	四川大学
158	三等奖	伦理学原理	唐代兴	四川师范大学
159	三等奖	蜀学论衡	舒大刚	四川大学
160	三等奖	哲学史新视野下的黑格尔研究	余玥	四川大学
161	三等奖	南宋休闲哲学研究	章辉	西南医科大学
162	三等奖	清至民国时期以工代赈研究	牛淑贞	四川大学
163	三等奖	水旱之间：冬水田的历史变迁与技术选择	陈桂权	绵阳师范学院
164	三等奖	宋代信息传播与管控：以流言为中心的考察	方燕	四川师范大学
165	三等奖	引介、诠释与运用： “社会法学”在中国的成长（1898—1937）	赖伟	乐山师范学院
166	三等奖	民国时期四川畜牧业文献、 档案资料收集整理及应用研究	陈岗	四川文理学院
167	三等奖	《西康通志稿》研究：1939—1949	吴会蓉	西华大学

续表85

序号	等次	成果名称	第一获奖人	工作单位
168	三等奖	宋代内藏财政研究	董春林	成都师范学院
169	三等奖	民初国学运动视域下的四川国学学校研究	杨毅丰	西南科技大学
170	三等奖	春秋穀梁学史研究	文廷海	西华师范大学
171	三等奖	《山海经》珍本文献集成	毛丽娅	四川师范大学
172	三等奖	近代英国贵族地产开发研究	何洪涛	西南交通大学
173	三等奖	澳大利亚混血土著问题研究	杨洪贵	西华师范大学
174	三等奖	文艺复兴时期西欧民族历史写作	徐波	四川大学
175	三等奖	四川盆地崖墓建筑研究	马晓亮	四川大学
176	三等奖	淅川泉眼沟汉代墓地	罗二虎	四川大学
177	三等奖	中国酒文献诗文集成	李修余	宜宾学院
178	三等奖	《文心雕龙》雅丽思想研究	王万洪	西华大学
179	三等奖	美国汉学界的中国现代文学研究	王琳	四川师范大学
180	三等奖	收官 中国文言小说的最后五十年	庄逸云	四川师范大学
181	三等奖	"语言统一"与现代中国文学运动	朱姝	四川大学
182	三等奖	越南汉籍与中越文学交流研究	刘玉珺	西南交通大学
183	三等奖	《〈北堂书钞〉校注》拾遗	段晓春	西南科技大学
184	三等奖	成都形象：表述与变迁	邱硕	四川大学
185	三等奖	语言变革与近现代中国知识人的 认同危机及重建研究	曾平	四川省社科院
186	三等奖	中国文论的中国化研究	邱明丰	四川省社科院
187	三等奖	李绅及其诗歌研究	严正道	西华师范大学
188	三等奖	龙影朦胧——中国文化在俄罗斯	刘亚丁	四川大学
189	三等奖	声音的权威：美国黑人女性小说的叙述策略研究	方小莉	四川大学
190	三等奖	当代比较文学学科动态及基本理论问题研究	赵渭绒	四川大学
191	三等奖	人与机器：德语文学中的技术与机器主题研究	唐弦韵	西南交通大学
192	三等奖	当代美国少数族裔小说空间历史记忆和重构	赵莉华	西华师范大学
193	三等奖	新加坡英语文学与新加坡国家认同研究	刘延超	四川师范大学
194	三等奖	利维斯研究	周芸芳	西华师范大学
195	三等奖	中国濒危语言志·四川康定贵琼语	宋伶俐	西南交通大学
196	三等奖	岷江流域方音字汇——20世纪四川方音大系之一	周及徐	四川师范大学
197	三等奖	结构、原型与标记 ——汉语同构异形及相关现象研究	罗红昌	宜宾学院
198	三等奖	《元刊杂剧三十种》词语研究	许巧云	西南民族大学
199	三等奖	四川道孚尔龚语	根呷翁姆	西南民族大学
200	三等奖	西部儿童外语能力发展的语言文化生态建构	汤红娟	乐山师范学院

续表85

序号	等次	成果名称	第一获奖人	工作单位
201	三等奖	俄语动词认知隐喻机制研究	彭玉海	乐山师范学院
202	三等奖	清代手写文献之俗字研究	杨小平	西华师范大学
203	三等奖	双语者心理词汇的语义表征和词汇连接模式研究	黎明	西南交通大学
204	三等奖	汉语语句系统的逻辑语义学研究	刘海燕	四川师范大学
205	三等奖	章太炎《文始》同源字典	许良越	西南民族大学
206	三等奖	藏汉口译理论与实践	冯雪平	四川民族学院
207	三等奖	社会主义核心价值观大众传播的现实情境与未来走向	薛一飞	四川大学
208	三等奖	君子文化的创造性转化和创新性发展研究	程碧英	四川文理学院
209	三等奖	马克思主义妇女观中国化进程研究（1921—1949）	赵小波	四川省社科院
210	三等奖	网络思想政治教育理论前沿问题研究	吴满意	电子科技大学
211	三等奖	美丽四川环境保护法治教育宣传读本	廖成中	西南科技大学
212	三等奖	全面深化改革进程中的阶层关系问题研究	李新芝	四川师范大学
213	三等奖	新就业高校毕业生主动离职行为研究	胡子祥	西南交通大学
214	三等奖	新时代高校思想政治教育创新研究	张勇	川北医学院
215	三等奖	马克思幸福思想研究	颜军	西南交通大学
216	三等奖	“民族性”诠释与重建——毛泽东文化民族性思想研究	李群山	西南科技大学
217	三等奖	三线建设历史与文化	朱云生	攀枝花学院
218	三等奖	红军长征精神研究	李单晶	成都市社科院
219	三等奖	中国特色社会主义政治伦理建设研究	张思军	西华师范大学
220	三等奖	马克思主义视域下的脱贫攻坚研究——以四川为例	郝儒杰	四川省委省直机关党校
221	三等奖	抗震救灾精神	何云庵	西南交通大学
222	三等奖	“鸡鸣三省”会议研究系列报告	胡学举	四川省社科院
223	三等奖	《星期评论》与马克思主义在中国的早期传播	马先睿	西南交通大学
224	三等奖	农村集体建设用地产权改革与基层治理转型研究	吴晓燕	中共四川省委党校
225	三等奖	西部村落离散与基层社会治理转型——巴蜀乡村治理小叙事	唐绍洪	西华师范大学
226	三等奖	中华智库影响力报告（2015—2017）	方茜	四川省社科院
227	三等奖	“省直管县”体制改革中的政府间纵向权力配置研究	刘福敏	四川省社科院
228	三等奖	政治伦理学	阎钢	四川大学锦江学院
229	三等奖	南亚问题研究	管银凤	内江师范学院
230	三等奖	中国式家族企业公司治理法律问题研究	吴芳	四川师范大学
231	三等奖	社会协商的理论体系和立法建构研究	郑文睿	四川省社科院

续表85

序号	等次	成果名称	第一获奖人	工作单位
232	三等奖	证券投资基金法律制度：立法前沿与理论争议	郑泰安	四川省社科院
233	三等奖	被追诉人的权利处分：基础规范与制度构建	郭松	四川大学
234	三等奖	法治视域下藏传佛教寺院社会治理创新研究	郑妮	中共四川省委党校
235	三等奖	民法婚姻家庭亲属编立法研究	杨遂全	四川大学
236	三等奖	“一带一路”沿线投资风险法律应对研究	王军杰	四川大学
237	三等奖	刑法机能史与理论的展开	刘永强	西南科技大学
238	三等奖	土地利用制度条件变化下 乡村社会治理的法律机制研究	何真	西南民族大学
239	三等奖	正当防卫证明问题的法律经济学分析	兰荣杰	西南财经大学
240	三等奖	《中华人民共和国民法典·侵权责任编》 （编纂建议稿）	王竹	四川大学
241	三等奖	我国公益用地市场取得方式法律制度研究	卞宏波	四川警察学院
242	三等奖	“刑事一体化”视野中的刑事容隐法律体系研究	康怀宇	西南民族大学
243	三等奖	土地承包权与经营权分置制度研究： 改革逻辑与立法选择	庄斌	四川省社科院
244	三等奖	刑法适用与刑法教义学 ——以刑事习惯、刑事政策为背景的展开	胡选洪	四川民族学院
245	三等奖	成都市金牛区“四维融合”深化县级融媒体改革	“融媒体” 改革课题组	成都市金牛区 委政策研究室
246	三等奖	老年社会参与： 积极应对老龄化的权利建立与实践路径	邓力源	成都理工大学
247	三等奖	农村土地流转现状及机制研究	范乔希	成都信息工程大学
248	三等奖	社会公平正义视域下的反腐倡廉建设研究	肖云忠	成都理工大学
249	三等奖	西部农村留守儿童学校社会工作服务模式研究	张义烈	宜宾学院
250	三等奖	乡村振兴战略背景下的农村社会发展研究	张禧	四川农业大学
251	三等奖	市场化进程中青藏高原草场使用和管理的制度变迁	贡布泽仁	西南财经大学
252	三等奖	延续文化的脉动——贵州重要建筑及遗址保护研究	伍娟	成都信息工程大学
253	三等奖	统筹解决人口问题的理论与实践研究	王学义	西南财经大学
254	三等奖	基于不同放贷主体的供应链金融风险控制研究	苏应生	西南财经大学
255	三等奖	非传统数据在政府统计中的管理与应用研究	丁娟	四川省统计 科学研究所
256	三等奖	人口老龄化、人力资本变动与我国经济增长	邓翔	四川大学
257	三等奖	脱贫攻坚、乡村振兴及其有效衔接： 基于马克思主义政治经济学的研究	贺立龙	四川大学
258	三等奖	四省藏区多维贫困及其治理对策研究	杨浩	四川农业大学
259	三等奖	农村土地制度改革历程与现状研究	黄善明	四川师范大学

续表85

序号	等次	成果名称	第一获奖人	工作单位
260	三等奖	高质量发展背景下科技型中小企业信用评估体系构建与应用研究	余澳	四川大学
261	三等奖	汇率波动与企业行为	杜江	四川大学
262	三等奖	农村产权制度变革与乡村治理研究	黄涛	成都理工大学
263	三等奖	中国特色社会主义政治经济学应用初步——在西部边疆经济新发展中的实践	黄毅	西南民族大学
264	三等奖	地方财政支出与城乡收入差距关系研究	谢芬	四川省社科院
265	三等奖	有序推进农业转移人口市民化的体制机制研究	朱冬梅	西南交通大学
266	三等奖	攀西国家战略资源创新开发试验区发展研究	张旭辉	攀枝花学院
267	三等奖	公园城市建设与水环境治理研究	陈杰	四川省社科院
268	三等奖	中国信息技术上市公司财务危机预警研究	史仕新	内江师范学院
269	三等奖	“一带一路”战略框架下四川开放型经济发展研究	李晓燕	四川省社科院
270	三等奖	四川经济高质量发展研究	四川省统计局课题组	四川省统计局
271	三等奖	中国的金融机构应当承担环境责任吗?——基本事实、理论模型与实证检验	刘锡良	西南财经大学
272	三等奖	环境污染评价与治理政策研究	郭四代	西南科技大学
273	三等奖	长江经济带绿色生态廊道战略研究	刘世庆	四川省社科院
274	三等奖	乡村振兴视域下四川省农村产业、人口、土地协同互动研究报告文萃	许彦	中共四川省委党校
275	三等奖	“我国现代能源产业体系的理论构建与实现路径研究”系列成果	周江	四川省社科院
276	三等奖	西部人口城市化质量现状及存在的问题研究	杨筠	内江师范学院
277	三等奖	中国农业区域专业化发展研究	姚寿福	西华大学
278	三等奖	四川省深度融入“一带一路”的战略研究——从经济的角度	李优树	四川大学
279	三等奖	关于建设“国家深度贫困区（凉山）城乡融合共享绿色创新发展试验区”的建议	郑洲	西南民族大学
280	三等奖	文化企业证券化发展研究	杜坤伦	四川省社科院
281	三等奖	城乡统筹发展中的要素整合与机制设计	刘后平	成都理工大学
282	三等奖	欧美主权信用评级下调对我国经济冲击的空间聚集与溢出以及四川省实证研究	田益祥	电子科技大学
283	三等奖	马铃薯主粮化战略实施路径	“马铃薯主粮化战略实施路径”课题组	成都大学
284	三等奖	四川省川陕革命老区农村产业融合发展研究	孟秋菊	四川文理学院
285	三等奖	供给侧改革视域下我国农村集体建设用地入市风险及其防范研究	李杰	西南交通大学
286	三等奖	藏区水电开发的区域经济影响和移民安置特殊投资研究	劳承玉	四川省社科院

续表85

序号	等次	成果名称	第一获奖人	工作单位
287	三等奖	乡村振兴与农村金融反贫困创新	申云	四川农业大学
288	三等奖	中国房地产市场的微观经济影响研究：理论与实证	李江一	四川大学
289	三等奖	中国金融周期与系统性风险研究	朱波	西南财经大学
290	三等奖	中国粮食发展40年	汪希成	西南财经大学
291	三等奖	信息环境与中国特色公司治理研究	唐雪松	西南财经大学
292	三等奖	中国在“一带一路”沿线的产业融合程度及地位：行业比较、地区差异及关联因素	姚星	西南财经大学
293	三等奖	空间视阈下中国藏族聚居区的贫困问题研究	廖桂蓉	西南民族大学
294	三等奖	走向繁荣：四川藏区经济社会发展若干问题研究	王建平	四川省经济和社会发展研究院
295	三等奖	统筹城乡、可持续基本养老保险制度改革的经济效应研究	景鹏	西南财经大学
296	三等奖	“5·12”汶川地震极重灾区县域经济可持续发展研究	杜漪	绵阳师范学院
297	三等奖	我国商业银行信贷行为周期性研究	李嵩然	四川师范大学
298	三等奖	走向内陆经济时代：中国西部典型内陆地区发展路径	王军	成都市发展和改革委员会
299	三等奖	面向可持续发展的复杂系统运作风险管理及决策优化	徐雷	西华大学
300	三等奖	社会风险情境中的公众应对行为与引导策略研究	李华强	西南交通大学
301	三等奖	大数据驱动的智慧医疗健康全社会资源管理	罗利	四川大学
302	三等奖	转型升级背景下四川民营企业高质量发展研究	曹麒麟	四川大学
303	三等奖	中国深度贫困地区跨越贫困陷阱研究	蓝红星	四川农业大学
304	三等奖	农民专业合作社社长声誉与成员间信任关系建立的因果关系研究	王燕	四川农业大学
305	三等奖	新时代人力资本服务政策创新与四川省博士后管理实践	付林	四川省人力资源和社会保障厅
306	三等奖	旅游业可持续发展研究	刘俊	四川大学
307	三等奖	在线服务中群体行为演化研究	蒋国银	电子科技大学
308	三等奖	四川贫困村资金互助社发展研究	郭华	四川农业大学
309	三等奖	民族地区文化旅游与惠及民生包容性发展的若干问题研究	赖斌	成都职业技术学院
310	三等奖	关联信用风险传染机理与治理策略研究	钱茜	四川师范大学
311	三等奖	新生代知识型员工反生产行为的影响机制与对策研究	刘文彬	电子科技大学
312	三等奖	大学生创业教育体系的构建与实践	李晓峰	四川大学
313	三等奖	养老服务机构市场化的政府补贴机制问题研究	廖楚晖	西南交通大学
314	三等奖	协同创新视角下四川省创新创业人才孵化机制研究	陈琳	成都大学

续表85

序号	等次	成果名称	第一获奖人	工作单位
315	三等奖	民用核设施公众风险应对行为研究	曾静	西南科技大学
316	三等奖	期权合同视角的生鲜农产品供应链管理决策研究	王冲	四川农业大学
317	三等奖	金融投资组合优化与人工智能预警研究	林宇	成都理工大学
318	三等奖	企业积极组织管理研究	罗霞	西南民族大学
319	三等奖	数据挖掘与多目标决策（研究领域）	彭怡	电子科技大学
320	三等奖	可持续供应链的模糊性和复杂性治理	白春光	电子科技大学
321	三等奖	*Day－to－Day Flow Dynamics for Stochastic User Equilibrium and a General Lyapunov Function*	肖峰	西南财经大学
322	三等奖	多重维度视阈下藏族聚居区全面小康社会的实现路径	唐剑	西南民族大学
323	三等奖	知识经济时代的企业人力资源战略管理	李颖	四川大学
324	三等奖	休闲客流的空间扩散特征与区域综合效应研究	李其原	西华师范大学
325	三等奖	*Dynamic Pricing with Service Unbundling*	宋博迁	西南财经大学
326	三等奖	生产物流运作管理理论与方法	殷允强	电子科技大学
327	三等奖	基于合约理论的风险企业家融资方式选择和风险资本退出方式选择研究	丁川	西南财经大学
328	三等奖	上市公司劳资财务分配公平测度研究	干胜道	四川大学
329	三等奖	基于社会分层视角下的四川省城市社区治理研究	薛荐戈	攀枝花学院
330	三等奖	国有企业非实际控制人的董事会权力与并购效率	逯东	西南财经大学
331	三等奖	西部地区研究与发展的投入产出研究	刘晓红	西南民族大学
332	三等奖	基于股票价格动量生命周期的分形投资策略研究	吴栩	成都理工大学
333	三等奖	刘咸炘著述手稿汇编	何光伦	四川省图书馆
334	三等奖	张祥龄集	宋桂梅	四川大学
335	三等奖	引文行为研究	赖方忠	四川警察学院
336	三等奖	《四库全书》羌族历史文献辑要	安群英	西南民族大学
337	三等奖	中国少数民族古籍总目提要·四川阿坝藏族卷	《总目提要·四川阿坝藏族卷》编纂委员会	阿坝州藏文编译局
338	三等奖	印记·征程——我们这70年	《印记·征程——我们这70年》编辑部	成都地图出版社
339	三等奖	道光《蓬州志略》（点校本）	蓬安县县志编纂委员会办公室	蓬安县县志编纂委员会办公室
340	三等奖	（同治）大邑县志校注	王斌	乐山师范学院
341	三等奖	藏羌彝文化走廊史话	四川师范大学课题组	四川师范大学
342	三等奖	跨越的70年：内蒙古经济发展研究	何雄浪	西南民族大学
343	三等奖	藏彝走廊地区古代人群类别称谓、分布及嬗变研究	陈东	四川省民族研究所

续表85

序号	等次	成果名称	第一获奖人	工作单位
344	三等奖	藏羌彝走廊四川区域文化资源调查与保护利用研究·民俗文化卷	喇明英	四川省社科院
345	三等奖	西部民族地区社会转型时期的旅游社会冲突问题研究	钟洁	西南民族大学
346	三等奖	凉山彝族生育习俗研究	王美英	西南民族大学
347	三等奖	甘肃藏族乔科部落社会历史调查研究	才让道吉	西南民族大学
348	三等奖	象雄文明研究	同美	西南民族大学
349	三等奖	当代羌族文化的教育传承与创新	刘义	绵阳师范学院
350	三等奖	藏彝走廊区域内南路边茶贸易市场、管理制度与边茶称谓流变	田茂旺	西南民族大学
351	三等奖	运动人体科学在竞技体育领域的应用研究	叶邦林	四川师范大学
352	三等奖	体育传播对转变中小学生体育认知和锻炼行为的实证研究	李晖	四川省社科院
353	三等奖	区域体育产业综合竞争力研究	陈清	四川大学
354	三等奖	“村改社”社区体育治理研究	彭英	西华师范大学
355	三等奖	体育用品消费者购物渠道选择及渠道偏好	刘香	成都体育学院
356	三等奖	中国民间武术与社会变迁——基于四川地区民间武术的研究	龚茂富	成都体育学院
357	三等奖	德国体育史	潘华	成都体育学院
358	三等奖	藏族传统体育文化发展与传承	陈波	成都师范学院
359	三等奖	西南少数民族体育文化生态论	王洪珅	成都体育学院
360	三等奖	关于我国职业篮球联盟的理论构成与实现途径研究	刘永峰	成都体育学院
361	三等奖	四川学前教育高质量发展的对策建议	刘涛	四川省教育科学研究院
362	三等奖	高校学生发展的公平与效率研究	沈华	电子科技大学
363	三等奖	教师文化自觉及其教学实现研究	张姝	四川师范大学
364	三等奖	国内高校在线课程建设理念演化	许欢	西南科技大学
365	三等奖	成都市市属高校发展情况调研报告	成都市市属高校发展情况课题组	成都大学
366	三等奖	成都市教育综合改革案例研究	张烨	四川师范大学
367	三等奖	新媒体语境下的青少年阅读生活研究	陈勇	西华师范大学
368	三等奖	职前教师的卓越之道	胡志金	内江师范学院
369	三等奖	初中生公共空间文明素养的养成：理论与实践	成都市树德实验中学课题组	成都市树德实验中学
370	三等奖	留守、家庭虐待和同学欺凌等多重逆境对四川地震灾区青少年心理行为健康影响的系列研究	汤万杰	四川大学
371	三等奖	大学教师学术权力伦理研究	王珊	四川师范大学

续表85

序号	等次	成果名称	第一获奖人	工作单位
372	三等奖	研学实践在中国——中小学新社会实践教育研究	邓达	成都师范学院
373	三等奖	新建本科院校科研创新团队建设与管理	李巍	成都师范学院
374	三等奖	教育叙事与历史教师成长研究	高思超	西华师范大学
375	三等奖	藏羌民族地区高校大学生征信教育理论与实践研究	甲任	阿坝师范学院
376	三等奖	裂变与认同：微博传播研究	李畅	四川师范大学
377	三等奖	党报集团治理体系现代化建设 ——以四川日报报业集团实践探索为例	余长久	四川省报业协会
378	三等奖	我国广电公共服务研究的文献追溯 与价值辨析（1980—2018）	朱天	四川大学
379	三等奖	虚拟社区里的知识分享： 基于两个竞争性计划行为理论模型的分析	黄顺铭	四川大学
380	三等奖	贸易摩擦背景下中外文化产业合作研究	车南林	成都大学
381	三等奖	中国西南原生音乐——凉山音声	杜梦甦	四川音乐学院
382	三等奖	会通合数 ——中国古代书论与画论、文论的比较研究	刘志超	四川大学
383	三等奖	邛窑器物设计的审美文化	詹颖	四川文化产业 职业学院
384	三等奖	后调性理论基础	高畅	四川音乐学院
385	三等奖	环境美学视域下的乡村景观评价研究	鲁苗	四川大学
386	三等奖	电影改编对中国梦的想象与建构研究	王瑛	四川师范大学
387	三等奖	川剧的跨文化传播	高山湖	四川省艺术研究院
388	三等奖	彩墨传薪——川南文化创意研究	罗凯	内江师范学院
389	三等奖	琳达·哈琴的后现代主义诗学研究	刘晓萍	成都大学
390	三等奖	康巴藏族民间表演艺术的精神内涵与文化功能	袁联波	成都大学
391	三等奖	中国古代《楚辞》书画文献研究	罗建新	西华师范大学
392	三等奖	批判与解构：“孟菲斯”设计思想研究	唐霖	西华师范大学
393	三等奖	穿越美的世界历程	田海稣	成都大学
394	三等奖	向标杆医院学文化	姜洁	四川大学
395	三等奖	古蜀青铜金玉文化	黄俊棚	四川省社科院
396	三等奖	移动社交网络个体行为预测及群体演化模型研究	乔少杰	成都信息工程大学
397	三等奖	专利法视野下专利引文分析的误差发现及对策研究	李睿	四川大学
398	三等奖	新时代繁荣发展成都哲学社会科学重大问题研究	阎星	成都市社科院
399	三等奖	*An Essential Survey of Chengdu*	陈达	西华大学
400	三等奖	四川省文化强省指标体系建设研究	“四川文化强省指标 体系建设研究”课题组	四川省社科院

一等奖成果简介

001《中国道教通史》(专著)
人民出版社 2019.12
卿希泰(四川大学)
詹石窗(四川大学)
盖建民(四川大学)
周　冶(四川大学)
陈耀庭(上海市社科院)
成果介绍:

《中国道教通史》(五卷本,共计350万字)是教育部人文社科重点研究基地重大项目成果,由四川大学杰出教授卿希泰和四川大学杰出教授詹石窗任主编,历时10年完成,人民出版社2019年12月出版,获人民出版社2019年度优秀奖。该著作在马克思主义理论指导下,以时间顺序为经,以道派、人物和区域为纬,系统论述了道教从创立至21世纪初的发展历程,内容涵盖道教的经籍、道派、人物、制度、仪式、科学技术、文学、艺术及三教交涉、域外传播史、学术研究史等各个方面,从时间上展现了二千多年来道教的发展历程,从空间上介绍了道教地跨中国大陆与港澳台地区以及世界各地的传播、影响和研究,既注重整体宏观把握,又注重具体微观考证,做到了"求全而不失细致,求整体而不失深入",展现出一幅内涵丰满而又栩栩如生的道教发展通史全景图。

该著作的第一卷为东汉至魏晋南北朝时期的道教,在阐明中国道教通史研究的学术价值、现实意义、基本要求、主要目的、基本分期和研究方法的基础上,追溯了先秦时期的社会历史和思想状况,总结、梳理了道教产生的历史条件和思想渊源,着重对道教在魏晋时期的分化和分展、在南北朝时期的改造和充实进行了深入的梳理与探讨。第二卷为隋唐至北宋时期的道教,对隋至盛唐安史之乱后至五代十国、北宋三个历史时期道教思想理论状况及发展、代表人物、著述、各道派的承传及其相互关联等进行了深入的考察、梳理和探讨。第三卷为金、南宋至明代中叶时期的道教,着重对道教在金与南宋的发展、改革及道派分化,在元代的兴盛与道派的合流,以及在明代中叶以前的发展和贵盛进行了系统的梳理、考察。第四卷为明代后期至清代和民国时期的道教,着重对道教在明代后期至清朝嘉道间的衰微,在鸦片战争后至民国时的流迁情况进行了考察、梳理和探讨。第五卷为1949年以来至21世纪初的中国道教与海外道教,着重对新中国成立后道教在中国大陆和港澳台地区的发展以及向海外传播的情况进行梳理和论述。

《中国道教史》(四卷本)出版已逾20年,《中国道教通史》(五卷本)广泛发掘新出史料、吸收学界研究成果,对四卷本进行了全面修订,增加了65%的新内容。该著作在撰写过程中屡有创获,推进了道教史学科的研究。比如,较多地利用了《北京图书馆藏中国历代石刻拓本汇编》《清代诗文集汇编》《道家诗纪》以及新出的考古材料等;对道教科技、明清全真道、当代道教等研究课题有大量增补;对元代全真掌教常志清、明代阎希言、清代闵一得等道士行迹的考证皆属学界最新进展。

该著作的主要学术价值在于:第一,研究内容系统完整,构建了道教史研究的学科体系。第二,如实揭示了道教在中华传统文化、社会生活中的重要地位,具体诠释了"中国的根柢全在道教"的论断。第三,根据道教自身发展的客观规律,对道教史进行了科学分期。第四,将学界共识与探索创新有机结合,在坚实的基础上拓展了学术前沿。第五,坚持马克思主义的基本原则,综合运用了多学科的研究方法对具体问题进行具体分析,从不同角度分析和诠释了道教这一信仰体系、文化宝库和社会现象的多元图景与丰富内涵,这对于道教史和其他宗教史的研究,都是值得借鉴的研究范例。

道教在长期的发展演变过程中对我国传统社会的政治、思想文化、文学艺术、科学技术、道德伦理、社会生活乃至民族心理性格、民族凝聚力、民俗习惯等都产生过巨大、复杂而深刻的影响，其中某些影响至今仍潜藏在中国人的文化构成和日常生活中。该著作所发掘的道教文化的合理思想，所揭示的道教与中国少数民族的关系，所阐述的道家道教推尊的中华民族的文化始祖黄帝等内容，对于增强文化自信、弘扬中华优秀传统文化、推动中华优秀传统文化创造性转化与创新性发展、铸牢中华民族共同体意识、促进中华文化海外传播、增进中外文明交流互鉴，以及建设“道教研究的中国学派”、彰显中国气派等都具有重要的学术价值和现实意义。

002《朱熹文集编年评注》（古籍整理）

福建人民出版社 2019.12

郭　齐（四川大学）

尹　波（四川大学）

成果介绍：

《朱熹文集编年评注》系全国首部把朱熹所有诗文、书信、著述文章的每一篇都注了写作年代，即哪一年写作（有的详细到月）的朱熹文集的编年评述，有注有评，确有深入的研究。这对于掌握朱熹思想早、中、晚年发生的变化、思想的格局，与同时代不同学派、学人的交流中发生的思想发展演变的脉络，具有重大意义和价值。其价值不限于研究朱熹本人的思想，而且对于把握宋明时期思想发展的趋势，由理学转向王阳明心学，也具有重要意义，可动态地了解思潮、流派、哲学家思想演变、发展的过程、趋势。同时为朱子学、理学、心学的深入研究提供了重要的文献依据。

《朱熹文集编年评注》是史上首次对朱熹文集的深度整理，代表着成果文献整理研究的最新进展。以其全面、深入的解析，详细的编年与评注，对于推动朱熹研究、掌握朱熹思想前后发生的变化。乃至对宋代思想史、学术史研究的深入与拓展，扩大中国传统思想文化的传播，都具有重要意义。其对朱熹文集中的每一篇诗文的详尽编年，为相关学术思想的探讨提供了重要依据。

作为国家社科基金项目，该成果广泛吸取学界最新研究成果，对朱熹文集作了首次深度整理：①校勘：凡出校勘记 7113 条，阶段性成果发表在《东方学报》《文学遗产》，全面超越了前人的校勘水平。②辑佚：新发现佚文 10 余篇，阶段性成果发表于《文学遗产》《儒教学会报》《光明日报》《历史文献研究》等重要学术刊物。③辨伪：先后于《历史文献研究》《宋史研究论丛》等刊物发表相关文章 8 篇，且集 800 年来历代学者辨伪之大成，首次编制《伪托误题朱熹诗文存目》。④注释：对全部诗词逐篇作了解题和笺注，总计注释 5333 条。朱熹文集之有注释，在史上尚属首次。⑤编年：首次对全部诗文逐篇系年，新考定作年及纠正、补充前人结论重要者凡 200 余条。⑥评论：首次将历代学者关于朱熹诗文的研究评论资料附于集中，总计 1284 条，方便了读者。⑦附录：含传记资料、文集序跋、版本考略、朱熹年表、历代评论、伪托误题朱熹诗文存目、主要参考文献、该成果篇名索引。其中文集序跋为目前所收海外序跋最多之本。

003《中国古代物质文化史（铁器卷）》（专著）

开明出版社 2019.7

李映福（四川大学）

马春燕（成都文物考古研究院）

成果介绍：

《中国古代物质文化史（铁器卷）》根据丰富的考古发现和历史文献，全面系统地诠释了中国古代纵跨两千年的铁器的物质特征和冶铁技术的发展历程，阐述了中国悠久灿烂的铁文化史。书中以朝代为纲，收集了迄今为止发现的多达24800余件出土或传世铁器资料，结合丰富的文献史料进行分析，以物质文化的视角考察了各朝代铁制品及冶铁技术的特点。该成果撰述60余万字，配以300余幅高清图片，包括作者多年来深入考古一线获取的遗迹、遗物照片等，以新颖的理论和视角来解读铁器与中国古代社会发展之间的关系。

全书共分为9个章节。前两个章节有创见地提出铁器在中国的起源是大体在公元前14世纪通过“草原金属之路”进入中国西北地区，大约在商周之际冶铁制品或冶铁技术传入中原地区。在究明和清晰勾画出早期铁器在世界范围和中国的起源与基本特点后，论述了我国冶铁技术的形成和发展历程以及铁器化促进中国古代社会变革等问题。

正文共分7章，以商至西周、春秋、战国、秦汉、魏晋南北朝、隋唐五代、宋元为时代框架，根据迄今为止最系统、最全面地收集到的多达24800余件考古发现或传世铁器的实物资料。在廓理、究明其时代、器类、出土单位及性质、功能的基础上，对各时期铁器的形制与类型作了迄今为止最全面系统的梳理，全面厘清了中国纵跨两千年左右的“物质”的铁器类型和谱系。

最后一章从铁矿的分布、开采及矿石加工、不同时期铁工业管理、冶铸技术等方面论述中国古代铁工业发展之路，通过不同时期铁器在农业、道路交通、水利工程等领域的广泛应用，阐述了“物质”的铁器对促进中国古代社会发展的重大意义。其学术价值体现在以下几个方面：①我国迄今为止第一部阐述两千年铁器发展史的系统著述，弥补了我国铁文化研究的不足。②以迄今为止最系统丰富的考古材料，最全面地讨论了纵跨两千多年的铁器形制与演变，厘清了我国铁器与冶铁工业的发展脉络。③全面讨论两千多年的铁器生产与流通研究，系统阐述其承续与演变。④以最新的考古发现和丰富的第一手田野资料，以“透物见人”的方法、以生产力促进生产关系的理论系统阐述铁器推动中国社会发展。

该成果获得国家出版资金资助，为“十二五”国家重大出版专项的代表著作之一，以考古资料与历史文献相结合，以“物质”的视角叙述了铁器推动和促进中国社会的发展进程，是我国铁器研究领域的代表性创新研究成果。

004《20世纪新疆城市与区域发展研究》（专著）

四川人民出版社 2019.12

何一民（四川大学）

付志刚（四川大学）

付　娟（四川音乐学院）

韩　英（四川省社科院）

李大林（成都工业学院）

成果介绍：

《20世纪新疆城市与区域发展研究》（四卷本，总计146余万字），为国家社科基金重点项目和国家出版基金重点资助项目。成果具有重大的学术意义和现实意义，出版后在学术界有着广泛而重大影响。

该成果选题具有重大意义，具有前沿性、创新性和开拓性。新疆是中国陆地面积最大的省级行政区，其城市文明历史悠久。但关于新疆城市的研究十分薄弱。成果是国内外第一部系统地对新疆城市与区域发展进行全景式和整体史研究的学术专著，开创了新疆城市史研究的新局面，弥补了中国城市史学界对新疆研究薄弱的环节，其前沿性、创新性和开拓性得到学术界的高度肯定。

该成果开创了新的研究范式，在理论上、方法上有所突破和创新。成果开拓了中国内陆边疆城市史研究的新范式，首次以工业化、城市化和现代化为主线，对20世纪新疆城市与区域发展变迁进行整体史研究，深入探析了民族众多，内外因素复杂，绿洲、民族和宗教交错，传统与现代化力量等多种因素共同影响下的新疆城市与中国其他地区城市发展的共性和差异性。成果以长时段和分区域相结合的研究方法，纵横交错地全景式地对20世纪新疆城市与区域发展变迁进行了研究，系统地总结了新疆城市与区域发展的特点与发展逻辑及规律。

该成果提出了若干重要观点，对中国城市史学科建设有重大的推进和突破。成果对晚清、民国、新中国三个历史时段的新疆城市与区域发展变迁进行了深入的研究，尤其对城市发展动力、发展规律，城市结构、空间分布等提出了若干具有创见性的观点；关于新疆建省与城市的发展，新疆建设兵团与城市的发展等提出了若干创新性观点。成果既有宏大叙事，又有中观论述，还有微观层面分析，通过多维度、多层次地对20世纪以来新疆城市与区域发展的系统研究，为中国城市史研究新路径拓展和方法创新做出了建设性尝试，在填补新疆城市整体史研究空白基础上，创造性地构建了中国边疆城市史学研究体系，推进了中国城市史向西部内陆边疆城市、民族地区城市研究的转向。

该成果具有较高的学术水平，在国内学术界界产生了重要影响。打破既有的研究视角惯性，站在历史与未来交叉点上，系统总结了百年来新疆区域变迁与城市发展的历史经验，结合新型城镇化建设与"一带一路"倡议对新疆城市与区域发展进行深入的分析，并提出了若干具有建设性的建议。成果研究充分表明新疆城市是"强区固边"的坚固基石，是实现新疆跨越式发展和长治久安的重要阵地，是社会发展的动力源和增长极，也是巩固边疆、促进民族融合的纽带。

该成果为国家社科基金重点项目，项目结题后，得到相关专家学者的高度肯定，从而获得国家出版基金重点资助。另外，成果的阶段性成果也受到学术界的广泛重视，产生较大的学术影响。公开发表了19篇以新疆区域与城市发展为主题的学术论文，其中12篇发表在CSSCI来源期刊，2篇发表在核心期刊，在知网上先后被下载4743次，被引46次，在国内外学术界引起了相当广泛的关注，多篇文章受到《新华文摘》《人大报刊复印资料》的转载，研究价值突出，具有较大的学术影响力。另外，"史海观潮""水木历史"等国内著名史学微信公众号也撰文大力推荐。

综上所述，该成果从历史的角度对新疆城市的发展历程进行系统而翔实的研究，为探寻一条适合新疆区情的城市发展道路，实现可持续发展的现代化生态城市提供了重要的学术参考，具有重大的学术价值和现实意义，对于中国城市史学科体系、学术体系和话语体系的建设具有很强的推动作用，有着广泛而深远的学术影响和社会影响。

005《国家社会历史形态与中国现代文学》（研究报告）

国家社科基金项目 2018.1

李　怡（四川大学）

周维东（四川大学）

妥佳宁（四川大学）

张武军（西南大学）

李俊杰（浙江传媒学院）

成果介绍：

《国家社会历史形态与中国现代文学》从民国历史文化的角度考察中国现代文学，对中国现代文学的历史进行了重新建构和认识。成果提供了过去研究未充分关注的新材料，形成中国现代文学研究的新范式，对中国现代文学研究发展具有示范性和引领性，是构建中国特色哲学社会科学学术话语体系的成功实践，具有重大学术价值和现实意义。

本书对于构建中国特色哲学社会科学学术话语体系具有示范性。科学的民国历史研究始于1956年，受到了周恩来、董必武、吴玉章的亲自指导和鼓励，到今天已经成为中国学术重要的方向。对中国现代文学研究而言，尊重特定历史（如民国历史）现象的完整性、丰富性、复杂性，提倡文学研究的历史化态度，才能真正摆脱以往的中国现代文学研究的“以论代史”预设性判断，从想象性的理论前提潜沉到具体的对象内部。只有这样的研究，才能改变在外来理论笼罩下亦步亦趋的尴尬局面，真正更新中国现代文学的“视野”“方法”“语言”。成果的诸多角度得益于20世纪80年代以前的“文化视角”、90年代至今的“文化研究”，还有马克思主义的社会历史批评等，但最终返回到中国国家社会的情境——民国社会历史的具体场景之中。通过研究主体的体验感受中国文学自己的问题，并以此为基础实现对外来理论中自然存在的“异质关注”的过滤，最大限度地贴合中国社会历史的细节。这些做法在中国哲学社会科学研究中值得借鉴和推广。

该成果提供了中国现代文学历史化的新框架。中国现代文学的“叙史”一直不断修正自己的框架结构，从一开始的“新文学”“现代文学”到20世纪80年代中期的“二十世纪中国文学”，每一种命名都有显而易见的合理性，但同时不可避免地产生难以完全解决的问题。“现代文学”确立了“现代”的价值指向，但“现代”已经成了多种文化争相解释、共同分享的概念，中国之“现代”究竟为何物，实在不容易说清楚；“二十世纪中国文学”确立的是百年来中国文学的自主性，但是这样以“世纪”纪年为基础的时间概念并不能清晰呈现这一文学自主的含义。在这样一种背景下，中国现代文学“叙史”的“民国”定位被提了出来。通过对民国时期社会历史的具体研讨，为中国现代文学的发生发展寻找到更充分的理由，对文学演变的历史细节有了更详尽的描述。过去的研究主要集中在一个抽象的“现代”框架中，在很大程度上忽略了民国历史的具体性，该成果通过对民国时期经济史、法律史、教育史、传媒史、政党史的充分开掘，梳理出其中推进或阻碍文学发展的各种表现，这既是文学研究的新视野、新角度，又是历史研究具体在文学向度上展开的新课题，从历史与文学两个意义上都有推进的可能。

该成果探寻了两岸华文文学语境重建“学术共同体”的可能性，通过对“作为方法的中国”的新的提炼，提出了一个与西方学术对话的问题，同时也更加注意与其他华文文化圈、学术圈的交流对话。通过民国社会历史视角，两岸学人可以强化民国文学的当代流变与记忆研究，形成如大陆评价民国文学现象的学术史研究、民国时期文学对台湾后来文学发展的影响研究、海峡两岸对同样一个民国文学人物（如鲁迅、郭沫若、胡适）或文学现象（左翼文学、国民党文学）的比较研究等新课题。对于同一文学现象，因为文化语境的不同而形成了接受的差异、传播的差异和阐释的差异，暗藏了破解现当代不同的华人文化圈生存秘密的钥匙，可以拓宽固有学术思维，实现思想的交流与碰撞。通过强化民国文学研究的方法论的提炼和总结，与目前全球意义上各种华文文学研究的概念与学术方式形成有效的对话，最后能够共同推进思想的运行。该成果以“民国文学”的共同记忆提醒生命的过去，提醒所有现代华文文学都与五四白话文学的开启的万千联系，为两岸华文文学“学术共同体”的建立提供了可能。

006《诗学“活法”考索》（专著）

商务印书馆 2019.12

曾　明（西南民族大学）

成果介绍：

《诗学“活法”考索》联系创作实际，将宏观考察和微观分析有机结合，对宋代诗学“活法”说的历史演进、理论内涵、诗学实践进行了深入系统的考察，尤其是重点阐发了胡宿、苏轼、吕本中三人的不同历史地位及其作用，厘清了“活法”说的发展演变脉络。成果结构宏阔，分为上、中、下三编。其中，上编正本清源、爬罗剔抉，从名称和内涵两方面翔实考证了“活法”说的源流；中编通过大量篇幅考证，解读了苏轼作为“活法”说集大成的创作实践者如何体现出创作中的“活法”；下编对诸多材料进行梳理辨析，充分说明吕本中成为“活法”说的最终建构者。

该成果选题具有前沿性、原创性、突破性，填补了中国文学史和诗学史中关于中国文学创作动力机制理论的有关空白；成果结论力避成见，符合宋代诗歌创作和诗学发展实际，具有学术创新、考证功底与思辨能力；该成果的突出特色是资料宏富、真实全面、重点突出、考论结合。总之，成果在宋代诗学研究领域做出了开创性贡献，具有很高的学术价值。

该成果具有很大社会影响。该成果的相关部分内容先后被《文学评论》《文学遗产》《四川大学学报》等权威刊物采用发表，有 13 篇论文被《新华文摘》《中国社会科学文摘》等四大文摘转载、转摘，最终成果更被社会学界广泛认可。《光明日报》2020 年 1 月 27 日整版发布中国社科院学部委员、文学所所长刘跃进先生的肯定性评论文章；全国社科工作办网站发表了肯定性文章；另全国各大主流媒体，光明网、新华网、中国社会科学网、中国报道网、《中华读书报》等数十家媒体先后发表了专家学者的书评，对成果予以充分肯定，受到了学术界的广泛认可。目前，本论著已被国内各大图书馆、高校、科研机构，境外美国国会图书馆、哈佛大学、斯坦福大学、芝加哥大学、日本大阪大学、加拿大多伦多大学、阿尔伯塔大学等高校图书馆收藏。学术观点被百度、360 百科、搜狗百科等引用、采信。

007《当今中国文化现状与发展的符号学研究》（研究报告）

国家社科基金项目 2019.7

“当今中国文化现状与发展的符号学研究”课题组

成果介绍：

《当今中国文化现状与发展的符号学研究》紧密联系中国当下的社会语境，系统采用文化符号学的视角与方法，从多个维度深入剖析了当代世界的社会文化变迁对中国文化带来的冲击，试图从中发现中国符号表意演变的规律与趋势，进而对于符号再现经验世界、符号再现社会化与文化符号学体系的建构进行了系统的探索。该成果从考察当下文化高度符号化的原因入手，总结了文化符号运作的多种表现和深层规律，旨在建立一个理论性和实践性相结合的文化符号学理论，并将这一理论应用到当代中国的文化建设的实际课题中。成果提出了在当代中国建设文化上的人文意识，产业上的品牌意识，社会上的社群意识，伦理上的礼仪意识，生态上的环境意识，进而为中国文化重建价值和行为标准的宏大目标。由此目标出发，本成果分别从 5 个方向进行了卓有成效的探索。

一是通过对一个世纪以来各个学派及其代表人物的思想，尤其是符号学理论应用于学科融合实践的成绩的总结提升，结合对中国传统的文化符号学资源的理论整合，建立了一个具有中国特色的文化符号学理论体系，努力推进符号学成为当代文化批评的方法论。二是将宏观层面的符号经济研究、产业经济的符号化发展与具体的创意产业、文化设计研究相结合，提出了一个针对中国当下消费社会和当代文化产业的符号学体系，以期形成一种行之有效的商品产业符号学和消费社会符号学。三是结合当代中国现实，通过考察信息社会文本的体裁偏好和演示性转向，重点分析信息社会文化的意义再现、意义生产和意义动力，总结信息社会文化的意义形式，以期建构信息社会符号学，促进当下中国社会的人文精神建设。四是重新梳理和解读中国传统文化遗产，通过重建植根于传统文化土壤的伦理仪礼符号学系统，寻求人文精神的可靠生长点，以期在当代文化语境下，对化解社会危机、缓解道德沦陷、培养健全人格、构建和谐社会发挥建设性作用。五是通过对中国传统生态思想进行符号学的梳理和阐释，重新诠释人与自然的关系，构建中国特色的生态环境符号学。从生态符号学出发，透视人如何通过文化活动去建构具有主体性的意义世界，去探索中华文化是如何构建与其他文化不同的周围世界，从而实现人与自然和谐相处的。

总的来看，该成果既有理论上的探索性与创新性，又具有着眼于中国当代文化与社会现实的鲜明的实践性和应用价值，内容宏大，体系完整，成果扎实厚重，其理论和方法上的突破为符号学理论在我国的应用开辟了广阔的前景。作为其阶段成果的系列论文发表后也产生了良好的社会声誉和广泛的社会影响，有20余篇论文被人大报刊复印资料和《高等学校文科学术文摘》等刊转载，学术观点被引用上百次，论文下载量达数千次，一些重要的学术观点和代表性成果受到权威学术机构的肯定。

008《中上古蜀语考论》（专著）

中华书局 2018.1

汪启明（西南交通大学）

赵振铎（四川大学）

伍宗文（四川大学）

赵　静（西南交通大学）

成果介绍：

《中上古蜀语考论》2019年获第18届王力语言学奖唯一的一等奖。王力语言学奖是中国语言学界最权威的奖项，在学术界影响巨大，此前一等奖曾多年空缺。成果具有重大学术价值产生了巨大社会影响。

该成果全面搜集传世文献和出土文献的可靠资料，梳理已有相关论著，结合文史哲、人类学、考古学、社会学、民族学、古史传说等研究成果，深入探讨了古蜀人与相邻其他民族大杂居、小聚居的生存情况；把古蜀语分为三层，讨论了古蜀语起源、形成、发展以及它与中原语言、相邻方言、少数民族语言的接触与融合。

该成果语史互证，拓展汉语史研究新领域。通过古蜀语研究，把古蜀人与华夏族在族源上联系起来，充分肯定古蜀人在华夏族发展进程中的重要历史作用。首次从语言研究角度出发，提出古蜀文明是中华文明发祥地之一，古蜀人是华夏族团的重要成员，古蜀语是汉语的前身华夏语的源头，也是后来汉语的一支方言。

课题组研究发现，罗常培、周祖谟《汉魏晋南北朝韵部演变研究》（第一分册）和周祖谟《魏晋南北朝韵部之演变》等书中的古蜀音部分，存在资料不全、文献有误、摘字有误、前后抵牾、一字两收、失收韵段韵字等问题。成果根据作者占籍及诗文用韵，归纳出两汉蜀人作品1516个独立韵段，2086个入韵字；魏晋时期蜀人作品193个韵段，480个入韵字；隋唐五代蜀地诗歌1677首，2101个入韵字；据此总结出两汉时期蜀语28部；分析了两晋南北朝、隋唐五代蜀语音韵的若干特点；首次对中上古蜀语音系及其发展规律、特点做了总体描写。例如，按罗、周的判定，三国时期咍韵已经独立，但蜀语并未独立；幽部已经合并，而蜀语却不然。“风”字转入冬部始于汉，而蜀语中却在晋代。

扬雄《方言》载蜀语极少，可资佐证的资料缺乏，考察、分析古蜀语的词汇成为难题。成果严加甄别，首次系统搜集、整理、考释了中上古蜀语词汇，整理出蜀语词742个，列为《词表》，并分析了中上古蜀语的面貌和演变的若干特点；对一些形成、发展的语言特点做出解释。

该成果激活了很多旧材料，挖掘了很多新材料，尤其是发现了一些前人未曾指出或使用过的新材料。对“蜀左言”“无文字”，秦灭蜀后“蜀人始通中国，言语颇与华同”，蜀地“民始能秦言”等重大历史疑案，作者从传世文献、出土文献、远古传说、文献校雠学、文献辨伪学、文本阐释学、史源学7个方面，用多重证据法提出新见解。认为早在尧时，秦蜀已“通”，故而华、蜀不同言、“是时”才“言语颇与华同”的结论不成立；确定了“蜀语”一词的始见书，信而有征。

该成果指出：三星堆龙纹、金沙遗址的跪坐人像、出土玉器等表明了古蜀文明与中华文明多元一体。近两年再次得到了最新出土文物的印证：2020 年 7 月，在三星堆东北侧发现了距今 3200 年的陶盖上有“龙凤呈祥”图案，“已经非常接近中华文明国龙在成熟阶段的形象”，是“目前国内出现龙凤组合的最早文物之一”；2021 年 5 月，新出土的青铜顶尊跪姿人像和身上的龙纹，再次印证了古蜀文明与中华文明的紧密联系。

该成果产生了巨大的社会影响。先后被《中国社会科学报》《四川日报》《华西都市报》《成都商报》等整版报道，新华网、中国社会科学网、凤凰网、人民网、中新网等上百家主流学术网站报道或转载。媒体认为，古蜀文明、古蜀语的研究是揭开华夏民族神秘面纱，填补了中华原始文明断层的一项重大课题。

009《新中国经济制度变迁》（专著）

西南财经大学出版社 2019.9

李　萍（西南财经大学）
李　标（西南财经大学）
吴　垠（西南财经大学）
杨慧玲（西南财经大学）
李怡乐（西南财经大学）

成果介绍：

《新中国经济制度变迁》是“十三五”国家重点图书出版规划项目，2019 年由西南财经大学出版社出版发行，在国内外学术界产生了热烈反响。

该成果分上篇微观经济制度变迁，分别阐释了城市国有经济制度变迁、农村集体经济制度变迁、新中国非公有制经济制度变迁等；中篇中观经济制度变迁，分别阐释了城乡二元经济制度变迁、产业制度变迁、区域经济制度变迁等；下篇宏观经济发展及其调控制度变迁，分别阐释了宏观经济制度的形成及其演变、劳动就业制度变迁、收入分配制度变迁、经济开放制度变迁、宏观调控制度变迁等；最后从方法论的角度，分析了新中国经济制度变迁的变迁路径、变迁方式、演变方向等问题。

该成果坚持以马克思主义为指导，遵循马克思主义的制度分析方法，坚持马克思主义经济学的系统观、历史观和空间观三者相统一，构建了一个贯穿全书的“双向度变迁”的理论分析框架，即制度—经济制度—社会核心制度、基本经济制度与具体经济制度形成的内在向度，并嵌入生产力—生产关系（经济基础）—上层建筑形成的外在向度。尝试把握新中国 70 年来经济制度变迁的理论逻辑、实践探索与内在规律，比较全面、深入、系统地研究了新中国成立以来经济制度变迁的过程。

该成果从新的视角来研究新中国经济制度的变迁。我国学术界关于中国经济制度变迁的研究多是集中分析某一种经济制度的演化，这种方法忽略了中国经济制度改革的系统性及不同类型制度变迁的内在关联性。成果建立了一个“双向度变迁”的理论分析框架与研究主线，以长时段历史的大视野和整体关联的大视角，全景透视新中国经济体制的过去、现在和未来，系统、全面、深刻地探讨新中国 70 年来经济制度的演变轨迹及其规律。

该成果探索了新的研究方法。在已有的相关研究中，大多数是用单一方法运用于分析新中国经济制度的变迁。而成果在研究中将理论分析、实践总结与实证检验融合并用的方法论。在分析新中国成立以来的经济制度变迁时，坚持遵循马克思主义经济学方法论，综合运用了系统观和历史观，把历史方法、逻辑方法与一般原理运用及技术工具分析相结合，同时还使用经济统计、典型案例、比较分析和经验总结方法等，使全书的理论分析更为清晰、更为具体、更符合实际。

该成果在学术界产生了很好反响。2020 年，成果获得刘诗白经济学奖。《经济学家》《中国社会科学报》等报刊发表了书评，给予高度评价。成果的阶段性成果以论文的形式，先后在《学术月刊》《马克思主义与现实》《中国人口资源与环境》《政治经济学评论》《当代经济研究》《教学与研究》《社会科学研究》《财经科学》等杂志发表，获得学术界的高度认可。

010《森林碳汇扶贫：理论、实证与政策》（专著）

社会科学文献出版社 2019.12

曾维忠（四川农业大学）

杨　帆（四川大学）

杨　浩（四川农业大学）

程荣竺（浙江大学）

龚荣发（成都市温江区公平街道办事处）

成果介绍：

森林碳汇研究是全球气候变化研究的重要课题，一直是国内外多学科研究的热点。《森林碳汇扶贫：理论、实证与政策》是在以“优秀”等级结项的国家社科基金项目成果基础上形成的专著，由社会科学文献出版社出版，入选“十三五”国家重点出版规划项目“中国减贫研究书系”专题研究。

该成果立足于实现应对全球气候变化与反贫困双赢的战略高度，系统阐明了森林碳汇扶贫的基本内涵、构成要素、动力机制和本质特征，剖析了森林碳汇项目开发对区域和个体减贫的作用机理，厘清了森林碳汇扶贫利益相关者及其基本利益诉求，解析了精准视角下森林碳汇扶贫的理论导向与实践逻辑，搭建了森林碳汇扶贫的理论分析框架，实证研究了项目社区农户持续参与意愿、行为选择与参与障碍，精英带动与精英俘获，社区功能与精英组织，民族传统习俗与商业文化适应性，农户扶贫效应感知及其影响因素，构建了森林碳汇扶贫绩效评价指标体系，提出了以关注贫困人口受益和发展机会创造为核心理念的森林碳汇扶贫发展思路、政策框架及其政策建议。不仅率先提出了“贫困人口受益和发展机会创造、森林碳增汇与扶贫的权衡关系问题”是深入开展森林碳汇扶贫研究的两大基本命题，丰富和发展了森林碳汇扶贫理论，而且因地制宜地提出了“农户主体型”和“集体经济主导型”两种森林碳汇精准扶贫实践创新模式以及扶贫资源整合、贫困人口参与和扶贫绩效评估考核“三位一体”的森林碳汇扶贫机制，为加快推进应对气候变化与反贫困双赢实践提供了创新思路和科学证据。

阶段性研究成果在 *Journal of Forest Economics*、*International Forestry Review*、《中国人口·资源与环境》《资源科学》《林业科学》《农业经济问题》等 SSCI、CSSCI 收录期刊发表学术论文 23 篇，累计被引 471 次。核心内容先后在中国扶贫改革 40 周年座谈会、第三届全国生态文明建设与区域创新发展战略学术研讨会、四川省林业碳汇国际研讨会等大会发言或学术交流 10 余次。对策建议被四川省社科联《重要成果专报》刊登并获省部级以上领导肯定性批示，部分建议得到了原四川省林业厅、四川省林业和草原局、四川省科技厅、四川省扶贫和移民工作局等政府部门采用，直接服务和应用于四川省在全国率先启动实施的“森林碳汇扶贫示范工程”方案及其配套政策制定，卓有成效地为推动应对气候变化与反贫困双赢，促进森林碳汇更多更好地惠及欠发达地区的贫困人口，提供了可复制、可推广的中国案例、中国经验和中国智慧，受到了国家林业和草原局、四川省人民政府、科技部等政府网站或工作简报，以及光明网、新华网、人民网、中国绿色碳汇基金会、中国碳排放交易网、中央电视台四川频道、四川电视台、四川日报等 30 余家权威媒体的深入报道、转载和广泛宣传。

综上所述，该成果选题是经济社会发展中亟待研究和解决的重大问题，对能否充分贯彻和践行习近平总书记的“两山”理论，具有重大的理论意义、战略意义和现实价值。成果经过系统周密的调查和研究，调研区域为边远贫困山区，路途遥远，调研难度大，研究深入扎实，前瞻性、系统性、理论性、创新性和实践性突出。成果得到省部级领导的充分肯定，被省级相关部门采用，直接服务于四川省的森林碳汇扶贫实践，获得相关领域知名专家高度肯定，并发表了一系列高水平的中英文论文，在国内外学术会议进行多次交流，在国内国际产生了积极、重大影响，社会评价高，为推进森林碳汇扶贫由聚焦贫困地区的“单轮驱动”型向既有区域整体，为更加锚定贫困人口的“双轮驱动”型转型发展做出了突出贡献，取得了显著效果。无论是对实施精准扶贫战略、坚决打赢脱贫攻坚战、加快推进绿水青山变现金山银山，率先在民族地区实行资源有偿使用制度和生态补偿制度，还是当前及今后一段时期携手应对全球气候变暖、如期实现碳中和碳达峰目标等都具有重大的理论和应用价值。

011《中国流域经济与政区经济协同发展研究》（专著）

人民出版社 2019.3

刘世庆（四川省社科院）

许英明（商务部国际贸易经济合作研究院）

巨　栋（四川省社科院）

付　实（四川省社科院）

齐天乐（四川省经济和社会发展研究院）

成果介绍：

《中国流域经济与政区经济协同发展研究》是国家社科基金重大项目“我国流域经济与政区经济协同发展研究”（ZD&1201）的最终成果。流域经济是政区经济发展的自然基础，政区经济是流域经济的重要依托和发展力量。流域经济正在成为引领中国发展最重要的增长极和实现区域协调可持续发展的基本途径。流域经济与政区经济协同发展正在成为中国经济布局的基本方向，但二者协同发展面临许多挑战。成果从我国流域经济与政区经济协同发展面临的突出矛盾和关键环节出发，提出协同发展“铁三角”战略构想及相关政策建议和行动纲领。成果重点分析两者如何结合、协调、互补、互利，着重解决条块体制机制上的矛盾，着眼于每个块块的繁荣和条条整体的强大和上中下游人民的共同富裕，从而促使我国流域经济与政区经济得到协调发展。成果选题是经济社会发展中亟待研究和解决的重大问题。

成果是课题组跋山涉水、深入实际、协同实践部门合作完成的考察报告和研究成果，经过了系统周密的调查和研究。在4年多的研究工作中，课题组深入黄河、长江、珠江、西北内陆河等流域实地考察，从20世纪七八十年代断流的西北内陆河治理到全国水量分配，从黄河宁蒙河段水权试点到全国水权试点，从黄河源头青海到黄河入海口东营，从金沙江巨型水库群到长江三角洲上海，从西北到西南到东南，从黄河到长江到珠江，课题组先后赴青海、甘肃、宁夏、内蒙古、陕西、河南、山东，全程考察黄河流域；赴攀枝花、凉山、宜宾、泸州、武汉、南京、上海，考察长江流域和金沙江巨型水库群；赴广州、惠州、河源，考察南方丰水区域的水资源配置现状及其规律。多次到水利部、黄河水利委员会、长江水利委员会、珠江水利委员会、黑河流域管理局、石羊河流域管理局、各地水利厅局以及南水北调办公室等座谈请教水利管理部门和水科学专家，探讨我国流域经济与政区经济协同发展的经验教训，探寻流域经济发展的基本规律、中国特色和制度探索。

该成果的学术价值主要体现在从流域开发、区域发展、生态建设相结合的角度研究问题，丰富了流域经济学、区域经济学、产业经济学等学科研究。第一，注重与国家主管部门和流域委员会的结合，突破了长期的传统研究方法，大大提高了理论的准确性和完整性，是多学科多部门的合作结晶。第二，创新性地提出我国流域经济与政区经济协同发展“铁三角”战略构想及体制创新和政策改进方向。成果提出了优化要素配置提升要素效率，创新体制机制提升治理效率，推进民生发展提升人民福祉，实现流域经济和谐、合作、公平、共享可持续发展等观点和建议。

该成果的应用价值在于鲜明的问题导向性，成果对突出的重大挑战进行深入的多视角的考察和研究。针对不可回避的南水北调重大问题，课题组在考察黄河水情及宁蒙河段水权试点后，特别赴山东考察南水北调东线通水后的效果和影响，赴河南考察南水北调中线通水后的效果和影响，提出了保护长江源头停止西线工程、推进南水北调西线与小江调水、中线二期、跨流域水权交易等多方案比选的政策建议。这些建议多次得到李克强总理等中央领导、中央相关部委和省委省政府的肯定、批示和采纳。同时，成果及相关论述、观点在10余篇CSSCI和核心期刊论文发表。

该成果具有重大的理论与应用价值，对于推动改革开放和现代化建设具有显著效果，社会评价高，在国内外产生了重大影响。

012《农村土地产权制度改革与农民生产行为优化研究》（专著）

科学出版社 2019.10

杜　伟（成都师范学院）

黄　敏（四川师范大学）

曾令秋（四川师范大学）

郑　涛（四川师范大学）

汪　瑞（四川师范大学）

成果介绍：

《农村土地产权制度改革与农民生产行为优化研究》是国家社科基金项目“免于鉴定”的结题成果。成果着眼国家乡村振兴和农业农村优先发展重大战略安排，以农村土地产权制度改革为重心，聚焦“农村土地产权制度改革与农民生产行为激励与优化”这一具有重大理论价值与现实意义的研究主题，鲜明体现了“扎根中国大地做学问”的踏实学风和服务农业农村改革发展重大战略需求的研究取向。成果坚持理论研究与应用研究并重，深入剖析了农村土地产权制度改革对农民生产行为的激励约束机制，深刻揭示了农村土地产权制度安排与农民生产行为的内生关系，系统分析了农村土地产权制度改革与农民生产行为优化的具体路径。成果的理论创新进一步丰富和发展了“三农”问题的基础理论，产生了广泛的学术影响；成果研究过程中所形成的具有现实针对性和实践应用性的对策建议得到了中央和四川省委领导的肯定性批示，并在实践中得以采纳和应用，产生了重大的社会影响。

该成果选题具有重大的理论价值和现实意义。农村土地资源优化利用和农民生产行为激励与优化问题是当前治国理政的难点和重点。成果紧紧抓住农村土地产权制度改革这一“三农问题”的“牛鼻子”，针对以家庭联产承包责任制为核心的农村土地制度改革红利逐渐衰竭，农业生产力的进一步释放再次面临制度束缚的现实问题，系统研究了农村土地产权制度改革与农民生产行为优化系列理论与实践问题，为有效破解“三农”问题和深入实施乡村振兴战略提供了坚实的理论支撑和有针对性的政策建言，具有鲜明的问题意识。

该成果代表着本领域学术研究的前沿水平，在多个方面都做出了创新性贡献。在研究模式上，成果遵循“研究内容与一线需求精准对接、规范研究与实证分析深度融合、课题研究与实践应用一体衔接”的研究策略，使得成果的研究结论逻辑自洽，论证有力；政策建言富有现实针对性和很强的可操作性。在研究内容上，成果兼顾历史，关照现实，注重长远。成果分析了我国不同历史时期农村土地产权制度的演进过程，以及经由此种宏观制度变迁而引起的农民生产行为的微观调整，深刻揭示了农村土地产权安排与农民生产行为调整间的内生关系；基于农村产权制度的激励约束功能、资源配置功能、要素流动交易功能构建了农村土地产权制度功能的评价指标体系，并对我国当前农村土地产权制度改革进行了绩效评价；着眼乡村振兴和“三农问题”治理，提出了提升农民集体土地权益、构建农村土地资源价值核算体系、加大农地改革的金融支持、强化三权分置的要素激励等系统改革建议；设计了以农村土地产权制度改革为抓手，统筹推进乡村振兴战略、农业供给侧结构性改革、农民合作组织创新、乡村人才振兴的改革路径。成果的多处理论创新和实证分析拓展了农村土地问题研究视野，丰富了农村土地产权理论、农民权益保障理论。在评估方法上，成果综合运用归纳对比、内生性计量模型、统计模型修正原理，以及以功能价值补偿为前提的农地价值评估技术标准，通过大跨度交叉学科领域多种研究方法的运用，开创了对农村土地集约利用进行跨学科研究的新思路、新方法。

该成果产生了重大的社会影响，获得高度的社会认可，在服务政策研究和社会经济发展方面均发挥了积极作用。阶段性成果在《中国农村研究》《农村经济》《经济体制改革》等权威刊物公开发表，引用率高，学术影响广泛。相关对策建议和研究报告曾获得时任中共中央政治局常委、全国政协主席汪洋和四川省委书记王东明的批示，并被多部门采纳和应用。研究的政策转化成果在成都、泸州、乐山、巴中等多市农村一线得以推广实践，产生了显著的社会效益。

013《关于加快成德眉资同城化的研究》（研究报告）

省部级及以上领导签批或采用 2019.9

成都市政协

成果介绍：

《关于加快成德眉资同城化的调研报告》在深入开展理论研究和实践调研的基础上，认真研判四川省委“一干多支”战略实施路径，聚焦成德眉资同城化发展中“交通基础设施互联互通”“产业协作共兴”和“公共服务对接共享”等区域协同和跨区治理研究主题，提出了成德眉资同城化治理体系架构，为落实成渝地区双城经济圈国家战略做了理论储备、下了先手棋。

该成果选题意义重大、站位高远。成德眉资同城化路径抉择是事关国家战略中亟待研究和解决的重大课题。加快建设现代化成都都市圈是实施省委“一干多支”发展战略的现实支撑。将主干从成都扩展升级为成德眉资四市同城化发展是落实成渝地区双城经济圈国家战略的重大战略举措，是提升成渝城市群发展能级的关键路径。

该成果调研系统周密、理论和实践价值重大。课题组力量雄厚、调研深入，坚持问题导向、目标导向、战略导向，针对成德眉资同城化工作中亟待解决的协同发展、跨区治理、路径选择等重大问题，从理论逻辑、历史逻辑、实践逻辑，因地制宜地借鉴国内外经验，展开成德眉资同城化发展体系构架研究，提出一系列创新性措施：①按照“强链条、育集群、建体系”的产业跨区协作的战略考量，以系列产业协同发展政策，助推四市共建产业生态圈；②加快布局协同创新体系，高质量推进西部（成都）科学城建设，充分发挥科技极核的辐射带动作用；③加快推动要素市场一体化建设，深化金融合作，推进金融机构、中介机构在德眉资实现分支机构全覆盖；④以四市一盘棋理念，聚焦都市圈国土空间保护、开发、利用的统筹与协调，以都市圈空间发展总体蓝图，统筹指导四市市级国土空间总体规划；⑤推进四市教育、医疗等公共资源共建共享，加快提升成德眉资基本公共服务均等化、普惠化水平；⑥推动四市水污染、大气污染、土壤污染防治及联防联控，建立四市环境信息资源共享平台，建立四市水源地联合保护机制、应急联动机制、跨界污染项目审批沟通合作机制、环保科研合作机制等有效措施，推动四市生态环境持续好转，不断增强人民群众的获得感、幸福感、安全感；⑦推动“轨道上的成德眉资”建设，加快推进铁路公交化运营的体系和机制建设，大力提升跨市域公路、公交运输能力水平。以上建议得到省委主要领导高度重视，要求有关部门充分采纳意见，务求有实质性改革突破成德眉资同城化工作。调研成果具有前瞻性、系统性和针对性，具有重要的政府决策参考价值和实践指导价值。

该成果转化效果显著、应用价值大。调研成果的实践效果得到充分印证，“四川省推进成德眉资同城化发展领导小组办公室”等九家单位出具了调研成果转化证明，证明了成果在推动成德眉资协同发展和跨区治理等方面取得显著效果：①推动了成德眉资同城化发展的顶层设计，在四川省委省政府联合印发《关于推动成德眉资同城化的指导意见》等系列文件中予以采纳应用，由此迎来了四市同城化加速发展势头；②在省级层面成立了由四川省委常委、成都市委书记任组长的推进成德眉资同城化发展领导小组，统筹推进跨区协调工作，同城化发展战略落地落实有了强有力的组织保障；③公开发布的《成德眉资同城化发展暨成都都市圈建设三年行动计划（2020—2022年)》，确定了协同推进的一系列重大项目计划，多次发布成德眉资同城化发展城市机会清单，签署系列合作协议，联动推进同城化工作落地实施；④都市圈规划协同工作机制保障有力，出台了全国首个都市圈规划协同工作文件——《成都都市圈规划协同工作机制》，以《成都都市圈发展规划》为核心的“$1+1+N$”都市圈规划体系已初具雏形；⑤依托高校院所、专业智库建立同城化研究网络，在四川大学经济学院成立“同城化研究中心”，在成都市社科院设立“同城化研究所”，为提升成德眉资同城化发展战略研究能力提供智力支撑；⑥四市数据监测机制成效明显，开启了成德眉资同城化可量化的新阶段。

该成果社会评价高、影响广泛。课题组的调研过程及成果发布引起学术界、社会公众、省内外媒体广泛关注，新华社、人民政协网、中国政协网、学习强国平台等数十家媒体进行报道，政协委员、市民群众广泛参与建言献策，成果产生重大影响，社会评价高。成德眉资同城化的生动实践也吸引了专家学者广泛关注，以成德眉资同城化发展为主题的学术理论成果不断涌现，与成德眉资同城化实践形成了互动促进的关系。

014《灾害社会风险治理系统工程》（专著）

科学出版社 2019.12

徐玖平（四川大学）

鲁　力（四川大学）

李宗敏（四川大学）

徐　吨（四川大学）

卢　毅（四川大学）

成果介绍：

《灾害社会风险治理系统工程》是国家社科基金重大招标项目“汶川大地震灾后‘经济—社会—生态’统筹恢复重建研究”“重特大灾害社会风险演化机理及应对决策研究”的后续研究成果，历时5年，也是教育部后期资助重大项目最终成果。选题立足国家安全重大需求，建立了灾害社会风险治理系统理论，开辟了国家安全治理研究新领域，对推进国家治理体系和治理能力现代化有重大意义。面向灾害频发突发、社会风险凸显的重大现实问题，以马克思唯物主义史观和总体国家安全观为指导，创新性地提出了唯物灾害观，深刻剖析了灾害的自然和社会属性。通过田野调查和文献计量分析，归纳“冲突、失序、失稳”的风险典型形态，发现“弱均衡、次协调、亚稳定”的风险转化必经路径，揭示了“一生成、三状态、一演化”的风险演进机理，构筑了防范化解风险的“辨识—分析—度量—应对—监控”集成方法，创立了灾害社会风险治理系统理论，开辟了社会治理领域国家安全学术研究新领域，对推进国家治理体系和治理能力现代化具有重大理论创新。

研究融合多学科理论与方法，探明了“社会冲突激化、社会秩序破坏、社会稳定失衡”风险全过程演化机理，构建了灾害社会风险应对决策体系，对国家安全学学科建设有重大价值。提出“灾害社会风险是一个集冲突、失序、失稳于一体的开放复杂系统，其治理是一项集应对、处置、管控于一体的复杂系统工程”的重要观点。融合管理学、灾害学、社会学、传播学和系统科学等理论与方法，深入探明风险演化机理，系统治理灾害社会风险。

业内专家对成果给予高度评价；直接关联成果发表于灾害领域权威期刊，产生了广泛国际影响。中国工程院院士范维澄教授在科学网撰文评价：这是新时代应急管理创新发展的重要理论成果，对提高我国灾害社会风险治理的科学化、系统化水平具有重要理论意义和实践价值。国际减灾学委员会专家组长王昂生研究员在求是网撰文评价：奠定灾害社会风险治理的理论根基，确立灾害社会风险治理的指导蓝图，炼成灾害社会风险治理的操作手册。在国际权威期刊 *Journal of Affective Disorders*，*Psychiatry Research* 等发表 27 篇高水平论文。提出的唯物灾害观，被德黑兰大学 Rad 教授等一批国际学术同仁高度认可。认为“将自然灾害的概念拓展为一种自然和社会交互演化的过程，丰富并突破了传统的灾害风险概念”，确立了灾害风险研究新的逻辑起点，开拓学科疆域，引领学术前沿，国际影响广泛。

面对疫情防控的紧迫需求，成果助力国家决策。基于成果的决策咨询报告《关于对新型冠状病毒肺炎疫情系统性防控的建议》，党和国家领导人给予重要批示；《以疫情为警示加强学生生命教育》，获党和国家领导人肯定性批示。两份建议被国务院联防联控机制、教育部等采纳引用，为《关于依法科学精准做好新冠肺炎疫情防控工作的通知》《关于做好 2020 年春季学期中小学教育教学工作的通知》等 11 份政策文件制定提供了重要参考。

015《健全城乡融合发展的要素平等交换体制机制研究》（专著）

科学出版社 2019.12

张克俊（四川省社科院）

高　杰（四川省社科院）

徐承红（西南财经大学）

廖祖君（四川省社科院）

虞　洪（四川省社科院）

成果介绍：

《健全城乡融合发展的要素平等交换体制机制研究》是国家社科基金重大项目“健全城乡发展一体化的要素平等交换体制机制研究”（项目编号：14ZDA033）的最终研究成果。成果选题是国家经济、政治、文化、社会发展中亟待研究和解决的重大问题。

该成果以马克思主义城乡关系理论为指导，对我国城乡关系发展的阶段特征进行了系统梳理，总结了我国城乡关系演进的历史逻辑和内在规律，立足我国经济发展进入新时代这一宏观背景，深度剖析了从城乡发展一体化到城乡融合发展的必然要求及演进规律，阐述了新时代在城乡融合发展过程中推进要素平等交换的重要作用。在描述我国城乡要素交换关系演变轨迹和规律并对城乡要素交换体制机制改革的最新进展进行总结的基础上，分析了实施乡村振兴战略对推进城乡要素平等交换的新需求，构建了以“权利—市场—分配”三维协同为核心的城乡要素平等交换体制机制框架。在这个框架下，分别重点研究了城乡要素权利对等和保护机制、城乡统一的要素市场体系建设、城乡要素平等交换的收益分配机制问题，阐述了市场和政府的职能边界及相互关系，建立了我国城乡要素平等交换市场与政府协同机制模型，提出了城乡要素自由流动和平等交换的支撑保障体系。通观该成果的结构和内容，涵盖了土地、劳动力、资本、科技四类关键要素的横向维度和要素交换的权利、市场、收益三个纵向维度，对我国城乡要素交换问题进行了多层次、全维度的系统研究，形成了目前对城乡要素交换关系研究中较为全面与系统的成果，具有理论研究与实践应用相结合、历史分析与现实问题相结合、全面研究与突出重点相结合、归纳总结与理论提升相结合的突出特点。

该成果的重要创新和突出贡献在于：第一，从新的视角对城乡二元结构、城乡发展一体化和城乡融合发展的内涵进行了阐述。认为从统筹城乡发展、推进城乡发展一体化到推进城乡融合发展，是对统筹城乡发展战略的继承和升华。第二，深入阐释了城乡要素平等交换的科学内涵、基本特征及其与城乡要素自由流动的内在关系。认为城乡要素平等交换的实质是要素在城市和农村都能够获得大体相同的收益；城乡要素自由流动是实现城乡要素平等交换的基础和前提，而城乡要素交换关系的状况又对城乡要素自由流动具有重要影响；城乡要素平等交换具有阶段性、动态性、整体性和联动性等基本特征。第三，从国家发展的大背景出发，归纳总结了我国城乡要素交换关系演变的趋势和规律。认为我国城乡要素交换总的趋势是由不平等交换向平等交换演变，呈现出倒“U”字形特征。随着我国工业化进入中后期阶段，城乡要素交换关系将发生重大变化，正进入由不平等交换向平等交换转变、平等交换程度上升的新阶段，新型城乡要素交换关系将逐步形成。第四，提出了新时代“城市的资本、人才、技术等要素流向农村也要实现平等交换”“赋予城市要素进入乡村的平等权利”等新见解，这对于更好促进要素向农村流动、推动乡村振兴具有十分重要的现实意义。第五，提出了推进城乡要素平等交换的“权利—市场—分配”三维协同理论和框架，是城乡关系理论领域的重要创新和理论拓展。第六，着眼于城乡融合发展和乡村全面振兴目标，把市场和政府的协同与城乡要素交换分析相融合，前瞻性地提出了构建城乡要素平等交换体制机制需转变的思路方向和需突破的重点、难点，为破解我国城乡发展实践的重大难题提供了理论指导。

该成果围绕研究主题取得了丰富的科研成果，在全国 CSSCI 期刊公开发表 30 余篇论文，《新华文摘》转载 1 篇、人大复印资料转载 2 篇，产生了较强的学术影响力，并培养了人才队伍。提出的 9 篇对策建议得到了中央政治局委员、省委省政府领导的肯定性批示，为实现我国城乡融合发展、推动四川经济高质量发展做出了决策咨询贡献。

016《国家信用体系建设与信用大数据应用研究》（研究报告）

国家社科基金重大项目 2019.1

寇　纲（西南财经大学）

李友元（西南财经大学）

陈星潼（西南财经大学）

熊　健（西南财经大学）

徐　敏（西南财经大学）

成果介绍：

《国家信用体系建设与信用大数据应用研究》具有重大的理论意义和实际意义。国家信用体系是社会主义市场经济体制和社会治理体制的重要组成部分。加快国家信用体系建设是完善社会主义市场经济体制、加强和创新社会治理的重要手段，对增强社会成员诚信意识、营造优良信用环境、提升国家整体竞争力、促进社会发展与文明进步具有重要意义。党中央、国务院高度重视国家信用体系建设，出台了推进信用体系建设的系列文件和标准。

该成果在中国特色信用理论和信用关键技术开展了重要的原创性研究工作，从理论到技术开发再到场景运用（三位一体），取得了一系列创新性成果与贡献。成果系统性地总结了具有中国特色的信用理论制度框架，为更好地阐释国家信用体系建设的科学内涵提供了重要理论支撑；探索研究了适合中国国情的国家信用制度建设模式与实现机制，为中国社会信用体系建设提供了可能的方向和路径选择，有利于加强和创新社会治理，更好地推动经济和社会高质量发展；该项目在信用关键技术开展了一系列原创性研究工作，系统分析了统计与优化技术、大数据和区块链技术、人工智能与机器学习模型以及信用评级技术等信用关键技术，为信用管理和金融风险识别提供数据理论、模型与方法支撑；该项目深入研究了信用关键技术在共享经济、普惠金融、互联网金融、区域系统性金融风险监测、社交网络等领域的应用，为信用大数据研究和产业发展提供了可借鉴、可推广的经验。

该成果是国家社科基金重大项目结题成果，在学术创新、技术开发、智库建设和实际应用中取得了重要成果，产生了积极的国际国内影响。

首先，课题组对信用关键技术开展了系列原创性研究，并在相关领域国际重要科技期刊发表多篇论文，受到多位国际学术权威专家的赞誉和引用，阶段性研究成果入选 ESI 高被引论文，项目负责人多次入选国际高被引学者榜单。成果建立了一个社交网络群体中存在两个目标观点完全对立的舆论领袖子群体的引导力模型，为构建用户信用评估模型提供了基础。提出了基于异构信息的群体决策方法，提出了专家评估的共识方法，可以有效处理异构信息，为信用风险评估奠定了基础。提出了基于群体 AHP 和改进 TOPSIS 方法，应用于我国城市商业银行信用风险分析中，为信用风险评价分析提供了强有力的技术支持。

其次，课题组立足四川，围绕地方存在实际问题，形成系列智库报告成果，得到相关领导和政府部门的广泛关注和批示采纳。智库报告《关于建立社会征信系统打造信用社会的建议》先后得到李克强、韩正和刘鹤等时任国家领导人的批示；《构建大数据信用体系，助推成都自贸区发展的建议》《重构金融信用环境，助力区块链破虚向实》《完善信用机制，防范我省互联网金融风险》《成都市社会信用体系建设调研报告》《借助局推进成都农村精准扶贫工作》等获全国人大常委会副委员长、时任四川省委书记王东明，福建省委书记、时任四川省省长尹力，以及柯尊平、黄新初、李云泽、陈文华等省领导批示。项目负责人作为大数据与金融信用领域内的著名学者，在福建省委书记、时任四川省省长尹力主持召开的省政府常务会议上，给全体省政府领导讲解了大数据环境下社会信用体系建设的背景、现状、主要问题和对四川的启示与建议等有关内容。相关研究成果被四川省经信厅、省金融局和成都市采纳并转化为政策。

017《新中国“三农”十大理论问题研究：70 年发展与变迁》（专著）

社会科学文献出版社 2019.12

蒋永穆（四川大学）

王　瑞（四川大学）

豆小磊（四川大学）

邓有根（四川大学）

刘润秋（四川大学）

成果介绍：

《新中国“三农”十大理论问题研究：70 年发展与变迁》是教育部人文社科研究项目的最终成果。成果深度聚焦新中国“三农”理论问题研究的历史演变，对新中国成立 70 年来“三农”领域争鸣较为热烈的十大理论问题进行了深入探讨。

农业、农村、农民问题是关系国计民生的根本性问题。该成果试图破解四大研究难题，具有四大特点：一是时间跨度长，研究横跨 70 年，涵盖了站起来、富起来、强起来三个阶段，力图全面反映 70 年“三农”研究全貌；二是整理难度大，查阅了 2000 余位学者的研究成果，广泛搜集了 2800 余条相关研究文献，力图全面考察学术界对“三农”问题的多重认识；三是史论结合，系统提炼了不同时期不同学者对同一主题的多维阐释，力图凸显具有影响力的鲜明见解；四是以史鉴今，在深刻把握 70 年研究整体特点的基础上，力图预判新时代“三农”研究的全新方向，深化对“三农”问题的研究。

该成果对农村基础地位、农村基本经营制度、农村经济体制改革、农村土地制度、农村金融制度、农民教育、农村贫困与反贫困、农村文化、乡村治理、城乡关系十大问题进行了深入探讨。课题组先后在《光明日报》《社会科学战线》《红旗文稿》等发表了系列研究论文，部分研究成果纳入中央马工程重点教材和相关政治经济学教材，部分建议报告获省部级及以上领导批示，有较好的实践应用价值和学术价值。

该成果对新中国“三农”十大理论问题的学术研究现状进行了梳理，较为全面地总结了国内学术界关于“三农”问题研究的主要成果和代表性观点，资料翔实，内容全面，为相关学者进一步拓展“三农”问题研究提供了借鉴和参考。成果研究工作难度较大、分量扎实，对新时代“三农”问题研究方向进行了分析，提出了具有较大影响的观点见解，具有较高的学术价值和应用价值，是对新中国成立来“三农”理论研究的梳理和总结，对学科建设有重要贡献，对深化新时代“三农”问题研究具有较重要的指导意义和实践价值。

018《实证研究：中国法学的范式转型》（专著）

法律出版社 2019.7

左卫民（四川大学）

成果介绍：

《实证研究：中国法学的范式转型》以实证研究理论问题为基础，结合刑事诉讼中的实证研究运用予以拓展，既能大力推动实证研究方法的发展，又能为我国刑事诉讼研究方法的转型树立标杆，具有重大学术和实践意义。实证研究方法在21世纪初期在法学领域兴起以来，大量研究成果涌现，但其中不乏对实证研究的误读、滥用，理论学界始终缺乏一本权威性著作能够为实证研究正名，提供一套完整、专业的知识体系。而刑事诉讼实证研究多以某零散问题作为切入点，缺乏体系性实证研究成果。该成果从法律实证研究的兴起、发展到实证研究方法的不同运用，还针对刑事诉讼、司法制度领域的诸多改革疑难问题提供了实证研究的选择，系第一本真正意义上的实证研究理论专著，更是刑事诉讼领域实证研究的奠基之作。因此，该成果从选题上充分契合了当代法学领域研究的迫切需求，为后续实证研究指明了正确的方向。

该成果作为法律实证研究领域的开拓之作，内容具有全面性、前瞻性，具有极高的学术价值。第一，系统性地厘清法律实证研究的源起、发展趋势、具体运用，旁征博引，指引出对法律实证研究的准确理解。第二，深入对现有研究范式进行批判性反思，并对比实证研究具有的规模性、科学性、技术中立性等独特价值，从而提出对现有知识体系、研究方法的范式转型。第三，紧密贴合大数据时代的最新需求和发展趋势，针对大数据法律研究中存在的基本问题提出了具有创新性、前沿性的观点，对未来大数据法律研究指明了方向。

该成果不仅针对实证研究这一方法作出了全方位的阐释，更引用大量数据对刑事诉讼领域的核心理论、实务问题进行实证研究，提出诸多理论创新点，为刑事诉讼学科建设作出了突出贡献，为进一步深化刑事诉讼司法改革提供重要参考，代表了我省刑事诉讼领域的最高学术水平。第一，纠正了刑事诉讼现有研究的不少错误解读。比如，量刑程序改革研究方面，发现量刑程序改革存在明显误区，不应继续着眼在程序法问题，而是应当注重量刑不均衡和量刑僵化。针对审判委员会运行状况的实证研究中披露出现有研究对于委员会人员构成、讨论程序等均存在不当理解。第二，扎根于我国刑事诉讼的“本土属性”，提出符合“本土逻辑”的改革理论革新，并提出应当遵循实践理性，逐步打造具有民族主体性、本土模式的司法体系。比如，该项目成果极具创新性地针对我国法院院长角色展开了实证研究，经研究后发现我国法院院长的角色体系及其形成原因均具有本土特色，应当结合实际以充分发挥院长在司法改革中的独特作用。第三，涵盖了司法改革中的重要内容，比如地方法院法官任用改革、庭审实质化改革、基层法院财政制度改革、审判委员会制度改革等，通过对上述不同制度改革内容的深入探讨，从整体上运用数据结合理论分析探究中国司法制度的真实面相，把握其运行的特征，提出具有可操作性、务实的改革方案，为早日实现改革目标提供了重要的参考方案。

019《非法集资刑法应对的理论与实践研究》（专著）

法律出版社 2019.12

胡启忠（西南财经大学）

石　奎（西南民族大学）

曹兴华（北京中医药大学）

李秀沛（成都市监察委员会）

李　磊（成都农商银行运营管理部）

成果介绍：

《非法集资刑法应对的理论与实践研究》是国家社科基金项目课题“非法集资刑法应对的理论与实践研究”的研究成果，由法律出版社出版。

该成果坚持问题导向，针对非法集资刑法应对中的理论与实践问题进行了全面、系统研究，具有非常突出的贡献。其一，在理论上提出了“价值差序优势规则”“形式合理性”等重要基本理论，回应了社会对于非法集资刑事立法的正义性质疑和刑事司法的合理性质疑。在刑法理论上具有较大的理论创新意义和价值。其二，在实践上提出了若干具有实操性的重要创新见解，主要有：①提出了非法集资识别的“三性论”（现行主流是“四性论”），有利于解决非法集资识别难问题。②为非法集资刑法规制确定了科学的实践标准和准则，构建了涉非法集资案罪否区分的基本标准（即一次法“违法性”标准）和具体的“四步流程法”以及与“四步流程法”匹配的民刑合审模式，有利于克服司法中的误区和弊端。③对于个罪司法中的若干细节性或者深层次的疑难问题，提出了新的解决办法。④对于实践中的重点非法集资犯罪的重点和疑难问题提出了新的解决方案（如对于集资诈骗罪“非法占有目的”认定提出“双向推定”法，对于非法吸收公众存款罪适用提出两条新的控制路径）。其三，在刑法立法上提出了非法集资刑法修改完善意见，有利于推动打击非法集资犯罪的法律制度建设。

该成果紧密结合实际，尤其是四川实际，受到四川司法实务界的高度重视。成果出版后不久就对四川处理非法集资案件产生了积极影响，四川省高级人民法院常务副院长、全省刑事案件的主要领导白宗钊专门发表《审理非法集资犯罪案件的好参谋——〈非法集资刑法应对的理论与实践研究〉评介》的书评，认为成果“对于解决司法中的许多问题具有参考价值”，是“审理非法集资犯罪案件的好参谋”。相关实际工作部门也高度和肯定本项成果的实践价值，如绵阳市中级人民法院、攀枝花市公安局等实务部门均出具证明确认在法律实践中采纳了成果相关的研究成果。

该成果出版后引起了法学学术界的高度关注并给予高度评价。原最高人民法院死刑复核法官、最高人民法院司改办指导处负责人，现中央财经大学法学院刑法学科带头人、博士生导师李邦友教授在“刑事法前沿推介”公众号所发推文《为非法集资刑事司法提供可靠的适用理论和具体方案》认为，“相较于以往学术界对非法集资刑法应对问题的研究，成果是目前为止关注的问题面更宽、关注的问题点更多、理论高度与实践深度结合度更好的研究成果，不仅对于司法实践具有更高的参考价值，更体现了对非法集资刑法应对问题研究的理论增量”。

020《新疆深入推进“去极端化”工作实证调查及其法制化研究》（研究报告）

国家社科基金项目 2019.11

张立哲（中共四川省委党校）

成果介绍：

《新疆深入推进“去极端化”工作实证调查及其法制化研究》是国家社科基金重点项目结题成果，具有较高的学术价值和重大应用价值。

该成果在决策咨询领域具有重大影响力和决策咨询效力。成果的主体内容作为咨询报告的核心提交给中央及省部级机构，共提交调研报告 21 份，其中 6 份报告获得省部级以上领导批示，《网曝某地用千万扶贫资金翻新 34 座清真寺——专家认为应警惕“扶贫”异化为“扶教”现象》刊登于《人民日报内参》，获得党和国家最高领导人批示；《新疆籍外出务工者“背景审查”制度待完善》《借地震灾害发展信众现象值得关注》刊登于《人民日报内参》，获得中央政治局常委批示；《尽快制订极端主义服饰认定标准——以提升处置水平确保“去极端化”工作成效》刊登于《人民日报内参》，获得中央政治局委员批示。这些调研报告与咨询对策建议直接作为中央及省部级领导决策的参考，对新疆开展“去极端化”工作的制度建设与基层社会治理产生了重要的社会效应。

该成果实证化程度高，服务国家重大战略需求，提出诸多可行性对策建议。新疆地区的“去极端化”工作事关国家战略安全、边疆稳定，宗教极端主义问题与民族、宗教、政治问题叠加，复杂性、迷惑性强，如何以法治化的方式进行标本兼治，消除宗教极端氛围，铲除暴力恐怖活动滋生土壤，实现新疆社会稳定与长治久安是一个亟待解决同时需要展开深入研究的课题。课题负责人通过“援疆挂职”，参加“二十万干部下基层”项目，赴北疆、南疆的阔坦塔木村等近 10 个“重点”行政村，深度参与新疆基层政权与社区的“去极端化”工作，对新疆维吾尔自治区少数民族心理、教育、风俗、习惯等问题展开了深入细致的调查与访谈座谈，获取了大量的一手实证资料，形成了 16 万字的报告及 33 份研究成果，深入分析了滋生“宗教极端主义”的根源，总结了近年来基层开展的“去极端化”的工作经验，提出了在宗教管理、人口流动管理、个人信息、极端主义服饰、网络平台管理、留学生管理 6 个方面展开“去极端化”的一系列的具体、可操作的对策建议。

该成果具有理论深度与创新观点。成果坚持问题导向，坚持正确的政治导向，坚持马克思主义宗教观、民族观，以习近平新时代中国特色社会主义思想为指导，致力于将理论研究与党中央、政府的实际工作、重大现实问题相结合，对有关“去极端化”的基础理论问题开展了有创新性的研究。成果根据实证资料与理论研究成果对何为宗教极端主义进行了深入的剖析，不仅研究与阐释了“去极端化”工作的核心概念与基本理论，而且从制度构建层面对“去极端化”工作的开展提出了路径选择，相关观点具有启发性与创新性，例如，提出法律治理以其规范、公示、民主、协商及异质包容属性，理应成为平衡调和“去极端化”工作中政治宗教多元异向的重要维度；全面推进依法治国不仅是法治国家建设的重要战略，也应当贯穿于新疆“去极端化”系统工程，实现“去极端化工作”的科学规范；应就从经济发展与民族心理建设开展“去极端化”的制度建设，铲除“宗教极端主义”的存在土壤；精准扶贫不仅符合基本的人权理念，也是“去极端化”工作的基础工程。这些相关的理论研究与智库成果在学术界获得了高度的关注与认可。

021《跨学科综合集成的应急管理情报体系研究》（专著）

中国社会科学出版社 2019.11

姚乐野（四川大学）

袁　莉（四川大学）

胡康林（四川大学）

范　炜（四川大学）

李　明（四川省社科院）

成果介绍：

《跨学科综合集成的应急管理情报体系研究》是国家社科基金重点项目的研究成果。该成果以应急管理现代化的视野，综合运用情报学、地理学、人口学、管理学、控制论和系统科学等多学科理论和方法，对应急管理情报体系构建的基本原理、顶层设计、跨学科理论、综合集成框架构建、情报资源、技术方法、应急管理体系的运行及实证研究、应急管理情报体系的提出及发展趋势等各个方面进行了全面论述和深度解析。

该成果具有深厚的情报学背景和广泛调研的学科基础，其创新性工作和学术价值可概括为5个方面：①围绕面向突发事件快速响应的应急决策及科学管理的目标，揭示了应急管理情报体系的机理，从顶层设计了应急管理以情报保障为基础的战略体系和情报工作流程模型；②构建了应急管理情报体系的多学科理论框架，通过以情报学为基础的多学科应用研究，形成应急管理情报体系构建的系统理论和方法；③解构了应急管理情报体系的要素，包括人力情报、智力情报、实物情报和文献信息数据库的情报资源，包括保障应急管理情报体系平稳运行的标准规范、安全支撑两大支柱，包括平台系统层、功能应用层、资源数据层和技术支持四大层级的技术支撑，以及通过高效调配各情报主体、有效调整各支撑要素、产生整体协同效应的协同机制；④丰富了应急管理的理论和实践研究，也开拓了情报学在应用领域的新的疆域，丰富了情报学研究的内容；⑤通过对国内出现的若干次重大突发事件进行情报系统的模拟仿真，通过对自然灾害事件、危险化学品爆炸事件、社会安全事件等突发事件进行综合集成研讨厅模拟仿真设计，融合信息数据和知识体系、机器体系、专家体系，快速及时、准确有效地在应急管理中发挥定性定量综合集成的分析预测作用，验证了应急管理情报体系的应用价值。

该成果在研究过程中，先后在CSSCI来源期刊上发表高水平学术论文17篇，其中4篇被《人大复印报刊资料》全文转载，得到学界同行及其有关实务部门高度关注，为构建中国特色应急管理情报体系在理论和实践上提供了有效的指导和借鉴，取得了良好的重要的学术影响和社会效果。

该成果得到了国务院应急管理专家组组长、国家减灾委专家委员会副主任、国务院参事闪淳昌的好评和推荐，他撰写书评《以信息化推进应急管理体系的能力和现代化》，称成果是“积极推进我国应急管理体系和能力现代化的有益探索”“不仅从理论上为我国应急管理情报体系勾勒了整体框架，也从实践上为政府及有关部门提供了构建情报体系的具体操作建议”“是践行习近平总书记应急管理新理念，积极推进我国应急管理体系和能力现代化的有益探索”。四川大学徐玖平教授撰文《探索中国特色应急管理情报工作的现代化之路——评〈跨学科综合集成的应急管理情报体系研究〉》，认为“丰富了应急管理的理论体系，有助于推进应急管理体系朝着信息化、智能化方向发展，为我国应急管理情报工作现代化开辟了一条切实可行的路径”。该成果还被四川省消防救援总队全面采纳，认其可推进消防救援队伍全要素转型升级，优化消防救援指挥体系并攻关信息化建设瓶颈。

022《传统习俗、仪式与现代德育》（专著）

人民出版社 2019.4

郑富兴（四川师范大学）

成果介绍：

《传统习俗、仪式与现代德育》致力于探讨中华优秀传统习俗与仪式的表现形式以及教育方法的现代价值，对于如何传承中华优秀传统文化，如何借鉴传统习俗与仪式的教育方法与路径来创新现代道德教育形式具有指导意义。作者理论联系实践，既有传统习俗与仪式教育价值的理论探讨，又有结合实践的习俗与仪式典型案例分析，同时还能再从实践中提炼出现代习俗与仪式的创新形式。成果为学术专著，但同时还有相关系列文章发表在学术品质高的刊物上，两者相得益彰，产生了积极的学术影响和社会效益。

该成果具有重要的学术价值与现实意义，创新的学术观点植根于丰厚的学术文献与严密的学理论证之中，表现出了很高的学术质量和深厚的学术功底，挖掘了传统习俗与仪式的德育新价值，拓展了现代道德教育的新路径，在国内产生了积极影响。

023《网络社会风险论——媒介、技术与治理》（专著）

中国社会科学出版社 2019.9

陈华明（四川大学）

成果介绍：

《网络社会风险论——媒介、技术与治理》是随着我国互联网和社会信息化发展应运而生的新成果。该成果具有高度社会责任意识和学术问题意识，对当前网络社会发展的治理方略具有重要参考意义。成果出版以来产生了一定的社会影响，并获得学界好评。

当前，网络走入千家万户，我国网民数量世界第一，已成为网络大国。党的十八大以来，以习近平同志为核心的党中央高度重视互联网、发展互联网、治理互联网，作出了一系列重大决策、重要部署，提出一系列新思想新观点新论断。互联网治理体系变革进入关键时期，但这种变革并非风平浪静，而是存在诸多需要探索的问题，也潜藏着各种风险。该成果正是从互联网社会治理的高度开展讨论，切中了当前互联网社会治理的关键问题，为网络社会治理和风险防范提供了有价值的参考。

从创新性来看，该成果是我国首部从“风险”角度讨论网络社会治理的专著，具有时代敏锐性和学术创新性。作者敏锐地察觉到了网络社会的风险的表现与特征，并以此切入剖析，抽丝剥茧地向我们呈现了隐藏在网络社会中的诸种风险以及它们与现实生活之间的映照，体现了一位新闻传播学者敏锐的洞察力。在理论方面，该成果从媒介与技术角度出发，探讨了网络社会风险生成的原因，揭示了网络社会风险的自反性和伴随性特征，颇具洞见。从学术论证来看，该成果从风险及网络社会风险的基本含义入手，详细剖析了网络社会的特征及结构性风险，探讨了网络社会风险生成的原因、形态及诸多表现。在具体对策方面，该成果从制度建设、传播管理、技术伦理反思 3 个方面提出了具体的治理举措，并以此为提升网络社会治理能力，实现网上网下和谐共生的社会理想状态提供智力支持和有益的学术探索。

024《新时代治蜀兴川系列研究》（专著）

四川人民出版社 2018.10

中共四川省委党校（四川行政学院）“新时代治蜀兴川系列研究”课题组

成果介绍：

《新时代治蜀兴川系列研究》是紧扣习近平总书记对四川工作系列重要指示精神的专题研究成果。该成果由 76 位研究人员集体完成，约 150 万字，由四川人民出版社出版。成果名称中的“新时代治蜀兴川”是指四川在省委十一届三次全会以来，深入贯彻落实习近平总书记对四川工作系列重要指示精神，奋力推进新时代治蜀兴川再上新台阶的崭新实践。成果名称中的“系列研究”是对应习近平总书记对四川工作系列重要指示精神的 10 个方面开展的系统性、整体性理论研究。

该成果坚持忠实系列指示精神、突出整体理论阐释、明确实践跟进导向 3 个原则，聚焦习近平总书记为治蜀兴川标注的时代方位、提出的总体要求、作出的战略谋划、指明的方向路径、描绘的美好蓝图，分别从新时代治蜀兴川的历史方位、总体要求、第一要务、根本动力、开放格局、重中之重、价值取向、生态重任、法治保障、政治保证 10 个方面，围绕四川贯彻落实习近平总书记对四川工作系列重要指示精神所做出的战略安排、重大部署与实践推进开展研究。

该成果具有鲜明的理论特征。研究紧扣四川发展实践，对习近平总书记对四川工作系列重要指示精神进行了全面、严谨的诠释解读，对四川贯彻落实的决策部署和实践成就进行了及时、深入的经验总结。着力展示习近平新时代中国特色社会主义思想和习近平总书记对四川工作系列重要指示精神在巴蜀大地落地生根、开花结果的理论和实践创新，有效反映了党中央大政方针在四川不折不扣落实执行的工作局面，立体呈现了四川服务国家战略的方略谋划与整体推进。

025《城乡基本公共服务均等化的实现机制与监测体系》（研究报告）

国家社科基金重大项目 2018.11

姜晓萍（四川大学）

范逢春（四川大学）

郭金云（四川大学）

田　昭（四川大学）

蒲晓红（四川大学）

成果介绍：

《城乡基本公共服务均等化的实现机制与检测体系》是国家社科基金重大招标项目的结项成果，由 1 个总报告、12 个对策报告、68 篇论文组成。报告包括“基础理论：城乡基本公共服务均等化的研究基础与概念界定”“制度环境：城乡基本公共服务均等化的障碍与制度衔接”“政策创新：农村转入人口享有城乡基本公共服务的实现机制与政策创新”“保障机制：城乡基本公共服务均等化可持续性的财力保障”“质量监测：城乡基本公共服务均等化的质量监测体系”“实践案例：成渝试验区促进城乡基本公共服务的实践经验与政策扩散”等 7 个部分。

该成果聚焦城乡基本公共服务均等化的实践机制与质量监测体系，通过对城乡基本公共服务均等化基本理论体系研究和实践经验提炼，形成了“透视制度环境—解决关键问题—建立监测体系—提炼实践经验—提出对策建议”的研究框架，在以下方面有创新价值的理论发现：一是在城乡基本公共服务均等化实现过程中贯彻“以人民为中心”的发展思想，能够促进工具理性与价值理论的有机衔接；二是“城乡平权”防范城市化进程中农民社会福利权的流失，能够保障农民平等参与现代化进程；三是处理好城乡基本公共服务供给中的“量力而行”与“尽力而为”的关系，这直接影响城乡基本公共服务供给的承载力；四是从“质量”的视角构建价值导向的监测指标体系，及时诊断城乡基本公共服务均等化进程中存在的差异与问题。

该成果在对马克思主义公共服务思想系统阐释与提炼的基础上，对我国传统文化中的社会公平思想进行继承与重构，同时对西方公共服务理论做出了较为全面的反思与批判，发出了基本公共服务均等化研究的“中国声音”；从权利赋予机制、制度供给机制、财力保障机制、组织协调机制以及制度创新等方面提出了保障农业转移人口公平享有基本公共服务的政策建议，勾勒了民生政治发展的“中国道路”；在明确城乡基本公共服务均等化的质量的概念内涵、理论基础、质量逻辑和价值取向的基础上，构建了城乡基本公共服务均等化的质量评估体系，提供了公共服务质量的“中国标准”；以“典型实验案例—实践经验提炼—地方经验推广—国家制度完善”的研究路径，完成了成渝地区城乡基本公共服务均等化的实践经验的总结，提炼了走向社会公平的“中国经验”，为国家制度化推广试验区提供案例样本。

相关研究成果有创新，得到学界广泛认同。相关成果发表在《政治学研究》《人民日报》《光明日报》等权威期刊，并被《新华文摘》《人大复印资料》《高等教育文摘》、新华网、人民网等转载。参加国际国内公共行政和国家治理领域的高端学术论坛，并发表主题演讲，得到学界同行认可与好评。如清华大学公共管理学院院长薛澜教授认为：“该研究为实现城乡基本公共服务均等化提出了有效的实现路径，达到国内本方向的领先水平。”南开大学副校长朱光磊教授认为，该成果“实现了城乡基本公共服务研究的系列突破，推动了国家治理现代化场域的公共服务话语创新”。

对策研究成果有质量，得到政府部门采纳，有效发挥了以学术研究服务国家和地方重大决策的作用。部分对策报告得到国家发改委采纳，为制定《国家“十三五”推挤基本公共服务均等化规划》《国家基本公共服务标准体系指导意见》等提供了决策参考，并受国家发改委特别委托开展“基本公共服务均等化实现程度指标体系设计及具体测评”研究。4 篇对策报告得到四川省委书记、省长等批示，部分建议被四川省发改委采用纳入《四川省十三五基本公共服务均等化规划》。

026《固边图藏：清末赵尔丰川边经营》（专著）

中国社会科学出版社 2019.3

徐　君（四川大学）

成果介绍：

《固边图藏：清末赵尔丰川边经营》是国家社科基金后期资助和四川省学术和技术带头人培养资金项目成果。成果全面系统地梳理和论述了清末川边经营历史发展脉络，集中论述了赵尔丰“先威后德”方略和平康三策、“经边六事”，阐释了封疆大吏、中央王朝从“固川图藏”“固川及安藏”到“筹边援藏”，以及“固边图藏”认识与策略的转变过程、具体举措及经验得失。

该成果选题契合国家治边固边、富民兴边、稳藏安康的战略考量。长期以来，从中央到地方、从官方到民间对四川涉藏地区乃至西藏如何实现稳定和发展，在理论和实际层面都进行了积极探索并取得了成效。成果对清末川边经营的研究，对推进相关区域的稳定和发展特别是当代四川涉藏地区小康建设以及基层治理具有重要的借鉴意义。

该成果政治观点正确。专著从国家利益、社会进步的高度，有力回击了西方新清史及地缘政治学者对川边近代史的过度解读，还原了历史。成果的系统研究对当今形成的“治藏先治边”“稳藏必先安康”认识以及中央“统筹西藏及涉藏四省区协调发展”策略起到了基础性研究作用。成果定稿后，中央相关部门和西藏自治区人民政府有关部门密切关注其出版进度，希望尽快出版面世。

该成果结构严谨、论述系统全面。全书三个部分结构紧凑，逻辑严密。第一部分集中阐释了晚清西南边疆危机下的西南边防意识的形成与应对之策。通过将“川、滇、川边、藏联成一气”整体考察，论述固川、筹边、固边、保固西藏，进而稳定西南的重要性。第二部分全面论及赵尔丰川边经营思想的演变过程，特别是“经边六事”对藏区的影响。第三部分集中对清末川边经营得失进行分析，将川边经营置于晚清西南边防总体布局中考量，厘清了晚清政府将川边由川藏通道上升为援藏基地的认识变化过程，论证了晚晴川边经营对于稳固西南边防产生的积极作用。

该成果对新时代稳藏安康，一体推进四川涉藏地区经济社会发展具有重要资政价值。全书结尾特别提及清末的“川藏事同一体”“藏事及边事”“川、边、滇、藏西南互犄之势”值得高度重视，对当代“治藏先治边”、长期建藏、谋求西藏及涉藏省区的协调发展与长治久安具有重要意义。

该成果出版后，学术界给予了高度肯定。一批德高望重的历史学、民族学专家，如李绍明、胡昭曦、周伟洲、林超民给予了高度评价。认为成果“全面检讨了中国政界、学界以往对川边藏区的理解和认识”“具有很强的现实意义和学术价值，极大地丰富了学术界有关地方史、民族史研究的内容”“作者在大量的史料背后有一套思想认识，成一家之说，在方法论和理论框架上是历史学与文化人类学相结合的成功案例”“是一个思想突破，开启藏区现代化研究的成功之作”。

027《巴蜀汉族巫道文化研究》（专著）
四川民族出版社 2019.3
黄尚军（四川师范大学）
李国太（四川师范大学）
王　振（四川师范大学）
成果介绍：

《巴蜀汉族巫道文化研究》是第一部系统研究巴蜀地区民间传统信仰巫道文化的学术专著。全书围绕历史上巴蜀地区汉族民间信仰中极为盛行的巫道文化，运用多年来实地调查的一手资料和收集的清代至民国时期各种民间手抄本巫道用书，结合巴蜀地方志和前人研究成果，从“史”与“志”两个方面，对巴蜀地区汉族巫道文化的文化传统、历史演变、信仰对象、通神方式、风水文化、男女巫师的巫术和仪式活动等进行了系统深入的调查梳理和分类研究，系统、客观地反映了巴蜀地区汉族巫道文化的真实面貌。成果选题视角新颖、资料翔实、图文并茂，对认识和研究巴蜀历史上的民间信仰与民间社会生活，具有极为重要的资料价值和学术价值。

巴蜀地区汉族民间传统信仰中的巫道文化，是我国汉族传统民间信仰文化中一种古老神秘的独特文化现象，体现了巴蜀地区汉族民间传统的崇神仙敬巫鬼的独特意识形态。历史上，巴蜀地区的民间社会生活，曾长期受到这一独特意识形态的重要影响。历代“正统”文献虽对这一独特文化有所涉及，但皆语焉不详，仅留下零星文字记载。巴蜀地区汉族巫道文化虽然至今在民间仍半公开半隐秘地保存，但随着时代变迁目前已经处于消亡边缘。成果作者先后参加 120 余场丧葬道场仪式和 70 余场其他各类巫道仪式，采访 40 余位巴蜀端公、民间道士、阴阳先生、巫婆等男女巫者，收集 200 余部祭祀文书，在实地调查记录的基础上对相关文化现象进行了全面、系统的梳理和深入研究，对巫术和占卜及巫师群体、通神方式、仪式活动等分类进行阐述，对其中部分具有代表性的巫术仪式活动进行详细描述，客观呈现出巴蜀地区汉族巫道文化的丰富内涵，为认识巴蜀地区汉族巫道文化的精华和糟粕提供了重要实证材料，也为研究这一独特文化保存了重要文献资料。作者通过将田野调查和文献资料结合起来进行“二重证据法”研究，在书中图文并茂地展示了大量一手调查资料和文献资料，从历史学、民族学、社会学、宗教学、口述史等多学科视角进行综合性、会通性研究，使研究结果具有较强的可信度和说服力。

巴蜀地区的汉族巫道文化与先秦时期古蜀人的巫文化信仰有着重要渊源关系，与西南地区藏羌彝走廊区域众多世居少数民族中保存的古老巫文化信仰也有着密切渊源和相互影响关系。该成果对巴蜀地区民间巫道文化全面系统的真实呈现，对进一步认识古蜀人和巴人的信仰文化、巴蜀地区汉族民间巫道文化信仰的发展演变、巴蜀地区汉族巫道文化与藏羌彝走廊区域众多世居少数民族巫文化的关系，保存这一独特信仰文化的记录资料，具有重要学术价值。同时，该成果对了解古代巴蜀社会和近现代巴蜀民间的社会文化心理与行为，更好地认识巴蜀地区民间信仰的区情、民情，促进巴蜀地区汉族社区尤其是乡村社区的基层社会治理，具有重要资料参考价值。该成果对增进汉族和藏羌彝走廊区域各民族对中华民族共同体的共有文化认同，也可提供民间传统信仰方面的文化联系依据。

028《国防科技产业集群发展研究》（专著）
西南财经大学出版社 2019.12
边慧敏（西华大学）
许　州（西华大学）
王政书（西华大学）
苏文明（西华大学）

丁　灿（西华大学）

成果介绍：

《国防科技产业集群发展研究》是四川省社科规划重大项目的研究成果，先后被列入了四川省重点出版专项补助资金项目、四川省重点图书出版规划项目资助，由西南财经大学出版社出版。

该成果主要内容包括：国防科技产业集群发展的理论分析，国外国防科技产业集群发展情况，我国国防科技产业集群发展的现状及问题，国防科技产业集群发展的动力机制、路径、要素保障，电子信息产业集群发展研究，核产业集群发展研究，兵器产业集群发展研究，船舶产业集群发展研究，航空产业集群发展研究。

该成果面向一体化国家战略体系和能力建设需求，研究如何有效推动国防科技创新要素、资本要素、人力资源要素、平台要素与现代产业发展的有效集聚和整合，提高全要素生产力，推动国防科技创新转化为现代产业发展能力。针对国防科技产业转型难的问题，提出要强化“使命导向型创新”与产业融合机制创新，因地制宜地探索“智带型”模式，政产研金协同建设国防科技产业公地，着力推动研发制造一体化发展，从而解决国防科技成果转化难题，形成国防科技产业集群建设的理论与方法体系。四川省社科联名誉主席、著名经济学家刘诗白教授在成果的序言中认为“该成果的出版有助于进一步深化我们对国防科技产业集群的认识，对于加快新时期我国国防科技产业集群建设具有重要的理论价值和现实意义”。

该成果的阶段性成果在四川国防科技产业集群进行了推广应用，有力破解了四川航空航天产业集群的发展难题，较好地影响推动了四川国防科技创新体系建设，对四川国防科技产业转化工作产生了重要影响，取得了显著的政治、经济和社会效益。“破解低空空域开放难题 推动四川万亿级通航产业发展”等政策建议获得国务院副总理马凯等国家、省市各级领导 12 次肯定性批示，助推四川获批全国首个低空空域协同管理改革试点先行先试省份，系改革开放以来空域管理体制创新的一次重大突破，2018 年 1 月 25 日中央电视台《新闻联播》头条新闻对此进行播发，先后在《中国行政管理》等重要权威学术期刊发表了 8 篇高水平论文，引起了学术界的广泛关注。

综上所述，该成果立足现代产业转型升级规律，以提高全要素生产率为核心，综合了国防经济学、产业经济学、制度经济学和区域经济学等相关理论，建立了动力机制分析框架，着眼于体制创新和科技创新双轮驱动，创新性地提出了促进我国国防科技集群发展的五大发展路径及全要素保障体系，为构建具有中国特色的新时代产业体系提供了理论支撑和方法指导，对推动国防科技产业转型具有重大的现实意义。

029《丝路上的华夏饮食文明对外传播》（专著）

人民出版社 2019.12

杜　莉（四川旅游学院）
刘　彤（四川旅游学院）
王胜鹏（四川旅游学院）
张　茜（四川旅游学院）
刘军丽（四川旅游学院）

成果介绍：

《丝路上的华夏饮食文明对外传播》在广义丝绸之路概念框架内，重点选取西北丝路、南方丝路、海上丝路 3 条丝路上的华夏饮食文明对外传播为研究对象，主要以先秦至明清为时间段，充分运用历史学、文化人类学和传播学等多学科原理，在梳理、论述丝路上华夏饮食文明对外传播历史状况的基础上，不仅较全面系统地归纳总结出了 3 条丝路上华夏饮食文明传播在 4 个历史时期里传播者、传播内容及区域、影响等方面的特点与规律，梳理并列出各时期华夏饮食文化对外传播的主要情况一览表，而且较系统地阐述了丝路上华夏饮食文明对外传播的历史、文化、社会、经济等多重价值，提出了传承创新华夏饮食文明传播模式、构建“一带一路”饮食文化共同体、推动“一带一路”沿线中餐发展与繁荣等多项建议。

该成果力图做到有经有纬、有史有论，地域从亚洲到欧美乃至非洲，时间由古至今，构成较为完整的体系。其中，在内容上，不仅有随着中国历史演进变迁而产生的传播内容上的差异，而且有沿丝路由近及远延伸带来的传播范围上的不断扩大；在时间上，由古代到现当代的影响；在空间上，遍及东亚、东南亚、南亚、中亚、西亚以及欧洲、北非、北美等地区；在叙述上，点面结合、轻重不同、繁简有别、特征各异，从而在总体上形成了以“华夏饮食文明沿丝路传播”为核心、遍及亚欧美非等地的国际性文化传播体系。该成果对当今中华优秀传统文化如何更好地对外传播具有重要的借鉴意义。

该成果研究视角独特，弥补了丝绸之路、饮食文化研究的部分空白。研究内容“长时段”“广地域”“全方位”，首次总结了华夏饮食文明对外传播的体系、特点、规律与价值。采用跨学科研究方法，开拓了饮食文化研究的新路径。

该成果紧扣“一带一路”倡议，推动中华饮食文明在沿线国家的传播，增强文化自信，传承和发扬中华美食文化，助力中华文化软实力的提升。该成果在国内外学术界、相关行业和媒体中受到高度称赞，产生了良好的社会影响。

国家社科基金项目

年度项目（重点项目、一般项目、青年项目、西部项目）

四川省获立 2021 年国家社科基金年度项目 205 项，具体名单见表 86。

表 86　四川省获立 2021 年国家社科基金年度项目立项名单

序号	项目名称	负责人	工作单位
1	吐蕃简牍卜辞、敦煌藏文卜辞与《格萨尔》卜辞渊源关系研究	完玛加	阿坝师范学院
2	区块链技术下小微企业供应链融资的模式与路径创新研究	周筱蕊	成都大学
3	中国现代幽默文学源流考辨中的史蒂芬·李科克与林语堂比较研究	张睿睿	成都大学
4	《吴虞年谱长编》及其研究	魏红翎	成都大学
5	生命历程视角下第一代外出农民工子女的婚姻样态研究	许传新	成都理工大学
6	数字时代公共艺术生产研究	孙婧	成都理工大学
7	资本逻辑视域下的数字技术创新问题研究	葛玉海	成都理工大学
8	周秦君臣伦理变迁史研究	惠翔宇	成都理工大学
9	蕃尼古道喜马拉雅段藏文化传播的叙事场景重建研究	阚瑷珂	成都理工大学
10	社会治理共同体视域下四川藏羌彝区相对贫困人口重大生活决策能力提升路径研究	陈璟	成都师范学院
11	新发展格局下宅基地“三权分置”及实现路径研究	杜伟	成都师范学院
12	新格局高质量发展下中等收入群体的消费效用最大化选择与需求释放决策研究	邓龙安	成都师范学院
13	明代蜀王府遗址 2013—2020 年发掘资料整理与研究	易立	成都市文物考古工作队（成都文物考古研究院）

续表86

序号	项目名称	负责人	工作单位
14	竞技体育青少年体教融合训练体系新构建研究	蒲鸿春	成都体育学院
15	中国共产党百年体育宣传思想工作研究	曾文莉	成都体育学院
16	我国竞技体育基础能力的提升机制与路径研究	陈林会	成都体育学院
17	推进全民健身与全民健康深度融合的跨部门合作研究	潘小非	成都体育学院
18	中国特色竞技运动项目文化建设基础、推进策略及实现路径研究	李明达	成都体育学院
19	区域协同视域下成渝地区双城经济圈文体旅产业融合协同创新研究	田建强	成都体育学院
20	民族传统体育对实现“美好生活”的理论认知与实践路径	刘合智	成都体育学院
21	区域科技资源协同融合、智能共享与生态化治理机制研究	周蓉	成都信息工程大学
22	引发“从0到1”创新的Serendipity形成机理及对策研究	马佳	成都信息工程大学
23	汉语发展性阅读障碍的早期预测及干预策略研究	张玉平	成都医学院
24	中医生命伦理思想史研究	杨静	成都中医药大学
25	中外交流视域下的本草研究——以汉魏至隋唐为中心	陈宪良	成都中医药大学
26	藏羌彝走廊民族传统体育产业与文旅产业融合发展机制及路径研究	谢卫	成都中医药大学
27	数字时代资本主义结构性失业问题研究	罗甜田	电子科技大学
28	法、检体制改革中的差异化问题研究	吴卫军	电子科技大学
29	新就业形态下多层次养老保险制度优化及实现路径研究	辜毅	电子科技大学
30	学术英语写作多元互动反馈体系构建、应用及效果追踪研究	徐林林	电子科技大学
31	以数字赋能推进稳定脱贫长效机制构建研究	周宇晗	电子科技大学
32	智能算法推荐的意识形态风险治理研究	张林	电子科技大学
33	美国科幻小说中人工智能书写研究	何敏	电子科技大学
34	国外馆藏20世纪上半叶喜马拉雅地区藏文报刊研究	韩洪	电子科技大学
35	城市推进数据要素跨界流动的协同治理研究	张会平	电子科技大学
36	历史进程中的藏学佛教文献体系	王黎	乐山师范学院
37	我国老年人锻炼行为的心理机制研究	印明辉	绵阳师范学院
38	《四库全书总目》明人说部提要考辨与明代小说史重写	吴文庆	内江师范学院
39	新中国三线建设口述历史与三线精神研究	朱云生	攀枝花学院
40	“后真相”网络传播对大学生主流意识形态认同的挑战及对策研究	邢海晶	四川大学
41	乡村振兴视域下西南民族地区农村基层党建高质量发展研究	刘渊	四川大学
42	普罗克洛的“柏拉图对话评注”翻译与研究	梁中和	四川大学
43	性别视野下帝国博物学研究	姜虹	四川大学
44	需求侧管理下中国全球价值链地位提升的机理和对策研究	蒋瑛	四川大学
45	风险冲击视角下规模性返贫的预警、阻断与长效治理研究	贺立龙	四川大学
46	基于准自然实验的社会组织综合性扶贫效应及可持续性研究	路征	四川大学
47	地方政府隐性债务的系统性金融风险预警及防控对策研究	赵颖岚	四川大学

续表86

序号	项目名称	负责人	工作单位
48	数字经济驱动下公司治理变革的机理与效应研究	徐子尧	四川大学
49	民主协商推进基层群众有效自治的长效机制与实现路径研究	李强彬	四川大学
50	“技术权力”主体化的政治学研究	邓勇	四川大学
51	国家治理现代化导向下深化群团改革研究	谭毅	四川大学
52	地方试点法院民事诉讼繁简分流改革实证研究	左卫民	四川大学
53	智慧法院建设中智能裁量模型及其风险防范机制研究	张妮	四川大学
54	法官激励机制优化的理论与实践研究	郭松	四川大学
55	数字社会背景下我国老年人信息失能治理研究	罗亚玲	四川大学
56	川滇黔彝族古歌调查与研究	宋阿依姆	四川大学
57	对口援藏中铸牢中华民族共同体意识的路径机制及典型案例研究	朱金春	四川大学
58	康藏地区宗教物象的开发利用及其社会效应研究	唐小蓉	四川大学
59	清代民国学者商周金文拓本题跋研究	吴毅强	四川大学
60	中国人民解放军西南服务团历史资料搜集、整理与研究	何志明	四川大学
61	全球史视野下的若干美洲作物的发展传播研究	张箭	四川大学
62	拜占庭帝国对疾疫的认知与应对研究	邹薇	四川大学
63	科技视野下的巴蜀铜器与社会研究	黎海超	四川大学
64	考古所见魏晋南北朝隋唐时期天文材料的整理与研究	王煜	四川大学
65	皮央·东嘎遗址群墓葬发掘报告（2018—2020）	杨锋	四川大学
66	明清正一道与江南地域社会研究	张泽洪	四川大学
67	韩国道教青词文献资料整理与研究	黄勇	四川大学
68	清代民国西南地区珍稀刊本道书的搜集、整理与研究	何欣	四川大学
69	民国时期的中国古典文论研究	刘文勇	四川大学
70	比较文学方法论与话语建构研究（1978—2020）	赵渭绒	四川大学
71	区别词构词方式的类型及其与句法规则的关系研究	刘春卉	四川大学
72	区块链嵌入全民健身公共服务治理的实践机制与路径研究	韩松	四川大学
73	碳达峰—碳中和目标情境下制造业企业供应链的低碳转型研究	陶志苗	四川大学
74	刘沅、刘咸炘的学术进路与近代蜀学转型发展研究	戴森宇	四川大学
75	政治经济学视角下人工智能对劳动者就业的影响研究	唐永	四川大学
76	社区居家医养结合服务高质量运作模式研究	曹杨	四川大学
77	川西北牧区农牧民相对贫困识别与长效治理研究	杨帆	四川大学
78	19世纪以来涉中印边界西段争议区地图的整理与研究	刘秧	四川大学
79	地理格局与西周王朝政治演进研究	邹家兴	四川大学
80	国家资源调配视野下的清代新疆协饷运作与边疆治理研究	廖文辉	四川大学
81	西方后叙事主义历史哲学研究	张涛	四川大学

续表86

序号	项目名称	负责人	工作单位
82	湖南澧县鸡叫城遗址考古调查、发掘资料的整理与研究	石涛	四川大学
83	楚系墓葬出土漆木器的整理与丧葬观念研究	邓宽宇	四川大学
84	新旧交汇视野下的二仙庵、青羊宫与近代成都社会关系研究	金恺文	四川大学
85	中国科幻文学的审美价值和社会影响研究	姜振宇	四川大学
86	科技期刊产业链的完善度评价及其整合研究	曾元祥	四川大学
87	中国图书馆员职业化百年进程与发展规律研究	胡康林	四川大学
88	在线行政行为证据规则研究	徐继敏	四川大学
89	云南剑川海门口遗址发掘资料整理与研究（2016—2019）	赵德云	四川大学
90	四川丹棱郑山－刘嘴石窟考古报告	白彬	四川大学
91	洛克宗教认识论思想研究	陈丽	四川大学
92	出土镇墓文与汉唐道教研究	何江涛	四川大学
93	宋代诏令的文体形态与文体观念研究	戴路	四川大学
94	日藏汉文古写本、古刻本禅宗文献语言文字研究	王长林	四川大学
95	体医融合智慧化健康养老服务模式研究	陈子超	四川大学
96	公共卫生体系与医疗保障体系耦合机制研究	黄国武	四川大学
97	西藏古代印章与汉藏各民族交往交流交融研究	朱德涛	四川警察学院
98	敦煌吐蕃医学文献整理与研究	志玛泽仁	四川民族学院
99	西南少数民族易地扶贫搬迁大中型集中安置区 稳定脱贫跟踪调查与后续帮扶研究	蓝红星	四川农业大学
100	基于政企农协同的绿色农业发展机制与实现路径研究	李后建	四川农业大学
101	提升我国农业产业链供应链可追溯性的消费决策及应用问题研究	赵智晶	四川农业大学
102	乡村振兴背景下凉山彝族村寨“景村”空间融合的机制与模式研究	李念	四川农业大学
103	数字化背景下农业—食品产业链融资机制及风险治理研究	丁昭	四川农业大学
104	融合视阈下网络捐赠行为的解构与重构研究	康明惠	四川农业大学
105	生猪产业链融资机制与风险治理研究	王玉峰	四川农业大学
106	数字普惠金融缓解小微企业融资约束的作用机理与路径优化研究	郭华	四川农业大学
107	晚清川盐官运改制研究	张万东	四川轻化工大学
108	我国小农户结构性分化视角下新型农业经营 体系构建机制与路径研究	赵颖文	四川省农业科学院
109	乡村振兴与新型城镇化战略下农村地区“镇改市”问题研究	吴翔	四川省社科院
110	基于脆弱性分析视角的凉山彝区巩固脱贫成果与后续帮扶机制研究	张克俊	四川省社科院
111	川甘青滇涉藏农牧区相对贫困人口生计 转型综合调查与优化策略研究	柴剑峰	四川省社科院
112	中巴经济走廊第二阶段的战略风险识别及应对策略研究	李景峰	四川省社科院
113	巴蜀道教文献研究	陈云	四川省社科院

续表86

序号	项目名称	负责人	工作单位
114	文学人类学视野下的《山海经》玉文化研究	杨骊	四川省社科院
115	边疆民族互嵌社区（村落）的社交媒介使用与身份认同研究	王卉	四川省社科院
116	李调元与清代四川刻书研究	王永波	四川省社科院
117	中国共产党领导科技强国工作的历史演进研究	曾敏	四川省社科院
118	基于产业互联网的城乡融合理论逻辑与实现路径研究	李晓燕	四川省社科院
119	“环境—身心—生计”三维一体模式与吸毒人群再社会化全路径研究	陈序	四川省社科院
120	佛教文体与文化视野中的宋辽金僧人塔铭文研究	李熙	四川省社科院
121	主流媒体新闻权威的影响模型及重建路径研究	彭剑	四川省社科院
122	面向国家安全的涉藏涉疆网络舆论风险识别、测度、预警与防控研究	李晖	四川省社科院
123	中国共产党理想信念话语建构的百年历程和基本经验研究	何理	四川师范大学
124	三国经学史	潘忠伟	四川师范大学
125	新冠疫情期间大学生网络群体认同的社会心理机制研究	靳宇倡	四川师范大学
126	中国古代史学基本概念与范畴研究	刘开军	四川师范大学
127	民国楚辞学递嬗与转型研究	汤洪	四川师范大学
128	新时期以来小说“情感体制”研究	谭光辉	四川师范大学
129	巴蜀神话传说集成与研究	李诚	四川师范大学
130	苏轼与韩国古典汉诗文研究	阮怡	四川师范大学
131	现代汉语数量系统的逻辑语义学研究	刘海燕	四川师范大学
132	基于政企农协同的四川藏区绿色农业发展机制和实现途径研究	王文轲	四川师范大学
133	习近平用典对传承发展中华优秀传统文化的范本价值研究	李新芝	四川师范大学
134	中国历代“大一统”赋研究	邓稳	四川师范大学
135	三皇五帝神话体系的文化基因研究	刘勤	四川师范大学
136	纳桑尼尔·霍桑的马克思主义立场与方法论研究	蒙雪琴	四川师范大学
137	基于语料库的《唐宋禅宗语言辞典》编纂	王勇	四川师范大学
138	抗战时期大后方战略资源保障研究	陈岗	四川文理学院
139	晚清新疆建省后的城镇治理模式研究	付娟	四川音乐学院
140	民族地区全域旅游发展与乡村振兴融合推进研究	陆铭宁	西昌学院
141	明清四川藏区军政建置演进与治理深化研究	余华	西华大学
142	阿富汗塔利班的复兴及中国的对策研究	肖建明	西华师范大学
143	中国古代职贡图像文献整理与研究	罗建新	西华师范大学
144	清至民国硝磺的开发、管控与社会治理研究	吕兴邦	西华师范大学
145	建党百年中国共产党政治认同建设的历程与经验研究	胡建	西华师范大学
146	元代畏兀儿汉文文献整理与研究	王红梅	西华师范大学
147	基于最优金融分权框架的我国地方中小银行危机研究	洪正	西南财经大学

续表86

序号	项目名称	负责人	工作单位
148	中美重大技术竞争下中国资本市场对外开放的影响研究	张翔	西南财经大学
149	全过程预算管理视角下财政支出预决算偏离的制度机理与治理机制研究	杨良松	西南财经大学
150	基于卫星数据的碳排放与碳固定统计测度及应用研究	陈建东	西南财经大学
151	全象国际资金循环表的编制与应用研究	朱莉	西南财经大学
152	中产阶层父母教育焦虑及其对子女抑郁影响的追踪研究	潘彦谷	西南财经大学
153	社会组织参与社会治理共同体建设的途径与整合机制研究	韦克难	西南财经大学
154	中国人口转变新格局与人口治理创新研究	王学义	西南财经大学
155	新时代人口长期均衡发展目标、指标及测度研究	张俊良	西南财经大学
156	特大城市居住空间分异的邻里效应及其治理研究	蒋和超	西南财经大学
157	高质量党建引领体育社会组织治理现代化研究	陈丛刊	西南财经大学
158	当代集合概念的意义规范性研究	朱敏	西南财经大学
159	马克思主义视域下全球化和逆全球化交替前行的原因和机理研究	葛浩阳	西南财经大学
160	兼顾短期宏观稳定与长期经济增长的逆周期调节政策设计研究	陈师	西南财经大学
161	基于高维数据变量选择方法的系统性金融风险测度与预警研究	潘志远	西南财经大学
162	乌蒙山区脱贫户返贫风险诊断、预测与防范机制研究	孙炜红	西南财经大学
163	川藏、青藏“两路”精神口述史挖掘、整理与研究	郭海龙	西南交通大学
164	地方政府创新与扩散中的政策话语研究	王路昊	西南交通大学
165	高校思政课教学释疑解惑方法论研究	李渊博	西南交通大学
166	基于口述史的铁道兵精神及其当代价值研究	刁成林	西南交通大学
167	中国共产党交通强国思想发展历程研究	曹文翰	西南交通大学
168	“饭圈”社群的认同机制与治理研究	景星维	西南交通大学
169	西部地区陆海新通道对产业链延伸重构的影响路径及对策研究	李东坤	西南交通大学
170	欧美生态批评文献整理与研究	胡志红	西南交通大学
171	中国共产党文艺群众观的现代理论发生与当代实践展开（1921—1966）	张德明	西南科技大学
172	乡村建设行动中的社会资本引导效率与机制创新研究	王建洪	西南科技大学
173	西南边疆民族地区基层党组织组织力现状调查与提升路径研究	孙彦波	西南民族大学
174	中国少数民族哲学典籍提要	段吉福	西南民族大学
175	“新维特根斯坦”学派研究	徐强	西南民族大学
176	环境约束下长江经济带城市群产业联动高质量发展研究	何雄浪	西南民族大学
177	社群异质性与农民合作行为机理的田野实验研究	马训舟	西南民族大学
178	西南民族地区口头传统中的“同源共祖”观与中华民族共同体意识研究	肖坤冰	西南民族大学
179	西南民族地区易地扶贫搬迁农户生计转型与后续帮扶措施研究	郭玉坤	西南民族大学

续表86

序号	项目名称	负责人	工作单位
180	社会治理共同体视域下西藏民族互嵌式社区建构路径研究	郑洲	西南民族大学
181	四省涉藏地区乡村振兴内生发展能力促进机制及对策研究	刘晓红	西南民族大学
182	拜占庭帝国民族与宗教群体治理研究	赵法欣	西南民族大学
183	上清大洞经教的发展、整合与传播研究	周作明	西南民族大学
184	中国古代文体分类学原理研究	李凯	西南民族大学
185	英殖民统治以来印度陆地边界变迁及领土争端研究	赵琪	西南民族大学
186	泸沽湖周边族群中韩规古籍文献的发掘、整理与释读研究	拉先	西南民族大学
187	新时代凉山彝区生态文明建设中栖居生境的弹韧性营造机制研究	张原	西南民族大学
188	清代科举生态与清词“尊体”品格的生成	苏利海	西南民族大学
189	基于“模糊—冲突”模型的生态环境政策执行逻辑研究	李廷	西南石油大学
190	中国共产党人学哲学用哲学的百年传承与经验启示研究	张小飞	西南石油大学
191	多层次养老保险与老龄金融市场联动发展的路径优化研究	陈加旭	西南石油大学
192	数字鸿沟视角下贫困代际传递及相对贫困治理研究	王炼	西南石油大学
193	巴蜀民间身体行为符号表征与文化记忆研究	王定宣	西南医科大学
194	乡村振兴背景下农村社区“医养结合”深度融合体系构建及培育路径研究	唐健	西南医科大学
195	清末海外游记知识谱系（1840—1911）	齐小刚	宜宾学院
196	乡村振兴战略下党建引领基层协商治理的机制与路径研究	李德虎	中共成都市委党校
197	共享发展理念下西南民族地区脱贫攻坚与乡村振兴战略有效衔接研究	胡雯	中共四川省委党校
198	地方政府防范化解重大安全风险协同机制研究	陈旭	中共四川省委党校
199	人类命运共同体视域下跨文明交往研究	任思奇	中共四川省委党校
200	中华优秀传统文化融入党员干部政治忠诚教育研究	易飞	中共四川省委党校
201	凉山彝区党组织防范规模性返贫风险研究	潘传辉	中共四川省委党校
202	双城经济圈建设背景下成渝协同辐射效应研究	严红	中共四川省委党校
203	重大突发事件中县级融媒体基层舆论认同提升机制研究	周珣	中共四川省委党校
204	乡村振兴视域下驻村第一书记角色重构与作用发挥机制研究	窦清华	中共宜宾市委党校
205	长征体育文化资源的辑录及传承利用路径研究	张建	中国民用航空飞行学院

重大项目

四川省获立 2021 年国家社科基金重大项目 9 项，具体名单见表 87。

表 87　四川省获立 2021 年国家社科基金重大项目立项名单

序号	项目名称	负责人	工作单位
1	中国足球事业发展战略与对策研究	潘小非	成都体育学院
2	工业大数据统计测度理论及应用研究	李勇	成都信息工程大学

续表87

序号	项目名称	负责人	工作单位
3	马克思主义美学史	阎嘉	四川大学
4	三星堆文化与中国文明研究	黎海超	四川大学
5	中国西南道教文献整理与数据库建设	盖建民	四川大学
6	印度古代文艺理论史	尹锡南	四川大学
7	《汉语大字典》修订研究	雷汉卿	四川大学
8	古蜀地区文明化华夏化进程研究	唐飞	四川省文物考古研究院
9	数字赋能中国全球价值链攀升的路径与测度研究	马丹	西南财经大学

研究阐释党的十九届六中全会精神重大项目

四川省获立2021年国家社科基金研究阐释党的十九届六中全会精神重大项目3项，具体名单见表88。

表88　四川省获立2021年国家社科基金研究阐释党的十九届六中全会精神重大项目立项名单

序号	项目名称	负责人	工作单位
1	创造性转化与创新性发展视野下的中华生命智慧研究	詹石窗	四川大学
2	统筹西部边疆地区发展和安全的理论与实践研究	丁忠毅	四川大学
3	新发展阶段生产发展、生活富裕、生态良好的中国特色文明发展道路研究	邹红	西南财经大学

冷门“绝学”和国别史专项

四川省获立2021年国家社科基金冷门“绝学”和国别史专项2项，具体名单见表89。

表89　四川省获立2021年国家社科基金冷门“绝学”和国别史专项立项名单

序号	项目名称	负责人	工作单位
1	中国史学典籍的早期西传研究（1500—1800）	胡文婷	电子科技大学
2	侗台语群诸民族表意古文字整理与研究	韩江华	四川大学

后期资助暨优秀博士论文出版项目

四川省获立2021年国家社科基金后期资助暨优秀博士论文出版项目38项，具体名单见表90。

表90　四川省获立2021年国家社科基金后期资助暨优秀博士论文出版项目立项名单

序号	项目名称	负责人	工作单位
1	体育赛事标识研究	王虹	成都理工大学
2	共享型员工管理的理论与实践研究	古银华	成都理工大学
3	体育赞助溢出效应研究	张永韬	成都体育学院
4	产业环境网络文学原创问题研究	赖敏	成都信息工程大学

续表90

序号	项目名称	负责人	工作单位
5	金在权与心身关系	冉奎	电子科技大学
6	波立特与英国共产主义运动	王杰	绵阳师范学院
7	新时代的理论张力	杜黎明	四川大学
8	21世纪欧洲右翼民粹主义思潮研究	石立春	四川大学
9	金融风险跨市场传染的交易过程及干预对策研究	徐浩峰	四川大学
10	镇街执法权配置研究	杨丹	四川大学
11	传统侦查取证中执法规范化建设研究	张潋瀚	四川大学
12	《巴黎协定》遵约机制研究	冯帅	四川大学
13	国际贸易背景下的全球气候治理：回顾、问题与进路	刘磊	四川大学
14	北洋时期国家财政预算研究	王梅	四川大学
15	10—13世纪星命术与星神崇拜研究	韦兵	四川大学
16	德国近代历史观念史研究	张骏	四川大学
17	非政府组织与美国对外人权政策的演变	刘祥	四川大学
18	中国远古之美研究	张法	四川大学
19	黄庭坚在两宋时期的经典化与文化塑形	范金晶	四川大学
20	英国维多利亚小说中的文化记忆研究	王欣	四川大学
21	制度、制度变迁与社会稳定风险评估	雷尚清	四川大学
22	美丽乡村旅游社区空间生产研究	程励	四川大学
23	以礼为旨归：早期中国法律之形成	宁全红	四川省社科院
24	十六国北朝政教关系专题研究	王怀成	四川省社科院
25	哲学诠释学视野下的生态马克思主义	路强	四川师范大学
26	瑶族的视觉文化研究	陈杉	四川师范大学
27	金代华北社会动乱与政府应对政策研究	曹文瀚	四川师范大学
28	明清易代之际的宋史研究	高远	四川师范大学
29	“垮掉派”诗歌与“第三代”诗歌后现代性比较研究	邱食存	四川文理学院
30	李白杜甫儒释道思想比较研究	郑家治	西华大学
31	社会主义核心价值观大众认同机理研究	易刚	西华师范大学
32	中国古代灾害诗史	文航生	西华师范大学
33	新时代中国共产党依规治党研究	任志江	西南财经大学
34	“国内国际双循环”视角下英国重商主义经济理论与实践研究	张志	西南财经大学
35	御书与宋代皇权政治研究	宋晓希	西南财经大学
36	凉山彝区防止规模性返贫监测评价、预警体系问题研究	贾晋	西南财经大学
37	赋予科研人员职务科技成果所有权的经验与进路	刘鑫	西南交通大学
38	媒介技术视角下中国UGC内容生产方式变迁研究	杨珊	四川大学

中华学术外译项目

四川省获立 2021 年国家社科基金中华学术外译项目 6 项，具体名单见表 91。

表 91　四川省获立 2021 年国家社科基金中华学术外译项目立项名单

序号	项目名称	负责人	工作单位
1	中国扶贫	周晶	电子科技大学
2	中国禅宗与诗歌	金小天	电子科技大学
3	明末清初劝善运动思想研究（修订版）	任乐	四川大学
4	中国史前考古学史研究（1895—1949）	马亚雯	西南交通大学
5	敦煌佛教图像研究	冯玉娟	西南民族大学
6	人类学的全球意识与学术自觉	许莲花	西南民族大学

高校思想政治理论课研究专项

四川省获立 2021 年国家社科基金高校思想政治理论课研究专项 2 项，具体名单见表 92。

表 92　四川省获立 2021 年国家社科基金高校思想政治理论课研究专项立项名单

序号	项目名称	负责人	工作单位
1	新时代运用革命文化资源提升思政课教学效果路径研究	冯兵	四川大学
2	高校思想政治理论课线上线下混合式教学模式研究	张华春	西南石油大学

单列项目（艺术学）

四川省获立 2021 年国家社科基金单列项目（艺术学）5 项，具体名单见表 93。

表 93　四川省获立 2021 年国家社科基金单列项目（艺术学）立项名单

序号	项目名称	负责人	工作单位
1	8—12 世纪川滇与吴哥佛教艺术交流研究	李翎	四川大学
2	近现代中国工业题材美术研究	黄凌子	四川大学
3	清代法书目录整理与研究	祝童	四川师范大学
4	唐代金银器外来图像中国化研究	王丽梅	西华大学
5	明清赴日禅僧手迹的整理与研究	石英	西南科技大学

单列项目（教育学）

四川省获立 2021 年国家社科基金单列项目（教育学）6 项，具体名单见表 94。

表 94　四川省获立 2021 年国家社科基金单列项目（教育学）立项名单

序号	项目名称	负责人	工作单位
1	新时代乡村教师配置机制创新研究	刘小强	成都师范学院
2	“政、园、社、家”资源整合视域下城市幼儿足球多元化协作教育研究	张晓刚	成都体育学院

续表94

序号	项目名称	负责人	工作单位
3	新时代来华留学生中华文化认同培养的国际理解教育路径研究	周丹	四川大学
4	在线教育提升边远地区中学教育水平的运营模式、效果评估和关键影响因素研究	田间	四川省成都市石室中学
5	教育神经科学视角下自闭症儿童共同注意的游戏训练方案和效果评估	胡中华	四川师范大学
6	族群特征变化与族群连续性感知对中华民族共同体意识的影响机制研究	马巍莹	西南民族大学

教育部人文社会科学研究项目

规划基金、青年基金、自筹经费项目

四川省获立 2021 年教育部人文社会科学研究规划基金、青年基金、自筹经费项目 90 项，具体名单见表 95。

表 95　四川省获立 2021 年教育部人文社会科学研究规划基金、青年基金、自筹经费项目名单

序号	项目名称	负责人	工作单位
1	“00 后”大学生的爱国主义教育话语引导及传播效度研究	徐岩	电子科技大学
2	新时代大学生志愿精神培育研究	李玮	四川师范大学
3	中国共产党人精神谱系核心要义研究	齐琳琳	西南财经大学
4	新时代中国共产党自我革命长效机制研究	康厚德	西南交通大学
5	中国共产党青年工作的历史考察与基本经验研究（1949—1956）	苏德强	四川大学
6	民族交往交流交融对少数民族铸牢中华民族共同体意识的效果研究	谭林	四川旅游学院
7	马克思“类本质”理论视域下的人类命运共同体思想研究	王延华	四川师范大学
8	“意”与中国式美学体系建构的逻辑关系研究	王赠怡	四川文理学院
9	20 世纪西班牙人文主义技术哲学流变研究	敬狄	西南财经大学
10	翻译家石声汉研究——新中国学术外译先驱	张保国	乐山师范学院
11	四川藏羌彝文学中的家园意识研究	黄群英	西南科技大学
12	德语世界“《论语》学”文献整理与研究	解藜	四川师范大学
13	谢赫六法论在当代美术教育中的应用研究	陶昌平	攀枝花学院
14	清代蜀地琴学古谱研究与整理	李松兰	四川师范大学
15	四川曲艺传承人口述史整理与研究	谭春艳	四川师范大学
16	吐鲁番出土艺术文物在日本的研究	张景一	西南民族大学
17	“艺术介入乡村”的话语体系建构与实现路径研究	宋学勤	内江师范学院
18	当代德国“二战”题材电影的历史叙事以及集体记忆建构研究	穆童	四川师范大学
19	彝族民间乐器制作技艺口述史研究	罗嘉琪	西南科技大学
20	碳排放交易机制中企业 CO_2 成本转嫁与减排有效性研究——基于非线性市场结构视角	陈哲	四川大学

续表95

序号	项目名称	负责人	工作单位
21	碳中和背景下的森林碳汇项目非碳效应评估研究	曾维忠	四川农业大学
22	食品公众政策与健康食品消费：基于含糖饮料消费的实证研究	丁玉莲	西南财经大学
23	金融开放下异质性影子银行的社会福利效应研究：基于效益与风险双视角的评估	李雪莲	西南财经大学
24	基于经济金融关联网络的金融科技动态监管机制构建研究	朱波	西南财经大学
25	大数据赋能下新兴技术创新的产业化及其治理网络研究	魏奇锋	成都理工大学
26	乡村振兴背景下中国企业持续扶贫的社会信任驱动机制及其实现路径研究	李摇琴	四川大学
27	工业机器人应用对劳动力市场极化影响研究：基于任务偏向型技术进步的视角	闫雪凌	四川大学
28	信贷融资寻租与资本要素错配：作用机理和宏观经济效应研究	杨豪	四川大学
29	资本管制措施在东亚新兴经济体跨境资本流出入中的应用及效果研究	冯艳红	四川轻化工大学
30	典型沙漠化逆转区社会生态系统恢复力演变及其驱动机制研究	王睿	西华师范大学
31	美国货币政策对中国经济的溢出效应：理论与传导机制研究	戴薇	西南财经大学
32	人工智能对收入分配平等性的影响与对策研究	冯鹏程	西南财经大学
33	“一带一路”沿线国家对华经贸政策的同群效应研究	李长青	西南财经大学
34	基于非均衡 SVM 智能方法的金融市场风险预警模型及其应用研究	王鹏	西南财经大学
35	城市相对贫困长效治理的财税政策优化研究	张楠	西南财经大学
36	科技创新人才工作获得感的影响机制与提升策略研究	古银华	成都理工大学
37	小微企业融资模式创新的数字化驱动机制、路径与对策研究	王军	四川大学
38	本土情景下网络怠工行为研究：维度构建、条件组态及其双刃剑效应分析	陈扬	西南财经大学
39	动态社交网络中基于舆论动力学的社会心态预测与引导机理研究	赵奕奕	西南财经大学
40	内外兼修：人工智能服务对消费者光顾实体门店意愿的影响研究	蒋玉石	西南交通大学
41	公共信息成本与信息渠道选择行为研究	叶勇	西南交通大学
42	基于末段退化轨迹信息的设备可靠性评估与寿命预测研究	徐湖洋	成都理工大学
43	用户视角下数字创新生态系统的演化机理与治理政策研究	李代天	电子科技大学
44	面向体验式服务优化的习惯效应下群体决策研究：以偏好学习为视角	陈霞	四川大学
45	多源异质认知信息驱动的应急医疗资源需求预测和智能决策方法研究	缑迅杰	四川大学
46	养老机构失能老人照护风险的发生机理、预警体系与防控策略研究	谢小凤	四川大学
47	心理距离视角下电子商务平台商家反馈机制研究	徐玉宽	四川大学
48	资质过剩感知的影响因素及作用后果研究	程豹	西南财经大学
49	基于双评价函数的动态三支决策模型在冲突管理中的应用研究	罗珺方	西南财经大学
50	内陆集装箱站场同步转运调度与堆存决策协同优化研究	郭鹏	西南交通大学
51	保险机构投资者与资本市场稳定研究：投资风格、作用路径与治理效果	何娜	西南民族大学
52	跨域生态环境治理中的府际合作机制研究	张露露	西南交通大学
53	晚清民国时期外部势力干预下的中国西南边疆法律因应与治理研究	吴治繁	西南财经大学

续表95

序号	项目名称	负责人	工作单位
54	民法典时代保理合同的教义学构造研究	李怡	西南财经大学
55	刑事诉讼证明模式转型研究	罗维鹏	西南财经大学
56	国家紧急状态时期人权克减的标准与程序研究	赵轩	西南石油大学
57	四川龙泉山水利工程建设中基层政权组织的角色与功能研究	李建峰	成都大学
58	城市社区治理共同体生成要素与可持续发展机制研究	许宝君	四川大学
59	彝族易地搬迁社区治理共同体构建的社区心理机制研究	魏真瑜	西南财经大学
60	“非遗”蜀绣核心针法的数字化保护和“活态”传承研究	杨璐铭	四川大学
61	智能传播中人机交互的过程、用户感知与心理效应研究	蒋忠波	四川大学
62	海内外现存《四库全书》散本的调查与研究	高远	四川师范大学
63	大数据支持下的中小学德育增值性评价机制研究	刘远碧	四川师范大学
64	灾害教育学论纲研究	张子照	四川师范大学
65	世界一流大学智库影响力生成的美国经验与中国路径研究	文少保	西华师范大学
66	西部民族地区学前教育高质量发展的现状与制度支持研究	田涛	成都大学
67	博物馆研学活动的学习样态构建与教师实践技术搭建研究	徐猛	成都师范学院
68	社交媒体对少数民族大学生中华民族共同体认同的影响及构建研究	赵丹	西南民族大学
69	民国时期国立大学学术评价制度研究	徐斯雄	宜宾学院
70	视、听知觉负荷下飞行员整合多感觉告警信号的加工机制研究	彭姓	中国民用航空飞行学院
71	新时代中华体育精神与大学生思想政治教育融合研究	顾春先	成都体育学院
72	2035年远景目标下我国体育产业高质量发展路径优化研究	柳伟	成都体育学院
73	基于区块链技术的全民健身公共服务创新治理与转型发展研究	杨群茹	成都中医药大学
74	商业性体育赛事版权交易模式研究	罗雪	成都师范学院
75	双循环新发展格局下中国体育制造产业链优化升级研究	汪丽	成都体育学院
76	24h活动行为和饮食行为对青少年体质健康及生活质量的协同效应研究	马生霞	四川师范大学
77	特色“阳光体育”游戏对学龄前儿童运动功能发展的影响及“剂量—效应”研究	张康	四川师范大学
78	凉山州彝族传统体育文化的主体性消解与纾困研究	孙亮亮	四川文理学院
79	成渝地区双城经济圈体育产业协同发展测度与优化策略研究	陈鸥	西华大学
80	新时代我国单项体育协会实体化培育的社会生态环境建设研究	刘武军	西南石油大学
81	重大疫情背景下中医药网络舆情研究	段桂敏	成都中医药大学
82	基于大数据混合模型仿真的突发公共卫生事件医疗资源预警和配置优化研究	刘世勇	西南财经大学
83	都江堰灌区农村面源污染防治生态措施与乡村振兴协同机制研究	杨青娟	西南交通大学
84	高校中国特色新文科建设的时代意蕴、内容体系与实现路径研究	杜斌	西南科技大学
85	川西高原藏区牧民对冰冻圈灾害的感知与适应策略研究	陆恒	四川师范大学

续表95

序号	项目名称	负责人	工作单位
86	行动者网络视角下老年人个性化居家医养服务设计研究	张婉玉	四川师范大学
87	易地扶贫搬迁农户生计恢复力测度及后续帮扶策略研究——以凉山彝族自治州为例	李川	西昌学院
88	秦巴山区农村相对贫困长效解决机制研究	徐太军	西华师范大学
89	基于粒计算的动态异质金融数据融合方法研究	黄雁勇	西南财经大学
90	轨道交通产业发展的阶段性特征统计测度及驱动效应评估研究	薛锋	西南交通大学

重大课题攻关项目

四川省获立 2021 年教育部人文社会科学研究重大课题攻关项目 1 项，具体名单见表 96。

表 96　四川省获立 2021 年教育部人文社会科学研究重大课题攻关项目立项名单

序号	项目名称	负责人	工作单位
1	网络算法分发模式与大学生价值观引导研究	申小蓉	电子科技大学

专项任务项目（高校辅导员研究）

四川省获立 2021 年教育部人文社会科学研究专项任务项目（高校辅导员研究）8 项，具体名单见表 97。

表 97　四川省获立 2021 年教育部人文社会科学研究专项任务项目（高校辅导员研究）立项名单

序号	项目名称	负责人	工作单位
1	运用大数据提升辅导员谈心谈话针对性和实效性研究	李青	电子科技大学
2	高校网络育人体系的治理效能研究	杨晓玲	电子科技大学
3	基于大数据的辅导员精准思政路径研究	黎红友	四川大学
4	总体国家安全观视域下大学生国家认同观培育策略与实践路径研究	黄佳祯	西华大学
5	疫情防控常态化背景下大学生就业价值观及其教育引导研究	余卉	西南交通大学
6	基于劳创互融共促构建高校“4+3+4”特色劳动教育体系研究	戴志	西南石油大学
7	伟大抗疫精神融入医学生日常思想政治教育的机制、路径与策略研究	马俊	西南医科大学
8	社会主义核心价值观引领新时代大学生生涯教育长效机制研究	邓盛木	西南医科大学

西部和边疆地区项目

四川省获立 2021 年教育部人文社会科学研究西部和边疆地区项目 42 项，具体名单见表 98。

表 98　四川省获立 2021 年教育部人文社会科学研究西部和边疆地区项目立项名单

序号	项目名称	负责人	工作单位
1	高校推进习近平新时代中国特色社会主义思想大众化研究	向黎	成都大学
2	习近平总书记推进共同富裕的理论创新与实现路径研究	李亚	四川大学
3	党的自身建设引领国家治理现代化的作用机制和实践路径研究	王小鹏	四川大学

续表98

序号	项目名称	负责人	工作单位
4	国外学者关于习近平总书记人类命运共同体思想的研究	宋婧琳	西南财经大学
5	语料库驱动下学术英语线上线下深度融合教学模式构建及应用研究	张露蓓	西南交通大学
6	汉语规范化运动与当代文学语言形态研究（1949—1966）	朱姝	四川大学
7	知识社会学视野下中国少数民族书写与当代文学史的关系研究	吴雪丽	西南民族大学
8	鲁迅与电影文化的关系研究	刘素	四川师范大学
9	明代文论与画论的关系谱系研究	魏刚	西南交通大学
10	日本军记物语对中国诗歌的接受研究	邓力	四川大学
11	改革开放四十年西南雕塑文献整理与研究（1978—2018）	邓喜军	四川师范大学
12	近代日本驻中国外务省警察研究（1884—1945）	刘紫英	乐山师范学院
13	近代以来新教传教士与青海藏族研究（1876—1949）	赵力	四川大学
14	四川宋墓出土神煞俑的考察与研究	胡听汀	四川大学
15	供应链信用风险传导的作用机制及治理策略研究	顾婧	四川大学
16	“两山”转化理论下生态的经济价值转化效率考察：测度、时空格局与影响因素分析	陈晓兰	四川大学
17	基于 Zipf 法则的高铁网络对旅游空间分布影响研究	罗明志	四川大学
18	中国司法体制改革、地方保护与市场分割：基于跨省市巡回法庭的研究	赵达	四川大学
19	电商普惠对农村居民消费能力提升的影响研究	刘明辉	四川农业大学
20	多源数据环境下基于深度学习的大宗农产品期货价格波动与风险管理研究	张帮正	四川农业大学
21	女性赋权、经济发展与贫困治理研究	黄诗婷	西南财经大学
22	原深度贫困地区脱贫后帮扶政策体系优化研究：基于四川凉山的田野跟踪调查	文书洋	西南财经大学
23	中国市场定价核单调性及其期限结构研究——基于改进的条件密度积分 CDI 新方法	郭姝辛	西南交通大学
24	数字化背景下非认知能力对劳动者就业和竞争力提升路径研究	陈春	四川师范大学
25	智能互联产品的竞争生态链衍生服务配置与激励机制研究	李晓静	四川师范大学
26	脱贫攻坚与乡村振兴战略背景下美丽乡村依法建设能力提升机制研究——以四川省为例	闫有喜	宜宾学院
27	数字服务场景下多维互动质量对顾客忠诚的影响机制研究：基于顾客感知依赖的视角	陈鑫	西南财经大学
28	超网视角下跨区域突发事件协同治理机制创新研究	杜蕾	西南财经大学
29	企业社交媒体双刃剑效应及机理研究：基于中国文化背景与管理实践	施思	西南财经大学
30	体验性产品供应链中基于消费者行为的渠道策略研究	孙晓杰	西南交通大学
31	家庭农场法律规制与促进研究——面向《家庭农场法》的立法推动	于新循	四川师范大学
32	民法典实施中的技术转移服务合同问题研究	唐仪萱	四川师范大学
33	先秦审美教育思想研究	周江	绵阳师范学院
34	西南民族地区残疾人高考“合理便利”政策执行状况及优化策略研究	王振洲	乐山师范学院

续表98

序号	项目名称	负责人	工作单位
35	民族地区城乡职业教育一体化发展的文化模式研究	彭敏	四川师范大学
36	“体医融合”下我国智慧运动戒毒整体解决方案的构建与应用	李雪	成都体育学院
37	基于医疗平台的体医融合发展模式与评价指标体系构建研究	王健	西南科技大学
38	体教融合视域下体育传统特色学校与青少年体育俱乐部协同发展研究	雷正方	成都体育学院
39	基于综合交通大数据的动态旅客关系网络构建与规律探索研究	徐进	西南交通大学
40	基于民族文化基因视角的四川藏区聚落人居环境地域分异与活态发展研究	张妍	成都大学
41	美洲作物的传播与近代非洲农业转型研究（1500—1900）	刘佳	成都师范学院
42	中国各民族戏剧的交往交流交融研究	杨梅	绵阳师范学院

高校思想政治理论课教师研究专项

四川省获立2021年教育部人文社会科学研究高校思想政治理论课教师研究专项8项，具体名单见表99。

表99 四川省获立2021年教育部人文社会科学研究高校思想政治理论课教师研究专项立项名单

序号	项目名称	负责人	工作单位
1	现代信息技术促进思政课教学质量提升研究	唐晓勇	西南财经大学
2	现代信息技术与高校思政课教学深度融合的理论与实践研究	唐登蕓	电子科技大学
3	民族高校思政课筑牢中华民族共同体意识教学研究及案例整理	周俊利	西南民族大学
4	大学生自律差异下高校思政课线上线下教学融合难点与突破路径研究	王继翔	四川农业大学
5	脱贫故事融入民族高校思政课研究	朱永梅	西南民族大学
6	中华优秀传统文化资源融入高校思政课的内在逻辑与创新路径研究	彭雪华	西南石油大学
7	以“经典照进现实”形塑“马克思主义基本原理”课程教学	范伟伟	西南财经大学
8	“思想道德与法治”虚拟仿真实验教学研究	郭玉秀	西南石油大学

高校思想政治理论课建设项目

四川省获立2021年教育部人文社会科学研究高校思想政治理论课建设项目5项，具体名单见表100。

表100 四川省获立2021年教育部人文社会科学研究高校思想政治理论课建设项目立项名单

序号	项目名称	负责人	工作单位
1	全国高校思政课“手拉手”集体备课中心	曹萍	四川大学
2	全国高校思政课名师工作室	吴满意	电子科技大学
3	全国高校思政课名师工作室	韩晓娟	绵阳师范学院
4	全国高校思政课名师工作室	张小飞	西南石油大学
5	全国高校思政课虚拟仿真体验教学中心	唐晓勇	西南财经大学

后期资助项目

四川省获立 2021 年教育部人文社会科学研究后期资助项目 5 项，见表 101。

表 101　四川省获立 2021 年教育部人文社会科学研究后期资助项目立项名单

序号	项目名称	负责人	工作单位
1	住宅建设用地使用权期限届满续期问题研究	刘灵辉	电子科技大学
2	百年来中国共产党人对“五四精神”的纪念、诠释及其价值意义研究	刘宗灵	电子科技大学
3	汉语异形同指现象研究	刘春卉	四川大学
4	中国家庭数字金融行为变化及影响研究	吴雨	西南财经大学
5	零售企业渠道融合发展的理论与实证研究	花海燕	成都理工大学

教育科学规划项目

四川省获立 2021 年教育部人文社会科学研究教育科学规划项目 4 项，具体名单见表 102。

表 102　四川省获立 2021 年教育部人文社会科学研究教育科学规划项目立项名单

序号	项目名称	负责人	工作单位
1	新时代来华留学生中华文化认同培养的国际理解教育路径研究	周丹	四川大学
2	新发展阶段民族地区教育对口帮扶评价与监测体系研究	张佳	成都师范学院
3	职普融通背景下中小学生职业体验的跨界融合机制研究	高瑜	成都市教育科学研究院
4	师范生德育能力培养课程建设研究	郑婉秋	宜宾学院

四川省社会科学规划项目

2021 年，四川省社科规划项目主要设置年度（重点、一般、青年）项目、重大项目、基地重大项目、历史名人重大项目、后期资助项目、专项项目、市（州）项目等。

年度项目

四川省社科规划年度项目主要资助一般性基础研究和应用对策研究，分为重点项目、一般项目、青年项目三类。2021 年四川省社科规划年度项目立项 300 项，具体名单见表 103。

表 103　2021 年四川省社科规划年度项目立项名单

序号	项目名称	负责人	工作单位
1	新发展格局背景下四川省深化农村宅基地三权分置改革研究——基于全国 33 个改革试点县的追踪调研和比较分析	杜伟	成都师范学院
2	特大城市交通精细化治理的机制创新研究	曾鹦	成都市社科院（联）
3	混合不确定环境下生产－库存－配送协同调度研究	聂玲	成都大学
4	新时代义务教育阶段公办学校内部治理结构变革研究	余勇	成都大学
5	巴蜀现代作家的都市体验研究	胡希东	成都大学
6	“双循环”视角下成渝地区体育旅游合作结构及优化路径研究	田建强	成都体育学院

续表103

序号	项目名称	负责人	工作单位
7	课程思政背景下学校体育与思想政治教育融合机制研究	杨洋	成都体育学院
8	虚拟水视角下长江上游城市群水资源优化配置研究	鲁仕宝	内江师范学院
9	公立医院党支部考核评价思路与模型研究	姜洁	四川大学
10	“庭审实质化改革”视野下刑事宣判制度研究	万毅	四川大学
11	大数据时代的疫情信息公开和通报机制研究	李桂华	四川大学
12	地方政府竞争视角下金融分权对我国区域创新差异化的影响机制研究	徐子尧	四川大学
13	尼布尔的社会伦理学研究	黄路苹	四川大学
14	宋代道教与法律的关系研究	张龙成	四川大学锦江学院
15	中国对“一带一路”沿线国家农业直接投资风险识别、测度及预警研究	吴秀敏	四川农业大学
16	普惠金融视角下四川涉藏地区脱贫攻坚与乡村振兴有效衔接路径研究	臧敦刚	四川农业大学
17	平台经济视角下现代化农业经济体系构建研究	李晓燕	四川省社科院
18	川西北长征国家文化公园与文化旅游融合发展的路径与机制研究	喇明英	四川省社科院
19	新媒体环境下大运会提升成都形象的传播策略研究	蹇莉	四川省社科院
20	后全面小康社会新发展阶段农村相对贫困治理机制研究	张克俊	四川省社科院
21	破解对县（市、区）“一把手”权力监督难题研究	廖冲绪	四川省社科院
22	基于机器学习技术的学习者专注力计算模型研究	杨娟	四川师范大学
23	基于大数据的四川智慧教育资源云平台构建及智能服务研究	陈金华	四川师范大学
24	四川泸沽湖地区濒危民族语调查研究	周岷	四川师范大学
25	晚清民国时期四川乡土志书纂修与国家认同、地域社会文化传承创造研究	高远	四川师范大学
26	改编电影对中国社会变革的再现（1979—2019）——基于电影社会学视角	王瑛	四川师范大学
27	四川甘阿凉地区舞蹈类非物质文化遗产传承研究	廖恒	四川音乐学院
28	积极老龄化视角下新一代城市老年人心理需求与心理服务体系建设研究	吴吉惠	西华师范大学
29	习近平总书记关于政治伦理建设的重要论述研究	张思军	西华师范大学
30	边缘文化视野下的现代巴蜀人物画图式表达研究	杨小晋	西华师范大学
31	法律监督嵌入地方投融资平台财政补贴治理的限度研究	陆佳	西南财经大学
32	大数据背景下诈骗犯罪被害的基层社会治理研究	夏一巍	西南财经大学
33	中医药基本名词术语内涵挖掘及翻译规范化研究	李孝英	西南交通大学
34	厄瓜多尔“美好生活”理念与中资企业环评困境的人类学研究	崔忠洲	西南科技大学
35	成渝地区双城经济圈建设视域下城市民族工作协同创新研究	张华志	西南民族大学
36	魏斯曼与维特根斯坦“中期”哲学比较研究	徐强	西南民族大学
37	四川涉藏地区地名研究	贡波扎西	阿坝师范学院

续表103

序号	项目名称	负责人	工作单位
38	金融创新推动下体育产业创新发展的路径与对策研究——以成都体育产业为例	周筱蕊	成都大学
39	平台型媒体生态圈运行机制与创新动力研究	刘茜	成都大学
40	成渝经济圈视域下城乡基层社区治理协同发展研究：以成都东部新区为主的考察	樊英杰	成都大学
41	中华优秀传统文化视域下大学生性道德价值观培育研究	王进鑫	成都工业学院
42	平台企业中零工劳动者工作获得感的影响机制与提升策略研究	古银华	成都理工大学
43	“乡村振兴”视角下四川涉藏地区旅游系统韧性评价及提升路径研究	骆毓燕	成都理工大学
44	“一带一路”视域下天府民俗文化网络视频传播范式研究	陈卓	成都理工大学
45	20世纪中国译者《道德经》英译本阐释及其海外传播研究	刘骥翔	成都理工大学
46	媒介融合视域下四川网络文学的IP内容变现研究	孙婧	成都理工大学
47	基于语料库的天府文化在“一带一路”沿线国家的传播与接受研究	李家元	成都农业科技职业学院
48	新时期四川彝族地区公共服务有效供给的调查及对策研究	卢阳春	成都师范学院
49	四川省农业融入双循环发展新格局的路径研究	黄伟	成都师范学院
50	汉藏语系语言非作格动词带宾语的类型学研究	吕建军	成都师范学院
51	明末《坤舆格致》汉译流传的科学思想史研究	陈仕丹	成都师范学院
52	抗战时期大后方保险业监管研究（1937—1945）	吴静	成都师范学院
53	文化人类学视域下的四川藏羌彝装饰纹样谱系研究	李茜	成都师范学院
54	中小学博物馆研学活动的学习样态构建研究	徐猛	成都师范学院
55	新津宝墩遗址聚落环境考古资料整理研究	黄明	成都市文物考古工作队（成都文物考古研究院）
56	区域协调发展视域下的四川涉藏地区空间治理和产业融合发展研究	常晓鸣	中共成都市委党校
57	第31届“世大会”大型体育场馆设施赛后运营绩效研究	高扬	成都体育学院
58	四川省城市体育文化与城市传播力的融合研究	潘虹燕	成都体育学院
59	成渝双城经济圈战略背景下“体医结合”协同发展的模式与路径研究	刘国辉	成都体育学院
60	羌族传统体育的新时代特征及其文旅融合路径研究	刘涛	成都体育学院
61	体教融合背景下四川省青少年网球后备人才培养体系研究	付东	成都体育学院
62	基于“体教、体医”双融合的四川省青少年体质健康管理模式创新研究	郑宇	成都体育学院
63	成渝双层经济圈建设背景下新信息技术驱动四川体育产业升级路径研究	刘香	成都体育学院
64	大数据背景下成都世界大运会网络舆情演变研究	谭秀湖	成都体育学院
65	分类视角下天府绿道文化承载力评价与文化植入对策研究	唐承林	成都信息工程大学
66	“一带一路”沿线国家制度协同视角下四川涉外企业社会责任管理研究	刘名旭	成都信息工程大学
67	“后脱贫时代”基于农户风险管理视角的返贫风险及其阻断机制研究	王阳	成都信息工程大学
68	大数据时代国家舆论安全预警机制及其关键技术应用研究	李忠伟	成都信息工程大学
69	川西少数民族地区农户生计可持续性调查与政策支持研究	鲍文	成都信息工程大学

续表103

序号	项目名称	负责人	工作单位
70	新兴技术背景下消费者隐私安全的协同保护机制研究	叶晓鸣	成都信息工程大学
71	健康养老领域知识图谱的构建研究	张容	成都医学院
72	养老社会组织参与老龄社会治理的机制和路径研究	李永忠	成都医学院
73	四川省老龄人群听觉功能现状、影响与对策研究	谢慧	成都中医药大学
74	基于复杂大数据多变点分析的太极拳对疾病防治效果的评价研究	刘天宇	成都中医药大学
75	新发展格局下四川省城乡基本公共服务均等化的空间治理机制研究	罗若愚	电子科技大学
76	高校思想政治理论课精准教学模式研究	商继政	电子科技大学
77	美国科幻小说人工智能书写研究	何敏	电子科技大学
78	新时代峨眉武术文化创造性转化与创新性发展研究	王亚慧	乐山师范学院
79	中小学教师工作负担监测与治理机制研究	侯小兵	绵阳师范学院
80	先秦儒家审美教育思想研究	周江	绵阳师范学院
81	基于新发展理念的四川省旅游高质量发展路径研究	芮田生	内江师范学院
82	成渝地区双城经济圈建设战略背景下巴蜀体育文化走廊构建研究	刘成菊	内江师范学院
83	新时代中国共产党卫生健康思想发展研究	焦秀君	攀枝花学院
84	成渝地区双城经济圈建设背景下四川省康养产业投融资机制构建研究	房红	攀枝花学院
85	攀西地区三线建设文学史料的收集与研究（1964—1980）	许见军	攀枝花学院
86	新时代提升政治巡视在党和国家监督体系中的制度化科学化水平研究	何志明	四川大学
87	成渝双城经济圈空间技术溢出效应与经济发展策略研究	李智	四川大学
88	来蓉留学生对四川地域文化适应性研究	周丹	四川大学
89	基于复杂网络分析的国际金融市场泡沫联动研究	李旸	四川大学
90	绝对贫困与相对贫困的结构转换与协同治理研究	贺立龙	四川大学
91	基于数据画像增强高校思想政治教育针对性实效性研究	周锐	四川大学
92	网络传播对高校意识形态安全的挑战及对策研究	邢海晶	四川大学
93	作为当代“锅庄”的民宿：藏彝走廊民宿空间内的主客互动与族际交往研究	朱金春	四川大学
94	德国历史主义背景下的康德历史理论	张骏	四川大学
95	德国现代史学的起源和形成研究	吕和应	四川大学
96	基于科学大数据的我国区块链技术现状与发展趋势研究	吕鹏辉	四川大学
97	中国地缘政治风险的测度与经济影响分析	祝梓翔	四川大学
98	成都市区近六十年音变研究	何婉	四川大学
99	宋代四川《春秋》学研究	张尚英	四川大学
100	荣格文论中的中国问题研究	喻宛婷	四川大学
101	中国书法人类学的构建、阐释与研究	刘志超	四川大学
102	中国现代美术中四川涉藏地区“社会肖像”研究	黄凌子	四川大学
103	健康中国视域下城市社区体医融合培训体系构建研究	申文武	四川大学

续表103

序号	项目名称	负责人	工作单位
104	“一带一路”语境下的敦煌壁画艺术功能转变与活化实践研究	张令伟	四川大学
105	四川省地方政府隐性债务风险形成机制与化解对策研究	赵颖岚	四川大学
106	四川参与中国—南亚“数字丝路”建设方略研究	王学人	四川旅游学院
107	成渝地区双城经济圈文旅融合产业资源评价、利用效率及影响因素研究	冉杰	四川旅游学院
108	成渝地区双城经济圈生态文明协同共建机制研究	邱高会	四川农业大学
109	技术创新视角下省域农业碳减排的协同策略研究	何艳秋	四川农业大学
110	川派盆景非遗传承人口述史	张蕾	四川农业大学
111	四川长征文化资源涵养共产党人初心使命的长效机制研究	单孝虹	四川省社科院
112	地方立法备案审查制度实证研究	廖静怡	四川省社科院
113	人工智能时代新闻的公共性问题研究	彭剑	四川省社科院
114	企业异质性视角下资本市场推动混合所有制经济发展研究	杜坤伦	四川省社科院
115	整体性治理视角下2020年后凉山彝族地区返贫阻断机制优化研究	张霞	四川省社科院
116	重大突发公共卫生事件中的四川省应急公共服务体系建设研究	张序	四川省社科院
117	唐宋时期印度密教传入川滇地区文献的整理与研究	邓影	中共四川省委党校
118	中国共产党党内法规义务研究	李华	四川师范大学
119	宅基地使用权空间权设置与农房流转创新机制研究	陶钟太朗	四川师范大学
120	基于“实践转向”的教师领导力发展模式研究	王珊	四川师范大学
121	心理测验异常作答被试侦别规范研究	刘玥	四川师范大学
122	网络成瘾青少年跨期决策的影响机制及干预研究	毕翠华	四川师范大学
123	四川省民族地区职业教育服务乡村振兴的贡献测度与长效机制研究	彭敏	四川师范大学
124	小学生对父母之爱的感知研究	徐小燕	四川师范大学
125	新课标背景下四川省培智学校课程实施现状与提升策略研究	吴春艳	四川师范大学
126	四川省中学数学教学过程中学生参与的调查研究	陈倩	四川师范大学
127	新中国高校学生思想政治工作基本经验研究	朱建军	四川师范大学
128	智慧健康养老背景下四川省老年群体幸福指数及影响因素分析	高慧	四川师范大学
129	新时代女性生育的内部动机及其影响因素研究	徐华春	四川师范大学
130	成都市社会空间演进及其韧性治理研究	许婵	四川师范大学
131	英国“联美防苏”大战略与冷战格局的形成	陈向阳	四川师范大学
132	乡村振兴背景下四川农村集体经济发展路径与模式创新研究	王萍	四川师范大学
133	四川涉藏地区绿色技术创新扩散多主体协同及激励政策优化研究	王文轲	四川师范大学
134	从“书同文”到“语同音”：语言文字规范统一与文化认同	汤洪	四川师范大学
135	罗洪先经学与理学研究	胡长海	四川师范大学
136	德语世界的孔子研究	解藜	四川师范大学
137	当代中国电影中的西方形象建构研究	闫新	四川师范大学

续表103

序号	项目名称	负责人	工作单位
138	羌族羊皮鼓舞“释鼓”音乐形态传承研究	汪浩	四川师范大学
139	“文化强省”视域下四川“灾后重建”的影像表现与人文价值	黄颖	四川师范大学
140	四川广元“凤舟竞渡”与地域社会变迁研究	李凌	四川师范大学
141	川南地区龙舞仪式中身体技术的文化生产及活态传承研究	薛源	四川师范大学
142	魏晋南北朝宫廷仪式音乐研究	李晓龙	四川文理学院
143	区域协同视野下的川陕革命老区返贫风险防范研究	兰奎	四川文理学院
144	新时代川派文艺评论美学特质研究	李立	四川文化产业职业学院
145	成都公园城市生态绿隔区乡村社区转型发展研究	范颖	四川音乐学院
146	成渝双城经济圈背景下文化产业积聚群研究	文云英	四川音乐学院
147	巴蜀文化与中国钢琴音乐发展研究	王文	四川音乐学院
148	乡村振兴背景下农村基层党组织组织力提升研究	万远英	西华大学
149	生态文明建设视野下国土空间规划法学的范畴体系研究	汪灏	西华大学
150	共建共治共享格局下四川民族地区易地扶贫搬迁社区“代治”转“自治”的衔接问题研究	王杰	西华大学
151	“多维统筹”框架下四川应急产业高质量创新发展路径研究	徐雷	西华大学
152	以客户需求为导向的四川省同城快递网络构建及众包运力计划研究	段华薇	西华大学
153	四川“三州”民族地区社会治安“网格化”治理机制创新研究	熊征	西华大学
154	基于公共空间的汶川地震灾难记忆数字化重建及对策研究	叶茂	西华大学
155	川陕革命老区留守儿童的生存境遇与关爱服务体系研究	杨川林	西华师范大学
156	西南民族地区乡村教师乡土文化自信培育研究	王小红	西华师范大学
157	同胞冲突及其解决：家庭子系统的影响	曹晓君	西华师范大学
158	CSCL 环境中本科生的社会调节学习分析及干预策略研究	曹蕾	西华师范大学
159	中华优秀传统文化融入大学生公共理性培育研究	梁玉敏	西华师范大学
160	生境条件差异视角下的四川相对贫困治理模式研究	王睿	西华师范大学
161	“00 后”大学生政治认同的生成机制与提升路径研究	刘惠	西华师范大学
162	习近平生态文明思想的国际传播研究	王小蓉	西华师范大学
163	禹羌文化蕴含的中华民族共同体意识及价值研究	吕雪梅	西华师范大学
164	工业革命时期英国对华贸易研究	钟月强	西华师范大学
165	网络社会“数字弱势群体”的话语表达研究——基于新冠疫情的背景	梁佳	西华师范大学
166	后脱贫时代大小凉山彝族地区语言服务体系构建研究	朱力	西华师范大学
167	《每周评论》与马克思主义在中国的早期传播研究	谭锐	西华师范大学
168	当代中国彝族与美国印第安抒情诗叙事比较研究	周芸芳	西华师范大学
169	嘉陵江中下游民间音乐类非物质文化遗产保护与传承研究	李嵬	西华师范大学
170	非遗视野下巴象鼓舞的文化意蕴及当代价值研究	王沪川	西华师范大学

续表103

序号	项目名称	负责人	工作单位
171	扶贫背景下的民族地区公共体育服务供给研究	全彦秀	西华师范大学
172	清代四川方志中的戏曲史料辑考	蒋玉斌	西华师范大学
173	红军西征转战中新革命根据地创建研究（1932—1935）	李茹	西华师范大学
174	体育旅游产业生态系统构建、纵深推进与协同治理研究	吕兴洋	西南财经大学
175	交通基础设施建设与资本市场资源配置——来自高铁开通与公司上市的证据	金智	西南财经大学
176	成渝双城经济圈背景下智慧农业保险防返贫体系构建研究	谢小蓉	西南财经大学
177	影子银行、中小企业融资约束与违约风险溢出效应研究	李雪莲	西南财经大学
178	高校青年马克思主义者政治素养培育影响因素及实现机制研究	李春梅	西南交通大学
179	植物在地下城市办公空间中对人员心理环境的影响机制及设计优化研究	吴聃	西南交通大学
180	网络游戏的价值传播研究	吴小玲	西南交通大学
181	黑格尔《法哲学原理》中“普遍异质国家”学说研究	汪希	西南交通大学
182	面向风险防控的城市社区治理机制研究	严敏	西南交通大学
183	信息传递视角下农民合作社主导绿色农业技术扩散渠道作用机理与引导策略研究	魏晋	西南科技大学
184	面向韧性城乡的社区公共服务设施空间分异及优化路径研究	师满江	西南科技大学
185	四川民用飞机融资租赁现状调查及对策研究	林其敏	西南民族大学
186	四川省农村公共服务高质量供给机制创新研究	许丹	西南民族大学
187	文旅融合视角下的成都文创产业高质量发展路径研究	宋彬彬	西南民族大学
188	后扶贫时代四川凉山地区易地扶贫搬迁农户生计发展困境与后续扶持政策研究	郭玉坤	西南民族大学
189	新时代四川民族地区现代服务业高质量发展的实现路径与政策支持研究	张广宇	西南民族大学
190	凉山彝族地区低收入群体家庭关系及自我发展研究	郝彧	西南民族大学
191	四川格萨尔藏戏变迁研究及数据库建设	杨于卓	西南民族大学
192	高原牧区牦牛绒商品化过程与混杂性网络研究	谢阳	西南民族大学
193	四川省数字金融发展对农村相对贫困的影响与保障机制研究	伍艳	西南民族大学
194	民国时期西南边疆治理视角下的《康藏前锋》（1933—1939）研究	秦慧	西南民族大学
195	藏传《诗镜论》传承与研习现状	才让道吉	西南民族大学
196	羌族民间舞蹈文化形态研究	赵明	西南民族大学
197	基于系统论的高校基层党组织组织力提升研究	张凤	西南石油大学
198	“死亡悖论”视角下复杂工程安全风险感知偏差及其对策研究	张羽	西南石油大学
199	新时代思想政治理论课教学空间研究	王玺	西南石油大学
200	成渝地区双城经济圈区域和城市系统经济人口承载力研究	王晟哲	西南石油大学
201	脱贫农民幸福指数研究——以凉山州金阳县为例	沈西林	西南石油大学
202	一体化发展视域下成渝城市群协同创新水平、绩效及实现路径研究	陈雨柯	西南石油大学

续表103

序号	项目名称	负责人	工作单位
203	农村隔代留守家庭功能的完整性与相关福利政策支持研究	夏延芳	西南石油大学
204	现代性视域下的数量刑法学研究	章桦	西南医科大学
205	基于多中心治理理论的老年 HIV 感染者养老体系构建及实现路径研究	陈燕华	西南医科大学
206	古代巴蜀名医传记文献研究	饶福婷	西南医科大学
207	巴蜀民间传统体育文化记忆的解构与重构研究	王定宣	西南医科大学
208	“双城”建设下四川内陆开放口岸构建多式联运协同发展机制研究	李平	宜宾学院
209	中国共产党领导民航建设的四川实践与经验研究	冷伟	中国民用 航空飞行学院
210	基于语料库的 ICAO 附件英汉术语翻译与应用研究	黄德先	中国民用 航空飞行学院
211	新时代乡镇党员干部职业心态优化路径研究	唐锐	中共宜宾市委党校
212	近代自贡井盐商贸路线及其遗产调查研究	邓军	自贡市盐业 历史博物馆
213	乡村振兴战略下羌族民俗文化与乡村旅游融合路径研究	刘超	阿坝师范学院
214	新中国成立后藏羌宗教文化交流与变迁的路径研究	梁佳佳	阿坝师范学院
215	四川省生产性服务业开放水平测度及其制造支持效应研究	龚静	成都大学
216	零工经济平台用工背景下四川省社会保障制度的特殊性与政策优化研究	翁玉玲	成都理工大学
217	平台企业参与的“互联网+回收”模式和策略研究	程红	成都理工大学
218	凉山彝语声调类型及演化研究	周颖异	成都理工大学
219	社会治理现代化背景下多种戒毒措施衔接机制建设研究	刘杨	成都师范学院
220	成渝城市群水环境非点源污染网络治理机制研究	李毅	中共成都市委党校
221	控制感调控高特质焦虑人群情绪的行为研究	尧丽	成都体育学院
222	我国体育学学科交叉程度与文献学术影响力的关系研究	杜传佳	成都体育学院
223	上古汉语“切割”范畴语义要素及其句法互动研究	王春燕	成都中医药大学
224	5G 信息时代助力构建医联体建设的探究	张渊	川北医学院
225	制度规则、公共道德对农田水利设施村民自治的 影响机制与优化路径研究	杨柳	电子科技大学
226	四川深度贫困地区返贫风险：理论分析、实证检验和对策研究	周宇晗	电子科技大学
227	党的十八大以来四川交通反贫困对全面推进乡村振兴的经验研究	邱铁鑫	电子科技大学
228	现代信息技术在思政课教学中应用的模式优化研究	唐登蕓	电子科技大学
229	数字经济形态下我国人民主体内涵发展研究	张若云	电子科技大学
230	信息流视角下旅游空间网络结构及溢出效应研究	冯晓兵	乐山师范学院
231	生命关怀取向的高中语文美育资源开发与运用研究	米禧	内江师范学院
232	新时代网络动画文明引领及发展路径研究	高登明	内江师范学院
233	传统文化背景下儒释道价值观对家族企业社会责任行为的影响研究	苏蓉佳	四川大学
234	复杂适应系统视角下乡村振兴中多组织合作网络研究	孟致毅	四川大学

续表103

序号	项目名称	负责人	工作单位
235	成渝双城经济圈人才协同培育及优化路径研究	徐书婕	四川大学
236	预防校园欺凌：基于道德敏感性教育的行动研究	刘传军	四川大学
237	汉代东王公图像的整理与研究	庞政	四川大学
238	供给侧结构性改革背景下四川省经济增长方式转变研究	邓忠奇	四川大学
239	新时代四川乡村“三治”协同推进研究	张晓磊	四川大学
240	新时代高校“思政课程”与“课程思政”的协同体系及实践机制研究	魏泳安	四川大学
241	凉山彝族地区绿色减贫机制及“脱贫摘帽”后的高质量发展路径研究	王元聪	四川大学
242	四川省“逆行者”英雄群体的媒介特征、精神内涵与文化功能研究	杜敏	四川大学
243	藏传佛教宁玛派在四川涉藏地区的发展现状调查研究	刘秧	四川大学
244	基于社区的整合性托育服务体系建设研究	崔珂	四川大学
245	凉山彝族地区困境儿童正面成长的影响机制与社会工作干预研究	袁芮	四川大学
246	“卢卡奇学派”马克思主义伦理美学研究	秦佳阳	四川大学
247	从历史人物到文艺典型：革命先辈江姐形象建构与传播研究	孙化显	四川大学
248	新型农业经营主体的就业创业带动效应研究	李江一	四川大学
249	面向金融尾部非线性风险传染的改进梯度提升算法研究	龙云深	四川大学
250	禅宗文献利用与《汉语大字典》修订研究	王长林	四川大学
251	刘沅经学思想研究	戴森宇	四川大学
252	《平定两金川方略》整理研究	宋桂梅	四川大学
253	四川五代十国墓葬出土首服形象的整理与研究	胡听汀	四川大学
254	当代成都新媒介视觉文化研究及其后疫情前瞻	王陌潇	四川大学
255	美澳同盟的南太平洋战略调整研究	沈予加	四川大学
256	总体国家安全观视阈下四川涉藏州县反分裂与控制犯罪综合对策构建研究	谯冉	四川警察学院
257	印度介入南亚邻国对我影响及对策研究	黄德凯	四川警察学院
258	民族地区普惠性学前教育发展的社会支持系统研究	王莉娟	四川民族学院
259	机器学习在农户耕地抛荒行为预测中的应用研究	邓鑫	四川农业大学
260	“一带一路”基础设施投资项目风险动态分担及应对模型研究	蒋位玲	四川农业大学
261	相对贫困治理视域下四川民族地区县域教育机会益贫性研究	段义德	四川农业大学
262	乡村振兴背景下四川省村两委“一肩挑”的有效实现研究	冯义强	四川农业大学
263	地方治理视域下晚清川盐官运改制研究	张万东	四川轻化工大学
264	凉山彝族地区后全面小康社会稳定脱贫长效机制研究	杜婵	四川省社科院
265	环境目标约束下四川中小制造企业高质量发展驱动因素研究	罗莹	四川师范大学
266	自动化情绪调节训练对考试焦虑的干预	田宇	四川师范大学
267	批判话语分析视角下韩国主流报刊中国四川形象研究	王冠蕙	四川师范大学
268	孔子道德哲学研究	唐梵凌	四川师范大学

续表103

序号	项目名称	负责人	工作单位
269	宋育仁“经术”思想及其实践研究	陈阳	四川师范大学
270	社会参与式实践在四川艺术类院校课程思政中的创新路径研究	杨然	四川音乐学院
271	四川省“一村一幼”辅导员专业核心能力追踪与干预的准实验研究	王双	四川幼儿师范高等专科学校
272	凉山彝族文化“走出去”战略的路径设计及创新研究	向月婷	西昌学院
273	全国统一互联网诉讼平台视角下民事互联网审判规则研究	林洋	西华大学
274	图像时代文学理论革新研究	付骁	西华大学
275	空间治理语境下湖滨带土地利用协同调控绩效与制度优化研究：以嘉陵江南充段为例	陈磊	西华师范大学
276	语义类型学视域下的汉语多义多功能副词演变研究	胡朗	西华师范大学
277	区域协调发展视野下四川民族地区公共服务建设研究	乔新娥	西华师范大学
278	四川小提琴家群体审美意识的建构	蒲力华	西华师范大学
279	民法典保理合同规范的适用问题研究	李怡	西南财经大学
280	资质过剩感知的影响后果、作用机理与作用边界	程豹	西南财经大学
281	“双循环”新发展格局下四川经济增长动能与路径研究	徐志向	西南财经大学
282	社会网络视角下四川省农民工返乡创业的示范效应及政策支持研究	徐茅娣	西南财经大学
283	四川黄河流域生态补偿多元主体合作意愿研究	钟绍卓	西南财经大学
284	四川家庭债务风险评估及防范机制研究	张栋浩	西南财经大学
285	成渝城市群城市规模、创新能力与空间溢出效应研究	陈姝兴	西南财经大学
286	四川省产业结构调整与新型城镇化之间的耦合协调及互动机制研究	吴安兵	西南财经大学
287	清末民初都江堰灌区的堰长制与水利社会研究	袁上	西南财经大学
288	铁路与成渝经济社会变迁研究	曲成举	西南财经大学
289	四川自贸区建设对标国际经贸规则路径研究	张倩雯	西南交通大学
290	成渝双城构建区域创新共同体的府际合作治理机制研究	刘鑫	西南交通大学
291	四川地区魏晋南北朝时期道教遗存的考古调查与研究	赵川	西南交通大学
292	共产国际与社会民主党关系对马克思主义中国化早期进程的影响研究（1919—1943）	闫磊	西南交通大学
293	思想政治教育数智化发展的代价控制研究	景星维	西南交通大学
294	“设施-活动”关联视角下知识型人才社区生活圈营建策略研究	陈蛟	西南交通大学
295	四川农村家庭居住安排与儿童发展研究	杨成洲	西南民族大学
296	《经典释文》体例研究	陈亮亮	西南民族大学
297	古希腊哲学中的“努斯”思想研究	窦安振	西南民族大学
298	《资本论》及其手稿中城市生活发展思想与当代价值研究	谢震	西南石油大学
299	四川省居民生活垃圾分类行为决策机制与促进政策研究	董倩宇	西南石油大学
300	多态场景下成渝双城经济圈内突发公共卫生事件的客流组织管理及应急协同研究	骆晨	中国民用航空飞行学院

重大项目

2021年四川省社科规划重大项目立项12项，具体名单见表104。

表104 2021年四川省社科规划重大项目立项名单

序号	项目名称	负责人	工作单位
1	农村宅基地所有权、资格权、使用权分置改革研究	杜伟	成都师范学院
2	应急管理视域下大型综合性体育赛事组织运营研究	陈林会	成都体育学院
3	近代四川百年法制史料整理与研究（1911—2011）	刘昕杰	四川大学
4	我省县域高质量发展的实现路径与评价体系研究	艾毓斌	四川省农村信用社联合社
5	四川长征干部学院历史场境和环境建设研究	裴泽庆	中共四川省委党校
6	“十四五”期间四川省社会安全防控体系构建研究	胡业勋	中共四川省委党校
7	天府新区公园城市高质量发展指标体系研究	刘任远	四川天府新区党工委
8	突发公共事件中信息流行病网络扩散机制研究	吕先竞	西华大学
9	四川哲学社会科学年鉴（2020年）编纂	彭国莉	西华大学
10	基于创新生态系统视角的四川省集成电路产业“卡脖子”技术攻关的协同创新机制	唐明凤	西南财经大学
11	提升四川省营商环境竞争力研究	郭红玲	西南交通大学
12	四川铁路史（多卷本）	田永秀	西南交通大学

重点研究基地重大项目

2021年四川省社科规划重点研究基地重大项目立项60项，具体名单见表105。

表105 2021年四川省社科规划重点研究基地重大项目立项名单

序号	项目名称	负责人	工作单位
1	文化强省背景下“动画川军”的现状、问题与对策研究	张娟	成都大学
2	大熊猫国家公园社区乡村系统响应及振兴路径研究	朱琳	成都理工大学
3	资源型企业碳中和的路径选择与推进策略研究	高辉	成都理工大学
4	促进民族地区义务教育质量提升的教育扶贫政策研究	唐安奎	成都师范学院
5	成渝地区双城经济圈体育产业一体化发展研究	张永韬	成都体育学院
6	成渝地区双城经济圈学校体育协同发展研究	李林	成都体育学院
7	“互联网+区块链”的农产品质量溯源体系构建研究	张治国	成都信息工程大学
8	中国共产党领导高校网络思想政治教育发展的基本历程与经验启示	孙莎岚	成都信息工程大学
9	情绪对公平和跨期决策的影响及其机制研究	杨奇伟	成都医学院
10	丝绸之路上的饮食风尚及其文化传承研究	陈宪良	成都中医药大学
11	四川省推进数据要素流通的路径创新与政策设计研究	张会平	电子科技大学
12	拓展新时代文明实践中心建设机制与路径研究	谢梅	电子科技大学

续表105

序号	项目名称	负责人	工作单位
13	巴蜀文化走廊石窟寺保护与文旅价值挖掘	刘洪江	乐山师范学院
14	中国传统农业防旱、抗旱经验技术知识总结与研究	陈桂权	绵阳师范学院
15	唐宋时期涪江流域佛寺辑考	杨发鹏	绵阳师范学院
16	县域经济绿色发展进程中制造业跨区域低碳制造与绿色技术创新实施路径及竞合博弈研究	马常松	绵阳师范学院
17	沱江流域县域经济协调发展研究	李权昆	内江师范学院
18	大千西行80年回顾：张大千与敦煌	段汶利	内江师范学院
19	区域康养产业协同发展机制研究—以川西南滇西北为例	张旭辉	攀枝花学院
20	民主协商增强基层群众自治制度实效研究	李强彬	四川大学
21	金文与西周政治文化研究	邹家兴	四川大学
22	川西坝子非遗传承与乡村振兴的跨学科研究	李菲	四川大学
23	中国智媒体实践与发展研究	蒋晓丽	四川大学
24	用人单位单方解除劳动合同纠纷实证研究	王蓓	四川大学
25	四川彝族地区相对贫困识别与长效治理研究	胡知能	四川大学
26	四川明代石窟的考古调查与研究	雷玉华	四川大学
27	蜀道工匠人才培养的机制与应用路径研究——基于泸石高速公路的实践	蒋永林	四川交通职业技术学院
28	全球治理下跨国投资的环境风险法律规制研究	陈嘉	四川警察学院
29	川菜文化传承与成渝双城经济圈餐饮高质量发展研究	杜莉	四川旅游学院
30	西康文艺创作与中华民族共同体意识传播过程研究	朱茂青	四川民族学院
31	碳中和目标下四川农业绿色发展机制与实现路径研究	戴小文	四川农业大学
32	四川白酒产业高质量发展的影响因素及测度研究	余元春	四川轻化工大学
33	明代四川盐商的文化生活史研究	李玉芝	四川轻化工大学
34	乡村振兴战略背景下凉山民族地区教育治理现代化研究	阿呷热哈莫	四川师范大学
35	近代西康地方志整理与研究	陈鹤	四川师范大学
36	中国书法“自然”美学思想研究	朱波	四川师范大学
37	中学卓越教师学科专业素养研究——以语文学科为例	靳彤	四川师范大学
38	高质量发展下四川文旅产业转型升级动能与路径研究	黄萍	四川文化产业职业学院
39	四川革命老区巩固拓展脱贫攻坚成果与乡村振兴有效衔接研究	蒲小梅	四川文理学院
40	新时代美育视域下四川省高校音乐教育高质量发展研究	雍敦全	四川音乐学院
41	凉山彝族饮食文化资源助推乡村旅游发展研究	罗边伍各	西昌学院
42	杜甫与成都	潘殊闲	西华大学
43	中文图书引文数据库建设的标准化问题研究	李明伍	西华大学
44	高水平应用型大学建设标准与行动路径研究	魏红梅	西华师范大学

续表105

序号	项目名称	负责人	工作单位
45	高校大学生马克思主义信仰教育体系建设研究	谷生然	西华师范大学
46	清末城镇乡议事会研究——以南部县为中心	左平	西华师范大学
47	《民法典》时代商业银行的法律风险防范——合同条款设计与风控操作要点	廖振中	西南财经大学
48	四川省粮食安全保障战略转变问题研究	范丹	西南财经大学
49	老年家庭照料与正式照料的整合及其政策意涵	穆滢潭	西南财经大学
50	川藏铁路沿线典型地域文化元素库构建、传承与创新研究：以列车设计为例	向泽锐	西南交通大学
51	基于第七次全国人口普查数据的四川养老服务重难点问题及对策研究	杨一帆	西南交通大学
52	四川省农业农村现代化发展指标体系研究	何周蓉	西南科技大学
53	当代网络文学中的传统文化重述调查	李澜澜	西南科技大学
54	改善民营企业营商环境的刑事路径研究	贾银生	西南科技大学
55	藏羌彝走廊多元民间信仰和合共生——以雅砻江大河湾为例	贺健	西南民族大学
56	四川涉藏地区乡村建设行动的民族特色研究	张华志	西南民族大学
57	“双碳”目标视野下中国能源安全法律保障体系研究	秦扬	西南石油大学
58	“后疫情时代”健康产业高质量发展法治保障研究	羊海燕	西南医科大学
59	唐君毅伦理思想研究	张海龙	宜宾学院
60	互联网社交媒体时代的白酒品牌营销内容、路径研究	白如彬	宜宾学院

“庆祝中国共产党成立100周年暨党史学习教育”专项

2021年四川省社科规划“庆祝中国共产党成立100周年暨党史学习教育”专项立项20项，具体名单见表2。

“宣传阐释习近平总书记在庆祝中国共产党成立100周年大会上的重要讲话精神”重大项目

2021年四川省社科规划“宣传阐释习近平总书记在庆祝中国共产党成立100周年大会上的重要讲话精神”重大项目立项10项，具体名单见表106。

表106　2021年四川省社科规划“宣传阐释习近平总书记在庆祝中国共产党成立100周年大会上的重要讲话精神”重大项目立项名单

序号	项目名称	负责人	工作单位
1	中国特色社会主义创造人类文明新形态研究	胡芳	四川大学
2	马克思主义中国化“两个结合”及其关系研究	刘肖	四川大学
3	全过程人民民主的生成逻辑、价值意蕴及发展进路研究	李俊	四川大学
4	发扬斗争精神的重大意义和实践要求研究	冯兵	四川大学
5	伟大建党精神的生成逻辑及传承理路研究	单孝虹	四川省社科院

续表106

序号	项目名称	负责人	工作单位
6	全人类共同价值的国际传播研究	薛新国	西华大学
7	中国共产党开创中国式现代化新道路研究	任志江	西南财经大学
8	全人类共同价值的理论与实践研究	林伯海	西南交通大学
9	中国共产党传统文化观的百年嬗变研究	崔发展	西南石油大学
10	全过程人民民主的四川实践创新研究	郭从伦	中共四川省委党校

“党的十九届六中全会和省委十一届十次全会精神研究阐释”重大项目

2021年四川省社科规划“党的十九届六中全会和省委十一届十次全会精神研究阐释”重大项目立项10项，具体名单见表10。

“脱贫攻坚暨乡村振兴”重大项目

四川省社科规划“脱贫攻坚暨乡村振兴”重大项目立项8项，具体名单见表24。

“成渝地区双城经济圈建设”重大项目

2021年四川省社科规划“成渝地区双城经济圈建设”重大项目立项10项，具体名单见表19。

“巴蜀文化对外传播研究”专项

2021年四川省社科规划“巴蜀文化对外传播研究”专项立项50项，具体名单见表107。

表107　2021年四川省社科规划“巴蜀文化对外传播研究”专项立项名单

序号	项目名称	负责人	工作单位
1	巴蜀作家在东南亚国家的接受与研究	李若珺	成都大学
2	传教士西南官话文献与巴蜀形象建构研究	林蔚	成都工业学院
3	四川地区地质灾害应急语言能力建设研究	陈熙	成都理工大学
4	巴蜀文化国际传播中的四川对外形象建构研究	庄严	成都理工大学
5	巴蜀文化对外传播与高校日语教学的融合创新研究	胡君平	成都理工大学
6	内部和外部评价范式下的中华传统文化英语教材研究	吕凯	成都师范学院
7	李白在英美世界的经典化建构研究	何新	成都师范学院
8	第31届世界大学生夏季运动会与巴蜀体育文化融合传播研究	李梦楚	成都体育学院
9	新时代语境下巴蜀武术跨文化传播与英译	金艳	成都体育学院
10	巴蜀方言中的文化内核对外传播研究	周杰	成都信息工程大学
11	四川清音的文献翻译与对外传播策略研究	黄毅	成都艺术职业大学
12	巴蜀文化大学英语教材建设研究	陆金龙	成都银杏酒店管理学院
13	巴蜀中医药非物质文化遗产外宣的英译研究	左伟	成都中医药大学

续表107

序号	项目名称	负责人	工作单位
14	都江堰—青城山景区英文标识语规范化研究	任松玲	成都东软学院
15	巴蜀文化英文生态翻译规范化研究	陈新宇	泸州职业技术学院
16	巴蜀藏族非物质文化遗产多模态英译与传播研究	肖强	内江师范学院
17	翻译传播学视域下的中国网络小说英译研究	王改霞	内江师范学院
18	攀枝花三线建设名人名言英译研究	王欢	攀枝花学院
19	百年巴蜀小说在英语国家的传播与接受研究	李娜	四川大学
20	“一带一路”与四川省域城市影视形象与跨文化宣传研究	邹红燕	四川大学
21	城市文化跨文化传播话语体系研究 ——以成都市“天府文化”国际传播为例	刘佳	四川大学
22	基于慕课的巴蜀文化外语课程建设研究与实践 ——以《印象四川》课程为例	张媛军	成都锦城学院
23	外语课程思政建设中巴蜀文化资源的开发与利用	仪雪	四川电影电视学院
24	四川绵竹年画亚洲地区海外传播研究	朱英	四川工程职业技术学院
25	三苏文化融入大学英语课程研究	王成秀	四川工商学院
26	巴蜀文化在高职英语课程教学中的融入研究	黄蜀云	四川交通职业技术学院
27	四川公安外宣翻译问题与策略研究	李晓莲	四川警察学院
28	四川饮食文化国际形象研究	张媛	四川旅游学院
29	甘孜州南派藏医药文化外宣与传播策略构建研究	刘代琼	四川民族学院
30	英美学界的古代蜀中女诗人研究	李清源	四川农业大学
31	全媒体时代四川诗酒文化创译传播探研	陈有斌	四川轻化工大学
32	四川旅游领域公示语日译研究	刘小霞	四川轻化工大学
33	川菜食文化的跨文化认知与国际传播	麻晓蓉	四川师范大学
34	具有巴蜀文化特色的传统节庆日的国际表达和传播研究	李真	四川文化产业职业学院
35	四川名人晏阳初在海外的传播与影响研究	李显文	四川文理学院
36	薛涛在英语世界的接受与研究	扎西央珍	西昌学院
37	四川高校国际汉语教育中巴蜀文化对外传播调查研究	董小莉	西华大学
38	四川白酒品牌外宣中的广告话语建构研究	李国宏	西华大学
39	大学英语巴蜀文化课程资源开发与研究	王稀婧	西华师范大学
40	视觉语法下成都世界大运会宣传片多模态分析	黄志华	西南财经大学
41	汉学家爱诗客对成都诗歌文化的书写与传播研究	赵为娅	西南交通大学
42	爱尔兰文化语境下的郭沫若研究	刘静	西南交通大学
43	唐宋入蜀诗在英语世界的译介与传播研究	杨安文	西南交通大学
44	巴蜀特色文化话语国际传播能力建设研究	邹微	西南科技大学
45	四川白酒文化对外传播译介探究	刘文婷	西南科技大学
46	四川当代少数民族文学对外传播：现状、问题及对策研究	李野	西南民族大学

续表107

序号	项目名称	负责人	工作单位
47	巴蜀文化在大学英语课程教学中的融入研究	武显云	西南民族大学
48	川西传统木结构民居文化对外宣传与传播研究	高黎	西南石油大学
49	唐君毅哲学在英语世界的传播和影响	周勇	西南医科大学
50	文化记忆模式下“一带一路”与城市形象跨文化宣传研究——以长江第一城宜宾为线索	李丽娟	宜宾学院

“中华优秀传统文化研究”专项

2021年四川省社科规划“中华优秀传统文化研究”专项立项20项，具体名单见表108。

表108　2021年四川省社科规划“中华优秀传统文化研究”专项立项名单

序号	项目名称	负责人	工作单位
1	羌族非遗文化体系及其保护与传承发展研究	罗晓飞	成都大学
2	峨眉武术史料收集、整理与研究	李传国	成都体育学院
3	载体与呈现：中华武术文化符号在海外受众的传播效果实证研究	马秀杰	成都体育学院
4	川派中医导引的溯源及挖掘整理研究	邬建卫	成都中医药大学
5	历代涉医石刻文献整理与研究	章红梅	成都中医药大学
6	巴蜀地域文化视域下的李白接受史	苏焘	绵阳师范学院
7	中华民族射日形象的文化认同与图像重构	付莎莎	绵阳师范学院
8	明代四川新都杨氏科举家族研究	陈长文	四川大学
9	四川山水题材绘画中的地域山水文化研究	李明	四川大学
10	巴蜀文豪在俄罗斯的译介与传播	赵心竹	四川大学
11	红色家风示范效应及其当代价值研究	韩蕊	四川轻化工大学
12	川籍名僧圆悟克勤禅师著作词汇研究	王勇	四川师范大学
13	四川羌族节庆体育文化资源挖掘与整理	戴朝	四川师范大学
14	社会转型期渝东南新民俗红色资源保护利用研究	赵心宪	四川师范大学
15	四川道教传统音乐资源的收集与整理	柳良	四川音乐学院
16	非遗视角下川西平原汉族民歌数据库建设研究	朱艳	西华大学
17	中华茶文化的跨文化传播研究	肖坤冰	西南民族大学
18	四川藏羌非物质文化遗产在油画中的动态传承与创新研究	许永康	西南民族大学
19	元代杜诗评注及阐释传统研究	王猛	西南民族大学
20	廖平《论语微言述》研究	杨永明	宜宾学院四川

“思想政治理论课研究”专项

2021年四川省社科规划“思想政治理论课研究”专项立项21项，具体名单见表9。

“四川省高校外国语言文学学科建设与发展项目”

2021年四川省社科规划“四川省高校外国语言文学学科建设与发展项目”立项40项，具体名单见表109。

表109　2021年四川省社科规划“四川省高校外国语言文学学科建设与发展项目”立项名单

序号	项目名称	负责人	工作单位
1	海明威战争小说研究	杨儒平	成都大学
2	高校外语教师职业动机研究——教师“巅峰时刻”模型的构建	易兰	成都锦城学院
3	新文科背景下英语文学文化类课程思政建设	黄驰	成都信息工程大学
4	中国文化走出去视域下《三线建设历史与文化》译介研究	廖红	攀枝花学院
5	汉英学习词典文化词分布研究	陈丛梅	西南科技大学
6	彝语语境下基于多元读写理论的英语教学改革与实践——以四川凉山彝族“老九县”为例	邓远亮	成都工业学院
7	新文科视域下体育院校ESP教师能力框架重构研究	刘宇	成都体育学院
8	理工科院校英语专业学习者的母语文化认同研究	宋洁琳	成都信息工程大学
9	“课程思政”视域下大学英语教学中思辨能力培养策略研究	王芹	成都中医药大学
10	跨文化视域下文化自信的建构——以美国华裔文学为例	易平	成都中医药大学
11	英语听说融合智能测评体系构建研究	陈大建	电子科技大学
12	“一带一路”教育行动合作机制研究——以泰国为例	郑艳	绵阳师范学院
13	习近平生态文明思想视域下加拿大生态文学研究	高建国	绵阳师范学院
14	中小学优秀英语教师课堂话语的超语言使用研究	尹国杰	绵阳师范学院
15	四川民族地区基础教育英语课程思政的路径与实施研究	徐跃	内江师范学院
16	基于语料库的《三国演义》罗译本和虞译本中的中医药文化英译研究	冉明志	攀枝花学院
17	四川省非通用语语言政策与规划研究——现状、问题与对策	余淼	四川大学
18	《舌尖上的中国》之四川饮食文化英译研究	杨红梅	四川工商学院
19	指向学科核心素养的高中英语教师教学适应性研究	蔡玲凌	四川轻化工大学
20	人工智能辅助数字口译效果研究	张静	四川师范大学
21	英国唯美主义场景中的东方元素研究	冯雷	四川师范大学
22	师范类院校大学英语课程思政的理论与实践研究	黄河	四川师范大学
23	基于“三进”背景的《习近平谈治国理政》外语类课程链建构研究	沈光临	四川外国语大学成都学院
24	旅游专门用途英语第二课堂研究——基于超星泛雅平台O2O混合式教学模式探究	邓飞	四川文理学院
25	基于体验哲学的认知性辞格生成机制研究	龙德银	四川文理学院
26	多维历史语境下索尔·贝娄中期作品研究	王喆	四川文理学院
27	四川高校留学生巴蜀文化教育体系构建研究	杨小娟	西华师范大学
28	国家级非物质文化遗产川北大木偶的海外传播研究	夏延华	西华师范大学
29	新文科背景下网络英语写作中心建设研究	张家瑞	西南财经大学

续表109

序号	项目名称	负责人	工作单位
30	文化人类学视阈下彝族文学英译与传播研究	焦鹏帅	西南民族大学
31	四川少数民族文学英译作品收集、整理及语料库建设	孔晓红	西南民族大学
32	香港内地生的跨文化交际障碍研究	王春艳	西南民族大学
33	中韩建交以来中国的韩国近代文学研究	许莲花	西南民族大学
34	俄罗斯非法移民问题研究	宋志芹	西南石油大学
35	四川省高校外语教师学术心理韧性研究	魏继平	成都中医药大学
36	教育信息化背景下，巴渝舞对日传播模式研究	葛慧玲	川北医学院
37	1980 年至今的法国比较文学理论动态研究	陈聃	四川大学
38	21 世纪西方学界中的东方文论研究与资料整理	杨清	四川大学
39	米兰·昆德拉的中国化阅读变异研究	李莹倩	四川师范大学
40	四川省凉山彝区高校外语教育之实践能力培养策略研究	白禹	西昌学院

“生态文明建设”专项

2021 年四川省社科规划“生态文明建设”专项立项 15 项，具体名单见表 36。

“法治四川”专项

2021 年四川省社科规划“法治四川专项”立项 29 项，具体名单见表 41。

“四川统计发展”专项

2021 年四川省社科规划“四川统计发展”专项立项 20 项，具体名单见表 110。

表 110　2021 年四川省社科规划“四川统计发展”专项立项名单

序号	项目名称	负责人	工作单位
1	四川省乡村振兴绿色创新发展统计调查研究	伍星	成都工业学院
2	成渝双城经济圈产业融合统计检测与对策研究	李学军	成都锦城学院
3	数字经济统计监测体系和增加值核算方法研究	丛日玉	成都信息工程大学
4	工业大数据统计及对四川现代工业监测应用研究	李勇	成都信息工程大学
5	大熊猫国家公园生态环境统计监测研究	申广斯	成都信息工程大学
6	基于生态系统服务核算的成渝地区双城经济圈绿色发展协调度——“两山”转化理论视角下的新测度指标体系构建	陈晓兰	四川大学
7	要素市场化配置视角下四川省政府数据与企业数据的开放、融合及高效应用研究	杨艳	四川大学
8	四川省农村客运服务质量评价及其对乡村振兴促进作用的统计分析	朱海华	四川大学
9	混合所有制改革下四川省国有企业科技创新效能统计监测研究	王良成	四川大学
10	四川产业数字化转型统计测度与收敛性研究	张伟科	四川大学
11	四川省区域产业动态演化统计监测研究	邓国营	四川大学

续表110

序号	项目名称	负责人	工作单位
12	四川省农业农村现代化评价指标体系构建与综合评价研究	付宗平	四川省社科院
13	四川家庭发展特征及其影响研究	丁娟	四川省统计学会
14	四川推动共同富裕统计指标体系研究	兰想	四川省统计学会
15	四川宏观经济景气指数和主要指标预测研究	鲁万波	西南财经大学
16	微观抽样调查数据的质量评估体系构建及应用——基于国际经验	彭嫦燕	西南财经大学
17	“双碳”战略目标下成都市域轨道交通与经济发展的统计研究	潘志刚	西南交通大学
18	四川“5+1”现代工业高质量发展研究	张玉奇	西南科技大学
19	基于“大数据+多源异构数据”关联网络优化模型的金融风险研究	马永谈	西南石油大学
20	疫情冲击下四川商贸企业供应链连锁中断风险空间统计测度与稳链策略研究	王旻轲	中国民用航空飞行学院

“地方金融监管”专项

2021年四川省社科规划“地方金融监管”专项立项8项，具体名单见表31。

社科平台及人才队伍

· 省社会科学重点研究基地
· 省社会科学高水平研究团队
· 省社会科学普及基地
· 国家社科基金资助期刊
· 社科人才队伍

省社会科学重点研究基地

截至2021年12月，四川省社会科学重点研究基地（含扩展、四川历史文化名人）共有88个，分布在37家机构（具体名单见表111），涵盖中国历史、管理学、中国文学、教育学、考古学、应用经济、艺术学、马列·科社、社会学、民族学、体育学、图书馆·情报与文献学、外国文学、新闻学与传播学、哲学15个学科。

表111　四川社会科学重点研究基地（含扩展、四川历史文化名人）

序号	基地名称	类型	依托单位	授牌年份
1	川菜发展研究中心	四川省社会科学重点研究基地	四川旅游学院	2003
2	四川教育发展研究中心	四川省社会科学重点研究基地	西华师范大学	2003
3	四川省农村发展研究中心	四川省社会科学重点研究基地	四川农业大学	2003
4	四川思想家研究中心	四川省社会科学重点研究基地	宜宾学院	2003
5	四川犯罪防控研究中心	四川省社会科学重点研究基地	西南科技大学	2004
6	四川郭沫若研究中心	四川省社会科学重点研究基地	乐山师范学院	2005
7	四川石油天然气发展研究中心	四川省社会科学重点研究基地	西南石油大学	2006
8	民间文化研究中心	四川省社会科学重点研究基地	绵阳师范学院	2007
9	区域文化研究中心	四川省社会科学重点研究基地	西华师范大学	2007
10	四川旅游发展研究中心	四川省社会科学重点研究基地	乐山师范学院	2007
11	四川省教师教育研究中心	四川省社会科学重点研究基地	四川师范大学	2007
12	四川性社会学与性教育研究中心	四川省社会科学重点研究基地	成都工业学院	2007
13	四川医事卫生法治研究中心	四川省社会科学重点研究基地	西南医科大学	2007
14	四川应用心理学研究中心	四川省社会科学重点研究基地	成都医学院	2007
15	体育社会科学研究中心	四川省社会科学重点研究基地	成都体育学院	2007
16	张大千研究中心	四川省社会科学重点研究基地	内江师范学院	2007
17	中国盐文化研究中心	四川省社会科学重点研究基地	四川理工学院	2007
18	中国政府审计研究中心	四川省社会科学重点研究基地	西南财经大学	2007
19	多元文化研究中心	四川省社会科学重点研究基地	四川师范大学	2009
20	美学研究中心	四川省社会科学重点研究基地	西南民族大学	2009
21	四川动漫研究中心	四川省社会科学重点研究基地	成都学院	2009
22	四川革命老区发展研究中心	四川省社会科学重点研究基地	四川文理学院	2009
23	川酒发展研究中心	四川省社会科学重点研究基地	四川理工学院	2010
24	地方文化资源开发与保护研究中心	四川省社会科学重点研究基地	西华大学	2010
25	李白文化研究中心	四川省社会科学重点研究基地	绵阳师范学院	2010
26	四川大学生思想政治教育研究中心	四川省社会科学重点研究基地	西华师范大学	2010
27	四川矿产资源研究中心	四川省社会科学重点研究基地	成都理工大学	2010
28	现代设计与文化研究中心	四川省社会科学重点研究基地	西南交通大学	2010

续表111

序号	基地名称	类型	依托单位	授牌年份
29	彝族文化研究中心	四川省社会科学重点研究基地	西昌学院	2010
30	中国特色社会主义理论体系研究中心	四川省社会科学重点研究基地	中共四川省委党校	2010
31	高等职业教育研究中心	四川省社会科学重点研究基地	四川交通职业技术学院	2011
32	公共政策创新研究中心	四川省社会科学重点研究基地	西南财经大学	2011
33	儒学研究中心	四川省社会科学重点研究基地	四川大学	2011
34	社会发展与社会风险控制研究中心	四川省社会科学重点研究基地	四川大学	2011
35	网络文化研究中心	四川省社会科学重点研究基地	成都信息工程学院	2011
36	文化产业发展研究中心	四川省社会科学重点研究基地	四川省文化产业职业学院	2011
37	系统科学与企业发展研究中心	四川省社会科学重点研究基地	四川大学	2011
38	心理健康教育研究中心	四川省社会科学重点研究基地	西南交通大学	2011
39	中国金融法研究中心	四川省社会科学重点研究基地	西南财经大学	2011
40	美学与美育研究中心	四川省社会科学重点研究基地	四川师范大学	2013
41	青藏高原经济社会与文化发展研究中心	四川省社会科学重点研究基地	西南民族大学	2013
42	社会舆情与信息传播研究中心	四川省社会科学重点研究基地	四川大学	2013
43	社会治理创新研究中心	四川省社会科学重点研究基地	四川警察学院	2013
44	四川县域经济发展研究中心	四川省社会科学重点研究基地	绵阳师范学院	2013
45	四川学术成果分析与应用研究中心	四川省社会科学重点研究基地	西华大学	2013
46	四川循环经济研究中心	四川省社会科学重点研究基地	西南科技大学	2013
47	纠纷解决与司法改革研究中心	四川省社会科学重点研究基地	四川大学	2014
48	老龄化与社会保障研究中心	四川省社会科学重点研究基地	西南财经大学	2014
49	四川网络文学发展研究中心	四川省社会科学重点研究基地	西南科技大学	2014
50	中国粮食安全政策研究基地	四川省社会科学重点研究基地	西南财经大学	2014
51	四川省比较文学研究基地	四川省社会科学重点研究基地	四川大学	2015
52	西南音乐研究中心	四川省社会科学重点研究基地	四川音乐学院	2015
53	康巴文化研究中心	四川省社会科学重点研究基地	四川民族学院	2019
54	四川大学古文字与先秦史研究中心	四川省社会科学重点研究基地	四川大学	2019
55	区域公共管理信息化研究中心	四川省社会科学重点研究基地（扩展）	电子科技大学	2011
56	四川省电子商务与现代物流研究中心	四川省社会科学重点研究基地（扩展）	成都信息工程大学	2013
57	中国酒史研究中心	四川省社会科学重点研究基地（扩展）	宜宾学院	2013
58	四川少年儿童组织与思想意识教育研究中心	四川省社会科学重点研究基地（扩展）	成都师范学院	2015

续表111

序号	基地名称	类型	依托单位	授牌年份
59	国家公园研究中心	四川省社会科学重点研究基地（扩展）	成都理工大学	2018
60	老龄事业与产业发展研究中心	四川省社会科学重点研究基地（扩展）	西南交通大学	2018
61	数字文化与传媒研究基地	四川省社会科学重点研究基地（扩展）	电子科技大学	2018
62	沱江流域高质量发展研究中心	四川省社会科学重点研究基地（扩展）	内江师范学院	2018
63	中国攀西康养产业研究中心	四川省社会科学重点研究基地（扩展）	攀枝花学院	2018
64	四川佛教文化遗产研究中心	四川省社会科学重点研究基地（扩展）	四川大学	2019
65	天府国际体育赛事研究中心	四川省社会科学重点研究基地（扩展）	成都体育学院	2019
66	中国出土医学文献与文物研究中心	四川省社会科学重点研究基地（扩展）	成都中医药大学	2019
67	中国近现代西南区域政治与社会研究中心	四川省社会科学重点研究基地（扩展）	四川师范大学	2019
68	大禹研究中心	四川历史文化名人基地	四川省社科院	2017
69	杜甫研究中心	四川历史文化名人基地	西南民族大学	2017
70	李白研究中心	四川历史文化名人基地	绵阳师范学院	2017
71	李冰研究中心	四川历史文化名人基地	西华大学	2017
72	落下闳研究中心	四川历史文化名人基地	西华师范大学	2017
73	苏轼研究中心	四川历史文化名人基地	四川大学	2017
74	武则天研究中心	四川历史文化名人基地	四川师范大学	2017
75	扬雄研究中心	四川历史文化名人基地	四川师范大学	2017
76	杨慎研究中心	四川历史文化名人基地	四川大学	2017
77	诸葛亮研究中心	四川历史文化名人基地	四川省社科院	2017
78	建党精神研究中心	四川省社会科学重点研究基地	四川大学	2021
79	中国西南考古研究中心	四川省社会科学重点研究基地	四川大学	2021
80	铸牢中华民族共同体意识研究中心	四川省社会科学重点研究基地	四川大学	2021
81	三星堆研究中心	四川省社会科学重点研究基地	四川省文物考古研究院	2021
82	四川省纪检监察研究中心	四川省社会科学重点研究基地	四川师范大学	2021
83	四川民族地区法治建设研究中心	四川省社会科学重点研究基地	西南民族大学	2021
84	红色资源研究中心	四川省社会科学重点研究基地	中共四川省委党校	2021
85	四川三线建设研究中心	四川省社会科学重点研究基地	攀枝花学院	2021
86	西部乡村振兴研究中心	四川省社会科学重点研究基地	四川农业大学	2021
87	农业现代化与乡村振兴研究中心	四川省社会科学重点研究基地	西华大学	2021
88	四川中医大健康产业发展与乡村振兴研究中心	四川省社会科学重点研究基地	成都中医药大学	2021

省社会科学高水平研究团队

截至2021年12月，四川全省社会科学高水平团队（含后备）共有52个，分布在34家机构（具体名单见表112），涵盖管理学、教育学、社会学、民族学、应用经济、中国文学、党史·党建、马列·科社、体育学、语言学、政治学、中国历史、法学、考古学、理论经济、统计学、艺术学、哲学、宗教学19个学科。

表112　四川社会科学高水平团队（含后备）

序号	团队名称	类型	依托单位	授牌年份
1	统筹城乡教育发展研究团队	四川省社会科学高水平研究团队	成都大学	2015
2	资源环境战略研究团队	四川省社会科学高水平研究团队	成都理工大学	2015
3	儿童组织认同研究团队	四川省社会科学高水平研究团队	成都师范学院	2015
4	区域体育产业规划研究团队	四川省社会科学高水平研究团队	成都体育学院	2015
5	旅游大数据可视化决策研究团队	四川省社会科学高水平研究团队	成都信息工程大学	2015
6	农村教育的历史发展与当代改革研究团队	四川省社会科学高水平研究团队	乐山师范学院	2015
7	新型城镇化与新农村建设融合发展研究团队	四川省社会科学高水平研究团队	绵阳师范学院	2015
8	地方本科院校转型发展研究团队	四川省社会科学高水平研究团队	四川理工学院	2015
9	川菜国际化发展研究团队	四川省社会科学高水平研究团队	四川旅游学院	2015
10	农村资源市场化研究团队	四川省社会科学高水平研究团队	四川农业大学	2015
11	农村精准扶贫创新研究团队	四川省社会科学高水平研究团队	四川农业大学	2015
12	四川方言与地域文化研究团队	四川省社会科学高水平研究团队	四川师范大学	2015
13	农村土地管理综合改革研究团队	四川省社会科学高水平研究团队	四川师范大学	2015
14	社会工作队伍人力资源管理创新研究团队	四川省社会科学高水平研究团队	西华大学	2015
15	古代文学“特色文献”研究团队	四川省社会科学高水平研究团队	西华师范大学	2015
16	基层民主与基层治理研究团队	四川省社会科学高水平研究团队	西华师范大学	2015
17	军民融合产业研究团队	四川省社会科学高水平研究团队	西南科技大学	2015
18	儒学与少数民族哲学研究团队	四川省社会科学高水平研究团队	西南民族大学	2015
19	民族文献研究团队	四川省社会科学高水平研究团队	西南民族大学	2015
20	现代新儒学及其文化影响研究团队	四川省社会科学高水平研究团队	宜宾学院	2015
21	四川藏区历史文化与现状研究团队	四川省社会科学高水平研究团队	四川大学	2018
22	四川纸质文物保护研究团队	四川省社会科学高水平研究团队	四川大学	2018
23	四川省中国西部边疆研究团队	四川省社会科学高水平研究团队	四川大学	2018
24	四川道教与中华文化传承传播研究团队	四川省社会科学高水平研究团队	四川大学	2018
25	四川宏观经济分析与调控研究团队	四川省社会科学高水平研究团队	四川大学	2018

续表112

序号	团队名称	类型	依托单位	授牌年份
26	四川居民收入分配与反贫困研究团队	四川省社会科学高水平研究团队	西南财经大学	2018
27	四川金融安全研究团队	四川省社会科学高水平研究团队	西南财经大学	2018
28	网络思想政治教育理论与实践创新研究团队	四川省社会科学高水平研究团队	电子科技大学	2018
29	四川铁路与西南社会变迁研究团队	四川省社会科学高水平研究团队	西南交通大学	2018
30	四川民族教育发展研究团队	四川省社会科学高水平研究团队	西南民族大学	2018
31	四川涉藏文献数据库建设及中国藏学话语体系建构研究团队	四川省社会科学高水平研究团队	西南民族大学	2018
32	四川基础教育学科教学改革研究团队	四川省社会科学高水平研究团队	绵阳师范学院	2018
33	四川濒危活态文献保护研究团队	四川省社会科学高水平研究团队	四川师范大学	2018
34	四川革命老区生态文明建设研究团队	四川省社会科学高水平研究团队	四川文理学院	2018
35	四川彝族语言与非物质文化遗产研究团队	四川省社会科学高水平研究团队	西昌学院	2018
36	四川党史人物与党建思想研究团队	四川省社会科学高水平研究团队	西华师范大学	2018
37	四川藏羌彝走廊文化创意产业发展研究团队	四川省社会科学高水平研究团队	阿坝师范学院	2018
38	四川彩墨艺术传承与创新研究团队	四川省社会科学高水平研究团队	内江师范学院	2018
39	四川职业教育与产业发展研究团队	四川省社会科学高水平研究团队	成都工业职业技术学院	2018
40	四川藏羌彝文化走廊研究团队	四川省社会科学高水平研究团队	四川省社科院	2018
41	四川党的建设研究团队	四川省社会科学高水平研究团队	中共四川省委党校	2018
42	传统文化背景下攀西地区特色文化及应用研究团队	四川省社会科学高水平研究团队	攀枝花学院	2018
43	四川非物质文化遗产教育传承与发展研究团队	四川省社会科学高水平研究团队	四川文化产业职业学院	2018
44	医事法学教育创新团队	四川省社会科学高水平研究团队	西南医科大学	2018
45	经济统计研究团队	四川省社会科学高水平研究团队（后备）	成都信息工程大学	2015
46	体育传播研究团队	四川省社会科学高水平研究团队（后备）	成都体育学院	2015
47	养老与老年健康研究团队	四川省社会科学高水平研究团队（后备）	成都医学院	2015
48	民族医药文化保护、传承与创新研究团队	四川省社会科学高水平研究团队（后备）	成都中医药大学	2015
49	石油天然气发展战略与安全管理研究团队	四川省社会科学高水平研究团队（后备）	西南石油大学	2015
50	四川基层卫生事业发展研究团队	四川省社会科学高水平研究团队（后备）	川北医学院	2018
51	四川川南文化协同创新与国际化传播研究团队	四川省社会科学高水平研究团队（后备）	四川理工学院	2018

续表112

序号	团队名称	类型	依托单位	授牌年份
52	四川青少年思想道德教育创新研究团队	四川省社会科学高水平研究团队（后备）	西南科技大学	2018

省社会科学普及基地

截至2021年12月，四川省社会科学普及基地共有110个，分布在全省21个市（州）（具体名单见表113），涵盖博物馆、纪念馆、故居、图书馆、科研院所、高校、文化古镇等。

表113　四川省社会科学普及基地名单（年度顺序共110个）

序号	基地名称	依托单位	备注
第一批12个（川社联发〔2011〕8号—2011.2.25）			
1	心理研究与咨询普及基地	西南交通大学心理研究与咨询中心	成都高校
2	少数民族双语教育普及基地	西南民族大学社科处	成都高校
3	教育发展普及基地	四川师范大学研究生院	成都高校
4	资源与环境经济普及基地	成都理工大学商学院	成都高校
5	青少年性教育普及基地	成都大学师范学院	成都高校
6	古镇文化普及基地	成都邛崃市平乐镇管理委员会	成都市
7	公民文化普及基地	四川农业大学马克思主义学院	雅安高校
8	生态和民俗文化普及基地	雅安市雨城区上里古镇管理局	雅安市
9	盐文化普及基地	自贡市盐业博物馆	自贡市
10	社会法制教育普及基地	西南科技大学法学院	绵阳高校
11	绵州历史文化普及基地	绵阳市图书馆	绵阳市
12	民间文化普及基地	绵阳师范学院民间文化研究中心	绵阳高校
第二批13个（川社联发〔2012〕9号—2012.5.16）			
13	中国传统文化普及基地	四川大学文学与新闻学院	成都高校
14	运动健康普及基地	成都体育学院运动系	成都高校
15	气候变化与经济发展普及基地	成都信息工程大学管理学院	成都高校
16	四川文化产业普及基地	四川文化产业职业学院	成都高校
17	红军强渡大渡河历史文化普及基地	石棉县中国工农红军强渡大渡河纪念馆	雅安市
18	三苏文化普及基地	眉山市三苏祠博物馆	眉山市
19	李庄抗战历史文化普及基地	宜宾市翠屏区李庄镇人民政府	宜宾市
20	宋代青瓷文化普及基地	四川宋瓷博物馆	遂宁市
21	青少年文学艺术普及基地	四川文理学院文学与传播学院	达州高校
22	留守儿童心理健康普及基地	广元市利州区社科联 利州区大石小学	广元市
23	春节文化普及基地	南充阆中市社科联	南充市

续表113

序号	基地名称	依托单位	备注
24	四川孝文化普及基地	德阳市旌阳区社科联 旌阳区孝泉镇人民政府	德阳市
25	安州区乡村经济社会发展普及基地	绵阳市安州区社科联 安州区“乡村大讲堂”	绵阳市
第三批9个（川社联发〔2012〕33号—2012.12.26）			
26	中外优秀文化传播普及基地	四川省应用外语研究会 成都信息工程大学	成都高校
27	区域历史与文化普及基地	四川大学历史学院 四川大学博物馆	成都高校
28	幸福家庭教育普及基地	成都市双流区社科联 双流区图书馆	成都市
29	四川省李白文化普及基地	绵阳江油市李白纪念馆	绵阳市
30	相如文化普及基地	南充市蓬安县社科联 蓬安司马相如研究院	南充市
31	剑门关古蜀道历史文化普及基地	广元市剑阁县社科联 剑阁古城文化发展联合会	广元市
32	邓小平理论教育与实践普及基地	广安市邓小平图书馆	广安市
33	廉洁文化普及基地	内江师范学院政治与公共管理学院	内江高校
34	陈毅元帅革命精神及诗词文化普及基地	资阳市乐至县陈毅故里管理局	资阳市
第四批11个（川社联发〔2013〕14号—2013.10.24）			
35	书法艺术普及基地	成都文理学院书法普及教育研究所	成都高校
36	大学精神与大学文化教育普及基地	四川大学校史馆	成都高校
37	地震知识普及基地	绵阳北川：“5·12”汶川特大地震纪念馆	绵阳市
38	中国“两弹一星”红色文化普及基地	绵阳市梓潼县社科联 梓潼县“两弹城”	绵阳市
39	三星堆古蜀文化普及基地	四川广汉三星堆博物馆	德阳市
40	四川省绵竹年画文化普及基地	德阳市绵竹年画村景区	德阳市
41	川北历史文化普及基地	西华师范大学图书馆	南充高校
42	四渡赤水战役与长征精神普及基地	泸州市古蔺县红军长征四渡赤水博物馆	泸州市
43	蓬溪起义与老区发展普及基地	遂宁市蓬溪县旷继勋烈士纪念馆	遂宁市
44	沐川县农耕文化普及基地	乐山市沐川县社科联、沐川县文广新局	乐山市
45	康巴文化普及基地	四川民族学院	甘孜州
第五批20个（川社联发〔2014〕24号—2014.10.24）			
46	能源安全与文化普及基地	西南石油大学马克思主义学院	成都高校

续表113

序号	基地名称	依托单位	备注
47	心理与行为科学普及基地	成都师范学院	成都高校
48	中华传统经典普及基地	西南交通大学人文学院	成都高校
49	社科普及机制建设与评价普及基地	华西文化产业研究院	成都市
50	中华文化与城市传承普及基地	成都大学文学与新闻学院	成都高校
51	青少年数字化语言文化普及基地	电子科技大学外国语学院	成都高校
52	酒店与饮食文化普及基地	成都银杏酒店管理学院	成都高校
53	老年健康普及基地	成都大学医学院	成都高校
54	禹羌文化普及基地	绵阳市北川县社科联 北川羌族民俗文化博物馆	绵阳市
55	朱德故里革命传统教育普及基地	南充市仪陇县社科联 朱德故里管理局	南充市
56	红军历史文化普及基地	巴中市社科联 巴中市巴州区图书馆	巴中市
57	峨眉武术文化普及基地	内江师范学院体育学院	内江高校
58	钒钛文化普及基地	攀枝花学院四川省钒钛材料 工程技术研究中心	攀枝花高校
59	合江汉宋画像石棺历史文化普及基地	泸州市合江县社科联 合江县汉代画像石棺博物馆	泸州市
60	高职学生综合素质训育普及基地	四川职业技术学院	遂宁高校
61	硅化木地质文化普及基地	射洪县社科联 射洪县侏罗纪景区管理委员会	遂宁市
62	四川世界遗产普及基地	乐山师范学院	乐山高校
63	根书艺术普及基地	乐山市五通桥区社科联 中国根书艺术馆	乐山市
64	党史知识普及基地	宜宾市南溪区社科联、中共南溪区委党校	宜宾市
65	凉山彝族历史文化普及基地	凉山彝族奴隶社会博物馆	凉山州
第六批10个（川社联发〔2016〕13号—2016.7.8）			
66	工业文化普及基地	成都工业职业技术学院	成都高校
67	四川省民族地区法制建设 与法律知识普及基地	西南民族大学法学院	成都高校
68	四川宝山新农村建设文化普及基地	彭州市社科联、 彭州市龙门山镇宝山村村委会	成都市
69	四川历史文化故事普及基地	西南科技大学外国语学院	绵阳高校
70	昭化古城三国文化普及基地	广元市昭化区社科联、昭化古镇管理局	广元市
71	民俗灯文化普及基地	四川轻化工大学美术学院	自贡高校
72	中医养生文化普及基地	西南医科大学附属中医院	泸州市
73	陈子昂读书台励志教育普及基地	射洪县子昂故里文化旅游区 开发建设管理委员会	遂宁市

续表113

序号	基地名称	依托单位	备注
74	犍为文庙儒家文化普及基地	乐山市犍为县社科联 犍为县文物管理所	乐山市
75	会理绿陶艺术文化普及基地	凉山州会理县社科联、会理绿陶文化开发有限公司	凉山州
第七批8个（川社联发〔2017〕32号—2017.12.6）			
76	成都“金沙讲坛”人文社科普及基地	成都市社科联、成都市金沙智库研究会	成都市
77	汶川映秀防震减灾知识普及基地	阿坝州社科联、“5·12”汶川特大地震映秀震中纪念馆	阿坝州
78	音乐艺术普及基地	四川音乐学院科研处	成都高校
79	四川省蒙顶山茶文化普及基地	雅安市名山区历史与自然遗产研究协会	雅安市
80	动漫游戏文化普及基地	四川信息职业技术学院 广元市动漫协会	广元高校
81	继光精神普及基地	德阳市中江县黄继光纪念馆	德阳市
82	四川洪雅藤椒文化普及基地	眉山市洪雅县藤椒文化博物馆	眉山市
83	健康文化普及基地	川北医学院	南充高校
第八批27个（川社联发〔2019〕16号—2019.12.6）			
84	禁毒防艾宣传教育普及基地	西昌学院	凉山高校
85	中国特色社会主义法治文化普及基地	四川大学法学院	成都高校
86	安全知识教育普及基地	四川大学国际关系学院、中国西部安全与发展协调创新中心	成都高校
87	美食与旅游文化普及基地	四川旅游学院饮食文化博物馆	成都高校
88	大学生创新创业文化普及基地	西南石油大学大学生创新创业中心、创新创业学院	成都高校
89	四川巴文化普及基地	四川文理学院、达州巴文化研究院	达州高校
90	郭沫若故居社科普及基地	乐山郭沫若故居	乐山市
91	地学文化普及基地	成都理工大学博物馆、成都自然博物馆	成都高校
92	生命科学与健康教育普及基地	雅安职业技术学院	雅安高校
93	四川民俗文化传承与创新普及基地	四川大学锦城学院	成都高校
94	应急管理知识普及基地	乐山师范学院	乐山高校
95	成都东郊工业文明普及基地	成都传媒文化投资有限公司	成都市
96	武胜乡村振兴与产业发展文化普及基地	武胜县现代农业园区管理委员会、武胜县社科联	广安市
97	反家庭暴力知识普及基地	成都大学法学院	成都高校
98	越王楼与绵州文化普及基地	四川越王楼文化传播有限公司	绵阳市
99	社区家庭教育普及基地	成都市武侯区社区学院	成都市

续表113

序号	基地名称	依托单位	备注
100	乡村少儿书法教育传承普及基地	彭州市通济镇思文永诚小学	成都市
101	艾芜纪念馆社科普及基地	成都市新都区艾芜纪念馆	成都市
102	川菜文化普及基地	成都川菜博物馆、中国川菜文化体验馆	成都市
103	客家文化普及基地	成都洛带华侨城文化旅游开发有限公司	成都市
104	范长江纪念馆社科普及基地	范长江纪念馆	内江市
105	铁道兵与成昆铁路建设历史文化普及基地	乐山市金口河区旅游开发管理委员会	乐山市
106	非物质文化遗产普及基地	成都绿舟博物馆	成都市
107	陈寿《三国志》文化普及基地	南充市西山风景区管理局	南充市
108	金融知识普及基地	四川大学经济学院	成都高校
109	现代设计艺术文化普及基地	成都许燎源现代艺术博物馆	成都市
110	泸州“酒城讲坛”社科普及基地	泸州市社科联、泸州“酒城讲坛”办公室	泸州市

国家社科基金资助期刊

【《社会科学研究》】创刊于1979年3月，是由四川省社科院主管主办、国内外公开发行的综合性人文社会科学学术理论刊物，双月刊。主要刊登经济学、政治学、法学、社会学、哲学、历史学、文学、新兴交叉等学科的研究论文，是我国人文社科界向海内外展示优秀成果的重要窗口之一。

【《四川大学学报》（哲学社会科学版）】创刊于1955年，是由中华人民共和国教育部主管、四川大学主办的综合性学术期刊，双月刊。发表文、史、哲、政、经、法等学科的优秀学术文章，在人文科学领域关注新思想、新资料和新方法，在社会科学领域重视理论探索、实证调查和社会关怀。

【《四川师范大学学报（社会科学版）》】创刊于1974年，是由四川省教育厅主管、四川师范大学主办的学术期刊，双月刊。主要设有哲学、政治学、法学、经济学、语言学、文学、历史学、教育学、美学、中国古代文学、宋史、中国近现代历史、教育学、巴蜀论丛、旅游等栏目。

【《宗教学研究》】创刊于1982年，是由四川大学主管、四川大学道教与宗教文化研究所主办的宗教学专业学术季刊。主要设有道教研究、佛教研究、基督教研究、译文调查研究、宗教学理论研究、研究生论坛、学术资料等栏目，内容以中国道教研究为主，兼及佛教、基督教、天主教、伊斯兰教、中国民族民间宗教及其他宗教的研究。

【《经济学家》】创刊于1989年，是由中华人民共和国教育部主管、西南财经大学承办的大型经济理论刊物，月刊。以马克思主义为指导，以促进社会主义精神文明和物质文明建设为己任，着力发展和繁荣有中国特色的社会主义经济理论，促进国际文化交流为办刊宗旨，主要设有中国经济学论坛、理论经纬、改革探索、比较与借鉴、研究报告、金融研究、农业研究、学者风范等栏目。

社科人才队伍

截至2021年，分布在全省高等院校、社科院所、党校系统、各级社科联、学术团体、民办社科研究机构、各级地方党政部门研究系统的社科工作者达40余万人，涌现出了一大批学术领军人物、学科带头人和中青年科研骨干，形成了一支数量可观、总体素质较高、学科门类齐全、专业结构和老中青梯次结构相对合理的哲学社会科学人才队伍。

四川省学术和技术带头人及后备人选

选拔四川省学术和技术带头人，旨在加快培养造就一批国内一流水平的学术和技术领军人才，引领和带动四川高层次专业技术人才队伍建设，促进全面创新改革驱动转型发展。《中共四川省委四川省人民政府关于印发第十三批四川省学术和技术带头人名单的通知》（川委〔2021〕350号）、《四川省人力资源和社会保障厅等八部门关于印发第十三批四川省学术和技术带头人后备人选名单的通知》（川人社发〔2021〕5号）印发，公布了第十三批四川省学术和技术带头人、四川省学术和技术带头人后备人选获批名单。

“天府青城计划”

2021年“天府青城计划”工作启动，旨在围绕创新驱动引领高质量发展，进一步提升本土人才队伍核心竞争力，示范带动各市（州）支持培养一批各类高层次人才，为我省“十四五”开好局、起好步提供有力保障。2021年“天府青城计划”拟从川内企事业单位在职人员中遴选支持约290名本土高层次人才，按照杰出人才、领军人才、青年拔尖人才3个类别12个项目实施。其中，杰出人才类别设天府杰出科学家项目，重点支持一批紧跟世界科技前沿、取得重大突破成果的高端人才；领军人才类别设天府创新领军人才、天府创业领军人才、天府文化领军人才、天府名师、天府名医、天府工匠、天府农业大师、天府金融英才等项目，重点支持一批处于行业领先、引领创新发展的高端人才；青年拔尖人才类别设天府科技菁英、天府社科菁英、天府金融菁英等项目，重点支持一批创新能力强、发展潜力大的青年高端人才。“天府青城计划”入选者可获资金资助、项目支持、住房保障、医疗和子女入学等11个方面的支持政策。

在12月30日召开的省委人才工作会议上，分别向入选2021年度“天府青城计划”的杰出科学家项目和领军人才项目入选代表颁发证书。2021年度入选“天府青城计划”的专家人才共320人。

积极扶持中青年人才成长

坚持德才兼备、以德为先的标准，积极贯彻中共四川省委、四川省人民政府人才强省战略，把积极培养扶持中青年学者作为一项战略任务，并贯彻落实在规划课题立项、社科评奖、人才推荐等具体社科工作之中。

团体会员

- 市（州）社科联
- 高校社科联
- 学会（协会、研究会）
- 民办社科研究机构

市（州）社科联

成都市社科联

【年度工作】成都市社科联 2021 年主要工作如下。

一是高标准开展党史学习教育和建党百年大庆工作，推动新思想新理念在成都落地生根。

（1）用实际行动掀起学习“七一”重要讲话的理论热潮。参与或组织召开“学习贯彻‘七一’重要讲话精神四川社科专家座谈会”“成都社科界学习贯彻习近平总书记在庆祝中国共产党成立 100 周年大会上的重要讲话精神研讨会”“成都市庆祝中国共产党成立 100 周年理论研讨会”。受邀参加四川省庆祝中国共产党成立 100 周年理论研讨会、四川省社科联学习“七一”重要讲话精神理论研讨会作主题发言。

（2）发挥理论宣传宣讲优势营造党史学习教育的浓厚氛围。11 月 12 日组织召开“成都社科界学习贯彻十九届六中全会精神座谈会”。为干部群众讲座近 20 场，宣讲听众上千人。金沙讲坛做党史专题讲座 7 场。

（3）发挥社科智库作用为群众办实事解难题。获立 2021 年度国家社科基金项目“‘三权分置’改革背景下农村社会阶层研究”，省社科规划重点项目“特大城市交通精细化治理的机制创新研究”“新时代‘党建+社区、小区、物业融合’共建共治共享新模式的探索研究”，市人大重点课题“成都市养犬管理条例”，市政协重点课题“建设一支高素质产业工人队伍　打造制造业强市研究”等，研究成果得到市委主要领导的肯定性批示。

（4）“书”写百年征程为党的百年大庆献上社科厚礼。出版《成都社科二十年》《公园城市发展报告（2021）》《成都都市圈建设发展报告》《世界文化名城理论经验与成都实践》《中国基层社会治理的地方实践——以成都市城乡社区发展治理为例》《成都市文化创意产业发展报告（2020）》《成都建设世界文化名城报告 2017—2019》；出版“天府文化系列丛书”首批书籍 9 本、习近平新时代中国特色社会主义思想指引下的成都实践丛书 6 本。

二是强化社科平台建设，围绕中心服务大局取得新成效。

（1）强化成都研究院智库平台建设。一是 2021 年与中国社科院的课题共转化为《中国社科院重要成果专报》8 篇、在《经济日报》等刊物上登载与成都相关的理论文章 10 篇。二是聘请潘家华学部委员担任成都研究院名誉院长，共建专家指导委员会。三是争取到与中国社科院在共同富裕、新基建与新经济产业链、智慧城市、公园城市、成都都市圈建设、成都世界文化名城建设等重大领域的项目协同研究。四是争取到中国社科院重要资源在成都的合作建设。五是争取到《公园城市发展报告》《成都都市圈建设发展报告》《成都社区治理发展报告》等由社会科学文献出版社每年定期以中英文的蓝皮书形式出版。

（2）规划评奖杠杆作用持续发挥。2021 年社科规划项目申报数 751 项，创历史新高，共立项 2021 年社科规划项目 153 项。开展市第十五次社科优秀成果评奖工作，共收到参评成果 1788 项，创历史新高。

（3）向上争取项目立项和成果获奖。2021 年，成都市社科院立项国家社科基金项目 1 项、省社科规划重点项目 1 项、市社科规划项目 3 项，承接横向委托课题数十项，编写《重要成果报告》16 期，其中《成都争创全国文明典范城市的对策建议》得到市委主要领导的肯定性批示。在四川省第十九次社科优秀成果评奖中，由成都市社科联推荐的成果荣获一等奖 1 项、二等奖 1 项、三等奖 4 项，推荐成果获得一等奖尚属首次。

三是发挥群团工作优势，助力全国文明典范城市建设。

（1）主导建设“成都群团服务体验馆——烹燃心动·互动式实操服务馆”。10月19日，作为13个群团首家开馆的群众服务体验馆，成都市社科联在成都川菜博物馆举行了启动仪式，市委分管领导出席仪式并讲话。此外，还牵头实施了“共建幸福美好·服务新成都人”行动，编制了《成都市民文明礼仪手册》，参与了团市委牵头的“共建幸福美好·雏鹰计划”、市科协牵头的“共建幸福美好·公园城市低碳生活宣讲”行动。

（2）开展社科普及宣传。组织开展金沙讲坛30期，完善“金沙讲坛　成都社科”微信公众号；围绕建党100周年主题，组织开展“百场沙龙礼赞百年”，已开展115场。

（3）开展社科学术交流。10月28日，组织召开全国文明典范城市创建专家研讨会；12月，与四川省社科联等联合主办第二届成渝双城经济圈论坛，召开第三届公园城市国际论坛暨中国城市经济学会公园城市专委会年会，召开国际现代化都市圈建设高层论坛暨成都都市圈研讨会。

四是加强自身建设，全市社科系统呈现良好发展势头

（1）落实社科领域意识形态安全责任制。严守“金沙讲坛”“学术沙龙”“成都社科在线”网站、《社科论坛》杂志、“金沙讲坛成都社科”微信公众号等意识形态阵地。

（2）信息化建设有突破。开发建设了成都市社科成果管理系统和社科院科研项目管理系统。

（3）干部队伍建设继续加强。召开市社科联第五届理事会、常务理事会、主席办公会各1次。完成2批次近百人的基层社科组织业务培训。市社科院完成全市“新三定”方案和政事权限清单拟订工作，持续引进博士研究生等高层次人才。

自贡市社科联

【年度工作】自贡市社科联2021年主要工作如下。

3月12日，自贡市委宣传部、自贡市社科联发布《关于征集庆祝中国共产党成立100周年理论研讨文章的通知》，面向全市广大社科工作者和党员干部群众征集理论研讨文章。

5月28日，自贡市社科联第七次代表大会在盐都会议中心会议厅召开，大会选举产生了自贡市社科联第七届理事会及领导班子。四川省社科联党组副书记彭斌、自贡市委副书记唐强出席开幕式。

6月3日，自贡市社科联发布《关于印发2021年度自贡市哲学社会科学规划课题立项的通知》，立项课题32项；自贡市委宣传部、自贡市委党史研究室、自贡市社科联联合发布《关于印发2021年自贡地方党史专项课题立项的通知》，立项课题9项。

6月12日至21日，自贡市社科联联合自贡市收藏家协会在万达广场、中国彩灯博物馆分别举办庆祝建党100周年红色收藏展，吸引观展群众约1.5万人次。主要展出反映新民主主义革命时期至今的邮集、门券、明信片、钱币、信札、报纸等红色文化收藏品，通过展览形式向广大市民普及红色文化，推动传承红色精神，进一步激发广大市民爱党爱国爱社会主义的热情。

6月21日，自贡市委宣传部、自贡市社科联发布《关于表扬庆祝中国共产党成立100周年优秀征文的通知》，通报表扬优秀征文18篇，其中一等奖3篇、二等奖5篇、三等奖10篇。

6月24日，自贡市庆祝中国共产党成立100周年理论研讨会暨第二届“盐都论见”学术研讨会在盐都会议中心大礼堂举行。

7月1日，自贡市委统战部、自贡市社科联联合发布《关于印发统战工作专项课题立项的通知》，立项课题7项。

8月25日，自贡市社科联班子成员以普通党员身份参加了市委宣传部第三支部的专题组织生活会。会议围绕学习习近平总书记在庆祝中国共产党成立100周年大会上的重要讲话精神，交流学习体会，检视问题不足，深刻剖析原因，明确整改措施。

攀枝花市社科联

【年度工作】攀枝花市社科联2021年主要工作如下。

◆课题研究

2021年，攀枝花市社科联共下达市级社科规划课题86项，课题内容涵盖攀枝花“两城”建设、市域社会治理现代化、三线建设研究等方面，以应用性对策研究为主。截至2021年年底，共有“攀西科技城和钒钛新城建设发展的内生动力培育研究”“攀枝花市推动城乡基层治理促进市域社会治理现代化的实践研究”“攀枝花三线文献资源共建共享研究”等85项课题按期结项。

攀枝花市社科联首次与凉山州社科联开展课题合作研究，由攀枝花学院汪大喹教授负责的《地方民族高校学生铸牢中华民族共同体意识调查报告》被列为2021年度“凉山州民族文化研究基金”规划项目。

攀枝花市社科联编写《重要成果专报》4期，送市领导及相关部门参阅。选送的《攀枝花市中长期人口与产业协调发展战略研究》《中西医结合康养示范城建设可行性研究》《攀枝花红色旅游高质量发展路径研究》3项成果入选中国人民政治协商会议第十届攀枝花市委员会第一次会议大会发言材料。

◆学会管理

3月30日，攀枝花市社科联七届三次理事会在攀枝花会展中心召开。会议由攀枝花市社科联党组书记、常务副主席王汉军主持。会议传达学习习近平总书记在党史学习教育动员大会上的讲话精神、彭清华书记在全省党史学习教育动员大会上的讲话精神和四川省社科联七届五次常务理事会议精神，回顾总结攀枝花市社科联2020年工作，安排部署2021年工作。攀枝花市审计局、攀枝花学院社科联、攀枝花市心理学会作交流发言。会议还邀请攀枝花市社科联副主席、四川机电职业技术学院李胜副教授作“攀枝花是在党的光辉思想指引下取得伟大成果的成功典范”的党史学习教育专题讲座。

2021年，攀枝花市社科联严格执行社会团体管理有关规定，进一步加强对市级社科学会、协会、研究会的业务指导和基础管理，协助市民政局做好社科类社会组织年检工作。截至年底，共有直接指导管理的市级社科类社会组织5个：攀枝花市教育学会、攀枝花市心理学会、攀枝花市教育助学发展研究会、攀枝花市地方志协会和攀枝花市观赏石研究会。

◆社科宣传普及

4月23日，攀枝花市社科联在攀枝花市金江中小学组织开展“青少年心理危机的早期识别与干预”科普讲座，提升教师对学生的心理危机早期识别和干预的能力，有效预防和应对校园突发事件。

5月13日，攀枝花市社科联在大田中学组织开展“传承三线精神　弘扬科学家精神”主题讲座，鼓励同学们要树立远大志向、勇于探索求真，并勇担民族复兴重任。两场讲座契合师生需求，共有200余名师生参与并积极互动。

5月13日，攀枝花市社科联在仁和区大田镇开展“科普助力乡村振兴”活动，开展党史宣讲及石榴种植技术指导，并赠送社科书籍、杂志200本，大田镇政府机关党员干部、村支两委干部、农民群众百余人参与活动。

2021年11月，攀枝花市“四川三线建设研究中心”被认定为四川省社会科学重点研究基地（2022—2024）。

◆学术活动

6月至7月，攀枝花市社科联与攀枝花市委宣传部、攀枝花市委党史研究室联合开展“攀枝花市庆祝中国共产党成立100周年理论研讨会”征文活动，共收到市内外作者提交的论文116

篇，评选出《从推动乡村全面振兴看中国共产党的初心与使命》（陈绚）、《中国共产党百年建党治党的政治根基》（宋斌）等一等奖论文5篇，《三线精神的时代价值》（李常）、《在新时代开展党史学习教育对党建工作的重要作用》（黄彪）等二等奖论文10篇，《“江山就是人民，人民就是江山”的深刻意蕴》（冯国权）、《试论习近平新时代统一战线思想的战略思维》（张英民）等三等奖论文25篇，分别给予表扬奖励。

7月16日，攀枝花市社科联与攀枝花市委宣传部、攀枝花市委组织部、攀枝花市委党校、攀枝花市委党史研究室、攀枝花市教育和体育局、攀枝花军分区政治工作处联合召开“攀枝花市庆祝中国共产党成立100周年理论研讨会”，市级有关单位、各县（区）委宣传部领导及优秀论文作者代表共60余人参会，9名同志围绕学习贯彻习近平总书记“七一”重要讲话和中国共产党的百年奋斗历程，结合各自思想和工作实际，谈认识体会、作交流发言。在《攀枝花日报》上，连续3期刊载理论研讨会发言，推动习近平总书记“七一”重要讲话精神的学习贯彻。

◆优秀成果评奖

8月至12月，攀枝花市社科联成功组织开展攀枝花市第十四次社会科学优秀成果评奖工作，评选出2018—2020年全市优秀社科研究成果70项。

◆党史学习教育

攀枝花市社科联以党史学习教育作为组织建设的主题，聚集党史学习教育目标任务，抓牢党史理论学习，抓实“我为群众办实事”实践活动，使机关党员干部受到了一次全面深刻的政治教育、思想淬炼和精神洗礼，切实做到学史明理、学史增信、学史崇德、学史力行。一是党史学习一以贯之。以党组“四个专题”学习为引领，充分利用指定教材，采取“集中学习+个人自学”的方式，确保百年党史学深悟透，并以阶段性的党史答题活动来检验和巩固学习效果。二是学史力行慎终如始。通过开展丰富多样的社科宣传普及活动，满足群众精神文化需求，培育基层群众科学素养；赴市级社科普及基地及友邻市州社科联，开展深入调研，把脉全市哲学社会科学现状与问题，形成《攀枝花市社会科学研究现状调查及对策建议》调研报告；开展文明劝导、社区“双报到”等志愿服务活动，助力文明城市创建和市域社会治理；赴米易县普威镇板棚村开展走访慰问调研活动，召开座谈会，共商乡村振兴发展大计。

泸州市社科联

【年度工作】泸州市社科联2021年主要工作如下。

2021年，泸州市社科联（院）在市委市政府的领导和四川省社科联、泸州市委宣传部的指导下，紧紧围绕市委市政府中心工作，坚持稳中求进、守正创新，注重宣传阐释、凝智聚力、示范引领、管理服务，综合工作和社科普及宣传工作被四川省社科联通报表扬，为推动泸州奋力建设新时代区域中心城市提供了理论支撑和智力支持。

一是突出政治引领，着力宣传阐释，确保方向正确。

（1）围绕重大政策宣传阐释。整合高校、部门等力量，组织理论社科工作者围绕习近平新时代中国特色社会主义思想，党的十九届五中、六中全会精神，四川省委十一届九次、十次全会精神和泸州市委八届十次、泸州市第九次党代会精神的学习贯彻和宣传阐释160余场次，形成理论解读文章30余篇。组织开展习近平新时代中国特色社会主义思想泸州实践系列研究，“习近平总书记‘坚持以人民为中心’重要论述研究”等6项课题立项，“习近平关于新时代大学生思想政治教育的重要论述研究”等7项课题结项。

（2）围绕重要讲话组织研讨。围绕学习贯彻习近平总书记在庆祝中国共产党成立100周年大会上的重要讲话精神召开座谈会，市委分管领导出席会议并讲话。组织参加四川省庆祝建党100周年理论研讨，3篇文章获奖。联合开展“庆祝中国共产党成立100周年”专项课题研究，“中国共产党领导的百年防疫史研究”等36项课题获准立项，全部按期结项，汇编“庆祝中国共产党成立100周年”专项课题成果集。

(3) 围绕意识形态严管阵地。严格执行意识形态责任制有关规定，坚持专项研究、定期分析、专题报告，联合对社科阵地开展督促检查。加强对论坛、讲坛、年会、报告会、研讨会等阵地管理，推行酒城讲坛讲师、课题研究负责人意识形态责任承诺制，与市级社科学会负责人签订意识形态工作责任书，强化对规划课题、优秀成果评奖等涉意识形态审查。管好社科组织的期刊网站，督促其健全完善自媒体管理。

二是突出主题主线，着力凝智聚力，服务发展大局。

(1) 举办庆祝中国共产党成立100周年专题讲座。精心挑选20余名酒城讲坛优秀讲师、优秀群众宣讲员等组成4支讲师团队，采用“讲座+故事+文艺”的模式，开展“学党史·颂党恩·跟党走”酒城讲坛百场公益讲座基层行活动103场，直接受益群众6万余人。邀请国防大学少将徐焰、中央党史和文献研究院许先春、原中央党史研究室李蓉、延安南泥湾干部培训学院王东方、赣州市政协薛华平等专家，来泸举办党史学习教育专题讲座10场。制作“万人同唱颂党恩”主题MV通过电视台、城区公交车等渠道播放，在电视台推出系列报道5集专题纪实片，扩大活动效应。

(2) 开展成渝地区双城经济圈专题研究。与江津、永川、荣昌社科联开展战略合作，建立沟通协调机制。组织“成渝双城经济圈”专项课题研究，“泸州市加快融入成渝地区双城经济圈路径研究”等6项重大社科课题准予结项，“泸州争创全省和成渝地区经济副中心比较研究”“泸州市打造成渝双城经济圈区域中心城市研究”等14项课题立项，“泸州市融入成渝地区双城经济圈发展研究”等4项课题结项。

(3) 编制《泸州市哲学社会科学发展“十四五”规划》。深入区县、高校实地调研，召开座谈会，广泛征集意见建议，认真梳理总结全市哲学社会科学“十三五”期间成效经验，明确未来五年全市哲学社会科学发展的主要目标、重点任务、重大项目、重点举措等。

(4) 贯彻落实市委八届十一次全会精神。组织上海财经大学等科研机构，开展“以数赋能，推进泸州市白酒高质量发展”等4项重大社科课题研究并结项。围绕“创新驱动·高质量发展”主题，征集理论文章104篇，对《泸州提升新时代区域中心城市核心竞争力的调研与思考》等18篇优秀文章予以通报表扬。

三是突出资源整合，着力研究研讨，彰显智库作用。

(1) 组织学术交流。制定印发《泸州市社会科学重点学术活动实施管理办法（试行）》。10月26日，举办“十四五”高质量就业青年学者高峰论坛，论坛以“汇聚青年英才，赋能就业创业”为主题，15位专家分三组围绕3个前沿性、重大性主题进行深入讨论。10月23日，联合举办“健康社会工作发展”研讨会，来自北京大学等高校专家学者及市相关系统代表1000余人参加线上会议。积极参与筹备“中央红军长征‘四渡赤水’在泸州研讨会”，邀请中国社科院、四川省社科院21名专家开展“社科专家泸州行”活动，接待宜宾、广安社科联来泸学习交流，组织参加全省“一干多支、五区协同”理论研讨会。

(2) 重视课题引领。围绕市委市政府中心工作，制定课题指南，组织申报市级规划课题290项，“泸州产业园区进一步健康发展调查研究”等131项获准市级立项。“跨境电子商务与综合保税区协同发展研究——以泸州综合保税区为例”等175项课题准予市级结项。“现代性视域下的数量刑法学研究”等26项课题获省部级课题立项，“巴蜀民间身体行为符号表征与文化记忆研究”等3项课题获国家社科基金立项。编印2020年、2021年《泸州市哲学社会科学研究结项课题成果选编》2本。

(3) 注重联合研究。修改完善《泸州市哲学社会科学重点研究基地管理办法（试行）》，制定

《测评细则（试行）》，与8家重点研究基地签订协议，明确工作任务。命名第二批重点研究基地6家。联合市级重点研究基地、市法学会、团市委、市总工会、市民俗文化研究会等开展市级专项课题立项206项、结题105项。联合征集2021年度重点研究成果，一批社科成果获市委市政府领导签批。

（4）助推成果转化。完成泸州市第十五次社会科学优秀成果评奖工作，评出优秀成果奖150项，以市政府名义印发《关于泸州市第十五次社会科学优秀成果评奖结果的通报》。《南宋休闲哲学研究》（专著）等5项成果获省政府第十九次社会科学优秀成果奖。

四是突出示范引领，着力社科惠民，提升人文素养。

（1）坚持酒城讲坛辐射带动。修改完善《讲师管理办法》《讲座申报、举办和经费使用管理办法》等制度，统一组织讲师拍摄宣传照片，分小组召开选题征集会、备课会。邀请国防大学杨阳教授、赣州市政协孔刃非副主席、复旦大学刘钢教授、中国人民大学王向明教授、四川省高考志愿填报指导专家李茂等来泸举办名家讲座15场。举办"七进"讲座100余场，联合举办女性大讲堂、干部大讲堂、法律大讲堂等系列讲堂80余场，联合举办诗酒文化大会专场讲座4场。"酒城讲坛"入选泸州市志愿服务项目。

（2）发挥社科普及基地作用。组织3家基地申报省级基地，指导1家省级基地参加省综合评估。对9家市级基地进行现场评估，对6家合格以上的基地给予经费资助，对3家不合格的基地要求限期整改。指导省市级基地开展社科普及活动100余场。邀请省青少年性教育普及基地主任苟萍教授来泸举办青少年性教育知识普及讲座3场和主题班会6场。

（3）优化社科普及载体建设。组织开展或参与"三下乡""科普活动月""科技活动周"等社科普及集中活动，引领科普工作蓬勃开展。资助出版《快乐童年　安全第一》等社科普及读物2本。《泸州社会科学》出刊4期，免费发放全市各级干部参阅，免费与全国同行交流。加强泸州社会科学微信公众号管理，完成泸州社会科学网手机版建设工作，确保"一网一微"常态化运营。

五是突出上下联动，着力管理服务，巩固基层基础。

（1）加强指导服务。召开在泸高校社科联工作座谈会，指导其做好各项社科业务工作。完善区县社科联目标管理，深入区县、乡镇（街道）调研11次，组织开展区县社科联年度工作测评。支持泸县喻寺镇谭坝村、江阳区华阳街道康乐社区、龙马潭区罗汉街道化工苑社区建设规范化的社科宣传普及阵地。组织54名社科骨干在复旦大学举办为期1周的泸州市乡村文化振兴与社科理论研究培训班。

（2）加强学会管理。规范市级社科学会管理服务，协助市民政局做好社科学会的年检工作。加强对主管社科学会的政治引领，新成立功能性党支部2个，督促6个社科学会分别联系1个村开展活动。指导史志学会、金融学会等召开代表大会，指导成立泸州市民俗文化研究会，新吸纳泸州市金融学会为团体会员。健全项目化补助或奖励机制，制定印发《泸州市社科学会重点活动资助办法（试行）》，资助社科学会开展重点社科活动15个，支持相关社科学会开展诗词、楹联、集邮、家庭教育等知识进社区、进校园活动70余场。指导市诗词学会连续30年举办"屈原魂"传统诗词创作大赛，市楹联学会连续17年举办中小学生楹联竞赛活动。

（3）加强机关建设。4月召开泸州市社科联五届七次理事（扩大）会，8月完成泸州市社科院由泸州市委宣传部划转泸州市社科联管理工作。加强党组政治建设，落实全面从严治党主体责任，制定《党组中心组学习制度》，完善党组议事规则，全年召开会议18次。完成巡察整改任务，开展巡察整改回头看。制定《工作人员平时考核工作实施方案（试行）》，分季度对干部职工进行考核。选举产生新一届机关党支部委员会，全面加强机关政治、思想、组织、作风、纪律建设。通过制定实施方案、建立教育专栏，采取专题学习、实地考察、知识竞赛、诗歌朗诵等形式，扎实开展党史学习教育。大力开展“我为群众办实事”实践活动，帮助纳溪大渡口镇太和村农户销售农产品，深入龙马潭小市街道杜家街社区开展文明城市创建、疫情防控、垃圾分类等志愿服务活动10余次。

德阳市社科联

【年度工作】德阳市社科联2021年主要工作如下。

坚持以习近平新时代中国特色社会主义思想为指导，立足新发展阶段、贯彻新发展理念、构建新发展格局，紧扣举旗帜、聚民心、育新人、兴文化、展形象的使命任务，以庆祝中国共产党成立100周年为契机，团结带领全市社科工作者围绕中心、服务大局，进一步推动了全市哲学社会科学繁荣发展，为德阳建设西部现代化典范城市作贡献。

一是始终坚持举旗定向，不断增强“四个意识”。

（1）强化理论学习，在提高“政治三力”上下功夫。始终把理论学习放在首要位置，坚持以习近平新时代中国特色社会主义思想武装头脑、指导实践、推动工作，不断提高党员干部政治判断力、政治领悟力、政治执行力。深入学习贯彻习近平新时代中国特色社会主义思想和习近平总书记关于党史学习教育有关指示精神，认真落实周一“集中学习日”制度，坚持读原著、学原文、悟原理，采取读、看、听、说相结合的方式，不断提高理论学习的实效，让党的创新理论真正入脑入心，不断增强“四个意识”、坚定“四个自信”、做到“两个维护”，确保哲学社会科学始终沿着正确轨道向前发展。年内，组织党组理论学习中心组集中学习研讨12次，干部职工大会、支部会议、专题学习讨论等30余次，集中上党课4次，营造了浓厚的理论学习氛围。

（2）加强理论宣讲，在学懂弄通做实上下功夫。切实抓好党的十九届五中全会，四川省委十一届八次、九次全会，德阳市委八届十三次、十四次、十五次、十六次全会，德阳市第九次党代会精神和习近平总书记“七一”讲话精神的学习宣传、研究阐释。精心遴选推荐政治素质好、理论水平高、实践经验丰富、宣讲能力强的专家学者12人，参加德阳市委宣讲团各项工作，其中德阳市社科联主要领导在什邡宣讲1场，安排专家学者在基层开展主题宣讲22次，举办专题学习会5次，推动中央和省委、市委重要会议精神落地生根。

（3）强化责任制，在坚持党管意识形态上下功夫。全面落实意识形态工作责任制，坚持守土有责、守土负责、守土尽责，逗硬执行制度规定，加大督查、培训力度，切实落实好意识形态工作责任制。将意识形态工作有关会议精神和文件纳入党组理论学习中心组学习内容，深入领会精神实质。进一步加强网络意识形态领域监管，做好重要时间节点意识形态领域风险预警研判和处置。持续加强对社科研究、科普宣传、学术活动的备案和监管，确保社科领域意识形态安全。完善《德阳社会科学》杂志“三审三校”流程及制度，提出社科普及基地科普宣传活动“五有五不准”规范，着力防范化解社科阵地意识形态风险。

二是始终坚持“三个聚焦”，扎实推进党史学习教育。

（1）聚焦立德树人，系统推进党史学习。严格落实“五个一”学习机制，常态化开展党史学习教育。党组理论学习中心组发挥示范引领作用，完成了4个专题的研讨学习。党员干部坚持阅读党史学习书目，制订学习计划，以小测试督促自学进度，以每周一的集体学习、分享心得、观看党史教育影片等提升学习质量，以讲党课、研讨交流等措施促进党史知识查漏补缺，高质量高标准完成了党史学习教育阶段性任务。全年党史知识集中学习30余次，党史知识集中测试15次，全体党员干部完成学习心得40余篇。

（2）聚焦培根铸魂，深入宣传党史知识。深入挖掘整理德阳本土红色资源，充分运用新技术新手段，依托社科普及基地深入开展形式多样的党史学习教育宣传活动。全市社科阵地开展各类宣传普及活动300余场次，辐射群众20余万人次。其中继光精神普及基地开展的“学党史、敬英烈、革命薪火代代传”巡展、四川省绵竹年画文化普及基地举办的“童心向党 艾在春天”、四川孝文化普及基地开展的“学党史、祭英烈”“学党史 铭初心”等党史知识宣传活动，形式多样、内容丰富，深受群众欢迎。组织社科专家网上讲党史，录制宣讲视频8个，通过广汉融媒体公众号向群众宣讲发生在德阳的党史故事。联合新中国工业建设历史文化普及基地举办“弘扬‘三线精神’不负国家使命”主题图片展，先后接待市内外参观团队100余批次，参观人数2万余人次。与企业文化研究会合作编印《足迹——德阳工业区与三线建设叙事集》，记录历史，弘扬“三线精神”。

（3）聚焦群众需求，积极为民办实事开新局。深入开展走访调研，听取服务对象和基层群众的需求，紧密结合党史学习教育，扎实开展为民办实事活动。为市企业文化研究会办实事，资助征文活动经费1.5万元；为新入住什邡市马祖巨多双重产业园的一户企业协调解决了厂房供电等问题；根据市内高校需求，与中国民用航空飞行学院马克思主义学院共建学生实习基地，并在《德阳社会科学》开设学生论文专栏，帮助学院提升青年学生科研能力等。年内，为群众办实事6件，受到了服务对象的好评。

三是始终坚持守正创新，切实履行社科使命任务。

（1）精心组织庆祝中国共产党成立100周年系列活动。举办庆祝中国共产党成立100周年征文活动，收到党史研究论文108篇，评选出优秀论文35篇。召开德阳市庆祝中国共产党成立100周年理论研讨座谈会，邀请专家学者80余人座谈交流党史研究成果，编印《庆祝中国共产党成立100周年理论研讨会文集》800册。举办“青年学生面对面”党史学习教育交流座谈会，组织50余名市内高校学生代表交流学习心得，引导青年学生学习党史知识，传承红色基因。设立党史研究专项课题，鼓励全市社科工作者围绕党的百年伟大历程、辉煌成就和宝贵经验等方面开展深入研究阐释，年内完成党史专项课题16个。组织专家学者深度参与庆祝中国共产党成立100周年图片展、首届“理响德阳”基层理论宣讲大赛、党史教育专题宣讲和“七一”讲话理论宣讲等活动。

（2）围绕中心任务，大力推进社科研究工作。紧扣中心服务大局，围绕德阳建设现代化典范城市中面临的热点难点问题，组织开展社科规划年度项目立项工作，共立项课题84项，首批结项57项，其余项目预计在12月底前完成鉴定结项工作。紧扣成渝地区双城经济圈建设，围绕成德同城化发展，组织开展应用对策研究，联合市区域协同发展局设立“成德同城化”专项课题4项，已全部结项。邀请德阳社科领域文化卓越人才，开展“习近平‘两山理论’的德阳实践研究”“德阳市建设城乡一体高品质生活宜居地研究”“国际国内双循环背景下德阳市营商环境优化提升研究”等3项重大委托课题研究，积极为推动德阳高质量发展提供理论支撑和智力支持。目前已结项1项，2项正在结项鉴定中。年内，形成《重要成果专报》4期，送市领导及有关部门参阅。

（3）聚焦人民中心，积极开展社科普及工作。虽然受到了新冠疫情的影响，但根据全市社科普及基地的实际，通过创新方式方法，线上和线下相结合，依托“社科活动月”开展小规模、多场次的社科普及活动。联合三星堆古蜀文化普及基地，利用新祭祀坑发掘契机，举办系列科普宣传和研学活动20余场次，接待中小学生6000余人次。组织“传承优秀传统文化，走进历史名人李调元”系列活动，挖掘优秀传统文化元素，提升中小学生家国情怀和人格修养。协助四川省社科联做好“百年百秒”短视频拍摄征集活动，征集具有德阳特色的各类短视频10个。开展社科普及基地建设专项调研，形成“五有五不准”社科普及基地规范化建设标准和专题报告。

四是始终坚持从严治党，不断加强社科队伍建设。

（1）大力推进机关党建工作。坚持抓实抓严机关党建工作，以党建促发展，以发展强党建。年内，召开党组会议17次，研究重要事项30余个。规范和严格党的组织生活，认真落实“三会一课”制度，突出抓好学习型党组织建设，进一步提升党员干部政治觉悟和政策水平，引导党员干部增强“四个意识”、坚定“四个自信”、做到“两个维护”。开展形式多样、生动活泼、富有成效的主题党日活动10次，组织党员干部参观什邡烈士陵园缅怀先烈、参观党史纪念馆、考察历史事件旧址、聆听党课等。

(2) 大力推进“清廉机关”建设。切实履行党风廉政建设主体责任，制定了《德阳市社科联“清廉机关”建设2021年度工作方案》，将“五清”目标任务分解到部室。加强机关经常性纪律教育，每逢节假日推送廉政短信，组织违纪案例通报教育4次，集中观看《黑白人生》《镜戒》等警示教育视频2次，让党员干部真正受警醒、明底线、守规矩。坚持民主集中制原则，始终坚持“三重一大”事项集体讨论决定，民主决策，不搞一言堂。召开党组会专题研究党风廉政和反腐败工作2次，研究重大经费使用和年度专项课题立项、结项等多项重点工作，均按照相关政策程序执行，没有发生违规违纪问题。

(3) 认真完成其他各项工作任务。按照市委市政府安排，积极参与推进乡村振兴，加强与结对村的沟通，全力推进“五个振兴”。认真落实疫情防控工作，开展党员志愿服务，协助社区做好疫情防控巡查工作。深入开展垃圾分类工作，认真开展垃圾分类宣传和引导工作，带头实施垃圾分类投放，机关被评为生活垃圾分类工作优秀单位。认真做好依法治市相关工作，积极维护社会稳定，切实做好安全生产、保密、工会等各项工作。

绵阳市社科联

【年度工作】绵阳市社科联2021年主要工作如下。

以习近平新时代中国特色社会主义思想为指引，深入学习宣传贯彻党的十九届五中、六中全会，四川省委十一届九次、十次全会，绵阳市委七届十一次、十二次全会，绵阳市第八次党代会精神，全市社科界重大理论和现实问题研究成果丰硕，学科和平台建设成效显著，学术交流和社科普及活动精彩纷呈，社科组织和社科人才队伍不断发展壮大。

一是坚定政治方向，始终坚持马克思主义在市哲学社会科学领域的指导地位。

理论宣传阐释持续深化。强化思想政治引领，统筹推进理论解读、科学阐述、宣传普及等重点工作，组织全市社科战线广泛举办党的十九届五中、六中全会，中央党史学习教育动员大会，四川省委十一届九次、十次全会，绵阳市委市级领导干部暨市级部门主要负责人读书班，绵阳市委七届十一次、十二次全会，绵阳市第八次党代会精神宣讲和专题报告活动，贯彻落实习近平总书记对四川工作系列重要指示精神特别是对绵阳工作的重要指示精神，有力推动习近平新时代中国特色社会主义思想深入人心，团结引领全市社科界牢记嘱托、砥砺奋进，为全面建设中国科技城和社会主义现代化绵阳不懈奋斗。

党史学习教育扎实推进。坚持把党史学习教育作为贯穿全年的重大政治任务精心谋划、推动践行，充分发挥资源优势和阵地优势，扎实推进党史学习教育入脑入心、见行见效。动员全市社科界开展“学习百年党史　坚定‘四个自信’贡献社科力量”主题活动；邀请省内党史宣讲名师面向社科界举办党史学习教育专题培训3场培训500余人次；组织40余名社科人才开展“学党史感党恩 党建引领企业高质量发展”主题调研学习活动；与西南科技大学宣传部联合举办庆祝建党100周年“用好红色资源 赓续精神血脉”论坛；举办社科界学习贯彻习近平总书记在庆祝中国共产党成立100周年大会上重要讲话精神座谈会；深入开展“我为群众办实事”活动，班子成员到基层社科联、社科组织和在绵高校调研20余次，协调解决社科组织发展难题，既扎实推进社科界党史学习教育，又主动助力全市党史学习教育的持续深化。《绵阳市社科联机关开展“学党史 忆先辈 践初心”红色穿越主题党日活动》《绵阳市社科联着眼提升履职能力开展党史学习教育》在“四川机关党建”官网刊载，《强化使命担当 打造社科工作绵阳样板》《牢记哲学社会科学工作者的历史使命与担当》等理论文章在《绵阳日报》刊载，相关学习活动信息被市委党史学习教育简报采用2篇，被《每日要情》采用1篇。

意识形态工作责任严格落实。制定绵阳市社科联2021年意识形态工作要点和党组班子落实意识形态工作责任制清单，签订意识形态工作责任书。专题研究、分析研判意识形态工作6次。严格执行《绵阳市贯彻落实党委（党组）意识形态工作责任制实施办法》《关于进一步加强社科理论阵地管理的意见》《社科联系统学术活动管理规定》等规章制度，坚持“两个巩固”根本任务，高站位发布年度社科课题指南，强化对社科研究的指导和引领，对主办承办的社科类讲座论坛研讨会等严格审批，在社科规划项目、科普项目、《绵阳论坛》组稿、绵阳社科在线官网信息等业务工作中落实意识形态开展专项审查。完成网络工作群清理和备案工作，团结凝聚广大哲学社会科学工作者坚定不移地走中国特色社会主义道路，更好地服务党和国家事业。

二是深耕绵阳实践，在服务中心大局中发挥思想库智囊团作用。

学术交流更加广泛深入。围绕中央、省市发展战略和社会普遍关注的热点难点问题，搭建交流合作平台，邀请国内专家学者来绵开展交流活动，承办“一干多支、五区协同”全省创新驱动引领高质量发展研讨会，会议邀请了西南财经大学研究生院院长、西昌学院校长等分别作了题为“完善关键核心技术创新体系，服务四川经济高质量发展”等主题报告。联合市委宣传部、市科技局主办全市社科界学习贯彻市委七届十一次全会精神系列活动，组织社科专家学者深入市科技创新头部企业开展调查研究，举办专题建言资政会，为市加快建设国家科技创新先行示范区支撑引领高质量发展贡献社科智慧。围绕“数字经济、商务智能与学科交叉”主题，举办首届“数字经济与管理创新”学术论坛，以“碳达峰、碳中和背景下的循环经济”为主题，探讨“双碳”战略实施中的重要理论与实践问题，努力为市绿色低碳发展提供更有力的理论支撑和实践指引。全年绵阳市社科联主办、联办、协办重大学术交流会议10余次。

课题规划更加切合对策。围绕绵阳重大发展实践战略和市委市政府领导圈题，2021年市级社科规划项目立项250项，其中重点项目立项11项，一般项目立项157项，自筹经费项目立项82项；科普项目立项15项，专项课题立项175项，项目扶持资金36.2万元。为全面贯彻落实习近平总书记“七一”重要讲话精神，委托社科专家结合绵阳实际开展应用型对策研究，形成理论成果6篇。为深入学习宣传阐释党的十九届六中全会精神，邀请8位社科专家撰写理论文章从不同角度对十九届六中全会决议进行解读，并在《绵阳日报》理论版登载。加强课题研究组织管理，组织在绵高校和有关部门联合组成课题组，全市获教育部和省社科规划项目立项30项，结项22项，获得国家社科基金项目立项5项，结项6项。

学术成果更加具有影响力。举办绵阳市第十七次社科优秀成果颁奖大会，200项优秀社科研究成果由市人民政府表彰。积极组织社科界参加全省第十九次社会科学优秀成果评奖，市主研和参与的获成果奖14项，其中二等奖3项，三等奖11项。推荐理论文章参加四川省社科界庆祝建党100周年理论与实践征文活动，共评出成果30篇，其中一等奖5篇，二等奖10篇，三等奖15篇；市社科工作者撰写的征文获一等奖1篇，二等奖2篇，三等奖2篇，获奖数量质量喜获双丰收。积极建言献策，编印《绵阳决策咨询》14期，《关于改造提升马家巷片区的建议》《推进绵阳地区三线文化遗产保护和利用的建议》等5项建议、成果获得市委罗增斌书记的肯定性签批，《关于将绵阳米粉打造为百亿级产业的建议》已由市政府牵头，10余个市级相关部门和县、市（区）、园区推动落实。组织编写《智库文萃》（上下册），收录理论成果217篇，《绵阳市“文旅融合”研究成果汇编》（2017—2021）收录理论文章59篇，编印《绵阳论坛》6期，向全国大中城市社科联及省市相关部门、社科工作者发送7000余本，供各级领导和部门决策参考。

三是强化改革创新，大力提高社科普及工作水平共享社会科学成果。

精心谋划，不断丰富科普工作内涵。印发《绵阳市社科联关于2021年社会科学普及工作安排意见》，详细安排部署全年社科普及工作，统筹规划全市社科普及项目25项，确定15项资助项目。市科技局支持社科普及工作经费10万元。加强与四川省社科联的对接，争取支持，四川省社科联主席杨泉明、机关党委书记张志怀、科普部部长杨德志分别到江油、安州等地调研社科普及基地建设，指导中华优秀传统文化传承发展工作。持续推进“历史名人文化传承创新”工作，与四川省社科联联合举办“天府人文讲坛”——“扬雄与四川”高层次专题讲座，特邀北京师范大学历史学院副教授李凯主讲，近300人到场聆听讲座。与资阳市联合举办“中国传统读书法——吟诵”讲坛，邀请四川省吟诵学会会长、绵州吟诵传承人王传闻先生主讲。组织推动2个市级科普基地申报省级社科普及基地。

丰富载体，有序开展社科普及活动。发挥“中国科技城·绵州讲坛”引领作用，利用讲坛、讲座开展党史学习教育，邀请省委党史办副主任江红英作“四川党的历史”专题讲座，社会各界参会干部群众500余人次。北川县社科联依托“禹羌大讲堂”等平台，开展禹羌文化传承展示、宣传普及培训，2021年共开展专题展演20余场次；李白文化普及基地依托李白故里人文讲坛等，组织社科专家深入市级部门、乡镇、学校、企业、社区等开展社科知识专题宣讲。据不完全统计，全市共开展线上线下的各类社科人文讲座400余场次。利用新媒体宣传党史，组织社科普及基地开展“感党恩跟党走——小小讲解员活动”，相关活动信息被“学习强国”平台登载。联合市委宣传部、市教体局举办全市第三届“学党史　感党恩　跟党走——小小讲解员”比赛，全市300余名中小学生参赛，评出十佳选手20名。举办征集“百年百秒”微视频，《自信的力量》微视频被四川社科微信公众号采用。

服务基层，群众性科普活动常态化。积极推动“5月社科活动月”、9月科普活动周、“三下乡”等活动。与市委统战部、市文广旅局、绵阳师院共同举办“同守中华文化根脉 共塑中华文化自信”非遗进校园、进社区活动。安州区“四川李调元文化研究中心”研习基地积极开展“铭记历史，感恩祖国”社科基地书法展，100幅书法原创作品展示中国共产党100年光辉历程。“调元书韵工坊”在全市第十届中小学生艺术节精彩亮相，取得了全市特等奖优异成绩。涪城区“书香涪城　社科悦读”社科知识普及读书活动通过“涪城播报”微信公众号平台分4期推出《我们的宣言》等书籍并赠书。游仙区加大美丽游仙系列丛书《游仙传说》等地方科普读物的印制发放。绵州历史文化普及基地历经两年，组织编辑的《历代诗人咏绵阳》成书收录从隋朝到民国、地域上以现在的绵阳区域共280余名历代诗人的800余首诗词。据不完全统计，2021年各县市区社科联和科普基地组织参与编辑的科普读物30余种，发放5万余本。

四是坚持强基固本，不断打造具有鲜明绵阳特点的社科名片。

夯实基层党建，提高党员思想政治素质。制定《2021年度党组理论学习中心组学习计划》，组织党组理论学习中心组学习专题学习讨论12次；组织专题组织生活会1次，讲党课6次，集中培训3次，主题党日活动6次，做到自觉主动学、及时跟进学、联系实际学。制定《2021年度党建工作要点》《2021年党风廉政建设和反腐败工作的安排意见》《2021年落实全面从严治党主体责任、党风廉政建设和反腐败工作任务清单》，召开党组会专题研究党建、党风廉政建设工作6次，牢固树立政治机关意识，提高党员干部政治站位，把准政治方向，坚定政治立场，明确政治态度，严守政治纪律。建立党建指导员制度，党组班子成员分别联系1个基层党支部，指导联系点支部建设工作。加强对社科组织的党建工作指导，分派2名中层干部任社科联主管社会组织党建指导员。

注重规范管理，更好地发挥社科组织作用。加强对社科组织的管理和指导，严把讲座、报告、论坛等审批关，筑牢安全防线。加强对学会换届、年审、社科阵地建设等工作指导和协调。加大对县市（区）社科联工作业务指导。组织召开县市区社科联工作务虚会和业务工作培训会，定期深入一线调研，主要领导共深入一线调研社科工作10余次。围绕市委市政府中心工作，促进社科组织创新发展，新吸纳团体会员1个，新成立市级社科研究中心4个。加强对社科组织的有效管理和引导，同时提供优质服务，联合市级社科组织共同开展学术研讨活动，并对一些活动开展较好的社科组织给予资金扶持，出台《绵阳市社科联社科研究中心（基地）建设专项资金管理办法》，共支持四川民间文化研究中心、绵阳市质量协会等社科组织活动经费10余万元。修订《绵阳市社科联区域性学术论坛成果扶持管理办法》，鼓励社科组织走出绵阳，传递绵阳声音。牢固树立人才是第一资源的观念，抓好各类哲学社会科学研究基地、新型智库、学会团队等人才发展平台建设，努力培育一批与新时代新征程新使命相匹配的高素质社科人才队伍，通过课题研究、学术讲坛、专项培训等多种途径，努力提高他们的研究能力、实践能力和创新能力，着力锻造一批德才兼备、视野开阔、思想敏锐、治学严谨的学科带头人和学术骨干。

加强机关建设，深化自身能力支撑。高度重视机关建设工作，不断完善机制，强化措施，细化责任，进一步提升工作能力和服务水平，推动自身能力建设再上新台阶。完成机关办公用房规范设置，健全完善《公务接待管理制度》等系列制度。全力保障市委决咨委正常运行，组织专家委员参与绵阳市科技城发展新区规划的咨询论证，成立专项课题组，就民办教育改革发展问题提供咨询意见。举办绵阳市社科联第八次代表大会，选举产生新一届理事会和领导班子，绵阳市委书记罗增斌，四川省社科联党组书记、常务副主席姜怡等领导出席开幕式并讲话。围绕“我为群众办实事”到基层社科组织、在绵高校社科组织、联系村、联系社区调研12次，破解社科工作者对社科规划政策把握不准等问题8个，为基层群众办实事3件，解决基层群众困难2个，支持社区改善提升办公条件资金2万元。深入联系村、社区，开展“双报到”活动，组织志愿服务活动4次。组织机关党员“送温暖”下基层，看望慰问帮扶村平武县土城乡独木村和联系社区汉仙桥社区困难群众，送去慰问金和慰问品。机关干部职工购买壤塘县扶贫产品6500元。为社区基层干部、群众“送清凉”，捐赠清凉用品1000余元；到涪城区元通社区开展“送非遗进社区”活动；组织机关党员到江油市八一水库开展植树活动、城区街道文明劝导等主题志愿服务活动。

广元市社科联

【年度工作】广元市社科联2021年主要工作如下。

围绕广元市委市政府中心工作积极探索，不断整合社科资源，逐步构建社科大格局，积极开展应用性对策研究，大力普及哲学社会科学知识。

一是加强学习，提升履职尽责能力。

（1）深化理论武装，夯实思想政治基础。坚持把政治建设放在首位，紧紧围绕习近平总书记提出的举旗帜、聚民心、育新人、兴文化、展形象的使命任务，把握好统一思想、凝聚力量这一中心环节，组织社科界深入学习习近平新时代中国特色社会主义思想和党的十九届五中、六中全会精神，学习贯彻四川省委十一届八次、九次全会和广元市八次党代会精神，组织全市社科界学习宣传贯彻党的十九届五中、六中全会精神，全面落实习近平总书记对四川工作系列重要指示精神，引导全市社科组织围绕中心奋发作为，推动中央大政方针和省委市委决策部署在社科界落地落实。

（2）扎实开展党史学习教育。深刻把握“学史明理、学史增信、学史崇德、学史力行”目标要求，切实履行主体责任。制定《广元市社科联党支部党史学习教育实施方案》，确保有序开展。①持续深入推进理论学习。把握党史学习教育重点内容和工作要求，组织党员开展集中学习活动，收看庆祝中国共产党成立100周年大会等。②利用周工作例会和月主席办公会以及支部会等形式，采取领导讲学、学习讨论、专题辅导、视频教学、研讨交流等形式开展集中学党史活动。③组织开展“悦读党史”读书活动，用好“学习强国”平台、“蜀道清风学史知纪明法”“川观新闻党史知识答题”“干部网络学院”教育平台和“两微一端”等平台，依托“三会一课”主题党日等开展好“学党史、感党恩”活动。用好读书会、坝坝会、学习沙龙，分享交流学习体会和成果，结合工作实际每月撰写 1 篇心得体会。④扎实推进“我为群众办实事”，深入学会协会督导调研，通过深入学会协会和召开学会基地座谈会，收集意见建议 6 条。

二是管好阵地，把好政治关。

（1）严格落实意识形态工作责任制。深入学习领会习近平总书记关于意识形态工作的重要论述，不断提高政治站位，全年主席办公会 2 次专题研判意识形态领域情况和工作责任制落实情况，对新成立的广元市川陕甘红色文化研究会进行意识形态专项审查。在各类社科活动中，督促学会、协会、研究会、社科普及基地严格落实报告会、研讨会、讲座论坛等审查审批和报备制度。

（2）严格学会年审工作。依据《四川省社科联学会管理办法》《广元市社科联学会管理办法》，加强对学会的管理指导，督促完成年审和年检工作。深入学会进行调研，对常年不开展活动的社科组织进行了清理整顿，对软弱涣散的社会团体领导班子进行了提醒和督促。严把社团入口关，9 月，全程指导广元市川陕甘红色文化研究会召开成立大会。

（3）做好脱钩改革“回头看”工作。根据国家《关于开展地方行业协会商会与行政机关脱钩改革全面总结和“回头看”工作通知》要求，3 月，对原挂靠在广元市社科联的小康建设促进会实施脱钩，并督促行业协会落实党风廉政建设主体责任和监督责任。

（4）加强阵地文化建设。与广元日报合作，征集“建党百年，广元那些最为辉煌的红色记忆”系列文章，在《社科大视野》《理论大视界》等专栏刊发，形成浓厚的学习教育宣传氛围。

三是扎实抓好社科课题研究。

（1）扎实开展广元蓝皮书编撰工作。持续编撰出版《广元蓝皮书：广元经济社会发展报告（2021）》（以下简称《广元蓝皮书》），以征集和委托方式，广泛征求专家和基层意见后确定课题框架目录，下发《广元蓝皮书》立项课题 36 项（最终确定课题 33 项）。6 月，召开《广元蓝皮书》编撰工作视频培训会，邀请中国社科院的专家和本地专家对编撰工作线上进行了专题辅导。9 月，召开《广元蓝皮书》中期评审会，中国社科院专家、广元蓝皮书评审会成员现场对每篇课题提出修改意见。11 月至 12 月，进入出版预审、查重等“五审五校”程序，确保出版程序正常进行。

（2）积极申报省级社科规划项目和社科普及项目。首先是申报省级规划项目“川陕革命根据地后期建设成就研究——以广元为例”“川陕革命根据地后期建设红色文化成就普及教育读本”“漫步古蜀道　品味剑门关”等课题。其次是完成省级社科规划课题“四川吟诵的抢救、整理与研究”，报四川省社科联评审。再次是完成全市宣传文化系统 2021 年度重点调研课题任务，撰写“关于广元红色文化的特色与亮点调查研究”调研报告。最后是积极组织申报广元市 2020 年度优秀精神文化产品哲学社科类评奖工作。

（3）扎实开展理论研讨。5 月，与市委党校、市委党史研究室、广元日报社共同举办“庆祝中国共产党成立 100 周年理论研讨会”，突出“回望百年路，奋进新时代”的主题，共收到理论文章 64 篇，评选出优秀作品 10 件。9 月，参加四川省社科联、西南科技大学主办的“一干多支、五区协同”创新驱动引领高质量发展研讨会，广元市社科联论文《川东北经济区旅游产业协同发展现状研究》入选会议论文集。

四是精心组织社科普及活动。

（1）社科普及活动（月）开展扎实。2 月，“2021 年新春动漫游戏展暨第七届梧桐动漫音乐节”活动在昭化区卡尔城成功举办，活动吸引众多动漫爱好者和市民参观体验，促进了广元动漫市场的宣传和消费。5 月，结合社科普及活动月，广元市老促会邀请广元知名口腔医疗工作人员走进学校，为 400 余名学生开展口腔健康检查，宣讲保护牙齿等口腔卫生知识。留守儿童心理健康社科普及基地开展“童心向党献礼建党 100 周年”活动。与四川省硬笔书法家协会共同举办

“礼赞百年感党恩”全国硬笔书法大赛。

（2）全国科普日活动有序开展。9月，积极参与以“百年再出发 迈向高水平科技自立自强”为主题的2021年全国科普日活动，结合“我为群众办实事”实践，整合优质资源，集中动员社会各界力量，以新时代文明实践中心、党群服务中心为阵地，深入农村、社区、企业、学校，广泛开展碳达峰、碳中和、青少年科技、科技资源科普化、核科普、水利科普、乡村振兴、卫生健康、应急科普、企业科普、学会科普、反邪宣传以及“银龄”科普13个系列联合活动，丰富公众科普体验，营造爱科学、讲科学、学科学、用科学的浓厚氛围。

（3）社科讲坛活动开展经常。组织“学党史、听党话、感党恩、跟党走”知识宣传普及。3月至10月，剑门关蜀道文化讲坛组织15个讲坛开展专题讲座，开展以“永远跟党走，争做时代新青年”“听党话、颂党恩、跟党走”诗歌征文创作培训，围绕“庆祝中国共产党建党100周年”“中国工农红军在苍溪的战斗历史”“缅怀英烈跟党走”“学党史，感党恩，不忘初心，为国为党育英才”等主题进行宣讲，共开展主题宣讲活动35场，专题辅导讲座7场，人数达到14000余人次。4月，广元市老促会到留守儿童心理健康普及基地开展红色故事讲授。5月，留守儿童心理健康普及基地举办春季中小学生心理健康校园活动，进行女生青春期、未成年保护专题讲座。

五是省级基地评估工作扎实推进。

留守儿童心理健康社科普及基地和动漫游戏文化社科普及基地2家分别迎接省满9年、3年的评估验收工作。广元市社科联结合其近三年来基地组织开展社科普及宣传，人文讲坛活动、党史知识宣传普及和庆祝建党一百周年系列特色活动、交流推广的相关工作经验及以此产生的绩效等方面，积极协调推进评估验收工作。

六是加强以党风廉政建设为重要内容的机关支部建设。

严格落实全面从严治党和党风廉政建设要求，切实履行全面从严治党和党风廉政建设主体责任，大力营造全市社科界风清气正的政治生态环境。

（1）严格落实主体责任。主动接受驻部纪检监察组的监督，认真配合完成各项工作，制定了2021年度党风廉政建设和反腐败工作要点，印发《广元市社科联2021年全面从严治党主体责任清单》《广元市社科联2021年廉政风险防控清单》，完善了主体责任清单台账。从执行政治纪律和政治规矩、履行主体责任、作风建设、权力运行等方面细化主体责任，确定风险项目，研究制定防控措施，压紧压实主体责任。

（2）扎实开展干部纪律作风整顿。结合全市开展的干部队伍纪律作风整顿和宣传系统的“以案促改”工作，及时传达学习，统一思想，推动落实。制定了《广元市社科联干部纪律作风整顿工作方案》，明确了总体目标、12个方面的整治重点和方法步骤，认真梳理问题，2次审定清单，制定整改措施，明确整改时限。制定出下基层方案，深入各学会、协会督导调研，收集意见建议。在驻部纪检监察组的指导下，拟制了《广元蓝皮书项目资金支付办法（试行）》，参与对蓝皮书出版费的询价议价，最大限度地降低廉政风险。

遂宁市社科联

【年度工作】遂宁市社科联2021年主要工作如下。

深入学习贯彻习近平总书记关于哲学社会科学工作的重要指示精神，围绕庆祝中国共产党成立100周年工作主线，紧扣党中央与省委大政方针、遂宁市委市政府重大举措、基层社科组织建设“三个层面”，充分聚合资源，团结和动员全市广大哲学社科工作者不断拓展工作思路，创新工作方法，全面推动哲学社会科学创新发展课题研究、学术交流平台搭建、社科普及基地和区县社科联建设等重点工作，有效促进全市哲学社会科学事业蓬勃发展。

一是坚持思想引领，确保哲学社会科学工作的正确方向。

始终把坚持正确政治方向摆到工作的首要位置，组织全市哲学社会科学工作者开展党的理论创新成果学习、研究和宣传阐释，确保哲学社会科学研究的政治方向不偏、思想立场不移。

（1）加强理论学习。压紧压实意识形态工作责任，紧盯中国共产党建党100周年、党的十九届六中全会、四川省委十一届九次全会、遂宁市第八次党代会等重大会议和关键节点，及时召开遂宁市社科联七届五次理事会、遂宁市社科理论研讨会、党的十九届六中全会精神学习会等，跟进学习党中央、省委、市委重要会议精神和领导讲话精神，有力推动哲学社会科学界先学一步、学深一层，加深全市哲学社会科学工作者对党中央大政方针和省委、市委决策部署的理解，确保全市哲学社会科学工作始终沿着正确方向发展。

（2）加强理论研究。把正确的政治方向和学术导向统一起来，充分发挥哲学社会科学培根铸魂的作用，将习近平新时代中国特色社会主义思想研究作为重大专项课题组织研究，提高立项比例和获奖比例，引导广大哲学社会科学工作者深入研究学习习近平新时代中国特色社会主义思想，不断提高学习深度研究高度，把深奥的道理“翻译”成群众易于理解的“遂言遂语”，增强群众对党的创新理论的政治认同、思想认同和情感认同，有效促进全体市民在理想信念、价值理念、道德观念上紧紧凝聚在一起。

（3）加强宣传阐释。始终把学习宣传贯彻习近平新时代中国特色社会主义思想作为重要政治任务，当好践行新思想的排头兵，组织全市社科专家学者通过写文章、作报告、学术交流、基层宣讲等多种方式，带头开展党的理论创新成果的宣传阐释，向广大干部群众宣传党的创新理论，吸引受众主动靠近、乐于接受，营造浓厚思想舆论氛围，推动习近平新时代中国特色社会主义思想进一步深入人心、落地生根。

二是突出主题主线，出新出彩做好庆祝建党百年各项活动。

全面贯彻落实党中央和省委、市委关于庆祝中国共产党成立100周年工作部署，紧扣目标任务，突出特色亮点，做新做深“自选动作”，抓紧抓实庆祝建党百年各项活动。

（1）推出一批党史专项课题。以课题规划为引导，推出“中国共产党的百年辉煌历程”等党史专项研究课题，组织广大哲学社会科学工作者多维度、多学科、多视域研究阐释党的百年奋斗历程，评审立项了“马克思主义中国化与中国化马克思主义研究”等一批高质量市级社科研究课题，深刻阐释了中国共产党为什么“能”、马克思主义为什么“行”、中国特色社会主义为什么“好”，焕发起全体市民爱党爱国爱社会主义的巨大热情，增强了听党话、跟党走的情感认同，为奋进新征程、续写新篇章凝聚了强大精神力量。

（2）征集一批优秀主题论文。突出庆祝中国共产党成立100周年主线，开展“弘扬主旋律 奋进新征程”主题征文活动，组织全市哲学社会科学工作者撰写理论研究、工作实践、典型事迹等各类论文95篇，评选《成渝双城记起点——成渝铁路建设的历史考察及意义启示》等8篇优秀论文予以通报表扬并发放奖励，向四川省社科联推荐的《中国共产党意识形态领导权建设的实践与经验启示》等3篇论文分别获得二等奖、三等奖。围绕习近平总书记“七一”重要讲话精神，与市委宣传部共同组织召开全市社科理论界研讨会，来自市、区机关单位的8位代表围绕“传承红色基因 赓续精神血脉”作发言，形成了一批具有思想含量、理论分量、话语质量的党史理论研究成果，为党的百年华诞营造浓厚政治环境和良好舆论氛围。

（3）发布一批“百年百秒”微视频。以遂宁市哲学社会科学界先进学术人物、优秀成果、特色社科普及基地等为重点，组织各级社科组织制作展现遂宁市哲学社会科学工作在党的领导下取得突出成绩的“百年百秒”微视频，形成《励志诗廉之光，照亮文化之路》《百年韶华》《学英烈，以优异成绩迎接建党百年》等一批人文社科普及视频，宋代青瓷文化社科普及基地制作的《百年百秒 乘风破浪》微视频在四川省社科联官方微信公众号刊播，进一步提升了遂宁市哲学社会科学工作在全省的影响力、凝聚力和引领力。

三是强化竞进意识，不断提高哲学社会科学服务大局水平。

坚持问题导向、目标导向、结果导向，进一步强化争创一流的精气神和比学赶超的竞争意识，主动对标学习绵阳市社科工作好的经验、好的做法，不断提高哲学社会科学研究质量，激发社科普及创新活力，推动市哲学社会科学工作提质、晋位。

（1）强化价值导向，推动全市哲学社会科学事业繁荣发展。积极做好协调策划，动员组织全市广大哲学社会科学工作者积极申报国家社科基金、四川省社科规划项目和相关部门行业课题，向四川省社科联推荐“《‘卓筒井’青少年研学手册》建设与应用研究”等社科研究课题，有效提升遂宁哲学社会科学工作影响力。立足遂宁经济社会发展大局，围绕市委“1336”总体战略部署，突出庆祝建党百年主题，印发《关于申报2021年度市级社科研究课题的通知》，组织广大哲学社会科学工作者围绕“中国共产党的百年辉煌历程”“脱贫攻坚与乡村振兴衔接”“生态环境保护实践与思考”等遂宁经济社会发展中的重大理论和现实问题开展研究，优选30项市级社科课题、3项社科普及项目、3项建党百年专项课题立项并结项，形成一大批针对性强、理论水平高的研究成果，为遂宁经济社会发展提供了有益的决策参考。

（2）创新方式方法，推动哲学社会科学走向社会走进群众。全面贯彻落实《四川省科学技术普及条例》，围绕“四川社科活动月”等集中性大型主题社科普及活动，高标准制定《2021年全市社科普及活动工作方案》，组织各级社科组织、社科基地结合自身特点，借助互联网等新兴媒体传播优势，采取“搭建平台、以点带面、示范引领、共同推进”的方式，常态化开展“线上+线下”社科普及活动，与高升街实验小学共同编制科普读物《未成年人防性侵安全手册》，提升未成年人安全防范意识，不断扩大社科普及工作辐射范围，惠及更多群众。深入开展“对标竞进、比学赶超、提质晋位”活动，主动对标学习绵阳市社科联，组织部分县（市）社科联和社科普及基地负责人赴绵阳市考察，学习推动社科阵地管理制度化、社科普及活动品牌化、社科普及内容项目化的经验做法，营造对标先进、奋起直追的昂扬氛围。加强对社科普及基地管理，实地对宋代青瓷文化普及基地等三家命名满三年的属地省级社科普及基地迎接评估准备工作进行督导。

（3）注重成果转化，提升社科工作服务中心能力水平。充分发挥“思想库”和“智囊团”作用，精选2020年结项的《成渝地区双城经济圈战略下遂潼一体化发展的路径研究》等19个应用对策性社科课题研究成果，汇总编撰《遂宁市社科研究立项课题选编（2020）》，呈送市委、市人大、市政府、市政协领导和市直相关部门决策参考，有效推动研究成果运用转化。

四是加强自身建设，努力开创全市哲学社会科学新局面。

坚持不懈把全面从严治党向纵深推进，以提升服务能力和服务水平为抓手，进一步加强干部作风建设，努力打造对党忠诚、敢于担当、善于创新、廉洁高效的服务型机关，更好地服务全市经济社会高质量发展。

（1）加强作风建设。坚持严的纪律、严的标准、严的要求，持续深入开展“排整提”专项行动，以案为镜开展警示教育，全面排查单位和领导干部个人作风问题，细化形成问题责任清单和问题整改措施，强力推进工作作风问题整改落实，形成了重实干、强执行、抓落实的工作氛围，推动干部职工在筑“三城”兴“三都”、升腾“成渝之星”新征程上展示最好作风、展现最佳状态、彰显最强担当。

（2）加强学术交流。主动融入中心、服务大局，发挥社科联“联”和“合”的作用，围绕成渝地区双城经济圈建设国家重大战略部署，主动加强与重庆潼南区、涪陵区等地社科组织的交流合作，探索建立两地社科联联席会议机制、智库建设工作机制、成果互推互荐机制等，促进社科领域全面合作，共同发展，为高质量服务成渝地区双城经济圈发展贡献社科智慧和力量。

内江市社科联

【年度工作】内江市社科联2021年主要工作如下。

深入学习贯彻习近平新时代中国特色社会主义思想和党的十九届六中全会精神、习近平总书记对四川工作系列重要指示精神，结合开展党史学习教育，全面贯彻《中共中央关于加快构建中国特色哲学社会科学的意见》《中共四川省委关于加快构建中国特色哲学社会科学的实施意见》以及《中共内江市委关于加快构建中国特色哲学社会科学的实施意见》精神，围绕中心、服务大局，完成各项目标任务。

一是坚持不懈深入学习宣传贯彻习近平新时代中国特色社会主义思想。

坚持把学习宣传贯彻习近平新时代中国特色社会主义思想作为社科工作的首要政治任务。结合党史学习教育开展，用好《习近平新时代中国特色社会主义思想学习纲要》《习近平谈治国理政》《论中国共产党历史》《毛泽东、邓小平、江泽民、胡锦涛关于中国共产党历史论述摘编》《习近平新时代中国特色社会主义思想学习问答》《中国共产党简史》《中国共产党的100年》《中华人民共和国简史》《改革开放简史》《社会主义发展简史》等著作，以及《党的十九届六中全会〈决议〉学习辅导百问》《〈中共中央关于党的百年奋斗重大成就和历史经验的决议〉辅导读本》等理论读物，结合习近平总书记最新重要讲话、重要指示批示、重要文章精神，紧扣庆祝中国共产党成立100周年这一主题，组织全市社科理论界聚焦“两个确立”的决定性意义、习近平新时代中国特色社会主义思想的“十个明确”核心内容、党的百年奋斗重大成就和历史经验、中国特色社会主义新时代的历史性成就和历史性变革等重点理论课题，聚焦习近平总书记系列重要论述，聚焦党中央大政方针和省委、市委决策部署，广泛深入开展学术理论研讨、社科普及宣传、专题调研等活动，使广大社科工作者真正把习近平新时代中国特色社会主义思想参悟透、领会准、运用好。把宣传阐释习近平新时代中国特色社会主义思想和党的十九届六中全会精神有机地融入学术理论研究和人文社科知识普及活动中，融入社科规划、社科普及、社科评奖、社科人才队伍培养建设等各项工作中，持续推动习近平新时代中国特色社会主义思想入脑入心入行。

二是围绕中心、聚焦发展，为全面建设社会主义现代化内江发挥好思想库作用。

组织全市理论社科界人士，认真学习贯彻党中央大政方针和省委、市委决策部署，紧扣事关内江改革发展的重大现实问题开展社科课题研究。围绕加快建设成渝发展主轴中心城市“一个发展目标”，大力实施产业强市、开放引领、创新驱动“三大发展战略”，扎实推进高水平建设内江新区等“六项重点任务”，着力打造产业内江、生态内江、甜蜜内江“三个愿景”，不断提升文化软实力、加强民主法治建设、统筹发展和安全“三个有力支撑”，全面加强党的建设“一个根本保障”的总体发展思路，以及推进全面融入成渝地区双城经济圈建设、产业项目攻坚年、乡村振兴、碳达峰碳中和、统筹发展和安全、保障和改善民生等重点工作，及时发布重点课题研究指南，形成高质量调研报告150余个，在中央直属党报《经济日报》、省委《调查与决策》等中央、省级主流媒体、党委工作部门权威刊物等刊发《加快建设成渝发展主轴中心城市》《为内江高质量发展插上创新之翼》《关于助推内江民营经济融入成渝地区双城经济圈建设的思考》等重要课题成果19篇。组织开展庆祝中国共产党成立100周年理论研讨论文征集活动，征集论文122篇，评选优秀研讨论文50篇。组织召开内江市庆祝中国共产党成立100周年理论研讨会。出版《研究与实践》2期，引导带动开展前瞻性、战略性、针对性、储备性政策研究和应用对策研究，刊发理论研究成果32篇。指导办好内江日报“观澜·理论”专版，刊发重点理论文章21篇。认真开展四川省社会科学优秀成果评奖组织推荐工作，积极组织参与省政研会2021年度课题研究，组织报送优秀研究成果4个。

三是整合资源、创新载体，大力推进社科普及。

注重整合各方力量，强化与相关部门的沟通合作，组织社科学会、协会、研究会等参加全市“三下乡”、3月“科普之春”活动月、5月“科技活动周”集中行动，开展大型科普活动3次，参加人数270余人次，接受咨询、培训等2700余人次。围绕学习贯彻党的十九届五中全会、六中全会，四川省委十一届八次、九次、十次全会，内江市委七届十三次全会、内江市第八次党代会、内江市委八届二次全会暨市委经济工作会议等中央、省委和市委重要会议精神和重大决策部署，分层分级组织开展理论宣传宣讲8000余场次。创办内江市“范长江流动大讲堂”基层理论宣讲品牌，以党的理论、党的历史、党的政策、革命红色文化、身边典型故事等为主要内容开展分众化、对象化、互动化流动宣讲5000余场次。党史学习教育中，组建13个市委党史学习教育宣讲分团，开展党史集中宣讲200余场次，各县（市、区）宣讲团开展党史集中宣讲500余场次，用好“两堂一会一广播”平台，开展对象化、分众化基层宣讲4500余场次，覆盖受众40余万人。持续办好“大千讲坛”，开展线下讲座10期，受众1000余人次，开展线上讲座73场，受众2万余人次。用好全市省级、实际社科普及基地，组织开展丰富多样的社科普及活动。

四是发挥优势，多点发力，大力推动优秀传统文化传承发展。

（1）依托社科普及基地，抓实优秀传统文化的宣传普及。立足打响内江“大千文化”“范长江文化”“石牌坊文化”“甜城文化”“古镇文化”等优秀文化品牌，建成“大千文化普及基地”“石牌坊文化普及基地”“资中文庙、武庙文化普及基地”“罗泉古镇文化普及基地”“资中中型杖头木偶戏文化普及基地”“四川崔氏文化普及基地”等11个市级社科普及基地和1个省级社科普及基地“范长江纪念馆社科普及基地”。将社科普及基地作为宣传普及中华优秀传统文化的重要载体，积极传播社会主义核心价值观，传承弘扬中华优秀传统文化，大力普及社会科学知识，不断提高全社会的人文素养和文明程度。发挥各级各类学校“优秀传统文化普及基地”作用，常态开展“书法进校园”“武术进校园”“戏剧进校园”等文化活动，广泛开展国学经典、武术美术、书法礼仪等“国学”教育，举办国学经典知识、民间工艺制作等竞赛活动，实现全市各级各类学校书画教育全覆盖。

（2）用好基层宣讲平台，抓实优秀传统文化的宣传宣讲。立足传承弘扬中华优秀传统文化，重点深入挖掘利用大千文化、范长江文化、石牌坊文化、甜城文化、名人文化、古镇文化、戏剧文化、非遗文化等地域优秀传统文化资源，将其纳入“范长江流动大讲堂”“大千讲坛”等本土基层宣讲平台重点宣讲内容，开发、优化“张大千生平与艺术”“文武庙文化”“地名中的历史记忆”“甜城内江的历史记忆”“内江非遗保护传承”“内江——蜀文化星空的科举启明星”“赵贞吉的教育思想及当下启示”等优秀传统文化相关宣讲专题70余个，大力传播优秀传统文化蕴含的思想观念、人文精神、道德规范，推动内江优秀传统文化走出历史、融入当代，增强干部群众的文化自信、文化自觉。

（3）整合社科研究力量，抓实优秀传统文化的挖掘整理。整合全市社科理论界力量，持续加强对内江优秀传统文化的挖掘整理和研究阐释，《大千文化丛书》《内江十贤》《史索内江》《内江七院士》《美食内江》《内江胜览》《内江英烈》《红色记忆》《内江市志》《内江简史》《内江概览》《内江记忆》《内江文史》《内江文史资料选辑》等一大批资政育人丛书系列、文史专辑系列精品力作的编辑出版工作取得新的重大进展，形成《关于挖掘糖业文化资源，打造“甜城”文化品牌的调查与建议》《关于大力发展以书画为重点的文化产业的调查与建议》《关于彰显特色文化以提升城市文化品位的调查与建议》等系列高质量调研报告，有力推动了内江优秀传统文化创造性转化、创新性发展。

五是健全机制、提升素质，切实加强基层社科阵地建设。

定期组织开展基层社科联建设调研工作，积极指导、帮助基层社科联开展理论研究、学术交流、规划评奖和社科普及活动。加强社科队伍能力建设，定期组织基层社科工作者参加工作培训。认真贯彻国务院关于社团管理的法规，根据中共四川省委宣传部关于《进一步加强对论坛、讲坛、讲座、年会、报告会、研讨会等阵地和以智库名义举办活动管理的通知》精神，加强学会管理力度，全面提高依法办会的政治意识、责任意识，各社科学会组织的活力得到增强。

乐山市社科联

【年度工作】乐山市社科联2021年主要工作如下。

一是加强领导班子建设。

（1）组织开展届中调整。10月，召开乐山市社科联八届四次理事会，依据《乐山市社科联章程》规定，调整了第八届理事会部分理事、常务理事和副秘书长，选举产生了新的乐山市社科联主席。推进社科组织建设，指导五通桥区社科联、乐山职业技术学院社科联开展换届工作。

（2）扎实推进巡察整改。成立乐山市社科联巡察整改工作领导小组及其办公室，加强组织领导。在市委第十督导组指导下，召开2020年度领导班子专题民主生活会，制定《乐山市社科联巡察整改工作方案》，扎实推进问题整改，并按时报送《关于组织乐山市社科联落实巡察整改工作情况的报告》《乐山市社科联关于市委第一巡察组巡察反馈意见整改阶段进展情况的报告》、巡察整改进展台账等材料，确保巡察反馈问题整改到位。

二是抓好理论宣传阐释。

（1）加强理论研究阐释。与市委宣传部联合开展乐山市庆祝中国共产党成立100周年理论研讨征文活动，于7月召开理论研讨会，组织全市社科理论界深入学习贯彻习近平总书记“七一”重要讲话精神。组织社科工作者，撰写解读党的十九届六中全会和成都市第八次党代会精神理论阐释文章25篇，向市委党史学习教育办公室报送10篇。

（2）积极参加全市宣讲。推荐6名社科专家参加党史学习教育市委宣讲团宣讲工作，组织第五分团先后3次赴金口河区、峨边彝族自治县开展党史学习教育和习近平总书记“七一”重要讲话精神宣讲。

（3）开展“践行十爱·德耀嘉州”主题活动。制定“践行十爱·德耀嘉州”内涵研究和专题研讨工作方案，组织制作宣传“十爱”的社科普及宣传品，积极推进“践行十爱·德耀嘉州”主题活动。

三是组织开展课题研究。

（1）精准立项课题。年初向全市社科组织和市发改委、市经信局、市农业农村局等市级相关部门主动征集2021年度市级社科规划重大项目选题37个，把握全市重点研究方向和研究需求；围绕贯彻落实中央和省委、市委重要会议精神和重大决策部署，紧扣融入成渝地区双城经济圈建设、加快建设全省区域中心城市、“中国绿色硅谷”和世界重要旅游目的地等市委市政府中心工作，拟制《课题申报指南》，并征求市委政研室等部门意见修改完善；主动设置课题选题，整合社科力量开展课题攻关，规划立项2021年市级社科课题108项，并成功申报省社科规划专项课题“对新时代加强党的思想引领力建设研究”。

（2）加强课题管理。3月，组织开展市级社科规划课题清理工作，重点清理了2019年立项而逾期未完成课题，撤销逾期课题12项，撤销课题负责人申报资格1项。加强课题指导，圆满结项省社科规划专项课题1项、省社科院课题3项。

（3）力促成果转化。加大《重要成果专报》编撰力度，筛选有咨政价值的社科课题，加强课题研究的指导，提高课题质量。目前共编印9期，受到市领导批示7次。其中，“乐山市‘十四五’工业高质量发展：优势、挑战与任务”“共建共治共享绘就乐山社会治理新画卷”等受到市委主要领导批示肯定6次。

四是发挥评奖导向作用。

经市政府同意，启动乐山市第十九次哲学社会科学优秀成果评奖工作。成立评奖委员会加强组织领导，修订《乐山市哲学社会科学优秀成果评奖实施细则》，组织开展成果申报，共收到申报成果 111 项。成立专家组进行初评，完成了专家组初评工作。

五是持续推进常态普及。

（1）加强社科普及基地建设。与市委宣传部联合开展乐山市第四批市级社科普及基地认定工作，收到井研县、犍为县、峨边彝族自治县等 5 个单位 6 个基地申报材料。实地调研根书艺术普及基地、马边彝族自治县烟峰乡彝族文化普及基地等，针对性地给予工作指导，促进基地更好地发挥作用。

（2）积极推进县级人文坛地建设。将县级人文讲坛建设纳入 2021 年社科工作要点，深入五通桥区社科联、马边彝族自治县社科联等基层社科组织调研指导，组织“三江讲坛”举办线上线下讲座 40 余场次。联合市心理咨询师协会，针对不同群众开展系列心理辅导讲座 7 场次。

（3）组织参加集中科普活动。组织市法学会等社科组织，参加乐山市 2021 年文化科技卫生“三下乡”集中示范服务活动暨“我们的中国梦”——文化进万家活动启动仪式，发放科普书籍 2600 余册、宣传资料 5300 余份，以及宣传社会主义核心价值观的雨伞、围裙等科普实物 3500 余份。

（4）组织制作社科普及宣传品。组织制作宣传“十爱”和社会主义核心价值观的笔袋、雨伞等社科普及宣传品约 1.5 万套（份），积极推进“践行十爱・德耀嘉州”主题活动。

六是建强社科人才队伍。

（1）发挥“嘉州社科菁英”引领作用。组织开展首届“嘉州社科菁英”推荐评选工作，召开乐山市 2020 年“嘉州社科菁英”终评工作会，严格评审程序，严把政治关，向市委组织部推荐了 10 名人选，9 名被确定为首批“嘉州社科菁英”支持人选。

（2）持续抓好学习培训。10 月召开乐山市社科联八届四次理事会，组织集中学习习近平总书记“七一”重要讲话精神，邀请市委党校沈建军教授作“为实现中华民族伟大复兴而接续奋斗”专题辅导，乐山市社科联理事会理事，市级社科学会（协会、研究会）和省级（市级）社科普及基地主要负责人共 60 余人参加。

（3）指导参加学术活动。组织参加“创新赋能脱贫攻坚与乡村振兴有效衔接”研讨会暨 2021 年四川省社科院市（州）县院所工作会，申报成果《四川省新材料产业创新发展研究》获第十四次市（州）县院所优秀科研成果二等奖，2 篇论文被研讨会论文集收录。组织撰写经验交流材料和理论文章，参加全国大中城市社科联第 31 次工作会议。指导市金融学会举办第二期“嘉州金融讲堂——学党史讲党史”主题活动、市心理咨询师协会开展学术活动。

七是所获荣誉。

2021 年，乐山市社科联被国家机关事务管理局、中共中央直属机关事务局、国家发改委、国家财政部授予“节约型机关”称号；被市委市政府评为 2020 年度驻村帮扶工作先进集体；被市委办评为乐山市庆祝中国共产党成立 100 周年主题展览作出突出贡献的部门（单位）；乐山分院被评为“2020—2021 年四川省社科院先进市（州）县院所”（全省排名第三）。

南充市社科联

【年度工作】南充市社科联 2021 年主要工作如下。

坚持以习近平新时代中国特色社会主义思想为指导，全面贯彻党的十九大和十九届二中、三中、四中、五中、六中全会精神；准确把握习近平总书记关于哲学社会科学工作的重要论述和系列讲话精神；深入学习四川省委十一届八次、九次全会精神及南充市第七次党代会、南充市委七届二次会议精神，认真落实全国、全省、全市宣传思想工作会议精神，增强“四个意识”、坚定“四个自信”、做到“两个维护”，不断提高政治判断力、政治领悟力、政治执行力，紧紧围绕举旗帜、聚民心、育新人、兴文化、展形象的使命任务，不断加强党的领导、推动党的建设，严格遵守党的政治纪律和政治规矩，积极营造风清气正的良好政治生态，充分发挥了党组把方向、管大局、保落实的重要作用，以提高政治能力为根本，以增强专业本领为关键，以培养优良作风为基础，努力打造一支政治过硬、本领高强、求实创新、能打胜仗的社科工作队伍，奋力开创了全市社科工作新局面，以优异成绩迎接了建党100周年。被国家机关事务局、国家发改委授予“节约型机关”，被四川省社科联评为“综合工作表现突出的市（州）社科联”“社科普及宣传工作表现突出的市（州）社科联”“社科研究课题立项表现突出的市（州）社科联”，被市委评为“脱贫攻坚先进集体”，被市委宣传部评为“全市理论工作先进集体”。

一是加强党的建设，强化政治引领，彰显担当作为。

(1) 始终坚持党的领导。进一步提高政治站位，毫不动摇地坚持党的领导，深入开展政治纪律与政治规矩教育，自觉在思想和行动上同党中央保持高度一致，全面贯彻中央、省委、市委的战略决策和安排部署。按照“学懂弄通做实”的要求，加强政治理论学习，努力提高思想政治水平。全年召开党组中心组学习会议27次、会前学法27次，领导干部带头学习党规党纪，不断增强党性观念，切实做到心中有党、心中有责、心中有戒、对党忠诚。认真贯彻新时代党的建设总要求和新时代党的组织路线，落实《组织工作条例》，履行管党治党政治责任，加强党支部建设、落实党的组织生活、严格党员教育管理，坚持党管干部原则，落实好干部标准，选优配强中层领导干部，发现培养选拔优秀年轻干部，坚持严管厚爱相结合，激励干部担当作为。

(2) 充分发挥党的领导核心作用。严格执行党组工作条例，完善党组议事规则和“三重一大”制度。坚持民主集中制，增强班子合力。通过民主集中制，把精力集中到干事创业的目标上，把智慧凝聚到开拓进取的事业中，把行动统一到共谋发展的步调上，领导班子整体合力得到了进一步提升。对重大决策深入调查研究，广泛征求意见，力求运用马克思主义的立场、观点和方法，分析、研究、解决实际问题，做到集体决策、科学决策、民主决策。党组充分发挥领导核心作用，总揽全局、协调各方，在思想建设、组织人事、财务物资、业务工作等方面进行全方位的领导，有力地推动了各项事业蓬勃发展。

(3) 奋力推进党风廉政建设。严格落实党风廉政建设责任制，大力加强党风廉政建设和反腐败工作。将党风廉政建设与业务工作同部署、同落实、同检查、同考核；督促党员干部严格落实党风廉政建设有关要求，上报个人重大事项、作出廉政承诺、开展廉政谈话；加强制度约束，建立健全反腐倡廉制度体系，使党员干部不敢腐、不能腐、不想腐。南充市社科联领导班子全体成员切实做到了遵守中央八项规定、省委省政府十项规定及其实施细则、市委市政府九项规定精神和各项廉政规定，秉公用权，树立了良好家风。

(4) 全面落实党建责任制。党组专题研究了党建工作12次，成立了党建工作领导小组及办公室，对党建工作进行专项指导、督促检查和具体落实。详细制定了年度党建工作要点，深入推进“学习型、服务型、创新型”党组织建设，全面开展支部主题党日活动，严格落实领导干部双重组织生活会制度，切实保障党组履行党建工作的主体责任、党组书记履行党建工作的第一责任、党组成员履行“一岗双责”。

(5) 大力开展党风政风整治。深入开展“四风”突出问题专项治理。坚决整治“灯下黑”“慵懒散浮拖”“不作为、乱作为、慢作为”现象。严格党内政治生活，坚持高标准、严要求召开民主生活会，广泛征求意见，精心组织会议，严格开展批评和自我批评，对查摆的问题逐项制定整改措施，认真整改，务求实效。通过作风整治，进一步转变了机关工作作风，切实增强了领导班子发现问题、解决问题的能力；提振了党员干部干事创业的激情，提升了工作的务实性和攻坚克难的水平。

二是倾力社科事业，夯实各项工作，服务全市大局。

(1) 抓省第十九次社科优秀成果评奖推荐工作，提升社科强市形象。省社科优秀成果获奖成绩一定程度反映一个市的社科研究能力和学术水平，是衡量社科强市的重要风向标。充分准备、精心筛选，收集了一批质量过硬的社科成果，经过初评，共推荐35项社科成果参与省第十九次社科优秀成果评奖，20项成果获奖，其中二等奖4项，位居全省第2位。

(2) 抓国省重大社科课题立项，锻造精湛社科学术水平。市社科学术水平主要是在承接国省社科课题研究中得到锻炼提高；同时国省社科课题立项，会造就一批社科大家名家，提升一个地方的社科学术声誉。经努力争取，共成功申报国省社科项目35项，其中国家社科基金项目5项，教育部人文社科规划项目3项，省社科规划项目27项，位居全省第2位。

(3) 抓社科年度规划立项，引导全市社科重点研究方向。进一步加大了社科规划立项的支持力度，规划立项的数量、涵盖学科都较往年有大幅增长。在激励机制增强的情况下，广大社科研究者踊跃申报项目，与2020年相比，2021年收到的申报项目数量明显增多、质量明显增优。经专家评审委员会评审，共立项年度规划项目478项，其中重点项目19项，一般项目236项，青年项目223项。

(4) 抓社科优秀成果评定工作，激发全市社科研究热情。社科优秀成果评定在市学术界具有重大影响，受到市委市政府高度重视和社科专家学者高度关注。经过“五审一公示”（初审、学科评审、市评委会评审、市外专家组复审、意识形态审查和向社会公示），并报市政府常务会议和市委常委会议批准，市政府印发了《关于南充市社会科学优秀成果评定结果通报》，共评定出2012年至2017年社科优秀成果210项。

(5) 抓社科应用研究，积极为党政部门建言献策。充分发挥哲学社会科学的资政功能，努力当好党委政府的智囊团和思想库，引导社科专家学者深入研究市委市政府的重大战略决策部署和当前市经济社会发展的各种现实问题。不定期梳理出应用价值高、操作性强的社科应用成果向有关部门及时报送，为他们决策施政提供备选方案。《南充丝绸文化在成渝经济圈的创新与发展研究》《南充市临江新区城市承载能力与区域经济协调发展研究》《成渝地区双城经济圈的协同创新发展能力研究》《嘉陵江流域南充段沿河文化旅游景观开发与保护研究》等一大批立足南充现实、回答南充时代之问的优秀社科成果面世，个别社科成果的合理化建议被采纳，发挥了良好的经济效益和社会效益。

(6) 抓社科宣传普及，提升群众社科人文素养。一是全面参与社科活动月各项活动。4月至6月，按照省社科活动月的统一安排部署，组织专家学者和社科普及志愿者，深入乡村中小学校，向中小学生宣传普及中华优秀传统文化，引导师生进一步亲近中华经典，更好地领悟中华思想理念、传承中华传统美德、弘扬中华人文精神。二是着力打造科普平台，提升传播能力。加快推进科普协会、科普基地建设进度，积极引导它们开展科普活动。特别是首批命名的9个重点科普基地发展迅速，活动开展效果喜人。市科普协会举办“川北讲堂”6期，受众近千人，开展“社科普及七进”活动8期，受众700余人。市文化科普协会举办“汉语桥”3期，受众600余人，开展社科普及宣传活动8次，受众近2000人。三是编印科普读物，免费发放民众。编发了川北美丽乡村系列《建设美丽乡村政策法规》《建设美丽乡村十大模式》《四川美丽乡村》《美丽乡村文学故事》，川北历史名人文化系列《司马相如》《落下闳》《落下闳故里探秘》，革命文化系列《朱德传奇故事》《朱德德育故事集》，民俗文化系列《阆中春节文化文集》《北斗阑干》《川北皮影戏》《川北大木偶戏》。累计发放科普读物共计十余万册。

(7) 抓优秀传统文化打造，树立良好城市文化形象。首先是做大做响春节文化金字招牌。阆中春节文化园专门成立了“落下闳研究会”“落下闳故里古天文科普教育中心”，为落下闳春节文化的研究和宣传提供了更大的平台；强化阵地建设，结合了现代科技的声光电，量身定做了3D电影《落下闳》；阆中春节文化科普基地全年义务接待游客100余万人次。其次是精心打造“三国志陈寿”文化。①推动智慧旅游基地建设。已建成基地电子导览导视系统，完善了基地预约预订系统和监控平台，实现了基地客流量、停车场数据对接省厅“智游天府”平台，让游客自主游览和云上观赏。②深入开展宣传营销。联合南充嘉湖书院开展“陈寿《三国志》科普讲堂”五期，向市民、社会团体、大中院校学生宣讲历史名人陈寿事迹；开展陈寿《三国志》宣传活动，高质量推出48期基地微信宣传。③加强基地旅游队伍建设。组织讲解人员参加技能培训，切实提高讲解员思想素养和业务水平。最后是着力培育“司马相如文化”品牌。4月23日在成都召开了“纪念司马相如诞辰2200周年座谈会”，与会专家学者进行了深度学术交流；6月15日至16日，举办了“相如故里”IP传播媒体研修班。该班为司马相如文化宣传队伍提供了业务培训，为有效宣传司马相如文化提供了新思路新路径；加大了媒体宣传力度，编写了90分钟时长的电视纪录片《寻找司马相如》在央视《探索·发现》播出，并在多家网站挂有视频。协助央视科教频道栏目组，拍摄《百牛渡江》专题纪录片，多层面、多角度展示蓬安优秀地方特色文化。

(8) 抓社科菁英项目，培养优秀社科人才。为提升社科人才队伍核心竞争力，造就一支顶尖社科人才队伍，加大了社科人才培养力度。2021年，在南充市社科联积极推动下，实施了果州社科菁英项目。经申报推荐、初评提名、终评公示等程序，樊文娟等3名青年社科专家入选第一批果州社科菁英。入选的社科菁英年龄均在40周岁以下，在哲学社会科学方面具有较强的创新发展能力，取得了同行公认的较高学术成就和较广泛的社会影响力。根据相关政策，入选者在工作、生活等方面享受特殊支持，除了为入选者提供一次性经费资助外，还支持入选者所在单位为入选者量身组建创新创业团队，支持入选者承担国家级、省级、市级重大项目，支持入选者及其团队申报市级重点实验室、技术中心，同时在成果转化、岗位职称、薪酬待遇、住房保障、子女入学等方面也享受特殊优惠政策。

(9) 抓意识形态工作，筑牢共同思想基础。强化组织领导，筑牢意识形态工作责任意识；强化工作机制，建立意识形态工作相关制度；强化阵地管理，防止不良意识形态事件发生；强化业务工作，严审社科课题立项和社科评奖成果；强化队伍管理，建强意识形态工作队伍；强化考核问责，严明意识形态工作纪律。一系列有力措施的落实，确保了南充市社科联机关和全市社科界意识形态领域的安全稳定。2021年以来，未发生任何意识形态方面的事件；县（市、区）社科联、驻市高校社科联、社科学会（协会、研究会）在举办社科学术交流研讨会、社科学术报告会、社科普及活动时均未发生意识形态方面的事件；社科专家学者在开展社科课题立项、发表社科学术论文、进行社科学术演讲时均未出现意识形态方面的问题。

三是开展党史学习教育，做到明理增信崇德力行。

(1) 提高政治站位，强化责任担当。首先是建立了党史学习教育领导小组及办公室；其次是细化明确责任，机关全体干部职工拧紧压实责任，逐级传导压力；最后是研究制定、组织实施《南充市社科联党史学习教育实施方案》。

(2) 严格对标对表，推动学习教育深入开展。①实行会议集中学习研讨，截至2021年年底，已会议集中学习42次。②抓好党课教育。坚持每季度举行一次讲党课活动。《学党史、悟思想、办实事、开新局》《充分发挥新时代共产党人的先锋模范作用》等党课报告内容丰富、主旨鲜明，具有良好的导向作用。③抓好专题讲座。4月2日，南充市社科联和南充市总工会等部门举办了党史学习教育专题讲座。全体机关党员聆听了“用党的历史照亮前行的道路”主题报告。④抓好典型教育。通过正反典型，引导机关党员干部加强党性锤炼。组织观看了影片《黄大年》《红色土司》《黑白人生》《永葆政治本色》《警钟长鸣》。⑤抓好学习竞赛。在市上主办的“百年华诞党旗飘扬”党史知识竞赛中，有2名同志获得荣誉证书。在省上主办的“庆祝中国共产党建党

100 周年征文”活动中，选送作品获得全省一等奖。⑥抓好教材征订。坚持学习教育资料订购不打折扣，完全按照市委党史教育领导小组办公室指定的清单全套购买。⑦抓好专题组织生活会召开。7 月 21 日，召开党史学习教育专题组织生活会。第十巡回指导组领导亲临指导，机关各位党员干部逗真碰硬，触及灵魂，围绕深入查摆的 4 个方面找问题、挖根源、定措施。⑧抓好“我为群众办实事”实践活动。开展机关效能建设，各科室进一步细化工作、优化服务；开展基层问“症”行动。围绕贯彻落实中央决策部署和习近平总书记对四川工作系列重要指示精神，围绕解决突出问题和群众反映强烈的热点难点问题，广泛开展调查研究；开展党员示范行动。树立“党员先锋示范岗”，推动党员“亮身份、树形象、显作用”。据统计，在“我为群众办实事”实践活动中，开展主题党日活动 2 次，设立党员示范岗 2 个，开展党员志愿服务活动 4 次，制定办实事项目清单 11 项，完成 11 项，完成率为 100%。

（3）发挥职能优势，突出党史学习教育特色。首先是发挥联系社科界专家学者的职能优势，净化思想、凝心聚力。其次是发挥社科课题立项的职能优势，积极推动党史研究。印发了《关于申报庆祝中国共产党建党 100 周年专项课题的通知》，共立项党史学习教育类专项课题 157 项。再次是发挥举办社科科普活动的职能优势，把科普活动和党史教育结合起来，使党史教育成为社科普及的重要内容。最后是发挥社科专家的智力优势、专业优势，开展征文比赛、理论研讨活动。开展了庆祝建党 100 周年征文活动，评出获奖作品 50 篇；举办了庆祝建党 100 周年理论研讨会；编印了庆祝中国共产党成立 100 周年理论专刊。

四是压紧压实防控责任，坚决筑牢疫情防线。

加强组织领导，成立工作领导小组和应急指挥部，主要领导到岗到位，靠前指挥，亲自听取疫情汇报，亲自安排部署、亲自解决问题；大力推广“四川天府健康通”微信小程序，实现干部职工疫情防控信息自主申报和线索提供；指导应急救援知识普及协会编印《新型冠状病毒感染的肺炎疫情防治专刊》上网宣传，引导广大市民做好疫情防治工作；筹集适量口罩、消毒液等物资，强化防控物资保障；做好本单位办公场所的消毒及卫生工作；对本单位干部职工进行体温检测，约束规范有关行为，做到戴口罩、勤洗手、勤消毒、不串门、不扎堆；通过本单位干部职工及退休人员做好家人的疫情防控工作；对来访办事人员严格登记、严测体温、严格要求口罩防护和出示绿码。坚持疫情防控常态化，取得了十分明显的效果，本单位干部职工、退休人员注射新冠疫苗均在两剂以上，全年未出现一例新冠疑似病例。

五是支持配合相关部门工作，圆满完成各项共性目标。

积极支持配合省市相关部门工作，严格落实安全生产工作责任制，实现了全年安全零事故。按照有关部门要求，认真做好了脱贫攻坚成果巩固和乡村振兴、依法治市、平安建设、环保节能、网络综合治理、信访法治化建设、预算绩效管理、退役军人事务、禁毒、森林草原防灭火等工作，各项工作措施得力，成效显著。

宜宾市社科联

【年度工作】宜宾市社科联 2021 年主要工作如下。

坚定以习近平新时代中国特色社会主义思想为指导，团结引领宜宾市社科界围绕中心、服务大局，守正创新、扎实工作，社科研究、社科普及、队伍建设等各项工作取得新的成效，为宜宾经济社会发展作出应有贡献。

一是思想理论把牢导向。

（1）做好思想理论引领，坚定政治方向。坚定以习近平新时代中国特色社会主义思想统领社科工作，认真贯彻市委《关于加快构建中国特色哲学社会科学的实施意见》，深入推进理论阐释、理论研讨和基层宣讲。先后举办全市社科界学习贯彻党的十九届五中全会精神、习近平总书记在庆祝中国共产党成立100周年大会上的讲话精神座谈会；深入调研指导，制发文件通知，着力引导全市社科界积极撰写理论文章和学习心得，广泛开展学习贯彻党的十九届六中全会精神、四川省委十一届十次全会精神和宜宾市第六次党代会精神学习研讨和基层宣讲，将优秀文章推荐市级媒体报刊选用和研讨交流。

（2）抓好党史学习教育，增强政治自觉。通过学习会、读书班、党支部“主题党日”活动和社科培训等形式，抓好党组理论学习中心组“四史”专题学习和专题组织生活会，有序推进全市社科界党史学习教育。先后组织支部党员和单位干部职工到李硕勋纪念馆及故居重温入党誓词，到中核建中公司国家安全教育基地参观，到长征干部学院夹金山分院开展“追寻红色记忆·喜迎建党百年”主题活动；组织社科干部到四渡赤水长征干部学院开展主题教育，在高县举办全市社科界庆祝建党100周年暨党史学习教育座谈会，在南溪区举办全市社科界党史学习教育现场会；组织全市社科骨干到复旦大学参训，强化党史教育；先后组织干部职工观看《赵一曼》《中国医生》《长津湖》等红色影视剧；着力抓好党史学习教育市委宣讲团和巡回指导组工作。

（3）做好基层宣传宣讲，强化政治担当。作为市委宣讲团分团负责人，宜宾市社科联负责同志在叙州区、南溪区开展党史学习教育、学习贯彻习近平总书记在庆祝中国共产党成立100周年大会上的讲话精神、宜宾市第六次党代会精神宣讲活动6场，在三江新区、翠屏区开展学习贯彻党的十九届六中全会精神、四川省委十一届十次全会精神宣讲活动2场；班子成员深入高县大屋村讲党课，积极加强直属学会党建指导。党员干部先行先学，引导社科工作者学习宣讲走深走实。全市社科界开展理论研讨活动50多场次、基层宣讲活动150多场次。

二是社科研究有序推进。

（1）创新平台载体，培育研究团队。发挥好“联”的功能、“合”的优势，改进和规范社科立项结项评审工作，与宜宾学院签订战略合作协议，共建宜宾市人文社科研究规划推广中心。改革创新方式，探索研究模式，发挥联系协调作用，支持在宜高校自主开展校地合作社科研究，聚焦宜宾经济社会发展，整合科研资源力量，开展专项课题研究。加强与四川轻化工大学等在宜高校社科联及其科研机构的交流合作，支持其建设酒文化研究与传播中心等研究团队。指导宜宾职业技术学院推进赵一曼研究院建设。12月，市社科负责同志作为市决咨委发展战略和重大项目组副组长，牵头组织撰写《关于加快规划建设空港经济区的专题调研报告》，呈市委市政府决策参考。支持和参与宜宾市新力经济研究院开展研究，其课题“用数字化赋能现代化——宜宾加快数字经济发展调查与建议”获得市委主要领导肯定性批示，“用‘三大变革’推进乡村全面振兴”获市政府主要领导肯定性批示。参与协办由宜宾市决咨委主办的市智库联系会第三次年会暨宜宾智联论坛第四次主题论坛，宜宾市社科联负责同志在会上作了“发挥社科联作用推进智库建设”主题发言。

（2）围绕中心大局，突出应用研究。重点围绕市委市政府中心和重点工作开展研究，2021年市级社科规划立项课题142项。其中综合课题方面，收到申报课题256项，经组织专家审核，下达立项课题99项，课题涉及宜宾社会经济发展各个方面；专项课题方面，发布酒文化研究与传播类立项课题9项，南向开放类立项课题11项，基层廉政建设类立项课题19项；重点课题方面，根据市领导要求和市委市政府重点安排部署，支持宜宾市新力经济研究院开展课题研究推广2项，与宜宾学院（宜宾市人文社科研究规划推广中心）共同开展两项改革“后半篇”文章、产教融合示范建设2个重点课题研究。

（3）强化成果评价，推进转化利用。抓好宜宾市第十二次社会科学优秀成果评奖工作，完成学科评审组评审，以及市评奖委员会审核工作。课题结项方面，组织专家对2020年度158项立项课题进行评审，准予结题135项。

三是社科普及扎实丰富。

（1）学习普及更加深入。组织开展了《四川省科学技术普及条例》《全民科学素质行动规划纲要（2021—2035）》等科普法规、《民法典》《传染病防治法》《环境保护法》等法律法规、《党和国家机关基层组织工作条例》《党委（党组）落实全面从严治党责任规定》等党内法规的学习宣传，倡导全市社科组织和广大社科工作者弘扬科学精神、普及科学知识、传播科学思想、倡导科学方法，将依法治市工作纳入社科普及，不断增强公民科学文化素质和法治素养。受宜宾学院和筠连县邀请，参与创作的广场舞普法歌曲《未成年人保护歌》广受欢迎。

（2）专题宣讲更具特色。牵头协调在宜高校、市建文办和相关县区社科联，组建“百年党史进社区”宣讲团，完成宣讲活动 18 场次，受众 1000 人以上。重点宣讲习近平新时代中国特色社会主义思想、中共党史、法治建设、建文创卫、安全科教等。指导各县区、学会、基地开展好宣传普及活动。

（3）基地影响更加广泛。抓好 2 个省级和 14 个市级社科普及基地建设与管理。指导 10 余个基地在宜宾新闻网、宜人宜宾 App、理论宜宾微信公众号上宣传成果和活动，扩大基地的政治引领力、宣传影响力、品牌传播力，各基地接待人数上万人次。多次组织到全市各县区和三江新区调研，指导基地建设、科普宣传，并给予基地经费补助。有序开展第三批市级社科普及基地申报评审工作。

（4）理论刊物更新推出。2021 年社科理论刊物《三江新论》由双月刊改为季刊，根据形势需要调整、增设相应栏目，编辑完成 4 期任务，共刊发文章和信息 100 余篇、总字数 50 万余字。加强对社科刊物、社科讲坛（论坛）的意识形态工作审核把关，确保社科理论界无杂音。

四是队伍建设彰显活力。

抓好直属学会的管理指导、相关社科学会的业务指导和县区社科联的工作指导。组织市历史学会、市哲学研究会等学会专家积极开展基层宣讲；通报表扬 2020 年度先进县区社科联及先进社科工作者、先进学会及先进学会工作者；推荐全国大中城市社科联第 31 次工作会议先进组织 2 个和先进个人 2 名；组织遴选出四川轻化工大学万东升、宜宾学院倪秋平为 2020 年度“宜宾英才计划”宜宾社科菁英项目人才。先后组织市县社科骨干到高县、南溪区、泸州市古蔺县、复旦大学等地学习培训，与各高校、学会、区县社科工作者加强联系。

五是机关建设全面加强。

（1）机关党建人事制度方面。加强党管意识形态工作，机关党的建设、廉政建设、作风建设、制度建设等全面加强，党支部“三好”示范创建和党建课题“坚持党的领导推进智库建设的实践与思考”获得市直机关工委好评。加强了班子团结和职工思想工作，2020 年度班子年度考核提升了一个档次，干部职工岗位职责进一步明确，完善财务管理制度等 3 项，提任（晋升）了 2 名科级干部同志的职务（职级）。

（2）抓好“我为群众办实事”实践活动。着力开展并圆满完成了课题研究、全市社科界庆祝建党 100 周年座谈会、县区社科干部学习考察社科工作、“百年党史进社区”宣讲、“双包双保”龙湾社区建文创卫、支持社科普及基地建设等实践活动。多次组织党员干部到定点帮扶贫困村筠连县高桥村和“双千”联系企业翠湖粮油公司走访调研、帮扶指导、解决问题；第一书记先进事迹报道在“学习强国”平台、四川发布、四川新闻等网媒持续宣传；扎实抓好并圆满完成依法治市、精神文明创建、双拥、档案、保密、互联网安全、安全生产等各项工作；深入一线，广泛听取社科工作者和基层群众意见，帮助解决民生需求。

（3）发展规划和社科交流方面。认真参与宜宾市“十四五”时期文化发展和改革规划编制工作，提出成立“宜宾社科院”等意见建议。接待服务广安市、成都市等市州社科联来宜宾调研活动。与广安市社科联签订了繁荣发展社会科学事业战略合作协议，与泸州市社科联加强社科干部培训合作交流。

广安市社科联

【年度工作】广安市社科联2021年主要工作如下。

立项市级社科研究规划项目99项，结项市级社科研究规划项目130项。评选出广安市第十次社会科学优秀成果拟获奖成果100项。完成《广安市社会科学优秀成果评奖办法》修订工作。

（1）深化理论武装，认真开展党史学习教育。将习近平新时代中国特色社会主义思想、党的十九届五中全会精神、党史学习教育等选题纳入《2021年度广安市哲学社会科学研究规划项目选题指南》，组织申报市级社科项目。开设“奋斗百年路 启航新征程”“学习习近平总书记‘七一’重要讲话精神”专栏，刊用专题理论文章10篇。组织召开广安市社科联系统学习贯彻习近平总书记“七一”重要讲话精神暨开展“大学习、大讨论、大调研”活动座谈会。组织机关干部前往前锋区萧家大院、古蔺县四渡赤水太平渡陈列馆开展党史学习教育现场教学，切实开展“我为群众办实事”实践活动，到定点帮扶村前锋区龙塘街道双寨村座谈、与村支部结对子，资助5000元帮助改建该村文化活动室，为该村留守儿童、空巢老人、困难群众完成“微心愿”“微实事”“微项目”20余件。

（2）加强学习宣传，解读阐释重大会议精神。紧贴中央、省委和市委重大决策部署，在《金广安》杂志上设立专题栏目，刊载习近平新时代中国特色社会主义思想、党史学习教育、庆祝建党100周年和党的十九届六中全会、市第六次党代会、市委五届十二次全会精神学习贯彻理论文章50余篇。全年出刊《金广安》杂志4期，共计22000册。

（3）围绕中心工作，规划开展社科项目研究。组织开展2021年市级社科研究规划项目申报立项工作，围绕重大实践课题，规划立项社科研究项目99项。鉴定结项2020年市级社科项目研究成果120项，资助课题研究经费15万余元。

（4）评选优秀成果，修订优秀成果评奖办法。推进广安市第十届社会科学优秀成果评奖工作，组织专家会审评选推荐，通过市评奖委员会会议审议，评选出广安市第十次社会科学优秀成果评奖拟获奖成果100项，已送市政府审定。深入基层调研，广泛征求意见，代市政府起草《广安市第十次社会科学优秀成果评奖办法》，经市政府审定同意施行。

（5）编印科普读物，大力建设社科普及基地。编印通俗社科普及读物《大社科・小知识》（第八集）5000册。社科普及读物《烈士许建业》出版，资助经费1.5万元。修订完善《广安市哲学社会科学普及基地建设与管理办法》，创建第三批市级社科普及基地，命名4家广安市社科普及基地。制定《广安市哲学社科普及基地社科普及工作考核细则》，对11家市级社科普及基地进行了考核，根据考核等次资助了相应科普工作经费。

（6）加强川渝合作，着力服务国家重大战略。前往重庆市渝北区，宜宾市、泸州市、内江市、自贡市等地考察学习社科工作，与渝北区、宜宾市、泸州市等川渝毗邻地区社科联签订战略合作协议，共同推动成渝地区双城经济圈社科界形成全方位多层次合作关系。参加“智库联盟・服务发展”涪陵智库论坛，并作广安社科智库建设经验交流发言。规划“探索经济区与行政区适度分离改革”研究专项课题，推出研究成果10项，精选2个成果内容要点编印《重要成果专报》，呈送市委市政府领导参阅。与西华大学签订协议，共同开展《川渝高竹新区产城融合建设研究》课题研究。

（7）压紧工作责任，切实维护社科领域安全。制定出台《广安市社科联意识形态工作责任制度》，落实广安市社科联机关意识形态工作责任。召开广安市社科联意识形态领域情况分析研判会议3次，梳理排查社科领域风险隐患。加强社科学会管理，开展社科学会社科工作考评，确定考评等次，激发学会工作活力。持续培养社科人才，初选1名“小平故里”社科菁英。完成市委巡察反馈意见整改工作。全年，市级社科领域未出现安全事故。

（8）加强与西华大学、省社科院等高校、科研院所合作，联合开展成渝地区双城经济圈建设课题研究，借智借力提升广安社科研究水平。完成市委机关刊物《金广安》杂志改版工作，实现了“组稿从被动等稿到主动约稿、选题从宽泛全面到特色鲜明、印刷从黑白到彩印”的“三个转变”，获得了时任市委主要领导的肯定，深受读者欢迎。市政府审定同意新修订的《广安市社会科学优秀成果评奖办法》，奖项设置更加合理，奖励标准高、力度大，社科评奖工作基础更加夯实，走在了全省前列。

达州市社科联

【年度工作】达州市社科联 2021 年主要工作如下。

一是坚持政治引领，宣传阐释持续深化。

（1）突出重点，热烈庆祝建党 100 周年。围绕百年党史，充分利用社科平台，发挥社科工作者优势，在 2021 年课题项目中规划一些党史研究课题，推出一批优秀理论成果，切实推动党史学习教育走深走实。同市委宣传部联合召开达州市庆祝中国共产党成立 100 周年理论研讨会，围绕中国共产党在达州的发展历程和党领导达州各族人民推进革命建设及改革发展所取得的辉煌成就开展交流讨论，市委常委、宣传部部长陈文胜同志出席并讲话。同市委宣传部等部门开展学习“全国优秀共产党员”、“七一”勋章获得者周永开同志先进事迹的主题征文活动，共收到 225 篇征文，评选出 40 篇优秀文章。

（2）聚焦热点，切实推进“三大”活动。围绕贯彻落实市委学党史、悟三新、应七问、“三大”活动要求，组织 8 篇专题理论文章，在《达州日报》2 个专版刊发，在《达州社会科学》专题刊登，掀起学习讨论热潮。认真开展大学习大讨论大调研，高质量开展“达州融入成渝双城经济圈创建万达开川渝统筹发展示范区途径研究”调查研究，形成调研成果，提出真知灼见。坚持不懈走深走实“我为群众办实事”“志愿活动”等主题活动，从 12 个方面为扶贫村、党建结对共建支部、联创共建社区、全市社科工作者解决实际困难。

（3）广泛宣传，凝聚奋进合力。分别组织 12 篇达州市庆祝中国共产党成立 100 周年暨党史学习教育优秀理论文章，8 篇向周永开同志学习优秀理论文章，9 篇贯彻市第五次党代会精神理论文章，10 篇学习党的十九届六中全会精神理论文章在《达州日报》专版刊发，在《达州社会科学》专题刊登，向全市宣传推广，激励动员全市党员干部不忘初心、牢记使命，开拓奋进、攻坚克难，为推进达州高质量发展努力奋斗。

（4）整合力量，服务基层理论学习。整合高校、党校、部门等力量，组织社科理论工作者深入区县、乡镇、企业、学校等基层，围绕习近平新时代中国特色社会主义思想、党的十九届五中、六中全会精神、省委十一届九次全会、市第五次党代会精神等，开展理论阐释和宣讲宣传 200 余场次。

（5）强化管控，压实意识形态责任。始终坚持正确的政治方向和学术导向，坚决贯彻落实中央和省委、市委关于党委（党组）意识形态工作责任制要求，定期分析研判社科领域意识形态工作，切实加强对办公会、研讨会、讲座、论坛等各类学术活动的规范管理，强化规划课题、优秀成果评奖等涉意识形态审查，加强社科组织期刊、网站管理，牢牢掌握工作领导权、管理权、话语权。

二是坚持守正创新、聚智资政更加务实。

（1）学术交流更具活力。紧扣中央、省市发展战略和社会普遍关注的热点问题，举办庆祝中国共产党成立 100 周年理论研讨会、学习贯彻党的十九届六中全会精神理论研讨会。

（2）课题研究更贴中心。围绕融入成渝地区双城经济圈、乡村振兴、地方文化等制发 2021 年课题指南，努力提高项目设置的学术和应用价值，将观点正确、设计科学、见解独特、对策可行的课题选出来，收到申报课题 374 项，经评审准予立项 172 项，经审核，171 项课题顺利结项

（包含 2020 年 2 项延期课题），3 项课题未能按期完成。

（3）成果转化更为实用。通过重奖那些社会影响大、学术价值高的精品成果，督促和激励科研人员在提升成果质量上下功夫。向四川省第十九次社科优秀成果评奖推荐 6 项优秀成果参加最终评审，《高校初任教师教学能力发展论》获省政府二等奖，《民国时期四川畜牧业文献、档案资料收集整理及应用研究》等 3 项获省政府三等奖。组织市第十六次社会科学成果评奖工作，初评后 205 项成果参评，经过文史、经济、哲学法律政治、综合 4 个学科组评审，复审组复审，104 项申报成果拟获优秀成果奖，其中荣誉奖 1 项，一等奖 4 项，二等奖 24 项，三等奖 75 项。编辑 6 期《重要成果专报》，4 期《达州社会科学》杂志，《达州市社会科学研究“十四五”规划 2021 年度课题选编》（上下集），为党和政府建言献策，促进成果转化。

（4）搭建重点研究平台。创新开展达州市哲学社会科学重点研究基地申报工作，第一批认定“万达开川渝统筹发展研究中心”“巴文化传承发展研究中心”“诚信文化教育研究中心”“川东非物质文化遗产保护与发展研究中心”“数学与金融研究中心”5 个研究中心为达州市哲学社会科学重点研究基地，通过整合社科研究力量，协同创新，构建资源共享、学科融合的研究平台。

三是坚持示范带动，社科普及更加有效。

（1）优化课程，发挥讲坛辐射作用。积极发挥同市图书馆联合举办的“巴渠大讲坛”辐射带动作用，邀请知名专家围绕百年党史、疫情防控、文明城市创建等知识讲课，全年共举办讲座 24 场次。

（2）集中示范，发挥基地引领作用。完善《达州市社科普及基地管理办法》，科学扶持、管理 2 家省级社科普及基地、21 家市级社科普及基地。深入宣传贯彻《四川省科学技术普及条例》，“三下乡”“社科活动月”“社科普及周”“科普日”期间分别到宣汉县黄金镇大成镇、万源市石塘镇、通川区二马路社区、大竹县月华镇井岗村开展科普活动。

（3）拓宽渠道，发挥刊网放大作用。及时更新“达州社科在线”网站内容，每年编印《达州社会科学》4 期，广泛普及社科知识。

四是坚持强基固本，社科基础更加坚实。

（1）“联”的特点更有优势。发挥党委政府联系社科人才的桥梁纽带作用，紧密团结哲学社会科学五路大军，多次到社科类学会（协会、研究会）和各县（市、区）社科联开展调研指导。

（2）组织建设更加强化。10 月 9 日，召开三届五次理事会选举产生了新的达州市社科联领导班子成员，配强配齐班子队伍，组织机构愈加健全。举办全市社科工作培训会，学习了习近平总书记“七一”重要讲话精神和万源保卫战红色历史，并对结合党史学习教育做好社科工作开展了培训。

五是坚持履职尽责，工作更加主动。

（1）定点帮扶，推进同步小康。社科联定点帮扶点调整到大竹县月华镇井岗村后，迅速实地走访，制定帮扶措施，慰问贫困户，确保脱贫不返贫，强力助推乡村振兴。

（2）扎实开展创建全国文明城市结对共建。投入 2 万余元，20 余次到二马路社区开展城市风貌打造、卫生死角整治、路口文明劝导、慰问困难党员等志愿服务活动。

（3）全面深化改革。积极配合支持牵头单位的工作，按照《关于加快构建中国特色哲学社会科学的实施意见》（达市委办〔2018〕10 号）要求，认真分解细化各项改革任务，完成了改革任务。

（4）抓好疫情防控。动员组织全市社科工作者宣传防疫知识，全覆盖接种疫苗。

（5）抓好党建工作。积极履行党建工作责任，推动学习常态化，党支部建设规范化，选人用人科学化，巡视巡察问题整改制度化。强化中心组学习，党组班子成员认真开展谈心谈话、上党课、帮扶等工作。扎实开展城乡党建结对共建工作，与大竹县石桥铺镇周河村党支部开展党建活动 3 次，结对帮扶贫困党员 9 人，提供党建经费 4 千元。党员“双报到”工作全面落实，9 名在职党员开展活动上百次。抓好党风廉政建设，认真履行“主体责任”和“一岗双责”，严格党员干部的日常管理和监督，完善党内民主、人民监督、检查考核、风险防控机制，整治“群众最不满意 10 件事”，抓好“12340”社情民意调查，不断把纪律作风建设引向深入。

巴中市社科联

【年度工作】巴中市社科联 2021 年主要工作如下。

坚持以习近平新时代中国特色社会主义思想为指导，牢牢把握政治方向，全力服务中心大局，扎实开展课题研究、社科表扬、基地建设、社科普及和学术交流，充分发挥“智囊团”“思想库”和“科普队”作用，为加快建设“三市两地一枢纽”、开启全面建设社会主义现代化巴中新征程积极贡献社科力量。

一是坚定政治方向，强化思想引领。

（1）理论学习入脑入心。坚持把政治建设放在首位，紧紧围绕举旗帜、聚民心、育新人、兴文化、展形象的使命任务，把握好统一思想、凝聚力量这一中心环节，以党组扩大会、理事会和专题学习会等形式组织社科界深入学习习近平新时代中国特色社会主义思想，深入落实习近平总书记“七一”重要讲话和党的十九届五中、六中全会精神，四川省委十一届八次、九次全会和巴中市委四届十二次、十三次全会以及巴中市第五次党代会精神，引导全市社科组织围绕中心奋发作为，推动中央大政方针和省委市委决策部署在社科界落地落实。

（2）宣传教育走深走实。按照市委讲师团的统一安排，班子成员分别到巴州区枣林镇清溪沟村和巴中经济开发区医院开展党史学习教育宣讲，面对面与基层群众真诚交流，积极为他们答疑释惑。指导市优秀传统文化教育学会充分利用“好家风”巡讲活动深入农村、街道社区开展优秀传统文化系列讲座 20 余场次，受众达 2000 余人。组织市优秀传统文化教育学会、武术文化研究会、巴蜀非物质文化工艺协会到平昌县刘伯坚纪念馆开展党史学习教育活动。指导社科普及基地发挥自身资源优势，多形式多渠道开展“赓续红色血脉，传承红色基因”系列活动，讲好红色故事，扩大巴中对外影响力。

（3）意识形态工作不断强化。高度重视意识形态工作，深入学习领会习近平总书记关于意识形态工作及网络强国的重要论述，不断提高政治站位，进一步增强抓意识形态工作的责任感使命感。把意识形态工作与业务工作同部署、同落实、同检查、同考核，纳入民主生活会对照检查内容，作为目标绩效考核及公务员平时考核的重要内容。召开党组专题会议，及时研判意识形态领域风险，落实班子及班子成员意识形态工作责任制，明确责任清单。加强对报告会、研讨会、讲座论坛等的管理，严格落实审查审批和报备制度。在各类社科会议及活动中，持续强调意识形态工作的极端重要性，督促协会、学会、普及基地全面落实意识形态工作责任制。年内，认真审查《把好家门兴旺的金钥匙》《乡村振兴背景下的家庭教育》《如何做新时代智慧父母》等社科宣讲类 PPT 稿件，确保意识形态领域零差错。

二是服务中心大局，学术研究有力有效。

（1）课题研究有序开展。年初，围绕建设“三市两地一枢纽”发展定位，以创新革命老区乡村振兴模式、成渝双城经济圈融入路径、新时代创新革命老区党的建设、建设巴蜀文化旅游走廊等为导向，发布 8 个课题研究指南，共征集课题申报 86 项，立项 29 项，最终结项 25 项，并择优编撰年度结项课题成果集。为确保课题按时按质结项，及时跟进课题实施进度，加大指导力度。目前，“川陕革命根据地政权建设的机构编制工作维度探究”等部分课题已在国家、省级刊物公开发表。

（2）优秀成果不断涌现。为充分调动广大社会科学工作者从事学术研究的积极性和创造性，巴中市社科联在积极组织申报省级优秀成果参评参选的同时，认真开展巴中市第二次社科优秀成果表扬，完善评审方案，制定表扬评审实施细则，经过初审初评、专家评审、网站公示等环节，共表扬优秀社科作品62件。其中，《巴中简志》《巴中历史文化田野调查》《建设巴文化旅游走廊，打造全国文化旅游融合发展示范带》《乡村振兴战略下中等职业教育与区域经济协调发展研究》等成果，对巴中历史文化研究、文旅发展、乡村振兴、文化教育等方面提出建设性指导意见，有较高的应用价值。

三是搭建服务平台，普及宣传提质扩面。

（1）基地建设不断加强。指导四川省红军历史文化普及基地

整合软件资源、总结工作经验，接受四川省社科联综合评估检测；指导“川陕革命根据地红军烈士纪念馆”“川陕革命根据地博物馆”“恩阳古镇管委会”三个市级社科普基地申报省级社科普及基地；深挖巴中红色历史文化和乡村文化，打造精品基地，评选出第一批市级社科普及基地12个。

（2）科普活动有声有色。利用“科普周”“科普月”，围绕庆祝建党100周年、乡村振兴、人文礼仪等主题，组织基地、协学会开展系列科普宣传活动400余场次。恩阳古镇以研学旅行为契机，运用数字网络、3D视频等资源，开展红色文化宣传、党史学习教育，日均参观人流量500余人次；牵头举办巴州区、通江县“阅百年历程、传精神力量”“4·23世界读书日”活动，受益群众达10万余人。

（3）文化名片积极打造。在省晏阳初研究会的指导下，积极推进省晏阳初研究会巴中分会相关工作；完成巴中市晏阳初研究会注册登记、班子批复、理事审定等工作，积极筹备召开成立大会，为“晏阳初故里”文化名片打造搭建平台；参与指导电影《平教之路》审稿、拍摄，协助推进《平教之路》院线上影。参与承办第九届巴人文化艺术节“诗韵巴山——巴山诗词诵读大会暨专题访谈”节目，邀请市外社科专家、社科工作者及社科组织共享“巴文化”大餐，彰显巴文化魅力，切实提升巴中美誉度。

四是发挥“联”“合”优势，社科活力充分激发。

（1）自身建设不断强化。强化党建引领，认真贯彻落实全面从严治党主体责任，确保中央和省市委重大决策部署落地落实。深入“四史”学习，开展党史学习教育专题研讨，深学细研《中国共产党简史》《中华人民共和国简史》等著作，班子主要领导带头讲党课，其他班子成员轮流作主题宣讲，人人撰写心得体会，多渠道、多形式锻造干部的政治判断力、政治领悟力和政治执行力。遵守党组议事规则，推动各项社科业务工作在党建工作引领下，高标准严要求落实。召开三届六次理事会，调整充实领导班子；按照市委“十八字”工作作风要求，深化干部“四力”建设，切实提升工作效能。

（2）学术交流持续深入。积极推进巴文化研究和交流合作，参与“米仓古道第一镇”学术研讨和宣传推广；参加巴中乡村振兴发展专家报告会；参加第三届川渝文化发展合作论坛并作交流发言；参加四川省首届秦巴文化与乡村振兴高峰论坛；加强与绵阳、攀枝花等市州社科联之间的合作互动，合力提升社会科学业务水平；组织开展社科领域“开门问计”走访调研，交流各协学会工作经验，征集社科工作建议12条，解决各协学会实际困难3个。

（3）部门工作协同推进。派员参加全省政法系统专项整治督导、全市意识形态专项督查；参与“十四五”文化发展规划编制、“西部革命老区红色文化旅游走廊”建设、巴中市城市精神提炼、镇广高速王坪至通江段红色文化景观打造；收集整理“纪录小康”工程社科理论类文章；牵头推进《巴中市宣传志》编撰工作，细化编撰大纲；积极协助“庆祝建党100周年主题展览”活动相关工作，收集报送图片资料。

雅安市社科联

【年度工作】雅安市社科联2021年主要工作如下。

加强社科研究、社科普及、学术交流、队伍建设，努力提高社科工作服务市委工作大局能力。

一是扎实开展社科研究，推动决策咨询服务取得新成效。

（1）会同市委宣传部、市委党校组织开展市委四届十次全会精神专题研究阐释，精选30项研究成果编印成《建设川藏铁路第一城 绿色发展示范市——雅安市委四届十次全会精神研究阐释文集》。

（2）设立“中国共产党百年历程和中华民族复兴研究”等庆祝中国共产党成立100周年暨党史学习教育专项委托课题22项、市社科规划项目课题立项“雅安建设川藏铁路陆港新城思考”等36项，结项57项。

（3）编报《未来三年雅安服务业发展的思考》《雅安建设川藏铁路陆港新城的几点建议》等《重要成果专报》12期，《雅安建设川藏铁路陆港新城的几点建议》《汉源县建设阳光康养特色旅游目的地的实践探索》等获李酌书记和其他市委市政府领导批示。

（4）向《雅安日报》推荐理论文章25篇、刊发10余篇，《雅安社会科学网》“雅州新论”刊发研究成果64项。

（5）社科工作者16项成果获省第十九次社会科学优秀成果奖，其中，一等奖1项、二等奖7项、三等奖8项；市政府通报表扬雅安市第十六次社会科学优秀成果24项，其中，一类成果2项、二类成果7项、三类成果15项。

二是扎实开展学术交流，推动学术研究上新水平。

（1）编印《雅安市社科界庆祝中国共产党成立100周年文集》，并于6月24日召开雅安市社科界庆祝中国共产党成立100周年座谈会，与专家学者、部门代表共同回顾党领导下雅安建设、改革、发展的光辉历程和宝贵经验。

（2）协办雅安市庆祝中国共产党成立100周年理论研讨会，并组织《中国共产党的政治伦理研究》等10篇理论文章参加会议征文与研讨，3篇获一等奖、7篇获二等奖。雅安市社科联负责人在会上的发言《践行人与自然和谐共生理念 助力绿色发展示范市建设》被《雅安日报》等媒介刊载，相关观点被《四川日报》头版稿件《绿色低碳 让人与自然和谐共生——〈成渝地区双城经济圈建设规划纲要〉在川引起热烈反响（四）》引用。

（3）推荐6篇理论文章参加四川省社科界庆祝中国共产党成立100周年理论与实践征文，2篇获一等奖、1篇获二等奖。推荐论文参加四川首届长征精神主题论坛系列活动“红军长征在雅安”2021年理论研讨会，雅安市社科联副主席杨铧撰写的《红绿相衬扮靓雅安的长征线路——生态教育融入红色教育的思考》获二等奖。

三是开展社科普及，推动科普宣传实现新突破。

雅州讲坛举办庆祝中国共产党成立100周年暨党史学习教育系列讲座3期。

社科系统举办庆祝中国共产党成立100周年暨党史学习教育系列宣讲300多场次，凝聚干部群众坚定跟党走、全面建设社会主义现代化的信念和信心。

4月至6月，开展“社科活动月”群众性宣传普及活动，各社科组织通过传统媒体与新媒体多渠道开展社科知识宣传普及活动，推送党史知识、生态文明、红色历史文化等内容。

开展“感党恩 爱雅安 庆百年”主题文化服务活动，现场发放和赠送红色文化读物、乡土读物、光碟等1000余份。

开展“百年百秒”短视频征集活动，征集的5件作品报送四川省社科联，同时在《雅安社会科学网》展映。

会同市委宣传部对第二批和第三批7个市级社科普及基地进行复查评估，要求其运用自身优势特色资源开展形式多样的社科普及系列活动，争创品牌基地，为建设川藏铁路第一城、绿色发展示范市作出更多更大的贡献。

四是扎实开展队伍建设，推动社科联工作影响力有新拓展。

深入开展党史学习教育，认真学习习近平总书记在党史学习教育动员大会、“七一”重要讲话精神，以及给《文史哲》编辑全体编辑人员的回信。

深入开展“大学习、大走访、大调研”，完成调研报告1篇，报送工作信息3期。

开展“素质提升年”行动，加强社科干部“四力”建设，为绿色发展示范市建设贡献智慧力量。

参与全省“学习百年党史坚定‘四个自信’贡献社科力量”活动，发挥好认识世界、传承文明、创新理论、咨政育人、服务社会作用。

眉山市社科联

【年度工作】眉山市社科联2021年主要工作如下。

以习近平新时代中国特色社会主义思想为指导，全面贯彻落实党的十九大、十九届六中全会，四川省委十一届九次、十次全会和眉山市五次党代会精神，充分发挥联系社会科学工作者的桥梁纽带和“思想库”“智囊团”作用，为建设成都都市圈高质量发展新兴城市作出积极贡献。

一是全面加强党的建设，落实党风廉政建设责任制。

（1）坚持把党的政治建设摆在首位。坚持用习近平新时代中国特色社会主义思想武装头脑，认真贯彻执行《中共中央 国务院关于新时代加强和改进思想政治工作的意见》，深入贯彻党的十九大、十九届六中全会精神，习近平总书记在庆祝中国共产党成立100周年大会上的重要讲话精神和省委、市委重大决策部署，确保全体机关党员干部在政治立场、政治方向、政治原则、政治道路上同以习近平同志为核心的党中央保持高度一致，增强“四个意识”、坚定“四个自信”、做到“两个维护”。

（2）认真开展党史学习教育。眉山市社科联党组按要求购买指定书目，专题学习研讨党史学习教育6次，党组成员分别作研讨发言。眉山市社科联主席王元珑作为市委宣讲团第三分团负责人赴各区县、市内高校开展主题宣讲10余场；党组书记、专职副主席分赴联系村和社区开展党史宣传宣讲。组织机关党员干部和区县社科联负责人联合其他市级部门赴南充仪陇张思德干部学院开展“不忘初心、砥砺前行”专题培训，在张思德纪念馆、朱德故居、川陕革命根据地博物馆进行现场教学，巩固和深化学习教育成果。组织召开全市社科界学习习近平总书记“七一”重要讲话精神座谈会，畅谈心得感悟和工作启示。将高校社科联建设作为“我为群众办实事”实践活动的突破口，与省社科院眉山分院联合组织开展高校专项课题研究。

（3）抓好党风廉政建设和反腐败工作。深入学习贯彻党章和《中国共产党廉洁自律准则》《中国共产党纪律处分条例》《习近平总书记论加强“一把手”和领导班子的监督》等一系列规章制度，定期专题研究部署落实，做到反腐倡廉工作与业务工作同研究、同部署、同落实、同检查；坚持重大项目集体讨论和民主集中制，研究通过了《眉山市社科联办公场所维修改造项目比选方案》《眉山市社科联安可替代工程设备处置方案》等事项并组织实施。认真贯彻落实中央“八项规定”、省委省政府十项规定和市委市政府“六个坚持”要求。深入开展党员干部“赌博敛财”、利用地方名贵特产谋取私利、违规收受红包礼金等专项治理。

（4）严格落实意识形态工作责任制。专题学习《党委（党组）意识形态工作责任制实施办法》《党委（党组）网络意识形态工作责任制实施细则》，严格落实意识形态工作责任制，全面做好新形势下的意识形态工作。在课题研究、社科评奖、社科普及、学刊编辑等工作中，严把意识形态关，及时掌握社科界思想动态，确保意识形态安全，确保正确政治方向和学术导向，做到守土有责、守土负责、守土尽责。

（5）加强巡视巡察问题整改落实。经常性开展政治体检，持续严明政治纪律政治规矩，解决影响政治生态的深层次问题。扎实开展省委巡视眉山问题整改和市委巡察办、市纪委监委派驻市委宣传部纪检监察组反馈问题整改。派驻纪检监察组 8 月 31 日至 9 月 2 日对眉山市社科联党组开展政治生态暨党风廉政建设专题调研，书面反馈了 6 个方面的问题。眉山市社科联党组结合工作实际制定整改方案，规范课题立项和社科评奖工作，采取完成一项销号一项的方式，已全面完成整改。

（6）继续推进机关党组织标准化建设。严格“三会一课”制度，开展党员学习教育；落实党务公开制度，设立党务政务公开栏；积极开展党员“双报到”，按时交纳党费。在常态长效开展“双创”工作中，认真开展包保工作和党员志愿服务工作。扎实开展乡村振兴工作，选派秘书长、四级调研员郑伟联系帮扶青神县白果乡罗湾村，多次调研指导村级集体经济发展，梳理发展思路，协调邮储银行青神县支行讲解信贷政策和中小企业低息无抵押申请产业资金贷款，指导使用产业发展基金 135.6 万元购买挖掘机 3 台用于商业运营，增加集体经济收入。组织机关干部深入联系村 8 次、走访困难群众 40 余人次，支持 5000 元经费开展重阳节活动。

（7）加强干部教育培训，做好干部选人用人工作。认真学习《党政领导干部选拔任用工作条例》等有关规定。牢固树立规矩意识，做到干部选人用人工作坚持原则，履行程序，遵守规定，严明纪律。坚持报备制度，接受市委组织部监督检查。抓好干部政治思想教育和党性教育的同时，抓好干部知识更新和业务能力提高，广泛开展专业知识培训。利用“汇贤学堂”，开展党的十九届五中全会精神网络课程专题培训 96 课时。

（8）严格执行厉行节约反对浪费有关规定。严格执行预决算制度，严格控制“三公”经费。2021 年度没有产生因公出国费用、公务用车购置及运行维护费和公务接待费。严格控制国内差旅费，实行出差审批制，严控出差人员和次数，严格执行差旅费实报实销制度。严格落实市委市政府关于精简文件会议有关规定，严格计划、严格审批、严格经费。

二是坚持围绕中心、服务大局，开展课题规划研究。

（1）省社科研究项目申报立项有新突破。积极向上对接四川省社科联，组织和指导市内高校社科工作者申报立项。立项数量和种类均有新突破，其中省社科规划年度项目更是首次入围重点项目，两个项目入选专项课题：“宋代道教与法律的关系研究”立项四川省社会科学“十四五”规划 2021 年度重点项目；“三苏文化融入大学英语课程研究”立项 2021 年四川省社科规划“巴蜀文化对外传播研究”专项课题；“新时代大中小学‘螺旋上升开设思政课’的实践与探索研究”立项 2021 年四川省社科规划思想政治理论课研究专项课题。目前，3 项 2019 年省级立项项目已完成研究工作。

（2）扎实开展市社科课题立项研究工作。印发《眉山市 2021 年社会科学研究申报通知》，突出中国共产党成立 100 周年、社会科学宣传普及、应用对策研究 3 个重点，规划设计眉山市社科研究规划立项课题、高校专项课题、重大项目委托专项课题 3 类课题，共收到申报课题 260 项。经严格评审，53 项课题立项为市级课题（其中包含 11 项市级部门与高校联合开展课题）、49 项立项为高校专项课题，组织委托 8 项重大课题研究。针对 3 类课题，分别制定评审工作方案，组织开展评审工作。择优选编《社科研究成果专报》，将年度优秀研究成果汇编成册，呈送有关领导、县（区）、市级部门和市内高校，供决策参考和工作交流。2021 年，指导六区县立项研究年度社科课题 151 项。

（3）发挥社科智库专家作用，开展重大课题研究。按照眉山市智库领导小组办公室工作要求，依据《眉山新型智库建设工作方案》，依托眉山市社科联优质资源，精心筹划10名社科专家入选眉山市社会科学研究智库。其中，4位市外专家分别牵头承担了1项市智库办课题，3项眉山市社科联委托课题，力争为市委市政府科学决策提供智力支持。

三是以社科评奖为杠杆，调动激发社科工作者热情。

（1）组织开展省十九次社科成果申报和初评工作。根据省十九次社科成果评奖工作要求，积极组织全市28项社科成果申报参评，22项成果入围初评阶段。积极对接省评奖办，争取初评入围资格3项。组织市社会科学研究专家三人成立初评委员会，开展评审推荐《政治伦理学》《古代汉语通论》《天府镜像与文学中国：当代四川多民族文学发展研究》三项专著成果。其中，《政治伦理学》获省第十九次社科成果三等奖。市社会科学研究智库专家赖斌、王璐共同成果《民族地区文化旅游与惠及民生包容性发展的若干问题研究》（专著）、社科人才窦红霞参与的《研学实践在中国——中小学新社会实践教育研究》（专著）获三等奖。

（2）组织开展市第十六次哲学社会科学优秀成果评奖。第十六次社科评奖工作在市委市政府的领导和市委宣传部的精心指导下，由市评审委员会组织实施。根据市政府《关于印发眉山市哲学社会科学研究课题管理和优秀成果评奖办法的通知》（眉府发〔2016〕20号）精神，眉山市评审办（眉山市社科联）于年初启动了评奖工作，共收到申报成果227项，196项成果入围学科组评审。经学科评审组初评、学科评审组组长会商复评、市评审委员会审定，报经市政府常务会议审议通过，共评出一等奖6项，二等奖14项，三等奖30项。获奖成果充分展示全市社科界的社科研究水平，不少成果为市委市政府和相关部门提供了决策参考和智力支持。

四是开展社科普及，提升公众人文社科素养。

（1）贯彻落实《四川省科学技术普及条例》。依据《四川省科学技术普及条例》《眉山市社会科学界联合会2021年工作要点》，印发《2021年社科普及宣传工作要点》至各区县社科联、市级社科普及基地，对年度社科普及活动进行了明确要求和安排。

（2）开展庆祝中国共产党成立100周年系列科普活动。围绕党的百年奋斗光辉历程、伟大贡献、初心宗旨、理论成果、伟大精神、宝贵经验等主题，结合党史学习教育活动，组织开展理论研究和科普宣传。开展庆祝中国共产党成立100周年优秀征文征集，择优向四川省社科联推荐优秀征文12篇。召开全市社科界学习贯彻习近平总书记“七一”重要讲话精神座谈会。联合市委党校、市委党史编纂中心联合开展庆祝建党100周年暨党史学习教育理论研讨会征文，经专家评审将15篇优秀征文汇编成册，供交流学习。

（3）注重联合，开展集中宣传。根据《眉山市哲学社会科学普及基地建设与管理办法》，进一步完善规范基地的运行机制，加强对基地的管理、指导、扶持力度。采用“科普活动月”“科技活动周”“三下乡”等形式，开展内容丰富的科普宣传活动。全市各级各部门累计开展规模性的社科普及宣传活动百余场次，制作科普知识宣传展板100余块，发放宣传资料10万余份（册），直接受益人群10万余人次。全年编印《眉州学刊》2期，30余篇文章，近20万字发表。开设了“庆祝中国共产党成立100周年优秀征文选登”“学习贯彻习近平总书记‘七一’重要讲话精神”等专栏，选登刊载文章9篇。

资阳市社科联

【年度工作】资阳市社科联2021年主要工作如下。

坚持以习近平新时代中国特色社会主义思想为指导，坚持“服务党委政府、服务社会大众”两大方向，紧紧围绕省委、市委的中心工作，立足实际、解放思想、开拓创新，在理论研讨、学术交流、社科普及、人才培养等方面取得新的进展，为繁荣发展资阳市哲学社会科学事业作出新的贡献。

一是强化思想引领，确保社科研究坚持正确的政治方向。

（1）认真抓好理论武装。深入学习贯彻习近平新时代中国特色社会主义思想、党的十九届六中全会精神、习近平总书记在哲学社会科学座谈会上的讲话及习近平总书记给《文史哲》编辑部全体编辑人员的回信精神，准确把握党在新时期对哲学社会科学的新期待、新要求，统一思想，凝聚共识，增强“四个意识”、坚定“四个自信”、做到“两个维护”，推动哲学社会科学事业繁荣发展，确保资阳哲学社会科学始终沿着正确的道路健康发展。

（2）扎实开展党史学习教育。在市委宣传部的统一部署下，全市社科系统统筹推进党史学习教育，真正做到学深悟透、融会贯通。举办“庆祝中国共产党成立100周年”理论研讨会，评选出优秀论文19篇，并邀请省委党校杨继荣教授作“马克思主义中国化的百年历程”主旨报告。结合党史学习教育推动“我为群众办实事”实践活动落地见效，积极为安岳县秦九韶纪念馆争取项目资金和四川汽车职业技术学院的社科普及基地建设。

（3）深入学习宣传贯彻党的十九届六中全会和市委第五次党代会精神。组织社科工作者对党的十九届六中全会和市委第五次党代会精神进行了系统阐述和深入解读，并将在明年开展相关课题研究，推出一批有思想高度和理论深度的研究成果，为实现资阳高质量追赶跨越提供智力支持。

二是发挥智库作用，服务党委政府决策咨询能力进一步增强。

（1）开展课题研究。围绕市全局和长远的重大问题，特别是围绕市国民经济和社会发展“十四五”规划和二〇三五年远景目标，巩固脱贫攻坚成果、全面推进乡村振兴等开展年度课题研究，共收到申报课题174项。经评审，共审定“资阳产业突破发展路径研究”等81项课题获准2021年度资阳市社会科学研究项目立项，最终34项课题结项。联合市教体局对市未成年人的心理健康开展调研，形成决策咨询报告，为市委市政府建立健全关爱未成年人心理健康机制、解决未成年人心理健康突出问题提供意见建议。

（2）加强学术交流。组织举办习近平总书记“七一”重要讲话精神研讨会，围绕“七一”重要讲话提出的一系列新思想新观点新论断，形成了《长征中毛张周领导体制的构建》《百年大党其命维新——从中国共产党百年历程看创新的历史作用》《安岳土地革命斗争概述》等理论研究成果。联合市文广旅局举行“蜀人原乡文化大讲堂·名家讲坛”第十三期主题讲座，邀请北京大学教授、博士生导师岳庆平作“中国共产党的百年历程”主题讲座。资阳文旅系统党员干部、四川希望汽车职业学院和资阳师范学校的师生近300人共同聆听了岳庆平教授的精彩授课，接受了一次全面系统的党史教育。

（3）建立社科人才库。为推进新型智库建设，资阳市社科联通过社科行业发动、“资阳社科网”等平台推送、对口联系对接、聘请特邀专家等方式，广泛宣传发动，建立社科人才库。首批筛选入库专家30名，着力发挥社科人才在咨政建言、对策研究、学术评审、意识形态引领等方面的重要作用，为推动资阳追赶跨越发展提供智力支撑。

三是高效服务公众，社科普及工作基础进一步巩固。

（1）开展系列社科普及活动。2021年是中国共产党成立100周年，资阳市社科联积极协助参与“资阳市庆祝中国共产党成立100周年文艺演出”，组织市委党校、四川希望汽车职业学院、资阳环境科技学院等10余个社科学会和高校参演节目，进一步加深各级师生对党的红色文化、本土红色基因、党的辉煌历史的深刻含义的理解学习，培养他们立志爱党爱国建设家乡的家国情怀。指导市图书馆学会在端午节期间开展“讲述红色故事，争做先锋少年”演讲比赛，弘扬中华优秀传统文化，培养青少年的爱党爱国情怀。积极配合做好省委、市委宣讲团深入各地各部门开展习近平总书记“七一”讲话精神专题宣讲，不断引导干部群众更好地学习党的光辉历史，感悟党的创新理论的真理力量。

（2）建立首批社科普及基地。批准命名安岳“柠檬小镇”、四川希望汽车职业学院为首批资阳市社科普及基地，常态化开展“柠檬文化”专项体验、安岳柠檬的起源发展史、汽车文化科普教育等社科知识普及活动。

（3）加强社科工作宣传。充分利用报纸、电视台、网站等宣传阵地对我市社科工作进行大力宣传，全貌展示资阳社科工作新成果新形象。

阿坝州社科联

【年度工作】阿坝州社科联 2021 年主要工作如下。

全面贯彻中央、省委、州委重大决策部署，围绕州委中心工作，紧扣全州经济社会发展大局，团结和组织全州社科工作者，开拓创新、真抓实干，扎实履行学术研究和社科普及职能，聚焦思想引领、服务经济社会发展，提升研学水平，为推进“一州两区三家园”建设贡献社科力量。

一是坚持正确政治导向，强化思想引领。

（1）抓好思想理论武装，坚定政治立场。始终把加强全州社科界思想武装作为全州社科工作的头等大事来抓，在学深悟透、学懂弄通上下足功夫，主动引领全州社科界深入学习贯彻中央、省、州重大决策部署，在贯彻落实上铆足精神，定向发力，把学习贯彻落实党的十九大精神作为社科联思想政治建设的重要内容，扎实抓好习近平新时代中国特色社会主义思想、党的十九届三中、四中、五中、六中全会精神在全州社科界的传达落实，引导全州社科界增强“四个意识”、坚定“四个自信”、做到“两个维护”。扎实抓好四川省委十一届七次、八次、九次全会精神，阿坝州委十一届五次全会精神在全州社科界的学习宣传教育和贯彻落实。

（2）完善学习制度，深化学习教育见成效。学习领会习近平总书记关于哲学社会科学系列重要讲话精神，牢牢把握正确的政治方向。制定《党组理论学习中心组 2021 年学习计划》，明确将习近平新时代中国特色社会主义思想、党的十九大及十九大以来历届全会精神、党章党规党纪、习近平总书记最新重要讲话精神等 8 个方面作为重点学习内容。完善以党组中心组学习为引领的学习制度体系，有计划、分专题组织学习，全年进行集中学习 16 次。领导干部讲党课 2 次，开展现场教学 1 次。开展主题党日 12 次，参与党员 60 人次。班子成员带头将日常学习、理论钻研与调查研究结合起来，撰写学习心得体会 18 篇。

（3）坚持先学先行，深入推进党的创新理论宣传阐释。紧紧围绕党在新形势下推进马克思主义中国化的最新理论成果、习近平总书记系列重要讲话精神等内容，通过举办座谈会、宣讲会等多种形式，引导社科理论界在先学先行、宣传阐释上发挥表率引领作用，不断增强道路自信、理论自信、制度自信、文化自信。紧扣中国共产党成立 100 周年和党史学习教育主题，组织开展党史研究课题研究规划，设置“纪念建党 100 周年”专项课题，组织全州社科理论工作者开展研究，组织“四川省社科界庆祝建党 100 周年理论与实践征文活动”“阿坝州十一届十次全会精神理论研究阐释征文活动”“庆祝中国共产党成立 100 周年理论文章”3 次主题征文活动，凝聚全州社科工作者智慧，鼓励全州社科工作者围绕中心、服务大局，充分发挥“思想库、智囊团”作用，形成了一批有价值理论文章。向州委宣传部报送庆祝中国共产党成立 100 周年理论研讨会推荐论文《中国经济发展奇迹研究综述》；向州委党史研究室报送“长征时期党在阿坝的统一战线工作研究”“茂县红色文化旅游资源调查”2 篇课题。积极组织开展动员思政理论工作者参与省政研会开展的 2021 年度思想政治研究课题和 2020 年思政创新案例征集工作，择优上报省政研会 14 篇课题、案例。发挥《阿坝论坛》的示范带动作用，改进办刊质量，丰富内部刊物内容，加大与省内外社科专家的联络，拓宽征稿渠道，积极做好征稿、发行工作，全年出刊 4 期，刊用稿件 24 篇。

（4）坚持履职尽责，把好意识形态工作关口。认真履行意识形态工作责任，牢牢把握正确政治方向，强化意识形态责任落实，加强社科研究、社团管理、社科普及、学术研讨和社科期刊等领域意识形态审核把关，实行承诺制、评审制、审核制、否决制，严把政治导向和学术导向关，确保社科领域和社科阵地宣传科学理论、传播先进文化、弘扬社会主义意识形态，最大限度地传递正能量。对2020年度申报结项的90项课题、2021年申报立项的208项课题进行意识形态审核，对21期616篇社科类期刊相关稿件进行了意识形态审核，做到对意识形态问题“守土有责、守土负责、守土尽责”。

（5）积极活跃学术研究氛围。发挥州级社科类学会协会作用，积极开展各领域内学术交流活动。壤巴拉文化研究中心举办“第七届壤巴拉文化研讨会”邀请中共中央党校教授、社会发展研究所理论研究室主任靳薇，中国美协动漫艺委会主任、北京电影学院副校长、博士生导师孙立军等40余名专家学者、艺术家对壤塘如何将传统文化融入现代影视这一课题进行了学术研讨。阿坝州社科联受邀参加西南民族大学举办的“传承红色文化　共谋绿色发展”论坛，并在会上进行发言。

二是不断提升工作质量，社科研究更加活跃。

（1）社科资金项目有序实施。完成2020年课题结项工作。对申请结项的90项项课题，经初审、专家组评审、意识形态部门审核和阿坝州社科联终审，共有86项课题达到结项要求准于结项，兑付课题资助经费71.8万元。从成果类型看，有著作类2项，研究报告及论文类84项；从研究领域看，有历史文化类24项，应用对策类62项。有序开展2021年度课题申报、立项工作，受理有效申报208项，经资格审查、专家组评审、复核、网上公示等程序，经党组研究，确定立项143项课题，其中一般项目92项、青年项目51项，申报数量和立项数量都创近年来新高。

（2）社科类丛书编创有序推进。持续推进“阿坝史话系列丛书”“阿坝社科丛书”编创工作。《壤塘史话》《红原史话》《松州史话》《马尔康史话》4部“阿坝史话丛书”进入出版印刷审核环节；《若尔盖史话》进入编撰阶段。《永恒的羌族歌谣》《胜迹觅踪——汗牛》《羌山谚语和谜语》《岷江上游三国文化遗址、遗迹寻踪》《孝善和俭——阿坝州》5部“阿坝州社科丛书”专著已相继出版印刷，《远古的茶堡：嘉绒藏地的古村落田野记录》《禹迹岷山》等“阿坝州社科丛书”专著进入印刷审核环节。

（3）多渠道推介成果。努力推动“成果专报＋刊物发表＋成果汇编＋媒体宣传”的组合式成果转化，将以成果专报、成果选编的形式向州委州政府及有关职能部门呈报、推送具有参考价值的研究成果，在《阿坝论坛》刊物、“阿坝社科网站”刊登优秀成果，鼓励研究人员通过各种媒介公开发表出版研究成果。

（4）持续加强教育培训。不断拓展培训面，创新培训模式，努力提升培训质量，与专业培训基地合作，举办2021年度全州社科骨干培训班，邀请省内知名社科专家学者为全州社科工作者讲方针政策、授业务知识，加强思想引导与业务指导。

三是注重实用实效，推进社科普及惠及群众。

（1）开展各类社科普及活动。充分运用“阿坝社科在线”网站、“阿坝人文社科”微信公众号及“阿坝社科之家”QQ群开展“线上”科普宣传活动。开展网络科普宣传活动，推送科普宣传、党史知识、民族团结进步知识等科普内容20余期。积极配合四川省社科联开展“百年百秒”小视频征集活动，推荐报送多篇反映阿坝州民族历史文化的《嘉绒口语学习读本背后的故事》《茂州史话背后的故事》等作品被“四川社科”微信公众号刊用并受到好评。广泛动员全州社科类社团和社科基地开展科普活动。结合“三下乡”、科普宣传月等时间节点，沉下基层，扎实推进科普进基层。

（2）持续开展社科基地创建。深入开展第五批社科基地创建工作，结合全州各县（市）、单位（部门）申报情况，结合社科工作实际，批准“壤塘县壤巴拉文化研究中心”为阿坝州第五批社科研究基地。

（3）发挥“联”字功能强化联系沟通。加强“上联”，积极同四川省社科联加强沟通协作，在全州开展社科普及活动。强化“下联”，班子成员深入社科基地调研了解基地工作开展情况，掌握推动基层社科工作的最新动态。积极畅通与社科类团体的联系协调体制，以课题研究、骨干培训、学术活动等为纽带，加强对社科类社团的指导和服务，及时发布平台媒介，及时通报政策信息，受理社科工作者意见建议，不断提升服务社科工作者的能力。强化所属学会管理和指导工作，与阿坝州羌学学会负责人签订《意识形态工作承诺书》，理顺所属学会在意识形态工作方面的责任，加强引导，确保工作开展过程中方向清、责任明。

四是抓实机关建设，确保高质高效。

（1）持续深化党建工作。始终坚持从严治党各项要求，推动机关党建工作不断深入。抓实班子建设，落实民主集中制，认真组织开展党员领导干部民主生活会、机关党员干部组织生活会、以党组中心组扩大学习会、三会一课为主要抓手加强全体党员干部的学习教育。强化廉政建设坚持制度管人管事，强化执行力度，加强“三察三治”工作落实，对风险点较高的岗位加强监管，通过集中廉政谈话，学习纪委专题通报，观看警示教育片等形式持续开展廉政教育引导。

（2）有序推动“党史学习教育”取得实效。3 月 25 日，阿坝州社科联成立党史学习教育领导小组并召开动员大会，制定印发《阿坝州社科联党史学习教育方案》，利用专题会、中心组（扩大会）和网络学习平台，通过“线上＋线下”学习平台，重点以“4＋3＋1”为核心内容，将“四史”“新三史”和习近平总书记七一重点讲话精神的学习作为全体党员干部必修课。认真研读，做好学习笔记，撰写心得体会，保证党史学习教育覆盖率达到 100％。

（3）深入开展调查研究。坚持深入基层开展社科工作调查研究，主要领导亲自带队，深入到联系村开展调研，与基层群众、一线党员干部座谈，总结经验，查找问题，形成《阿坝州社科联“两联一进”工作调研报告》。

（4）不断提升机关运行效率。利用 OA 公文收发系统提高公文运转效率；规范考勤制度，提高工作效率；严格按照州委相关要求，做好单位值班值守工作，对草原森林防灭火、防汛防灾等工作进行统一部署，实现值守无缝对接，确保“三防一安全”工作落实；强化财务工作管理，有序推进机关预决算一体化工作。

（5）扎实做好群众工作。继续推进机关“两联一进”群众全覆盖和“我为群众办实事”活动，会领导先后 4 次带领干部职工深入阿坝县联系村进行走访、慰问，为贫困群众送去 5000 余元的生产生活物资。重新选派单位骨干力量到阿坝县查理乡塔哇村担任驻村工作队队员，为联系村实施乡村振兴输送优质“血液”。年内班子成员走访群众 80 余人次，慰问困难群众 8 户，走访“老党员”1 名，在联系进行政策宣讲 4 次，通过走访明确领导班子成员为群众办实事 5 件，并全部落实到位。派出骨干人员到阿坝县开展森林草原防灭火专项整治督查指导工作。

（6）做好民族团结进步示范单位创建。制订计划，在机关制作并悬挂永久性民族团结宣传标语，党组会议专题学习民族团结相关政策，专题研究民族团结工作，审定创建方案，充分利用社科界平台开展民族团结宣传教育。通过线上＋线下的形式在阿坝社科在线网站、阿坝人文社科微信公众号、阿坝社科之家微信群 QQ 群上传民族团结政策，班子成员充分利用“两联一进”“我为群众办实事”等活动，深入基层向广大农牧民群众宣讲党的民族宗教政策。

甘孜州社科联

【年度工作】甘孜州社科联 2021 年主要工作如下。

坚持以习近平新时代中国特色社会主义思想为指导，增强“四个意识”、坚定“四个自信”、做到“两个维护”，紧紧围绕学习宣传贯彻习近平新时代中国特色社会主义思想这个首要政治任务，紧扣甘孜州委“123456”总体工作格局，坚持知责担当，主动作为，稳中求进，不断推进社科理论创新和实践创新，努力繁荣发展甘孜哲学社会科学，为全州经济发展、民生改善、社会稳定提供有力的决策咨询服务和智力支持。

（一）重要工作

围绕学习宣传贯彻习近平新时代中国特色社会主义思想和党的十九大、十九届四中、五中全会精神，全面落实意识形态责任制，培根铸魂，与新时代同步同频共振，创新社科工作抓手和载体，多形式多举措地推动全州社科工作发展。

（1）深入落实意识形态工作责任制，正确引导社科理论研究。以习近平总书记重要讲话精神为指引，压紧压实各级社科联和社科组织的政治责任、领导责任，牢牢掌握党对哲学社会科学工作的领导权、管理权和话语权。深入贯彻落实意识形态责任制，严把全州社科界社科学术研究和交流领域的政治导向，始终把坚持正确的政治方向和学术导向放在第一位。

（2）深入开展新思想新理念学习和阐释。结合党史学习教育活动要求，深入学习领会习近平总书记关于党史的重要论述，紧紧围绕学懂弄通做实党的创新理论，做到学史明理、学史增信、学史崇德、学史力行。6月23日，在泸定举办全州社科系统党史学习教育读书班，邀请州委党校专家为全州基层社科工作者梳理讲解党的光辉历史，激发基层社科工作者干事创业热情。团结带领全州社科组织紧紧围绕党史学习教育主题，开展了形式多样、接地气、入心入脑的社科学术理论活动。

（3）深入开展基础理论及应用对策研究。加强课题宏观指导。严格课题管理、服务和督导，督促指导2020年度社科课题研究，确保高质量、如期完成，推出具有前瞻、指导意义的社科理论成果。积极组织全州社科理论界和广大社科工作者，紧紧围绕全州中心工作，大力开展基础理论及应用对策研究，围绕乡村振兴工作布局，改变过去广泛开展社科课题研究的方式，集中力量，抓好一个重点课题的研究工作，推出有较高理论价值和实际应用价值的理论成果，为党委、政府提供决策服务、理论服务。重点社科课题共收到三家州内主要社科组织的申报，经过评审，确定州委党校“甘孜州乡村产业振兴问题与对策研究”立项。

（二）特色工作

深入贯彻落实《四川省科学技术普及条例》，坚持群众化、社会化和经常化原则，开展经常性社科普及活动。

（1）注重社科宣传和知识普及的时效和实效。始终把社科普及作为提升全民科学素质、服务中心工作的重要途径，注重社科普及的针对性、趣味性、通俗性和实效性，努力营造社科大普及氛围。以“科普月”“科普周”活动为载体，团结州级社科组织、州级社科学会、县级社科联结合本行业、本县实际，大力开展社科知识普及，取得了一定成效。

全州各级各部门结合疫情防控、依法治州、“八五普法”“奋斗的幸福·幸福的奋斗”脱贫攻坚甘孜故事主题宣传、森林草原防灭火、安全生产、生态环保、社会市（州）域治理、扫黑除恶、民族团结进步教育、包虫病防治等内容，广泛开展各类基层群众宣讲5200余场次、覆盖农牧民群众35.6万余人次，广大农牧民群众“感党恩、听党话、跟党走”的思想共识和行动自觉更加坚定。

围绕党史学习教育，配合州委宣传部组建州级特色宣讲团14个、县级宣讲小分队160余支，多层次、多角度开展党史宣讲6100余场次，覆盖65万余人次。开展“奋斗的幸福·幸福的奋斗——脱贫攻坚甘孜故事”州委宣讲团巡回讲述及各县（市）自行覆盖讲述活动共计380余场次，覆盖干部群众20.3万余人次，真情讲述甘孜州精准扶贫艰辛历程，进一步坚定各族干部群众感党恩、听党话、跟党走的信心决心。

（2）努力抓好基层社科知识宣传普及。在3月、7月等节点及中央、省“两会”期间，甘孜州社科联由主要领导带队，赴甘孜县做好维稳、同心同向联系寺庙（甘孜寺）工作检查督导等工作的同时，积极开展“社科知识进藏家”基层社科服务工作，了解群众所思所想，宣传党的理论和社科知识，积极为老板姓排忧解难。

（三）重大活动

按照州委统一部署，围绕“建党100周年”主题，精心组织全州社科界开展主题研讨、学术交流等纪念活动，提振信心，推动形成全州进一步汇聚改革创新、开放自信的思想共识。坚持主旋律，倡导现实题材创作，突出时代性，展现州在中国共产党领导下，各方面所取得的辉煌成就，精彩呈现在党和国家事业新征程中涌现出来的新气象、新精神。选取优秀理论文章40余篇编印了《甘孜州纪念建党100周年理论文集》。

联合州委党史研究室，于6月成功举办全州社科界纪念建党100周年理论座谈会，组织专家学者认真总结州在党的领导下取得的成就和成功经验，为党委政府建言献策。

为提升基层社科联业务工作能力，激发社科工作者工作激情，促进全州社科工作健康有序发展，结合党史学习教育要求，6月22日至24日，甘孜州社科联在泸定举办全州社科系统基层文化服务人才队伍建设集中培训。此次培训针对在基层如何团结社科工作者、如何联系服务社科协会（学会、研究会）；如何开展社科理论和应用对策研究；如何开展社科普及工作等现实问题开展的实用型业务指导和培训。结合党史学习教育，要求全州社科联工作者从学史明理，知史励行，做新时代的合格党员；学史增信，知史爱国，在社科工作上有新作为；学史崇德，知行合一，在服务大局上有新提升；学史力行，以行践知，在服务群众上有新举措4个方面号召全州社科工作者以党史学习教育为契机，切实履行好职责、发挥好作用，进一步增强政治意识、大局意识、核心意识、看齐意识，抢抓机遇，锐意进取，不断推动州哲学社会科学事业繁荣发展，使哲学社会科学为建设团结富裕和谐美丽社会主义现代化新甘孜发挥应有作用，作出新的更大贡献。

（四）深入开展党史学习教育，提升社科服务意识

坚持以上率下促学习、拓展学习抓创新、定期交流增实效，不断增强学习教育引领力、感染力、影响力。首先是领导干部带头学。领导班子率先垂范、引领示范，带头到红军飞夺泸定桥纪念地开展学习教育，班子成员带头抓学习、提认识、谈体会。通过专题研讨交流、带头讲党课等方式，示范带动全联党员学习。将学习内容细化落实到每一天，举办学习研讨会1次，有效引导党员干部原原本本学、持续深入学。其次是结合实际办实事。结合社科工作实际，研究制订“我为群众办实事”清单：深入联系点走访了解办实事；落实社科重点课题研究；选送“百年百秒”小视频等活动，推动学习教育多角度切入、浸润式引导。最后是用好资源实践学。多种形式开展学习，结合“学习强国”平台和州委组织部“学习贯彻十九届五中全会专题培训班”全员培训学习、州直工委组织的“‘请回答1921—2021’党史知识答题四川挑战赛机关党员干部专场”学习答题活动，在集中学习和个人自学的基础上，确定每周二为支部学习交流会，组织全体党员，联系各自工作实际，进行交流讨论。用好用活自有资源如《长征路线四川段 文化资源研究（甘孜卷）》《丹巴民族传统文化资源调查报告》《泸定民族传统文化资源调查报告》《中国共产党甘孜州历史大事记（1935—2000年）》《图说长征 红色甘孜》等书籍，开展学习教育，让党员干部在学习中增强历史自觉、感悟思想伟力。

凉山州社科联

【年度工作】凉山州社科联2021年主要工作如下。

认真贯彻落实党的十九大、习近平总书记对四川工作重要指示精神，省委治蜀兴川系列重要

决策部署，认真落实中央和省委、州委关于开展“党史学习教育”工作要求，增强“四个意识”、坚定“四个自信”、做到“两个维护”。围绕州委州政府中心工作，认真履职尽责，不断提高政治素质和业务水平，认真履行岗位职责，取得实效。

一是认真完成业务工作。

（1）强化意识形态领域的管理工作。2021 年以来，继续强化意识形态领域的管理工作。进一步加强与州民政局民间组织管理局的合作，加强对州管各类学会、研究会的登记、注册、年检等和清理整顿。切实加强社科系统学会（研究会）组织机构队伍管理和工作审查。按照新社会管理组织工作规定，进一步加强社会组织的党建工作，不断加强和提高对社科研究类和思想文化类学会的管理服务工作，通过审核把关、加强监管，切实提高学会（研究会）的政治素质和研究质量，不断加强和提高管理服务质量，不断巩固马克思主义在意识形态领域的指导地位。

（2）做好《凉山民族文化研究基金》的规划立项、使用管理工作。根据《凉山州民族文化研究基金规划项目管理办法》《国家社会科学基金项目经费管理办法》等要求，发布 2021 年度州民族文化研究基金申报通知。组织学科专家组对初审合格的 48 项申报课题进行评审，在汇总各学科组评审意见后，报凉山州社科联党组审核，然后报《基金》工作领导小组相关成员和专家组组长反复审核，最后报《基金》工作领导小组开会研究审定同意。2021 年度《凉山州民族文化研究基金规划项目》共立项 16 项，报州财政局同意后，按程序已予以安排。

（3）完成第十七次社科优秀成果评奖工作。对评出的 2018—2019 年度优秀社科成果 69 项，根据《凉山州人民政府关于表扬凉山州第十七次哲学社会科学优秀科研成果的通报》进行通报表扬并制作奖牌、发放奖金。

（4）社科普及和科普基地建设工作。①做好社科基地的宣传普及工作。②拓展社科普及渠道，进行科普读物推广。③重点开展扶持省级科普基地——“会理绿陶文化艺术科普基地”，引导其在各项科普宣传中做出新业绩。④推进凉山彝族奴隶社会博物馆——凉山彝族历史文化科普基地建设。⑤积极开展州级科普基地创建工作。积极申报首个州级科普基地“西昌知青历史文化社科普及基地”。

（5）积极开展“双定向”职称评审工作。启动 2021 年度社会科学研究系列“双定向”职称评审工作。截至 2021 年 10 月，在全州社科系统评出高级职称 3 人。

（6）认真完成刊物出版。按照以往工作惯例，积极编撰出版《凉山社会科学》。加强对基层社科联主办的《雷波社会科学》《冕宁彝学》《川滇明珠》《溪洛渡》《白鹤新论》等相关社科刊物的审查工作。

（7）不断加强对彝族文化的研究。组织专家进一步研讨《关于打造“世界彝族文化中心”和规划建设“大凉山彝族文化生态保护实验区”的简要设想与策划》。

二是积极开展党建工作。

根据“三会一课”要求，认真召开会议。坚持党建月会制度，将党建工作与业务工作同部署同落实。制定相应制度，党组每季度召开 1 次组织生活会，研究党的建设和党风廉政建设工作。坚持党的组织生活制度。严格按党章的规定，坚持党的组织生活，坚持和完善“五个一”制度：每月召开 1 次支委会；至少每季度召开 1 次支部党员大会；每季度上 1 次党课；每半年召开 1 次组织生活会；每年 1 次民主评议党员。积极开展“统一学习日”、谈心谈话等，推进“两学一做”常态化、制度化。充分用好媒体技术、网络平台，实现动态管理，随时接受上级部门监督，推动支部建设和党员教育管理迈向信息化、智能化、精准化、高效化。

三是切实履行党风廉政建设责任。

严格遵守《中国共产党廉洁自律准则》，认真贯彻落实中央“八项规定”和省州“十项规定”，始终把党风廉政建设作为一项根本性工作来抓，贯穿于各项工作中，全面落实党风廉政建设责任制。认真落实“一岗双责”把“两个责任”落到实处。积极开展批评与自我批评，严格执行领导干部个人有关事项报告、述职述廉等制度。加强党性党风党纪教育学习。坚持把党风廉政建设责任制与推进本职工作有机结合，明确责任分工，狠抓制度落实，时刻绷紧反腐倡廉、管好用好手中权力、带头遵纪守法这根弦，不触“红线”、不越“雷池”。积极提升内部管理。自觉遵守廉洁从政各项规定要求，服从宣传部领导和管理。真正做到全体同志认真履行党风廉政建设责任，没有一例违法乱纪行为发生。

四是积极开展相关工作。

（1）认真开展党史教育工作。深入学习贯彻习近平总书记在党史学习教育动员大会上的重要讲话精神以及中央、省委、州委的安排部署，扎实推进党员干部把党的历史学习好、总结好、传承好、发挥好，以史为鉴、资政育人。在党史教育学习活动中，做到学史明理、学史增信、学史崇德、学史力行，学党史、悟思想、办实事、开新局，以昂扬姿态奋力开启全面建设社会主义现代化国家新征程，以优异成绩迎接建党一百周年。首先是结合“学党史”主题教育活动，丰富形式融会贯通学。党组通过专题学习会、理论学习研讨会，党支部通过“三会一课”“两学一做”主题党日和“党员讲堂”等形式，深入开展党史学习教育活动。其次是通过党组会议、支部会议认真学习《中国共产党简史》《习近平新时代中国特色社会主义思想学习问答》《论中国共产党历史》《论坚持党对一切工作的领导》《习近平在正定》《习近平谈治国理政》《习近平治国理政第三卷》《习近平新时代中国特色社会主义思想》等，切实提高党员干部的理论素养和爱党爱国情怀。

（2）抓好森林防火工作。根据州委组织部关于认真学习贯彻《关于关于公职人员带头落实森林草原防灭要求的规定》通知，认真组织人员学习凉山州森林草原防灭火指挥部等 4 部门联合转发的《关于公职人员带头落实森林草原防灭要求的规定》，对公职人员带头落实森林草原防灭火工作进行安排部署。4 月以来，凉山州社科联高度重视森林草原防灭火工作，经常在学习会上再三强调，要求全体干部职工要认真领会相关文件精神做好带头落实森林草原防灭火工作，提高政治站位，深化思想认识，树牢“人民至上、生命至上”理念，认真落实各级党委、政府关于森林草原防灭火工作部署，养成良好防火习惯，切实掌握防火、用火安全常识，坚决做到“五个带头”，自觉遵守“五个不准”。所有帮扶责任人必须沉下去，到贫困户家中交心谈心，讲解森林草原防灭火相关知识，确保火种不上山、火源不入林，筑牢防火墙，切实履职尽责，工作到位。

（3）认真学习学习强国。认真响应机关党委号召和部署，及时完成学习任务。

高校社科联

概况

【四川高校社科联发展概况】四川高校社科联积极发挥哲学社会科学工作的联系和纽带作用，引领高校校哲学社会科学发展。截至 2021 年 1 月，四川省成立高校社科联共 62 个，具体名单见表 114。

表 114　四川高校社科联一览表（截至 2021 年 1 月）

序号	单位名称	序号	单位名称
1	四川师范大学社科联	32	四川文化产业职业学院社科联
2	西南石油大学社科联	33	四川交通职业技术学院社科联
3	成都医学院社科联	34	绵阳职业技术学院社科联
4	西南交通大学社科联	35	内江师范学院社科联
5	西南医科大学社科联	36	成都中医药大学社科联
6	西华师范大学社科联	37	泸州职业技术学院社科联
7	西华大学社科联	38	四川化工职业技术学院社科联
8	四川轻化工大学社科联	39	中国民航飞行学院社科联
9	四川农业大学社科联	40	四川中医药高等专科学校社科联
10	乐山师范学院社科联	41	攀枝花学院社科联
11	川北医学院社科联	42	四川幼儿师范高等专科学校社科联
12	四川财经职业学院社科联	43	成都纺织高等专科学校社科联
13	乐山职业技术学院社科联	44	眉山职业技术学院社科联
14	西南科技大学社科联	45	四川卫生康复职业学院社科联
15	西南民族大学社科联	46	成都工业职业技术学院社科联
16	成都信息工程大学社科联	47	成都工业学院社科联
17	宜宾学院社科联	48	四川电影电视学院社科联
18	四川建筑职业技术学院社科联	49	成都文理学院社科联
19	电子科技大学社科联	50	西南财经大学社科联
20	成都职业技术学院社科联	51	四川广播电视大学社科联
21	绵阳师范学院社科联	52	西昌学院社科联
22	四川职业技术学院社科联	53	成都航空职业技术学院社科联
23	成都大学社科联	54	阿坝师范学院社科联
24	四川旅游学院社科联	55	四川水利职业技术学院社科联
25	成都师范学院社科联	56	南充职业技术学院社科联
26	四川大学社科联	57	四川信息职业技术学院社科联
27	四川音乐学院社科联	58	四川民族学院社科联
28	成都理工大学社科联	59	广安职业技术学院社科联
29	四川警察学院社科联	60	四川文理学院社科联
30	成都农业科技职业学院社科联	61	四川护理职业学院社科联
31	成都体育学院社科联	62	四川大学锦江学院社科联

部分高校社科联开展的工作

◆四川大学社科联

【基本情况】截至 2021 年 12 月底，四川大学社科联有会员 1411 人，其中四川大学杰出教授

5 人，拥有国家高端智库培育单位 1 个，中央统战部、中央宣传部、教育部、国家民委四部委联合设立的铸牢中华民族共同体意识研究基地 1 个，教育部人文社科重点研究基地 4 个，教育部省部共建协同创新中心 1 个，教育部区域与国别研究培育基地 4 个，四川省哲学社会科学重点研究基地 13 个，四川省协同创新中心 2 个，四川省新型智库 4 个，四川省重点中华文化研究院 1 个，四川省社科普及基地 6 个。2021 年新获批国家社科基金项目 95 项，教育部人文社会科学项目 30 项，其他部委项目 5 项，四川省社科规划项目及省级其他规划项目 104 项，市厅级项目 81 项。2021 年获得四川省第十九次社会科学优秀成果奖 83 项，其中一等奖 13 项，二等奖 29 项，三等奖 41 项。此外还获得国家民委社会科学研究成果奖（调研报告类）二等奖 1 项。

【“创新 2035”先导计划】启动“文明互鉴与全球治理研究计划”。该计划下设中华文化全球传播与文明互鉴、区域历史与考古文明、儒释道思想融合创新与人类命运共同体构建、国家安全治理与应急管理 4 个研究方向。

2021 年 1 月 21 日，四川大学召开“创新 2035”先导计划发布暨启动会，启动“创新 2035”五大先导计划，其中哲学社会科学聚焦文明和治理领域，启动“文明互鉴与全球治理研究计划”。该计划旨在通过对世界不同文明的比较研究，加强文明交流借鉴，更加坚定我国的文化自信，加快社会主义文化强国建设，推动中华文明伟大复兴，提出人类命运共同体研究阐释与战略实践的川大方案，推动治理体系和治理能力现代化。四川大学杰出教授曹顺庆和霍巍担任该计划的首席专家，下设中华文化全球传播与文明互鉴、区域历史与考古文明、儒释道思想融合创新与人类命运共同体构建、国家安全治理与应急管理 4 个研究方向。

【国家社科基金面上项目立项数并列全国高校第二】2021 年，四川大学共获得国家社科基金面上项目（年度项目、青年项目和西部项目）立项 57 项，立项数并列全国高校第二。2017 年启动“双一流”建设以来，四川大学国家社科基金面上项目共立项 271 项，居于全国高校第一。

【四川大学考古文博学院全面参与三星堆祭祀坑考古发掘，取得重大进展】2021 年 3 月 20 日，三星堆遗址发布最新考古成果，四川大学考古文博学院全面参与三星堆祭祀坑考古发掘。为满足三星堆祭祀区考古发掘与研究的需要，四川大学考古文博学院成立由不同研究领域的 15 位教师组成的三星堆考古团队，与四川省文物考古研究院的专业人员一道共同发掘祭祀区 5、6、7 号器物坑，取得重大进展。

【四川大学携手阿里、伯克利发布“汉典重光”中国海外古籍“数字化回归”平台】2021 年 5 月 18 日，由四川大学、阿里巴巴集团公益基金会、美国加州大学伯克利分校联合发起的“汉典重光”海外古籍数字化回归与研究整理平台在北京发布。本次首批回归了原藏于伯克利的 20 万页古籍善本，包含 40 余种珍贵宋元刻本、写本，明清至民国时期著名学者钱谦益、翁方纲、王韬的抄本、稿本，以及著名藏书楼嘉业堂、密韵楼的抄本，还有清文澜阁《四库全书》零本等。

【四川大学召开由教育部社科司指导的高校社科界庆祝中国共产党成立 100 周年座谈会——四川大学专场】2021 年 6 月 25 日，“高校社科界庆祝中国共产党成立 100 周年系列座谈会——四川大学专场”在四川大学国际学术交流中心举行。本次会议由教育部社科司指导，以“研究阐释中国共产党革命精神，弘扬红色文化，传承红色基因”为主题，围绕深入开展“四史”教育、传承红色基因。培育时代新人、助推“两个大局”等进行座谈和理论研讨。教育部社会科学司司长徐青森，教育部党史学习教育高校第十一指导组副组长赵忠、谢守成，教育部高校党建工作联络员肖铁岩，四川省社科联党组书记姜怡等参加座谈会。

【四川大学新增 3 个四川省哲学社会科学重点研究基地】2021 年，四川大学新增 3 个四川省哲学社会科学重点研究基地，分别是“建党精神研究中心”“中国西南考古研究中心”和“铸牢中华民族共同体意识研究中心”。

【四川大学社科联主办第四届中印高级别二轨对话】2021年9月23日至24日，由四川大学国际关系学院、中国南亚研究中心和印度国防研究分析所共同主办的第四届中印高级别二轨（视频）对话在四川彭州举行。20余位中印前政要和学界专家参会。四川大学副校长姚乐野教授、印度国防研究分析所主任齐湛分别代表主办方致欢迎词。中国驻印度大使孙卫东、印度驻中国大使唐勇胜分别做线上发言。双方针对中印关系现状，分别就重建互信、边界问题、地缘政治环境变化、经贸关系与务实合作等议题进行坦诚深入的交流。

【四川大学杰出教授项楚、文科讲席教授张法在《中国社会科学》上发表论文】四川大学杰出教授项楚撰写的论文《敦煌语言文学资料的独特价值》在《中国社会科学》2021年第8期刊发，论文着重论述敦煌文学、语言学研究的成绩及其意义。四川大学文科讲席教授张法撰写的论文《中国古代艺术的体系构成》在《中国社会科学》2021年第4期刊发，论文系统地探讨了古代中国艺术观念的起源、定型、演变以及最终形成的独特体系结构。

【《社会主义发展简史》出版发行】四川大学马克思主义学院名誉院长张磊教授、曹萍教授牵头的中央马克思主义理论研究和建设工程重大项目暨国家社科基金重大项目“社会主义发展史”顺利结项，研究成果《社会主义发展简史》由中宣部审定，2021年8月在全国出版发行，该书被列为全国党史学习教育重要参考材料。

【《道家与道教研究著作提要集成（1901—2017）》出版】2021年12月6日，《道家与道教研究著作提要集成（1901—2017）》新书发布会在四川大学举行。《道家与道教研究著作提要集成（1901—2017）》是四川大学杰出教授詹石窗先生主持的国家社会科学基金重大招标项目“百年道家与道教研究著作提要集成”（批准号：14ZDB118）的最终成果，获得2020年度国家出版基金资助。2021年9月，由国家图书馆出版社正式出版。全书共6册，分为8辑，呈现了百余年来中国道文化研究的发展历程与学术谱系，有助于推动道文化研究的进一步深化，增强学术自信、文化自信。

【四川大学13项成果获四川省第十九次社会科学优秀成果一等奖】2021年12月27日，四川省第十九次社会科学优秀成果奖颁奖大会举行。四川大学13项成果获一等奖，分别是道教与宗教文化研究所卿希泰（詹石窗）教授的《中国道教通史》，古籍整理研究所郭齐研究员的《朱熹文集编年评注》，历史文化学院（旅游学院、考古文博学院）李映福教授的《中国古代物质文化史（铁器卷）》、何一民教授的《20世纪新疆城市与区域发展研究》、徐君教授的《固边图藏：清末赵尔丰川边经营》，文学与新闻学院李怡教授的《国家社会历史形态与中国现代文学》、赵毅衡教授的《当今中国文化现状与发展的符号学研究》、陈华明教授的《网络社会风险论——媒介、技术与治理》，商学院徐玖平教授的《灾害社会风险治理系统工程》，经济学院蒋永穆教授的《新中国“三农”十大理论问题研究：70年发展与变迁》，法学院左卫民教授的《实证研究：中国法学的范式转型》，公共管理学院姚乐野教授的《跨学科综合集成的应急管理情报体系研究》、姜晓萍教授的《城乡基本公共服务均等化的实现机制与监测体系》。

【《中国城市通史》正式出版】2021年8月，四川大学何一民教授主编《中国城市通史》由四川大学出版社正式出版。该书是国家社科基金重点项目研究成果，“十三五”国家重点图书出版规划项目和国家出版基金项目。该书以中国城市历史基本脉络及总体特征为中心，以城市文明的演变作为主线，以历史变迁为经，以城市结构为纬，按朝代顺序将中国城市发展历史分为七个时期，每一时期编纂一卷，分别为先秦卷、秦汉魏晋南北朝卷、隋唐五代卷、宋辽夏金卷、元明卷、清代卷、民国卷，再加绪论卷，凡八卷七册，计450余万字，是中国第一部通史性城市史专著。

【李怡教授入选国家“万人计划”哲学社会科学领军人才】2021年，四川大学文学与新闻学院李怡教授入选国家“万人计划”哲学社会科学领军人才。李怡教授现任中国现代文学研究会副会长、中国闻一多研究会副会长、中国鲁迅研究会基础教育分会会长、中国郭沫若研究会学术委员会主任、四川鲁迅研究会会长、学术丛刊《现代中国文化与文学》《大文学评论》主编，先后成为教育部新世纪人才支持计划入选、2005年全国百篇优秀博士论文获奖者。

【张红伟教授入选国家“万人计划”哲学社会科学领军人才】2021年，四川大学经济学院张红伟教授入选国家“万人计划”哲学社会科学领军人才。张红伟教授系国务院政府特殊津贴专家、宝钢优秀教师特等奖获得者，四川省首届教书育人名师，教育部高等学校经济学类教学指导委员会委员、教育部高等学校教学信息化与教学方法创新工作指导委员会委员、四川省学术技术带头人、中国宏观经济教育学会副会长、四川宏观经济学会副会长。获得省级哲学社会科学成果一等奖2项，二等奖2项，三等奖8项，教育部人文社科成果二等奖2项。国家级教学成果特等奖1项，二等奖3项；省级教学成果一等奖6项。

【王竹教授入选国家“万人计划”青年拔尖人才】2021年，四川大学法学院王竹教授入选中组部“青年拔尖人才”。王竹教授系最高人民法院网络安全和信息化专家咨询委员会委员、国家政法智能化技术创新中心专家委员会委员、科技部第六次国家技术预测专家，中国法学会民法学研究会理事、保险法学研究会理事、消费者权益保护法学研究会常务理事、检察学研究会民事检察专业委员会委员，中国计算机学会计算法学分会常务委员、中国人工智能学会人工智能逻辑专业委员会会员，世界侵权法学会执委会秘书长、东亚侵权法学会副秘书长。主持国家重点研发计划项目1项、国家社科基金项目2项、教育部人文社科基地重大项目1项、司法部项目2项和四川省教改项目1项，在《法学研究》、TEL、CKLR等杂志发表论文150余篇。荣获教育部人文社科三等奖1次、四川省社科三等奖2次、四川省教学成果三等奖1次和宝钢优秀教师奖。

◆西南交通大学社科联

【基本情况】截至2021年12月底，西南交通大学社科联共有团体会员700余名，有教育部示范中心（培育）1个，部校共建基地1个，四川省2011协同创新中心3个，四川省哲学社会重点研究基地3个，四川省哲学社会普及基地2个，四川省国别研究中心（教育部培育基地）3个，四川省哲学社会科学高水平研究团队1个（2020年获四川省社科组织先进集体称号）。

【完成科研经费管理办法修订】为进一步改革创新学校科研经费管理，提高科研经费使用效益，减轻科研人员负担，释放创新活力，充分调动积极性，西南交通大学已完成科研经费管理办法修订。

【16项以西南交通大学为第一完成单位的成果获四川省第十九次社会科学优秀成果奖】在四川省第十九次社会科学优秀成果奖评奖中，学校为第一完成单位的成果共有16项获奖（一等奖1项、二等奖2项、三等奖13项），学校为合作单位的成果共有5项获奖（三等奖5项）。

【“第五届四川版画提名展”暨“2020年四川省美术家协会版画艺委会学术邀请展”在西南交通大学美术馆开幕】由四川省美术家协会、四川美术馆、西南交通大学建筑与设计学院主办，四川省美术家协会版画艺委会、西南交通大学建筑与设计学院美术学系、西南交通大学美术馆承办的“第五届四川版画提名展”暨“2020年四川省美术家协会版画艺委会学术邀请展”于2021年4月16日在西南交通大学美术馆开幕。此次展览展出了包括徐匡、阿鸽、邝明惠、甘庭俭、马力平、贺思恩、崔柏涛等艺术家的80余幅版画作品。展期为15天，于5月1日结束。

【西南交通大学国际老龄科学研究院主办“营建全龄友好包容社会，创建老年友好型社区”研讨会】2021年3月30日，西南交通大学国际老龄科学研究院主办的“营建全龄友好包容社会，创建老年友好型社区”研讨会在成都举行。四川省卫生健康委员会李磊副处长、成都市民政局张军副局长、成都市卫生健康委员会老龄健康处王品忠处长、西南财经大学章群教授、四川大学沙治慧教授、四川省社科院杨华军副研究员、成都市社科院明亮研究员等专家受邀参加并出席。成都街道社区代表，以及云贵川等区域养老企业代表参与。

【宁维卫教授再次入选普通高等学校学生心理健康教育专家指导委员会副秘书长】2021 年 8 月 17 日，教育部发布《关于调整普通高等学校学生心理健康教育专家指导委员会组成人员的通知》，心理健康教育研究中心主任宁维卫教授再次入选该委员会副秘书长。

◆电子科技大学社科联

【基本情况】截至 2021 年 12 月底，电子科技大学社科联共有文科单位 7 个，文科类专职教职工 416 人，其中，高级职称 289 人，中级职称 107 人。电子科技大学建有 2 个教育部高校国别和区域研究备案中心、2 个四川省哲学社会科学重点研究基地、2 个省级科普基地、1 个四川省新型智库、1 个省级高水平研究团队、四川省国际科技合作（以色列）研究院、团中央中特论体系研究基地、习近平总书记关于加强和改进人民政协工作的重要思想研究基地和 7 个校级创新研究中心。

【电子科技大学公共管理学院成功获批公共管理一级学科博士学位授权点】2021 年 11 月，国务院学位委员会下发《关于下达 2020 年审核增列的博士、硕士学位授权点名单的通知》（学位〔2021〕14 号），公布了国务院学位委员会批准的 2020 年审核增列的博士、硕士学位授权点名单。电子科技大学公共管理学院成功获批公共管理一级学科博士学位授权点。

【电子科技大学主办科技的哲学、逻辑与历史高端学术研讨会暨战略发展咨询会】2021 年 2 月 7 日至 8 日，电子科技大学主办“科技的哲学、逻辑与历史高端学术研讨会暨战略发展咨询会”通过线上会议平台召开。来自北京大学等 32 所高校和研究机构的 58 位专家学者参会。

【召开智能语言学习与测评项目第一期专家论证会】2021 年 3 月 13 日，电子科技大学外国语学院—开言英语校企合作智能语言学习与测评项目第一期专家论证会在电子科技大学顺利召开。双方联合研究团队对标中国英语能力等级量表，将论证结果投入实践，共同搭建一个适合中国英语学习者的智能语言学习与测评体系。

【电子科技大学数字乡村振兴研究中心参加四川乡村振兴全媒智库第一次联席会议并成为四川乡村振兴全媒智库副秘书长成员单位】2021 年 5 月 24 日，由四川广播电视台四川乡村频道发起的四川乡村振兴全媒智库第一次联席会议在四川广播电视台举行，电子科技大学数字乡村振兴研究中心成为四川乡村振兴全媒智库副秘书长成员单位。公共管理学院副院长、数字乡村振兴战略研究中心执行主任韩洪教授出席会议并介绍电子科技大学在数字乡村振兴领域开展的实践和研究工作。

【电子科技大学主办中国创新学术网络博士论坛与研讨会】2021 年 8 月 24 日至 28 日，由电子科技大学主办，经济与管理学院承办，四川（成都）两院院士咨询服务中心、成都市决策咨询协会、成都市新型智库（前沿技术方向）协办的中国创新学术网络博士论坛与研讨会在线召开，来自国内各兄弟院校的学者和博士生、意大利及日本大学的资深学者和博士生 120 余人参加了会议。

【电子科技大学和昆明理工大学联合承办第一届数据智能与管理学术会议暨第三届管理科学与工程学会人工智能技术与管理应用分会年会】2021 年 10 月 9 日至 10 日，由人工智能技术与管理应用研究会主办、电子科技大学和昆明理工大学联合承办的第一届数据智能与管理学术会议暨第三届管理科学与工程学会人工智能技术与管理应用分会年会采用线上线下相结合的方式在成都召开，来自全国百余所高校的专家、学者、教师及学生 300 余人参加了会议。

【电子科技大学经济与管理学院主办“都江堰水利工程与新时代管理科学”研讨会】2021 年 10 月 29 日，由电子科技大学经济与管理学院主办的“都江堰水利工程与新时代管理科学”研讨会在成都召开。本次会议是都江堰水利工程的管理学问题专题研究的重要活动之一，来自电子科技大学、四川大学、西南交通大学、同济大学等高校和四川省都江堰水利发展中心的 30 余位学者出席了本次会议。

【电子科技大学外国语学院承办“外国文学教学—研究的‘大文学’理念”学术研讨会】2021年11月12日至13日，外国文学教学研究会2021年年会暨“外国文学教学—研究的‘大文学’理念”学术研讨会顺利召开。此次会议由中国外国文学学会教学研究分会主办，电子科技大学外国语学院承办。会议以线上方式开展，来自全国多所高校的120余位专家学者相聚云端，围绕各项议题进行了深刻的探讨，呈现了一场精彩的学术盛宴。

【电子科技大学以色列研究中心/四川省国际科技合作（以色列）研究院发起的“2021年国际科技创新创业与合作国际会议”召开】2021年11月16日，由电子科技大学以色列研究中心/四川省国际科技合作（以色列）研究院发起、以色列海法大学联合举办的“2021年国际科技创新创业与合作国际会议”在线召开，来自中国科技部国家科技评估中心、科技中国杂志社的专家，以及加拿大温莎大学、以色列海法大学、以色列巴伊兰大学、英国牛津大学、意大利博科尼大学、浙江大学、对外经济贸易大学、电子科技大学等国内外高校的师生和社会各界人士共1000余人次在线参会。

【电子科技大学智慧治理研究院与多家机构共同发布《政府互联网服务能力蓝皮书：中国地方政府互联网服务能力发展报告（2021）》】2021年11月29日，《政府互联网服务能力蓝皮书：中国地方政府互联网服务能力发展报告（2021）》发布会正式举行，这是“中国地方政府互联网服务能力发展报告”系列第三次以蓝皮书形式面向全国发布。报告由电子科技大学智慧治理研究院和成都市经济发展研究院、四川新型智库—社会事业和社会保障研究智库、清华大学互联网治理研究中心、上海交通大学公共信息与社会计算研究中心、复旦大学数字与移动治理实验室与中山大学数字治理研究中心等多家机构共同发布。

【电子科技大学承办第七届中国城市治理与学科发展研讨会】2021年12月4日，由全国公共管理专业学位研究生教育指导委员会、中国城市规划学会主办，教育部建筑学专业指导委员会城乡规划学分委员会协办，电子科技大学承办的“第七届中国城市治理与学科发展研讨会”在线上顺利召开。本届研讨会以“公园城市，创新治理”为主题，全国知名高校和科研机构近百名专家学者参会。

【电子科技大学外国语学院、四川省认知语言学研究会联合主办新时代“翻译中国”认识与实践创新高端论坛】2021年12月5日，新时代“翻译中国”认识与实践创新高端论坛成功举办，此次论坛由电子科技大学外国语学院、四川省认知语言学研究会联合主办。论坛以线上方式进行，对当下中国翻译实践和文化传播问题进行了深入的探讨。13位嘉宾进行了主旨发言，560余位翻译界学者同仁与会。

【电子科技大学主办2021年第三届西非论坛暨国别与区域研究工作座谈会】2021年12月15日，由电子科技大学主办，电子科技大学西非研究中心、公共管理学院承办，中国非洲史研究会支持的2021年第三届西非论坛暨国别与区域研究工作座谈会通过线下线上结合的方式举行。此次论坛的主题为中非共建“一带一路”背景下西非经济与社会发展，来自全国各地的300余位专家学者以及学生代表参会交流。

【四川省政治学会主办、电子科技大学马克思主义学院承办“学习贯彻党的十九届六中全会精神、省委十一届十次全会精神”理论研讨会】2021年12月19日，由四川省政治学会主办、电子科技大学马克思主义学院承办的“学习贯彻党的十九届六中全会精神、省委十一届十次全会精神”理论研讨会在电子科技大学召开。省内10余所科研机构和高校的近30名学者参会。

【中国技术经济学会装备质量分会主办、电子科技大学经济与管理学院承办中国技术经济学会第二十八届学术年会装备质量分会论坛】2021年12月19日，由中国技术经济学会装备质量分会主办、电子科技大学经济与管理学院承办的中国技术经济学会第二十八届学术年会装备质量分会论坛在成都召开，会议采取线上、线下相结合的形式，有50余位专家学者及各界代表参加。

【四川日报社、遂宁市委、电子科技大学共同主办“创新驱动 1+1——贯彻习近平总书记创新发展重要论述深入推进创新驱动引领高质量发展”研讨会】2021 年 12 月 24 日，由四川日报社、遂宁市委、电子科技大学共同主办的“创新驱动 1+1——贯彻习近平总书记创新发展重要论述深入推进创新驱动引领高质量发展”研讨会在遂宁举行。会上，电子科技大学参与共建的 2 个实践基地揭牌。

【《四川省服务型制造推动“5+1”产业发展的调查与建议》入选《四川省重要成果专报》】陈旭完成的《四川省服务型制造推动“5+1”产业发展的调查与建议》入选《四川省重要成果专报》，该成果提出目前四川省服务型制造由于缺乏与“5+1”产业体系有效结合的顶层设计、服务型制造链群式发育不足、企业服务化转型意识和能力不足等因素，总体水平还较低。我省需要围绕产业特色及转型发展需求，聚焦装备制造、电子信息等优势产业，将发展服务型制造与提升特色优势产业紧密结合，提高企业转型意识和能力，探寻适合五大产业服务型制造的发展路径和模式。

【电子科技大学获四川省第十九次社会科学优秀成果奖二等奖 4 项】王让新《“现实的人”的理论跃迁：历史唯物主义的深度解读》（人民出版社，2018 年 5 月出版）、姚连兵《亨利·雷马克与比较文学关系研究》（中华书局，2018 年 11 月出版）、李强等《企业决策灵活性与资产风险溢价：生命周期的视角》（系列论文）、邵云飞《产业联盟组合创新能力研究》（系列论文）等成果获四川省第十九次社会科学优秀成果奖二等奖。

【专著《区域技术创新的形成机理》】邵云飞《区域技术创新的形成机理》，科学出版社，2021 年 3 月出版。该成果系国家自然科学基金项目和科技部科技基础性工作专项项目的研究成果。该书在区域技术创新研究现状的基础上，综合运用技术创新系统及相关理论，对区域技术创新的形成机理与运行机制展开研究。该书对四川省技术创新效率提升以及经济增长具有重要指导意义。

【专著《新兴技术形成机制及其“峡谷”跨越》】宋艳《新兴技术形成机制及其“峡谷”跨越》，科学出版社，2021 年 6 月出版。该成果在国家自然科学基金项目、工业部门研究项目和地方政府项目的资助下，针对新兴技术管理理论与实践探索，运用多种研究方法展开的系统性、持续性研究成果汇集。该书为企业选择、培育、发展新兴技术提出了有理论支持的方法指导和有实践佐证的策略建议，对新兴技术企业及高新技术企业具有重要的指导价值，对我国发展战略性新兴产业同样具有不可忽视的参考借鉴意义。

【国家社科基金重大项目结项成果《建设智慧社会的顶层设计实现路径研究》】汤志伟《建设智慧社会的顶层设计实现路径研究》（研究报告）是研究阐释党的十九大精神国家社科基金重大专项成果。该成果厘清了智慧社会内涵、特征和定位，并对先进国家的智慧社会建设经验进行了剖析；全面梳理了我国智慧社会建设的基础、挑战和风险；对智慧社会顶层设计的内涵与方法论展开了论述，设计了建设智慧社会的总体框架、内容框架、总体目标和重点任务，明确了建设智慧社会的实施思路和核心领域的实现路径。基于该成果形成的 4 份内参报告获得省部级领导批示。

【高级别学术论文】“How Local Governments Prioritize Multiple Conflicting Goals：Beyond the Sole－goal Perspective”（论文），贾开（电子科技大学），2021 年 10 月发表于 *Public Administration：An International Quarterly*。论文采用多目标研究视角（考虑目标之间的相互作用的影响），深入探究了公共组织在面对多冲突目标时目标优先级选择的复杂性，通过中国地级市在面对环境保护与经济增长这对（短期）相互冲突的目标时对于节能减排政策目标的优先级选择行为的实证分析，检验了研究中提出的两个核心理论假说。

【决策咨询与社会服务成果】《中国周边国家为何对中国近而不亲》（决策咨询报告），韩洪

（电子科技大学）。报告分析了我国周边国家与我国近而不亲的原因，从精神文明、外交、宗教和文化联系等方面提出让周边国家与我国近而更亲的十二条建议，并总结提出与周边邻国建立亲密关系需要有超越性的政治信仰、共享的东方价值、具有说服力的政治话语，以期推动新形势下“一带一路”的发展。该决策咨询报告获得中央主要领导批示。

《关于修改〈反分裂国家法〉进一步遏制分裂国家行径的建议》，徐世红。该建议被全国政协采用。

【重要人物】吴满意教授工作室获批教育部全国高校思政课名师工作室。万小龙任国家马克思主义建设工程“科学技术哲学”首席专家。

◆西南石油大学社科联

【基本情况】截至2021年12月底，西南石油大学社科联建有马克思主义学院、经济管理学院、团委、学工、学报等10余个分会，共有团体会员623名；建有四川石油天然气发展研究中心、能源安全文化普及基地、创新创业基地3个省级基地，省级高水平研究团队1个；建有习近平新时代中国特色社会主义思想研究中心、能源战略智库、天然气行业景气指数中心、儒学传承与创新研究院在内的17个研究平台。

【“碳中和”研究】在“双碳”目标下发起成立四川省循环经济协会能源低碳专业委员会，与国家发改委能源研究所、中石油西南油气田公司签署框架协议，围绕能源低碳转型与可持续发展开展科研合作。围绕“双碳”建立近零碳标准体系。完成《四川省近零碳校园》《四川省近零碳机关》《四川省近零碳景区》《四川省近零碳企业》标准体系指南制定工作。

【发挥社科界思想库、智囊团作用】搭建资政研究及政策建议的报送平台，形成向政府部门提交智库报告的常态机制，多份智库报告受到省部级领导批示或采纳。《四川盆地页岩气资源高效开发主要挑战与应对策略》（张烈辉）在省政研室《调查与决策》刊出；《让四川超前实现碳达峰和碳中和的建议》（张鹏）提交政协四川省第十二届委员会第四次会议的提案被立案；《关于成都打造全国“碳中和示范城市”的建议》（张鹏）被成都市委办公厅《信息专报》“专报锐平书记”专栏刊发。

【着力推进油气能源领域合作交流】举办以“‘30·60’‘双碳’目标：油气与能源转型”为主题的第七届西部油气论坛，观看人次达到2.2万人次，社会影响力进一步提升。院士观点被人民网、光明网、新华社客户端、川报新闻、四川新闻网等20余家媒体报道。

【重要成果】获四川省第十九届哲学社会科学成果二等奖1项。获批国家社科基金项目5项、获批教育部人文社科项目5项、获批省级课题24项。论文《区块链思维赋能基层治理》被《新华文摘》全文转载。出版《油气简史》科普读物及各类著作55部。

【加强学术交流普及科学知识】2021年共组织33位校外专家来校讲座，参与人员18000余人。能源安全文化普及基地等三个科普基地，走进新都一中、香城小学、新都区科技局等地，向学生、群众讲解能源安全、创新创业和物理学方面的科普知识26场

◆成都理工大学社科联

【资源与环境经济普及基地】该机构业务主管单位为成都理工大学商学院，截至2021年12月底，成都理工大学商学院资源与环境经济普及基地共有成员12人。

（1）承担国家自然科学基金地学部综合科技活动项目。基地成员黄寰教授在本年度承担国家自然科学基金地学部综合科技活动项目“地质灾害防治知识普及优化研究”（项目编号：42042019）。

（2）承担省科技计划项目《泥石流的普识特征与防范》的编写和出版。

（3）参与组织编写和出版《漫画版新冠肺炎预防读本》《儿童战“疫”心理健康读本》。为有效帮助疫情期间“宅”在家的孩子们了解此次新冠肺炎疫情，并进行有效预防。2020—2021年

间，基地参与组织多本相关科普读物。其中，《漫画版新冠肺炎预防读本》由基地特约研究人员、成都市科普作家协会理事、中国科学院大学在读博士冯础编著，四川辞书出版社出版。该书围绕此次疫情，向少年儿童科普和疫情有关的科学知识、防疫手段和良好的卫生习惯，站在少年儿童的角度，用科学的知识与理性的态度，试图消解公众的恐慌，建立公众的信心，帮助公众科学抗疫。《儿童战“疫”心理健康读本》由中华医学会行为医学分会青少年情绪与行为学组副组长黄颐主任医师，中国心理卫生协会 EMDR 学组副组长吴薇莉教授担任主编，四川科技出版社出版。在该书中，作者们运用文图相结合的方式，针对近期儿童常见的心理应激反应和心理问题进行疏解、辅导，给孩子们的心灵以关爱和抚慰，帮助孩子们正确看待疫情，调节好心态，顺利度过疫期；引导孩子们学会敬畏自然、珍爱生命、知恩感恩，学会用积极心态面对危机和困难。

【成渝双城经济圈科技创新与新经济研究中心】该机构业务主管单位为成都理工大学商学院。中心现有成员 15 名，2021 年获立各级各类项目 60 余项。

（1）受邀参加成渝地区双城经济圈高校论坛。2021 年 4 月 3 日，中心黄寰教授受邀赴西南财经大学参加由西南财经大学、重庆工商大学联合主办，西南财经大学科研处、中国西部经济研究中心、经济学院和重庆工商大学成渝地区双城经济圈协同发展中心联合承办的“成渝地区双城经济圈高校论坛”。通过论坛进一步凝聚共识，为推进成渝地区双城经济圈建设重大战略提供有建树、有价值、有贡献的决策咨询。

（2）受邀参加“国际会客厅”工作推进会。2021 年 4 月 26 日，成都市商务局召开“国际会客厅”工作推进会，邀请中心黄寰教授分享交流“国际会客厅”建设思路。市商务局国际合作处、成都中法生态园、中意文化创新产业园、中日（成都）地方发展合作示范区、中德（蒲江）中小企业合作区、新川创新科技园、中韩创新创业园相关负责人参会。黄寰教授指出，成都应抢抓新一轮开放发展机遇，顺势而为，整合全市资源将“国际会客厅”打造成成渝及西南西区高水平国际合作平台。各“国际会客厅”从多种服务功能的集中展现、物理及数字空间的有机结合、相关政策的先行先试、走出去引进来的良性互动、国别及产业特色的有机结合等方面着手，以更开阔的视野、更开放的思维、更创新的方法加快建设开放发展新高地。

（3）受邀参加第三届全国生态文明学术研讨会暨第七届全国生态文明建设与区域创新发展战略学术研讨会。2021 年 5 月 15 日，中心黄寰教授受邀赴上海师范大学参加由中国区域科学协会生态文明研究专业委员会、中国区域经济学会区域创新专业委员会、上海师范大学和中国地质大学（武汉）共同举办的第三届全国生态文明学术研讨会暨第七届全国生态文明建设与区域创新发展战略学术研讨会。黄寰教授以“成渝地区双城经济圈的协同创新”为题，围绕成渝地区双城经济圈区域优势、重大使命、战略选择等内容，对“两线一部”空间格局、“西线＞东线＞中部”发展格局、“四边形”结构进行了阐述。

（4）完成四川省、重庆市社科规划“成渝地区双城经济圈”重大项目。中心主持承担完成重大项目《成渝地区双城经济圈：成渝绵科创金三角建设》（编号：SC20ZDCY001），具体内容：①构建新型科技金融服务体系，集中力量聚焦战略性新兴产业领域和高成长企业群体，为这些领域的企业设置专项资金，为轻资产的科技型企业提供金融支持，为不同业态、不同成长阶段企业的不同融资需求提供差异化服务，促进科技与金融资本的对接，更好地为科技创新企业服务。②实施科技创新人才战略，加大人才落户及保障政策创新力度；完善公共服务，打造舒适的工作环境；加强知识产权管理，构建更加完善的知识产权法律体系、管理体制、政策体系；在创新的过程中，也要持续加大对技术创新人才的培训力度。③推动重点产业关键技术攻关，具体为加快核心技术突破；加强军民协同创新，推动军用技术和成果转化；落实科技成果转移转化政策，提高科技成果转化率，将技术创新真正地应用到产业升级上，加大科研经费投入。④优化产业集群重塑产业优势，加快布局未来产业，抢占数字经济“新赛道”；加快构建工业互联网服务平台体系；落实国家“东数西算”部署，高水平建设全国一体化算力网络成渝国家枢纽节点。⑤构建成渝绵协同创新组织保障，具体措施为打破行政边界，协同推进创新铁路大通道建设，降低交易成本；建立合理的科研经费管理机制，加大研发经费投入，赋予科研人员更大经费使用自主权，同时也要落实监督管理机制；在规模以上企业研发机构建设、支持高科技企业发展、企业总部引进、科技型中小企业培育等方面协商建立区域政策体系；在产业创新发展上，形成三地优势互补的创新创业服务体系，促进以硬科技为主的高水平创新创业。

◆西南科技大学社科联

【基本情况】西南科技大学社科联设主席、副主席、常务理事、理事，其中主席 1 人，副主席 10 人，秘书长 2 人，常务理事 20 人，理事 43 人。截至 2021 年底，学校共有教职工 2692 人，其中人文社会科学活动人员 933 人。现有正高级职称 114 人、副高级职称 217 人。西南科技大学组建以来，文科共取得国务院政府特殊津贴专家、教育部新世纪人才计划、四川省学术和技术带头人等高层次人才称号 40 人次。学校文科办学颇具规模，涉及经济、管理、文学、艺术、法律、教育 6 大学科门类，设有马克思主义学院、经济管理学院、文学与艺术学院、法学院、外国语学院、体育学科部 6 个二级办学单位。现已建成社会科学研究重要平台 23 个，高水平研究团队 5 个。

【建章立制，规范完善学校科研管理】印发《西南科技大学科研诚信管理办法（试行）》（西南科大发〔2021〕24 号），印发《西南科技大学学术交流活动管理办法（试行）》（西南科大发〔2021〕26 号）；印发《西南科技大学科研项目管理办法（试行）》（西南科大发〔2021〕30 号）；印发《西南科技大学社会科学科研奖励实施细则（试行）》（西南科大发〔2021〕37 号）；印发《西南科技大学科研经费管理办法（修订）》（西南科大发〔2021〕48 号）。

【西南科技大学智慧教育研究中心成立】为探索文、理、工交叉融合，加强“新文科”科研机构建设，经学校 2021 年第 10 次校长办公会研究，同意成立“西南科技大学智慧教育研究中心”。研究中心为学校非独立运行的哲学社会科学研究机构，依托计算机科学与技术学院建设，接受社会科学处的指导与管理。

【四川文艺评论研究中心成立】2021 年 3 月 16 日，四川省文学艺术界联合会批复：经省文艺评论家协会推荐，并报省文联党组研究，同意由西南科技大学文学与艺术学院发起，在西南科技大学挂牌成立“四川文艺评论研究中心”。

【《中国网络文学研究》学术辑刊在四川启动】2021 年 12 月 24 日，面向全国的网络文学理论学术辑刊《中国网络文学研究》在四川启动，该辑刊由中国作协网络文学中心、四川省作家协会和西南科技大学主办，四川省作家协会网络文学中心、四川省网络作家协会、西南科技大学文学与艺术学院承办。中国作家协会副主席、四川省作家协会主席阿来，中国作家协会网络文学中心副主任何弘，西南科技大学党委常委、副校长苏伟洲，成都时代出版社有限公司董事、副总编辑庞惊涛出席活动，省作协党组领导、副主席等 50 余名有关领导、专家学者、西南科技大学有关领导专家等莅临现场，共同见证《中国网络文学研究》学术辑刊启动。

【第九届中国高校社会科学前沿论坛“科技变革与人文创新”理论研讨会】2021 年 4 月 9 日，第九届中国高校社会科学前沿论坛“科技变革与人文创新”理论研讨会在西南科技大学召开。大会围绕习近平总书记关于发展哲学社会科学、科技创新重要论述研究，科技变革时代人文社会科学面临的机遇和挑战，科学技术与现代人文精神的有机互动，数字人文学科的意义与前景，媒体融合与文艺变革创新，人工智能参与文艺创作的经验与反思，互联网文艺的成就与突围等热门议题展开讨论。

【首届中萨人文对话国际学术研讨会】2021 年 4 月 21 日，中萨人文对话国际学术研讨会（线上）在西南科技大学举行。此次研讨会是西南科技大学与萨尔瓦多大学共建孔子学院以来首次举办的学术研讨会。双方学校国际合作交流处负责人，50余名中萨专家学者，以及师生参加了此次学术研讨会。

【第二届北川国际心理论坛】 2021年5月7日，由学校和中国科学院心理研究所共同举办的第二届北川国际心理论坛在绵开幕。本次大会以“后疫情时代的危机干预和社会心理服务”为主题。130名来自国内外的专家学者就心理危机干预与社会心理服务深入探讨，多方交流，助力健康中国建设。

【未成年人违法犯罪预防与矫治学术研讨会】 为更好地理解和适用新修订的《中华人民共和国未成年人保护法》《中华人民共和国预防未成年人犯罪法》（简称“两法”），2021年6月5日，由四川省犯罪防控研究中心主办，西南科技大学法学院、绵阳市法学会刑法学研究会协办，中国预防青少年犯罪研究会提供学术支持的“未成年人违法犯罪预防与矫治”学术研讨会在四川省绵阳市顺利召开。

【“一干多支、五区协同”创新驱动引领高质量发展研讨会】 2021年9月25日，“一干多支、五区协同”创新驱动引领高质量发展研讨会在西南科技大学召开。本次研讨会由四川省社科联、西南科技大学主办，来自四川省社科院、四川省发展与改革研究所、四川省统计局统计科学研究所、成都市等12个市（州）社科联和四川大学、电子科技大学等近30所省内高校的领导、专家和老师们共计100余人参加了此次研讨会。四川省社科联主席杨泉明，四川省社科联党组书记、副主席姜怡，西南科技大学校长董发勤、副校长尚丽平，市委常委、秘书长、宣传部部长张学民出席会议。

【第三届全国三线建设学术研讨会】 2021年10月22日至23日，西南科技大学联合中华人民共和国国史学会、上海大学主办“第三届全国三线建设学术研讨会”，来自国务院参事室、中国社科院、工业和信息化部、国家国防科技工业局、四川大学和国防科技大学等60余位专家学者和三线建设亲历者参加会议，人民网、新华网、中国社会科学网等主流媒体报道本次会议。

【重要成果】 发表重要学术论文17篇。出版重要学术著作17部。获四川省第十九次社会科学优秀成果奖9项。高水平智库成果3项：何显兵撰写的《成都市垃圾分类工作一些突出问题亟待解决》获得副省长陈炜的肯定性批示，曾刚领衔撰写的《绵阳市军民科技协同创新平台建设研究》、张勇撰写的《推进绵阳地区三线文化遗产保护和利用的建议》获得四川省委常委、绵阳市委书记罗增斌的肯定性批示。

◆西华大学社科联

【基本情况】 西华大学社科联是联系全校哲学社会科学工作者的桥梁和纽带，是学校开展哲学社会科学研究的重要力量。从成立至今，积极整合学校优势特色学科，大力推动学校哲学社会科学的发展和学术研究的繁荣。西华大学现有21个学院，其中哲社类学院9个；39个硕士学位授权点，其中哲社类16个；96个本科专业，其中哲社类43个，涵盖了经济学、法学、教育学、文学、管理学、艺术学等多个学科门类。西华大学与印尼三一一大学共建孔子学院。西华大学现从事哲社教学研究的教职工约900人，其中高级职称约400人。西华大学现有5个省部级哲社重点研究基地（地方文化资源保护与开发研究中心、李冰研究中心、四川学术成果分析与应用研究中心、日本应急管理研究中心、农业现代化与乡村振兴研究中心），1个省级高水平社科研究团队（四川社会工作队伍人力资源管理创新研究团队），4个省教育厅社科重点研究基地（工业设计产业研究中心、四川省新农村乡风文明建设研究中心、科技金融与创业金融研究中心、澳大利亚研究中心）。

【“农业现代化与乡村振兴研究中心”获批四川省社会科学重点研究基地】 2021年11月，西华大学“农业现代化与乡村振兴研究中心”获批四川省社会科学重点研究基地。

【《国防科技产业集群发展研究》获四川省第十九次社会科学优秀成果奖一等奖】 边慧敏、许州、王政书、苏文明、丁灿为成果完成人的《国防科技产业集群发展研究》（专著）获评四川省第十九次社会科学优秀成果奖一等奖。该成果主要以国防科技产业集群为研究对象，从理论分析、发展研判、路径探索、要素保障、具体业态实践等方面研究国防科技工业融合发展问题。四川省社科联名誉主席、中国著名国防经济学家刘诗白教授对研究成果给予高度评价。该专著的阶段性成果在四川国防科技产业集进行了推广应用，国务院副总理马凯在成果完成人等组织撰写的研究报告上作出三点重要批示，相关建议方案获国家空管委批复，同意在四川省境内开展低空空域协同管理改革试点。这是我国自改革开放以来空域管理体制创新的一次重大突破，为四川航空产业集群发展带来前所未有的历史机遇。

【科技金融与创业金融研究中心 2021 年学术研讨会】 2021 年 4 月 17 日，科技金融与创业金融研究中心 2021 年学术研讨会在西华大学举行。北京师范大学经济与工商管理学院博导杨晓维教授、中国社科院大学经济学院副院长李石强副教授、北京航空航天大学经济管理学院金融系副主任张军欢副教授、北京航空航天大学经济管理学院金融系助理教授李伟、北京航空航天大学经济管理学院数量经济与商务统计系助理教授郝壮出席本次会议。

【《在河之洲》学术研讨会】 2021 年 5 月 9 日，由西华大学承办的“《在河之洲》学术研讨会”落幕。会议由四川大学中国诗歌研究院主办，西华大学文学与新闻传播学院承办，成都超星数图信息技术有限公司协办。本次会议得到了四川大学“刘福春中国新诗文献馆”、四川师范大学、成都大学、西华师范大学、乐山师范学院、绵阳师范学院、西昌学院、四川轻化工大学、《中国报告文学》杂志社、《西南文学》杂志社等的大力支持。

【四川省国际科技合作（澳新）研究院学术研讨会暨澳大利亚研究中心 2021 年年会】 2021 年 9 月 11 日，由西华大学主办的四川省国际科技合作（澳新）研究院学术研讨会暨澳大利亚研究中心 2021 年年会召开。来自四川省科技厅、教育厅、外事办公室、自然资源科学研究院、科技交流中心、中国澳大利亚研究会等机构的领导和专家等参加了会议。

【国际汉语应用写作第十五届学术研讨会】 2021 年 10 月 29 日至 31 日，由国际汉语应用写作学会主办、西华大学承办的“国际汉语应用写作第十五届学术研讨会”在西华大学召开。国际汉语应用写作学会会长、香港理工大学陈瑞端教授，国际汉语应用写作学会常务副会长、湖北大学公共管理学院洪威雷教授，澳门大学中国语言文学系谭美玲副教授及北京师范大学等 68 家单位的专家学者以线上和线下相结合的形式参加了会议。

【2021 美丽乡村建设与发展论坛】 2021 年 11 月 11 日上午，由成都哲学社会科学重点研究基地——美丽乡村建设与发展中心主办的“2021 美丽乡村建设与发展论坛”通过腾讯会议以在线方式举办。西华大学党委副书记王政书、成都市社科院副院长阎星研究员分别代表西华大学和成都市社科联（院）致辞，四川大学、西南交通大学、川音美院、西南民族大学、四川师范大学、东华大学、三峡大学等 20 余所院校专业教师等在线参加了会议。

【第 8 届中国动画学者圆桌论坛】 2021 年 11 月 16 日，第八届中国动画学者圆桌论坛在西华大学举办。论坛由西华大学、国家社会科学基金重大项目“新时代中国动画学派的重建与民族文化传播研究”课题组主办，西华大学美术与设计学院、四川省教育厅人文社科重点研究基地工业设计产业研究中心、中国电影评论学会动漫游戏专业委员会承办，浙江大学影视与动漫游戏研究中心、同济大学电影研究所、西南民族大学艺术学院、成都市动漫游戏协会协办。教育部高等学校动画数字媒体专业教学指导委员会、中国电影评论学会、民族艺术研究杂志社提供学术支持。中国传媒大学、浙江大学、上海大学、东北师范大学等 20 余所高校的专业师生在线参加会议直播。

【四川高校马克思主义基本原理教学研究会 2021 年年会】 2021 年 12 月 11 日，由四川高校马克思主义基本原理教学研究会主办、西华大学马克思主义学院承办、四川省唐晓勇名师工作室协办的以“党的十九届六中全会精神融入‘原理’课教学”为主题的“四川高校马克思主义基本原理教学研究会2021年年会”在西华大学召开，来自全省30余所高校200余名马克思主义理论专家、教师参加了会议。

【多学科融合视域下的社会心理服务理论与实践学术研讨会】 2021年12月11日，由成都社会心理服务研究中心主办的“多学科融合视域下的社会心理服务理论与实践学术研讨会”在西华大学召开。会议邀请相关专家分享展示了社会心理服务领域的最新实践和研究成果，来自省内相关领域专家学者、一线工作者及研究生等100余人参加了会议。

【应急管理部国家自然灾害防治研究院城市灾害研究中心暨四川省应急管理学院授牌仪式在西华大学彭州校区举行】 2021年12月16日上午，应急管理部国家自然灾害防治研究院城市灾害研究中心暨四川省应急管理学院授牌仪式在西华大学彭州校区举行。在省委省政府的高度重视下，在教育厅和应急管理厅共同指导下，四川省应急管理学院依托西华大学建设。副省长罗强为四川省应急管理学院授牌，应急管理部国家自然灾害防治研究院副院长张震国为应急管理部国家自然灾害防治研究院城市灾害研究中心授牌，16家单位共同发起成立“四川应急管理教育联盟”。

【参与主办第六届中国西部财经论坛暨2021四川高质量发展峰会】 2021年12月18日，西华大学四川质量发展研究院参与主办第六届中国西部财经论坛暨2021四川高质量发展峰会。

【重要成果】 薛新国教授在《西华大学学报（哲学社会科学版）》2020年第5期发表的文章《马克思主义自由平等公正法治价值观论析》被《中国社会科学文摘》2021年第2期以《社会主义核心价值观论析》为题转载。

饶冬梅副教授在国际语音学顶级学术期刊——《语音学杂志》（*Journal of Phonetics*）在线发表学术论文“The role of gesture timing in non－coronal fricative mergers in Southwestern Mandarin：Acoustic evidence from a dialect island”，该论文为饶冬梅与耶鲁大学语言学系Jason A. Shaw教授合作研究的成果。

张利国教授在《清华法学》2021年第6期发表论文《突发公共卫生事件中关键专利技术的许可机制及其完善》。

周红亚论文《从闪客到二次元：互联网动画文化发展研究》获北影“动画学院奖”教师论文一等奖，赵春作《中英学龄前儿童动画比较研究》获教师论文三等奖。

王崇东教授的作品《雄关漫道》入围由联合国教科文组织国际陶艺学会（IAC）、景德镇市人民政府、景德镇陶瓷大学共同主办的“瓷的精神——2021年景德镇国际陶瓷艺术双年展”。

翟启兵教授与四川艺术研究院张垚、四川大学朱沙两位老师合创的《大河之上》入选由文化和旅游部主办的“长河大道——黄河文化主题美术作品展”。该作品为四川省唯一入选本次展览的油画作品。

◆四川农业大学社科联

【基本情况】 截至2021年12月底，四川农业大学社科联共有分会15个，会员620名。现任第二届理事会有主席团成员8人，常务理事22人，理事51人，社科联办公室设在科技管理处社科科。具有高级职称专家255人，其中享受国务院政府特殊津贴专家4人，天府青城计划领军人才1人、青年拔尖人才7人，四川省学术和技术带头人7人。建有省级重点研究基地2个（新增“西部乡村振兴研究中心”）、高水平研究团队2个、省级社科普及基地1个。获国家社科基金各类项目资助8项，教育部人文社科各类项目4项，四川省社科规划各类项目12项（其中重大项目2项），科技厅软科学项目13项。

【新时代“‘红色文化＋’兴农报国文化育人项目”获批教育部高校思政工作精品项目】 2021年3月，学校申报的“新时代‘红色文化＋’兴农报国文化育人项目”成功入选教育部思政司

2021 年高校思想政治工作培育建设项目，成为全国 100 个思想政治工作精品项目之一，本校也是四川省 7 所思政精品项目立项高校之一。

【第三届乡村振兴西部论坛】 2021 年 9 月 25 日至 26 日，为庆祝中国共产党成立 100 周年，推进乡村振兴战略实施，深化农民合作社理论，总结、凝练农民合作社发展与乡村振兴的实践经验，学校主办的第三届“乡村振兴西部论坛”在崇州天府国际慢城举行。省内外 30 余所高校和科研机构的 400 余名专家学者和硕博士研究生通过线上和线下相结合的形式参加了会议。

【冉瑞平接受 CCTV 采访】 2021 年 9 月 25 日，四川省新农村发展研究中心副主任冉瑞平教授就“利用好耕地经营权，为农民切实谋福利”接受了中央电视台农业农村频道记者采访，采访内容在《中国三农报道》栏目播出。

【“四川乡村振兴百村观察”调研固定观测点建设】 2021 年，四川省新农村发展研究中心发起“四川乡村振兴百村观察”调研，从平原区、丘陵区、山地区，选择全省 10 个典型县建立农户微观数据固定观测点，每个县选择 3 个乡镇、9 个村、180 户农户进行抽样调查，从农户家庭基本情况、生产情况、收支情况、技术需求等方面开展调研。2021 调研为首次开展，目前已确定了成都市邛崃市、泸州市泸县、巴中市南江县三县为首批样本县，未来将持续开展固定农户调查，并拓展观测区域。

【积极发挥社科界思想库、智囊团作用】“关于共同富裕目标下构建新型农村集体经济评价体系的建议”“强化职业技能培训，助推农民合作社高质量发展”“完善国有上市公司党组织参与公司治理的信息披露政策建议”等 8 份研究报告获四川省副省长尧斯丹、四川省人大常委会副主任陈文华、中国证券监督管理委员会副主席阎庆民等省部级领导肯定性批示。

【获四川省科学技术进步二等奖 1 项】 庄天慧《自然灾害与贫困协同治理的理论、方法与应用》为四川在全国率先开展精准扶贫第三方评估制定了方案，为稳定脱贫考核提供了技术支撑，获四川省科技进步二等奖。该成果历时 10 余年，深入汶川、芦山地震贫困村灾后重建一线调查，紧扣防灾减灾与贫困治理问题持续深入开展研究，获得国家社科基金项目、国家软科学项目、联合国开发计划署项目等 10 项支持。开展干部培训 80 余场次、7000 余人次，应用于国家和四川 12 个贫困县脱贫验收，为四川在全国率先开展精准扶贫第三方评估制定方案，为稳定脱贫考核提供技术支撑。

【获四川省第十九次社会科学优秀成果一等奖 1 项，二等奖 4 项】 曾维忠《森林碳汇扶贫：理论、实证与政策》（专著），社会科学文献出版社 2019 年 12 月出版。该成果是国家社会科学基金“优秀”结项最终成果。成果以习近平总书记精准扶贫思想为指导，在森林碳汇扶贫理论基础、实践模式、可持续路径和监测评估等方面取得了积极进展，为世界合作应对气候变化与反贫困，推动森林碳汇扶贫由聚焦贫困地区的“单轮驱动”型向既有区域整体，又更加锚定贫困人口的“双轮驱动”型变革与转型发展，提供了中国智慧、中国经验和中国案例。先后入选“十三五”国家重点图书出版规划项目“中国减贫研究书系”专题研究系列，国家社科基金中华学术外译项目（英文版）出版。获四川省第十九次社会科学优秀成果一等奖。

杨锦秀《公共资助就业培训项目在少数民族农村地区的实施效果研究》（专著），人民出版社 2018 年 6 月出版。该成果是国家社会科学基金项目结题为“优秀”的成果，在理论上剖析农村公共资助就业培训项目产生和运行的机理，并运用培训管理的逻辑框架构建就业培训实施效果评估的理论模型；综合运用多种计量方法对西南少数民族地区培训实施过程效果及最终效果进行全面评价，并对比分析不同个体特征、要素特征和省域的差异，提出建立我国少数民族地区农村公共资助就业培训项目保障机制的对策建议。获四川省第十九次社会科学优秀成果二等奖。

漆雁斌《农业转型与绿色高质量发展研究》（专著），社会科学文献出版社 2019 年 12 月出版。该成果是国家社科基金项目成果，基于新发展理念创新性构建一个新的农业转型发展理论分析框架，提出通过市场机制和政策制度对农业体系进行变革促进农业高质量发展的思路；精准识别构建现代农业体系的梗阻，深刻诠释新发展理念对农业绿色高质量发展的科学指引与实践路径，拓展丰富我国农业现代化相关理论研究。核心观点获得省委领导肯定性批示，入选省级重要会议主题发言材料、《重要成果专报》，被《四川日报》、四川省人民政府、光明网、中国社会科学网等十余家官媒发表转载。获四川省第十九次社会科学优秀成果二等奖。

何思妤《长江上游地区大型水库移民多维贫困治理及精准脱贫研究》（研究报告）获四川省第十九次社会科学优秀成果二等奖。该成果开展长江上游大型水库移民贫困治理系统性经验研究，丰富拓展贫困治理理论。紧扣库区移民多维贫困治理两个重大实践前沿问题提出："贫困移民受益和发展机会创造"要强化责任赋权与突破"造血"机制难点；"水利水电工程建设和水库移民可持续发展"要统筹前期规划补偿与精准后期扶持重点。

唐曼萍《持续稳定脱贫的实现路径与政策研究》（研究报告）获四川省第十九次社会科学优秀成果二等奖。该成果充分认识到贫困的多维性、动态性和复杂性，对持续稳定脱贫的实现路径与政策体系开展深入、系统、创新的研究。站在巩固拓展脱贫成果与乡村振兴有效衔接的战略高度，系统剖析督查巡查机制建立、"三变"改革实践创新和贫困村产业扶持基金绩效提升等促进持续稳定脱贫的三条特殊路径，并立足四川省情，创新地提出持续稳定脱贫长效机制构建和2020年后扶贫战略思路转变的相关政策体系。相关成果获得省级领导肯定性批示4次。

◆四川师范大学社科联

【基本情况】截至2021年12月底，四川师范大学社科联共建有人文社科类省部级科研平台12个，市厅级科研平台6个，校级科研机构83个，四川省社会科学高水平研究团队3个，四川省省级新型智库1个。

【项目申报立项】2021年，国家社会科学基金项目立项25项；教育部人文社科项目立项20项（立项排名居全国地方师范类院校第一名，地方类院校第二名，全国所有高校并列排名第12）；四川省社会科学研究"十四五"规划项目立项45项（含专项），四川省社会科学规划（普及项目）立项3项，四川省艺术基金项目立项5项；省部级调研与委托课题5项（其中省政府调研课题立项5项，3项结题"优秀"，立项数与优秀结题数均省内第一）；成都市哲学社会科学规划项目立项6项。

【组织学术活动，加强学术交流】共主办举行了46场学术会议，线上线下开展各类讲座300余场。

【2021亚洲教育论坛年会开幕式暨主旨论坛】2021年9月18日，2021亚洲教育论坛年会开幕式暨主旨论坛在成都天府国际会议中心举行。本届论坛以"亚洲教育的未来"为主题，由中国高等教育学会、中国教育发展战略学会指导，欧美同学会留加分会、高校毕业生就业协会、全国工商联民办教育出资者商会、四川师范大学主办。本次论坛采用线上线下相结合的方式进行，共有近30个国家和地区的900余名代表参会。

【强化基地管理，推进平台建设】2021年，学校新增教育部高校国别和区域研究备案中心日韩研究院（试点）、四川省社会科学重点研究基地四川省纪检监察研究中心2个重点科研平台；新增教育政策与领导力研究中心、职务犯罪心理研究中心、简牍与石刻文字研究中心等校级科研机构（虚体）。

2021年，学校进一步加强平台考核工作，对20个人文社科类重点科研平台进行2021年度现场述职考核。

【获四川省第十九次社会科学优秀成果奖一等奖2项、二等奖14项、三等奖20项】黄尚军教授和李国太、王振副教授等合著的科研成果《巴蜀汉族巫道文化研究》，郑富兴教授的科研成果《传统习俗、仪式与现代德育》，获四川省第十九届哲学社会科学优秀成果一等奖。

◆**西华师范大学社科联**

【基本情况】2021年7月，西华师范大学社科处正式成立，下设综合与社科平台建设科、项目规划与管理科、成果与社会服务科3个科室。西华师范大学社科联办公室挂靠西华师范大学社科处，负责处理社科联的日常事务。

【获批四川省教育厅高校人文社科重点研究基地】2021年8月，“四川党史党建研究中心”“四川省研学旅行发展研究中心”“写本研究中心”获批四川省教育厅高校人文社科重点研究基地。

【第二批四川省重点中华文化研究院申报及实地考察】2021年7月，地方档案文献研究院更名为中华档案文献研究院，9月申报第二批四川省重点中华文化研究院。11月2日，第二批四川省重点中华文化研究院评审工作组对中华档案文献研究院开展实地考察并组织现场答辩。

【申报生态文明教育普及基地申报第九批四川省社会科学普及基地】2021年12月，组织西华师范大学生态文明教育普及基地申报第九批四川省社会科学普及基地。

【央视《中国影像方志·通江篇》】2021年4月，中央电视台科教频道播出《中国影像方志·通江篇》，古城堡研究团队受邀参与《古建记》部分的全程拍摄，向全国观众分享关于通江得汉城遗址的调查研究成果，团队宋元史专家蔡东洲教授以专家访谈形式，深入浅出地讲解了得汉城遗址的历史脉络、修筑过程、后续利用、历史地位及价值等重要问题。

【校庆学术周活动】2021年5月，为庆祝建校75周年，举办校庆学术周活动。主要采取学术讲座（报告）、学术交流、成果展示等方式进行，共开展学术研讨会1场、学术论坛1场、学术成果展4场、学术交流会5场、学术报告（讲座）50场。

【举办“中国共产党成立100周年与马克思主义中国化理论创新”学术研讨会】2021年5月，举办全国高校马克思主义理论学科研究会第50次学科论坛暨“中国共产党成立100周年与马克思主义中国化理论创新”学术研讨会。

【“成渝双城经济圈与教育高质量发展”学术研讨会】2021年11月，四川省教育发展研究中心2021年学术研讨会在西华师范大学召开，主题为“成渝双城经济圈与教育高质量发展”。

【建党100周年基本经验融入大学生思想政治教育暨四川省大学生思想政治教育论坛2021年学术年会】2021年12月，四川大学生思想政治教育研究中心举办了“建党100周年基本经验融入大学生思想政治教育暨四川省大学生思想政治教育论坛2021年学术年会”，在深入贯彻落实习近平总书记在学校思想政治理论课教师座谈会上的讲话精神和十九届六中全会精神，推动中国共产党百年精神谱系进教材、进课堂、进头脑，推动思想政治理论课的改革创新等方面发挥积极作用。

【“川北讲堂”系列活动】2021年全年，开展“川北讲堂”共16场，受众人数共1410人次。聘请高校及社会组织的专家、教授担任讲师，围绕党和政府当前主要社科宣传主题及川北历史文化知识相关主题内容，利用社会公众集中的各种场所，以开放讲座的形式进行。

【科普宣传“三下乡”“六进”系列活动】2021年全年，开展“三下乡”和“六进（进机关、进社区、进学校、进工厂、进军营、进家庭）”社科普及宣传活动20次，受众人数2700人次，将社科普及宣传活动深入基层社会公众中去。主要宣传形式为科普宣传挂图、展板展示、科普音像作品播放、志愿者科普知识宣讲、组织观众的社科普及知识问答、面向观众的社科普及知识咨询、发放科普宣传手册等。

【编撰印刷社科普及宣传手册、画册】2021年全年，编撰印刷《北斗阑干——二十四节气》《川北大木偶》《川北皮影戏》等社科普及宣传手册、画册6000册，在“三下乡”和“六进”科普宣传中广泛发放，受到公众好评。

【“汉语桥——南充历史文化普及交流”系列活动】2021年全年，组织“汉语桥——南充历史文化普及交流”活动3次，参与人数530人次。为宣传“中国气派、巴蜀特色、南充风格”的历史文化知识，在南充驻市高校留学生中举办“汉语桥——南充历史文化普及交流”系列活动，旨在集中展示南充的历史文化风貌和城市魅力，在普及传播中华优秀传统文化的同时，又在“一带一路”沿线国家培养“知华友华”的国际人士。

【川北历史文化“微电影”“微视频”“微广播”】2021年全年，制作发布川北历史文化“微电影”1个，“微视频”4个，“微广播”30个，促进大学生汲取中国智慧、弘扬中国精神、传播中国价值，坚定文化自信、增强文化自觉；充分发挥中华优秀传统文化育人作用，落实立德树人根本任务，以美育人、以文化人。

【获教育部高校科学研究优秀成果奖】2021年1月，杨小平教授获教育部第八届高校科学研究优秀成果奖三等奖。

【获四川省第十九次社会科学优秀成果奖】2021年12月，获四川省第十九次社会科学优秀成果奖18项，其中二等奖4项，三等奖14项。

【获南充市社会科学优秀成果奖】2021年1月，获南充市社会科学优秀成果奖54项，一等奖8项，二等奖16项，三等奖30项。

【省部级及以上立项、结项】获批国家级项目7项，省部级项目38项，签订横向项目54项。国家社科基金项目结项10项，提交国家社科基金项目中期检查报告1项，提交四川省哲学社会科学项目结项材料30项。

【高级别学术论文】以第一完成单位发表人文社科类论文521篇，其中国际三大检索共收录35篇（SSCI收录论文4篇、SCI收录论文9篇、EI期刊收录论文1篇、EI会议收录论文14篇、ISSHP收录论文1篇、A&HCI收录论文6篇）；CSSCI来源期刊收录论文19篇，发表创作歌曲4首，创作书画篆刻等6项，书评1篇；CSSCI扩展版收录论文12篇，北大中文核心13篇，人大复印资料转载2篇。

【专著】出版专著20部（学术专著18部、古籍整理1部、译著1部），科普读物1部，主编论文集4部。

【专利成果】发明专利6项，其中国家发明专利1项、实用新型专利5项。

【其他成果】省部级采纳报告2项；获得软件著作权12项；国家一级学会举办的专业美术、设计作品入围1项。

◆内江师范学院社科联

【“践行新发展理念——绿水青山·美丽沱江”会议】2021年6月10日，由四川省社会科学界联合会与内江师范学院社会科学联合会、联合主办的“践行新发展理念——绿水青山·美丽沱江”书画作品展在四川社会科学馆开幕，四川省社科联、四川省教育厅、四川博物院、四川省美协的相关领导、专家，四川大学、四川美术学院、重庆师范大学、西南民族大学、内江师范学院等高校师生代表参加开幕式并观看展览，与会学者围绕“成渝双城艺术长廊建设与‘成渝地区双城经济圈建设’”“如何立足沱江流域的社会经济状况彰显美术的地域特色”等主题开展了学术研讨。

【重要成果】《新中国成立以来川渝地区城乡关系演变研究》，李益彬，中国社会科学出版社2021年12月出版。该书立足于区域城乡协调发展，以发展经济学的二元理论、社会学的城乡关系理论为主要理论基础，以新中国成立以来包括沱江流域在内的川渝地区近70年（1949—2016）的城乡关系发展演变为基本历史事实，开展区域城乡关系研究，从“恢复与重建”“体制内演化”“调适与更新”“分化与重组”“探索与创新”5个阶段，分别考察了川渝地区半个多世纪城乡关系发展、演变过程中的共性与个性特征及其对川渝城乡发展的影响。中国城市学领军人物何一民教授为本书作序，称赞“这是一部颇具创新性和开拓性的研究成果”。同时，李益彬教授在此研究基础上，以“新中国成立以来川渝地区城市与区域发展研究”为题，再获 2020 年国家社科基金立项支持。

◆**成都体育学院社科联**

【基本情况】成都体育学院社科联成立于 2010 年 11 月。目前，成都体育学院建有省级重点研究基地 2 个。

【科研立项及成果获奖】获批国家社科基金项目立项 9 项，四川省哲学社会科学规划项目立项 24 项，获四川省第十九次哲学社会科学优秀成果奖 8 项，获成都市第十五次哲学社会科学优秀成果 2 项。

【重要会议】主办“体育与人的全面发展——纪念建党 100 周年学术研讨会”。主办“中国共产党建党百年体育宣传理论与实践研讨会”。主办“庆祝中国共产党成立 100 周年理论研讨会”。主办“团结·健康：后疫情时代体育传播国际会议”。主办“中华国术传承与发展高端学术论坛”。

【重要活动】举行“爱成都，迎大运”走进成体“大运会项目进高校系列赛事活动”。

◆**四川音乐学院社科联**

【国际传统音乐学会“全球音乐史”首届研讨会】2021 年 5 月 13 日至 14 日，联合国教科文组织国际传统音乐学会“全球音乐史”首届研讨会在四川音乐学院顺利召开。研讨会由国际传统音乐学会与四川音乐学院联合主办，来自中国、英国、加拿大、美国、德国、乌兹别克斯坦、阿塞拜疆、塞尔维亚、马耳他、荷兰等 19 个国家 74 位学者参会发言，来自世界各地的近千位学者与师生在线上聆听本次会议。本次研讨会以“全球文明中音乐与表演的流动性与跨文化性”为主题，在国际传统音乐学界引起重要反响。

【中国成都王光祈国际学术研讨会】2021 年 9 月 25 日至 26 日，四川音乐学院与温江区人民政府共同举办“中国成都王光祈国际学术研讨会”，来自北京大学、北京师范大学、中国社科院、四川音乐学院、东南大学等全国 30 余所高校、研究机构的近代史、党史以及音乐史学的专家学者，从王光祈的革命历程以及音乐救国、音乐教育主张等方面进行研究、总结，给予当下的音乐研究与艺术教育重要启示。

【重要项目及成果】《晚清新疆建省后的城镇治理模式研究》以晚清民国时期新疆城镇治理模式的演化发展为主要研究对象。该项目获批 2021 年国家社科基金年度项目（西部项目）。

《百年》（群舞），杨畅（编导，四川音乐学院），麦陈玲、李妮亭（排导），讲述红军战士与彝族女子之间的爱情故事。选取四川凉山地区的彝族舞蹈元素，用现代的编创手法，使传统与现代有机的结合。该项目获批国家艺术基金资助项目。

杨济泽《杜诗蜀韵——杜甫诗艺术歌曲集》选取我国著名唐代诗人杜甫在巴蜀地区生活、创作的 19 首诗歌作品进行谱曲，项目创造性地对中国古文学传统进行音乐化、艺术化的发展，集中展现中国古诗词之美、当代声乐艺术之美。该项目获批国家艺术基金资助项目。

刘雯《西南少数民族多声部民歌唱法研究（系列论文）》是教育部人文社会科学一般项目的最终成果。该成果由 6 篇 CSSCI 期刊论文、4 篇北大中文核心期刊论文构成。该成果获四川省第十九次社会科学优秀成果奖二等奖。

【表演创作成果】曾诚创作的《冰雪速度》入选 2021 北京冬奥会歌曲作品。孙麒麟在第十三届中国音乐金钟奖钢琴比赛中获第一名。张宇获在第十三届中国音乐金钟奖声乐比赛中获第四名。

◆**西南民族大学社科联**

【基本情况】在四川省社科联和学校党委、行政的正确领导下，西南民族大学社科联积极发挥社科联的桥梁纽带、组织协调、咨询服务、宣传普及的作用，充分利用各种资源，积极拓展学校哲学社会科学发展空间，在组织社科项目申报、社科评奖推荐评审、搭建社科研究平台、举办学术会议、智库建设等方面积极开展工作，推动学校哲学社会科学人才队伍不断壮大，社科研究综合实力和水平不断提高。西南民族大学内设党政机构 25 个，教学科研单位 25 个，直属单位 9 个，附属单位 1 个，共 58 个部门和单位。现有基层党组织 218 个。

【扎实开展党史学习教育活动暨庆祝中国共产党成立 100 周年活动】学校党委始终把党史学习教育作为贯穿全年的重大政治任务抓紧抓实。一是形成党史学习教育工作合力，编印党史学习教育简报 150 期，成立 13 个党史学习教育督学督导组督导 320 余次。为全校 4000 余名党员配备指定学习材料 22800 余册。挑选 286 种 1255 册党史书籍，举办专题图书展。二是把党史学习教育引向深入。校党委理论学习中心组集体学习研讨 19 次，基层党支部开展集体学习研讨 1300 余次。全校处级以上党员干部深入师生讲专题党课 300 余场，举行专题培训 30 次，开展主题党日活动 1400 余次。校院两级中心组开展集体学习研讨 61 次。29 支“三下乡”社会实践队伍以实际行动践行伟大建党精神。三是大力营造“永远跟党走”的浓厚氛围。推出“青春向党说”“民大青年说”“当 70 遇上 100”等主题微视频。设立“建党百年”理论研究专项课题，开设“庆祝建党 100 周年”学术专栏。召开学习贯彻习近平总书记在庆祝中国共产党成立 100 周年大会上的重要讲话精神理论研讨会。先后成立三批党史学习教育宣讲团，累计开展宣讲 100 余场。四是推进“我为群众办实事”实践活动。学校层面“我为师生办实事”25 项实事清单完成，1 项正在稳步推进；全校二级党组织层面梳理出亟待解决的工作事项 384 项基本完成。

【围绕“铸牢中华民族共同体意识”推动人文社科研究工作】2021 年 1 月成立“西南民族大学国家通用语言文字推广与研究中心”。在学校 2021 年度中央高校基本科研业务费专项资金项目中设立“铸牢中华民族共同体意识研究专项”。《西南民族大学学报》和《民族学刊》开设“铸牢中华民族共同体意识研究”专栏。

【开展社会科学普及宣传活动】获批省部级科普项目 4 项；新获批四川省科普基地 1 个；“四川省少数民族双语科普基地”连续第三次获批“四川省优秀社科普及基地”；组织开展了“第四届西南民族大学科普讲解大赛”；参加国家民委系统和四川省科普讲解大赛，获一等奖 2 项，二等奖 2 项，三等奖 3 项；组织少数民族双语科普宣讲队赴西藏自治区山南市隆子县开展以“科普惠民 科技强边”为主题的双语科普系列宣传活动；捐建科普活动室和科普读物共计 13 万元物资；联合四川省社科联科普部组织少数民族双语科普志愿者服务队一行 14 人赴凉山州普格县螺髻山镇，开展了以“彝家学科学、科学进彝家”“送文化进彝区，助力乡村振兴”为主题的少数民族双语科普系列宣传活动；组织学校“国家通用语言文字推广宣传志愿者服务队”赴红原县、双流区开展国家通用语言文字推广普及活动。

【开展系列学术活动】全年共完成学术讲座备案 330 余场，申报举办四川省“天府人文讲坛——西南民族大学分坛”30 余场；组织开展含“铸牢中华民族共同体意识”系列讲座在内的学术讲座 125 场；整理西南民族大学科研工作者获得省部级以上科研获奖成果资料汇编《西南民族大学科研成果集萃（2001—2020 年）》。

【以高层次项目申报为引领，提升人文社会科学研究水平】在中央高校基本科研业务费专项中设置了国家级项目预研工作室项目，全年共组织申报各级各类人文社会科学类项目近 1500 项，横向合作项目 32 项，其中，国家级项目 359 项，省部级项目 559 项。共获批国家级、省部级科研项目 118 项，其中，国家社科重大项目 1 项，国家社科基金项目 22 项，教育部人文社会科学研究项目 6 项。

进一步加强项目的过程管理和结题验收工作，本年度国家级社科基金项目结项 24 项。国家社科重大项目结项取得历史性突破，结项“优秀”1 项，“良好”1 项。国家社科一般项目结项“优秀”1 项，“免于鉴定”2 项，“良好”6 项。

【国家社科基金重大项目“藏蒙医学历史与现状调查研究”结项优秀】土登彭措承担的国家

社科基金重大项目“藏蒙医学历史与现状调查研究”结项优秀。项目运用唯物史观对藏蒙医学历史进行合理科学评判，对民族医药的归宿和知识产权等方面有独到的见解。在中华民族交流、交往、交融的历史背景中，项目深入探讨藏蒙医学的起源、演进和发展，有利于在国际交往中捍卫中华民族文化主权，有利于铸牢中华民族共同体意识。

【获四川省第十九次社会科学优秀成果奖一等奖 1 项，二等奖 8 项，三等奖 19 项】曾明《诗学“活法”考索》获四川省第十九次社会科学优秀成果一等奖。该专著立足“活法”说理论构建和创新实践两个维度，以胡宿、苏轼和吕本中 3 人为中心进行理论梳理，得出“活法”说首创于胡宿、实践于苏轼、建构于吕本中的重要结论。

【重大事件】新增 1 个一级学科博士点，2 个一级学科硕士点，8 个专业学位授权点。2 人获评为国家民委突出贡献专家称号。2 人入选国家民委领军人才计划。13 人入选四川省学术和技术带头人。

【重要人物】王启涛，国家民委首届领军人才，中宣部马克思主义理论研究和建设工程重大项目首席专家。

◆攀枝花学院社科联

【基本情况】截至 2021 年 12 月底，攀枝花学院社科联共有会员 400 余人，成员中有 6 人为攀枝花市社科联理事。有高水平研究团队 1 个，省级社科普及基地 1 个，省级社科重点研究中心 4 个。

【重大事件】获批社会科学重点研究基地“四川三线建设研究中心”；举办全国科普日暨校园科普宣传周活动；四川省社科联赴攀枝花市调研座谈会在攀枝花学院举行；四川省社科联相关领导赴校调研。四川省社科联党组书记、副主席姜怡，四川省社科联党组副书记、副主席罗仲平一行，攀枝花市社科联、攀枝花学院校领导及科研处全体人员参与了此次调研。

【重要成果】2021 年国家哲学社会科学西部项目 1 项，省部级及以上获奖 3 项。获批省部级及以上立项数为 13 项，结项 4 项。发表 SCI、SSCI、EI 收录论文（第一单位）8 篇。

关于加快构建攀枝花现代产业新体系的思考与建议、关于攀枝花市巩固拓展脱贫攻坚成果加快推动乡村振兴的建议、关于完善康养产业投融资机制的政策建议 3 项提议得到市级主要领导批示，并作为重要成果报被攀枝花市社会科学联合会收录。

《三线建设历史与文化》由朱云生教授主持编写，中共中央党校出版。该著作全面介绍三线建设的历史背景、决策与实施过程、成就与经验，深入研究阐释三线精神的历史生成逻辑、价值内涵和当代意义，重点介绍攀枝花三线建设的艰苦创业史和新时代攀枝花市转型发展的战略。

《基于社会分层视角下的四川省城市社区治理研究》（研究报告）获四川省委政策研究室、四川省政协政策研究室等部门批示和肯定。

《基于社会分层视角下的四川省城市社区治理研究》（研究报告）以新时代社区发展前沿问题为切入点研究四川省城市社区治理，拓展社区治理的新理念、新视角和新思路，丰富社区治理研究的内容，助推城市社区向共建共治共享的社会治理新格局迈进。该成果获四川省委政策研究室、四川省政协政策研究室等部门的批示和肯定。

《攀西国家战略资源创新开发试验区发展研究》（专著）着眼于保障国家战略资源供给安全，落脚于攀西战略资源创新开发试验区高质量发展，采用多学科综合的研究方法，全面研究攀西试验区各主导产业的发展基础、产业定位、发展路径和转型方向等关键问题，提出系列有针对性和建设性的政策建议。

《中国信息技术上市公司财务危机预警研究》（专著）紧扣“防范化解重大风险”这一国家攻坚任务，以信息技术上市公司财务危机预警为研究对象，揭示信息技术上市公司财务危机产生的深层次原因和机理，系统构建从危机识别到危机预测、危机防范的系统分析框架。

◆**四川警察学院社科联**

【基本情况】四川警察学院社科联设主席 1 人，副主席 3 人，秘书长 1 人，副秘书长 7 人。有会员单位 27 个，常务理事 51 人。内设机构 1 个——社科联办公室。

【公安院校思政“金课”暨“课程思政”建设研讨会】2021 年 11 月 16 日至 18 日，四川警察学院在成都举办了公安院校思政“金课”暨“课程思政”建设研讨会。来自中国人民公安大学、中国人民警察大学、中国刑事警察学院、南京森林警察学院、江苏警官学院、浙江警察学院等 20 余所公安院校的马克思主义学院院长、思政部主任，以及论文作者和任课教师等 70 余名代表参加研讨会，与会代表一致认为马克思主义学院的建设必须要在顶层设计上明确“建设什么样的马院，怎样建设马院”的总体思路，在师资队伍、教学团队、科研激励机制、专业课程体系等方面齐头并进，加强公安院校间思政教育的合作与互助、学习与交流，共同推动新时代公安院校思想政治教育创新发展。

【公安管理学一流专业建设研讨会】2021 年 12 月 11 日，中国人民公安大学公安管理学院和警察公共关系研究中心主办、四川警察学院承办的公安管理学一流专业建设研讨会顺利召开。中国人民公安大学公安管理学院副院长李辉主持本次会议。

【“学党史·颂党恩·跟党走”——“酒城讲坛”百场公益讲座基层行】“学党史·颂党恩·跟党走”——“酒城讲坛”百场公益讲座基层行首场讲座由四川警察学院承办。2021 年 3 月 29 日下午，中央党史和文献研究院第一研究部副主任、一级巡视员、研究员许先春担任首场讲座主讲嘉宾，在四川警察学院开讲，全校师生共同参与。

【送教服务】泸州市法治心理健康普及基地全年开展送教服务 26 场，受教人员 3000 余人。2021 年 8 月“与警童行”赴理县志愿服务项目获共青团四川省委通报表扬。

【禁毒科普宣传】2021 年 6 月 18 日至 24 日，泸州市禁毒教育科普基地开展禁毒科普宣传周：“泸州乐禁”上线，该平台通过知识宣传、互动问答、积分兑换等方式让禁毒宣传进入日常生活；携手警务健康中心开展“12·1 国际艾滋病日”禁毒防艾系列活动；发布以“用心呵护生命，实践禁毒防艾”为主题的征稿征集；以“筑牢禁毒防艾防线　促进身心健康发展”为主题抖音视频投稿活动。

2021 年 11 月 18 日至 12 月 1 日，禁毒教育基地携手警务健康中心开展“12·1 国际艾滋病日”禁毒防艾系列活动。先后发布以“用心呵护生命，实践禁毒防艾”为主题的征稿征集和以“筑牢禁毒防艾防线　促进身心健康发展”为主题抖音视频投稿活动。

【重要成果】共有 5 项成果（调研报告）被国家级单位、省部级单位采纳。

《设下“四大陷阱”》，完成人：张洪、黄德凯，国家级单位采纳。

《加紧识别、提早布局、充分应对》，完成人：张洪、黄德凯，国家级单位采纳。

《三种走势预测》，完成人：张洪、黄德凯，省部级单位采纳。

《我省高校舆情事件频发，舆情应对亟待补“短板”——应依托权威主流媒体建机制早发声》，完成人：张学勤，省部级单位采纳。

《美国“2020 西藏政策与支持法案”主要危害及对策建议》，完成人：朱德涛，省部级单位采纳。

◆**成都医学院社科联**

【基本情况】成都医学院社科现有四川应用心理学研究中心、四川养老与老年健康协同创新中心等平台。

【四川应用心理学研究中心】2021 年 11 月 28 日，四川应用心理学研究中心暨四川省心理学会老年心理健康专委会 2021 年学术年会由四川应用心理学研究中心、四川省心理学会老年心理健康专委会共同主办，成都医学院心理学院承办。会议聚焦脑成像技术在心理学研究领域的前沿议题。成都医学院副院长唐平教授开幕式致辞。大会邀请北京师范大学心理学部部长罗跃嘉教授、研究中心吴燕副研究员和何东军副研究员分别作题为“ERP基本技术与情绪认知研究”“情绪智力性别差异的认知神经机制”“庞佐错觉的脑机制”的学术报告。

2021年12月30日，完成学术委员会换届工作。罗跃嘉教授担任学术委员会主任委员，唐平教授为学术委员会副主任委员，戴艳、李媛等9人为学术委员会委员。

2021年11月，受新都区团委、新都区卫健委邀请，中心多名兼职人员与学校大学生心理健康教育辅导中心共同组成专家团队，带领学生志愿者一起组建线上心理援助志愿服务团队，为学校师生员工及学校所在地广大民众开展心理健康服务。

罗跃嘉教授、杨奇伟教授、吴燕副研究员共同完成申报的成果《情绪和执行功能的认知与脑机制》获2021年度四川省科学技术奖“自然科学”二等奖。

张玉平教授参加汉语发展性阅读障碍专家共识线上会议，参与建立《汉语发展性阅读障碍专家共识（2022）》。

中心出版专著、教材5部：《社区心理学导论》（李彦章），《大学生：心理健康教育（第二版）》（胡莹、李彦章），《冰毒依赖研究－基于青少年的戒毒与危害》（景璐石），《情感自控力：焦虑时代的情绪调节手册》（杨奇伟、唐平），《四川养老与老年健康服务发展报告（2021）》（唐平）。

【四川养老与老年健康协同创新中心】《四川养老与老年健康服务发展报告（2021）》（专著），唐平、余小平，社会科学文献出版社2021年12月出版。该报告聚焦四川省养老服务和老年健康服务，以四川省“健康老龄化”的重要性和实施路径为重点，介绍四川省人口老龄化的现状和发展趋势，并对老年健康服务的现状、发展和对策进行分析。

承办老年健康服务人员能力提升培训班暨四川省老年医学学会健康养老与医养结合专委会2021年年会。2021年5月29日，由中国老年保健医学研究会、四川省老年医学学会主办，成都医学院老年健康学院、四川养老与老年健康协同创新中心承办的“老年健康服务人员能力提升培训班”暨四川省老年医学学会健康养老与医养结合专委会2021年年会顺利召开，来自省内外的150余名专家参会，就老年健康相关问题开展学术交流与讲座。

◆成都师范学院社科联

【基本情况】成都师范学院是四川省省属本科师范学院，设有15个二级学院，是四川省心理学会、四川省陶行知研究会、四川省经济发展战略研究会3个省级学会的依托单位，建有四川省心理与行为科学普及基地、四川省基础教育研究中心、四川STEAM科创教育科普基地等省部级研究机构3个，建有四川中小学教师专业发展研究中心、四川中小学教师师德研究中心、四川省教育信息化应用与发展研究中心、四川0～3岁儿童早期发展与教育研究中心、四川少年儿童组织与思想意识教育研究中心、成都融入双循环发展新格局研究中心、四川融入双循环新发展格局研究中心、四川劳动教育研究中心、四川中小学安全教育与管理研究中心、四川国际教育发展研究中心等11个市厅级研究中心，建有室内空间布局优化与安全保障实验室、特色园艺生物资源开发与利用实验室、功能分子结构优化与应用实验室等省高校重点实验室3个。有四川省社会科学高水平研究团队1个，厅级科研创新团队7个。牵头成立“四川智慧教育联盟”。有特聘教授、中科院院士1人，享受国务院政府特殊津贴专家4人，教育部新世纪优秀人才支持计划人选1人，“天府万人计划”天府文化领军人才1人，四川省突出贡献专家3人，四川省学术和技术带头人及后备人选18人，四川省教学名师2人，荣获全国模范教师、优秀教育工作者和四川省五一劳动奖章、师德标兵、优秀教师和优秀教育工作者、高校“十佳”青年教师等荣誉称号获得者共14人。

【学校以主席团成员身份正式加入成渝地区双城经济圈智库联盟】2021年5月8日，成渝地区双城经济圈智库联盟2021主席团会议在重庆工商大学图书馆第五会议室召开，会议通过了新增成都师范学院和长江师范学院为联盟主席团成员的决议。

【曹立军副省长到校作党史学习教育专题党课报告】2021 年 6 月 21 日，曹立军副省长到校调研党史学习教育开展情况，并为学校师生作题为“坚定理想信念、树立远大志向，为建设社会主义现代化四川贡献青春力量”的党史学习教育专题党课报告。

【成都师范学院社会科学联合会换届选举大会】2021 年 4 月 26 日，成都师范学院社会科学联合会在学术报告厅召开换届选举大会。大会由成都师范学院副校长李仲辉教授主持，成都师范学院社会科学联合会会员代表参加此次会议，听取换届选举说明，表决选举杜伟为成都师范学院社会科学联合会主席。

【四川省心理学会精神分析专委会年会】2021 年 5 月 15 日至 16 日，2021 年四川省心理学会精神分析专委会年会在学校举行。来自四川大学、电子科技大学、西南财经大学等 10 余所高校，以及省内各区域精神卫生中心、各市县精神卫生专科医院、综合医院、公安系统从事精神、心理、心身等领域的 20 余家单位 100 余位专家学者参加了会议。会议主题围绕“精神分析的中国化”开展，探讨中国化背景下的高校心理健康教育工作发展趋势和创新途径。

【庆祝中国共产党成立 100 周年理论研讨会】2021 年 6 月 19 日，学校召开“继往开来、再创辉煌——纪念中国共产党成立 100 周年”理论研讨会，邀请川渝两地专家学者，共同回顾中国共产党的百年奋斗历程、研讨党的理论与实践创新、总结百年奋斗宝贵经验。

【2021 婴幼儿照护服务暨人才培养论坛】2021 年 7 月 20 日至 21 日，由四川省心理学会主办，成都师范学院、成都市金牛区社区教育学院、成渝地区学前教育协同创新发展联盟、四川 0～3 岁儿童早期发展与教育研究中心、北京师范大学出版集团、全国学前教育产教合作联盟承办的“2021 婴幼儿照护服务暨人才培养论坛”在成都师范学院召开。200 余位来自四川、重庆、北京、上海、浙江、广东、陕西、甘肃、黑龙江等省市的高校婴幼儿照护服务相关专业负责人、骨干教师、学生，妇幼保健院、社区卫生服务中心早教从业人员，社区早期教育服务机构从业人员，托育机构从业人员参加了论坛。论坛共设置了婴幼儿照护人才培养、托育机构运营与课程、社区早期教育服务模式 3 个分论坛，为解决当前婴幼儿照护行业面临的诸多问题提供了理论、政策依据和实践经验。

【“高校媒体融合发展与舆论引导力提升”研讨会】2021 年 9 月 24 日，学校组织召开“高校媒体融合发展与舆论引导力提升”研讨会，省内外高校党委宣传部、新闻中心、融媒体中心、信息网络中心的负责人，在蓉相关新闻媒体代表，高校融媒体平台建设企业代表等 60 余人受邀参加了会议。学校党委副书记孙康出席研讨会开幕式并致辞。四川大学文学与新闻学院王炎龙教授作题为“新媒体变革下，高校网络公共事件风险与舆论引导”的主题报告。会议围绕“高校媒体融合发展与舆论引导力提升”进行研讨。

【重要成果】杜伟《“新发展格局下宅基地‘三权分置’及实现路径研究”》获批 2021 年国家社科基金重点项目。

杜伟《农村土地产权制度改革与农民生产行为优化研究》（专著）获四川省第十九次社会科学优秀成果奖一等奖。

赵波《心是爱的家》在中央电视台三台播出。

学会（协会、研究会）

四川省市场经济法律应用协会

【召开“学党史、践初心”会议】2021 年 4 月 10 日，协会在成都天府新区中海财富中心举行“学党史、践初心”会议。秘书处全体工作人员、部分律师会员、会员单位负责人、特邀嘉宾

100余人参加了会议。

【举行庆祝中国共产党诞辰100周年文艺汇演会】2021年6月28日，协会在成都崇州红豆杉庄园开展了庆祝中国共产党诞辰100周年文艺汇演大会。协会秘书处全体工作人员，协会会员、会员单位代表、特邀嘉宾200余人参加了大会。

【举行法治文化交流会】为加强社会主义法治文化建设，深入学习贯彻《中共中央办公厅、国务院办公厅印发〈关于加强社会主义法治文化建设的意见〉的通知》，协会与四川明炬律师事务所于2021年11月1日举行了法治文化交流会。交流会在四川明炬律师事务所明炬讲堂举行。

【开展“法治进乡村（社区）、进企业、进校园、进机关”等七进活动】2021年，协会开展“法治进乡村（社区）、进企业、进校园、进机关”等七进活动30余场次（其中，公益法律培训10余场次、法治讲座10余场次、法律帮助10余次），为会员、会员单位及基层群众开展法律咨询30余次。直接或间接为服务群众挽回全部或部分经济损失，有力地维护了社会主义市场经济秩序，促进了法治社会建设。其中，2月6日，协会秘书处赴金堂县清江镇开展“乡村振兴法律法规应用调研活动”进行走访调研。3月13日，协会在成都市武侯区晋沙街英冠律师楼举行法律公益讲座，来自全省各地近100家企业的董事长、总经理、企业高管和嘉宾聆听了讲座。4月13日，协会在成华区建设路创智中心26楼举办了一场“企业法律风险防控”公益法律专题讲座，省内中小企业高管100余人参加了讲座。12月11日，协会在成都朝阳朗香广场29楼举行“中小企业法律风险防控讲座”，协会企业会员、部分中小企业管理人员100余人聆听了讲座。12月17日下午，协会在成都市武侯区玉林街道电信路社区党群服务中心开展法治进社区普法讲座活动。此次主要讲授“《中华人民共和国民法典》——婚姻家庭、继承编”。社区居民60余人聆听了讲座。

四川省诸葛亮研究会

【基本情况】2021年4月1日，四川省诸葛亮研究会正式成立，业务主管单位为四川省社会科学界联合会。本会有团体会员2家、个人会员128名，理事37名，内设理事会、办公室。

【重大事件及重要活动】2021年3月31日，由国家文物局、四川省文物局和成都市人民政府指导，中国文物交流中心、中共成都市委宣传部、成都市文化广电旅游局主办，成都武侯祠博物馆、四川省诸葛亮研究会承办的《大三国志》展在武侯祠三国文化陈列室广场开幕。国家文物局博物馆与社会文物司副司长金瑞国、中国文物交流中心主任谭平及省市领导和来自河南、陕西、安徽、江苏等地的参展单位代表共同参加开幕仪式。作为21世纪以来规模最大的三国主题巡回展，成都站展览汇集了国内18个省市自治区、36家文博单位的160余件（套）精品文物，其中一级文物30件（套），二级文物39件（套），分为“英雄的时代”“永远的三国”上下两篇，全面展示三国历史和三国文化源流，讲述富有中国气派、成都风味的当代三国志。截至10月8日闭展，共接待观众141.616万人次。

2021年5月18日，“汉晋风华——文物中的三国”系列讲座第一场在成都武侯祠博物馆香叶轩开讲。四川大学历史文化学院方北辰教授主讲“浮想联翩品文物——大三国志展观感拾零”，50余位文博爱好者现场参与讲座。“汉晋风华——文物中的三国”系列讲座邀请《大三国志》展参展文物所在博物馆研究员，文物发掘项目负责人或相关研究领域专家8名，从文物角度切入，对展览进行深度解读。

2021年6月6日，“汉晋风华——文物中的三国”系列讲座第二场在成都武侯祠博物馆香叶轩开讲，焦作市文物考古研究所所长韩长松从《大三国志》展上陶仓楼文物展品切入，主讲“泱泱汉风，重檐飞阁——两汉庄园经济的繁华再现”。60余位文博爱好者现场参与，同步网络直播在线收看400余人次。

2021 年 6 月 12 日，“汉晋风华——文物中的三国”系列讲座第三场在成都武侯祠博物馆香叶轩开讲，河南省文物考古研究院研究员所潘伟斌先生主讲“打开高陵之门——曹操墓的考古发现与研究”，介绍曹操墓的发现、考古发掘及研究成果。100 余位文博爱好者现场参与。

2021 年 6 月 25 日，“汉晋风华——文物中的三国”系列讲座第四场在成都武侯祠博物馆群贤堂开讲，徐州博物馆考古部主任耿建军研究员以“何以慰长眠——解析汉代墓葬玉衣及丧葬礼俗”为题，破解拉犁山鎏金铜缕玉衣之谜，探寻汉代王侯贵族以美玉为饰，以乐舞相伴，长乐未央永生之梦。50 余位文博爱好者现场参与。

2021 年 7 月 9 日，“汉晋风华——文物中的三国”系列讲座第五场在成都武侯祠博物馆群贤堂开讲。四川大学考古文博学院罗二虎教授以“现世或仙境：四川画像砖赏析”为题，分“画像砖概述”“画像砖内容与赏析”“汉人想表达什么—现世还是仙境”三部分，解读四川地区汉代画像砖内容、性质与功能。50 余位文博爱好者及成都武侯祠 20 余位业务工作人员到场聆听。

2021 年 7 月 23 日，“汉晋风华——文物中的三国”系列讲座第六场在成都武侯祠博物馆香叶轩开讲。南开大学历史学院副院长、考古与博物馆学系袁胜文教授以“千峰翠色、青瓷灼灼——瓷器反映的汉晋物质生活”为题，从《大三国志》展展出的几件青瓷器切入，联系汉晋时期青瓷器生产情况、种类和特征，解读青瓷器反映的汉晋物质生活。60 余位文博爱好者及成都武侯祠 30 余位业务工作人员到场聆听。

2021 年 9 月 26 日，“汉晋风华——文物中的三国”系列讲座第七场在成都武侯祠博物馆广益堂开讲。成都体育学院博士生导师郝勤教授从《大三国志》展中的兵器文物切入，以“兵锋所向——从大三国展看三国兵器排行榜”为题，复原三国时期兵器的真实原貌与作战功能，讲述三国战争情况与英雄故事。50 余位高校学生现场参与。

2021 年 10 月 1 日，由成都武侯祠博物馆、四川省诸葛亮研究会主办的“明良千古——刘备与诸葛亮君臣合展”在成都武侯祠博物馆明良千古展厅开展。展览以三国史事为轴，刘备、诸葛亮生平为魂，君臣鱼水之情为展眼，展示刘备从早期创业的艰辛、称帝时的鼎盛到夷陵的遗憾；诸葛亮从隐居南阳、出山扶主、白帝托孤、南征北伐到星落五丈原的传奇人生；勾勒出刘备与诸葛亮君臣二人间的鱼水情深。展览分为“乱世浮沉 以待天时”“君臣共济 蜀汉立国”“兴复汉室 鞠躬尽瘁”3 个单元，汇集国内 6 家文博单位的 240 余件（套）汉晋三国时期精品文物。该展览作为我馆重点打造的常设展览，是对“三国圣地”成都武侯祠整体陈列的重要补充，将长期面向公众开放。

2021 年 10 月 5 日，“汉晋风华——文物中的三国”系列讲座第八场在成都武侯祠博物馆群贤堂开讲。四川大学历史文化学院院长霍巍教授以“从考古出土文物看蜀汉三国时期的文化交流”为题，分“佛教传入”“胡人形象与西域”“西来的有翼神兽”等六部分，从出土文物和传世文献入手，揭秘蜀汉三国时期文化交流的精彩片段。40 余位文博爱好者及成都武侯祠 10 余位业务工作人员到场聆听。

四川省区域科学学会

2021 年 10 月 19 日，学会被四川省民政厅授予“5A 级省级社会组织”荣誉称号。11 月 19 日，学会被四川省科学技术协会授予“四川省一等学会”称号。11 月，学会在川渝科技学术大会上荣获 2021 年度“川渝一流学会”称号。学会党支部 2019 年度、2020 年度、2021 年度连续三年被四川省科协社会组织联合党委授予“先进党支部”荣誉称号。

【重大事件及重要活动】2021 年 1 月 31 日，学会召开四川省区域科学学会第一届理事会第五次会议，审议并通过 10 项议案和换届选举工作方案。

2021 年 6 月，学会承担并完成国际农业发展基金贷款优势特色产业发展示范项目的 2 个培训项目和1个技术支持项目，包括宣汉县2020年度地方相关工作人员培训项目、宣汉县2020年度合作社能力建设培训项目和叙州区2020年度技术支持项目。

2021年7月11日，学会召开四川省区域科学学会第二届会员代表大会第一次会议暨换届大会，审议并通过了章程的修改，选举产生了新一届的理事会和领导班子。

2021年7月29日，学会召开“世行贷款甘肃文化自然遗产保护与开发二期项目——社区能力提升及发展”社区组织监测评价指标体系研讨会。

2021年8月，学会承担并完成国际农业发展基金贷款优势特色产业发展示范项目的2个项目，包括2020年广安区合作社能力建设培训项目、叙州区2021年度地方工作人员培训项目。2021年，学会中标国际农业发展基金贷款优势特色产业发展四川项目区的6个项目，包括叙州区2021年度合作社能力建设培训项目、叙州区2021年度技术支持项目、2021年广安区地方相关工作人员培训项目、2021年广安区合作社能力建设培训项目、苍溪县2021年地方相关工作人员培训项目、苍溪县2021年合作社能力建设培训项目。

2021年10月22日，学会党支部组织党员和入党积极分子赴苍溪红军渡开展“缅怀红军先烈，传承红色基因”主题党日活动。

2021年10月，学会承办2021年中国区域科学协会年会（RSAC’2021）暨“区域承载美好生活——迈向高质量发展的新空间格局”主题研讨会。此次会议包括主题演讲、分论坛讨论、高端对话等环节，共有350余位区域科学领域的专家学者与会。

2021年11月20日，学会在2021川渝科技学术大会喜获川渝一流学会荣誉，学会会长周江教授代表学会参加会议并上台领奖。

2021年12月31日，学会举办“都市圈、城市群与次区域合作”学术讲座，邀请中国宏观经济研究院二级研究员、国务院政府特殊津贴专家、国家发展和改革委国土开发与地区经济研究所原所长、中国社科院研究生院博士生导师、中国区域科学协会理事长肖金成教授做专题讲座，学会近50人参加该次讲座。

四川省棋牌文化研究会

【开展活动】2021年3月14日、6月12日、10月5日、11月24日，研究会分别开展棋牌竞赛活动，共120人次参加。

2021年5月5日和12月5日，研究会分别召开棋牌技术提高和棋牌文化推广专项研讨会。

四川省杜甫学会

学会会刊《杜甫研究学刊》于2021年3月入选《复印报刊资料重要转载来源期刊（2020年版）》。2021年12月，会刊获四川省人文社科重点资助期刊，被评为优秀等级。

【举办“草堂书院揭幕仪式暨四川省杜甫学会第二十一届、中国杜甫研究会第十届学术年会”】2021年4月27日至30日，四川省杜甫学会与成都杜甫草堂博物馆、中国杜甫研究会在成都杜甫草堂举办“草堂书院揭幕仪式暨四川省杜甫学会第二十一届、中国杜甫研究会第十届学术年会”，来自全国各大高校、科研院所、知名书院及学者近200人参加了会议。叶嘉莹、袁行霈先生分别为大会发来视频致辞和致庆撰联。德国埃尔兰根—纽伦堡大学、比利时根特大学、法国巴黎＆纽约书院、英国曼彻斯特诗歌图书馆、日本杜甫学会、美国肯恩大学、韩国南首尔大学等海外高校学者个人和研究机构发来贺信、祝贺视频。会议收到杜甫研究相关主题学术论文102篇。

【举办“成都杜甫草堂博物馆第四届硕博论坛”】2021年8月20日，学会在草堂书院举办“成都杜甫草堂博物馆第四届全国硕博论坛”。来自全国各地不同高校的专家学者和硕博研究生、杜诗爱好者共 105 人参与了此次论坛。

【举办“庆祝建党 100 周年暨人文社科期刊数字化发展高端论坛”】 2021 年 7 月 28 日，学会在建党 100 周年之际举办“庆祝建党 100 周年暨人文社科期刊数字化发展高端论坛”。

【举办学术讲座】 2021 年完成 4 次文化名人进草堂学术讲座，分别是：5 月 22 日中山大学中国语言文学系教授彭玉平“有病呻吟与诗词新境”。6 月 12 日浙江大学文科资深教授张涌泉“探寻敦煌藏经洞之谜”。7 月 14 日西南交通大学教授、博士生导师傅勇林“杜甫为何伟大——迈克尔伍德的理解及启示”。12 月 30 日四川大学中国俗文化研究所所长张弘“‘胡’说‘八道’：古代文明交流与互鉴的例证”。

【完成《杜甫研究学刊》编辑出版工作】《杜甫研究学刊》按时出版，全年共 4 期。其中第 4 期特设“庆祝中国共产党成立一百周年”专栏，特邀中国杜甫研究学会会长刘明华教授、复旦大学查屏球教授、四川省杜甫学会副会长徐希平教授、中国社科院文学所刘宁研究员等学者撰文。

四川省法治文化研究会

【重大事件及重要活动】 2021 年 4 月 18 日下午，研究会在四川省社科院 7 楼会议室召开贯彻学习中共中央办公厅、国务院办公厅《关于加强社会主义法治文化建设的意见》会议暨第一届理事会第四次（扩大）会议。名誉会长、省委政法委原副巡视员朱时顺，副会长兼党支部书记贾璋岷，专职副会长兼秘书长杨舒程，副会长陈山、王建华、乔德春，以及驻蓉理事、部分会员、党支部成员及秘书处工作人员等参加了会议。会后，秘书处及时编发工作简报，上报中国法学会法治文化研究会。第十三届全国人大常务委员会委员、监察和司法委员会副主任委员，中国法学会党组成员、副会长张苏军对简报作肯定性批示，要求总结四川省法治文化研究会工作经验，及时推广。

2021 年 12 月 16 日，三星堆遗址法治保护工作座谈会在广汉市政法委会议室召开。座谈会由三星堆遗址法治保护研究中心举办。三星堆遗址法治保护研究中心由四川省法治文化研究会、广汉市委政法委、广汉市法学会联合成立。

四川省老庄学会

【党建引领】 2021 年是建党一百周年，学会结合自身实际开展活动。例如，“初心使命长征路　党史百年民众心”原创对联书法，原创设计“红船鱼水情　载舟覆舟行”，为支部党员活动室布置百年建党简明图谱，传统文化和红色文化融合发展创意创新文化艺术品展示等。

2021 年 7 月 30 日，召开专题组织生活会，支部书记主讲题目为：传统文化和红色文化融合发展之古今中外“一切为民”的思想。

2021 年 12 月 26 日学会换届，学会将“党建带群建”的新任务写入新章程。

【重要活动】 2021 年 6 月 25 日，四川省老庄学会家庭教育研究中心成立。喻安荣研究员在成立会上主讲“老子教育思想与现代家庭教育”。从 7 月中旬开始，该中心每周开展 1 次公益讲座。

【重要成果】《中国道教思想史》入选“国家社科基金成果文库”，获教育部第六届高等学校科学研究优秀成果奖（人文社会科学）二等奖、第三届全球华人国学成果奖等荣誉。《中国道教通史》五卷本，获四川省第十九次社科评奖一等奖。

【公益活动】 学会开展公益讲座 8 次，地点在贝森社区明德学堂，内容包括“道德经的人生智慧”“黄帝内经养生之道”。

学会道商文化专委会开展笔尖下的修行公益活动，国学教育专委会开展公益父母讲座等。

四川省中共党史学会

【重大事件及重要活动】学会会长参加省人大成立的《四川省红色资源保护传承条例》起草组，全程参与条例起草工作。2021年7月1日，该条例正式颁布实施。

2021年3月25日至26日，中央党史和文献研究院第七研究部、中共四川省委党史研究室、中共重庆市委党史研究室、中共攀枝花市委、攀枝花市人民政府共同主办，学会参与承办的“中国共产党社会主义建设道路的探索与实践——三线建设与成渝地区双城经济圈建设”研讨会在攀枝花举行，与会者以“昔日西南大三线·今朝同唱双城记”为主题，总结三线建设的历史经验、汇聚推动成渝地区双城经济圈建设的智慧力量。中央党史和文献研究院及川渝两地政研、党史系统的有关同志，从事三线建设研究的专家学者代表和本次研讨会部分论文获奖作者代表出席研讨会。本次研讨会共收到论文270篇，甄选62篇优秀论文汇编成《“中国共产党社会主义建设道路的探索与实践——三线建设与成渝地区双城经济圈建设”研讨会论文集》。

2021年10月14日，中共中央党史和文献研究院第三研究部、中国中共文献研究会邓小平思想生平研究会、中共四川省委党史研究室、四川省社科院和中共广安市委、市人民政府在广安联合举办“邓小平与中国特色社会主义——庆祝中国共产党成立100周年”理论研讨会，学会理事单位广安市委党史研究室、邓小平故里管理局参与承办此次研讨会。来自各主办单位及中国社科院、北京大学、中国人民大学、同济大学、陕西师范大学、湖南师范大学、中共重庆市委党史研究室、百色干部学院等全国各地的近百名专家学者参加会议。与会专家学者认真学习领会习近平总书记“七一”重要讲话精神，对中国共产党百年奋斗的光辉历程和伟大成就、伟大建党精神的丰富内涵和时代价值、全面建成小康社会的历程和意义、中国共产党以史为鉴开创未来的使命任务和邓小平在党的百年发展史上的重要地位，特别是邓小平对开创中国特色社会主义的伟大历史贡献等历史和理论问题进行了深入研讨交流。

会长刘晓晨、副会长江红英、理事周锐京等先后承担省委党史学习教育宣讲团3个分团和学习贯彻党的十九届六中全会精神、省委十一届十次全会精神宣讲团3个分团的宣讲任务，共赴13个市（州）广泛开展党史专题讲座50余场次。

【重要成果】《回望百年历史，启航治蜀新征程——中国共产党在四川的辉煌历程和历史启示》，刘晓晨（四川省委党史研究室），刊登于《四川日报》2021年4月26日第9版。《中国共产党在四川的奋斗历程与辉煌成就》，刘晓晨（四川省委党史研究室），在四川省庆祝中国共产党成立100周年理论研讨会上的发言，刊登于《四川日报》2021年7月8日第6版。《汲取党史智慧力量　迈步治蜀兴川新征程》，刘晓晨（四川省委党史研究室），刊登于《四川日报》2021年12月6日第9版。

李冰研究会

【重大事件及重要活动】2021年1月25日，李冰研究会、李冰研究中心应什邡市政府邀请，参加什邡李冰文化资源实地考察并举行座谈会，为什邡市李冰文化资源的挖掘出谋划策、共谋发展。

2021年11月27日，都江堰市总工会、共青团都江堰市委员会、都江堰市教育局、四川省李冰文化研究会主办，都江堰市李冰小学承办“弘扬工匠精神　传承李冰文化”——“工匠进校园”启动仪式在李冰小学举行。

积极推动在高校开设“都江堰文化与李冰文化”公选课程。从2021年开始，学会已在西华大学面向本科生与硕士研究生开设“都江堰文化与李冰文化”公选课程。

【重要成果】会长彭邦本教授承担的国家社科基金中国历史研究院重大历史问题研究专项

2021 年度重大招标项目“中华文明起源与先秦君主政体演进研究”获得立项。

与李冰研究中心等联合编辑的《李冰研究学刊》持续见刊。辑刊栏目分为海外研究、李冰文化研究、都江堰文化研究、研究生论坛等板块，收录国内外知名学者和专家的文章，进一步为李冰以及都江堰文化研究提供了研究资料，促进了李冰及都江堰优秀传统文化的传播和弘扬。

会长彭邦本教授撰写的《中华文化符号解读（系列）——都江堰：中华科学文明的世界符号》（《中国民族》2021 年第 5 期）被新华网全文转载（2021 年 6 月 3 日）；学会副秘书长李钊副教授撰写的《“十三五”期间巴蜀文化的研究进展与反思》（《中华文化论坛》2021 年第 4 期）被中国历史研究网全文转载（2021 年 9 月 3 日）。

学会副秘书长李钊副教授的专著《唐代四川农业发展与社会变迁研究》由新华出版社于 2021 年 12 月出版。全书 45.2 万字，全面阐述了唐代都江堰水利工程的建设与管理及其对农业发展的贡献。

四川省区域发展学会

【“感恩党、聚民力、促双圈”川渝社会组织携手共唱“双城记”主题活动】 2021 年 6 月 26 日，四川、重庆两省市民政部门在成都举办“感党恩、聚民力、促双圈”川渝社会组织携手共唱“双城记”主题活动，深入贯彻落实党中央、国务院和两地党委、政府决策部署，引导川渝社会组织感党恩、跟党走，携手共推成渝地区双城经济圈建设。

全国工商联副主席、四川省政协副主席、四川省工商联主席陈放，民政部社会组织管理局（社会组织执法监督局）副局长陈小勇，重庆市民政局党组成员、一级巡视员、社会组织综合党委书记关惜分出席活动并讲话。四川省民政厅党组成员、副厅长廖永康主持活动。学会兰传海会长在会上演讲主题是“成渝地区双城经济圈建设：发展与合作”。

【双循环背景下川酒高质量发展研究课题调研】 到郎酒集团、泸州老窖、佳记酒业、五粮液酒业、叙府酒业、舍得酒业、剑南春酒业、水井坊酒业、川酒集团等重点企业实地调研并座谈，听取川酒企业对双循环背景下高质量发展的设想及对政府的政策诉求。

四川省大熊猫生态与文化建设促进会

【第三次会员代表大会在雅安召开】 2021 年 4 月 24 日，促进会第三次会员代表大会在雅安召开。大会选举了四川省大熊猫生态与文化建设促进会第三届理事会理事、常务理事、会长、副会长、秘书长、副秘书长；聘请了第三届名誉会长、顾问；通过了四川省大熊猫生态与文化建设促进会第二届理事会工作报告、修改章程报告及财务工作报告的决议；发布了四川省大熊猫生态与文化建设促进会会歌《大熊猫之歌》，并在“学习强国”微信平台上进行了展示；制作了《四川省大熊猫生态与文化建设促进会十周年回顾》画册。

【学习党的六中全会精神，抓实党史学习教育】 2021 年 5 月 25 日，经中共四川省社科联联合党委批准，促进会召开党员大会，选举产生党支部委员及书记。

2021 年 6 月 10 日至 11 日，促进会党支部党日主题活动在宝兴夹金山举行，党员们瞻仰红色遗址，缅怀革命先烈，重温入党誓词，表达牢记初心使命、永远砥砺前行的决心。

2021 年 7 月 1 日，为弘扬伟大建党精神，奋力开创美好未来，党支部组织党员收听收看了庆祝中国共产党成立 100 周年大会盛况并开展学习讨论。七一期间，为庆祝中国共产党成立 100 周年，重温党的光辉历史，歌颂党的伟大成就，唱响时代主旋律，促进文化创意成果转化，促进会文创中心携手巴布熊猫，推出一批讴歌党和祖国、人民与英雄的建党 100 周年纪念盲盒，以大熊猫文创献礼党的生日。

2021 年 7 月 22 日，促进会党支部召开党史学习教育专题组织生活会，就创新社会组织党的建设，特别是加强促进会党支部自身建设进行研究。

2021年10月11日至14日，促进会党支部书记参加中共四川省委组织部举办的“全省两新组织党组织书记示范培训班”，系统学习了非公企业和社会组织新形势下党的组织建设。

党史学习教育开展以来，按照“学党史、悟思想、办实事、开新局”的要求，截至2021年10月底，促进会组织会员单位雨城容大医院和雅安市盼达文化有限公司向48名熊猫村村民提供了3万元的熊猫村医疗帮扶资金补贴。

【整合优质资源，深化融合发展】为贯彻新发展理念，助力大熊猫生态保护、文化产品研发和大熊猫文化产业数字化，2021年3月10日，大熊猫数字科技发展委员会成立暨蒙顶山数字化景区战略合作协议签字仪式在雅安市经济开发区创业孵化园成功举行。

2021年4月24日，在促进会第三次会员大会期间，促进会组织了40名来自四川、重庆、广西等地的代表在副会长单位（熊猫文化与酒文化融合发展基地四川蒙顶酒庄）召开了融合发展现场会。

2021年5月12日，促进会与到访的副会长单位代表广西立大房地产公司执行董事、总经理一行共商融合发展事宜，就大熊猫文化赋能特色文化产业，助推经济社会发展进行了交流研讨并达成了共识。

2021年5月18日至20日，促进会一行应邀赴副会长单位广西港广西珍珠湾投资集团有限公司考察，与防城港立大房地产有限公司签订了大熊猫文化旅游、熊猫金花茶等的合作协议，促成了四川蒙顶酒庄与广西珍珠湾投资集团公司两个副会长单位之间关于洲际熊猫酒的营销合作意向。

2021年5月21日，促进会应广西凭祥中国东盟水果协会邀请，在广西防城港进行座谈交流，参加“柬埔寨至北部湾港水果快线开通暨柬埔寨新鲜芒果首次出口中国接收仪式”，双方就熊猫文化赋能出口产品、提升出口产品美誉度和附加值、促进和平友好交流等达成共识。

2021年7月4日，促进会赴宝兴调研会员单位宝兴远景石材有限公司工作，与公司总经理、熊猫部落文创工作室负责人等就关爱国宝大熊猫、繁荣熊猫文创进行交流。

2021年7月9日，促进会为整合会员资源，协力熊猫文创，组织常务理事单位成都秘境智旅科技有限公司，会员单位宝兴远景石材有限公司在副会长单位四川蒙顶酒庄进行座谈。

2021年8月12日，促进会应邀与四川省退役士兵创业就业服务促进会雅安联络部进行座谈，就整合资源、携手合作，传播熊猫文化、传承红色基因，促进退役士兵就业创业进行交流。

2021年9月4日，促进会与四川退役士兵创业就业促进会雅安联络部和促进会“熊猫之家”雅安艺悦文创公司艺悦旅行酒店召开军旅文化与熊猫文化融合发展活动项目调研座谈会。

2021年9月29日，促进会与大熊猫数字发展委员会、常务理事单位成都秘境智旅科技有限公司在雅安就研发打造“秘境熊猫”旅游综合平台进行专题会商。

2021年10月15日，促进会带领大熊猫数字发展委员会和常务理事单位成都秘境智旅科技有限公司，前往成都大熊猫繁育研究基地学习考察，就数字化赋能大熊猫文化传播，大熊猫生态文化旅游等项目合作进行了交流研讨，并向成都大熊猫繁育研究基地赠送了《大熊猫史画》画册。

【拓展交流合作，弘扬熊猫文化】2021年1月27日，促进会参与主办的第四个大熊猫保护日研讨会暨百花芳邻艺术节启动仪式在成都举行，来自四川省林业和草原局、成都大熊猫繁育研究基地、大熊猫国家公园雅安管理分局等的23个单位代表参加了城乡携手共建大熊猫友好型社区的研讨，发布了百花芳邻艺术节——多元立体参与芳邻路文化浸润社区发展治理项目及守护熊猫村计划2021。

2021年9月16日，促进会与中华财产保险公司联合在中国保护大熊猫研究中心雅安碧峰峡基地举办了“国宝守护联盟来了”主题直播活动，并在直播间与联盟成员代表一起共同发布了“国宝守护者联盟”集结宣言。直播活动引发热烈关注，32.9 万网民观看，79.1 万人点赞。

2021 年 10 月 9 日，促进会与促进会熊猫村工作部、深圳深益资本等在成都市成华区白莲池街道狮子村社区联合主办了“熊猫盲盒——多元主体参与熊猫村生态保护和社区发展研讨会”。

2021 年 10 月 27 日，促进会与大熊猫国家公园雅安管理分局在雅安联合举行“国际熊猫日”活动暨大熊猫文化主题图书分享会。

2021 年 11 月 24 日，元气森林集团成都市场经理王伟国专程来大熊猫促进会，双方就熊猫文化与企业文化融合、赋能企业品牌产品品牌影响力的提升、促进熊猫文化的弘扬和传播等内容进行了交流。

2021 年 12 月 30 日，设促进会与大熊猫国家公园雅安管理分局、四川红延教育管理有限公司、西华师大雅安校友会、名山中学联合举办的青少年文化自信公益讲座暨“熊猫大讲坛”开讲活动在名山中学举行。活动期间，促进会与四川蒙顶酒庄、四川省蒙顶山茶文化普及基地向名山中学赠送有关大熊猫和茶文化的书籍 60 余册。

四川省民生研究会

【庆祝中国共产党成立党 100 周年】“七一”来临之际，联合锦江区成龙路街道香樟社区，举办“党建引领聚合力　民族团结颂党恩”庆祝建党 100 周年文艺汇演活动。

2021 年 4 月 29 日，研究会在成都市锦江区海棠路社区进行“党建引领进院落——打造院落党支部”活动。

【参与乡村振兴民生项目调研，促进乡村经济发展】2021 年 7 月 22 日，研究会召集企业家日报、四川餐饮文化促进会执行会的 20 位专家学者，赴四川省实施乡村振兴战略工作示范村、国家森林乡村——德阳市罗江县白马镇万佛村考察调研。了解该村特色农产品“贵妃枣”销售、产品定位以及如何走向更大市场、乡村旅游发展定位。实地考察该村高尔夫球场、千年万佛寺及产业园区发展。为该村地标产品“贵妃枣”如何走进成都终端市场提出建议。为发掘传播该村 10 个网红打卡地，提出“以枣为媒”“以景为点”融合传播建议。

2021 年 8 月 17 日至 18 日，研究会调研组分别对井研县研经镇、宝五镇、犍为县玉津镇、峨眉山市绥山镇进行调研。调研组一行与所到乡镇领导，分别就社区党建、乡村振兴工作进行探讨，并参观了宝五镇、玉津镇的社区建设、应急救援等展示场馆。截至 2021 年末，研究会先后为井研县研经镇、井研县宝五镇免费安装 20 余套智慧党建电子报宣传大屏全息 3D 设备。

【携手基层，开展文体科普民生活动】2021 年 2 月 26 日，研究会在成都市锦江区三圣街道白桦林路社区，举办了“欢天喜地闹元宵”主题活动。3 月 8 日，研究会在成都市锦江区三圣街道白桦林路社区，组织开展“巧手插花　共庆三八”妇女节插花主题活动。6 月 10 日，研究会在成都市府青路街道桃蹊社区圣地名居小区，开展桃蹊社区“我们的节日·端午节”喜迎端午文明实践志愿活动。7 月 19 日，研究会在成华区龙潭街道华冠社区秀林苑西区院落，举办“秀宝学堂”全龄共享文化项目启动会，60 名居民参与了此次启动会。9 月 18 日，研究会在成都市成华区府青街道桃蹊社区，开展了“喜迎国庆　月圆中秋”主题文艺活动。12 月 15 日，研究会在成都市成华区府青路街道桃蹊社区，举办了“爱成都·迎大运”首届明珠杯象棋比赛，吸引了辖区象棋爱好者参赛。比赛中，棋手们屏气凝神，在棋盘上布兵摆阵，棋盘之上，兵来卒往、炮飞马跳。从 16 进 8、8 进 4，到最后的冠军争夺，最终评选出了第一名、第二名、第三名，以及参与奖。象棋活动让居民在切磋棋艺的过程中，增强彼此间的交流、拉近距离，促进了身心健康发展，营造出“爱成都·迎大运”的良好氛围。

【开展消防演练活动】2021 年 11 月 30 日上午，研究会在成华区龙潭街道隆兴路社区原成都皮毛厂小区，开展“加强消防知识教育　提高全民消防安全素质”消防演练活动。

四川省地方志学会

【举办“记录百年党史　感恩伟大时代”主题论坛，成立巴蜀方志文化研究中心】2021年6月21日至22日，由四川省地方志工作办公室、重庆市地方志办公室、内江师范学院共同主办，四川省地方志学会、内江师范学院社会科学联合会等单位承办的“记录百年党史　感恩伟大时代”主题论坛暨巴蜀方志文化研究中心成立仪式在内江市举行。中共内江市委常委、组织部部长苟小莉，内江师范学院党委书记张志远，重庆市地方志办公室副主任夏小平在开幕式上致辞。四川省地方志工作办公室党组书记、主任陈建春作总结讲话。内江师范学院副校长郭云东，四川省地方志工作办公室副主任赵行，夏小平分别主持论坛开幕式、专题讲座、大会交流及总结大会。内江师范学院校长陈晓春，四川省地方志工作办公室副主任陶利辉，内江师范学院副校长赵明出席会议。川渝地方志工作机构、高校科研院所专家代表、入选论文第一作者等近150人参加会议。论坛期间，四川省地方志工作办公室、重庆市地方志办公室、内江师范学院三方签署《共同成立巴蜀方志文化研究中心合作协议书》，并共同为“巴蜀方志文化研究中心”揭牌。四川省委省政府决策咨询委员会副主任、四川省社科院党委书记李后强教授，西南民族大学原校长、中国民族学会副会长赵心愚教授，中共四川省委党校期刊社副社长、四川省中共党史学会常务理事王友平教授分别应邀作专题讲座。内江师范学院、重庆市合川区委史志研究中心、重庆市潼南区侨联、资阳市地方志编纂中心、广安市地方志办公室等6名优秀论文作者分别作大会交流。为感悟伟大精神，汲取奋进力量，会议期间，与会代表还前往毛泽东主席视察隆昌气矿纪念馆和四川石油会战史馆参观学习。会后，编辑印发《“记录百年党史　感恩伟大时代”主题论坛资料辑录》。

【推进课题研究】2021年，四川省地方志督促指导2018年度课题结题并形成课题执行情况报告，印发各会员单位；开展2021年度地方志理论研究课题征集、下达和管理工作，共下达课题40个。各会员单位积极开展课题研究，丰富方志理论。

【深化理论研讨】学会推进“巴蜀方志文化研究中心”建设，有效整合研究力量，提升研究水平，为弘扬巴蜀优秀文化提供广阔平台。组织会员参加第十一届中国地方志学术年会、第二届全国方志论坛和各类专业研讨会，为会员搭建学术交流平台。组织省内相关市（州）参加全国“讲述黄河故事 传承黄河文化”系列活动，征集文字作品18篇，阿坝、德阳、广元3位选手参加讲述大赛决赛并获现场组三等奖，四川省地方志办获“优秀组织”奖。

【开展成果评奖】2021年，学会组织评审并推荐22部地方综合年鉴参加第八届全国地方志优秀成果（年鉴类）评审活动，全部获奖，其中特等奖4部、一等奖5部、二等奖7部、三等奖6部。组织推荐四川省地方志办的《大熊猫图志》等4项地方志成果获四川省第十九次社会科学优秀成果二等奖。

【参与资政服务】紧扣省委省政府重点工作，发挥地方志资政辅治“智库”作用，积极参与《四川省红色资源保护传承条例》立法工作，为其出台提供史志依据和历史借鉴。各会员单位资政服务工作亮点纷呈，主动为市委市政府重大决策提供参考建议，撰写资政报告143篇，46篇获领导批示，29篇被相关部门采纳。

【推动战略合作】承担四川省地方志办、重庆市地方志办和内江师范学院合作共建“巴蜀方志文化研究中心”相关工作，参与编纂出版《成渝地区双城经济圈建设年鉴（2021）》，推动成渝地区双城经济圈建设国家战略在地方志系统落地落实。

【记录时代华章】完成《新时代脱贫攻坚在四川》《生命至上——四川抗击新冠肺炎疫情实录》编纂出版，全方位展示省委省政府带领全省人民齐心协力脱贫攻坚、众志成城抗击疫情的巨大成就。各会员单位主动记录脱贫攻坚和抗疫防疫伟大实践，推出系列史志成果。

【助力地方发展】选派会员参加省委政研室《四川省乡镇行政区划改革和村级建制调整改革实录》编纂，协同四川省社科联编纂《奋力书写时代答卷 以新发展理念推动治蜀兴川》系列丛书；配合省地方志办印发《四川省乡镇（街道）、村志编纂工作指导意见》及编纂规范，启动全省乡镇（街道）、村（社区）志编纂，助力乡村振兴和基层治理。

【搭建用志平台】配合省地方志办在全省开展地方志进公共图书馆活动，建成四川省方志馆四川大学分馆（川渝共建）、重庆大学分馆（川渝共建）；开展向省直各部门（单位）、四大班子离退休干部阅览室、省领导集中居住点阅览室和成都市沙河源小学赠送志鉴书籍活动；在中共四川省委党校学员房摆放志书，在四川省庆祝建党百年主题展览上设专柜展出地方志成果；加快方志资源“数字化”，推动“互联网+地方志”，拓宽史志服务群众渠道。各会员单位积极开展“史志七进”活动。

四川省出版工作者协会

【开展党史学习教育，庆祝中国共产党成立100周年】2021年是中国共产党成立100周年，四川省出版工作者协会积极组织献礼中国共产党成立100周年暨党史学习教育活动。在2021年第3期《四川出版通讯》策划了《献礼中国共产党成立100周年》专栏，集中报道各成员单位庆祝建党百年的各项重大活动。同时推出四川出版献礼中国共产党成立100周年暨党史学习教育活动专题书单，供各出版社职工学习参考。

【举办“资源融合　书香蓉城——四川出版单位与实体书店推动全民阅读交流会”】2021年4月21日，由四川省出版工作者协会主办、四川大学出版社承办的“资源融合　书香蓉城——四川出版单位与实体书店推动全民阅读交流会”在四川大学出版社库闻书店举行。本次交流会的主题是：在当今文化大发展大繁荣的时期，出版社和实体书店都面临哪些问题，都有哪些解决方案，社、店应如何加强合作，实现图书的社会效益和经济效益，共同推进全民阅读发展。交流会上，各出版社、书店代表介绍了各自推进全民阅读开展的特色活动，促进出版社与书店资源进一步融合，共同推进全民阅读。

【组织“传承红色基因　振兴四川出版”红色出版资源调研活动】2021年6月16日至18日，四川省出版工作者协会组织省内出版单位负责人及相关作者、编辑近30人在红原—若尔盖一带开展了“传承红色基因　振兴四川出版”——四川红色出版资源调研活动。活动在红原瓦切红军长征纪念碑前正式启动，大家重温入党誓词，开展党史知识竞答，并向革命先烈敬献花束。之后，四川省版协一行与若尔盖县委党史办举行了红色出版资源开发座谈会，并向该办捐赠了省内17家出版单位精心挑选的100种主题及社科类出版物。大家还前往巴西会议遗址学习参观，并瞻仰了胜利曙光纪念碑，深刻认识红军驰骋二万五千里长征的伟大意义和忠诚、坚定，不怕艰难险阻，不惜牺牲一切，用热血和生命铸就了伟大的长征精神。通过这次调研，出版单位的同志决心进一步充分挖掘四川省红色出版资源，弘扬红色文化、做好主题出版，为振兴四川出版、打造文化强省作出更大贡献。

【举办“四川省第八次出版研究论文颁奖暨学术交流会”】2021年9月1日，由四川省出版工作者协会举办的“四川省第八次出版研究论文颁奖暨学术交流会”在成都召开。四川省出版工作者协会相关领导，省内各出版社社长、总编辑，获奖论文作者及部分青年编校人员代表近130人出席了会议。四川省出版工作者协会理事长王华光主持会议。会上宣布了四川省出版工作者协会关于对四川省第八次出版理论研讨优秀论文奖通报表彰的决定，对获奖论文作者颁发了荣誉证书和奖金。会议特邀四川省上市公司协会会长、新华文轩原董事长何志勇作“振兴四川出版再出发”的主题发言，他阐述了振兴四川出版面临的新情况和新问题、振兴四川出版需要我们再出发、振兴四川出版需要大家共同努力。获奖论文作者成都地图出版社社长鄢来勇、四川人民出版社文史出版中心副主任邹近、西南财经大学出版社总编室主任冯梅、四川辞书出版社总编辑王祝英、四川民族出版社副社长唐怡作学术交流发言。本次获奖论文结集为《四川省出版研究论文选（第七辑）》，由四川教育出版社出版。

【协助省上办好 2021 天府书展】2021 年 10 月 15 日至 18 日，2021 天府书展举行。四川省出版工作者协会协助做好包括接待工作在内的各项组织工作，为天府书展的圆满成功作出了贡献。同时，在 2021 年第 3 期《四川版协通讯》策划了“2021 天府书展圆满举行”专栏，宣传全省各出版单位在天府书展期间举办的丰富多彩的图书宣传活动。

【举办 2021 社长论坛】2021 年 12 月 22 日，四川省出版工作者协会举办“2021 社长论坛：探索四川出版产业发展之路”。四川省出版工作者协会、各出版单位负责人参加了会议。与会人员结合各自单位实际情况作了交流发言，共同探讨出版行业、平台、新媒体融合发展、转型升级的可持续发展路径，为四川出版的高质量发展纷纷献计献策。

【编印《四川出版通讯》】2021 年，四川省版协编印《四川出版通讯》4 期，旨在加强版协各成员单位的相互交流，受到相关领导和成员单位的好评。

四川省创造学会

【召开第四届理事会第二次会议】根据四川省民政厅《关于进一步加强全省性社会组织党建工作的通知》（川民发〔2021〕51 号）文件要求，在章程中增加党建内容。2021 年 12 月 20 日，召开第四届理事会第二次会议，通过四川省创造学会章程有关党建内容增加。

【承办第十二届“北斗杯”全国青少年科技创新大赛】2021 年 4 月 11 日，第十二届“北斗杯”全国青少年科技创新大赛西南赛区、四川省赛区线上评审答辩会在西南交通大学（九里堤校区）成功举办。本届赛事由中国科学院空天信息创新研究院等机构主办，四川省创造学会、西南赛区秘书处等机构承办。

【协办“阅文杯”第 32 届中国科幻银河奖颁奖典礼】2021 年 11 月 19 日，“阅文杯”第 32 届中国科幻银河奖颁奖典礼通过线上直播的方式举行。本届银河奖颁奖典礼由四川省科学技术协会指导，四川科幻世界杂志社有限公司主办，四川省科教创客研究会、四川省创造学会等机构协办。

【捐赠科普科幻图书，参与乡村振兴】2021 年 12 月，依托四川省科协科普科幻想象力教育工程项目，为阿坝州松潘县川主寺镇第一小学搭建想象力教育书屋，捐赠科普科幻图书 400 册本，价值近 1 万元。

四川省大禹研究会

【重大事件及重要活动】2021 年 7 月 14 日至 15 日，由四川省台办和绵阳市人民政府主办、绵阳市台办和北川羌族自治县人民政府承办、四川省大禹研究会作为支持单位的“第三届海峡两岸大禹文化交流活动”在北川顺利召开。该活动是国台办批复的 2021 对台重点交流项目，各级领导、专家、大禹后裔和来自 23 个国家及地区的海外侨胞、港澳同胞等嘉宾代表近 500 人出席了活动。

2021 年 3 月 13 日至 14 日，由“体验中国　天府四川”摄制组拍摄的四川省委宣传部外宣项目《体验中国大禹卷》在北川进行拍摄工作，学会副会长尧一三、秘书长朱静积极参与专题片的拍摄方案制定、拍摄以及后期修改工作，朱静同志作为顾问，全程参与了脚本修改和拍摄工作，助力大禹文化在海外的传播。

2021 年 4 月 13 日，四川省 2021 年中小学春日阅读活动现场交流推进会走进朝天，研究会名誉会长参加会议，并在大会上以大禹文化和大禹精神为主题进行了阅读分享。

2021年5月13日，中国社科院直属机关党委团委副书记陈贤到北川调研禹羌文化。

2021年7月14日，“禹羌文旅文创产业发展交流会”在北川佳星酒店举行。国家部委、省市县相关领导，两岸禹羌文化专家学者、文旅文创专家等近200人出席了会议。

2021年7月15日，“禹羌文化与乡村振兴座谈会”专家座谈会在新北川宾馆禹母厅召开，来自国内各地的30余名专家学者与北川文化学者代表齐聚一堂，为禹羌文化与乡村振兴事业的融合发展，献计献策，形成了41余条意见建议。

2021年7月16日，研究会专家一行与北川羌族自治县人民政府县长等北川领导会晤，为北川发展建言献策。

2021年7月25日，研究会顾问、副会长、秘书长等同志参加北川文旅产业发展务虚会，并分别在会上发言。

2021年9月7日，四川省人大常委会副主任杨洪波到北川调研禹羌文化。

2021年9月28日，团体会员北川羌族自治县羌民俗博物馆走进擂鼓小学开展“禹羌文化进校园，助推学校特色发展”活动。活动以羌歌、羌舞、萨朗、草编四项作为体验项目，采用羌汉双语教学，让同学们充分感受到禹羌文化的魅力。

2021年10月9日，“两岸教授2021当代书画作品展”在中国台湾举办。

2021年9月15日和12月1日，研究会顾问和常务副会长作为主讲嘉宾，在四川省水利职业技术学校蜀水讲堂作讲座。

2021年10月25日，在“四川——中国民间文艺之乡创建推进会”上，北川作为全国首个中国大禹文化之乡获得“优秀文艺之乡”称号。

2021年10月至12月，“禹羌大讲堂”面向社区和政府机关工作人员，一共举行15次普及讲座，内容包括禹羌故事、风俗、歌舞、非遗等，培训5000余人次。

2021年11月13日，为进一步推动北川羌寨文化融入工作，学会成员全程参与羌寨文化打造工作。

为推动大禹出生地禹穴沟景区重建，2021年11月20日至25日，研究会与中国科学院的专家，分别调研禹穴沟景区建设情况并参加禹穴沟景区总体规划讨论会，对禹穴沟建设提出意见。

【重要成果】2021年1月，《古代巴蜀与南亚的文化互动和融合》由中华书局出版发行。

2021年9月，《红星闪闪照羌山》在乡村好声音第三季暨“唱支山歌给党听　百首金曲庆华诞”评选活动中获得“银奖金曲”称号。

2021年11月，为支持北川禹羌美食文化提升工作，经过大禹研究会众多同仁多方多次调研，成功制作北川美食地图。研究会团体会员北川文化馆出版《羌族文化元素收集整理图集》。研究会会刊《大禹文化》（四川省大禹研究会成立30周年专刊）在全国大禹学术圈内赠阅。

2021年12月，普及读物《禹生石纽在北川》出版。

四川省翻译协会

【重大事件及重要活动】2021年3月27日下午，协会换届领导小组第一次会议在成都精密光学工程研究中心召开。会议讨论审议协会换届工作方案，确定换届工作方案的具体实施措施，初步讨论下一步协会的发展方向。

2021年4月7日至9日，协会科技翻译专委会在雅安雅都假日兰欧酒店组织召开科技翻译专委会2021年工作研讨会，来自专委会会员单位的30余名代表出席了会议。

2021年6月4日至5日，协会换届领导小组成员在四川快译猫信息科技有限公司召开第二次会议，讨论协会下一步发展方向、发展定位、组织架构、管理方式等问题，重点讨论了扩大会员群特别是企业会员的管理与发展问题，要求按分工抓好换届中的会员发展、候选人与代表推荐、会务准备等工作。

2021 年 6 月 19 日，由四川省组织部两新工委、四川省科学技术协会社会组织联合党委主办，四川省翻译协会、四川省图书馆学会、四川音乐学院等机构承办的“《百年辉煌》——庆祝中国共产党建党 100 周年”活动在四川省图书馆举行。

2021 年 7 月 4 日，为顺利召开四川省翻译协会第七次会员代表大会，协会通过网络视频召开了第六届理事会第四次常务理事会议，研究讨论换届事宜。会议审议通过了第六届理事会相关工作报告、换届方案及选举办法、第七届理事会成员候选人名单和协会主要负责人候选人名单等。

2021 年 9 月初，协会党支部牵手四川省烹饪协会，为凉山州布拖县九都镇全体 2021 年入学 360 余名新生捐赠价值 10000 元标准化汉语拼音电子书，帮助彝族少年儿童“学习普通话、学好中国字”，帮助贫困家庭破除贫困的代际传递，共促民族团结。

2021 年 9 月 23 日，第九届天府翻译奖暨第五届天府翻译精英专家终评会在成都举行，协会专家评审委员会组织权威专家评委，经过近 5 个月时间的初审筛选、成果审阅和终审评定，对参评成果进行了原版查验、材料审读，对照《评审办法》实行无记名打分、汇总总评方式，评选出了天府翻译奖学术特别贡献奖、译著类奖、论文类奖、学术新秀奖等共 51 个奖项，73 人次获奖。

2021 年 10 月 10 日，协会在四川省科技馆召开有 80 余名代表参加的第七次会员代表大会。

2021 年 12 月 10 日，协会党支部在成都思译翻译公司召开了党员代表大会，审议通过了上届党支部工作报告，按照省科协社会组织联合党委批复意见举行了换届选举。

2021 年 12 月 21 日，受协会委托，科技翻译工作委员会通过线上会议的方式完成了第四届“四川省科技翻译成果奖”（2020—2021 年度）终审。

【重要成果】与复旦大学出版社合作开展的“翻译理论与实践”专项科研课题中，协会第三批 34 个项目有 9 项完成结题验收，共公开发表论文 8 篇、专著 1 本。由协会数个企业会员合作参加的市政府咨询课题“成都市翻译产业现状研究”完成结题，提交调研报告。《译苑新谭》入选科学引文数据库（SCD）。

四川省高等教育学会

【举办首届高校教师教学创新大赛】为深入学习贯彻全国教育大会精神，打造高校教学改革的风向标，全力推进高等教育“质量革命”，根据教育部有关全国教师教学创新大赛的通知文件精神，四川省高等教育学会于 2021 年一季度主办了首届四川省高校教师教学创新大赛。本次大赛以“推动教学创新，打造一流课程”为主题，落实以本为本，推动教授上讲台，推动智慧教育，强化学习共同体。经网络评审、现场评审、结果公示等环节，评选出一等奖 9 项、二等奖 21 项、三等奖 18 项，教学活动创新奖 38 项、教学学术创新奖 36 项、教学设计创新奖 16 项，15 所高校获优秀组织奖。推荐一等奖获得者参加全国大赛，四川赛区取得了个人奖一等奖 1 项、二等奖 4 项、三等奖 6 项、专项奖 1 项的良好成绩。本次大赛充分调动了高校教师教学创新的积极性，为全省高等教育高质量发展起到了推动作用。

【开展教学成果奖评奖及推荐工作】承担了四川省人民政府评选 2021 年四川省教育教学成果奖多校联合成果的推荐任务。组织开展了 2021 年四川省高等教育学会优秀教育教学成果评选推荐工作，在多校联合完成的成果中评选出 2021 年四川省高等教育学会优秀教学成果 39 项，其中特等奖 18 项、一等奖 12 项、二等奖 9 项。从特等奖中推荐申报 2021 年四川省高等教育教学成果奖 10 项，获省奖 4 项；推荐申报 2021 年四川省职业教育教学成果奖 4 项，获省级奖 2 项。

【服务政府“放管服工作”，完成成都市教育局政府购买项目】完成成都市教育局的政府购买项目（《成都市教育局促进在蓉高校高质量发展服务项目》）。通过调研构建“在蓉高校服务成都贡献度，人才培养匹配度评价指标体系”。撰写《在蓉高校服务成都贡献度调研报告》。撰写《在蓉高校人才培养与成都产业发展水平匹配度调查报告》。

【服务政府和学校，开展中外人文交流研究工作】接受成都市对外交流中心委托，开展“成都市中小学生中外人文交流素养评价研究”；接受金牛区教育局委托，开展“中外人文交流特色学校评价研究”；参加中外人文交流中心“互联网+中外人文交流”“中外共享课程建设”2个项目实施指南研究工作；接受高校中外合作办学机构联席会委托，开展“中外合作办学机构评价与排名”研究。

【服务地方高校，承接地方高校“十三五”规划验收项目】根据成都工业学院“十三五”规划验收项目需求，学会组织专家围绕该校规划任务完成度、亮点成果显示度、措施有效度、目标达成度、结果未来影响度5个方面开展验收和评估，形成“第三方”评价。

【开展公益活动，助力乡村振兴】分支机构四川省高等教育学会教育信息化专委会继续推动教育信息化助推教育现代化工作，持续开展“助力乡村学校信息化提升”活动，举办“颂红军感党恩信息化开新局”活动，为雅安市汉源县捐赠一间价值25万元智慧教室，进一步助力雅安教育信息化水平提升。分支机构四川省高等教育学会高校保健医学专业委员会依托电子科技大学医院奔赴康定市甲根坝镇开展“助力乡村振兴，送医送药进村寨”活动，为定点帮扶对象送医送药送温暖，开展公共卫生指导、传染病防控、健康管理等一系列实实在在的健康和医疗帮扶。其他分支机构也依托各高校积极开展了资金帮扶、教育帮扶、人才帮扶、产业帮扶、智力帮扶、文化帮扶、健康帮扶、民生帮扶等形式多样的乡村振兴工作。

【编辑发布《高等教育改革发展动态》】为让更多群体更好地了解高教动态，推动全省高等教育事业繁荣发展，写好新时代高等教育改革发展“奋进之笔”，学会组织人员研究、整理、收集国内外高等教育及改革发展的最新资料，进行高等教育发展的动态研究；同时将研究成果编辑成《高等教育改革发展动态》，2021年共出版6期。

【重视高等教育科学研究，做好课题研究立项工作】一是开展四川省高等教育学会教育信息化研究课题立项工作。学会发布《关于开展2021年四川省高等教育学会教育信息化研究课题申报工作的通知》（川高教会〔2021〕20号），收到申报课题共350项。经组织专家网评、会评，教育信息化专委会理事长会议审核，学会办公会议审议通过，2021年四川省高等教育学会教育信息化研究课题立项48项，其中高等教育重点课题10项，高等教育一般课题30项，服务基础教育课题8项。二是发布四川省高等教育学会中外人文交流研究课题申报工作的通知。为进一步加强四川省高等教育学会中外人文交流工作建设体制机制、发展状况、理论方法及解决方案的研究，学会启动2022年四川省高等教育学会中外人文交流研究课题申报工作。

四川省经济文化协会

【重大事件及重要活动】2021年1月15日，协会联合中石油西南油气田公司启动大型文集《党旗下的川渝石油人》编撰工作，由四川人民出版社出版发行。

2021年2月18日，协会与都江堰市签署《投资合作框架协议》，在都江堰市天马镇，共同打造以乡村振兴为主题的“天府源·川派文化”综合体。

2021年3月23日，在协会会议室，召开中共四川省经济文化协会支部委员会换届选举大会，选举产生新一届支部委员会。

2021年3月27日，协会与中石油西南油气田公司共同策划，联合中石油书协、四川省书协，举办百人百米书法长卷创作展。组织100位书法家在毛泽东主席视察隆昌气矿纪念馆现场创作100米书法作品，庆祝中国共产党成立100周年。

2021年4月25日，协会联合省食品发酵工业研究院、四川轻化工大学、四川旅游学院在成都举办中国川派餐饮文化品牌建设与国际传播学术研讨会。

【重要成果】“中国川西林盘非遗（马椅子）工坊更新项目”凭借本土乡建的可持续性创新表达，获2021年度全球人居环境规划设计奖。“成都市后续体育场馆利用的建议”获得成都市政协、农工党成都市委会领导签批。“成都作为超大城市疏解的调研报告”获得成都市政协、成都市委领导签批。

四川省李白研究会

2021年召开学术会议3次，李白文化社科普及活动30次，编印李白文化普及读物1本，完成绵阳、江油社科课题5个。

【充分利用陈列展览开展社科普及】2021年，在充分利用太白堂、太白书屋、诗苑等基本陈列进行李白文化社科普及的基础上，先后举办了“百年征程、红心向党”主题摄影展、“华彩璀璨”绵阳市老年人书法展、“挥毫颂小康·书写新征程”全市统一战线庆祝中国共产党成立100周年书画摄影展、“红色奇石·百年颂歌”奇石书法展等庆祝中国共产党成立100周年相关的临时展览14场。在安徽当涂博物馆和四川省文化艺术学院地举办了2场“徐风激兮万世——李白诗意精品书画展”，效果好，影响大，各大主流新闻媒体争相报道。

【举办各类活动，开展社科普及】春节期间，开展送春联、灯谜竞猜，三月三上巳节小匡山举行“春日忆李白”诗歌朗诵活动、“李白文旅形象设计大赛”、“身着霓裳·邀约李白”汉服秀、“李白归来杯”2021年少儿诗歌朗诵大赛预赛、“青天有月来几时”中秋诗歌吟诵等各类活动。开展李白文化进校园、进乡镇、进社区、进企业、进机关以及进景区。其中为社区图书室捐赠了李白相关书刊200余册，李白文化廉政书签200余套。李白文化进校园活动先后走进永胜初中、彰明中学、龙凤小学等市内外8所中小学校开展李白文化大讲堂和李白文化小课堂。

【线上线下相结合，社科普及全覆盖】宣讲方式在原来“引进来+走出去”的方式上加以创新。以图文、视频等形式在微信公众号、微信工作群、QQ群、官方微博进行宣传，并结合现代化传媒手段，将讲座与网络互动相结合，推出同步直播。在新冠疫情防控期间开设线上宣讲活动，包括李白文化“云普及”、李白精品书画“云展览”、“沉舟侧畔千帆过”——心随疫动诗歌创作活动。

【开展乡村振兴工作】一是组织江油布拖班学生到基地参观，参观学生500余人。二是结对帮扶“回头看”，再次去到雁门镇济时村被帮扶人家中，仔细询问他们在脱贫后家中是否遇到什么困难，有什么需要帮助的地方，以及近期生产生活、农耕开展状况，确保被帮扶对象脱贫不脱帮。三是为社区患病老人、留守儿童送温暖，为他们送去米、油等生活用品和防疫物资等。

【坚持学术研究，开展对外交流】2021年，编印《四川省李白研究会通讯》第十二、十三、十四辑。完成《李白研究论丛》第九、十辑审稿编辑工作。完成绵阳社科课题“文旅融合背景下绵阳历史文化名人资源保护与利用研究”“李白诗意作品在李白文化传承发展中的开发和利用”，江油社科课题“李白纪念馆馆藏文物保护和利用浅论”“新时代视角下博物馆文旅融合服务研究”。参加西南科技大学图书馆“书香文化论坛”第三期讲座“笔落惊风雨，诗成泣鬼神——李白那些事儿”活动。与意大利驻重庆总领事馆共同主办文化周系列活动“李白与但丁——不可能的对话”网络专题学术讨论会。参加第三十三届马鞍山李白诗歌节活动。

四川省民间文艺家协会

【召开《中国民间文学大系》2021年编纂工作会】《中国民间文学大系》出版工程是国家传承发展中华优秀传统文化重大工程项目之一。2021年，四川共启动传说·汉族分卷、传说·民族分卷、彝族长诗卷、彝族克智卷共四卷的编撰任务。目前，四卷均已完成初稿，共约 270 万字。

【完成《中国民间剪纸集成·阿坝藏羌卷》一审修改】《中国民间剪纸集成·阿坝藏羌卷》工程是由中国民协组织实施的国家社科基金特别委托项目。在收到专家组一审修改意见后，项目组于 2021 年 4 月 14 日召开《中国民间剪纸集成·阿坝藏羌卷》一审修改工作会，制订详细修改方案。

【走马史料赠故里，川渝文化添新篇】2021 年 3 月 9 日，走马镇民间文学三集成史料捐赠仪式在重庆市非物质文化遗产保护中心举行。四川省民协向重庆市非物质文化遗产保护中心捐赠了走马镇民间文学三集成史料，包括民间故事手稿、录音带、照片、采录卡片等原始资料，以使这些史料不被毁损，得以长期保存，使之更好地服务于新时代的文化建设。此次捐赠是成渝双城经济圈建设文艺先行的举措之一，也是川渝两地文艺界共同传承发展中华优秀传统文化，记录保留珍贵民族文化记忆的最好见证。

【重大活动】2021 年 3 月 26 日，《巴蜀造物》丛书编撰工作会在四川省文联四楼会议室召开。丛书的编撰出版，意在遵循科学性、准确性的前提下，深入挖掘四川民间文化内涵，助力乡村振兴、文旅融合，丰富人民群众文化生活。截至 2021 年年底，首批 6 册：藏羌碉楼营造技艺、傈僳族火草织布技艺、成都漆艺、蜀绣技艺、雅安南路边茶制作技艺、藏族金工锻造技艺已完成编撰。

2021 年 5 月 25 日，由中国民间文艺家协会、四川省文联主办，四川省民协、内江市文联、隆昌市文联共同承办的“2021 年基层民协工作者思想道德与行风建设培训班”在“中国石牌坊之乡”隆昌市开班。参加培训的学员近百人，包括来自全国各省市区的基层民协工作者以及内江地区民间文艺工作的骨干。

2021 年 6 月 3 日至 5 日，协会专家考察评审组一行 8 人赴宜宾珙县，对该县申报创建“中国古僰文化之乡”进行实地考察、评审。

2021 年 6 月至 10 月，协会在全省范围内开展民间文艺之乡调研。在雅安召开全省民间文艺之乡创建工作推进会，总结四川近年来中国民间文艺之乡创建工作经验。在汇集全省文艺之乡经验总结的基础上，组织专家实地调研考察，草拟《四川民间文艺之乡创建发展指导意见（草案）》。配合中国民协完成对 3 个文艺之乡的回访巡视。

2021 年 10 月 15 日，“2021 中国故事节·金堂廉政故事会创作成果发布会”在淮州新城招商中心举行。活动共收到来自全国 28 个省市自治区的 800 余篇作品，最终评选出 30 篇优秀故事作品，并汇编成册对外发布。

2021 年 12 月 20 日，由四川省文联主办、省级各文艺家协会协办的四川省文学艺术界联合会 2021 年度百家“推优工程”发布会在成都市新华宾馆召开。会议表彰了 2021 年度百家“推优工程”的 100 件优秀原创文艺作品。其中，民间文艺类共推选出 10 件优秀原创文艺作品，分别是：书籍《四川传统吟诵研究》、书籍《羌族艺术》、书籍《三农纪》（清）整理本、新藏画《青山绿水 美丽藏乡》、单面绣《牡丹孔雀》、系列文章《二十四节气及传统节日》、书籍《古蔺花灯》、蜀锦蜀绣《AI 新锦绣 2020 系列》、绵竹年画《红色传承人》、农民画《丰年腊味》。

【组织作品参展参评】学会组织推荐《四川民间文化大典》《百万悬赏》等 8 件作品参加第十五届中国民间文艺山花奖学术著作、民间文学、民间工艺类评奖，其中，骆奕·沙马拉毅的漆画《阿姆扎特》，胡国兵的根雕《秋荷》被评为“第十五届中国民间文艺山花奖·优秀民间工艺美术作品”入围作品。组织推荐《吉祥冬奥》等 32 件剪纸作品参加第八届剪纸艺术节暨“激情冬奥、剪彩冰雪”优秀作品征集活动，其中被评为三级收藏作品 2 件，优秀收藏作品 4 件。组织推荐《百年辉煌》等 24 件民间工艺作品参加“黄河之水天上来——沿黄九省庆祝建党百年民间工艺美术主题创作精品展活动”，获得 7 个金奖、10 个银奖、1 个优秀奖。

【重大成果】《通江民间歌谣校补图注》获第十五届中国民间文艺山花奖·优秀民间文学作品奖。《守望老家——四川传统村落立档调查样本优选》，四川美术出版社 2021 年 1 月出版。《理县剪纸》，四川民族出版社 2021 年 6 月出版。

四川省社会主义社会辩证法学会

【重要活动】2021 年 7 月 17 日至 18 日，四川省社会主义社会辩证法学会 2021 年年会暨理论研讨会在隆昌市召开。会议由中共四川省委党校哲学教研部主办，中共南充市顺庆区委党校承办，全省党校系统百余位专家、学者参会并发言。会议围绕“百年大党理论创新与实践创新的哲学思考”为主题，从百年大党的光辉历程、成功经验、初心使命、长征精神、建党精神、治理经验、传承与创新等角度全方位进行了交流与探讨。

【重要成果】学会集结 2021 年年会暨理论研讨会上的理论成果，编辑出版论文集，论文集刊登于《中共四川省委党校学报》2021 年增刊第 1 期。

四川省世界语协会

【举办“成渝经济建设与世界语言”Mojito 沙龙等主题座谈研讨会】2021 年先后举办“成渝经济建设与世界语言”Mojito 沙龙等主题座谈研讨会，汇集成渝两地海归青年就外国文化和成渝经济建设与世界语言的结合发展进行跨领域讨论推进成渝一体化；联合日本岩手县政府官方和春熙路街道总府路社区共同举办公益漫画论坛沙龙，感知多样文化；多形式开展世界语和世界语言学习、团扇手作等特色公益培训活动，结合语言的多样性和海外文化，推动多国文化相融相知；举行“走进高校、科研院所等知名机构”建党 100 周年纪念活动，坚持做好多语沙龙、图书阅读会、专题讲座等活动，开展多领域多行业交融共学，提升我省涉外文化底蕴。

四川省书学学会

【开展义务书写春联、送文化下乡公益活动】2021 年 2 月 7 日至 8 日，学会一行六人前往资阳市，开展义务书写春联、送文化下乡公益活动。

【举办“百年萃炼耀丹青·天府书画名家邀请展”】2021 年 7 月 30 日至 9 月 18 日，学会与四川省草书研究会、四川省国画院、成都地方志办、成都市成华区文体局联合举办“百年萃炼耀丹青·天府书画名家邀请展”，共展出四川省书画家歌颂党的书法、绘画作 100 多件。

四川省税务学会

【举办税收科研论文征文活动】2021 年 4 月至 9 月，学会与省税务局税收科学研究所和省国际税收研究会合作举办税收科研论文征文活动。共征集论文 47 篇，评出一等奖论文 12 篇。部分优秀论文在全省税收科研工作座谈会上交流，多篇论文被《四川税务》刊用。

【主办 2021 年“智税杯”成渝双城经济圈学生财税技能大赛】2021 年 11 月，为响应国家成渝双城经济圈发展战略，增进成渝经济圈税收领域的交流合作，四川省税务学会与重庆市税务学会在成渝双城经济圈范围内合作主办 2021 年“智税杯”成渝双城经济圈学生财税技能人赛，人赛参赛对象为川渝地区全日制在校本科、高职、中职院校财税类（或会计类）专业学生。大赛最终报名参赛学校 74 所，136 支队伍。大赛评出 57 支队伍获奖，其中一等奖队伍 6 支。

四川省陶行知研究会

【开展“庆祝中国共产党建党 100 周年”和本会 40 周年庆系列活动】2021 年 5 月 14 日，中共四川省陶行知研究会支部举办“不忘初心、爱满天下”——庆祝建党 100 周年暨四川省陶行知研究会 40 周年庆典晚会。

【第六届理事会第一次会员代表大会顺利召开】2021 年 5 月 15 日，研究会召开第六届理事会第一次会员代表大会，审议通过《四川省陶行知研究会第五届理事会工作报告》、根据国家对社团管理的要求新修订的《四川省陶行知研究会章程》、选举产生本会第六届理事会以及领导班子。

【举办首届“创享者”学术年会】2021 年 5 月 15 日至 16 日举办首届“创享者”学术年会，邀请省内外 30 多位知名专家、学者，开展了专题学术报告、平行论坛、闪电演讲等。全省中小学校长、教师 1100 余人参会。

【举办“纪念陶行知诞辰 130 周年学术论坛暨新都一中 80 周年办学成果展”】2021 年 10 月 20 日至 21 日在新都一中举办“纪念陶行知诞辰 130 周年学术论坛暨新都一中 80 周年办学成果展”，来自四川及上海、贵州等地 600 余人参加了大会。会议期间，联合上海市陶行知纪念馆举办了“陶行知：中国共产党的亲密战友”专题展览。

【参与教育扶贫和乡村振兴】与新华文轩集团、四川省教育报刊社合作，持续推进四川省乡村学校振兴联盟系列活动，组织专家对 21 所联盟成员学校开展形式多样的专业指导活动，促进了联盟学校发展；“凉山州支教老师培训与督导”开展了持续的远程培训、远程教学指导、岗前培训、项目督导等系列活动；定点帮助资中县利民小学，资助一万元现金帮助学校改善学生寄宿条件，联系省政协捐赠文件柜近 20 个，开展“创·艺课程进校园”支教活动。2021 年 5 月和 12 月，学会组织骨干教师“送教送培送诊断”分别到白玉、安岳等地。

【重要成果】研究会关于加强和改进少数民族地区汉语教学的建议，由四川省政协副主席赵振铣作为提案提交全国政协，四川省政协教育委员会主任朱世宏同志对建议予以高度评价，并批转四川省教育厅。

【研究会专委会开展活动】幼儿园园长专业委员会根据幼儿园的需求，开展为期 2 个多月的“全收获”理念下幼儿园沙水区线上和线下相结合的方式的教研活动。共计 360 余所理事单位参与学习，以实践经验共同探讨，碰撞专业的智慧火花。

小学专委会秉持“专业、公益、服务”的办会宗旨，开展公益品牌项目“创·艺课程”进校园活动、基于学科关键能力“论课”进县市州及学校活动，论课活动主要开展了“中江论课”“合江论课”“绵阳论课”，“创·艺”课程活动主要开展了“走进资中利民小学”，这些活动均在当地反响强烈。

教师专委会在宜宾学院召开乡村振兴战略下的高素质专业化乡村教师队伍建设研讨会，来自全国 58 个教育单位的 200 余人参会。

【持续推进双元双向人才培养研究项目】2021 年 9 月，四川省荥经职业技术学校、四川蒲江职业技术学校两所学校申报并通过遴选参与职业教育专委会双元双向人才培养研究项目。

【联合举办“2021 中国—东盟教育交流周”国际职业教育课程建设研讨会】2021 年 9 月 24 日至 29 日，重庆市国际教育交流协会、四川省陶行知研究会共同主办“中国—东盟国际教育交流周”在“双循环”背景下促进新阶段国际交流与合作暨国际职业课程建设研讨会。研讨会在中国贵阳举行，来自马来西亚、泰国、印尼、白俄罗斯、苏丹、英国等 8 个国家以及北京、河北、郑州、武汉、云南、海南、四川、贵州等 21 个省市的国内外教育专家和代表 200 余人参会。

四川省统计学会

【建设“四川省人口与发展数据实验室”】2021 年 3 月 22 日，四川省统计学会与西南财经大学赴清华大学中国经济社会数据研究中心，围绕“四川省人口与发展数据实验室”建设相关问题开展调研。清华大学中国经济社会数据研究中心主任、经济管理学院许宪春教授出席座谈会，清华大学中国经济社会数据研究中心特聘专家孔祥清、主任助理张钟文、助理研究员王洋等参加了座谈交流。四川省统计学会副会长周作昂和西南财经大学人口研究所所长杨帆等参加了调研。10月8日，四川省统计局与西南财经大学举行四川省人口与发展数据实验室签约暨揭牌仪式，中国统计学会副会长、四川省局党组书记、局长范毅出席签约仪式。

【召开四川省人口普查资料开发培训会】2021年6月28日至30日，四川省人口普查资料开发培训会在成都召开。全省300余人参加了培训会。

【召开第二届成渝地区双城经济圈建设统计科学研讨会】2021年12月16日，第二届成渝地区双城经济圈建设统计科学研讨会在重庆大足召开。四川省统计学会协助组织会议。

四川省图书馆学会

【重大事件】2021年3月25日至26日，四川省图书馆学会2021年秘书长联席会在攀枝花举行。会议深入贯彻落实习近平总书记给国图老专家回信精神，传达了中国图书馆学会2021年秘书长联席会会议精神，交流了全省图书馆学会的发展经验，梳理总结了学会在科学谋划事业高质量发展中进行的实践和探索，并就四川省图书馆学会2021年工作要点及第九届理事会（2021—2024年）工作规划征求意见。

2021年6月30日，组织四川省各系统图书馆，完成了《中国图书馆年鉴（2020年）》四川省部分的撰写、编辑和审校工作，并供国图出版社结集出版。

2021年7月29日，四川省图书馆学会召开全体党员会议，选举产生四川省图书馆学会支部委员。

【重要活动】2021年2月4日，组织动员全省各图书馆开展2021年“赏春意　品书香　暖万家”春节主题系列活动，共有16家单位填写《承办意向表》并按通知内容开展春节主题系列活动、报送活动总结。

2021年3月4日，四川省图书馆学会第九次会员代表大会在四川省图书馆召开。大会审议四川省图书馆学会第八届理事会工作报告、第八届理事会财务收支情况报告、《四川省图书馆学会章程》修改情况报告、《四川省图书馆学会第九届理事会理事选举办法》；表决通过《四川省图书馆学会章程》《四川省图书馆学会会员会费标准及管理办法》并选举产生四川省图书馆学会第九届理事会理事。学会第九届一次常务理事会产生了第九届学会领导班子及工作机构。

2021年4月27至29日，与中国图书馆学会、克拉玛依市图书馆协调沟通，共同商议举办西部公共图书馆2021年学术研讨会相关事宜。

2021年6月14日至15日，协助开展由中共四川省委宣传部、中共重庆市委宣传部、四川省文化和旅游厅、重庆市文化和旅游发展委员会联合举办的“信仰的力量”——庆祝中国共产党成立100周年川渝“阅读之星”诵读活动。

2021年6月19日，由四川省委组织部两新工委、四川省科学技术协会社会组织联合党委主办，四川省翻译协会、四川省图书馆学会、四川省音乐学院联合承办的“百年辉煌——庆祝中国共产党成立100周年”主题活动在四川省图书馆举行。庆祝活动分为开天辟地、改天换地、翻天覆地、惊天动地4个篇章，通过歌曲、配乐朗诵、演讲等多种形式，呈现出中国共产党团结带领中国人民不懈奋斗的辉煌历程，艺术地展现党的十八大以来，在以习近平同志为核心的党中央正确领导下，党和国家各项事业取得的历史性成就、发生的历史性变化。

2021年6月30日前，组织动员全省各级文化和旅游主管部门、图书馆学会及图书馆，会同属地街道开展发现“书香社区”的推荐申报工作。本着公平、公正、公开的原则，结合各地实际情况，择优向中国图书馆学会推荐8个社区：德阳市旌阳区孝感街道秦宓社区、南充市顺庆区潆华路社区、成都市武侯区簇桥街道锦城社区、成都市武侯区浆洗街街道蜀汉街社区、武侯区火车南站街道长寿苑社区、绵阳市游仙区魏城镇桂花社区、眉山市东坡区苏祠街道金龙社区、四川省内江市威远县严陵镇外西街社区。中国图书馆学会经审读材料和专家研议等程序，最终确定 25 个社区进入 2021 年“书香社区”发现活动名单，其中，包含四川省德阳市旌阳区孝感街道秦宓社区。

2021 年 7 月 20 日前，根据全省的实际情况，组织推荐文旅融合空间、特色主题空间、智慧体验空间等三类特色空间参加 2021 年特色阅读空间风采展示系列活动。对四川大学图书馆——“红动校园·红色文化教育”系列特色阅读空间（特色主题空间）、彭州市图书馆——梨花读·乡村图书馆（智慧体验空间）、四川省图书馆——馆里·四川省图书馆鹿溪智谷分馆（文旅融合空间）予以推荐。

2021 年 8 月 20 日，为发现和宣传 2020 年全民阅读工作中组织得力、成效突出的组织、单位和项目，发挥典型的示范带动作用，共同推进学习型社会建设，根据《中国图书馆学会关于开展全民阅读示范基地及 2020 年阅读推广示范项目推荐工作的通知》（中图学字〔2021〕38 号）要求，四川省图书馆学会开展全民阅读相关称号评选工作及中国图书馆学会全民阅读相关称号推荐工作。全省共有 28 个单位申报全民阅读示范基地，27 个单位申报全民阅读推广示范项目。四川省图书馆学会组织 5 名专家经审读材料和专家研议等程序，最终确定向中国图书馆学会推荐四川师范大学图书馆、达州市达川区图书馆为“全民阅读示范基地”；电子科技大学图书馆“小图共读——电子科技大学图书馆主题阅读活动案例”、阿坝藏族羌族自治州图书馆“阿来书屋”、成都图书馆“‘阅读+’融合服务”为“全民阅读推广示范项目”。同时，评选出 6 个四川省图书馆学会“全民阅读基地”、9 个“四川省图书馆学会阅读推广示范项目”。

2021 年 1 月至 12 月，及时广泛地面向本区域内各县级公共图书馆及有关单位宣传中国流动科技馆“跨界流动·助力基层”巡展项目，四川省西充县图书馆、稻城县图书馆、平武县图书馆进入 2021 年拟实施站点名单。

四川省武则天研究会

【重大事件】 2021 年 1 月，四川省社会科学重点研究基地“武则天研究中心”2021 年项目申报开始。

2021 年 2 月，四川师范大学党委常委、副校长兼任四川师范大学中华传统文化学院院长，四川省巴蜀文化研究会副会长，四川省武则天研究中心主任王川教授接受中国社会科学网专访，分享四川师范大学的巴蜀文化研究文脉和中华传统文化学院在阐发、传承和普及中华优秀传统文化方面的情况。

2021 年 5 月，“四川省武则天研究中心”2021 年度立项课题评审结果面向社会进行公示。四川省社会科学重点研究基地“四川省武则天研究中心”组织专家，评审出拟立项目 21 项。

2021 年 8 月 10 日，由四川省武则天研究会独家授权，与 ODIN 元宇宙平台共同开发的数字文创藏品“女帝无双”，全球限量发行 100 枚。

2021 年 10 月 21 日，《武则天学术研究与文化动态》和《四川武则天历史文化研究》编辑部举行换届。

【重要活动】 2021 年 5 月 8 日，四川省武则天研究中心第二届学术委员会成立大会暨 2021 年度项目评审会议在四川师范大学中华传统文化学院召开。

2021 年 6 月 30 日，皇泽寺大讲堂在川北幼专举行。由广元市文化广播电视和旅游局主办、川北幼儿师范高等专科学校、皇泽寺博物馆承办的皇泽寺大讲堂第二期——“绝代女皇武则天之谜”在川北幼儿师范高等专科学校开讲。

【重要成果】《中国民间文学中的武则天》《武则天研究》《武则天学术研究与文化动态》出版。

四川省心理学会

【重大事件及重要活动】2021年3月，学会在维纳斯檀香花园酒店协办主题为“高校辅导员思想政治教育创新与职业能力提升”的研讨会，参培人次70余人。

2021年4月，中共四川省科协社会组织联合委员会党史学习教育开班仪式在绵阳启动，本次学习教育活动由中国工程物理研究院党校承办，参培人员共84名，学会党支部党员参与了此活动。

学会发布“注册心理督导师”申报活动，并向中国心理学会临床心理学注册工作委员会推荐“注册心理督导师”11名。

学会与武侯区共建水韵园综合教育基地。

2021年5月，学会学前儿童心理与教育专委会开展幼儿园文化与品牌建设理论实践、基于幼儿心理发展的幼儿园专用功能活动室研发；7月，在绵阳全稚园开展婴幼儿观察评估与课程设计工作坊。

2021年7月，学会常务理事会暨特殊人群心理特征及行为引导方式学术研讨会在德阳召开。

2021年5月，由学会精神分析专委会主办，由成都师范学院承办，成都精神分析中心、成都精神分析专业协会、四川和光临床心理研究院协办的2021年四川省心理学会精神分析专委会年会暨“精神分析的中国化”研讨会在成都师范学院召开，共有133名专家学者参会。

2021年6月，学会在成都师范学院举办“汇智、赋能、发展”2021婴幼儿照护服务暨人才培养论坛，200余人参会。

2021年7月，学会组织学员在成都师范学院进行为期4天的中科院心理所心理咨询师基础培训实训学习，学员人数30余名，课程内容为团体心理辅导、心理急救技能、心理咨询方法与技能专项、心理评估等。

2021年9月，学会精神分析专委会负责人开展主题为“面谈及弹性收费”的网络讲座活动，共有165人参加网络学习。

泸县2021年9月16日发生6.0级地震，学会医学专委会专家迅速响应，启动应急预案，第一时间组织人员分批前往泸县人民医院、龙脑桥中心小学校、多处安置点、泸县公安局等地方进行心理救援。前往泸县人民医院的团队针对在泸县人民医院住院的27名灾后住院患者和家属进行心理状态评估，对需要干预的患者进行一对一的心理干预，并和病区医护人员交流，共同为需要药物处理的患者制定治疗方案，强调需要重点观察的事项；前往安置点的团队先后到龙脑桥中心小学校、大田社区党群服务中心安置点，对地震中心群众进行实地走访，共走访家庭23个，开展个体咨询36人次，还奔赴城北小学、泸县二中、城东小学、梁才学校、九曲河公园等5个城区安置点设置心理咨询流动服务站开展辅导工作，服务家庭18个，开展个体咨询27人次。针对转运至西南医科大学附属医院ICU的灾区患者，安排专人每天前往床旁进行心理疏导。

10月，学会在维纳斯檀香花园酒店协办主题为“全国高校辅导员工作室建设与管理经验交流”的研讨会，参会人员50余名，会议围绕“高校辅导员名师工作室建设现状及实践探索”“高校辅导员工作室建设攻略”“高校辅导员新媒体工作室漫谈”“全国高校优秀辅导员工作室建设成果展示及经验交流”等主题展开讲座及交流讨论。

11月，学会精神分析专委会开展主题为“咨询初始阶段的工作”的网络讲座活动，160人参加讲座和讨论。学会运动心理专委会专家主讲奥运讲堂。

12月，学会运动心理专委会进行四川省摔跤教练员培训；在四川双流羽毛球训练基地为羽毛球国家队提供心理讲座；开展“运动与健康”科普基地活动。

【重要成果】2021年3月，学会开展“心理学视野的校园欺凌防控：原理、方法及策略”优秀论文评选活动，本次评选活动共评出一等奖 10 项、二等奖 15 项、三等奖 18 项、优秀奖 21 项。

学会开展“0～3 岁婴幼儿优秀集教游戏案例”评选活动，本次参赛报名参赛案例 331 个，其中有效投稿案例数 326 个。活动评出一等奖案例 50 个，二等奖案例 84 个，三等奖案例 73 个，学生参赛优秀奖案例 25 个，参与奖 94 个。

学会完成第五次社会科学优秀成果评选，共评出一等奖 3 个、二等奖 9 个、三等奖 12 个。

2021 年 6 月，开展小学至高中段优秀学科学习指导案例成果征集活动，征集成果 60 余篇。

2021 年 7 月，《中小城市社区心理科普宣传内容体系的 Delphi 法研究》《灾后十年一地震对青少年心理健康的影响研究》公开发表。

2021 年 11 月，开展“2021 年四川省心理学会科研规划项目申报”工作，征集申报书 140 余份，最终确定立项 3 项重点项目，11 项一般项目，54 项自筹项目。

四川省扬雄研究会

【筹备“西道孔子·首批四川历史名人第四届扬雄高峰论坛暨四川省扬雄研究会第五届学术会议”】 2021 年 7 月 2 日，研究会会长、副会长、秘书长到郫都区友爱镇子云书院，同郫都区委宣传部领导及郫都区扬雄学会会长等，研究“第四届西道孔子·扬雄高峰论坛”方案。根据讨论的方案，研究会拟定了《第四届扬雄高峰论坛暨四川省扬雄研究会第五届学术会议邀请函（第一号）》，并通过多种渠道，发送给拟邀请的专家、学者。

2021 年 9 月 26 日，筹备组再次现场会商决定，第四届扬雄高峰论坛暨四川省扬雄研究会第五届学术会议定于 11 月 5 日至 6 日在友爱镇农科村召开，《第四届扬雄高峰论坛暨四川省扬雄研究会第五届学术会议邀请函（第二号）》再次发送给拟邀请的各位与会专家。

2021 年 11 月初，中心陆续收到来自海内外高校、科研机构、政府相关部门、文化书院等单位的 70 余位专家学者的参会回执，并收到 48 篇会议论文，因疫情原因无法亲临现场的美国西雅图大学哲学系珍妮弗副教授、新加坡国立大学教授苏瑞隆教授、日本小樽商科大学嘉濑达男教授等海外专家提交了参会视频。论文与视频内容涵盖扬雄思想研究、扬雄著述研究、扬雄文化研究、扬雄生平研究等研究议题。会议筹备组已完成会议论文集的编纂。

【新出一批扬雄研究学术成果】 完成《扬子学刊》第四辑、第五辑的组稿、编审工作，已交付巴蜀书社。《扬子学刊》第四辑刊发文章 24 篇；第五辑设扬子著述研究、扬子思想研究、扬子生平研究、扬子文化研究等栏目，刊发文章 38 篇。

【积极宣传普及扬雄文化】 2021 年 12 月 16 日至 17 日，研究会会长潘殊闲、副会长纪国泰就扬雄的文学成就与贡献先后接受《西道孔子·扬雄访谈实录》专访。

【推动、指导扬雄文化进校园】 研究会副会长纪国泰为郫都区子云学校设计扬雄文化入校园方案，并完成扬雄纪念馆内容设计；研究会会长、副会长、秘书长等人持续推动、指导郫都区教育局扬雄文化进校园工作，目前扬雄文化已在全区 30 余所中小学和幼儿园推广。

四川省优质教育促进会

【重大事件及重要活动】 2021 年 3 月，开展 2021 年度学术论文征集评选活动。活动覆盖川内数十所中小学、幼儿园。活动评选出特等奖论文 2 篇，一等奖论文 7 篇，二等奖论文 9 篇，三等奖论文 9 篇，优胜奖论文 14 篇。

2021 年 3 日至 4 月，开展第三届“最美校园”春季摄影作品展评活动。

2021 年 4 月和 10 月，促进会分别举第七期、第八期家庭教育公益巡讲，特邀家庭教育专家为石室白马中学、自贡蜀光中学、成都市郫都区嘉祥外国语学校、甘孜藏族自治州幼儿园的近 2000 位老师和家长讲课。

2021年4月，促进会举办公益大讲堂第三十三期，南方科技大学讲席教授赵予生作“怎样用新科技发现新材料”专题讲座，来自多所会员单位的300余名师生和家长代表聆听了讲座。

2021年5月，促进会与《教育科学论坛》杂志社、《教育与教学研究》杂志社联合开展主题为“拔苗助长乱象观察与审思”的教育争鸣活动。

响应教育精准扶贫号召，发挥平台优势，与小金政府联合发起“爱心延续，情暖小金”教育帮扶倡议，在会员学校中为小金县招募支教教师。2021年8月，举办促进会小金支教团队行前沟通会。经过2个多月的招募和会员学校推荐，来自嘉祥教育集团、绵阳南山中学、电子科技大学实验中学的三位老师加入支教团队，开展为期1～3年的支教工作。

2021年5月至7月，开展第三届“川蜀模范学子”助力奖公益计划，在川内百余所优质高中会员单位中遴选出12名优秀川蜀模范学子，给予6万/人的奖励金及长期的成长指导帮扶，并举办“川蜀模范学子”暨嘉祥教育集团第四届“十佳学子”助力奖颁奖典礼。

2021年10月，举办首期教育论文写作公益培训，来自27家单位的160余位教师参与了培训。

四川省心理健康教育研究会

【重大事件】 2021年6月11日，教育部高等学校心理学类专业教学指导委员会2021年度第2次工作会议暨全国心理学专业负责人联席会议在天津师范大学召开。教育部心理学教指委委员、西南交通大学国家级一流本科专业（心理学）建设点负责人、四川省心理健康教育研究会会长宁维卫教授出席会议并作大会发言。宁维卫教授结合自身国家“金课”建设的实践与参会人员分享了国家一流课程建设经验。

2021年7月9日至11日，全国人大常委会委员、华侨委副主任委员，致公党中央副主席曹鸿鸣带领5位国家有关部委、12位专家及工作人员到广西桂林开展调研。本次调研包括调研未成年人心理疏导有关内容，调研致公党企业家建立的社会服务机构，调研企业在文化创新、开展中外文化交流、公益、志愿者服务等有关内容，调研乡村振兴、人才振兴情况等。宁维卫教授受教育部委托参加调研活动，并发表意见建议，受到各方认同。

【重要活动】 2021年3月25日，教育部中国大学生在线网站、在线官微转发西南交通大学心理研究与咨询中心（四川省心理健康教育研究会）编辑的“3·25（善爱我）大学生校园心理文化节”微视频《善爱青春之我，做新时代的奋斗者》。

2021年6月2日，宁维卫教授为雅安雨城区中小学、幼儿园教师开展心理健康培训活动。全区各幼儿园园长、中小学校长及近百位幼儿园、中小学教师参与了培训。

2021年12月11日，中共四川省委教育工委、四川省教育厅在雷波县教体局举行14所高校与雷波县中小学心理健康护航工程结对仪式，四川省心理健康教育研究会老师参加结对仪式。

【重要成果】 心理健康网课“心理健康教育实践（含技术）”在学习强国四川学习平台发布。“走进心理学”课程登上学习强国平台。《当代交通心理学词汇》（工具书）由西南交通大学出版社出版。“心理健康人工智能教育平台”获得教育部首批新文科研究与改革实践项目立项。

四川省知识经济促进会

【重大事件】 2021年1月至9月，促进会积极参与自贡市“十四五”新型基础设施建设规划的编制，为自贡市“十四五”新型基础设施的科学建设提供智力支持。

2021年5月至9月，促进会与国网四川省电力公司电力科学研究院开展合作，利用电力大数据完成《基于电力大数据的四川省2021年第一/二/三季度住房空置分析报告》，并提交四川省住建厅。

2021年8月至12月，促进会积极参与甘孜州的人才扶贫工作，并为甘孜州、康定市、泸定市的“十四五”人才规划的编制提供智力支持。

2021年9月至12月，促进会承担四川省人社厅重点课题“创业带动就业重点领域‘放管服’改革营商环境研究”，形成相应研究报告提交四川省人社厅。

【重要活动】2021年10月29日，促进会与电子科技大学经济管理学院在电子科技大学宾馆联合主办“都江堰水利工程与新时代管理科学”研讨会。本次研讨会旨在充分吸取我国历史上具有世界影响的重大战略工程的“中国智慧”，传播好“中国声音”，推动新时代构建具有中国特色、中国风格和中国气派的管理科学学科体系。来自电子科技大学、四川大学、西南交通大学、同济大学等高校和四川省都江堰水利发展中心的30余位学者出席了会议。

【重大成果】2021年10月5日，肖延高教授在《管理世界》第10期发表题为《防卫还是囤积？商标组合对企业绩效的影响及启示》的学术论文。

四川省朱熹研究会

【开展“重走成昆铁路”活动】2021年6月23日，在老铁道兵蔡方鹿教授带领下，四川师范大学与西南交通大学共计21名师生从成都火车南站出发，开展第12次重走成昆铁路的题为“莽莽成昆路，铮铮铁兵魂”社会实践活动。12年来，累计已有138人次参与蔡方鹿教授带领的重走成昆铁路的社会实践活动。

【举办“中华道统思想的当代价值”学术研讨会】2021年10月15日至17日，由国际儒学联合会、四川师范大学主办，四川省朱熹研究会承办的“中华道统思想的当代价值”学术研讨会在四川师范大学举行。来自四川大学、中国人民大学、四川省社科院等国内知名高校、研究机构的80余名专家学者围绕“中华道统思想与当代社会发展的理论与实践”“中华道统思想中蕴涵的不同于西方价值的中华文明价值与中国文化精神”“执中、中道思想的当代价值”“重仁义、尚礼乐思想的当代价值”“行王道、黜霸道思想对构建人类共同体的价值与意义”等议题进行充分讨论和深入交流。

四川省注册会计师协会

【组织召开四川省注册会计师行业庆祝建党100周年大会】2021年6月22日，中共四川省注册会计师行业委员会、四川省注册会计师协会、共青团四川省注册会计师行业委员会在成都组织召开全省注册会计师行业庆祝建党100周年大会。大会同时还表彰了四川省注册会计师行业先进党团组织和优秀个人，举办了庆祝建党100周年歌咏活动及全省行业党史学习教育图文展。

【发布四川省注册会计师行业“十四五”发展规划】2021年10月，协会发布《四川省注册会计师行业发展规划（2021—2025年）》。

【举办川渝地区会计服务行业协同发展论坛】2021年12月24日上午，由四川省委统战部、重庆市委统战部主办的成渝地区专业人士合作峰会在成都举行。在峰会开幕式上，重庆市注册会计师协会张青，四川省注册会计师协会郭正苏分别代表两省市注册会计师行业签署川渝地区五大协会协同发展框架协议；在峰会主论坛上，中国注册会计师协会会长赵鸣骥以视频方式发表题为“汇聚注册会计师行业力量　助力成渝地区双城经济圈建设”的主旨演讲。

2021年12月24日下午，四川省注册会计师协会、重庆市注册会计师协会、四川同心·注册会计师服务团、四川省新联会注册会计师分会共同主办2021川渝地区会计服务行业协同发展论坛。来自川渝两地高校学界、实业界和行业内的专家学者围绕“‘双城记’中注会专业服务的方向、路径和着力点”进行主题对话和圆桌讨论。

在论坛现场，四川注协和重庆注协还联合发布川渝地区20强会计师事务所名单，举行川渝注册会计师行业战略合作协议的签订仪式。

【贯彻落实“国办发30号文件”精神】按照“国办发30号文件”精神以及财政部相关通知要求，对非专职执业、挂名执业的注册会计师开展了重点清理，2021年共注销注册会计师1434名，占2020年底注册会计师人数的23.36%。同时，与财政等相关职能部门开展联合检查，对不正当低价竞争等行为保持高压态势，严格执行业务报备、投诉举报、警示约谈、诚信档案管理、专案调查等监管制度，切实规范审计服务市场秩序。

【完成四川省注册会计师行业科研课题结项工作】2021年12月26日至28日，协会组织开展2020年度行业科研立项课题结项评审工作。共有“四川省中小会计师事务所报表审计中审计准则执行情况研究”“大数据时代会计审计基础问题研究”“会计师事务所党的建设标准化和规范化实务研究”等19个课题一次性通过结项评审。

【开展“我为群众办实事”“我为行业添光彩”实践活动】四川省注册会计师行业党委、四川省注册会计师协会推动贯彻减税降费减免会员会费、设立行业发展专项资金支持会计师事务所做强做优、保障“十四五”时期行业各级党群组织工作经费、加强行业后备人才培养等十大项目清单落地落实。其中，2021年省本级减免单位会员和个人会员会费达929.2万元。举办川渝两地注会行业2021年度秋季网络专场招聘会，累计为川渝两地高校财会学子提供近2000个岗位；举办“注协杯”全省高职院校技能大赛会计技能赛项、大数据会计分析与决策大赛、四川省大学生会计技能大赛等3个赛项；与西南财经大学、四川农业大学等15所院校签订战略合作协议，96家会计师事务所参与建立了718个校所共建学生实习基地，切实筑牢行业后备人才“蓄水池”；印发“七彩阳光·守护童安校园行”爱心安全包捐赠活动倡议书，全行业累计捐赠价值20余万元爱心安全包。

【开展对外宣传交流工作】2021年，四川省注册会计师协会编辑出版会刊12期，网站刊登各类信息590条，向中注协和财政厅等上级单位报送工作信息26条，公众号推送信息93条，表彰年度行业优秀通讯联络员20名，通过《中国会计报》登载与行业发展和协会工作相关的8篇专题报道、2篇专题采访；与澳洲会计师公会、ACCA等国际行业组织保持交流合作，共享教育培养资源，共同打造行业专业知识交流平台。

四川中国西部研究与发展促进会

【重大事件】2021年3月4日，促进会联合深圳爱佳尔科技有限公司通过雅安市红十字会，向雅安六个区县捐赠1022台健康活化水饮水机及空气净化器（价值291余万元）。饮水机及空气净化器已分配给各区县基层组织和新冠疫情援鄂先进个人，并已免费安装到家。

2021年7月1日，促进会组织全体成员收看“庆祝中国共产党成立100周年大会”实况，并动员几个较大的会员单位（成都黄大姐家政服务公司、爱卡卡集团、成都赛恩集团等）开展庆祝建党100周年主题活动。该主题活动约有1000人参加。

【重要活动】2021年6月20日，促进会参与支持会员单位成都爱卡卡集团承办“不得了·如约杯”2021年四川省健美健身暨四川省大学生健美健身精英联赛，来自省内12所大专院校及社会健身俱乐部的百余名选手在成都参加了比赛。

为巩固脱贫成果，预防因灾返贫，消除安全隐患，促进会联合四川省扶贫开发协会共同开展2021年“预防因灾返贫”应急安全消防知识培训演练活动。

民办社科研究机构

四川乐澄统筹城乡改革发展研究中心

【重大活动】2021 年 3 月 12 日，乐澄智库承办的“邛崃市城乡社区发展治理暨实施幸福美好生活十天工程推进大会”召开，会议坚持以人为本的理念，将深化社区发展治理与实施幸福美好生活十大工程一并谋划、一体推动，从历史、现实与未来三个维度出发，策划设计“看过去”“听心声”“展未来”“行在当下”4 个单元。

2021 年 6 月 8 日，“新发展阶段国际化大都市对外开放能力提升研讨会”在上海市中国社科院上海研究院举行。华东理工大学社会与公共管理学院教授何雪松、上海交大国际与公共事务学院教授彭勃、上海大学传播学院教授吴信训、中国社科院社会学所助理研究员龚顺等 4 位专家和乐澄智库首席专家刘礼、特聘专家冉敏等出席研讨会，他们就全国对外开放形势、上海成都两地对外开放做法经验等开展交流，并重点就成都对外开放能力提升对策进行研讨。

2021 年 7 月 13 日，成都市政协召开“贯彻公园城市示范区建设理念，推动乡村高质量发展”专题协商会。会上，乐澄智库首席专家刘礼应邀参加此次专题协商会，并作“以做好两项改革‘后半篇’文章为契机建设更加开放有效的村民议事会”主题发言。

2021 年 7 月 16 日至 18 日，中国社会学会 2021 年学术年会在重庆召开。乐澄智库首席专家刘礼受邀参加论坛（社会建设的理论与实践：社会现代化进程中民生福祉增进与社会治理创新）并作“成都：社区发展治理的持续探索之路”主题发言。

2021 年 12 月 8 日，乐澄智库通过龙泉驿区东安街道向甘孜县仁果乡、生康乡少年儿童捐赠过冬衣物、学习用品、体育用品一批，总价值 2.5 万余元。

【重要成果】中心完成农业农村部沼气研究所“农村人居环境治理体系和能力研究——以成都市为例”、成都市发改委“成都对外开放能力对标分析及提升建议”、金牛区社治委“金牛区基层治理十四五规划”等 9 个课题。

《农村人居环境治理体系和能力研究——以成都市为例》收入《中国农村人居环境发展报告(2021)》(由社会科学文献出版社出版)。

“补短板强链条”彭州打造中国“西部菜都”于 2021 年 7 月 15 日在《四川农村日报》专刊上发表。

四川普瑞空间经济发展规划研究院

【开展三维时空技术在土地整理项目中的应用】2021 年 5 月，开展三维时空技术在土地整理项目中的应用，建立土地整理项目信息化管理平台。以三维时空信息技术为基础，建立以精细规则、科学高效管理为核心的数字化、可视化的土地整理项目统一管理平台；在完善与提高建设用地规划过程中各个环节的信息化水平的基础上，建立三维空间数据库，为土地管理提供各类业务及属性数据；在实景三维环境下，为土地整理规划政府决策提供所见即所得的可视化判读手段，为开展建设用地与土地项目管理工作的全过程监控。

【开展《农业资源管理与空间技术研究》课题研究】2021 年 7 月，研究院到贵州省毕节市纳雍县和遵义市余庆县调研，结合国家乡村振兴政策，探索贵州省乡村振兴新模式。此次调研，作为国家数字乡村三维叠加创新先行试点，为乡村振兴规划提供了参考依据。

【与世邦魏理仕集团公司座谈交流】2021 年 12 月，邀请世邦魏理仕集团公司西南区总经理进行座谈交流，双方就时空大数据、乡村振兴等课题进入了深入的探讨和交流。

尚明公益发展研究中心

【重大事件】实施一批项目：一是驷马桥街道2021年红色摇篮计划："三社联动"机制创新项目。该项目探索创新"三社联动"机制，建成了1个区社工服务总站，13个街道社工服务站，凤凰山街道和九里堤街道所辖5个社区社会工作服务室，其余社区社工服务室建设有序推进。基本形成"功能齐全、制度完善、运行规范、服务专业"的社会工作"三级服务"网络，成为社会力量参与城乡社区发展治理的重要平台和民政等民生部门直接服务群众的重要抓手。

二是面向街道党建支持中心运营项目。该项目深度梳理打造街镇级党建引领社区发展治理案例，大力推广"1137"大面模式；凸显运营委员会作用，链接内外资源，加强社区规划，建设"一社区一品牌"；充分发挥议事厅平台效果，建立一个社治专家库，打造社区发展治理创新工作模式；深化社区骨干加油站作用，打造一套党建引领社区发展治理课程，实现品牌联动效应；规范社区公共服务交易所运营流程，形成一套社会组织服务评价机制。

三是一路智行：正兴街道社区发展治理调研与模式构建项目。该项目针对正兴街道下辖的五个小区的社区发展治理开展专门而系统的研究，以了解社区发展治理的经验与成效，并进一步梳理和构建小区文化的挖掘和发展的规划。

四是华西医美健康城党建引领创建产业示范社区项目。该项目深入促进华西医美健康城与高碑社区共建产业示范社区，推进产业功能区建设，持续推动产业社区"三生"融合发展，建设环境优美、生活便捷、生产高效的产业功能区。

五是2021年"彝路相伴"易地扶贫搬迁安置社区防灾减灾应急专题专技培训采购项目。该项目参照国家减灾示范社区的创建要求，结合安置社区的具体实际，通过专业培训、实地辅导、实践演练的方式，全面提升"彝路相伴"6个社区在防灾减灾和应急管理方面的综合能力，具有应对社区内及周边自然灾害、事故灾难、公共卫生事件的机制和能力。项目开展专题培训1次，开展社区专技培训18次。

六是搭建"蓉益说"传播和分享平台。"蓉益说"由成都市慈善总会、四川省红十字基金会、成都公益慈善联合会、四川尚明公益发展研究中心、电子科大慈善与社会企业研究中心、成都市爱有戏社区发展中心联合发起，目前已开展7期主题传播活动，就公众感兴趣的话题邀请成都知名公益人事进行交流和讨论，并以视频直播和文字传播的方式向公众传播。

【重要活动】2021年5月24日，由成都市慈善总会、成都市社会福利和慈善事业发展中心主办，成都源世纪文化传播有限公司承办，中国慈善联合会、四川尚明公益发展研究中心等单位支持的"2021成都公益慈善发展论坛"在成都举行。

2021年12月7日，由成都乐和社区服务中心主办、四川尚明公益发展研究中心等多家机构参与承办的"互助乡厨乡村养老项目的结项研讨会"在彭州市通济镇凤坪村村委会举行。

【重要成果】一是足球公益的理念与方法课程开发体系。该成果产出一份50页的标准化教学课件（PPT格式），并以注释的方式详述教学中的知识点、教学方法和注意事项。二是壹基金联合救灾网络评估报告。该成果由北京师范大学社会发展与公共政策学院和四川尚明公益发展研究中心联合实施。三是锦江区工商业联合会推动企业党建创新经验报告。该报告梳理和总结锦江区工商业联合会推动企业开展党建工作的创新做法与先进经验而成，并参与"国家治理（基层党建）创新经验"案例征集活动。四是成都市社会工作服务项目经验梳理与推广成果集。该成果总结2015—2020年成都市社会工作服务项目的专业经验，提炼本土社会工作服务模式，展示推广社会工作专业服务，探索社会工作服务项目发展路径，推动成都市专业社会工作高质量发展，推进社会工作更好地服务基本民生保障。

四川创新区域经济研究院

【主要成果】一是《成都市郫都区大众创业万众创新示范基地建设方案（2021—2023 年）》。该成果主要基于对成都市郫都区大众创业万众创新示范基地现有工作基础的总结分析，结合党中央国务院对双创示范基地建设的新要求和创新创业发展的新趋势，提出成都市郫都区大众创业万众创新示范基地建设的总体思路和主要目标。二是《国家及川渝地区 2020 年天然气政策跟踪与趋势分析》。该成果主要结合国家和川渝层面出台的天然气行业相关政策，对能源行业依法治理、清洁能源发展、价格监管、提高天然气储备能力、油气企业市场化等方面开展了天然气体制改革方面的政策跟踪分析，重点针对成渝地区能源一体化发展和“央地”发展、能源行业依法治理、清洁能源发展、价格监管、提高天然气储备能力、油气企业市场化等方面相关政策趋势进行了总结，分析判断了天然气行业相发展趋势，并进一步提出相应的对策建议。三是《高标准建设猛追湾市民休闲区，铸造全市“中优”示范精品》。该成果主要总结近年来猛追湾市民休闲区建设在城市空间、文旅场景、创新治理等方面的举措和成效，调研分析猛追湾市民休闲区建设的主要矛盾和问题，提出猛追湾市民休闲区在高品质场景、业态布局、金融服务、精细化管理等方面的路径策略。四是《乡村振兴背景下四川省县域农业技术进步贡献率实证研究》。该成果结合我国乡村振兴战略发展的有关内涵和要求，基于四川省农业经济和农业技术发展实际，按照“发现问题—分析问题—提出方案—分析论证—解决问题”的基本研究思路开展研究工作，对国内外有关研究和理论基础进行梳理总结，分别从农业、产出、科研等方面对四川省农业发展进行分析，并进一步明确县域农业技术进步贡献率计算的有关模型，选取相应的数据指标，计算四川省县域农业技术进步贡献率，以及对相关影响因素进行分析，并在此基础上提出相应的对策建议。

四川百特尔心理应用研究所

【开展心理咨询】2021 全年，在百特尔工作室、龙江路小学分校、成都市退役军人服务中心、成都市人力资源社会保障局 12333 服务中心等处，为机关工作人员、老师、校长、家长做心理辅导达 1800 小时以上。

【传播心理学及现代文明理念和生活方式】开展“五福人生”公益沙龙活动 28 场次，促进心理知识的普及与传播，促进亲子关系和夫妻关系的和谐。

四川创新社会发展与管理研究院

【会议、论坛】2021 年 6 月 24 日，研究院参与策划研究的全国第一个“学习强国”主题街区揭幕仪式在成华区举行。揭幕仪式现场，研究院与成华区人民政府、成都市广播电视台、四川省旅游投资集团签约，共建共享“学习强国”主题街区，合作建好用好“学习强国”平台线上线下空间，共同推进成都 100 个学习小站和市（州）100 个学习驿站建设。

2021 年 9 月 1 日，研究院与成都市电视台联合，在成都学习强国主题街区开展以家庭教育和家风建设为主题的“开学第一课”，在全国率先启动实施“学习＋”家庭教育社区绿岛行动计划。

【重要成果】研究院参与策划研究的《党建领航 政企共建“学习强国”主题街区与“守望新鸿”智慧社区融合创新模式》（市域治理现代化、“云社区＋智媒体”智慧服务类）获全国创新社会治理特色单项案例奖，该奖由人民网、中共中央党校（国家行政学院）颁发。

四川大和公众教育评估研究院

【庆祝中国共产党成立 100 周年】2021 年 4 月 20 日，在成都举办“庆祝中国共产党建党 100

周年”专题活动。7月1日，研究院全体人员收看庆祝中国共产党成立100周年大会直播。

【重要学术活动】一是参与制定新都区校园文化建设方案评估指标。研究院组织专家团队赴新都区教育局调研，与局领导科室负责人以及学校代表座谈，对校园文化建设进行专题研究。后经反复论证，提出《新都区校园文化建设方案评估标准（试行）》。

二是启动研制《四川校外培训机构星级评估办法（试行）》和《四川省校外培训机构星级评估评分标准（试行）》两项团体标准。

三是与国家关工委事业发展中心三宽家长教育研究院一起，作为主要起草人参与家庭教育系列团体标准建设。目前已经立项并正在实施的项目有：《家庭教育服务从业人员》《家庭教育服务机构规范》《家庭教育服务规范》《家庭教育家长学校办学评估》《家庭教育家长课程体系评估》《家庭教育示范学校建设标准》《家庭教育示范社区建设标准》。

四是从中小学家长教育管理制度、师资培训、教学计划、系统课程、教学评估等入手，提出一体化解决方案，并研制出《中小学家长学校专业化建设指导手册》。

【部分经营项目】2021年6月8日，研究院在成都市2020年度民办学校年度检查服务采购项目招标中中标。

2021年11月15日，研究院中标成都市新都区教育局2021年托管公办幼儿园年度考核采购项目。

四川蓝新城乡社区建设研究中心

【会议、沙龙】2021年5月15日，中心主办的“社区治理中的城市管理”蓝新社区治理沙龙会议在四川时代专修学院举行。会议邀请专家莅临指导，旨在搭建社区治理资源共享的平台，通过交流共同寻找发展良机。

2021年6月11日，中心主办的社区文化创意活动——第二次蓝新社区治理沙龙于在四川省兴华教育集团进行。活动邀请西藏自治区书法家协会副主席、西藏黄河诗书画副院长、四川省西藏商会书画院院长、四川师范大学国学研究所副所长客座教授演讲社区文化建设并现场写字绘画。通过开展社区文化创意沙龙活动，研究中心探索社区文化的“原创与创意”，增强参与者对城市社区文化创意了解度和认同度。

【重要成果】承接四川省妇联课题，形成《人文情怀关爱城市视角下公共场所母婴室现状分析及发展策略研究》调研报告1篇和1个咨政成果。结集出版四川省第二届职教创新论坛论文集《职教创新研究》第二辑。《“一带一路”背景下中印教育交流合作研究》由国际文化出版公司出版。

四川南岛心理咨询研究所

【秉承“不忘初心、牢记使命”思想，做好专业服务】严格按照中央和省委部署，聚焦“守初心、担使命，找差距、抓落实”总体要求，立足学术性、专业性民非社会组织的属性，强化宗旨意识，不断提升服务能力和水平。全年累计提供心理咨询（心理辅导）专业服务2887小节，其中公益性心理健康服务761小节，占总服务量的26.3%。截至2020年底，研究所有各种专兼职咨询师36人，其中值班及客座咨询师20人，远程平台咨询师16人，具备接待5000节/年的咨询来访服务能力。

【协办第四届川渝精神分析与心理咨询研讨会】在四川省社科联的指导下，2021年11月14日至15日，举办2020第四届川渝两地精神分析与心理咨询研讨会，会议由重庆荣格心理机构主办，南岛心理机构协办。会议主题：复归自然、走向大众，心理学让生活更美好！会议在重庆大坪长城酒店举行，参会人员达100余人。

【坚持有偿与公益相结合，开展公益性专业服务】2020年，全年开展公益性心理健康讲座16场，受众1300余人。继续与成都广播电视台交通文艺频道合作《心情加油站·解密梦语》节目，为广大市民提供心理健康科普服务活动，全年开展节目共44期。

四川先行教育研究院

【重大活动】2021年7月10日至11日，研究院与成都市教育科学研究院、成都市教育科学研究院附属学校（成都市天府实验学校）联合举办“理想之光·谛听家国故事，对话课程未来——2021年首届中小学高品质课程建设与创新发展学术峰会”。论坛本着为生命的优势成长奠基，为教育的终极价值赋能的宗旨，全面贯彻五育并举的教育理念，与全国社会各界教育专家、工作者共享课程新成果，共建课程新样态，共话课程新未来。来自教育行政主管部门、全国各地中小学的近2000位专家和代表共同参与了论坛，就推动高品质课程建设与创新发展进行探讨和交流。

【重要成果】《核心素养导向的小学语文创享课堂实践范式》获2021年四川省基础教育教学成果二等奖。

四川和谐教育研究院

【开展庆祝中国共产党成立100周年系列活动】2021年2月24日，开展建党100周年庆祝活动暨研究院发展座谈会。

2021年3月至9月，根据教育部关于印发《中小学德育工作指南》，培育中小学生爱国主义情怀，研究院在四川中小学进行“电影小红课”项目宣讲，以构建爱国主义文化育人共同体，共同开展“少年传承中华传统美德”“全国中小学生电影周”“新时代好少年”等活动。

【学术活动与会议】2021年2月27日，研究院召开学术委员会专家咨询报告会暨地学研学专题讨论会、实践教育课程研讨会。

2021年4月，研究院召开“十四五”发展规划研讨会。

2021年4月28日，研究院邀请四川大学两位教授到石室中学北湖校区做国家安全、心理健康方面的专题演讲，以增强学生家国情怀和心理健康。

2021年5月，研究院召开教育发展研讨会。

2021年5月19日至20日，研究院协助组织召开四川省教育国际交流协会年会并参与基础教育学术论坛（彭州）。

2021年1月至12月，研究院参与教育厅组织的地学研学国家培训工作；参与并承担教育厅、文旅厅组织的地学研学基地及路线规划、“和谐地球”精品路线地学研学指导手册编写及标准制定；参与四川省地学研学基地路线规划、研学政策制定、研学文件编写等工作。

四川华西徐悲鸿張大千艺术研究院

【加强党支部建设】研究院正式成立党支部，以党员为骨干带动和引领画院各项工作。党支部书记结合习总书记七一讲话和省委党史培训会精神，在全体党员大会上作题为“学习百年党史，坚定文化自信，以精品奉献人民”的党课宣讲。理论研究室主任结合研究院实际，在全院作题为“百年党史中美术精典”的党课讲座，用艺术家们熟悉的书画艺术语言，歌颂中国共产党的百年奋斗史，引导书画家们笔墨紧跟时代，创作时代精品的理论导向。曾祥元同志作题为“参加七一国庆天安门观礼有感”的党课讲座。2021年12月3日，召开党员会议，传达学习党的十九届六中全会精神。

【庆祝中国共产党成立100周年】中国共产党百年历程，是领导中国人民经过艰苦卓绝的斗争，从站起来、富起来到强起来的艰难的历程，是中国摆脱贫穷走向富强、中华民族走向复兴的光辉历程。研究院组织开展庆祝中国共产党成立100周年系列活动。

一是与重庆报业集团书画院、重庆华龙网书画联谊会等单位携手合作，开展川渝两地书画交流，研究院10多位艺术家参加两地的笔会活动，互赠书画作品。

二是组织开展川渝两地书画联展，2021年7月在重庆人民大礼堂举办庆祝中国共产党成立一百周年川渝书画展，9月在成都四川省政协美术馆成功举办“百年梦想光耀中华”川渝书画展，100余名书画家的100余件优秀作品参加了展出。

三是出版《百年梦想·光耀中华》书画集。

四是同竹文化研究会合作，参加“红心向党颂党恩　公园城市我奉献”庆祝中国共产党成立100周年文艺会演活动。

五是研究院12位书画家以芙蓉、梅花等12种花卉为内容，创作象征传统十二花神的书画作品，作品在成都文化公园进行展出。

【践行艺术服务社会、服务人民的历史与时代使命】面对新的历史时代，研究院把艺术参与服务，调整为文化艺术助力社会振兴发展，服务人民大众。

一是研究院通过文化艺术助力邛崃天台山何场镇的乡镇文旅振兴。从2021年4月开始，研究院与天台山何场镇建立文旅合作意向，根据当地实际，研究院采用以写生活动带动乡镇文旅发展的形式助力乡镇振兴，研究院组织开展百名书画家走近天台山活动，全院近百名书画家从五月活动启动，历时半年，分8批次前往天台山何场镇写生、创作，捐赠写生书画作品88件。同时在天台山何场镇建立研究院写生基地。

二是研究院与锦绣工场古玩城、草堂社区、芳邻等社区合作，开展文化助力社区文化活动，为市民和商家义务写春联200余联，画灯笼近百个，送“福”字百余幅。

三是研究院20多名书画家作品，参加重庆国际文化旅游博览会，助力川渝经济圈文化合作。

四是研究院参与冕宁哈哈乡爱曦小学扶贫助贫活动，向学生们捐赠图书和书画作品和衣物等物品，努力将助力活动变成奉献大爱的过程。

【重要活动】春节前夕，四川徐悲鸿张大千艺术研究院党支部组织书画家义务为社区写春联画灯笼。参加义务活动的书画老师20余人，共画灯笼近100个，写春联400余幅，福字200余个。

为庆祝中国共产党成立100周年，由四川省社科联社会组织联合党委、四川华西徐悲鸿张大千艺术研究院和重庆日报报业集团书画院、华龙网书画艺术联谊会共同主办的“百年梦想·光耀中华——庆祝中国共产党成立100周年川渝书画联展”于2021年9月17日上午10点在成都市青羊区草堂东路66号锦绣工场古玩城开幕。

由邛崃市天台山镇与四川华西徐悲鸿张大千艺术研究院共同主办的“百年梦想·光耀中华——文化助力乡村振兴，100名艺术家走进天台山”写生活动暨四川徐悲鸿张大千艺术研究院写生基地揭牌仪式于2021年5月28日在邛崃市天台山镇正式启动。

四川省社会经济管理研究院

【重大事件】2021年2月，承担完成“苏州工业园专业化运营体制机制研究”（成都市温江区发展和改革局委托项目）。

2021年4月，承担完成“全省重点开发区县域经济高质量发展之仁寿实践”（四川当代县域经济发展中心委托项目）。

2021年6月，承担完成“内江市位势发展研究”（内江市发展和改革委员会委托项目）。

2021年7月，承担完成“全省重点开发区县域经济高质量发展之宣汉实践”（四川当代县域经济发展中心委托项目）。

2021 年 9 月，承担完成“隆黄铁路扩能改造背景下隆昌发展对策研究”（政协隆昌市委员会办公室委托项目）。

2021 年 9 月，承担完成“温江区新时期产业体系构建思考”（成都市温江区发展和改革局委托项目）。

2021 年 11 月，承担完成“关于川藏铁路建设中地方交通配套几个问题的建议”（中共四川省委、四川省人民政府决策咨询委员会办公室委托项目）；承担完成“现代都市工业高质量发展研究项目”（成都市金牛高新技术产业园区管理委员会委托项目）；承担完成“三江新区打造‘一带一路’战略支点研究”（宜宾三江新区发展和政策研究局委托项目）；承担完成“成都迈入超大城市行列重大特征和对策研究”（成都市金沙智库研究会委托项目）；承担完成“郫都区经济类专题调研报告”（成都市服务业研究院委托项目）。

2021 年 12 月，承担完成“宜宾融入‘双循环’新发展格局问题研究”（中共宜宾市委宜宾市人民政府决策咨询委员会）；承担完成“提升成都制造业高质量发展路径研究”（成都市经济和信息化局委托项目）。

【重要活动】2021 年 4 月，在仁寿县参加“全省重点开发区县域经济高质量发展座谈会”，作“全省重点开发区县域经济高质量发展——仁寿实践”的主题发言；为国家开发银行青年干部开设“成渝地区双城经济圈建设的若干问题”的讲座；为长寿区青年干部开设“同城化战略与推进长寿与重庆主城区同城化发展”的讲座。

2021 年 5 月，为施耐德公司人员开设“成渝地区双城经济圈及四川推进进展”的讲座。

2021 年 7 月，在宣汉县参加“加快强县培育　促进四川县域经济高质量发展”座谈会，作“四川县域经济高质量发展——宣汉”的主题发言。

2021 年 10 月，为眉山市青年干部开设“构建‘四向拓展、全域开放’立体全面开放格局及其推进进展”的讲座。

2021 年 12 月，为全省青年干部学习班开设“四川融入新发展格局的思路与路径”的讲座。

2021 年 1 月至 12 月，持续服务阿坝州小金县两河口镇的大板村，与村合作社进行深度沟通，提供市场资讯，帮助其拓展销售渠道，开展在线培训。

与阿坝州理县桃坪羌寨带头人龙晓琼展开合作，辅导其发展转型并助力村寨发展。

【重要成果】“宜宾融入‘双循环’新发展格局问题研究”获中共宜宾市委主要领导批示。“确立大都市区发展方略推动成都 1000 万人口超大城市现代治理”以成都市哲学社会科学研究重要成果报告（第 18 期）报送。

四川中道文化研究中心

【参观三星堆文化博物馆】中心组织全体成员参观三星堆文化博物馆，丰富和深化对三星堆文化的认识，加深对成都平原与其周边地区文化关系的认知。活动结束后，全体成员一致认可：将更深入地研究“三星堆与完整认识古蜀文化的礼仪空间”确定为中心年度重点任务。

四川天府社区建设研究中心

【重大事件】2021 年 8 月 24 日，金牛区驷马桥街道曹家巷社区物业（事务）服务中心在社区会议室举行。9 月 16 日，草市街街道玉沙路社区物业事务服务站成立大会在社区会议室举行。

【重要活动】2021 年 12 月 18 日，成都昭青路社区、四川天府社区建设研究中心业主专业委员会、成都市金牛区培力社会服务中心联合主办“专家进社区・问诊在昭青——亲・邻昭青探索老旧小区治理阳光下午茶活动”，活动在昭青路社区党群服务中心举行，来自四川天府社区建设研究中心业主专业委员会各位专家及社区居民代表20余人参加探索讨论，为老旧小区治理献计献策。

四川西部教育研究院

【重大事件与重要活动】2021年1月18日，研究院十年院庆暨第六届论坛在四川省学术交流中心举行。

2021年4月15日至4月18日，研究院组织实施“黑水县中小学教育教学质量提升项目”2021年度（上半年）培训活动。

2021年4月18日，由成都市教育局主管、成都市教育科学研究院主办、四川西部教育研究院承办、成都石室中学协办的第80期“文翁大讲堂”报告会在成都石室中学（文庙校区）举行。

2021年5月21日，由成都市青白江区教育局主办、四川西部教育研究院承办的成都市青白江区“三名工程”开班仪式在成都市川化中学举行。

2021年6月7日，为庆祝中国共产党成立100周年，持续推动党史、新中国史、改革开放史、社会主义发展史的深入学习，四川西部教育研究院举行了学“四史”知识竞赛活动。

2021年6月18日，为庆祝中国共产党成立100周年，回顾中国共产党百年奋斗的辉历程、展望中华民族伟大复兴的光明前景，由成都市教育局主管、成都市教育科学研究院主办、四川西部教育研究院承办、成都石室中学协办的第81期“文翁大讲堂”报告会在成都石室中学（文庙校区）举行。

2021年9月10日，受民盟成都市委委托，研究院承担2021年“关于校外依法治理教育培训机构规范管理的机制模式设计实践研究——成都市依法治理民办教育培训机构治理情况”课题研究任务，并提交实施方案。

2021年12月3日，由四川西部教育研究院主办、西安市福元教师创新教育协会承办的“双减”格局下学校高质量教学暨第七届西部教育论坛活动采用线上直播与录播相结合的方式举行。来自北京、广东、陕西、贵州、云南、四川、重庆、湖南、河南、海南等12个省（直辖市）100多家学校及单位的专家学者和教育工作者通过线上方式相聚，共同参加研讨活动。

2021年12月7日，为提升校长政治素质、角色意识、治校能力和办学水平，促进成都教育持续优质发展，由成都市教育局主办、成都市教育科学研究院承办、四川西部教育研究院协办的“2021年成都市中学校长任职资格培训”开班典礼在成都市树德实验中学（东区）举行。

2021年12月24日，为进一步促进新形势下教育高质量发展，为实现民族复兴中国梦培养更多更好的优秀人才，由成都市教育局主办、成都市教育科学研究院承办、四川西部教育研究院和石室中学协办的第83期“文翁大讲堂”报告会在成都石室中学（文庙校区）举行。

【公益活动献爱心】研究院对黑水县教师的课堂教学、教学研究及师资提升作智力扶贫指导；向长城慈善基金会捐赠52500元，用于学校发展。在2021年“你好，世界”少年编程公益活动中积极推进编程普及，被中国电子学会普及工作委员会授予“优秀组织单位”称号。

四川西部经济与社会发展咨询院

【重大事件及重要活动】重新策划建立微信平台：按“互联网+”的思维，策划务实的网站平台，重视“正能量”传播、宣传与咨询。

积极拓展业务：继与“四川网信安信息技术有限公司”联合组建“社情民意调研与咨询中心”并建立“社区治理研究中心”之后，又与其相关部门以“四川云端舆情研判中心”“社会心理研究与咨询中心”（筹）等名义开展新工作。

强化政治引领：围绕党和国家方针、政策以及全省干部、社会培训工作重点、热点问题，参与举办多种专题培训班。

开展课题研究：参与由政府、社区和企业等委托课题研究。

用信息化手段更好感知社会：按照新发展理念，联合相关的机构，探索用信息化手段更好感知社会态势，畅通沟通渠道。

四川西蜀张大千艺术研究院

【重大活动】2021 年 5 月 8 日，由四川西蜀张大千艺术研究院、内江张大千研究中心主办，四川工程机械集团协办的“纪念张大千敦煌八十周年研讨会”在位于成都市抚琴西路的四川西蜀张大千艺术研究院召开。研讨会共同讨论张大千毕生对中国书画作出的巨大贡献。会间，研究院的书画家们纷纷现场泼墨，以此方式来缅怀和致敬张大千。

四川现代艺术研究院

【召开研究院第（七）次理事会会议并修改研究院章程】2021 年 10 月 25 日，召开研究院第（七）次理事会会议，学习领会《四川省民政厅进一步加强全省性社会组织党建工作的通知》并根据相关要求，修改研究院章程，增加党建入章的重要条款。修改后的章程于 2021 年 11 月 29 日经四川省民政厅审核通过。

【庆祝中国共产党成立 100 周年】2021 年 7 月，策划并组织实施“印记初心，礼赞百年”——庆祝中国共产党成立 100 周年陶印展。

【开展公益活动】2021 年 7 月和 8 月，开展暑期少儿陶艺培训班 2 期 14 人次。

2021 年 9 月和 10 月，开发三星堆文创产品 3 个，其中面具 2 个，陶锅 1 个。

2021 年 11 月，举办“古蜀文明之三星堆”公益讲座 2 场，涉及 16 个家庭。

四川新世纪品格教育研究院

【研究成果“小学品格教育的实践体系”获四川省基础教育教学成果特等奖】研究院完成的研究成果“小学品格教育的实践体系”，获 2021 年度四川省基础教育教学成果特等奖。该研究着力于社会主义核心价值观和立德树人在教育现场的落实机制，持续关注学生成长中正确价值观养成和德性与德行成长的知行合一。经过 8 年的研究与实践，该研究形成小学生应该具备的 24 个品格主题的道德共识和序列目标，形成多元路径的品格教育典型范式，构建“一品六翼”的操作体系，探索“四维一体”的评价方式和“以品育品”的全员导师保障体系。

【“大中小德育一体化背景下学生品格成长机制研究”项目列入四川省教育科研课题】2021 年 11 月，研究院“大中小德育一体化背景下学生品格成长机制研究”被列为四川省教育科研资助金项目课题。

【新媒体矩阵助力品格教育】2021 年 4 月，研究院新媒体矩阵开始运营，主要包括：品格周刊公众号、微博；中国未成年人网公众号、网站；短视频类在视频号、抖音、快手、小红书开设有品格周刊《家长课堂》；音频类在喜马拉雅平台开设品格周刊。截至 2021 年底，发布微博内容约 1500 条，阅读总数为 900 万。

【启动“爱成都·迎大运”系列主题活动于】2021 年底，由成都市关心下一代工作委员会、中共成都市委老干部局、成都市精神文明建设办公室、成都市教育局主办，四川新世纪品格教育研究院承办的“爱成都·迎大运”系列主题活动启动。活动共收到绘画作品 30824 幅、书法作品 14071 幅、征文作品 4695 篇、摄影作品 2637 幅、短视频作品 2438 个，各类目作品共计 54665 件，参赛者来自幼儿园学生、小学生、中学生、教师、五老志愿者等不同年龄阶段，联动学校上千所。

【进行“小一新生家长会”线上直播】2021 年秋季学期开学之际，研究院联合成都新闻广播

《超级家长会》频道，进行主题为“小一新生家长会”的线上直播，邀请杨霖老师为广大幼升小家庭讲解小一新生入学常见问题。

四川兴合田职业教育研究院

【重大事件】2021 年 3 月，举办研究院教育咨询方法论 3.0 开发会，共完成 9 项重点业务实施方法论的编制、合稿。

中国高等教育学会职业技术教育分会印发《关于公布第十届理事会理事长、副理事长、常务理事、理事、会员等单位名称的通知》（高职研〔2021〕5 号）研究院理事长孙英当选为中国高等教育学会职业技术教育分会第十届理事会理事。

研究院与国家级“双高”院校浙江金融职业学院高等职业教育发展研究中心签订战略合作协议，共同推进落实职教改革政策共研共建教育研究智库建设，共同服务职业教育高质量创新发展。浙江金融职业学院是国家级“双高”建设单位。

2021 年 4 月，全国高职高专校长联席会主席、天津职业大学原校长董刚教授到研究院考察交流。

2021 年 5 月，兴合田职业技能等级认定中心揭牌仪式暨助推技能人才培养研讨会议在兴合田研究院正式启动。

2021 年 8 月，研究院与云南省高等职业教育研究所在云南师范大学举行战略合作签约仪式，双方将围绕云南省职教改革发展中心工作，助力云南职业院校提质培优、增值赋能。

2021 年 10 月，研究院与无锡科技职业学院在成都天府国际金融中心签订战略合作协议，双方将共同助力无锡高新技术开发区高职教育高质量发展。

2021 年 12 月，四川省社会科学界联合会党组副书记、副主席罗仲平率科研处处长谢莲碧、学会处一级调研员许强莅临兴合田，宣讲党的十九届六中全会精神并调研指导工作。研究院孙英理事长及相关负责人参加会议。

【重要活动】2021 年 3 月，“2021 年兴合田公益大讲堂”在天府国际金融中心举行，来自川黔渝三地职业院校、教育行政部门、四川省社科联的 100 余职教同仁出席活动，并开展“基于类型和体系的本科职业教育”和“职业教育提质培优行动计划学习与理解”的专题分享。

2021 年 4 月，协办贵州省“贯彻落实全国职业教育大会精神推动职业教育高质量发展”培训会。

2021 年 5 月，研究院理事长受邀参加由中国高等教育学会职业技术教育分会、山西金融职业学院联合主办“巾帼创优”高职教育提质培优交流学习培训会，并作“拙笔难倾诗作典 巾帼须眉共培优”主题分享。

2021 年 6 月，研究院理事长受邀出席贵州省中职校长任职资格培训班并作“职业学校的管理与创新——使用战略思维工具设计院校中长期发展路径”专题讲座。

2021 年 6 月，“赓续红色血脉　逐梦新的征程”兴合田职业教育研究院庆祝中国共产党成立 100 周年活动举行。

2021 年 7 月，协办贵州省“学习贯彻习近平总书记在庆祝中国共产党成立 100 周年大会上的重要讲话精神暨职业院校思政工作研讨会”，研究院理事长以“运用新媒体技术做好学校思政资源开发”为题作报告。

2021 年 7 月，由四川省人力资源和社会保障厅备案的职业技能等级认定第三方评价机构——四川兴合田职业教育研究院组织的智能楼宇管理员职业技能等级认定（四级）考试工作在成都开考。

【完成研究报告】2021 年 4 月，受自贡市教育和体育局委托，对自贡市 7 所学校开展教育质量保障体系构建监督检查工作，并形成1份《自贡市中等职业教育质量保障体系构建监督检查报告》，7份子报告。

2021年5月至11月，受云南省教育厅委托，组织了来自全国9个省份21个院所的专家评审团队，完成“第一届云南省教育成果奖（职业教育）”评审，完成《第一届云南省教学成果奖（职业教育）评审项目总结报告》。

2021年5月，受安顺市教育局委托，对安顺市7个职业学校15个市级重点建设专业评估，完成《安顺市重点职业学校市级重点建设专业评估报告》。

2021年8月，受贵州省教育厅职成教处邀请参与“关于推动现代职业教育高质量发展的意见”专题研讨会，形成咨政成果1个。

2021年9月，兴合田“六韬”专家团队对川滇黔等省职业院校调研走访，对“三教”改革、教学成果孵化、产教融合等深入研讨，服务院校入围各省级教学成果奖项：特等奖2项、一等奖4项、二等奖6项。

2021年11月，受四川省职成处委托编制《四川省职业院校专业服务产业发展报告》。

2021年12月，受贵阳市教育局委托，组织省级、市级专家对贵阳市19所民办中等职业学校进行办学水平评估，完成1份局级《贵阳市民办中等职业学校教育教学水平评估总报告（2021）》，19份校级子报告。

2021年1月至12月，完成《成都市成华区职业教育十四五战略发展规划》《吉林水利电力职业学院十四五战略发展规划》《贵州水利水电职业技术学院十四五战略发展规划》《贵州电子商务职业技术学院十四五战略发展规划》。

【成果获奖】研究院与贵州水利水电职业技术学院、贵州省水利投资（集团）有限责任公司共同申报贵州省级教学成果奖《新建高职院校跨越式发展的“水院模式”》，获得贵州职业教育教学成果一等奖。

四川长江经济研究院

【迎建党百年，守初心使命】为庆祝中国共产党成立100周年，四川长江经济研究院开展系列主题活动，通过“追长征记忆，悟长征精神”学党史主题活动，“学党史、强信念、跟党走”红色观影活动，支部书记讲党课：《新中国第一场经济战》，慰问抗战老兵，传承红色精神等活动营造了浓厚党建氛围，发扬“不忘初心，牢记使命，履职尽责，勇于担当”精神。

【打造重点科研平台，服务地方经济建设】2021年，四川长江经济研究院顺利通过泸州市哲学社会科学重点研究基地评审，成为泸州市重点哲学社科研究基地——川南区域经济研究中心。川南区域经济研究中心是泸州市唯一以经济研究为主研方向的科研基地，在泸州市产业规划、区域经济、产业链研究等领域扮演骨干科研机构角色。

【持续激发创新活力，着力提升科研水平】2021年，研究院自研课题“跨境电子商务与综合保税区协同发展研究——以泸州综合保税区为例”结项。

【推进重点科研项目，助力地方经济建设】2021年，研究院承接市级重点课题“中国（四川）自由贸易试验区川南临港片区第十四个五年规划和二〇三五年远景目标规划”。

【积极践行社会责任，助力地方公益事业】2021年，研究院联合泸州市龙马潭区红十字会开展“应急救护知识公益培训”讲座。

四川中太经济管理研究院

【举办第十届中国（成都）中小企业发展论坛暨中太联盟迎春晚会】2021年3月27日，由四川中太经济管理研究院、中太经管院企业家校友会联盟主办、中源鸿运建工集团总冠名、四川华星名仕一汽奥迪联合冠名的第十届中国（成都）中小企业发展论坛暨中太联盟迎春晚会，在成都金牛宾馆大礼堂举行。晚会在短视频、快手、今日头条等网络媒体平台同步直播，观看人数达10万人。

【为爱助学 走进盐亭】2021年5月20日，研究院企业家校友会联盟一行到华夏母亲之都绵阳市盐亭县，为13位贫困学子实现一对一帮扶行动。

四川中兴文化产业研究所

【承担研究项目】2021年，承接达州市文化体育旅游局课题和达州市“十四五”文旅融合发展规划项目。承接成都市文化广电旅游局政府采购项目《成都市国家文化和旅游产业融合发展示范区创建报告》和《成都市文化和旅游消费示范城市建设报告》。

四川大杰饮食营养文化研究所

【庆祝中国共产党成立100周年】一是支部全体党员积极参与各种形式的庆祝活动。二是认真开展“学党史”主题教育活动，召开专题会议三次，撰写学习体会四篇。三是开展走访、观摩学习活动，支部党员先后到“千佛山战役红色之旅”“安州党建基地——湿地公园”等处学习参观。四是创作红色诗歌、歌曲。其间，支部党员创作了诗歌《致敬，红船!》及歌曲《相约安州》，歌曲《相约安州》入选国家体育总局举办的全国庆祝中国共产党成立100周年“百城同庆/百首原创/百万同跳”排舞竞赛展示曲目。五是参与绵阳市安州区委宣传部、文联、音协主办的《颂歌百首献给党——安州原创歌曲集》编辑工作。

【开展“三个联动”活动】一是党建工作与科研工作联动。以党建为引领，带动科研等业务工作扎实开展。所长、支部书记领衔的研究课题“五彩魔芋制作工艺及其功能”获得阶段性成效，“五彩魔芋制作艺技”成功申报绵阳市区级非物质文化遗产名录，所长个人获“非物质文化遗产传承人”称号。

二是科研工作与实地建设工作联动。2021年，与绵阳和润集团公司、绵阳都乐魔芋公司构建紧密合作关系，使研究所的基地建设得到进一步落实。

三是科研工作与为民办实事联动。支部书记、所长为安州区王家大院义务讲授饮食营养文化课两次，研究所其他成员分别参与义务防疫、九九重阳节慰问活动等。

四川丝路职业教育研究院

【举办庆祝中国共产党成立100周年毛体书法作品展】2021年3月19日至26日，为庆祝中国共产党成立100周年，“书写新时代·助力中国梦——庆祝中国共产党成立100周年毛体书法作品展”在成都市锦江区文化馆进行。本次展出由四川省文学艺术界联合会指导，四川丝路职业教育研究院、四川省毛体书法家协会、《一带一路报道》杂志主办。作品展汇集全省书法绘画艺术家的100幅作品，以毛体和传统书画艺术形式为载体，以毛泽东等老一辈无产阶级革命家诗词和习近平总书记金句以及歌颂伟大的中国共产党、歌颂伟大祖国的诗词为主要内容。

【联合开展民俗文化融入乡村振兴考察调研】2021年10月20日至22日，为探索民俗民间文化更好地服务乡村振兴，研究院联合渠县民俗文化协会在成都就民俗文化融入乡村振兴进行为期两天的考察调研。

【举办“党的十九届六中全会精神与四川高等职业教育发展论坛”】2021年12月29日，研究院在成都市武侯区举办“党的十九届六中全会精神与四川高等职业教育发展论坛”，来自四川省高等职业教育高校的专家学者30余人出席。

四川省哲学社会科学发展评估（2019—2021年）

· 概论
· 机构评估
· 学科评估
· 总结

加快构建中国特色、巴蜀风格的哲学社会科学是新时代四川社科界的光荣使命。为促进中国特色巴蜀风格哲学社会科学学科体系、学术体系、话语体系的加快构建，特对四川省哲学社会科学发展状况及竞争能力进行分析评估。

概论

报告利用2019—2021年四川省获批的国家社科基金项目、四川社科获奖成果、四川省社科规划项目、四川社科平台等数据，对四川省哲学社会科学各机构进行评估。

本报告采用的评价指标包括：①国家社科基金项目。含《国家哲学社会科学成果文库》、重大招标项目（含单列学科）、专项（重大）项目（含冷门“绝学”及国别史研究）、年度重点项目（含单列学科）、年度一般项目（含单列学科）、青年项目（含单列学科）、西部项目（含单列学科）、后期资助项目（含单列学科）、中华学术外译项目。②四川省社科规划项目。含重大招标项目、年度重点项目、年度一般项目、年度青年项目、基地重大项目、后期资助项目、专项重大项目、专项重点项目、专项一般项目等。③四川省社会科学优秀成果评奖获奖。含四川省社会科学优秀成果一等奖、四川省社会科学优秀成果二等奖、四川省社会科学优秀成果三等奖。④四川社科平台。含四川省哲学社会科学重点研究基地（含扩展）、四川省社会科学高水平研究团队（含后备）。以上指标的数据主要来自四川省社会科学规划办公室及全国哲学社会科学工作办公室。

上述各指标权重值见表115。

表115　四川省哲学社会科学评估指标体系

一级指标	二级指标	权重值（分/项）	计分方法
1国家社科基金项目	1.1《国家哲学社会科学成果文库》	20	对项目数量进行加权后，再进行累积计分
	1.2重大招标项目	18	
	1.3专项（重大）项目（含冷门“绝学”及国别史研究）	18	
	1.4年度重点项目	12	
	1.5年度一般项目	8	
	1.6青年项目	8	
	1.7西部项目	8	
	1.8后期资助项目	8	
	1.9单列学科（教育学）重大项目	18	
	1.10单列学科（教育学）重点项目	12	
	1.11单列学科（教育学）一般项目	8	
	1.12单列学科（教育学）青年项目	8	
	1.13单列学科（教育学）西部项目	8	
	1.14单列学科（教育学）后期资助项目	8	
	1.15单列学科（艺术学）重大项目	18	
	1.16单列学科（艺术学）重点项目	12	
	1.17单列学科（艺术学）一般项目	8	
	1.18单列学科（艺术学）青年项目	8	

续表115

一级指标	二级指标	权重值（分/项）	计分方法
1 国家社科基金项目	1.19 单列学科（艺术学）西部项目	8	对项目数量进行加权后，再进行累积计分
	1.20 单列学科（艺术学）后期资助项目	8	
	1.21 中华学术外译项目	8	
2 四川省社科规划项目	2.1 重大招标项目	8	对项目数量进行加权后，再进行累积计分
	2.2 年度重点项目	6	
	2.3 年度一般项目	4	
	2.4 年度青年项目	4	
	2.5 专项重大项目	8	
	2.6 专项重点项目	6	
	2.7 专项一般项目	4	
	2.8 基地重大项目	8	
	2.9 历史名人重大项目	8	
	2.10 后期资助项目	4	
3 四川省社会科学优秀成果评奖获奖	3.1 一等奖	20	对获奖数量进行加权后在进行累积计分
	3.2 二等奖	10	
	3.3 三等奖	5	
4 四川省社科平台	4.1 四川省哲学社会科学重点研究基地	18	对重点研究基地数、高水平研究团队数、进行加权后，在进行累积计分
	4.2 四川省哲学社会科学重点研究基地（扩展）	15	
	4.3 四川省社会科学高水平研究团队	18	
	4.4 四川省社会科学高水平研究团队（后备）	15	

评估包含基于单指标的评估模型及方法和基于综合指标的评估模型及方法。

以国家社科基金项目进行评估

以 A_i 代表国家社科基金某类项目数量，以 a_i 代表该类项目权重值，以 S_{1i} 代表该类国家社科基金项目的评估计分，则：

$$S_{1i}=a_iA_i$$

对各类国家社科基金项目的评估计分进行累积，则可得到以国家社科基金项目评估四川社科发展的评估总分值 A。

$$A=\sum S_{1i}$$

计算各省份、各机构、各学科的 A 值，并进行排序，即可对各省份、各机构、各学科发展状况及竞争能力进行评估。

以四川省社科规划项目进行评估

以 B_i 代表四川省社科规划项目某类项目数量，以 b_i 代表该类项目权重值，以 S_{2i} 代表该类四川社科规划项目的评估计分，则：

$$S_{2i}=b_iB_i$$

对各类四川社科规划项目的评估计分进行累积，则可得到以四川社科规划项目评估四川社科发展的评估总分值 B。

$$B=\sum S_{2i}$$

计算省内各机构、各学科的 B 值，并进行排序，即可对省内各机构、各学科发展状况及竞争能力进行评估。

以四川省社会科学优秀成果评奖获奖进行评估

以 C_i 代表四川省社会科学优秀成果评奖某类奖项数量，以 c_i 代表该类奖项权重值，以 S_{3i} 代表该类奖项的评估计分，则：

$$S_{3i}=c_iC_i$$

对各类四川社会科学优秀成果评奖奖项的评估计分进行累积，则可得到以四川社会科学优秀成果评奖获奖评估四川社科发展的评估总分值 C。

$$C=\sum S_{3i}$$

计算省内各机构、各学科的 C 值，并进行排序，即可对省内各机构、各学科的发展状况及竞争能力进行评估。

以四川社科平台进行评估

以 D_i 代表四川省某类社科平台数量，以 d_i 代表该类平台权重值，以 S_{4i} 代表该类四川社科平台的评估计分，则：

$$S_{4i}=d_iD_i$$

对各类四川社科平台的评估计分进行累积，则可得到以四川社科平台评估四川社科发展的评估总分值 D。

$$D=\sum S_{4i}$$

计算省内各机构、各学科的 D 值，并进行排序，即可对省内各机构、各学科发展状况及竞争能力进行评估。

以国家社科基金项目、四川省社科规划项目、四川省社会科学优秀成果评奖获奖、四川社科平台进行综合评估

以 G 代表含国家社科基金项目、四川省社科规划项目、四川省社会科学优秀成果评奖获奖、四川社科平台各类指标的综合评估总分值。

$$G=A+B+C+D=\sum S_{1i}+\sum S_{2i}+\sum S_{3i}+\sum S_{4i}$$

计算省内各机构、各学科的综合评估总分值 G 值，并进行排序，即可对省内各机构、各学科发展状况及竞争能力进行评估。

若新增指标，可按上述方法，将其评估总分值累加到综合评估总分值 G 值即可。

机构评估

基于国家社科基金年度项目的机构评估

根据前述指标体系及评估模型与方法，以各类国家社科基金年度项目（不含单列）为指标，

对四川社科研究机构进行评估，以此展现四川省社会科学发展状况及潜能，展示其竞争能力。

【机构的省内排名】按获批国家社科基金年度项目数量的四川机构排名见表116。（数量相同按机构名称排序）

表116　按获批国家社科基金年度项目数量的四川机构排名

序号	机构	排位
1	四川大学	1
2	四川师范大学	2
3	西南财经大学	3
4	西南民族大学	4
5	四川省社科院	5
6	西华师范大学	6
7	西南交通大学	7
8	电子科技大学	8
9	四川农业大学	9
10	中共四川省委党校	10
11	成都理工大学	11
12	成都体育学院	11
13	西华大学	13
14	西南科技大学	14
15	西南石油大学	15
16	成都大学	16
17	成都信息工程大学	16
18	成都中医药大学	18
19	成都师范学院	19
20	绵阳师范学院	19
21	西昌学院	19
22	阿坝师范学院	22
23	中共成都市委党校	22
24	成都医学院	22
25	乐山师范学院	22
26	内江师范学院	22
27	四川轻化工大学	22
28	四川文理学院	22
29	西南医科大学	22
30	宜宾学院	22
31	成都市文物考古研究院	31

续表116

序号	机构	排位
32	四川警察学院	31
33	四川旅游学院	31
34	四川民族学院	31
35	成都市社科院	35
36	成都银杏酒店管理学院	35
37	攀枝花学院	35
38	四川传媒学院	35
39	四川大学锦城学院	35
40	四川省经济和社会发展研究院	35
41	四川省科技促进发展研究中心	35
42	四川省民族研究所	35
43	四川省农业科学院	35
44	四川音乐学院	35
45	中共宜宾市委党校	35
46	中国科学院成都文献情报中心	35
47	中国民用航空飞行学院	35

【四川大学在全国同类机构中的排名】按获批国家社科基金年度项目得分（得分相同按机构名称排序），四川大学在全国同类机构中的排名见表 117。

表 117　按获批国家社科基金年度项目得分的全国高校排名（TOP20）

序号	机构	排位
1	中国人民大学	1
2	中山大学	2
3	四川大学	3
4	厦门大学	3
5	北京大学	5
6	武汉大学	6
7	云南大学	7
8	山东大学	8
9	南开大学	9
10	暨南大学	10
11	浙江大学	11
12	吉林大学	12
13	南京大学	13
14	西南大学	14

续表117

序号	机构	排位
15	郑州大学	15
16	河南大学	16
17	复旦大学	17
18	上海交通大学	18
19	华南理工大学	19
20	清华大学	20

【西南民族大学在全国同类机构中的排名】按获批国家社科基金年度项目得分（得分相同按机构名称排序），西南民族大学在全国同类机构中的排名见表118。

表118 按获批国家社科基金年度项目得分的全国民族院校排名（TOP15）

序号	机构	排位
1	中央民族大学	1
2	中南民族大学	2
3	北方民族大学	3
4	云南民族大学	4
5	西藏民族大学	5
6	青海民族大学	6
7	贵州民族大学	7
8	西南民族大学	8
9	广西民族大学	9
10	内蒙古民族大学	10
11	西北民族大学	11
12	湖北民族大学	12
13	大连民族大学	13
14	呼和浩特民族学院	14
15	四川民族学院	15

【西南财经大学在全国同类机构中的排名】按获批国家社科基金年度项目得分（得分相同按机构名称排序），西南财经大学在全国同类机构中的排名见表119。

表119 按获批国家社科基金年度项目得分的全国财经院校排名（TOP20）

序号	机构	排位
1	中南财经政法大学	1
2	浙江财经大学	2
3	南京财经大学	3
4	江西财经大学	4

续表119

序号	机构	排位
5	山东财经大学	4
6	贵州财经大学	6
7	中央财经大学	7
8	西南财经大学	8
9	安徽财经大学	9
10	新疆财经大学	10
11	山西财经大学	11
12	广西财经学院	12
13	内蒙古财经大学	13
14	上海财经大学	13
15	广东财经大学	15
16	东北财经大学	16
17	天津财经大学	17
18	河南财经政法大学	18
19	兰州财经大学	19
20	云南财经大学	20

【四川师范大学在全国同类机构中的排名】按获批国家社科基金年度项目得分（得分相同按机构名称排序），四川师范大学在全国同类机构中的排名见表 120。

表 120　按获批国家社科基金年度项目得分的全国师范院校排名（TOP20）

序号	机构	排位
1	北京师范大学	1
2	南京师范大学	2
3	华东师范大学	3
4	湖南师范大学	4
5	陕西师范大学	5
6	华中师范大学	6
7	上海师范大学	7
8	东北师范大学	8
9	江西师范大学	9
10	山东师范大学	10
11	广西师范大学	11
12	福建师范大学	12
13	华南师范大学	13
14	云南师范大学	14

续表120

序号	机构	排位
15	浙江师范大学	15
16	贵州师范大学	16
17	四川师范大学	17
18	西北师范大学	18
19	内蒙古师范大学	19
20	河南师范大学	20

【成都体育学院在全国同类机构中的排名】按获批国家社科基金年度项目得分（得分相同按机构名称排序），成都体育学院在全国同类机构中的排名见表121。

表121　按获批国家社科基金年度项目得分的全国体育院校排名（TOP14）

序号	机构	排位
1	北京体育大学	1
2	上海体育学院	2
3	成都体育学院	3
4	武汉体育学院	4
5	沈阳体育学院	5
6	广州体育学院	6
7	南京体育学院	7
8	西安体育学院	8
9	山东体育学院	9
10	首都体育学院	10
11	天津体育学院	11
12	哈尔滨体育学院	12
13	河北体育学院	13
14	吉林体育学院	13

【四川省社科院在全国同类机构中的排名】按获批国家社科基金年度项目得分（得分相同按机构名称排序），四川省社科院在全国同类机构中的排名见表122。

表122　按获批国家社科基金年度项目得分的全国社科院排名（TOP20）

序号	机构	排位
1	上海市社科院	1
2	四川省社科院	2
3	云南省社科院	3
4	山东社科院	4
5	江苏省社科院	5

续表122

序号	机构	排位
6	新疆维吾尔自治区社科院	6
7	黑龙江省社科院	7
8	内蒙古自治区社科院	7
9	天津社科院	7
10	河南省社科院	10
11	宁夏社科院	10
12	贵州省社科院	12
13	陕西省社科院	12
14	北京市社科院	14
15	湖南省社科院	14
16	青海省社科院	14
17	重庆市社科院	14
18	河北省社科院	18
19	江西省社科院	18
20	西藏自治区社科院	18

【中共四川省委党校在全国同类机构中的排名】按获批国家社科基金年度项目得分（得分相同按机构名称排序），中共四川省委党校在全国同类机构中的排名见表123。

表123 按获批国家社科基金年度项目得分的全国党校排名（TOP20）

序号	机构	排位
1	中共上海市委党校	1
2	中共重庆市委党校	2
3	中共浙江省委党校	3
4	中共江苏省委党校	4
5	中共四川省委党校	5
6	中共黑龙江省委党校	6
7	中共北京市委党校	7
8	中共天津市委党校	8
9	中共福建省委党校	9
10	中共新疆生产建设兵团委党校	10
11	中共广东省委党校	11
12	中共青海省委党校	11
13	中共新疆维吾尔自治区委党校	13
14	中共云南省委党校	14
15	中共甘肃省委党校	15

续表123

序号	机构	排位
16	中共山东省委党校	15
17	中共杭州市委党校	17
18	中共宁夏回族自治区委党校	17
19	中共湖南省委党校	19
20	中共江西省委党校	19

机构综合评估

【机构综合评估的省内排名】以国家社科基金项目、四川省社科规划项目、四川省社会科学优秀成果评奖获奖、四川社科平台为指标，对四川社科机构进行综合评估。按综合评估总分值（*G*）的四川社科机构排名（得分相同按机构名称排序），见表124。

表124　按综合评估总分值（*G*）的四川社科机构排名

序号	机构	排位
1	四川大学	1
2	四川师范大学	2
3	西南财经大学	3
4	西南民族大学	4
5	四川省社科院	5
6	西华师范大学	6
7	西南交通大学	7
8	电子科技大学	8
9	成都体育学院	9
10	西华大学	10
11	四川农业大学	10
12	成都理工大学	12
13	中共四川省委党校	13
14	西南科技大学	14
15	成都大学	15
16	西南石油大学	16
17	绵阳师范学院	16
18	成都信息工程大学	18
19	内江师范学院	19
20	成都中医药大学	20
21	成都师范学院	21
22	攀枝花学院	22

续表124

序号	机构	排位
23	四川文理学院	23
24	宜宾学院	24
25	乐山师范学院	25
26	西昌学院	26
27	四川旅游学院	27
28	西南医科大学	28
29	四川轻化工大学	29
30	四川警察学院	30
31	四川音乐学院	31
32	成都医学院	32
33	阿坝师范学院	33
34	四川民族学院	34
35	四川理工学院	35
36	成都工业学院	36
37	中共成都市委党校	37
38	川北医学院	38
39	四川交通职业技术学院	38
40	中国民用航空飞行学院	40
41	四川文化产业职业学院	41
42	成都市文物考古研究院	42
43	成都市社科院	43
44	四川大学锦江学院	44
45	四川省文化产业职业学院	45
46	四川省文物考古研究院	45
47	四川省民族研究所	47
48	四川大学锦城学院	48
49	四川传媒学院	48
50	四川省地方志工作办公室	48
51	成都市政协	48
52	中共宜宾市委党校	52
53	四川省农业科学院	52
54	成都工业职业技术学院	52
55	四川省统计科学研究所	55
56	四川省统计学会	56

续表124

序号	机构	排位
57	成都银杏酒店管理学院	56
58	四川省环境政策研究与规划院	56
59	成都市中级人民法院	56
60	四川省艺术研究院	60
61	成都锦城学院	61
62	四川省委政策研究室	61
63	四川省经济发展研究院	63
64	乐山市委宣传部	64
65	农业农村部沼气科学研究所	65
66	四川广播电视大学	65
67	四川日报报业集团	65
68	四川省委党史研究室	65
69	四川省教育科学研究院	69
70	中共泸州市委党校	70
71	泸州职业技术学院	70
72	四川工商学院	70
73	西南财经大学天府学院	70
74	成都大学附属医院	70
75	成都市新都区第一幼儿园	70
76	成都文理学院	70
77	国家开发银行四川省分行	70
78	四川旅游规划设计研究院	70
79	四川省巴蜀画派促进会	70
80	四川省成都市石室中学	70
81	四川省科技促进发展研究中心	70
82	四川省农村信用社联合社	70
83	四川省卫生健康政策和医学情报研究所	70
84	四川省医学科学院	70
85	四川天府新区党工委	70
86	四川统计研究所	70
87	中国科学院成都文献情报中心	70
88	四川省生产性服务业协会	88
89	阿坝州藏文编译局	89
90	成都地图出版社	89

续表124

序号	机构	排位
91	成都市发展和改革委员会	89
92	成都市金牛区委政策研究室	89
93	成都市树德实验中学	89
94	成都职业技术学院	89
95	蓬安县县志编纂委员会办公室	89
96	四川省报业协会	89
97	四川省人力资源和社会保障厅	89
98	四川省统计局	89
99	四川省图书馆	89
100	中共甘孜州委党校	100
101	中共凉山州委党校	100
102	成都川发国研大数据研究院有限公司	100
103	成都东软学院	100
104	成都广播电视大学	100
105	成都开放大学	100
106	成都农业科技职业学院	100
107	成都市教育科学研究院	100
108	成都市青羊区人民检察院	100
109	成都市双流区人民法院	100
110	成都市统计局	100
111	成都市新都区人民法院	100
112	成都铁路运输中级法院	100
113	成都艺术职业大学	100
114	广元市中医医院	100
115	泸州市统计局	100
116	眉山市统计局	100
117	眉山职业技术学院	100
118	绵阳职业技术学院	100
119	四川电影电视学院	100
120	四川工程职业技术学院	100
121	四川商务职业学院	100
122	四川省成都市第七中学	100
123	四川省高级人民法院	100
124	四川省监狱管理局	100

续表124

序号	机构	排位
125	四川省林业和草原局	100
126	四川省情杂志社	100
127	四川省人力资源和社会保障科学研究所	100
128	四川省水利水电勘测设计研究院	100
129	四川省司法厅	100
130	四川省委政法委	100
131	四川省县域经济学会	100
132	四川省信访局	100
133	四川省信息产业发展研究中心	100
134	四川省肿瘤医院	100
135	四川外国语大学成都学院	100
136	四川文轩职业学院	100
137	四川艺术职业学院	100
138	四川幼儿师范高等专科学校	100
139	四川元绪律师事务所	100
140	雅安职业技术学院	100
141	宜宾市第一人民医院	100
142	中国民用航空总局第二研究所	100
143	资阳市人民检察院	100
144	中共自贡市委党校	100
145	自贡市委政法委	100
146	自贡市盐业历史博物馆	100

学科评估

利用四川省获批的国家社科基金项目、四川社科评奖获奖、四川社科规划项目、四川社科平台等指标，评估四川省哲学社会科学各学科的状况和水平。

基于国家社科基金年度项目的学科评估

基于四川省各学科 2019—2021 年获批的国家社科基金年度项目，评估各学科在省内排位，以及部分学科在国内的排位。

【四川哲学社会科学各学科的省内排名】 按获批国家社科基金年度项目得分排序，四川哲学社会科学各学科的省内排位见表 125。

表 125　按获批国家社科基金年度项目得分的各学科省内排名

序号	学科	排位
1	民族学	1
2	中国文学	2
3	应用经济	3
4	管理学	4
5	社会学	5
6	体育学	6
7	马列・科社	7
8	中国历史	7
9	宗教学	9
10	语言学	10
11	理论经济	11
12	哲学	11
13	党史・党建	13
14	法学	14
15	政治学	15
16	图书馆・情报与文献学	16
17	国际问题研究	17
18	考古学	17
19	新闻学与传播学	17
20	外国文学	20
21	世界历史	21
22	人口学	22
23	统计学	23

【四川各学科在全国排名】按获批国家社科基金年度项目得分，我省各学科年度项目在国内排名情况见表 126。我省宗教学、考古学、民族学、体育学、党史・党建、中国文学、国际问题研究、政治学和外国文学学科在国内排名均在前 8，进入国内第一方阵。

表 126　各学科按获批国家社科基金年度项目在国内的排名

序号	学科	国内排名
1	宗教学	1
2	考古学	3
3	民族学	4
4	体育学	4
5	党史・党建	5
6	中国文学	7

续表126

序号	学科	国内排名
7	国际问题研究	7
8	政治学	8
9	外国文学	8
10	社会学	11
11	中国历史	11
12	理论经济	11
13	哲学	11
14	图书馆・情报与文献学	11
15	世界历史	11
16	应用经济	12
17	马列・科社	12
18	人口学	12
19	法学	13
20	新闻学与传播学	13
21	管理学	14
22	语言学	16
23	统计学	20

学科综合评估

【学科综合评估的省内排名】以国家社科基金项目、四川省社科规划项目、四川省社会科学优秀成果评奖获奖、四川社科平台为指标，对四川哲学社会科学各学科进行综合评估。按综合评估总分值（*G*）的四川哲学社会科学各学科排名见表127。

表127　按综合评估总分值（*G*）的四川哲学社会科学各学科排名

序号	学科	排位
1	应用经济	1
2	管理学	2
3	中国文学	3
4	中国历史	4
5	法学	5
6	马列・科社	6
7	民族学	7
8	教育学	8
9	党史・党建	9
10	语言学	10

续表127

序号	学科	排位
11	体育学	11
12	社会学	12
13	艺术学	13
14	哲学	14
15	新闻学与传播学	15
16	外国文学	16
17	理论经济	17
18	政治学	18
19	统计学	19
20	宗教学	20
21	图书馆·情报与文献学	21
22	考古学	22
23	国际问题研究	23
24	世界历史	24
25	人口学	25
26	心理学	26

总结

通过基于国家社科基金项目的省内机构与学科评估，基于国家社科基金项目、四川省社科规划项目、四川省社会科学优秀成果评奖获奖、四川社科平台的机构与学科综合评估，本报告得出以下结论。

【省内五大社科机构整体发展能力强】从各科研机构获批国家社科基金项目得分来看，四川大学、西南财经大学、四川师范大学、西南民族大学、四川省社科院名列前茅。从各科研机构获批国家社科基金项目和四川社科规划项目、四川社科获奖成果、四川社科平台综合得分看，我省名列前 5 的机构是：四川大学、四川师范大学、西南财经大学、西南民族大学、四川省社科院。无论是基于国家社科基金项目的评估，还是综合评估，四川大学、四川师范大学、西南财经大学、西南民族大学、四川省社科院在省内社科机构中，都表现出超强的整体发展能力。

【省内重点科研机构在国内同系统中具有较强的竞争力】将各重点科研机构获批的国家社科基金年度项目得分与国内同类机构进行横向比较，我省高校、社科院、党校三大系统发展势头良好，在国内具有较强的竞争优势。

在社科院系统中，四川省社科院在全国 31 家省级社科院中名列第 2（仅次于上海市社科院）。

在高校系统中，四川大学得分在全国高校中名列第 3（仅次于中国人民大学、中山大学）；成都体育学院得分在全国体育类高校中名列第 3（仅次于北京体育大学、上海体育学院）；西南民族大学在民族类高校中名列第 8（次于中央民族大学、中南民族大学、北方民族大学、云南民族大学、西藏民族大学、青海民族大学和贵州民族大学）；西南财经大学在全国财经类高校中名列第 8（仅次于中南财经政法大学、浙江财经大学、南京财经大学、江西财经大学、山东财经大学、贵州财经大学和中央财经大学）；四川师范大学在全国师范类高校中名列第 17。

在党校系统中，中共四川省委党校在全国地方党校类中名列第 5（次于中共上海市委党校、中共重庆市委党校、中共浙江省委党校和中共江苏省委党校）。

【省内传统优长学科继续在省内、国内保持优势】从各学科获得国家社科基金年度项目得分在全国 31 省份的排位来看，省内传统优长学科宗教学排名第 1，考古学排名第 3，民族学排名第 4，国际问题研究和中国文学排名第 7。

从各学科获得国家社科基金年度项目得分来看，名列省内前 6 的学科是民族学、中国文学、应用经济、管理学、社会学和体育学。

从各学科获得国家社科基金项目、四川社科获奖成果、四川社科规划项目、四川社科平台的综合评估得分来看，名列省内前 8 的学科是应用经济、管理学、中国文学、中国历史、法学、马列·科社、民族学、教育学。

由此可见，宗教学、考古学、民族学、中国文学、国际问题研究、应用经济等一批我省传统优长学科在国内、省内继续保持着优势。

【一批发展潜力大的学科正在加速成长】从各学科获得国家社科基金年度项目得分在全国 31 省份的排位来看，体育学第 4 名，政治学、外国文学第 8 名，党史·党建第 5 名，社会学、中国历史、理论经济、哲学、世界历史和图书馆·情报与文献学第 11 名，人口学、应用经济、马列·科社第 12 名，法学和新闻学与传播学第 13 名，管理学第 14 名，语言学第 16 名。

从各学科获得国家社科基金项目、四川社科获奖成果、四川社科规划项目、四川社科平台的综合评估得分来看，党史·党建名列第 9，语言学名列第 10，体育学名列第 11，社会学名列第 12，艺术学名列第 13，哲学名列第 14，新闻学与传播学名列第 15，外国文学名列第 16，理论经济名列第 17。

由此可见，体育学、党史·党建、社会学、理论经济、新闻学与传播学、哲学等一批发展潜力大的学科正在快速成长。